Erich Mühsam

Das große Morden

edition pace | Band 34

*Regal: Pazifisten & Antimilitaristen
aus jüdischen Familien* 9

Herausgegeben von Peter Bürger

In Kooperation mit dem
Lebenshaus Schwäbische Alb

Erich Mühsam

Das große Morden

Texte gegen Militarismus und Krieg

Zusammengestellt
von Peter Bürger

edition pace

© 2025

Erich Mühsam

DAS GROßE MORDEN
Texte gegen Militarismus und Krieg

Zusammengestellt von Peter Bürger

edition pace (Gründungsreihe) Band 34
Regal: Pazifisten & Antimilitaristen aus jüdischen Familien ⏐ 9

Satz *&* Gestaltung: Peter Bürger
Umschlagporträt: Erich Mühsam (gemeinfrei) ⏐ archive.org

Verlag: BoD · Books on Demand GmbH,
Überseering 33, 22297 Hamburg, bod@bod.de
Druck: Libri Plureos GmbH, Friedensallee 273, 22763 Hamburg
ISBN: 978-3-8192-6558-7

Inhalt

Erich Mühsam – Streiter
wider Militarismus und Krieg

Einleitung des Herausgebers

„Zeitwende! Das Wort führt jetzt jeder Esel im Munde, dem die Zeit noch niemals etwas gewendet hat. Das Schicksalsjahr 1915! Voll Stolz und Selbstgefühl wird dieser 1. Januar begrüßt. Daß er bestimmt ist, eine Epoche fortzusetzen, die die Vernichtung von Millionen Schicksalen bedeutet, fällt den Hanswürsten nicht ein." (Erich Mühsam, Tagebucheintrag vom 1. Januar 1915)

„Mein ‚Kosmopolitismus' ist höchst verächtlich, aber in meiner Eigenschaft als Jude begründet. Ich erklärte, daß ich diese Eigenschaft für die beste der Juden halte und nur wünschte, meine Stammesgenossen hätten darin nicht auch umgelernt." (Erich Mühsam, Tagebucheintrag vom 7. Januar 1916)

Das vorliegende Lesebuch in unserem „Regal: Pazifisten & Antimilitaristinnen aus jüdischen Familien" (schalom-bibliothek.org) führt jene Texte zusammen, mit denen Erich Mühsam (Jahrgang 1878; ermordet am 10. Juli 1934 im KZ Oranienburg) als Streiter wider Militarismus und Krieg in Erscheinung getreten ist. Nach dem Ende des Ersten Weltkrieges und der Beendigung der bayerischen Räterepublik durch die mörderische Soldateska (Freikorpseinheiten, Reichswehrverbände) der – auch die SPD-Spitze umfassenden – Revolutionsgegner schreibt dieser anarchistische Schriftsteller im Jahr 1919 in einer kleinen Skizze über sich selbst:

„Geboren 6. April 1878 in Berlin; Kindheit, Jugend, Gymnasialbesuch in Lübeck; unverständige Lehrer, niemand, der die Besonderheit des Kindes erkannt hätte, infolgedessen: Widerspenstigkeit, Faulheit, Beschäftigung mit fremden Dingen. Frühzeitige Dichtversuche, die weder in der Schule noch im Elternhause Förderung finden, im Gegenteil als Ablenkung von der Pflicht betrachtet werden und deshalb im geheimen geübt werden müssen. Dummejungen-

"

streiche, zuletzt – als Untersekundaner – geheime Berichte über Schulinterna an die sozialdemokratische Zeitung; daher wegen ‚sozialistischer Umtriebe' Relegation. Ein Jahr Obersekunda in Parchim (Mecklenburg), dann Apothekerlehrling in Lübeck; 1900 Apothekergehilfe an verschiedenen Orten, zuletzt in Berlin. Als freier Schriftsteller Teilnahme an der Neuen Gemeinschaft der Brüder Hart; Bekanntschaft mit vielen öffentlich sichtbaren Persönlichkeiten. Freundschaft mit Gustav Landauer, Peter Hille, Paul Scheerbart und anderen. Bohemeleben; Reisen in der Schweiz, in Italien, Österreich, Frankreich; schließlich 1909 dauernder Wohnsitz in München; Kabarett-Tätigkeit, Theaterkritik, schriftstellerische Tätigkeit, meist polemisch-essayistisch. Freundschaftlicher Verkehr mit Frank Wedekind und vielen andern Dichtern und Künstlern. Drei Gedichtbände, vier Theaterstücke; 1911–14 Herausgeber der literarisch-revolutionären Monatsschrift ‚Kain. Zeitschrift für Menschlichkeit', die vom November 1918 bis April 1919 als reines Revolutionsorgan in neuer Folge erschien. Seitdem in den Händen der konterrevolutionären bayerischen Staatsgewalt. […] Mein Werdegang und meine Lebenstätigkeit wurden bestimmt von dem Widerstand, den ich von Kindheit an den Einflüssen entgegensetzte, die sich mir in Erziehung und Entwicklung im privaten und gesellschaftlichen Leben aufzudrängen suchten. […] Die Bekämpfung des Staates in seinen wesentlichen Erscheinungsformen, Kapitalismus, Imperialismus, Militarismus, Klassenherrschaft, Zweckjustiz und Unterdrückung in jeder Gestalt, war und ist der Impuls meines öffentlichen Wirkens."[1]

Die Biographie zeichnet sich gleichermaßen aus durch das bis in die Kindheit zurückreichende Ringen um das „Eigene" *und* den Einsatz für andere, vorrangig für die auch von der gesitteten Arbeiterbewegung verachteten Menschen aus dem ‚Lumpenproletariat': „Mühsam, in leidenschaftlicher Abwendung von der Genußgier der Aestheten, entschied sich für eine radikalaktive Hingabe an Erniedrigte und Beleidigte. Auf allen Stationen seines Passionsweges ist er

---

[1] Erich MÜHSAM: *Ausgewählte Werke*. Herausgegeben von Christlieb Hirte, unter Mitarbeit von Roland Links und Dieter Schiller. Mit einem Nachwort von Dieter Schiller. Band 1: *Gedichte, Prosa, Stücke*. Berlin: Verlag Volk und Welt 1978, S. 165-167.

dieser Aufopferung treu geblieben"[2]. Doch muss man auf diesem Weg auch eine Entscheidung treffen zwischen ‚Lebensfreude‘ und ‚Moral‘, ‚Kunst‘ und ‚Politik‘, ‚Innerlichkeit‘ und ‚sozialer Frage‘, ‚Individualismus‘ und ‚Kommunismus‘ … ? „Ja!", wird der doktrinäre Parteisozialismus proklamieren. Als Sachwalter einer objektiven Wissenschaft wider das ‚bloß Subjektive‘ will er die sich gegenüberstehenden Pole des Denkens und Handelns nur als Gegensätze sehen, die einander ausschließen. Erich Mühsam jedoch folgt der Fährte eines freiheitlichen – anarchischen – Sozialismus. Unter solchem Vorzeichen lassen sich der Freiheitsdrang des Einzelnen, der nicht beherrscht sein (und selbst nicht herrschen) will, und die Befreiung der beherrschten Massen nicht gegeneinander ausspielen. Solange Knechtschaft für die vielen fortdauert, kann eine Selbstbefreiung des bedrängten Individuums nicht gelingen. Andererseits gilt die Wegweisung: Wer befreit ist (zuvorderst vom unseligen Zwang zu beherrschen), kann befreien …

Mühsams Absage an alles Autoritäre geht schon in den ersten Jahren seines Schriftstellerdaseins einher mit dem besonderen Kampf gegen Militarismus und Kriegsapparatur. Bereits im Jahr 1903 will er zusammen mit Paul Scheerbart (1863-1915) eine antimilitaristische Tageszeitung unter dem Titel *„Das Vaterland"* gründen; das Vorhaben kann nicht umgesetzt werden, denn der anvisierte Verleger kauft lieber zwei ‚militärische Blätter‘ für sein Sortiment ein.[3]

GEDICHTE GEGEN KRIEG UND KNECHTUNG | In jener Zeit lenkt Mühsam in politisch-satirischen Versen für den ‚Wahren Jakob‘ unseren Blick auf Militarismus, Kolonialverbrechen und Kriegstreiberei (→S. 33-38): „Soldat sein heißt: Zu jeder Zeit … / an Sitte und Gehorsamkeit / der Welt ein gutes Beispiel geben" (*O welche Lust, Soldat zu sein*, 1903). Die Regierung mimt Frieden. „Doch – wenn die Hereros wollen / nicht gehorchen bis aufs Jota, / sie die Frechheit büßen sollen, / und man schickt den Herrn von Trotha!" (*Der friedliche Michel*, 1904). „In Afrika bringen die Weißen Kultur / Mit Feuer und Schwert dem

---

[2] Ferdinand HARDEKOPF: *Mühsam*. In: Die weißen Blätter, 6. Jg., Heft 9 (September 1919), S. 401-404, hier 401.
[3] Vgl. Rolf KAUFFELDT: *Erich Mühsam. Literatur und Anarchie*. München: Fink 1983, S. 78. [Nachfolgend als Kurztitel: KAUFFELDT 1983]

Herero, … / Die ganze Welt erbebt in Not / Und Angst vor Kruppschen Kanonen" (*Weihnachtsbetrachtung*, 1904). Das kommende Jahr
zieht mit „Waffenklirren" herauf, und die Menschen zählen nur als
Kanonenfutter: „Der Feind wohnt nicht im Nachbarlande; / der
Feind heißt Ausbeutung und Not! / Krieg gilt es gegen Knechtschaftsbande, / Krieg gilt für Freiheit es und Brot!" (*Zum neuen Jahre* !
1905).

Am Vorabend des großen Menschenschlachthauses erreicht die
Satire schon ein Höchstmaß an Bitterkeit: „Sauft, Soldaten! / daß das
Blut / heißer durch die Adern rinnt! … Wenn ihr über Leichen tretet,
/ dankt dem Herrn, zu dem ihr flehtet, / daß er euch zu Mördern
schuf" (*An die Soldaten*, 1912). Zu Beginn seiner ‚Antikriegslyrik', so
Rolf Kauffeldt[4], kommt Mühsam in Tuchfühlung mit dem Expressi-
onismus: „Die Erde brennt. / Entmenschte Gebete flehn Gott in den
Kot" (*Wehe der Erde*, 1915). „Viel Hunderttausende liegen tot, / tief
ins geschändete Ackerland / vom Eisengeziefer niedergestreckt"
(*Hungersnot*, 1916). Doch dann tritt das Konkrete an die Stelle der
Metapher: „Sengen, brennen, schießen, stechen, / Schädel spalten,
Rippen brechen, […] // Aus dem Bett von Lehm und Jauche / zur
Attacke auf dem Bauche! / Trommelfeuer – Handgranaten – / Wunden – Leichen – Heldentaten" (*Kriegslied*, 1917). Die Zeit subjektiver
Selbstgefälligkeiten ist an ein Ende gekommen: „Wir Dichter haben
viel zu lang / mit kleinem Schicksal uns gebrüstet […] Genug geschwärmt! Genug geträumt! […] Nicht Sternenwandler, – Menschen
seid! / Und eure Lieder singt dem Frieden!" (*An die Dichter*, 1916).
Das „*Soldatenlied*" vom Oktober 1916 weist bereits den Weg eines
‚revolutionären Pazifismus', der die Gewaltfrage nicht mehr nach
dem Vorbild Leo Tolstois beantwortet:

> „… Wir lernten in den Tod zu gehn,
> nicht achtend unser Blut.
> Und wenn sich einst die Waffe kehrt
> auf die, die uns den Kampf gelehrt,
> sie werden uns nicht feige sehn.
> Ihr Unterricht war gut.

---

[4] Vgl. KAUFFELDT 1983, S. 227-238 (‚Literarische Reaktion auf Weltkrieg, Revolution …').

Wir töten, wie man uns befahl,
mit Blei und Dynamit,
für Vaterland und Kapital,
für Kaiser und Profit.
Doch wenn erfüllt die Tage sind,
dann stehn wir auf für Weib und Kind
und kämpfen, bis durch Dunst und Qual
die lichte Sonne sieht.

… Sieg allen in der Heimatschlacht!
Dann sinken Grenzen, stürzt die Macht,
und alle Welt ist Vaterland,
und alle Welt ist frei!"

Dem Verfasser dieser Zeilen ist es in späteren Jahren verwehrt, sich auf jenen willkommenen Tod einzulassen, der Ruhe von aller Pflicht verheißt: „Stirbt denn mit mir / der Krieg, das Unrecht und die Not? / Des Armen Sucht, des Reichen Gier – / sind sie mit meinem Ende tot?" (*Die Pflicht*, 1924). Nicht zuletzt bleibt die Aufgabe, das Geschick der Kriegskrüppel mit Leierkasten und die Kriegsschuld der Dichter zur Sprache zu bringen (*Der Dank des Vaterlandes*, 1926; *Poeta Laureatus*, 1926).

TEXTE AUS DER ZEITSCHRIFT „KAIN" (1911-1914 / 1918) | Ab April 1911 gab Erich Mühsam, der seit 1909 in München lebte, das anarchistische Periodikum *„Kain – Zeitschrift für Menschlichkeit"* heraus. Der Herausgeber war zugleich der einzige Autor des Blattes („Mitarbeiter dankend verbeten"). Der Blick des Historikers auf die deutsche Politik der Vorkriegsjahre 1911-1914, wie ihn Fritz Fischer in einem voluminösen Werk entlang unzähliger Originalquellen vermittelt[5], führt die – auf erneutes Großmachtstreben zielende – revisionistische Erzählung, Deutschland sei irgendwie unvermittelt und ohne bösen Willen in den Ersten Weltkrieg hineingeschlittert, ad absurdum. Ein großer Krieg war vorbereitet, erwartet und – bei nicht we-

---

[5] Fritz FISCHER: *Krieg der Illusionen. Die deutsche Politik 1911 – 1914*. Unveränderter Nachdruck der zweiten Auflage 1970. Düsseldorf: Droste Taschenbücher Geschichte 1978. [Kurztitel: FISCHER 1978]

nigen Inhabern der Macht – willkommen. Ein derartiges Bild ergibt sich auch aus der Lektüre unserer Zusammenstellung von 26 Texten aus den ‚Kain'-Jahrgängen 1911-1914: Weltbrandgefährlich fallen die Eskapaden der Kolonialpolitik aus sowie das Agieren der „Herren Mannesmann nebst spekulatorischen Konsorten" (*Der marokkanische Krieg*, 1911). Die deutsche Sozialdemokratie zeichnet sich – von Ausnahmen wie Karl Liebknecht abgesehen – durch eine große Nähe zum Staat und zum allgegenwärtigen Militärdenken aus; sie wird im Fall des Falles als Kraft des Widerstandes wohl ausfallen (*Bebel*, Oktober 1911; *August Bebel*, September 1913; *Vollmarasmus*, September 1912; *Chemnitz*, Oktober 1912; *Parteitagsrede*, 1913). Es unterhält der Rüstungskonzern „Krupp eine reguläre Spitzelorganisation, die berufen ist, mit Hilfe von Bestechungsgeldern die Absichten der Regierungsämter zu ermitteln und darauf Spekulationen zu gründen" (*Patrioten*, Mai 1913; vgl. *Panama*, August 1913, und *Korruption*, November 1913). Die Zeitansage fällt deprimierend aus: „Wir leben in einer trüben Zeit, der im Denken und Wollen faulsten, die die Geschichte erlebt hat. Der Ehrgeiz der Völker strebt nach der technischen Vollkommenheit der Kriegswaffen. Die Beziehungen der Nationen regeln sich nach den Tölpeleien, die den aller Aufsicht entrückten Diplomaten und Botschaftern in ihrem Dauerschlaf passieren" (*Für den Frieden*, November 1912).

Der Dichter bedenkt die nach wie vor bestehende „entsetzliche Möglichkeit eines europäischen Krieges" und lässt keinen Zweifel an seinem friedensbewegten Standort: „Eine Diskussion über die Berechtigung des Krieges ist unmöglich. Wir Friedensfreunde wissen, daß der Krieg so entsetzlich ist, daß er nicht mehr sein darf. Wer dieses Wissen nicht in sich hat, wird nie zu seiner Wahrheit bekehrt werden. […] der Krieg gegen den Krieg muß mit derselben leidenschaftlichen Entschlossenheit geführt werden, die die Hüter kriegerischer Eigenschaften von ihren Kriegern verlangen" (*Das Weltparlament*, Januar 1913). Jeder „gangbare Weg, den Frieden zwischen den Völkern zu erhalten", muß beschritten werden; doch es ist falsch, hierbei Vertrauen in die Mächtigen zu setzen:

„Die einzige wirklich aussichtsvolle Agitation gegen den Krieg wird bis jetzt von den revolutionären Antimilitaristen betrieben, die in der richtigen Erkenntnis, daß Kriege nicht von Fürsten und

Regierungen, sondern vom arbeitenden Volke geführt werden, ihr Wort direkt an die Leidtragenden richten. Die Arbeiter und Bauern jedes Landes sind in der Tat imstande, Kriege zu verhüten, wenn sie im Moment, wo das Unglück droht, ihre Arbeitskraft dem öffentlichen Leben entziehen, den allgemeinen Streik proklamieren und eine wirtschaftliche Krisis heraufbeschwören, die immer noch viel erträglicher ist als die Katastrophen mörderischer Schlachten [...] Dieses Mittel der Kriegsverhinderung wird auf allen internationalen Sozialistenkongressen immer wieder von Engländern und Franzosen vorgeschlagen. Die ablehnende Haltung der deutschen Sozialdemokraten [...] hat aber vorläufig eine Verständigung unter der internationalen Arbeiterschaft stets verhindert" (*Das Weltparlament*, Januar 1913).

Das ‚Revolutionäre' ist hier die Weigerung der vielen, am Totmachapparat der herrschenden Minderheit mitzuwirken. Im Jahr zuvor war folgendes Votum für Gewaltfreiheit zu lesen: „Dass ich – aus ähnlichen Gründen wie der Anarchist Tolstoj – die aggressive Gewalt im Prinzip verwerfe, berechtigt niemanden, meinen Charakter als Anarchisten in irgend einer Form anzuzweifeln, umso weniger als meine Ablehnung der Gewalt engstens in meiner anarchistischen Gesinnung begründet ist" (*Anarchistisches Bekenntnis*, April 1912). Wie der auch von seinem Freund Gustav Landauer verehrte große Russe setzt Mühsam nicht auf die Friedensdiplomatie der Herrschenden, sondern eben auf die Kriegsverweigerung der Beherrschten (weshalb auch das ‚Weltparlament' wider den Krieg am ehesten als ein permanenter ‚basisdemokratischer Weltfriedenskongress' vorzustellen ist). Im April 1913 formuliert er noch einmal folgenden Tadel hinsichtlich der bürgerlichen Pazifisten: „Aber die Idee, den Willen der Massen, die die Soldaten zu stellen haben, zu Aktionen zu beeinflussen, und den Krieg dadurch praktisch unmöglich zu machen, weisen sie weit von sich" (→S. 114). Jeglicher Nachwuchs muss dem Heer entzogen werden: „Bei den Kindern fangen die Patrioten an zu arbeiten. Bei den Kindern sollten auch die Antimilitaristen anfangen. Ihnen muß gesagt werden, daß Krieg Mord ist. Ihnen muß der Haß und der Abscheu gegen den Mord eingepflanzt werden, ehe die kriegerische Phrase von ihrem Gemüt Besitz ergreift. ... Kein Arbeiter, der auf sich hält, sollte in eine Militärwaf-

fenfabrik eintreten, keiner Militärschneider oder Militärschuster
werden. Für Kasernenbauten sollten keine Maurer gefunden werden …“ (*Der bunte Rock*, Dezember 1913).

Der Eintritt in das Jahr 1914 steht unter keinem guten Vorzeichen: „In Deutschland läuteten die Sylvesterglocken eine besonders
trübselige Zeitspanne zu Grabe. Der Patriotismus herrschte unumschränkt über Land und Leute. Wo Werte zur Geltung wollten, erschlug er sie, wo freier Atem auszuströmen schien, erstickte er ihn.
[…] zur Wohnungs- und Fleischnot ist nun noch die bittere Sorge
um das nötige Heizmaterial getreten. Denn der Gott, der Eisen
wachsen ließ, hat sich in dieser Tätigkeit nachgerade übernommen
und darüber die Produktion von Brennholz vernachlässigt“ (‚*Bilanz
1913*‘, Januar 1914). Wenige Monate vor dem Beginn der giganti-
schen Massenschlächterei schreibt Mühsam:

„Mit zwei Milliarden Mark muß jährlich die Henne gefüttert
werden, die unter dem Namen ‚Deutsche Wehrmacht‘ im bedrohten Vaterlande herumgackert. Jetzt ist sie mit einer Extramilliarde noch fetter aufgeplustert worden und beansprucht infolgedessen fortan noch erheblich mehr Getreidekörner aus den
Äckern des deutschen Volkes als bisher. Der Geflügelzüchter Michel ist ein Schafskopf, denn er merkt nicht, daß das meschuggene Huhn ihm nichts als Kuckuckseier in den Stall legt. Eines
guten Tages aber wird es ihm schmerzlich fühlbar werden, wenn
nämlich der zärtlich gepflegte ‚bewaffnete Friede‘ an Überfütterung krepiert, seine Küken aber auskriechen und sich die mißgestalteten Kreaturen als Krieg, Hunger und Pestilenz über das
Land ergießen. – Die Erbpächter der deutschen Ehre und der
deutschen Phrase möchten das 43jährige Friedensvieh schon
längst zum Platzen bringen. Sie ängstigen deshalb den dummen
Michel heute mit diesem, morgen mit jenem Bauernschreck und
heißen ihn zur Abwehr immer größere Mengen seiner schwitzend erarbeiteten Profite in die Armee hineinstopfen. Fehlt bloß
noch ein geeigneter Anlaß – und der Krieg gegen den Erbfeind
ist fertig“ (*Die Fremdenlegion*, Februar 1914).

Die Friedensarbeiter wissen bald nicht mehr, wie man im öffentlichen Raum die Empörung wider die Kriegsreligion überhaupt noch

zum Ausdruck bringen kann: „Man schämt sich allmählich vor sich selbst, immer und immer wieder den moralischen Gemeinplatz aussprechen zu müssen, daß Krieg schlecht und häßlich, Friede gut, natürlich und notwendig ist. [...] In diesem Zeitalter raffiniertester technischer Zivilisation gibt es für den Erfindungsgeist immer noch keine höheren Aufgaben als die Vervollkommnung der kriegerischen Mordinstrumente. Wessen Gewehre und Kanonen am weitesten schießen, am schnellsten laden, am sichersten treffen, der hat den Kranz. Das Scheußliche und das Groteske gehen Hand in Hand durchs zwanzigste Jahrhundert und rufen die Völker auf zur Bewunderung der Weltvollkommenheit" (*Das große Morden*, Mai 1914). Die Ermordung des österreichischen Thronfolgers findet zwei Monate später folgende Missbilligung: „Was die serbischen Verschwörer vollbrachten, das war ein Verbrechen – gewiß. Denn höchstes ethisches Gesetz ist Ehrfurcht vor dem Leben der Mitmenschen" (*Serajewo*, Mitte Juli 1914). Eine sachgerechte ‚Lageeinschätzung‘ gelingt dem Verfasser in diesem Zusammenhang noch nicht!

Im August 1914 stellt Mühsam das Erscheinen seiner Zeitschrift ein, worüber er die Abonnenten mit einem Rundschreiben informiert: „Ich habe nur die Wahl, ganz zu schweigen oder zu sagen, was jetzt niemandem frommt und was unter dem geltenden Ausnahmerecht meine persönliche Sicherheit gefährden kann. Ein Drittes ist unmöglich, da ich meine Überzeugungen nicht verleugnen und nicht frisieren kann" (→S. 171, 283-284 einschl. Anmerkung).

Erst ab Ende 1918 wird der ‚Kain‘ wieder in Form von Flugblättern und neuen Heften erscheinen. Drei für unser Lesebuch ausgewählte Texte vom November und Dezember 1918 vermitteln unter dem Vorzeichen der Revolution eine neue Linie, die sich durch weiteres Abrücken von Tolstois Ideal der Gewaltfreiheit, eine Annäherung an die orthodox-marxistische Betrachtungsweise des Krieges und eine ausformulierte Opposition zu Kurt Eisner auszeichnet (→S. 174): „[D]as gemeinsame Völkersehnen nach Frieden gebar die Revolution, der werdende Friede gibt der Revolution seine Musik, und Friede steht über den Pforten, die der Hammer der Revolution in die harte Mauer der Völkerfeindschaft geschlagen hat: – ewiger Friede !" (*Krieg – Revolution – Friede*, 18.11.1918). „Die Beamten und Offiziere vom alten System sollen es als Vorzug und Ehre betrachten, zur Arbeit fürs Volk und für die soziale Republik zugelassen zu werden. Deshalb suchte man sie, werfe unbarmherzig hinaus alle, die vorher im Kampf gegen Freiheit und Wohlfahrt alldeutsche Rufer waren, die je in unsozialer Überhebung ihre abhängigen Mitarbeiter geschunden und unterdrückt haben […] Diese Reinigung des Hauses ist die erste Pflicht des neuen Wirts. Will er in gesunder Luft leben, dann darf er nicht die Krankheitsträger nähren, an denen sein Vorgänger gestorben ist. Der wahre Bazillus aber, der den alten Staat im Hexenkessel des Weltkrieges krepieren ließ, heißt Kapitalismus. […] Was wir jetzt erleben, ist ja gar nichts anderes als der Zusammenbruch des kapitalistischen Systems, und die Pflicht, die uns daraus erwächst, ist die Niederhaltung aller Bestrebungen, die aus dem Schutt und dem Mörtel des zerstörten Gebäudes auf dem zerwühlten Grunde der alten Gesellschaft den überlebten Betrieb bloß mit veränderter Fassade wieder aufbauen wollen. […] Wir wollen kein Blut mehr fließen sehen, und darum werden wir uns der Reaktion rechtzeitig entgegenstemmen, ehe sie die Revolution zwingt, ihr Werk mit Waffengewalt wiederherzustellen" (*Aufgaben der Revolution*, 10.12.1918). „Gegen eine unnoble Kampfesart werden wir uns zu schützen wissen. […] Die revolutionäre Masse muß bewaffnet werden, nicht um Blut zu vergießen, sondern um Blutvergießen zu verhindern […] Ein Revolutionsgericht muß eingesetzt werden, das den Willen der Revolutionäre, Sozialismus zu schaffen, sichert, indem es die Häupter der Gegenrevolution bloßstellt und das Land vor ihnen schützt. Das Hauptquartier muß den Arbeiter- und Soldatenräten unterstellt werden […] Die Jugend muß für die Revolution gewonnen und an ihre Spitze gestellt werden. Der Presse endlich müssen die Giftzähne ausgebrochen werden. Man schaffe eigene Blätter, die millionenweise ins Volk gehen, um Wahrheit zu verbreiten, wo bis jetzt nur Lügen hingelangten" (*Mittel der Revolution*, 17.12.1918).

„*Also wird immer Krieg sein*?" **(Prosatexte 1914-1918)** | Rolf Kauffeldt kommentiert die Einstellung der Zeitschrift ‚Kain' von August 1914 bis Ende 1918 kritisch: „Der Standpunkt Mühsams, lieber nichts zu schreiben, als auf den direkten politischen Inhalt zu verzichten, erschien insofern etwas kurzsichtig, als er verhinderte, mögliche indirekte und versteckte Formen in Betracht zu ziehen, um somit publizistisch gegen den Krieg zu wirken. Ein gutes Beispiel dafür, daß dies möglich war, lieferte ja Franz Pfemfert, der seine Zeitschrift ‚Die Aktion' zum Forum einer Antikriegslyrik machte und vor allem mit seinen eigenen ‚Zeitungsausschnitt-Collagen' unter dem Titel ‚Ich schneide die Zeit aus' geschickt wußte, die Zensur zu umgehen und trotzdem eine politische Aussage aufrechtzuerhalten."[6] Dagegen ließe sich freilich geltend machen, dass die der Leserschaft gegenüber begründete Weigerung, sich einem kommenden Zensur-Regime zu fügen, durchaus ein wirkungsvolles politisches Zeichen sein kann. Ob der ‚Kain'-Herausgeber bei Fortführung der Zeitschrift wirklich als Schriftsteller und Künstler größeren politischen Einfluss hätte ausüben können, wer mag das wissen?

Einige der Prosatexte, die Mühsam während des Ersten Weltkrieges verfasst, aber nicht veröffentlicht hat, haben Eingang in spätere Sammlungen gefunden. Im vorliegenden Lesebuch werden fünf Beispiele unter der Überschrift *„Also wird immer Krieg sein?"* dargeboten. Der Dichter bringt Anekdotisches zu Papier und beleuchtet auch grundlegende Fragen, die sich angesichts des Weltkrieges aufdrängen, darunter die Frage nach der ‚Ehrfurcht vor dem Leben' (*Vom Tode*): „Es ist eine Frivolität, zu klagen: Schrecklich! In der oder jener Schlacht sind wieder zehntausend Mann gefallen … und dabei die Zahl der Leichen statt die Summe der zerstörten Schicksale zu meinen. Einmal zehntausend ist leicht zu denken; der Phantasie wird dabei keine Aufgabe gestellt. Zehntausend mal eins aber ist ein Gedanke von furchtbarem Gewicht, denn er enthält die Vorstellung von zehntausend Einzelerlebnissen mit aller Qual jedes Betroffenen, mit allen Tränen und Klagen, die jedem der zehntausend nachweinen – nicht der zehntausend Mann, sondern der zehntausend Männer. […] Der Tod kann nicht korporativ erfaßt werden. Daher kann keine Trauer aufrichtig sein, die ihren Schmerz an der Zahl weidet" (→S. 193).

AUS KRIEGSTAGEBÜCHERN 1914-1917 | Angesichts der Entscheidung, die Zeitschrift ‚*Kain'* unter den Bedingungen der Zensur ruhen zu lassen, sind Erich Mühsams Tagebücher das bedeutsamste Zeugnis zu seinem geistigen und politischen Leben während des Ersten Weltkrieges. In unserer Auswahl für das vorliegende Lesebuch, die zur

---

[6] KAUFFELDT 1983, S. 230-231.

Wahrung der Zusammenhänge auch einige ganz persönliche Einträge ohne unmittelbare politische Bezüge umfasst, folgen wir der frühen Edition von Chris Hirte.[7] Die sehr aufwändige, ungekürzte *Gesamtausgabe* des Berliner Verbrecher Verlages liegt seit 2019 vollständig vor und ist ebenfalls im Internet für alle frei zugänglich.[8] (Die bleibenden Lücken der Tagebuchüberlieferung zwischen Ende Oktober 1916 und Mitte April 1919 sind auch deshalb zu beklagen, weil sie die Zeit der Konflikte mit Kurt Eisner und die Monate der Revolution mit neuen Entwicklungen hinsichtlich der ‚Gewaltfrage‘ betreffen.[9])

Aufgrund des folgenden, alsbald wieder ‚zurückgenommenen‘[10] Nachsatzes zum oben genannten August-Rundschreiben an seine ‚Kain‘-Abonnenten (→S. 17, 171, 213, 237, 283-284) ist Mühsam vor allem vom ‚Aktion‘-Herausgeber Franz Pfemfert der Vorwurf gemacht worden, er sei zu Kriegsbeginn gleichsam umgefallen: „Vorerst ruhe im Lande aller Zwist. Das Grundsätzliche meiner Überzeugungen wird durch die gegenwärtigen Ereignisse nicht berührt. Aber ich weiß mich mit allen Deutschen einig in dem Wunsch, daß es gelingen werde, die fremden Horden[11] von unseren Kindern und Frauen, von unseren Städten und Äckern fernzuhalten." Noch

---

[7] Erich MÜHSAM: *Tagebücher 1910 – 1924*. Herausgegeben von Chris Hirte. München: dtv 1994. [Online-Ausgabe: www.projekt-gutenberg.org]

[8] Erich MÜHSAM: *Tagebücher*. Herausgegeben von Chris Hirte und Conrad Piens. 15 Bände. Berlin: Verbrecher Verlag 2011 bis 2019. [Freier Zugang zu allen Texten auf dem Online-Portal www.muehsam-tagebuch.de].

[9] Als Zeugnis steht nur eine nachträgliche Niederschrift vom September 1920 zur Verfügung: Erich MÜHSAM, *Von Eisner bis Leviné. Die Entstehung der bayerischen Räterepublik*. Persönlicher Rechenschaftsbericht über die Revolutionsereignisse in München vom 7. November 1918 bis zum 13. April 1919. Berlin-Britz: Fanal-Verlag Erich Mühsam 1929. – Vgl. zur Chronik der Kriegs- und Revolutionszeit auch Volker GRIESE: *Erich Mühsam – Chronik: Leben, Werk, Wirkung*. Norderstedt 2019, S. 178-279.

[10] Vgl. auch den Tagebucheintrag vom 25.1.1915: „Ich schäme mich meiner selbstischen Wallung und will sie öffentlich widerrufen, sobald es geht."

[11] [*Horden*: Bei dieser Wortwahl sind nicht nur Hysterie und Paranoia der ersten Kriegswochen mit zu bedenken, sondern auch die gezielte rassistische Aufladung des Kriegsthemas (‚Germanen versus Slawen‘) durch die Herrschenden im Kaiserreich. Vgl. FISCHER 1978, S. 362-367 und 542-564; Jannis PANAGIOTIDIS / Hans-Christian PETERSEN: Antiosteuropäischer Rassismus in Deutschland. Geschichte und Gegenwart: Weinheim: Beltz Juventa 2024, S. 55-78 und 80-82.]

1917 schildert Mühsam rechtfertigend die Zeitumstände: „Am Abend dieses ersten Kriegstages war ich Gegenstand einer Gasseninsulte. Am nächsten Morgen wurde verbreitet, das Münchener Leitungswasser sei vergiftet. Schreckensnachrichten jagten einander. Die Spionenjagd nahm scheußliche Formen an. Die Erregung der Menschen war maßlos. Ich gestehe, daß sie sich mir mitteilte: wahrhaftig nicht in einem Hochgefühl nationaler Benommenheit, sondern einfach in einem Zustand von Angst, Grauen, Schrecken, körperlicher Depression, die in wiederholten Weinkrämpfen Ausgang suchte. Kalt stand ich den Ereignissen nicht gegenüber, da ich nicht, wie anscheinend Herr Pfemfert, zu den Leuten gehöre, die nicht über gewisse Dinge den Verstand verlieren können. – Am andern Tage ging ich mit meiner Erklärung zur Druckerei. Unterwegs traf ich Bekannte. Denen legte ich den Entwurf vor. Sie warnten, beschworen mich, ich möchte ihn ändern. Die Stimmung in der Stadt drohe Gefahr. Ich solle ein versöhnlich klingendes Wort einfügen. Im Bureau der Druckerei tat ich es – leider, tat es unter dem Zwang physischer Nervosität, geängstigt, gehetzt, sinnlos vor Erregung. Zwar änderte ich kein Wort der Erklärung, strich keins, aber ich fügte einen Nachsatz an …"[12]

Überaus kritisch sichtet Erich Mühsam im Verlauf des Tagebuches seine eigenen Einträge aus den ersten Kriegswochen. – Schon ganz am Anfang stehen Reflektionen[13], die an Selbstbeobachtungen des Ex-Militärs Leo N. Tolstoi[14] während des Russisch-Japanischen

---

[12] Zitiert nach Kurt KREILER: Erich Mühsam im Ersten Weltkrieg – Pazifist? Patriot? Anarchist? In: *Erich Mühsam und andere im Spannungsfeld von Pazifismus und Militarismus.* Zehnte Erich-Mühsam-Tagung in Malente, 14.-16. Mai 1999. (= Schriften der Erich-Mühsam-Gesellschaft, 16). Lübeck 2000, S. 7-17, hier S. 13.

[13] Vgl. schon den Tagebucheintrag vom 4./5. August 1914: „Und – ich, der Anarchist, der Antimilitarist, der Feind der nationalen Phrase, der Antipatriot und hassende Kritiker der Rüstungsfurie, ich ertappe mich irgendwie ergriffen von dem allgemeinen Taumel, entfacht von zorniger Leidenschaft, wenn auch nicht gegen etwelche ‚Feinde', aber erfüllt von dem glühend heißen Wunsch, daß ‚wir' uns vor ihnen retten! Nur: wer sind sie – wer ist ‚wir'? […] Aber doch ist die Einmütigkeit des Gefühls, eine gerechte Sache zu führen, bei aller Verblendung, ergreifend."

[14] Vgl. Leo N. TOLSTOI: *Wider den Krieg.* Ausgewählte pazifistische Betrachtungen und Aufrufe 1899 – 1909. (= Tolstoi-Friedensbibliothek: Reihe B, Band 4). Norderstedt: BoD 2023. – Zu diesen Band und weitere Sammlungen von Tolstois Anti-Kriegstexten vgl. auch unser Portal www.tolstoi-friedensbibliothek.de.

Krieges 1904/05 erinnern. Am 8. August 1914 schreibt Mühsam: „Ich aber, der Antimilitarist, muß alle meine Hoffnung dahin wenden, daß das Militär in Deutschland besser sei als die deutsche Staatskunst." Am 12. November notiert er dann hierzu: „Warum eigentlich? Dies ist doch schon Kriegspsychose!" – Im Gesamtzusammenhang kann sich jeder Leser davon überzeugen, dass der Dichter keineswegs ‚umgefallen' ist und seine – zunächst noch sehr ‚tolstojanisch' gefärbte – Kriegsgegnerschaft etwa gegen ‚Patriotismus' eingetauscht hat: „Alle meine sozialen und sittlichen Ziele nehmen ihren Ausgang vom Weltfrieden. Was gegenwärtig geschieht, erschüttert die Grundlagen meiner Welt." (31. August 1914)

Das Kriegstagebuch vermittelt uns die bedrückende Lage des Dichters hinsichtlich seines Kunstschaffens[15] und der materiellen Lebenssicherung. Auch im engsten Umfeld ist die Zahl der ‚Gleichgesinnten' überschaubar. Mühsam erfährt aufgrund seiner nonkonformen Haltung gegen Krieg und „Staatswahn" heftige Auseinandersetzungen und Isolation: *Man fand, daß ich mit meiner den Krieg ablehnenden Haltung wohl ganz allein stehe"* (23.10.1914). „Gestern nachmittag war ich zum Kaffee bei Heinrich Mann. Das war wieder mal ein wahres Labsal. Endlich mal ein Mensch, der den Krieg ohne Befangenheit beurteilt und also tödlich haßt" (11.11.1914). „Mir kam es gestern plötzlich zum klaren Bewußtsein, daß ich unendlich vereinsamt bin. Mit meinen Empfindungen zu den gegenwärtigen schlimmen Zeiterscheinungen stehe ich absolut allein unter denen, die ich kenne" (30.11.1914).

Gleichwohl ist dann am 15. Mai 1915 zu vermelden: „Ich nahm gestern abend als Gast der Münchner Friedensgesellschaft an einer geschlossenen Versammlung im Café Arkaden teil, die unter Vorsitz des Professors Quidde stattfand. Etwa 50 Teilnehmer, die allesamt überzeugte und durch die Tatsachen des Völkermordens heftig bestärkte Kriegsgegner sind. Das schuf eine Atmosphäre solidarischer Stimmung ..." Christlieb Hirte schreibt zu den politischen Ambitionen: „Als sich nach Ausbruch des Weltkriegs die Zahl der engagier-

---

[15] Im Juli 1914 war im Berliner Verlag Paul Cassirer eine Ausgabe der zwischen 1909 und 1913 entstandenen Lyrik Mühsams unter dem Titel *„Wüste – Krater – Wolken"* erschienen, von der er sich einige öffentliche Aufmerksamkeit erwartete. Die Auflage von 1000 Exemplaren blieb jedoch angesichts der Kriegsumstände fast vollständig im Lager liegen.

ten Kriegsgegner sprunghaft erhöhte, erhoffte sich Mühsam eine neue Chance für den Anarchismus. Ab 1915 richteten sich seine Aktivitäten auf die Vereinigung der Kriegsgegner aller politischen Bekenntnisse im In- und Ausland zu einer pazifistischen, aber gleichzeitig kämpferischen Massenbewegung. Sein Ziel, das er nur im Tagebuch in aller Klarheit formulieren konnte: die revolutionäre Beendigung des Krieges im Zeichen des Anarchismus. Er wandte sich an namhafte bürgerliche Pazifisten und Wissenschaftler, an zentristische und linke Sozialdemokraten, blieb aber letztlich mit seinem illusorischen Projekt allein, den tiefen Gegensatz zwischen bürgerlich-pazifistischen und proletarisch-revolutionären Kräften mit einem im Wesen anarchistischen und unpolitischen Kampfbündnis gegen den Militärstaat überbrücken zu wollen."[16]

Mühsams – hier sehr negativ bewertete – Versuche, ab Oktober 1914 lagerübergreifend bürgerliche Friedensarbeiter und linke Antimilitaristen (Anarchisten wie Sozialisten) zusammenzubringen[17] und gar so etwas wie einen ‚Internationalen Kulturbund‘ (Tagebuch 4.12.1914) bzw. ‚Weltbund gegen den Krieg‘ (15.5.1915) ins Auge zu fassen, sind im Tagebuch (nebst vielen prominenten Namen von Liebknecht bis Quidde) gut dokumentiert. Aufmerksam verfolgt er nicht nur den traurigen Weg der deutschen Sozialdemokratie, Nachrichten von den Schauplätzen des Massenmordens und den Kurs der Militärdiktatur hin zum ‚totalen Krieg‘, sondern auch alle Anzeichen für widerständige Bewegungen in Alltag und Straßenleben (als Anknüpfungspunkte für öffentliche Aktionen). Sehr früh hat sich seine Überzeugung gefestigt, „daß jetzt wir wenigen, die wir entschlossen sind, aktiv für *revolutionären Pazifismus* zu wirken, zusammengehören" (25.3.1916, Hervorhebung pb). „Aber wenn das grauenvolle Schrecknis dieses Krieges möglich war, darf man dann

---

[16] In: Erich MÜHSAM, Ausgewählte Werke, Band 3: *Streitschriften. Literarischer Nachlaß*. Herausgegeben von Christlieb Hirte. Berlin: Verlag Volk und Welt 1984, S. 790.

[17] Tagebucheintrag vom 14.10.1914: „Mir ist jetzt der Gedanke aufgestiegen, sämtliche auf den Frieden gerichteten Bestrebungen zu einer dauernden Beziehung zueinander zu bringen, also zwischen Pazifisten, Antimilitaristen, Christreligiösen etc., kurz zwischen allen, die den Krieg aus ethischen Gründen verwerfen, eine ständige Vermittlungsstelle zu schaffen, um im Friedschen Jargon zu reden: eine zwischenstaatliche Organisation im eigenen Lande."

aufhören, auf das Wunder einer Revolution zu hoffen?" (12.4.1916) „Das Ziel einer Revolution wäre jetzt einfach Friede. Ist der erreicht, dann hat das Volk ein moralisches Plus, das es für die Vorbereitung größerer und sozialistischer Dinge sehr aufnahmefähig machen müßte" (19.6.1916). „… ich sehe nur zwei Möglichkeiten, um zum Frieden zu kommen. Beide liegen nur in Deutschland: Niederlage durch die Revolution oder Revolution nach der Niederlage" (8.5.1917).

***„ABRECHNUNG"* (1916-1917)** I Vom Mai 1916 bis zum Herbst des Jahres 1917 arbeitete Erich Mühsam an seinem – unvollendet gebliebenen – Essay *„Abrechnung"* (→S. 281-428), den – nach Darbietung eines kleinen Auszuges in einer Moskauer Auswahl-Edition von 1960[18] – erst Christlieb Hirte 1984 in einem Nachlass-Band[19] zugänglich gemacht hat. Das Werk ist eine Auseinandersetzung mit dem deutschen Militarismus und eine Anklage der Weltkriegsertüchtiger: „In diesem Augenblick, wo zum ersten Mal seit dem verruchten 1. August 1914 der würgende Druck der Militärdespotie von der Kehle weicht, will nur ein Schrei der Qual, der Wut, des maßlosen Entsetzens aus der Brust. Ein Buch, das – noch inmitten alles Greuels in Heimlichkeit geboren – der erste Ausdruck der Wahrhaftigkeit und Menschlichkeit nach der jahrelangen Orgie von Erbärmlichkeit, Niedertracht, Lüge, Heuchelei, Verleumdung und jeglicher Gewalttätigkeit sein möchte, wird bei aller Sorgfalt, das vorhandene Material übersichtlich zusammenzustellen, eine einleitende Geste bleiben müssen, ein Ausholen und ein vorbereitender Akt. Es handelt sich, juristisch gesprochen, um ein Ermittlungsverfahren […] Das Urteil zu fällen und zu vollstrecken wird Aufgabe des deutschen Volks sein." (→S. 281)

Warum blieb das Werk unvollendet? Christlieb Hirte hält diesbezügliche Erklärungen des Verfassers nicht für überzeugend: „Der Zwangsaufenthalt im oberbayerischen Traunstein von März bis An-

---

[18] Erich MÜHSAM: *Eine Auswahl aus seinen Werken.* Auswahl, Vorwort und Erläuterungen von N. Pawlowa. Moskau: Verlag für fremdsprachige Literatur 1960, S. 112-127: ‚Abrechnung (Auszüge)'.

[19] Erich MÜHSAM: *Abrechnung.* In: E. Mühsam: Ausgewählte Werke, Band 3: *Streitschriften. Literarischer Nachlaß.* Herausgegeben von Christlieb Hirte. Berlin: Verlag Volk und Welt 1984, S. 49-218.

fang November 1918 wegen agitatorischer Unterstützung des Münchener Januarstreiks (an dem maßgeblich Munitionsarbeiter beteiligt waren) und wegen der Weigerung, dem Einberufungsbefehl zum ‚Vaterländischen Hilfsdienst' Folge zu leisten, hätte ihn an der Weiterarbeit nicht ernstlich hindern können. Von Bedeutung in diesem Zusammenhang ist jedoch, daß Mühsam trotz Kontaktverbots in Traunstein mit internierten Ausländern in Verbindung trat, unter denen auch russische Bolschewiki waren. – Die Gründe liegen also eher beim Werk selbst: Mühsam war, bereichert durch neue Einsichten und Erfahrungen, in Widerspruch zu seinen eigenen Prämissen geraten."[20] Da Mühsams nachfolgende Tuchfühlung mit den äußersten linken Kräften des revolutionären Lagers – unter zeitweiliger Sympathie für die Bolschewisten – in der *„Abrechnung"* noch nicht zum Tragen kommt, konnte diese Schrift im Kontext einer DDR-Edition nur begrenzten Beifall finden.

Den einleitenden *„Vorbemerkungen"* (→S. 281-293) folgt unter der Überschrift *„Gesichtspunkte"* (→S. 293-343) zunächst eine ethische Fundamentalkritik des Programms ‚Krieg', die sich noch weitgehend in Tolstois Fußspuren bewegt: Der Krieg ist eine „Schlammflut von Eiter und Unrat, die alles Gute, Reine und Schöne überspült und wegschwemmt und dem trauernden Blick nichts hinterläßt als schmutzige Pfützen von Blut und Tränen." Die Frage nach den Profiteuren wird durchaus anders als in der bürgerlichen Friedensbewegung beantwortet: „Immer sind es die Machthaber, die Nutznießer der Oligarchie, in unsrer Zeit vornehmlich die kapitalistischen Staatsinteressenten, von denen die kriegerischen Operationen verlangt und organisiert werden, für die die Teilnehmer ihre Haut zu Markt tragen." Der „Unterbau des erstrebten krieglosen Zustands" soll auf dem Wege der Revolution herbeigeführt werden (offene Ge-

---

[20] Ebd., S. 789. – Vgl. auch ebd., S. 793: „In den zwanziger Jahren hat Mühsam mehrfach daran gedacht, das Manuskript zu veröffentlichen. Er war sich bewußt, daß die radikale Abrechnung mit dem deutschen Militarismus trotz aller Ungereimtheiten ihre Aktualität und Schlagkraft behalten hatte. Grund genug für Mühsam, um mit seiner Arbeit den Gedanken des linksbürgerlichen Bündnisses im Zeichen des Anarchismus und der Annäherung an die revolutionären Kräfte von neuem zu beleben. Daß es bei dieser Absicht blieb, dafür sorgte die politische Dauerkrise der Weimarer Republik, die Mühsam weder Zeit noch Gelegenheit zur politischen ‚Vergangenheitsbewältigung' gab."

waltfrage). Als Anarchist kann Mühsam in der Übernahme der Staatsgewalt aber noch keinen Ausweg erblicken: „Denn wie schon das Verfahren der Sozialdemokraten [...], nämlich die Erringung von Ämtern im kapitalistischen Staat, [...] immer nur zur Anpassung an seine Methoden und damit zur Demoralisierung der revolutionären Triebe führen kann, so würde auch die Beschlagnahme der Staatsgewalt durch die unterdrückte Volksmehrheit [...] zu keinem andern Ergebnis führen als zur Übernahme der Ausbeutung in Beamtenhände, zur Uniformierung eines Systems, das an Unschönheit, Ungerechtigkeit und Unfriedlichkeit nichts verlieren würde. *Es ist nämlich nicht der Kapitalismus, der den Staat gezeugt hat, sondern umgekehrt ist der Kapitalismus aus dem Staat entstanden* und wird Geltung haben, so lange seine Voraussetzung, eben der Staat, in irgendeiner Form der Zentralisation und der Abgrenzung Bestand hat, ebenso wie jeder Staat des militärischen Schutzes bedarf und somit durch seinen Bestand selbst die Gefahr kriegerischer Verwicklungen in jeder Stunde wachhält und neu gebiert." (Hervorhebung pb) Umzuwerfen sind also keineswegs nur isoliert die ökonomischen Verhältnisse, sondern auch jene staatlichen Strukturen, aus denen der Militarismus hervorgeht (es gilt letztlich die Gleichung: Staat = Krieg). – Scharf geht der Verfasser mit der kriegsertüchtigenden Patriotismus ins Gericht: „Was niemand für sein leibhaftes Kind täte: sich die Glieder abhacken lassen, fremden Leuten Messer in den Leib rennen, Bomben in Gräben werfen, die voll Menschen sitzen, singend in den Tod rennen – fürs Vaterland geschieht es. [...] Die Liebe zum Vaterland entbindet von der Erfüllung aller Gebote [...] und macht zu Tugend und Verdienst, was nach den Worten aller heiligen Bücher und natürlichen Empfindungen Schande und Verbrechen ist." Weitere Kritik gilt schließlich auch jener „unseligen Überschätzung der technischen Zivilisation [...], die zur Zeit grade in der scheußlichen Freude an möglichst raffinierten Mordinstrumenten ihren häßlichsten Ausdruck findet".

In der dritten, abschließenden Abteilung geht es um *„Ursachen und Schuld"* (→S. 343-428): „Den tatsächlichen Auftakt zum Weltkrieg gab das österreichisch-ungarische Ultimatum an Serbien, den tatsächlichen Anfang machte die Kriegserklärung Deutschlands an Rußland." Erich Mühsam vermerkt, „daß der deutsche Entschluß zur katastrophalen Austragung der Streitigkeiten sehr wesentlich in jenen ethischen Anschauungen begründet war, gegen deren dauernd friedengefährdenden Bestand die Entente unter der Formel ‚Kampf gegen den preußischen Militarismus!' ihr in der ganzen Welt wirksamstes Kriegsargument zielen konnte". Das „Thema Kriegsursachen und Kriegsschuld" soll zentrales „Thema der ganzen Kriegsbilanz" sein. In „ferneren Abhandlungen" fällt Licht auf „Militarismus, Staatswahnsinn, Alldeutschtum, Presse, innere Politik, Völkerrecht, Germanisierungstendenzen" und „die deutsche Sozialdemokratie". – Im Kommentar der DDR-Edition werden jene Ausführungen, mit denen Mühsam – wie zuerst von Kurt Eisner angeregt – der moralischen Schuldfrage und „einer weit zurückreichenden deutschen Konfrontationspolitik" nachgeht, mangels ‚Orthodoxie' als irreführend bewertet: „Entgegen der ursprünglichen Feststellung, der Imperialismus sei in allen Ländern räuberisch, führen ihn die Belege dafür, daß Preußen-Deutschland in den internationalen Konflikten seit 1890 eine besonders aggressive Rolle gespielt hat, zu der Ansicht, die gegnerischen Mächte seien im Vergleich dazu friedlich und von menschlichem Anstand geleitet. Diese Fehlannahme bildet zwar ein polemisches Gegengewicht zur Einkreisungslegende der deutschen Kriegspropagandisten, sie geht aber auf die Personalisierung der kriegsauslösenden Konflikte zurück und übersieht daher den gemeinsamen Nenner der unterschiedlichen Erscheinungsformen des Imperialismus."[21] In seiner *Abrechnung"* habe der Verfasser als ‚anarchistischer Idealist' den „Widerspruch zwischen der bürgerlich-ethischen und der proletarisch-politischen Bewertung des Weltkrieges" noch nicht überwunden. Solches sei bei ihm hernach erst durch die „gedankliche Herausforderung des Spartakusprogramms" bewirkt worden.

„*DER SECHZIGSTE GEBURTSTAG*" (Roman-Kapitel 1921) | Ein Verwandter von Erich Mühsam – sein Vetter Ernst Heilmann (1881-1940, Tod im KZ Buchenwald) – gehörte zu jenen sozialdemokratischen Politikern des rechten Parteiflügels, die im Ersten Weltkrieg nicht nur die ‚Burgfriedenpolitik' mitgetragen haben, sondern auch als ‚Sozialimperialisten' offen für eine aggressive Annexionspolitik des Deutschen Kaiserreichs eingetreten sind. Die Frage nach dem Militär-

---

[21] Ebd., S. 792; vgl. auch ebd., S. 793.

und Kriegskurs der SPD hat Mühsam in ‚*Kain*'-Aufsätzen der Vorkriegsjahre, in seinen Tagebuchaufzeichnungen und bei der Niederschrift „*Abrechnung*" (1916-1917) immer wieder gestellt. Im Persönlichen Rechenschaftsbericht[22] zur Münchener Revolution, verfasst im September 1920, zitiert er den harten Satz seines Freundes Gustav Landauer (1870-1919, ermordet von der antirevolutionären Soldateska): „In der ganzen Naturgeschichte kenne ich kein ekelhafteres Lebewesen als die sozialdemokratische Partei."

Schließlich arbeitete Mühsam zu Zeiten der Einzelhaft in der Festung Niederschönenfeld ab dem 6. Januar 1921 an seinem Roman „*Ein Mann des Volkes*" über einen SPD-Politiker und das dem Patriotismus zugeneigte sozialdemokratische Milieu: „Der Karrieresozialist Bröschke verkörpert den ‚Sündenfall' der Sozialdemokratie. – Nicht die kleinbürgerliche Mittelmäßigkeit Bröschkes ist Gegenstand der Satire, sondern der Umstand, daß es ihm – wie seinen Vorbildern Ebert, Scheidemann, Noske – gelingen konnte, eine Führungsrolle in der Sozialdemokratischen Partei zu spielen. Mühsam, der aufgrund seiner Revolutionserfahrungen zu den erbittertsten Feinden der sozialdemokratischen Konterrevolutionäre gehörte, begnügte sich jedoch nicht mit der haßerfüllten Abstempelung jener zweifelhaften Charaktere. Von Anfang an verknüpfte er in seinem negativen Entwicklungsroman die Lebensgeschichte Bröschkes mit der Geschichte der Sozialdemokratie. [...] Die differenzierte Menschengestaltung [...] ist weit entfernt von den Rigorismen anarchistischer und linksradikaler Führerkritik. Bröschke und seine Parteifreunde besitzen plastisch ausgeprägte Charaktere, die sich wie zufällig als unterschiedliche Spielarten des Opportunismus offenbaren, und alle sind sie Subjekt *und* Objekt eines langjährigen Verfallsprozesses der SPD. – Eine entscheidende Rolle in der künstlerischen Bewältigung der Bröschkegestalt und ihres Milieus spielt der klug kalkulierte Einsatz satirischer Mittel, die ihr Objekt nie ‚vernichten', sondern ihm eine menschliche Substanz belassen und so im moralischen wie im politischen Sinne schuldfähig machen – ganz anders

---

[22] Erich MÜHSAM: *Von Eisner bis Leviné. – Die Entstehung der bayerischen Räterepublik*. Persönlicher Rechenschaftsbericht über die Revolutionsereignisse in München vom 7. November 1918 bis zum 13. April 1919. Berlin-Britz 1929.

als Heinrich Manns ‚Untertan', der Mühsam wesentliche Anregungen gegeben hat."[23] (Christlieb Hirte)

Der ursprünglich auf zwei Bände angelegte Roman, zuletzt bearbeitet vermutlich im April 1923, blieb leider unvollendet. Die ersten vier Kapitel von *„Ein Mann des Volkes"* erschienen zunächst zwischen Februar und April 1923 in Folgen der Zeitschrift ‚Rote Fahne' (Augsburg). Ein erhaltenes Nachlass-Manuskript mit sieben Kapiteln ist erstmals vollständig 1984 von Christlieb Hirte in der DDR veröffentlicht worden. Den im vorliegenden Lesebuch dargebotenen Auszug *„Der sechzigste Geburtstag"* (Zweites Romankapitel) hat Mühsam selbst in seine Werkauswahl *„Sammlung 1898-1928"* (Berlin 1928) aufgenommen:

Der große Ehrentag eines sozialdemokratischen Abgeordneten im letzten Kriegsjahr fällt auf den 14. Juli 1918 (→S. 429-462). Die Geburtstagsfestlichkeiten enden mit einer telefonisch übermittelten ‚Siegesnachricht' der deutschen Truppen: „Da war nicht zu widerstehn. Die Militärpersonen, zuerst die Chargen, die beiden Beamtenstellvertreter, der Offiziersstellvertreter und die drei Unteroffiziere, dann auch alle übrigen, selbst die ältesten Parteifunktionäre, stimmten mit ein, und das Hurra! donnerte von den Saalwänden wie eine Lawine zwischen Gletschern. – Und der Dirigent des Gesangvereins nahm den Taktstock und gab ein Zeichen, und die Arbeitersänger standen auf und drehten die Hälse aus dem Kragen, und die Festteilnehmer, Männer und Frauen, Alte und Junge – alle, alle folgten dem Beispiel, und brausend wie Orgelklang erscholl aus mehr als achtzig sozialdemokratischen Kehlen der deutsche Sturmgesang: ‚Deutschland, Deutschland über alles!' – – –"

„KRIEGSKUNST" **(Texte 1927-1932)** | Nach seiner erneuten Niederlassung in Berlin zur Mitte der 1920er Jahre bewirbt Erich Mühsam nicht mehr jenes an Tolstoi orientierten Ideal der Gewaltfreiheit, zu dem er sich in der Zeit vor dem Ersten Weltkrieg bekannt hat. Bezeichnend sind in diesem Zusammenhang folgende Ausführungen zum

---

[23] In: Erich MÜHSAM: Ausgewählte Werke, Band 3: *Streitschriften. Literarischer Nachlaß*. Herausgegeben von Christlieb Hirte. Berlin: Verlag Volk und Welt 1984, S. 824-826, hier 825-826. – Ebd., S. 317-542 ist die erhaltene Nachlass-Handschrift des Romans *„Ein Mann des Volkes"* in erstmaliger Ganz-Edition nachzulesen.

Symbol des zerbrochenen Gewehrs als Erkennungszeichen des Anarchismus:

„Wo aber ihr eigenes Abzeichen von guten Menschen akzeptiert wird, die mit revolutionären Tendenzen schon garnichts zu tun haben, da finden unsre braven Anarchisten nichts dabei. Es bringt sie nicht einmal auf den Gedanken, ob denn dieses Abzeichen überhaupt etwas mit Anarchismus und Staatsverneinung zu schaffen hat. Früher, als wir in Deutschland die allgemeine Wehrpflicht hatten, war der wichtigste Kampf gegen den Staat der antimilitaristische. Das Zeichen des zerbrochenen Gewehrs hieß damals: Zerschlagt dem Staat seine Waffen, weigert euch, sie für den Staat zu tragen! – Inzwischen ist der alte deutsche Militärstaat kaputt gegangen, und die antimilitaristische Propaganda, die früher Reservat der radikalsten Mannschaft des Proletariats war, ist Gemeingut aller bürgerlichen Pazifisten geworden. Man schreit: Nie wieder Krieg! und predigt salbungsvoll gegen das Blutvergießen. Daß diese schöne Zukunftsvision niemals Wirklichkeit werden kann, solange der Kapitalismus nicht im revolutionären Kampf beseitigt ist, will kein Bürger sehn, denn es ist nicht seine Art, einem Übel an die Wurzeln zu gehen. Er reformiert gern Methoden, aber ans System zu rühren ist ihm ein zu unruhiges Geschäft. Und die Anarchisten? Konservativ und verloren in holden Kindheitsträumen vergaßen sie ihre Gewehrnadeln abzunehmen, und als die Pazifisten sie ansteckten, da vergaßen sie sogar die ursprüngliche Bedeutung des Sinnbildes und übernahmen fröhlich die, die ihm die neuen Freunde beilegten. In der anarchistischen Bewegung konnten sentimental-pazifistische Gewaltverneiner Fuß fassen! Die deutschen Anarchisten, deren besten einer, August Reinsdorff, den Kopf aufs Schafott gelegt hat, wurden als gewaltlose Kohlrabiapostel zum Gespött der revolutionären Arbeiter. Gewiß, diese unglaubliche Verirrung scheint so ziemlich in allen anarchistischen Kreisen außerhalb Klosterneuburgs überwunden, aber es ist trübe genug, daß sie möglich war."[24]

---

[24] Erich MÜHSAM: *Die Anarchisten*. In: Fanal, 1. Jg., Nr. 7, April 1927, S. 97-104, hier S. 102. [Anmerkung pb: Friedrich *August Reinsdorf* (1849-1885), Schriftsetzer und Anarchist, wegen eines – fehlgeschlagenen – Attentats auf den deutschen Kaiser

Drei ausgewählte Texte zeigen exemplarisch, wie Erich Mühsam weiterhin Aufrüstung und Militarisierung der Weimarer Republik im Blick behält (→S. 463-475): *Sowjet-Granaten ?* (Januar 1927); *Panzerkreuzer A* (September 1928); *Kriegskunst* (August 1929). In der Schrift *„Die Befreiung der Gesellschaft vom Staat"* (1932) wird noch einmal hervorgehoben, dass „kein Anarchist an staatlichen Kriegen teilnehmen" sollte (→S. 485). Entsprechende Auszüge beschließen unsere Sammlung mit starken Wortmeldungen gegen Militarismus und Krieg.

Es geht aber eben nicht an, Erich Mühsam bezogen auf die Revolutionszeit und sein letztes Lebensjahrzehnt als Zeugen für Pazifismus und Gewaltfreiheit zu vereinnahmen. Deshalb müssen wir, auch wenn es den Neigungen des Herausgebers an vielen Stellen keineswegs entgegenkommt, im Anschluss an das hier vorgelegte Lesebuch einen weiteren Band[25] eigens seinen Texten über Kampf und Revolution widmen.

Düsseldorf, Mai 2025   Peter Bürger

---

am 7.2.1885 hingerichtet. – Das Stichwort *„Klosterburg"* zielt auf den österreichischen Anarchisten und Pazifisten Pierre Ramus (d. i. Rudolf Großmann, 1882-1942) und dessen Anhängerschaft, d. h. die konsequent *gewaltfreien Anarchisten.*]
[25] Vorgesehener Titel: „Erich MÜHSAM, *Jedoch der Mut ist mein Genosse.* Texte über Kampf und Revolution" (Juni 2025).

Porträt von Erich Mühsam aus dem Jahr 1925
(Zeichnung | Repro nach: Hohmann 2025, 6; hier bearbeitet)

„Wir töten, wie man uns befahl, …
für Vaterland und Kapital,
für Kaiser und Profit"

Gedichte gegen Krieg und Knechtung

O WELCHE LUST, SOLDAT ZU SEIN
1903

Soldat sein heißt: Zu jeder Zeit
an gottgefällig reinem Leben
an Sitte und Gehorsamkeit
der Welt ein gutes Beispiel geben;
und unbedingt muß weit und breit
die Stimme man zum Lob erheben,
wenn man vernimmt, was Preußens Staat
für prächtige Soldaten hat.

Ein jeder Knopf ist blank geputzt,
ein jedes Beinkleid stramm gefaltet,
ein jeder Schnurrbart forsch gestutzt –
das kommt nur, weil so schneidig waltet
der Vorgesetzte, wenn beschmutzt
er einen Rock sieht und veraltet.
In diesem Fall steht's bombenfest:
Der Übeltäter kriegt Arrest!

Denn der Herr Hauptmann ist gewillt,
daß tadellos sei seine Truppe.
Ist's nicht der Fall, der Zorn ihm schwillt.
Die Füsilier genannte Puppe
sei darum unentwegt gedrillt
wie es geschieht, das ist ihm schnuppe,
dafür weiß ja der Herr Sergeant
manch Mittel, das sonst unbekannt.

Der Große, Warnecke und Kisch,
die Hüssener und andre Leute,
die zeigten uns, wie jugendfrisch
der Militärgeist ist von heute.
Was jüngst an der Gerichte Tisch
Verhandelt ward – wen das nicht freute,
dem fehlt der rechte Sinn und Geist
für das, was Schneid und Ehre heißt.

Was liegt an einem Magenpuff,
an einem Stoß der Degenscheide?
Was liegt daran, trifft dich ein Puff
In eine Lende oder beide?
Und wenn auch wirklich wer im Suff
Durchpikt dir deine Eingeweide –
so wolln wir doch begeistert schrein:
O welche Lust, Soldat zu sein!

D | *Der Wahre Jacob*, 28. Juli 1903.

DER FRIEDLICHE MICHEL
1904

Hört man nicht in allen Reden
feierlich den Krieg befehden?
Und besonders bei Visiten
an den Höfen fremder Fürsten –
fühlt man in den Redeblüten
nicht die Welt nach Frieden dürsten?
Stets gebärdet Michel sich
ringsherum freundnachbarlich.

Ja, das Deutsche Reich entschieden
ist beflissen auf den Frieden.

Doch – wenn die Hereros wollen
nicht gehorchen bis aufs Jota,
sie die Frechheit büßen sollen,
und man schickt den Herrn von Trotha!
Dennoch aber sag' ich euch:
Friede sinnt das Deutsche Reich!

Ja, der Kriegsgott liegt am Bändel,
und wir suchen nirgends Händel.
Dieses ward jüngst in Saarbrücken,
in Karlsruh' und Mainz gepredigt,
und wir sehn, wie mit Entzücken
alles friedlich sich erledigt.
Kriegsschiff und Kanone ruht –
wenn der Andre uns nichts tut!

Doch, da haben wir den Haken!
Unterm weißen Friedenslaken
schlummern so geheime Kräfte,
wo wir niemals wissen können,
ob man nicht als Flintenschäfte
sie wird eines Tags erkennen. – –
Drum, ob man auch milde spricht –
Ich – trau diesem Frieden nicht!

D | *Der Wahre Jacob*, 14. Juni 1904.

ICH BIN EIN PILGER …
1904

Ich bin ein Pilger, der sein Ziel nicht kennt;
der Feuer sieht und weiß nicht, wo es brennt;
vor dem die Welt in fremde Sonnen rennt.

Ich bin ein Träumer, den ein Lichtschein narrt;
der in dem Sonnenstrahl nach Golde scharrt;
der das Erwachen flieht, auf das er harrt.

Ich bin ein Stern, der seinen Gott erhellt;
der seinen Glanz in dunkle Seelen stellt;
der einst in fahle Ewigkeiten fällt.

Ich bin ein Wasser, das nie mündend fließt;
das tauentströmt in Wolken sich ergießt;
das küßt und fortschwemmt weint und froh genießt.

Wo ist, der meines Wesens Namen nennt?
Der meine Welt von meiner Sehnsucht trennt?
Ich bin ein Pilger, der sein Ziel nicht kennt.

D | *Das literarische Echo*, Heft vom 1.12.1904, S. 336.

WEIHNACHTSBETRACHTUNG
1904

In *Asien* liegen in dichtem Knäuel
Bluttriefend erschlagene Leichen.
Das sind des Krieges furchtbare Gräuel,
Die täglich tausende bleichen.

In *Afrika* bringen die Weißen Kultur
Mit Feuer und Schwert dem Herero,
Es lastet Entsetzen auf weiter Flur
Der Deutsche wütet gleich Nero.

In *Rußland* mordet im eignen Land
Die Knute die freien Geister,
Und eh' nicht dem Volk der Befreier erstand,
Wird keiner der Schrecknisse Meister.

In Innsbruck schlagen einander tot
Die haßerfüllten Nationen,
Die ganze Welt erbebt in Not
Und Angst vor Kruppschen Kanonen.

So treten wir unter den Weihnachtsbaum
– Sofern wir einen haben ! –
Denn vielen bleibt ein frommer Traum
Das Fest mit seinen Gaben.

Und mancher steht am Straßenrand
Von aller Welt verlassen
Und blickt auf der Reichen Lichterstand –
Und ins Herz zieht ihm grimmiges Hassen.

Indeß bei Gebet und Litanei
Die Kirchenglocken erschallen;
Man predigt, daß Frieden auf Erden sei
Und den Menschen ein Wohlgefallen !

D | *Der Wahre Jakob*, 13.12.1904 (Zweite Beilage).

ZUM NEUEN JAHRE !
1905

Mit großen Worten und Waffenklirren,
so zieht das neue Jahr herauf.
Die ganze Welt voll banger Wirren.
Was birgt der nächsten Zeiten Lauf?

Gelingt's, den Frieden zu erhalten?
Er hängt an einem Seidenhaar!
Glückt's, sich der herrschenden Gewalten
zu wehren gegen die Gefahr?

Denn sie, die nur die Köpfe zählen,
die als Kanonenfutter gut,
sie scheun sich nicht, den Krieg zu wählen,
sie wägen nicht des Volkes Blut.

Es ist des Volkes eigne Sache,
besorgt auf seiner Hut zu sein.
Das Proletariat halt Wache!
Im eignen Land – die Wacht am Rhein!

Der Feind wohnt nicht im Nachbarlande;
der Feind heißt Ausbeutung und Not!
Krieg gilt es gegen Knechtschaftsbande,
Krieg gilt für Freiheit es und Brot!

Trotz grauer Winternebelflocken –
auch uns scheint einst die Sonne klar!
Drum: Schwert geschliffen! Pulver trocken!
Und dann: Glück auf zum neuen Jahr!

D | *Der Wahre Jacob*, 27. Dezember 1905.

KAIN
April 1911

Eure geballten Fäuste schrecken mich nicht,
noch eure strengen, satzunggebundenen Ruten.
Ihr – ich erkenn es – seid die Gerechten und Guten,
und nur euch strahlt lächelnd das Sonnenlicht.
Speit mich an! Verachtet mich! Werft mich mit Steinen!
Zeigt euern Kindern mein häßliches Gottesmal!
Lehrt sie, daß ich ihn erschlug, den vortrefflichen Abel,
meinen Bruder, erkeimt an dem nämlichen Nabel!
Lehrt sie mich hassen, um meine Niedrigkeit greinen!
Heißt sie Gott fürchten und seinen Rachestrahl! …

Ach, wie war er so fromm, so zufrieden und brav!
Betend kniet er inbrünstig vor Gottes Altar,
dankend des Herrn allumfangender Güte.
Aber ich, ein Zweifelnder ganz und gar,
sah, wie der Blitz in ragende Bäume traf,
sah junges Leben zerknicken in hoffender Blüte,
wanderte einsam und sann allem Werden nach. –
Und ich sah, wie der Bruder Reiser vom Strauche brach,
junge grünende Reiser vom sprießenden Strauch;
wie er sie zärtlich zum Scheiterhauf schichtete,
wie er ein unschuldig Lamm zur Opferstatt trug,
sah, wie aus Steinen ein Funk in das Reisigwerk schlug.
Auf zum Himmel stieg säulengrade der Rauch,
rot von der Glut, die zitternd die Erde belichtete.
Gräßlich hört ich des Lamms Blöken und Angstgeschrei. –
Abel, mein Bruder, sang freudige Lieder dabei.
„Sieh, wie mein Opfer gefällt!" rief er mir zu.
„Aufrecht lodert die Flamme zum Himmel.
Sieh! Siehe den Lohn! Dem Herrn sei ewiger Dank!
Sieh meine fetten Weiden, mein munteres Vieh! –
Deine Früchte sind welk, deine Lämmer krank.
Spende dem Schöpfer! Kain, opfre auch du!"– –
Da sah ich Abels Feld üppig in Ähren stehn
und seine Herde lustig im Grünen weiden.
Aber mein Acker war kahl und trocken und steinigt.
Dürsten sah ich mein Vieh und Entbehrung leiden.
Kann es – so dacht ich – durch Gottes Ratschluß geschehn,
daß sich der Boden entsteint, daß das Wasser sich reinigt,
soll meines Feuers Rauch gleichfalls zum Himmel steigen.
Kann Gott Gnaden verleihen, mag er sie zeigen! –
Und ich sammelte mürbes Holz von der Erde,
weil ich den lebenden Zweigen nicht weh tun wollte;
und dann wählt ich aus meiner armseligen Herde
ein vom Leben zerbrochenes krankes Rind,
daß es der Schöpfer als Opfer empfangen sollte.
Schlafend lag es und träg. So stach ich es nieder,
trug's zum Altar und entflammte die trockenen Scheite.
Aber in meiner Kehle stockten die Lieder. –

Knisternd bog sich das Holz. Da erhob sich ein Wind,
fauchte mit boshaftem Zischen hinein in den Qualm.
Unförmig wälzte der dicke Rauch sich zur Seite
und erstick' meines Ackerlands dürftigen Halm. –
Abel, mein Bruder, stand nahe und sah mich knien,
sah, wie mein glühendes Auge im Zorn sich weitete,
weil das Opfer, das ich dem Herrn bereitete,
nicht wie seines hinauf in den Äther drang,
sah den schlängelnden Rauch sich kriechend verziehn.
„Kain", rief er, „mir ist um deine Seele bang.
Bessere Opfer mußt du dem Gotte bringen!
Lieder des Danks und der Freude mußt du ihm singen!
Junge Zweige mußt du vom Strauche brechen!
Junge, gesunde Lämmer mußt du Gott schlachten!
Junges, warmes Blut muß himmelwärts dampfen!
Aus deinem Reichtum mußt du zu opfern trachten!
Wenn sich die Menschen dem Herrn zu trotzen erfrechen,
wird er sie richten und ihre Saaten zerstampfen!"
Auf sprang ich da und griff an die Gurgel dem Spötter.
Winselnd wand sich der Qualm im Sturmesgeheule.
„Junges Blut will dein Herr? – So soll er es haben!
Folge du nach deinen wohlgefälligen Gaben!
Grüß mir mein armes Rind! – Und grüß deine Götter!" –
Und ich erschlug den Bruder mit wuchtender Keule. –
Mächtig dehnte sich meine Brust, und ich hob
gegen den Himmel die Faust und schwenkte sie drohend.
Doch aus der Opferglut, die gewirbelt stob,
riß der Sturm einen Splitter und jagte ihn lohend
mir an die Stirn. Ich sank mit furchtbarem Schrei,
daß ich im weiten Umkreis die Menschen weckte,
nieder. Es schrien die Rinder. Der Himmel dröhnte
donnernd, während im Staube die Glut verreckte. –
Aber schon eilten jammernde Menschen herbei.
Ich entfloh, von Schmerzen gehetzt, daß ich stöhnte.
Hinter mir gellten die Racheflüche der Hirten.
Alle verlangten den Brudermörder zu steinigen,
mich zu entsetzlichem Tode langsam zu peinigen.
Vorwärts stürzte mein Fuß, daß die Felsen klirrten …

Immer noch flieh ich dem Zorn der Menschengemeinde.
Unstet und rastlos irr ich von Ort zu Ort.
Doch mein Mal an der Stirn, vom Scheite gebrannt,
allüberall verrät's mich dem lauernden Feinde.
Allüberall treibt mich sein Racheruf fort.
Von den Stätten der Menschheit bin ich verbannt.
Darbend fahr ich durchs Land, vogelfrei.
Doch, wo ein Rauch sich senkrecht zum Himmel hebt,
wo zufriedene Menschen sich dankbar beugen –
ah! – da schleich ich mit krummem Rücken vorbei,
kralle die Hand, die vom Blute des Bruders klebt,
heiße mein Feuermal gegen die Menschheit zeugen! –
Opfert ihm nur, dem Gott der Gerechten und Guten,
der eure Hütten mit köstlichen Früchten füllt,
der euern Leib mit wärmenden Fellen umhüllt!
Junge Lämmer laßt ihm zum Preise bluten!
Danket für euern Reichtum dem Gotte der Reichen!
Und verschließt vor dem Hunger des Armen die Scheuer!
Wen Gott haßt, den mögt ihr richten als Schlechten!
Was euer Gott auf den Feldern gedeihen läßt, ist euer!
Ihr nur seid wert, dem Ebenbild Gottes zu gleichen!
Aber auf mich ergieß sich der Zorn der Gerechten! – –
Kommt! Ich fürcht mich nicht mehr! Hier steh ich zum Kampf!
Eure geballten Fäuste schrecken mich nicht!
Brudermörder ihr selbst – und tausendfach schlimmer!
Aus euerm Scheiterhauf raucht meines Herzbluts Dampf.
Trag ich so gut als ihr nicht Menschengesicht?
Aufrecht steh ich vor euch und fordre mein Teil! …
Gebt mir Freiheit und Land! – Und als Bruder für immer
kehrt euch Kain zurück, der Menschheit zum Heil!

D | *Kain. Zeitschrift für Menschlichkeit*, April 1911.

Erste Beilage zur Satirezeitschrift „*Der Wahre Jakob*" Nr. 480 vom 13.12.1904; mit der Unterzeile: „Sieh mal, Onkel Petrus, die Weihnachtslichter brennen in diesem Jahre bei den Heiden in Ostasien am hellsten!" (Links unten eine Landestafel: „Mandschurei") – Vgl. Erich Mühsams „*Weihnachtsbetrachtung*" vom Dezember 1904 (→S. 36-37).

Sauft, Soldaten!
Daß das Blut
heißer durch die Adern rinnt.
Saufen macht zum Sterben Mut.
Sauft! Die Zeit der Heldentaten
fordert saftige Teufelsbraten.
Sauft! Der heilige Krieg beginnt.

Sauft und betet!
Gott erhört
liebevoll der Gläub'gen Ruf.
Wünscht, daß er den Feind zerstört!
Wenn ihr über Leichen tretet,
dankt dem Herrn, zu dem ihr flehtet,
daß er euch zu Mördern schuf.

Feindeskissen
bettet weich.
Wo des Feindes Witwe weint,
ist des Siegers Himmelreich.
Fremde Weiber – Leckerbissen –
Schnaps, Gebet und kein Gewissen –.
Krieg ist Krieg, und Feind ist Feind!

Tapfrer Krieger,
der vergißt,
daß ein Herz im Leibe schlägt,
daß er Mensch gewesen ist,
eh er Kämpfer war und Sieger.
Edler Held, der gleich dem Tiger
blutige Beute heimwärts trägt!

Heldenscharen
kehrt ihr heim,
fielt ihr nicht von Feindeshand.

In der Brust den Todeskeim,
Krüppel mit gebleichten Haaren,
sucht, wo eure Stätten waren
im zerwühlten Vaterland.

Qual und Lasten
sind der Dank.
Weib und Kind in bittrer Not.
Euer Heldentum versank.
Darben lernt ihr nun und Fasten.
Bettelnd mit dem Leierkasten,
winselt ihr ums Gnadenbrot.

D | *Wüste – Krater – Wolken* 1914.

KALENDER
1913

Januar:
Der Reiche klappt den Pelz empor,
und mollig glüht das Ofenrohr.
Der Arme klebt, daß er nicht frier,
sein Fenster zu mit Packpapier.

Februar:
Im Fasching schaut der reiche Mann
sich gern ein armes Mädchen an.
Wie zärtlich oft die Liebe war,
wird im November offenbar.

März:
Im Jahre achtundvierzig schien
die neue Zeit heraufzuziehn.
Ihr, meine Zeitgenossen, wißt,
daß heut noch nicht mal Vormärz ist.

April:
Wer Diplomate werden will,
nehm sich ein Muster am April.
Aus heiterm Blau bricht der Orkan,
und niemand hat's nachher getan.

Mai:
Der Revoluzzer fühlt sich stark.
Des Reichen Vorschrift ist ihm Quark.
Er feiert stolz den Ersten Mai.
(Doch fragt er erst die Polizei.)

Juni:
Mit Weib und Kind in die Natur,
zur Heilungs-, Stärkungs-, Badekur.
Doch wer da wandert bettelarm,
den fleppt der würdige Gendarm.

Juli:
Wie so ein Schwimmbad doch erfrischt,
wenn's glühend heiß vom Himmel zischt!
Dem Vaterland dient der Soldat,
kloppt Griffe noch bei dreißig Grad.

August:
Wie arg es zugeht auf der Welt,
wird auf Kongressen festgestellt.
Man trinkt, man tanzt, man redet froh,
und alles bleibt beim Status quo.

September:
Vorüber ist die Ferienzeit.
Der Lehrer hält den Stock bereit.
Ein Kind sah Berg und Wasserfall,
das andre nur den Schweinestall.

Oktober:
Zum Herbstmanöver rücken an
der Landwehr- und Reservemann.
Es drückt der Helm, es schmerzt das Bein.
O welche Lust, Soldat zu sein!

November:
Der Tag wird kurz. Die Kälte droht.
Da tun die warmen Kleider not.
Ach, wärmte doch der Pfandschein so
wie der versetzte Paletot!

Dezember:
Nun teilt der gute Nikolaus
die schönen Weihnachtsgaben aus.
Das arme Kind hat sie gemacht,
dem reichen werden sie gebracht.

D | *Brennende* Erde 1920.

WEHE DER ERDE
Februar 1915

Die Sterne hängen tiefer denn je
und starren zur Erde in angstvoller Glut.
Sie spiegeln der Menschheit klagendes Weh.
In ihrem Widerschein flackert Blut.
O, schaut nicht nieder auf unsre Schmach,
so ihr von göttlichem Lichte seid.
Des Menschengestirnes Glanz zerbrach,
und unser Göttliches wimmert in Leid.
Krieg heult in die Welt. Es rast der Tod.
Der Schrecken wütet. Die Erde brennt.

Entmenschte Gebete flehn Gott in den Kot …
O Scham vor den Sternen am Firmament!

D | *Brennende Erde* 1920.

WIEGENLIED
März 1915

Still, mein armes Söhnchen, sei still.
Weine mich nicht um mein bißchen Verstand.
Weißt ja noch nichts vom Vaterland,
daß es dein Leben einst haben will.
Sollst fürs Vaterland stechen und schießen,
sollst dein Blut in den Acker gießen,
wenn es der Kaiser befiehlt und will. –
Still, mein Söhnchen, sei still!

Trink, mein Söhnchen, von meiner Brust.
Trink, dann wirst du ein starker Held,
ziehst mit den andern hinaus ins Feld.
Vater hat auch hinaus gemußt.
Vater ward wider Willen und Hoffen
von einer Kugel ins Herz getroffen.
Aus ist nun seine und meine Lust. –
Trink von der Mutter Brust!

Freu dich, goldiges Söhnchen, und lach.
Bist du ein Mann einst, kräftig und groß,
wirst du das Lachen von selber los.
Fröhlich bleibt nur, wer krank ist und schwach.
Vater war lustig. Ich hab ihn verloren,
hab dann dich unter Schmerzen geboren –
hörst drum ewig mein bitteres Ach!
Freu dich, Söhnchen, und lach!

Schlaf, mein süßes Söhnchen, o schlaf.
Weißt ja noch nichts von Unheil und Not,
weißt nichts von Vaters Heldentod,
als ihn die bleierne Kugel traf.
Früh genug wird der Krieg und der Schrecken
dich zum ewigen Schlummer erwecken …
Friede, behüt meines Kindes Schlaf! –
Schlaf, mein Söhnchen, o schlaf …

D | *Brennende Erde* 1920.

GEFÄHRTEN
Mai 1915

Stille Glut nach wilden Bränden.
Stetig du nach hundert Frauen.
Laß mich deinen guten Händen
meine Tage anvertrauen.
Will von Kämpfen und von Plagen
unter deiner Pflege rasten,
und ich will getreulich tragen
auch die Hälfte deiner Lasten.
Hunderttausend sterben, leiden;
Menschen töten und vernichten. –
Pflicht und Liebe helf uns beiden,
Glück und Frieden aufzurichten.

D | *Brennende Erde* 1920.

Die Schlacht am Birkenbaum[1]
Juli 1915

Glaubt nicht, die Schlacht am Birkenbaum
sei nur ein Traum.
Sie wird geschlagen werden.
Schon lernt die ersten Schritte gehn,
der sie wird sehn
als Ältester auf Erden.

Glaubt nicht, am Birkenbaum die Schlacht
werd über Nacht
aus Völkerhaß geboren.
Aus gleichem Volk bekämpft das Heer
der alten Wehr
die Schar, die sich verschworen.

Und ist die tapfere Schar besiegt,
gleichwohl, so fliegt
von ihrem Geist ein Funke
hinüber in der Feinde Reihn,
und alle werden Brüder sein,
gelabt vom selben Trunke.

Die Sieger als Besiegte dann
ziehn Mann für Mann,
zum Hungervolk die Satten,
Befreiung feiernd von der Not
bei Wein und Brot,
unter der Birke Schatten.

Glaubt nicht, die Schlacht am Birkenbaum
sei nur ein Traum
und eines Wahns Gebilde.
Der schönste Sieg ist nicht mehr fern,
da ohne Herrn
Recht wird erstehn und Milde.

D | *Brennende Erde* 1920 (zuerst in: Zeit-Echo, 1915).

---

[1] Zur westfälischen Sage von der ‚Schlacht am Birkenbaum' vgl. Peter BÜRGER: *Liäwensläup*. Fortschreibung der sauerländischen Mundartliteraturgeschichte bis zum Ende des ersten Weltkrieges. Eslohe: Museum 2012, S. 431-434, 454, 456.

Sie streiten, wer Barbar sei unter ihnen,
und zum Beweise, daß stets nur die andern
vor aller Nachwelt solchen Ruf verdienen,
verwüsten sie mit schrecklichen Maschinen
Galipoli, Galizien, Serbien, Flandern,
Wolhynien und das Land der Beduinen.

Das Blut gerinnt, es häufen sich die Leichen
im Elsaß, in Tirol, in Frankreich, Polen.
Auf hoher See und in den Tropenreichen
ist Kampfgetöse, Mord, ist Sieg und Weichen.
Es wird gebrannt, geschändet und gestohlen,
und über Trümmern ragen Ruhmeszeichen.

Aus Wolken fetzt der Mord, vom Meeresgrunde,
und Kinder müssen sterben, Frauen, Greise;
den Hunger ruft man sich, die Pest zum Bunde.
Der Mutter Träne und die Todeswunde
erhabenen Planens zu der Menschheit Preise
gibt von der Heldenzeit Europas Kunde.

Und jubelnd töten sie für ihren Zaren,
für ihren Kaiser, König, Präsidenten,
und starke Männer sinken hin in Scharen
und wissen, daß sie tapfere Streiter waren …
Blut tropft und Jammer von den Firmamenten –
und jeder schmäht die andern als Barbaren.

D | *Brennende Erde* 1920.

ENTLARVUNG
November 1915

Europa hat sich abgeschminkt.
Befreit von Rouge und Puder
steht eklig da das Luder
und faucht und stinkt.

Den Schnürleib sittlicher Kultur
warf sie zum Kunstkorsette.
Statt Rippen Bajonette
hält feil die Hur.

Europa, mach das Hemde zu!
Der Anblick deiner Nacktheit
ist Gift und Abgeschmacktheit.
Krepiere, Du!

D | *Brennende Erde* 1920.

GHASEL
März 1916

Euer Schicksal sind stets eure Taten, Menschen!
Will des Schaffens Glück euch nicht geraten, Menschen,
klagt euch selber nur der Unterlassung an.
Schwer von Brotfrucht prangten eure Saaten, Menschen.
Doch die Friedensarbeit ließ euch unbeglückt,
und aus freien Brüdern wurden Staatenmenschen.
Normen gabt ihr und Gesetze euerm Neid,
wurdet selbst zu Knechten und Soldaten, Menschen;
und ihr setztet in die Welt Gewalt und Krieg,
und durch blutige Leichenfelder waten Menschen.
Haltet ein! Besinnt euch auf den Gottberuf!

Heil und Trost stiebt nicht aus den Granaten, Menschen!
Auf den Weg, von euerm Eifer aufgeschürft,
drängen schlitzgeäugelt [sic] die Asiatenmenschen. –
Leidvoll mahnend ruft der Weltenfreund euch zu:
Werdet ewigen Erdenfriedens Paten, Menschen!
Denn es werden vor den Künftigen nur bestehn
die dem dritten Reich im Geist genahten Menschen.

D | *Brennende Erde* 1920.

KLAGE
April 1916

Wir haben den Frieden erstrebt und gewollt.
Da ist der Krieg in die Welt gerollt.
Und der Brand hat gezehrt, und der Tod hat gesenst,
und der gütige Gott ward zum Haßgespenst. Wehe!

Wir boten den Menschen Glück und Vernunft.
Der Habgier gaben sie Unterkunft.
Sie trauten des Neides unheiliger Schrift.
Neid goß ihnen Kugeln, Neid mischt ihnen Gift. Wehe!

Wir sangen den Völkern ein Freiheitslied.
Sie traten für ihre Beherrscher ins Glied.
Sie kämpften für ihrer Beherrscher Macht
und wähnten sich ihrer Kinder Wacht. Wehe!

Wir haben gerufen und haben gewarnt.
Das Grausen wankte heran, getarnt,
es schlug sich den Mantel um Kopf und Kinn
und schlug ihn den Menschen um Blick und Sinn. Wehe!

Wir haben dem grinsenden Grausen gewehrt.
Sie gaben ihm Hand und Herz und Schwert.

Das Grausen führte dem Schwert die Hand.
Millionen Leiber zuckten im Sand. Wehe!

Wir schrein unser Wehe! in Kampf und Pein.
Die Erde wird Grab und Asche sein.
Drei Herrinnen recken die Arme frei:
die Habgier, die Mordlust, die Sklaverei … Wehe!

D | *Brennende Erde* 1920.

HUNGERSNOT
Mai 1916

Viel Hunderttausende liegen tot,
tief ins geschändete Ackerland
vom Eisengeziefer niedergestreckt.
Aus ihren Gebeinen kriecht und droht
und aus den Wüsten von Schutt und Brand –
und nagt am Volksmark und saugt und leckt
des Krieges Schwester, die Hungersnot.

Sie nistet über Dächern und Tor,
sie senkt sich über Menschen und Vieh,
kreist über den Dörfern ohne Laut.
Kein Auge kann sie erspähn, kein Ohr.
Doch alle Sinne wittern sie.
Erschaudernd wirft sich jede Haut,
und jedes Haar strafft sich empor.

Die Blicke irren hohl und starr.
Ein Kind zerrt bang an der Mutter Schurz.
Zum Kirchhof fährt ein winziger Sarg.
Der Ortsschulz und der Gemeindepfarr
beraten bleich. Ihr Atem geht kurz –

schon wird's in der eigenen Küche karg.
Wir haben gesiegt! lallt blöd ein Narr.

Das Heer, das tot in der Fremde liegt,
das schafft der Heimat kein Brot herbei.
Doch viele zieht es sich nach in den Grund,
die niemands Feind sind, von niemand bekriegt.
Millionen modern, vom Jammer frei.
Irr tönt aus dorrendem lallendem Mund
des Narren Ruf: Wir haben gesiegt!

D | *Brennende Erde* 1920.

WELTSCHÄNDUNG
Juli 1916

Vernichtet nur das eigene Geschlecht,
zerstört, was je durch Menschenfleiß geworden!
Doch welche Mächte gaben euch das Recht,
des Wassers Glanz, der Blume Duft zu morden?
Wenn das Geschützrad Halm und Strauch zerbricht,
seht ihr die Säfte nicht, die sterbend quillen?
Ja, ängstigt euch der Steine Vorwurf nicht,
auf die ihr tretet um des Bösen willen?
Wißt! jedes Etwas ist gleich euch beseelt,
und jedes Lüftchen hat von Gott sein Leben.
Die Knospe, der ihr das Erblühen stehlt,
verlangt's von euch zurück. Könnt ihr es geben?
Nicht für die Menschen ward der ewige Hauch,
der göttliche, dem Weltall eingeblasen.
Ihr tötet die Natur. – Schafft ihr sie auch,
dann laßt des Krieges Höllenfeuer rasen!

D | *Brennende Erde* 1920.

August 1916

Wir Dichter haben viel zu lang
mit kleinem Schicksal uns gebrüstet.
Wenn uns im Wald ein Vogel sang,
wenn Sehnsucht unser Herz umschlang,
dem's wohl nach einem Weib gelüstet, –
dann hielt die Welt den Atem ein,
zu lauschen unsern sanften Liedern,
wärmt sich an unserm Sonnenschein
und ließ die Mädchen herzlos sein,
die unsre Liebe nicht erwidern.

Genug geschwärmt! Genug geträumt!
Genug auf Weidenrohr geflötet!
Steht euer Dichtroß nicht gebäumt,
da rings das Blut in Meeren schäumt
und Brand die Horizonte rötet?
Die Menschheit schluchzt in Tod und Gram. –
Zerreißt der Lauten Saiten, Dichter,
von denen nie ein Weckruf kam!
Verhüllt in Reue und in Scham
vor Gott und Welt die Angesichter!

Doch spürt ihr je die alte Glut
von neuem, – laßt das zage Stöhnen!
Kein Jammern macht Versäumtes gut.
Ruft auf die Welt zum besten Mut,
zur Liebe ruft sie, zum Versöhnen!
Schwört aller Menschheit euern Eid,
der Menschheit, die ihr stets gemieden, –
mit ihr zu sein in Not und Leid!
Nicht Sternenwandler, – Menschen seid!
Und eure Lieder singt dem Frieden!

D | *Brennende Erde* 1920.

SOLDATENLIED
Oktober 1916

Wir lernten in der Schlacht zu stehn
bei Sturm und Höllenglut.
Wir lernten in den Tod zu gehn,
nicht achtend unser Blut.
Und wenn sich einst die Waffe kehrt
auf die, die uns den Kampf gelehrt,
sie werden uns nicht feige sehn.
Ihr Unterricht war gut.

Wir töten, wie man uns befahl,
mit Blei und Dynamit,
für Vaterland und Kapital,
für Kaiser und Profit.
Doch wenn erfüllt die Tage sind,
dann stehn wir auf für Weib und Kind
und kämpfen, bis durch Dunst und Qual
die lichte Sonne sieht.

Soldaten! Ruft's von Front zu Front:
Es ruhe das Gewehr!
Wer für die Reichen bluten konnt,
kann für die Seinen mehr.
Ihr drüben! Auf zur gleichen Pflicht!
Vergeßt den Freund im Feinde nicht!
In Flammen ruft der Horizont
nach Hause jedes Heer.

Lebt wohl, ihr Brüder! Unsre Hand,
daß ferner Friede sei!
Nie wieder reiß das Völkerband
in rohem Krieg entzwei.
Sieg allen in der Heimatschlacht!
Dann sinken Grenzen, stürzt die Macht,
und alle Welt ist Vaterland,
und alle Welt ist frei!

D | *Brennende Erde* 1920 (revolutionärer Pazifismus).

… DER FÜR DIE MENSCHHEIT STARB
Dezember 1916

Soll niemals denn der stille Stern
des Friedens wieder leuchten,
wo alle Menschen doch so gern
das Dunstgewölk verscheuchten?
Soll immer denn der blutige Strom
das Glück der Welt verheeren?
Steht nirgendwo ein Gottesdom,
der Todesflut zu wehren?
Starb nicht dereinst am Kreuz ein Mann,
die Menschenheit vom Bösen,
von Neid und Haß und Teufelsbann
für immer zu erlösen? –
O Jesus, hör! Die Menschheit weint
und fleht um deinen Segen.
Barhäuptig neigen Freund und Feind
sich dir auf allen Wegen.
Tönt Antwort von dem Kruzifix?
Mir scheint, das Bild hat Leben.
Die Augen seh ich zornigen Blicks
sich übers Land erheben …
Schweigt! Eure Demut ist zu klug!
Ich helfe nicht zum Siege.
Was schert's mich, wer mit Lug und Trug
gewinn' und unterliege?
Der für die Menschheit starb, bereut's!
Spart euch Gebet und Klage!
Schlagt ihr doch euern Gott ans Kreuz
mit jedem neuen Tage!

D | *Brennende Erde* 1920, S. 48.

Ende 1916

Erde, trink Blut! Du hast noch nicht genug,
noch immer hast du nicht genug getrunken.
Noch manchen durstigen Mund grub dir der Pflug,
blutdurstige Münder, Furch um Furch.
Durch ihren Schlund hindurch
laß Menschenblut in deine Gurgel klunken.

O Erde, fürchte nichts! Du mußt nicht dürsten.
Nur dünn verkrustet stockt des Krieges Wunde,
und ungeduldig, nur bemüht um Ruhm und Gut,
berechnen schon die Stunde,
zu düngen neu den Erdengrund mit Blut,
die Hüttenherrn, die Wechsler und die Fürsten.

In dunkelm Flusse strömt dir wieder zu
das Blut, das du dem Schoß entschlugst, Urmutter du!
Und unermüdlich schluckt
dein Schlund hinunter grause Opferung
und prüft nicht, ob das Futter alt, ob jung,
noch wem zu Nutz ein Mensch im Blute zuckt.

Horch, wieder surrt die Luft von trunknem Ruf
der bunten Truppen, die gemustert wurden:
hie Tommyvolk, hie Kurden –:
„Schützt eure Hütten, Brüder!" – „Rettet die Kultur!"
Und Fußvolk und Geschütz und Rosseshuf
zerwühlt das Morgenland mit blutiger Spur.
Unmütterliche Mutter! Wieviel Glück
tropft mit dem Jünglingsblut in deine Gründe!
Die Kugel zuckt im Lauf. – Ruf sie zurück!
Noch ruht des Krieges Sturm. Noch fiel kein Schuß.
Führ Unschuld nicht zu Sünde!
Führ sie zu rüstigem Werk und zu Genuß!

Der Jugend gib Natur an deinen Brüsten.
Willst du noch letztes Blut, so nimm zum Zukunftsdünger
uns, deine treuesten Jünger!
Nicht Fürst, nicht Wucherer durft uns zum Kriege rüsten,
Uns gürtete der Menschheit brünstige Sucht,
und unserm Blut entblüht der Freiheit frohe Frucht!

D | ‚Sammlung 1898-1928‘, 1928.

ODE ZUM JAHRESWECHSEL 1916/17

Es birst ein Jahr und fährt in die Ewigkeit.
Ein Jahr des Todes und dunkler Geschicke voll,
stürzt es dem vorigen nach in sein Blutmeer,
räumt es der Zukunft die trostlosen Stätten.

Die kommt gezogen zögernd im Faltenkleid,
umraucht vom Kriege, doch über dem Haupte schon
dämmert ihr neblig ein flackernder Lichtkranz.
Naht sich dem Weltall die Hoffnung auf Frieden?

Es betet brünstig, wer noch an Götter glaubt,
sie möchten enden den schrecklichen Völkermord,
über den Trümmern verschütteter Sehnsucht
Schöneres aufbaun, als Grabmäler decken.

Denn unten faule ewig in Staub und Schutt
der arge Geist, der den Menschen die Waffen schliff.
Nimmer erwache den Völkern die Machtgier,
Feindin der Schönheit und Urgrund des Hasses.

Die Tränen aber, jeglicher Tropfen Bluts,
der Mütter Leid und der Bräute zerstörtes Glück
sammelt im Herzen zu eifernder Andacht,
wehrend dem Kriegszorn mit sieghafter Liebe.

D | Brennende Erde 1920.

Sengen, brennen, schießen, stechen,
Schädel spalten, Rippen brechen,
spionieren, requirieren,
patrouillieren, exerzieren,
fluchen, bluten, hungern, frieren …
So lebt der edle Kriegerstand,
die Flinte in der linken Hand,
das Messer in der rechten Hand –
mit Gott, mit Gott, mit Gott,
mit Gott für König und Vaterland.

Aus dem Bett von Lehm und Jauche
zur Attacke auf dem Bauche!
Trommelfeuer – Handgranaten –
Wunden – Leichen – Heldentaten –
bravo, tapfere Soldaten!
So lebt der edle Kriegerstand,
das Eisenkreuz am Preußenband,
die Tapferkeit am Bayernband,
mit Gott, mit Gott, mit Gott,
mit Gott für König und Vaterland.

Stillgestanden! Hoch die Beine!
Augen gradeaus, ihr Schweine!
Visitiert und schlecht befunden.
Keinen Urlaub. Angebunden.
Strafdienst extra sieben Stunden.
So lebt der edle Kriegerstand.
Jawohl, Herr Oberleutenant!
Und zu Befehl, Herr Leutenant!
Mit Gott, mit Gott, mit Gott,
mit Gott für König und Vaterland.

Vorwärts mit Tabak und Kümmel!
Bajonette. Schlachtgetümmel.

Vorwärts! Sterben oder Siegen!
Deutscher kennt kein Unterliegen.
Knochen splittern, Fetzen fliegen.
So lebt der edle Kriegerstand.
Der Schweiß tropft in den Grabenrand,
das Blut tropft in den Straßenrand,
mit Gott, mit Gott, mit Gott,
mit Gott für König und Vaterland.

Angeschossen – hochgeschmissen –
Bauch und Därme aufgerissen.
Rote Häuser – blauer Äther –
Teufel ! Alle heiligen Väter ! …
Mutter ! Mutter !! Sanitäter !!!
So stirbt der edle Kriegerstand,
in Stiefel, Maul und Ohren Sand
und auf das Grab drei Schippen Sand –
mit Gott, mit Gott, mit Gott,
mit Gott für König und Vaterland.

D | *Brennende Erde* 1920 (‚Konkretion' statt ‚Metapher').

VERSTÄNDIGUNG
April 1917

Ein Friede ohne Annexionen
nach jahrelangem Heldenrausch?
Dazu die Arbeit der Kanonen? –
Ich stimme für gerechten Tausch.
Nimm, Frankreich, du bei Kriegsbeendung
Elsaß mit Zabern. Nimm es, – ja!
Uns läßt zu nützlicher Verwendung
Britannien sein St. Helena.

D | *Brennende Erde* 1920.

Lieder sing ich, seit ich denke,
weil mein Herz empfindsam ist
und den Spender der Geschenke
im Genießen nicht vergißt.
Doch sie haben mich vergessen,
denen ich mein Lied beschert.
Niemand lebt auf Erden, dessen
Seele meines Sangs noch wert.
Heldentaten zu vollbringen
ist kein Lob in dieser Zeit:
Disziplin heißt sie vollbringen,
Angst gebiert die Tapferkeit.
Liebe, die das Herz beseligt,
zupft an keiner Leier mehr.
Haß ersetzt sie. Haß befehligt.
Haß ist Heil und Pflicht und Wehr.
Niemals kehrt die Freude wieder
und das Licht, das uns umgab.
Still versinken auch die Lieder
in der Menschheit Massengrab.

D | *Brennende Erde* 1920.

Wir rüsten zum Kampf, zur letzten Wehr,
wir Volk, wir Freien, wir Jungen!
Herbei aus der Schule, der Werkstatt, dem Heer!
Wir dulden die Herrschaft der Junker nicht mehr,
die uns ins Elend gezwungen.
Die Fackeln leuchten himmelan:
Dem Volk, der Jugend freie Bahn!

Sie haben uns lange genug genarrt,
verführt, geplündert, bestohlen.
Wir haben's gelitten – und litten zu hart.
Jetzt gilt's, aus den Händen der Gegenwart
den Preis der Zukunft zu holen.
Der März bricht an. Es birst das Eis.
Die Freiheit ist des Kampfes Preis.

Uns ängstet kein Feind im Nachbarland.
Wir ziehen nicht aus zum Erobern.
Die Völker der Erde sind herzensverwandt.
Den Brüdern drüben die Bruderhand,
die Fäuste den Junkern und Obern!
Das eigne Land ist zu befrein –
die Jungen sollen Führer sein!

Für Freiheit und Volk! – Zum Kampf, wer jung
und stark der Zukunft ergeben!
Die Waffe des Volks ist der stürmende Schwung
der unverbrauchten Begeisterung.
Die Jugend hoch und das Leben!
Zur letzten Wehr! Bald sind wir frei.
Los von der Junkertyrannei!

D | *Brennende Erde* 1920
(jetzt drängend: ‚revolutionärer Pazifismus').

Oktober 1917

Vor dem Rot des Tags, der Abschied nimmt,
wälzt sich wollig wolkig grauer Rauch,
welcher eines nahen Schlotes Bauch
schwer entklimmt.

Und der Rauch formt vor dem roten Schein
weiche Arabesken und Figuren.
Wunderlich zerfließen die Konturen
querluftein.

Was die Menschenhand am Ofen drunten
um des Brotes willen schafft und flicht,
zieht vorbei im abendhimmelsbunten
Schemenlicht.

Hämmer fallen auf geglühten Stahl.
Flammen schlagen, und der Motor brüllt,
wo man schwarze Eisenmäntel füllt,
ohne Zahl.

Traurig bleibt der Wandrer stehn und sieht,
wie das finstre Werk in grauen, langen,
schlimmen Wegs bewußten Wolkenschlangen
nachtwärts zieht.

Giftig spaltet sich die Schlangenhaut.
Schwerter züngeln und Kanonenmünder
runden sich und bersten, Hundertpfünder –
ohne Laut.

Pferdeleiber winden sich, und Hände
greifen langgefingert jäh ins Leere.
Durch die Reste wüster Waldgelände
stelzen Heere.

Steil und spitzig stoßen Bajonette
auf und nieder. Türme steigen, kippen.
Tanzend, wiegend schlingt sich eine Kette
aus Gerippen.

Fäuste wachsen, krallen sich um Kehlen.
Dürre Körper sinken unter Hieben.
Vor dem roten Schein im Rauch zerstieben
Menschenseelen.

Nacht verschluckt die nebligen Gebilde.
Ruhlos walkt der Schlot der Waffenschmiede ...
Wann wird Tag? O wann erwacht der milde
Weltenfriede?

D | *Brennende Erde* 1920.

DAS BEISPIEL LEBT
März 1918

Das Beispiel lebt. Wir müssen nicht mehr sinnen:
Wie wird uns Friede? wie Gerechtigkeit?
Wir sahn Kämpfer, sahen Kämpferinnen,
und sahn ein Volk, das selber sich befreit.
Es fiel ein Zar. Ein alter Thron zerbrach,
und eitle Trugpropheten stürzten nach.

Das Beispiel lebt. Aus aufgestautem Jammer
schoß zischend in das Meer von Blut die Tat.
Getroffen von des Zornes mächtigem Hammer
zersplitterte, der ihn erzeugt, der Staat.
Alt-Rußland stirbt, wenn unter Schmerzen gleich,
und neuer Wille schafft ein neues Reich.

Das Beispiel lebt. Wird es das Volk befruchten,
das demutvoll die tiefste Schmach erlitt?
Das stets den Rücken krümmte unter Zuchten,
das immer nur die eigne Qual erstritt?
O Deutschland, zwischen Furcht und Hoffnung schwebt
wer deine Pflicht erkennt. – Das Beispiel lebt.

D | *Kain. Zeitschrift für Menschlichkeit*, 7. Januar 1919.

KRIEGSLENZ
Mai 1918

Goldner erster Maientag.
Frühling, Sonne, Vogelschlag.
Durch die Tannenwipfel rauscht
Bergwind. Und ein Hase lauscht.

Ferner Kirchenglocken Klang
schwingt verträumt den Wald entlang.
Jedes Gras und jedes Kraut
ist vom Frühling übertaut.

Frieden atmet Berg und Tal …
Aber Friede war einmal.
Holder Lenz, du bist erkrankt.
Gott der Herr hat abgedankt.

D | *Brennende Erde* 1920.

Wusch ich mich schon vor einem Jahr
zum letzten Mal mit Seife,
so ward jetzt auch der Tabak rar.
Schwarz gähnt das Maul der Pfeife.
Ein kalter Ruch – Erinnerungswahn –
entdünstet trüb dem Rachen.
Die taubste Nuß, der hohlste Zahn
kann nicht so traurig machen.
Der Tabakbeutel schlaff und leer
rutscht grämlich durch die Hände.
Kein lustig blaues Wölkchen mehr
belebt die kahlen Wände.
Wo ist der Qualm, der mir im Raum
die fade Luft gesäuert,
der mich umwirkt mit süßem Traum,
den Genius mir befeuert?
Wo ist das braune Zauberkraut,
das alle Grillen bannte?
Verbraucht, verschmaucht, verraucht, verdaut –
dahin ins Unbekannte! …
Da liegt er nun, der Pfeifenkopf,
ein Anblick zum Erbarmen,
und wartet, daß ihn jemand stopf.
Es hilft dir nichts, dir Armen.
So ging's dem Vaterlande auch.
Jetzt habt ihr die Erfahrung:
Erst hochgepafft den dicken Rauch,
und nachher fehlt's an Nahrung.
Die Seife schmolz dahin zu Schaum;
jetzt wäscht man sich mit Speichel
und raucht das Laub vom Lindenbaum
mit kleingeriebener Eichel.
Vertan, verpulvert, aufgezehrt,
was unser war alltäglich. –
Lieb Vaterland, jetzt heißt's: entbehrt! –

Der Rest ist arm und kläglich.
Wie viele Wochen, Tage noch
hält sich der Rest im Sacke?
Schon sickert er durchs Hungerloch
gleich meinem Rauchtabake …
Was ward aus dir, lieb Vaterland?
Des eigenen Ruhms Attrappe,
ein ausgeblasenes Ei im Sand,
ein Siegesaar aus Pappe.
Herausgesogen bis zum Grund
der letzte Lebenstropfen –
ein leergebrannter Pfeifenschlund – –
und nichts mehr nachzustopfen.

D | *Brennende Erde* 1920.

DIES IRAE
1. November 1918

Der Hölle Rachen fauchte Gift und Unrat aus
und ließ die Welt in Urschlamm und in Blut ersaufen,
und Feuerbrand und Eisensplittergraus
schuf aus der Menschheit Stätten öde Trümmerhaufen.
Was Teufelstücke unterm Gottesfluch erdacht,
ward Menschenwerk, ward Würfelgut und Ware,
ward Antrieb, Vorwand, Mittel, Wahn der Macht,
ward Mordgeist, Heldenruhm, Sieg und Fanfare.
Entstellte Krüppel, unbegrabenes Menschenaas.
Wo Wälder, Städte standen, trostloses Gerölle.
Der Weiber Glück und Hoffnung gieriger Krähen Fraß.
Mars Triumphator auf dem blutigen Thron der Hölle …
Empor, betrogene Menschheit, aus dem schmutzigen Pfuhl!
Der Freiheitswille drängt hervor aus Knechtsgewimmel.
Schon unterm blutigen Baldachine schwankt der Stuhl

der Weltbeherrscher. – Höllengeister, scheut den Himmel! …
Den Himmel! Seine ersten Blitze funkeln schon,
und Himmelsahnen reißt die Welt in Abenteuer.
Freiheit aus Höllenqual! – Empor, Revolution!!
Wer auf zum Himmel will, fürcht' nicht das Fegefeuer!

D | *Brennende Erde* 1920.

VERSÖHNUNG
[6. November 1918]

Tore der Freiheit auf! – Feinde von gestern,
nehmt unsre Hände hin, Brüder und Schwestern!
Arbeiter, Bauersmann, Bürger, Soldat –
eigenes Schicksal will eigenen Rat.
Glückliche Ernte will zeitige Saat. –
Nieder die Grenzen, die uns geschieden!
Völkerfreiheit wirke das Band
ewiger Freundschaft von Land zu Land, –
wirke der Völker ewigen Frieden.

D | *Kain. Zeitschrift für Menschlichkeit,* Erstes Flugblatt 18.11.1918.

MAHNUNG DER GEFALLENEN
[Juni 1922]

Aus allen Gräbern der gefallenen Brüder
klopft das Gebein herauf: wir liegen wach
und horchen, was ihr treibt. Doch immer müder
wird euer Kampf. Selbst euer Wort klingt schwach.
Habt ihr uns dazu weinend eingegraben,

mit roten Schleifen unsre Gruft geschmückt,
daß unsre Mörder gute Tage haben
und daß die Faust, die uns erschlug, euch drückt?
Wir starben in dem Kampf, den zu gewinnen
wir euch mit unsrem Tode auferlegt.
Ihr schwurt uns Sieg. – Wollt ihr euch noch besinnen,
bis euch das Alter in die Grube fegt?
Kränkt euch nicht mehr das Elend und der Hunger?
Beugt ihr euch wieder willig unters Joch?
Schläft euer Geist? Und warum reißt kein junger,
kein starker Arm ihn zur Empörung hoch?
Genossen, schämt euch. Ihr seid klug geworden.
Wir kämpften. Ihr bedenkt, erwägt, bemeßt.
Die Feinde knechten euch; sie strafen, morden –
ihr unterhandelt, ihr erhebt Protest!
Ihr sitzt am selben Tisch mit ihresgleichen
und feilscht im Rat. – Sie handeln, ihr stimmt ab.
Sie bringen Jahr für Jahr uns frische Leichen; –
ihr bringt uns jährlich frisches Grün ans Grab. –
Die Waffen mögt ihr, nicht Protest erheben!
Dem Volke dient – euch selbst – doch nicht dem Staat!
Nicht kluger Vorsicht – weiht dem Kampf das Leben!
Statt weicher Eide leistet harte Tat! …
Wir Toten liegen wach, doch ihr treibt Possen.
Erfüllt, was unser Tod von euch begehrt!
Erkämpfet uns die ewige Ruh, Genossen!
Rächt uns! Befreit die Welt! Heraus das Schwert!

D | *Alarm. Manifeste aus 20 Jahren*, 1925.

Die Pflicht
Mai 1924

Jüngst war der Tod bei mir zu Gast …
Unsichtbar stand er und hat still
und prüfend meinen Puls gefaßt,
als fragt er, ob ich folgen will.
Da ward mein Körper schwebend leicht,
und in mir ward es licht und rein.
Ich spürte: Wenn das Leben weicht,
muß Seligkeit und Süße sein.
Willkommner Tod, du schreckst mich nicht;
in deiner Obhut ist es gut,
wo Geist und Leib von aller Pflicht,
von Kerkerqual und Ängsten ruht …
Von aller Pflicht? Stirbt denn mit mir
der Krieg, das Unrecht und die Not?
Des Armen Sucht, des Reichen Gier –
sind sie mit meinem Ende tot?
Ich schwur den Kampf. Darf ich ihn fliehn?
Noch leb ich – wohlig oder hart.
Kein Tod soll mich der Pflicht entziehn –
und meine Pflicht heißt: Gegenwart!

D | *Alarm. Manifeste aus 20 Jahren*, 1925.

Generalstreik
Juni 1926

Schlachtschiffe kreuzen vor Liverpool.
Der Tommy grölt heiseren Klangs:
Rule Britannia – Britannia rule!
Durch London rattern die Tanks.
Arbeitswillige, Streikbrecher – her!

Verräter in Reih und Glied!
Es ruhn die Fabriken, es stockt der Verkehr,
und – wehe! – es stockt der Profit!

Seiner Majestät Regierung
proklamierte den Beschluß,
daß die Rationalisierung
der Prolet bezahlen muß:
Längere Arbeit, kürzere Nahrung –
plag dich und krepier, Prolet!
Hat in Deutschland die Erfahrung
doch bewiesen, daß es geht.

Da legten die Kumpels die Hacken fort,
da flog die Glut aus den Kesseln,
da gingen Matrosen und Heizer von Bord,
da klirrten – da rissen die Fesseln.

Und Millionen und Millionen
weigern ihren Dienst den Drohnen.
Der Fuß, der sonst den Blasebalg tritt,
er stampft die Straße im Massenschritt,
und die Hand, in der sonst der Hammer saust,
sie reckt sich empor und ballt sich zur Faust.

Sklaven aller Länder, Knechte,
Ausgebeutete der Welt!
England kämpft um euere Rechte!
Euer aller Würfel fällt!
Helft die brit'schen Ketten brechen!
Sperrt der Kohle den Kanal!
Legt die Gruben still, die Zechen!
Nieder mit dem Kapital!

D | *Der Knüppel*, Juniheft 1926.

Kriegskrüppel, die ihr stempeln geht,
am Weg den Leierkasten dreht,
blind in die blinde Zukunft blickt
und eure Kinder betteln schickt –
verzweifelt nicht – verzweifelt nicht!
Das Vaterland kennt seine Pflicht.

Vier Jahre wart ihr an der Front;
doch habt ihr wieder heimgekonnt –
seid drum nicht ganz so hoch geehrt
wie die, die nicht zurückgekehrt.
Wer seinen Tod im Felde fand,
dem dankt zuerst das Vaterland.

Was ist des Vaterlandes Dank?
Legt's für die Witwen auf der Bank
und für die Waisen Konten an,
daß die Familie leben kann?
O nein, o nein, o nein, o nein –
der Staat baut einen Ehrenhain!

Im Hain ein Ehrenmal aus Erz –
das trocknet Tränen, stillt den Schmerz;
auch steigert es des Standorts Ehr
samt Fremden- und Geschäftsverkehr.
O edler Streit! O schwere Wahl!
Ein jeder will das Ehrenmal!

In Berka will man's, will's am Rhein,
Wohin? Wohin mit dem Ehrenhain?
Krach tost und Zank um das Ehrenmal –
nur denen, die's angeht, ist's egal:
den modernden Toten im fremden Sand,
den hungernden Krüppeln im Vaterland!

D | *Die Welt am Montag*, 16. August 1926.

Ein Orgelmann leiert am Straßenrand,
er rasselt mit seinen Prothesen:
Ich gab meine Beine dem Vaterland;
ich bin ein Kriegsheld gewesen.
Zu Hause ließ ich die Kinder, das Weib,
die hungern sich den Skorbut an den Leib; –
ich brüllte gereimte Gesänge
und kämpfte im Schlachtengedränge.
Doch das macht nichts, das tut nichts, das kommt nicht drauf an –
mich haben die Dichter begeistert,
sie haben das Hirn mir verkleistert,
daß ich jetzt mit den Kunstbeinen rasseln kann. –
Ein Hoch der Poesie! Es lebe das Genie!
Immer rein, immer rein in die Akademie!

Hurra, ich kann singen auch ohne Bein
und orgeln zu Dichters Reimen.
Drum sollen sie auch Akademiker sein
und den Geist des Vaterlands leimen.
Was ich hatte, das stahl mir die Inflation,
und der Hauswirt schluckt meine Krüppelpension,
ich dreh meinen Leierkasten
und üb mich in Frieren und Fasten.
Doch das macht nichts, das tut nichts, das kommt nicht drauf an.
Wenn die Dichter nur werkeln am Staate,
dann freut sich ein tapfrer Soldate
noch als bettelnder Leierkastenmann.
Ein Hoch der Poesie! Es lebe das Genie!
Immer rein, immer rein in die Akademie!

Das Leben der Dichter ist immer ein Fest,
besonders der Prominenten.
Sie singen vom Mond, von der Frau, vom Inzest,
da schmecken den Reichen die Renten.

Und macht ein Poet als Prolet sich gemein,
dann sperrt man ihn rechtens ins Zuchthaus ein.
Er braucht ja den Staat nur zu loben –
dann wird er vom Staate erhoben.
Doch das macht nichts, das tut nichts, das kommt nicht drauf an.
Wir preisen die Republike mit Versen teils, teils mit Musike.
Der Dichter reimt's erst, ich orgle es dann:
Ein Hoch der Poesie! Es lebe das Genie!
Immer rein, immer rein in die Akademie!

D | *Fanal*, Dezemberheft 1926, S. 48.

WELTWENDE

Weil seit drei Tagen kein Blitz einschlug
und der letzte Brand im Gebälk verglomm,
glaub nicht, es sei jetzt der Prüfung genug
und der Himmel bleibe nun heiter und fromm.
Es kommt der Tag, wo das Himmelsnetz reißt,
wo der Meergrund sich türmt, wo die Erde birst;
der Tag ist nah, wo du fühlst, wo du weißt;
o Mensch, o Welt, daß du mündig wirst.

D | ‚*Sammlung 1898-1928*‘, 1928.

Jahrgang 1.   No. 1.   April 1911.

KAIN

Zeitschrift·für Menschlichkeit

Herausgeber:

Erich Mühsam

Inhalt: Kain (Gedicht). — Die Todesstrafe. — Tagebuch aus dem Gefängnis. — Bemerkungen. — (Münchener Theater. — Bayerische Freiheitlichkeit. — Die volle Mass. — Oeffentlicher Dank.)

Kain-Verlag München.

Texte aus „Kain – Zeitschrift für Menschlichkeit" | 1911-1914 und 1918

Der marokkanische Krieg

(September 1911)[2]

Wie lange soll das öde Gewäsch noch gehen? Wie lange sollen Millionen kräftiger Männer, deren Frauen, Brüder, Freunde, Geliebte, Eltern, Landsleute noch mit dem diplomatischen Zeitungstratsch genarrt werden, in dem um Kanonen und Kartätschen, um Menschenblut und Menschennot geknobelt wird? Wie lange wird sich dieses Volk noch als Blindekuh im Kreise drehen lassen?

Seit sechs Jahren und länger trompeten uns nun die geaichten Patrioten das Wort Marokko in die Ohren, und wir werden aufgefordert, uns für die ideale Forderung zu begeistern, dass der Westfetzen dieses Landes „uns" gehören soll. Uns? Wer sind wir? Wir sind die Herren Mannesmann nebst spekulatorischen Konsorten, und die andern, mit denen wir uns drum balgen sollen, der Feind, der „Erbfeind", das sind die Franzosen – nein, das sind ein paar französische Großspekulanten, die aus dem Bedarf ihrer Landsleute nach Eisenerzen oder Fetthämmeln persönlichen Millionengewinn schlagen möchten.

Ich verstehe nichts von Kolonialpolitik – zugegeben! – Ich will auch gar nichts von Kolonialpolitik verstehen. Denn, scheint mir Politik selbst schon wahnwitziges Getue, so dünkt mich Kolonialpolitik vollends unmenschliches Verbrechen. Wem gehört Marokko?

---

[2] Textquelle | Erich MÜHSAM: *Der marokkanische Krieg*. In: Kain – Zeitschrift für Menschlichkeit (München, Hg. Erich Mühsam), Jahrgang I, Nr. 6 (September) 1911, S. 81-87. – Die Texterfassung der Beiträge aus der Zeitschrift „Kain" ist nach dem auf archive.org eingestellten Sammel-Digitalisat aller Jahrgänge erfolgt (Schreibweise hier behutsam bearbeitet; eine Übereinstimmung der Seitenangaben mit dem Originaldruck wurde nicht überprüft; pb).

Den Franzosen? Den Deutschen? Den Spaniern? Allen dreien? Meine Auffassung mag weltfremd sein; ich finde, Marokko gehört den Marokkanern.

Das vaterländische Marokko-Gezeter hat ethisch eins vor anderen Kolonial-Erhitzungen voraus. Die gemeinste Lüge, mit der gewöhnlich gearbeitet wird, hört man diesmal seltener. Die interessierten Herrschaften betonen das rohe Interesse stärker als in andern Fällen, wo aus den Raubzügen sittliche Expeditionen mit kulturträgerischer Mission gemacht wurden. Man landet Kriegsschiffe an den Küsten solcher Länder, deren Bewohner „unkultiviert" leben, und die man „wilde Völker" nennt, weil dort die Menschen in Frieden miteinander arbeiten, keine Ausfuhr noch Einfuhr haben, sondern gut und reichlich mit dem auskommen, was der eigene Boden trägt, keine Not leiden und sich nicht gegenseitig ausbeuten. Diesen Völkern trägt man europäische Kultur ins Land, bestehend in Branntwein, modernen Schusswaffen und geschmacklosen Kleidungsstücken zur Verdeckung dessen, was den Menschen dort bisher natürlich erschienen war. Als Äquivalent für diese guten Gaben brauchen die beglückten „Wilden" nur ihr Land, ihre Arbeitskraft, ihre Leiber, ihre Weiber und Kinder, sämtliche Produkte ihres Bodens, ihre Freiheit, ihre Volksgewohnheiten und ihre naive heidnische Religion herzugeben – weiter nichts. Wer sich widersetzt, wird getötet, wer sich fügt, versklavt. Das sittliche Recht dazu ergibt sich aus der in der wirksamsten modernen Bewaffnung dokumentierten höheren Kultur der Europäer. So sieht die Kolonialpolitik aus, für die sich zu begeistern moralische Pflicht aller europäischen Nationen ist.

Und warum all die Niedertracht und all der Wahnsinn? Weil die rationelle Bewirtschaftung des heimischen Bodens den wenigen, die ihn mit allen Rechten besitzen, nicht soviel Profit brächte wie die absurde Ex- und Import-Schacherei, die die Kapitalverzinsung garantiert. Peter Kropotkin hat in seinem Buche „Landwirtschaft, Industrie und Handwerk"[3] (vergl. auch sein großes Werk „Gegenseitige Hilfe in der Entwicklung"[4]) einwandfrei nachgewiesen, dass

---

[3] In der deutschen Übertragung von Gustav Landauer beim Verlag des Sozialistischen Bundes, Berlin.

[4] Ebenfalls deutsch von Gustav Landauer bei Thomas, Leipzig.

jedes Land bei intensiver Bodenbewirtschaftung in der Lage ist, den eigenen Bedarf an Nahrungsmitteln vollständig zu decken. Heutzutage wird keine intensive Bodenkultur betrieben. In Deutschland liegen ungeheure Landflächen brach. In diesem Lande aber ruhen auf der Einfuhr des Nötigsten hohe Zölle, die Ausfuhr von Getreide und Vieh hingegen wird prämiiert. Dabei fehlt es Millionen Deutschen an der Möglichkeit, die dringendsten Bedürfnisse des Lebens voll zu befriedigen, Hunderttausende leiden buchstäblich Not, Tausende verkommen in Elend und Schmutz. Die Inhaber des Landes aber wissen gar nicht, wo sie mit all ihren Schätzen bleiben sollen und suchen an fernen Küsten „Absatzgebiete".

Deshalb nun also der Ruf nach Marokko! Ein halb Dutzend Jobber diesseits, ein halb Dutzend jenseits der Vogesen zanken sich um die schönen Zipfel des Landes, und die nationale Ehre zweier Vaterländer ist soweit engagiert, dass hüben und drüben gefährlich mit der Plempe gefuchtelt wird.

Wer wird schließlich den armen Mauren das Fell endgiltig über die Ohren ziehen dürfen? Das wird nun in der diplomatischen Giftkammer der beteiligten Regierungen ausgesotten. Kommt dabei kein für beide Teile genießbares Getränk zustande, so geht's an die ultima ratio – und die nationalen Leidenschaften der Völker werden mit Alkohol und Phrasen in den Zustand des erforderlichen Blutdurstes versetzt und mit Mordwaffen entsetzlichsten Kalibers gegen einander losgelassen.

Jetzt erhebt sich aber die Frage: wer führt Krieg? Die Fürsten? Die Regierungen? Die Parlamente? Die interessierten Börseaner? Mir scheint: die Soldaten führen Kriege. Und weiter: Was sind das für Menschen, die Soldaten? – Die Söhne der Fürsten? Der Regierenden? Der Parlamentarier? Der interessierten Börseaner? Mir scheint: das Heer Soldaten besteht fast ausschließlich aus Arbeitern und Bauern, aus solchen Leuten, auf deren Kosten der Preis des möglichen Sieges fruktifiziert werden soll. Diese Leute werden aus den Armen der Nächsten, werden von Werkstätten und Scholle gerissen, mit Flinten und Säbeln beladen, aus der Heimat geschleppt, sie werden in Bataillone und Regimenter gruppiert, eben solchen Bataillonen und Regimentern, die ebenfalls aus friedlichen Menschen gebildet sind, gegenübergestellt, und ihnen befohlen, auf die fremden Menschen, die doch ihresgleichen sind, zu schießen und zu schlagen und möglichst viele von ihnen zu töten. Ebenso wird ihnen gesagt, dass es heldenhaft sei, sich von jenen erschießen und erschlagen zu lassen, und dass sie sich dem Vaterland – wieviele von den Soldaten besitzen davon einen einzigen Quadratmeter? – nützlicher erweisen, wenn sie sich von platzenden Granaten in Fetzen reißen lassen, als wenn sie ihren Kindern und Eltern den Ernährer, ihrer Geliebten den Mann, ihren Gefährten den Kameraden erhalten.

Die Macht, auf die Entschließungen der Herrschenden einzuwirken, hat die Masse nicht, aus der sich die Armeen rekrutieren. Die Möglichkeit, solche Macht zu erringen durch wirtschaftliche Kämpfe und kräftige Initiative jedes Einzelnen, hat sie – in Deutschland wenigstens – in unfruchtbarer vierzigjähriger parlamentarischer Politikasterei vertan; alle latenten Energien hat sie auf den lachhaften Popanz einer quantitätsprotzenden Wahlpolitik nutzlos vergeudet. So muss sie willenlos zusehen, was bei der außeröffentlichen Diplomatenhandelei herauskommt. – Noch viel weniger ist im Falle des Ausbruches eines Krieges auf den passiven Widerstand der Soldaten zu rechnen. Eine solche Aktion wäre auch gar nicht anzuraten, sie würde den wenigen, die sie vielleicht versuchen möchten, unweigerlich den Kopf kosten.

Ist der Krieg erklärt, dann wird marschiert; da gibt's kein Drehen und Wenden. Anders liegt der Fall, solange die Gefahr des Krieges über den Völkern schwebt. Hat das Volk ein wirksames Prohibitivmittel gegen den organisierten Massenmord des Krieges?

Als im vorigen Jahre in Kopenhagen der internationale Sozialistenkongress tagte, da stellten die Franzosen und Engländer den Antrag, einer drohenden Kriegsgefahr solle in den beteiligten Ländern dadurch begegnet werden, dass für alle Gewerbe der umfassende Generalstreik proklamiert werde. Die Wirkung solcher Aktion ist evident. Einem Lande, in dem auch nur für drei Tage aller Verkehr gehemmt ist, in dem die Zirkulation der Waren unterbunden wird, in dem keine Bahn fährt, kein Licht leuchtet und kein Schlot raucht, in dem die Kranken nicht gepflegt und die Leichen nicht begraben werden, einem Lande, das keine Post erhält und keine versenden kann, und dem obendrein das Gift der Zeitungen entzogen ist – solchem Lande stockt der Atem, und es hat für lange hinaus für seine leistungsfähigen Kräfte bessere Verwendung, als sie an die Landesgrenze vor die Kanonenschlünde zu jagen.

Sahen wir nicht eben erst in England, diesem Wirtschaftslande
aus dem Grunde, das noch kaum von sozial demokratischen
Schwätzern marxistischer Observanz verseucht ist, was schon ein
partieller Streik zu wirken vermag? Bei den Seeleuten fing es an,
griff auf Transportarbeiter, Fuhrleute und schließlich auf die Eisen-
bahner über, und die friedfertigste aller Regierungen verlor den
Kopf und griff mit dem klobigen Mittel der Militärgewalt in den
Kampf ein, der ohne diese Tapsigkeit nicht einen Tropfen Blutes
hätte zu kosten brauchen. Die Arbeiter haben ihre Forderungen, die
an sich nicht wichtig waren, durchgedrückt; sie haben die Regierung
gezwungen, nach ihrer Pfeife zu tanzen. Und das in England, dem
von allen Kapitalisten so laut gerühmten Musterland für wirtschaftliche Organisationen! Ja eben, die rein wirtschaftliche Struktur des
Klassenkampfes! Die war es, die plötzlich – ohne sozialdemokra-
tisch-politische Begriffsdeutelei – den wirklich sozialistischen Gedanken hervorbrechen ließ und eine Solidaritätsaktion von solcher
Kraft, Entschlossenheit und Geradheit wachrief, dass einem das
Herz höher schlug. – Stände England jetzt vor einem Krieg – könnte
es ihn führen? England wird noch lange zu schaffen haben, bis alles
wieder im kapitalistischen Gleise korrekt funktioniert.

Der Antrag der Engländer und Franzosen fiel in Kopenhagen ins
Wasser. Er scheiterte an dem Widerspruch der Deutschen, die einen
ihrer radikalsten und dazu einen ihrer klügsten und ehrlichsten Vertreter, Herrn Ledebour, erklären ließen, die deutschen Sozialdemokraten müssten den Antrag ablehnen, weil sie sonst ihre politische
Stellung unleidlich erschweren würden. Danach in Deutschland
zum Generalstreik aufzufordern, wäre sinnlos. Die ihn realisieren
müssten, würden dem Rat nicht folgen, weil der Sand, der ihnen
jahrzehntelang von der Parteipresse in die Augen gestreut wurde,
ihnen jeden Blick für das real Nötige verschleiert hat.

Die wir in Deutschland den Frieden wollen, haben von der deutschen Arbeiterschaft nichts zu hoffen. Deren Demonstrationsver-
sammlungen und hochtrabende Resolutionen schrecken keinen
Hund vom grünen Tisch und von den Kassenschränken. Wir müssen unsere Blicke vertrauend nach Frankreich richten. Die Franzosen haben ihre Hervé, Griffelhues, Yvetôt, – radikale Naturen voll
Leidenschaft und Volksliebe, Männer, deren Feuer in den Massen
zündet und deren Worten sie freudig zustimmend folgen. – In

Frankreich ist es soweit, dass die Regierung ihre Arbeiter und Bauern nur mit Zittern zum Kriege rufen könnte. Dort steht der klare Wille des Volkes stark und groß gegen die verschlagene Klugheit der Advokaten. Dort spricht aber auch ein Umstand mit, dessen wir hierzulande nur mit Scham und wehmütigem Neid gedenken können: dort steht der Geist geeint auf der Seite des Volkes, dort stellt sich der Geist der Dichter und Künstler in den Dienst der Menschheitssache.

Wo lebt uns ein Anatole France? – Die in Deutschland den Geist repräsentieren, schlafen. Deutsche Dichter und Künstler, wollt ihr nicht endlich auch zur Posaune greifen? – Ist es nicht Blut von eurem Blut, das für Marokko fließen soll? – Wollt ihr nicht endlich erwachen und euch dem Volk einen, das Volk schaffen, ohne, das euer Werk Schatten und Schaum ist? – Geist und Volk gehören zusammen! – Mag der Tag nicht fern sein, da sie auch in Deutschland vereint stehen gegen Junker und Börse, gegen Diplomaten und Pfaffen und gegen die journalistischen Paukenschläger!

Bebel †

(Oktober 1911)[5]

August Bebel ist tot; im Alter von 71 Jahren an Entkräftung und Herzschwäche gestorben. Er lebt? – Er ist tot, sage ich euch, und es ist höchste Zeit, ihm den Nekrolog zu schreiben. In Jena hauchte er, am 14. September 1911, seine revolutionäre Seele aus, umringt von seinen Getreuen, die seine letzten Atemzüge, seine letzten Seufzer auffingen, um in ihrem Geiste weiterzuleben, weiterzukämpfen, weiterzuwursteln.

August Bebel war eine Kämpfernatur, – das soll ihm unbestritten bleiben. Er war ein Draufgänger vom alten Schlage, einer der seine Überzeugung, sein Ideal und seine Sehnsucht hatte. Leidenschaftli-

---

[5] Textquelle | Erich MÜHSAM: *Bebel* †. In: Kain – Zeitschrift für Menschlichkeit (München), Jahrgang I, Nr. 7 (Oktober) 1911, S. 97-103.

ches Temperament hatte er nicht, – das wäre zu viel gesagt. Aber er konnte es haben, wenn er wollte. Er konnte seine prächtige Beredsamkeit zu Ausbrüchen befeuern, dass es eine Lust war, ihn zu hören. Und, während er sprach, war Bebel immer ehrlich. Hatte er sein Temperament angekurbelt und ließ es nun haltlos ablaufen, so glaubte er selbst jedes Wort, das ihm der Moment eingab, so hatte! er keine Ahnung, dass er vorher ganz anders geredet hatte und nachher wieder ganz anders reden würde. Wer August Bebel je für einen überragend intelligenten Kopf gehalten hat, verkannte ihn durchaus. Er war nur ein eminent politischer Kopf. Seine Intelligenz erhob sich nie über das Niveau der durchschnittlichen Klugheit belesener Proletarier. Was ihn vor seinen werktätigen Standesgenossen auszeichnete, war ausschließlich die Gabe der Beredsamkeit. Aber auch die musste man mit Vorsicht beurteilen. Sie beruhte nämlich keineswegs auf der Fülle einander überjagender Einfälle und Gedanken, auch nicht auf sonderlich geschickter Diktion oder sauberem Stil, sondern durchaus nur auf dem wundervollen hellschallenden Organ des Mannes und auf der lebendigen Beweglichkeit seiner Gesten. Wer ihn hörte, wurde gepackt und oft erschüttert und mitgerissen. Las man nachher aber die Reden auf dem Druckpapier nach, da fand man nicht mehr viel vor von dem Feuer, der Begeisterung, der Überzeugungskraft des gesprochenen Wortes. Dann waren es meistens gar nicht besonders geschickt aufgebaute Sätze, aus denen die Rede bestand, aber viel Ausrufungszeichen, Fragezeichen, Schlagworte. Hinter denen stand zumeist: Bravo! Lebhafter Beifall! Stürmischer Beifall! – und man besann sich, dass die schlagkräftigen rhetorischen Wendungen immer am Ende einer Gedanken reihe erfolgten und auf diese Weise auf den nächsten Teil der Rede vorbereiteten. Auch die Äußerungen, auf die Heiterkeit! und Stürmische Heiterkeit! folgte, erwiesen sich nachträglich bei der Lektüre als recht billige Witzchen und Anrempelungen, die gewiss keinen Humoristen zum Urheber hatten. Las man gar, was er geschrieben und dem Druck übergeben hatte, so stellte sich sein Stil als übelstes Zeitungsdeutsch heraus. Wer in fünfzigjähriger Schreibpraxis so wenig Sprachzucht gelernt hatte, war gewiss kein geistiges Phänomen.

Aber ein Politiker war Bebel. Er hatte stets den richtigen Instinkt dafür, wann er temperamentvolle Fanfaren zu schmettern und wann er in leidenschaftsloser Sachlichkeit zur Ruhe zu mahnen hatte. Der sächsische Drechslergeselle lebte in ihm bis zum Ende, und als sächsischer Drechslergeselle stand er den Dingen des Lebens, des öffentlichen Geschehens und der Partei gegenüber. Er empfand alle Vorgänge, mit denen er sich zu beschäftigen hatte, ganz und gar als Proletarier, – das war das Geheimnis seiner unerhörten Popularität. Die Meinung, die er in Versammlungen, im Reichstag, auf den Parteitagen vertrat, war der Ausdruck der wirklichen Grundstimmung der sozialdemokratisch geleiteten Massen. Dieses in seiner Herkunft begründete Mitschwingen seines Geistes mit dem Fühlen und Denken der Millionen Proletarier gab ihm jederzeit die Sicherheit seines Auftretens, das im letzten Dezennium geradezu diktatorische Allüren annahm. In dieser absoluten Sicherheit seines jeweiligen Standpunktes war er sogar seinem vor ihm verstorbenen Genossen Paul Singer voraus, der sich tief in das Wesen der Arbeiterseele hineingearbeitet hatte und Bebel an Intelligenz weit überlegen war.

Was Bebel sagte, konnte man stets als den Ausdruck der jeweiligen Massenansicht annehmen. Er war ein Barometer der Stimmung unter den deutschen Arbeitern, und wenn er von Jahr zu Jahr einen revolutionären Grundsatz nach dem andern preisgab, so reproduzierte sich darin die Wirkung der marxi[sti]schen Kathederweisheiten auf das Volksgemüt.

Die Aktionsfeindschaft des historischen Materialismus verurteilt den Marxisten zur Realpolitik, d. h. zum grundsatzlosen, zielvergessenen taktischen Manöverieren innerhalb der angefeindeten bestehenden Verhältnisse. Das revolutionäre sozialistische Prinzip musste bei der wachsenden Erkenntnis der von Marx inaugurierten Ideen bei der Masse zur Phrase werden, und wurde somit auch bei Bebel in immer steigendem Masse zur Phrase. Solange die Massen an ein Zukunftsideal glaubten, solange sie noch wähnten, ihre Beteiligung am Kampf der politischen Parteien müsse binnen kurzem zur Realisierung verschwommener sozialistischer Träume führen, solange war auch August Bebel der Fürsprecher eines radikalen Draufgängertums gewesen. Er konnte, wenn er Temperament einschaltete, geradezu fanatisch werden in seinem Zorn gegen die bürgerliche Gesellschaft und war am sympathischsten, wenn er einmal – ganz der Mann des Volkes und seines Wahns – den Blick für das Wirkliche total verlor und sein unklares Zukunftsstaats-Gebilde schon zum Greifen nahe gerückt sah. Das war der Bebel, der in der Geschichte fortleben wird und um dessen Tod auch wir trauern, die wir seine Wege nie gegangen sind: der für das Jahr 1898 den großen Kladderadatsch prophezeite, der schwor, bis zum letzten Atemzuge der Todfeind der bürgerlichen Gesellschaft bleiben zu wollen, der keine Bündnisse und keine Konzessionen wollte, der Draufgänger und couragierte Attackenreiter.

Als seine Haare weiß wurden, wandelte sich Bebel zum wägenden Taktiker. Denn inzwischen hatten die Diplomaten und Advokaten in der Partei Oberwasser bekommen, und die Massen fühlten sich regierungsfähig im kapitalistischen Staat. Bebel hatte so wenig wie das Gros der Arbeiterschaft die Kraft, sich dem Strudel des wohlfeilsten Reformer-Ehrgeizes zu entreißen. Er geriet mitten hinein in die kleinbürgerliche Tagespolitisiererei, die seine Krankheit wurde und seinen Tod herbeiführte.

Von 1867 bis 1911 – welch ein Niedergang! Der hartköpfige Revolutionär, der Verfolgungen, Gefängnisstrafen, Bedrückungen aller Art auf sich nimmt; dann der Wortführer des Volks, wo es um ernste Dinge geht, der drohende Wächter über kümmerliche Rechte; und endlich der General belfernder Gernegröße, staatlich konzessionierter Umstürzler, allerdevotester Opponenten!

Seit Bebel im Reichstag erklärt hatte, wenn einst die Grenzen des Deutschen Reiches bedroht wären, würde er selbst das Gewehr über seinen alten Buckel laden und mitmarschieren gegen den Feind, war das Ende vorauszusehen. Mit der Marokko-Rede in Jena hat der alte Revolutionär ausgeröchelt. Da hat Bebel vor dem Imperialismus glatt kapituliert. Wer sich noch schämen kann, erröte!

Erinnert man sich, wie Bebel in früheren Jahren über alle Kolonialpolitik urteilte? Als es um die Boxer-, um die Hererokämpfe ging, äußerte er Ansichten, die den hier vor einem Monat entwickelten gar nicht sehr unähnlich waren. In Jena aber führte Bebel aus:

„Nun soll gar nicht bestritten werden, dass Marokko zu denjenigen Ländern gehört, die bei vernünftiger Wirtschaft einer großen Entwicklung fähig sind, dass, wenn in der Tat mit den geeigneten Mitteln, gegen die wir auch, wenn sie die rechten wären, nichts einzuwenden hätten, die Kolonisation Marokkos betrieben würde, der Handelsverkehr gewaltig stiege und damit auch große Vorteile für Deutschlands Handel in Aussicht ständen. Das eine glaube ich aber in erster Linie postulieren zu müssen: Wir Sozialdemokraten, die wir der ganzen Marokkopolitik .... feindlich gegenüberstehen, und wie sie jetzt betrieben wird, feindlich gegenüberstehen müssen, wir haben das natürliche Verlangen, dass Deutschlands Handel und Deutschlands industrielle Entwicklung unter den gleichen Bedingungen in Marokko sich vollziehen kann, wie die jedes anderen Staates (lebhafte Zustimmung), dass also alle Staaten unter voller Gleichberechtigung in Marokko ihre Interessen verfechten dürfen, dass keiner dem andern vorgezogen wird, keiner seine Stellung missbraucht, um die andern zurückzudrängen, wie man das ja – und das ist die Hauptursache des Konflikts – der französischen Regierung vorwirft, indem sie die Bestrebungen deutscher Interessenten, in Marokko Fuß zu fassen und dort Ausbeutungsinstitutionen zu schaffen, hintanzuhalten sucht."

Herr Bebel wendet sich also gegen die Art, wie Marokko kolonisiert werden soll. Gegen „geeignete Mittel" zur Kolonisation des Landes, „wenn sie die rechten wären", hat er nichts einzuwenden. Amüsant ist, dass in der gleichen Woche, in der diese Rede gehalten wurde, der auch in Jena wieder von Bebel angerüpelte Maximilian Harden in seine *„Zukunft"* einen Artikel „Weh dem Sieger!" schrieb, worin Deutschlands Ansprüche in Marokko energisch bestritten werden. Bebels Patriotismus stellt also den des Patrioten Harden in der Marokko Angelegenheit weit in den Schatten.

Aber die Bebelsche Verbeugung vor den alldeutschen Expansionspolitikern war wohl notwendig, um das Bekenntnis vorzubereiten, dass die deutsche Sozialdemokratie nicht gesonnen sei, wirksame Maßnahmen gegen den Ausbruch eines Krieges zu veranstalten. Bebel legte dieses Bekenntnis ab, indem er in sehr aggressiver Weise gegen die Aktion eines Massenstreiks polemisierte. Er machte das so, dass er die Situation eines Landes schilderte, das sich im Kriegszustande befindet, und deduzierte alsdann folgendermaßen:

„Die Preise der Lebensmittel erreichen eine unerschwingliche Höhe, obwohl sie heute schon kaum erschwinglich sind. Dann aber wird das die allgemeine Hungersnot tatsächlich bedeuten. Was glaubt man denn, was aus einer derartigen Situation entsteht? Da fragen die Massen nicht nach Massenstreik. (Lebhafter Beifall.) Da schreien sie nicht nach dem Massenstreik, da schreien sie nach Arbeit und Brot, (stürmische Zustimmung) – so liegen die Dinge –, nach Arbeit und Brot, die mit Ausnahme der Industrien und Gewerbe, die direkt am Kriege interessiert sind, niemand ihnen bieten kann."

Sehr richtig, Herr Bebel! So wird es aussehen, wenn eure lotterhafte Geschäftspolitik den Krieg nicht zu verhindern gewusst hat, wenn ihr in eurer sträflichen Angst vor dem Vorwurf der Vaterlandslosigkeit euch zu keinen kräftigeren Entschlüssen aufraffen könnt, als zu leeren phrasenklingenden Resolutionen, in denen ihr den Krieg wie weiland Homer „männermordend" nennt, und erwartet, „dass insbesondere die deutsche Arbeiterklasse jedes mögliche Mittel anwendet, um einen Weltkrieg zu verhindern". Von dem einzig möglichen Mittel aber wollt ihr nichts wissen.

Herr Dr. David aus Mainz musste nach der schönen Rede Bebels, die das Entzücken aller liberalen Lesepapiere bewirkte, schleunigst einen Antrag auf Schluss der Debatte einbringen, damit Dr. Liebknecht verhindert wurde, die peinliche Frage zu stellen, was für Aktionen denn nun eigentlich gleich erfolgen sollten. Die „Harmonie" durfte nicht gestört werden. Denn sonst hätte der ganze Zweck der Übung durchkreuzt werden können.

Welcher Zweck? Sich für die in vier Monaten steigende Reichstagswahl den patriotischen Spießern freundlichst empfohlen zu halten!

Der sich zu diesem widrigen Manöver hergab, war August Bebel, der alte Bebel, der keine Konzessionen macht und mit dem Kopf durch die Wand geht.

August Bebel ist tot. Klappt den Sargdeckel zu !

August Bebel

(September 1913)[6]

Als sich August Bebel vor zwei Jahren in Jena als bedingter Anhänger einer imperialistischen Politik erklärt hatte, schrieb ich ihm im „Kain" einen ausführlichen Nekrolog. (Vgl. Kain I. 7.) Denn ich war der Meinung, daß dieses Bekenntnis dem Leben eines revolutionären Kämpfers nicht mehr angehören dürfe, und daß nach einer derartigen Verleugnung einer ehrenvollen rebellischen Vergangenheit der Moment gekommen sei, einen Rückblick auf die Persönlichkeit und ihr Werk zu werfen, wie sie sich den Zeitgenossen bis dahin darstellten. Jetzt hat der wirkliche Tod den Rahmen um das Gesamtbild Bebels gelegt. Seine letzte politische Tat war die Bewilligung des famosen „Wehrbeitrages" für die neue ungeheure Militärreform und damit der Beweis, daß der Volksmann Bebel sich in der letzten Lebenszeit nicht wiedergefunden hatte. Ich brauche das damals ausgesprochene Urteil also nicht zu revidieren. Bebel war eine imponierende Energie, in seiner Weise ein wahrhafter Idealist, aber durchaus kein bedeutender Mensch, sondern ein Unteroffizier mit erheblicher strategischer Begabung. Daß diese für die im inneren Kern schon recht bröckelhafte sozialdemokratische Partei sehr notwendige strategische Begabung aufgehört hat zu wirken, mag den Hirten der großen Wählergemeinschaft einigen Kopfschmerz verursachen. Denn es war der Herzschlag der Partei selbst, der in Bebels Totenbett gestockt hat, und ob nun Frank, ob Scheidemann zunächst die Fahne an sich reißen mag, – in der Entwicklungsgeschichte der deutschen Sozialdemokratie sind wir mit Bebels Abgang bei der [P]eripetie angelangt. Das völlige Einschwenken der Partei ins bürgerlich-demokratische Lager ist nicht mehr abzuwenden: für Syndikalisten, Anarchisten und konsequente Sozialisten ist jetzt die Zeit gekommen, ihre Scharen für die Aufnahme der Sozialdemokraten bereitzuhalten, die das Aufgehen der Bebelschen Erbschaft im nationalen Liberalismus nicht abwarten wollen.

---

[6] Textquelle | Erich MÜHSAM: *August Bebel*. In: Kain – Zeitschrift für Menschlichkeit (München), Jahrgang III, Nr. 6 (September) 1913, S. 92-93.

Anarchistisches Bekenntnis
(April 1912)[7]

[...] Ganz Italien scheint seit dem Ausbruch des Krieges in einen wahren Blutrausch geraten zu sein. Jeder kleine lächerliche Scheinsieg, der über die Türken errungen wird, löst orgiastischen Jubel aus, der König, seine Generale und Minister und die italienische Armee sind populärer als je. – Nur in den Unterschichten des Volkes gärt es. Die, die im Elend leben, weil ihnen die Männer, die Söhne, die Brüder, die Freunde im Feuer stehen, die wissen nichts von Kriegsbegeisterung, die kennen nur ein Gefühl: Hass und Wut. Einer aber, ein junger fanatischer Mensch, den sein Freiheitswille ins anarchistische Lager getrieben hat und der dort die Zusammenhänge der Dinge erfuhr, lädt seinen Revolver, stellt sich unter den Haufen, der dem Könige zujubelt, und schießt. Schießt, obwohl er weiß, dass es ihn das Leben kostet, obwohl er weiß, dass seine Tat von denen, die sie ansehen, nicht verstanden wird, dass das erste Echo seiner Schüsse Abscheu und Rachedurst sein wird. Schießt, weil sein Zorn und seine Leidenschaft sich entladen müssen, komme, was kommen mag. Schießt einmal, zweimal, dreimal auf den König, der ohne Rechenschaft zum Kriege gerufen hat, in dessen Namen Dalbas Landsleute schießen und erschossen werden. Schießt, bis man ihn packt, ihm die Waffe abnimmt, ihn schlägt und in den Kerker wirft, aus dem er nicht lebend wieder ans Licht kommen wird.

Feiger Mörder! Fluchwürdiges Verbrechen! gellt es durch die Zeitungen. Feige? Ich bewundere wahrlich den Mut des Gesindels, das hinterm sichern Pult die selbstmörderische Tat eines Begeisterten feige zu nennen wagt. Fluchwürdig? Ich nehme die Schmockphrase auf, säubere das Wort von seiner journalistischen Klebrigkeit und wende es gegen die, die es stereotyp und stumpfsinnig bei jedem Attentat bemühen. [...]

Die sozialdemokratischen Blätter haben, soweit ich sie kontrollieren konnte, in ihrer Beurteilung des Dalbaschen Anschlags den

---

[7] Textquelle | Erich MÜHSAM: *Anarchistisches Bekenntnis*. In: Kain – Zeitschrift für Menschlichkeit (München), Jahrgang II, Nr. 1 (April) 1912, S. 1-9, hier nur ein Auszug der Seiten 4-8.

gehässigen Ton vermieden. Sie haben sich auf die Feststellung beschränkt, dass ihre Partei individualistische Gewaltakte grundsätzlich ablehnt, weil sie sich davon keinen Vorteil für freiheitliche Ziele verspreche. Ich kann dies Argument nicht anerkennen. Ich bin überzeugt, dass, rein praktisch gewertet, schon manches Attentat, mancher politische Mord in einem Grade propagandistisch gewirkt hat, dass revolutionäre Triebe eines Volkes dadurch geweckt und freiheitliche Erhebungen beschleunigt wurden: ich erinnere nur an Lissabon, wo die Verschwörung Weniger, die den König Carlos beseitigten, die Revolution und die Umgestaltung der Staatsordnung zur Folge hatten. – Aber ich wehre mich dagegen, dass taktische Momente das Verhalten der Menschen überhaupt bestimmen sollten. Mord ist Mord. Ich lehne dieses Kampfmittel ab, gleichviel wer der Mörder, wer das Opfer ist. Das hindert mich nicht, im einzelnen Falle mit dem zu sympathisieren, der solche furchtbare Tat auf sich nimmt, ihn vor aller Welt meinen Genossen zu nennen, und selbst mich zu freuen, wenn sein Vorhaben gelingt und sein Blut nicht nutzlos der Rache der Feinde anheimfällt. Raten würde ich niemals zu einem Gewaltakt – es sei denn während einer Revolution –, im Gegenteil: vernehmlich und eindringlich warnen würde ich jeden, der ihn beschlösse. Die geschehene unabänderliche Tat aber beurteile ich nicht nach ihrem Erfolg, sondern nach dem Antrieb des Täters. Wer aus eigenem Entschluss, von unwiderstehlichem Eifer getrieben, unter Aufopferung des eigenen Lebens die Waffe gegen den, den er schuldig sieht, erhoben hat, der trägt allein die Verantwortung für sein Tun, und es steht den andern, die untätig waren, übel an, ihm nachträglich Rügen zu erteilen. Ein Kamerad, der um seines, um meines Ideals willen stirbt – ich entblöße den Kopf.

Natürlich konnte man in den Zeitungen auch dieses Mal wieder die Forderung nach internationalen Anarchistengesetzen finden, und natürlich wurde diese Forderung am lautesten in deutschen Blättern gestellt Begründet wird das Verlangen immer wieder mit der kindlichen Einbildung, Anarchisten seien Leute, die in jeder Hosentasche eine Bombe und in jeder Westentasche einem Revolver tragen und jeden Moment ihres Lebens darauf lauern, wann sie diese Werkzeuge in mörderische Tätigkeit setzen können. Seit es bei mir und einigen anderen Anarchisten evident geworden ist, dass wir gewöhnlich nicht mit solchen Utensilien ausgestattet sind und sogar bis zu einem gewissen Grade anständige Motive haben für unsere Tendenzen, hat man zur Kennzeichnung unserer ethischen Verblödung für uns die Bezeichnung „Edel-Anarchisten" erfunden. Den Kaffern gegenüber, die da glauben, mir einen Gefallen zu tun, wenn sie mich mit einer schmockigen Wendung in Gegensatz zu meinen Genossen setzen, möchte ich folgendes bemerken: Ich bin Anarchist ohne Einschränkung, d. h. einer, der in der Einrichtung des Staats mit allen seinen Zwangs- und Gewaltvollmachten das Grundübel des menschlichen Zusammenlebens erblickt Ich fühle mich als Anarchist solidarisch mit allen, die derselben Überzeugung leben, und die, je nach Temperament und Veranlagung, für diese Überzeugung mit ihrer Person eintreten, also auch mit denen, die geglaubt haben, mit Dynamit der anarchistischen Sache dienen zu können. Ich verbitte mir jeden Versuch mich von der Gemeinschaft dieser Idealisten abzusondern. Dass ich – aus ähnlichen Gründen wie der Anarchist Tolstoj – die aggressive Gewalt im Prinzip verwerfe, berechtigt niemanden, meinen Charakter als Anarchisten in irgend einer Form anzuzweifeln, umsoweniger als meine Ablehnung der Gewalt engstens in meiner anarchistischen Gesinnung begründet ist und von der großen Mehrheit meiner anarchistischen Genossen durchaus gutgeheißen wird. […]

Zeppelins Pech
(Juli 1912)[8]

Das Lebenswerk des alten Grafen Zeppelin in allen Ehren. Einer, der an seine Mission glaubte und allen Verhöhnungen und Besudelungen derer, die ihm heute demütig in jeden erreichbaren Körperteil rutschen, zum Trotz seinen Weg ging. Einer, der – über die siebzig – noch den Plan besinnt, seine Maschine im wissenschaftlichen Dienst in Polargegenden zu steuern. Dem darf keiner den Respekt

---

[8] Textquelle | Erich MÜHSAM: *Zeppelins Pech*. In: Kain – Zeitschrift für Menschlichkeit (München), Jahrgang II, Nr. 4 (Juli) 1912, S. 63.

versagen, der steht über der Kritik seiner eigenen Leistung. Der Kritik nicht entrückt ist hingegen das Produkt des Zeppelinschen Lebenswerkes und noch weniger das Fanfarengejohl der – ehedem so boshaft-skeptischen – Zeppelin-Enthusiasten. Ich möchte mir beileibe kein Urteil über Zweckmäßigkeit oder Unzweckmäßigkeit des starren Systems anmaßen. Ich habe keine Ahnung, ob ein lenkbarer Luftballon mit Aluminium oder mit Kautschuk umkleidet zu sein hat; von mir aus soll man ihn in Papiermaché hüllen. Soviel aber hat mein ahnungsloses Laiengemüt doch schon gemerkt, dass sich Zeppelins Apparat besonders bewährt, um die weise Lehre des alten Th. Vischer von der Tücke des Objekts zu bekräftigen. Alle Jahre, wenn der Sommer in die Lande zieht, steigt Z I, II, V, VIII oder Y zu feierlicher Paradefahrt in die Lüfte, sieghaft begleitet von Wolfs Telegraphenbüro. Das deutsche Herz klopft im Sechsachteltakt zum neuesten Propellerrekord, und in jeder begeisterten Männerbrusttasche steckt das Extrablatt, das die glückliche Landung am Fahrtziel bestätigt. Bei der Rückreise aber schweigen die Gesänge. Irgendwo reckt ein Bergwald seine Wipfel in Zeppelins Ankertau, ein Sturm erhebt sich zur unrechten Zeit, der Motor streikt – kurzum: Jahr für Jahr platzt Deutschlands Stolz und Hoffnung und hinterlässt dem betrübten Blick ein verbogenes Aluminiumgerüst. Dieses Mal rechneten uns die leider hinterbliebenen Zeitungen vor, dass bis jetzt acht Zeppelin-Luftschiffe in die Binsen gegangen sind. Man muss an sich halten, um nicht auszurufen: Vivat sequens! Man mag mich einen Rohling nennen: für den allgemeinen Jammer um die prächtigen Luftfahrzeuge habe ich kein Organ. Der gilt ja garnicht dem zerstörten Gasfuhrwerk. Der gilt der Erwägung, dass für den nächsten Krieg auf die schöne neue Waffe nun doch kein rechter Verlass sein dürfte. Solange die großen technischen Erfindungen nicht nach ihrem Nutzen für den Verkehr der Menschen untereinander bewertet werden, sondern nach dem Dienst, den sie bei der Ermordung feindlicher Soldaten leisten können, so lange braucht ihrem Fiasko keine Träne nachzufließen. Es gibt (zwar nicht räumlich, aber geistig) höhere Dinge als Aeroplane und Zeppelinschiffe. Wenn einmal unter den Völkern Friede sein wird und die technische Zivilisation einer geistigen Kultur zugute kommt, dann wird auch der, der dem politischen Komödienspiel abseits und feindselig zusieht, bei den Statis-

tiken über die alljährlichen Zeppelinschen Pechfälle von anderen
Gefühlen bewegt werden als von ironischer Erheiterung.

Der Veteran Drux

(August 1912)[9]

Wer eine Gesellschaftsordnung, die jährlich hunderte von Menschen, darunter massenhaft Kinder und Greise, an Hunger und Entkräftung zugrunde gehen lässt, für wert hält zertrümmert zu werden, ist bekanntlich ein ehrloser Verbrecher. Der Patriot hält solche
Gesellschaftsordnung für so wertvoll, dass er zu ihrer Verteidigung
freudig die Waffe nimmt und seinen Leib kämpfend dem inneren
und äußeren Feind darbietet. Franz Wilhelm Drux war ein Patriot.
Er hatte 1870 tapfer mitgefochten, trug seine Ehrenzeichen stolz vor
der Brust, schwelgte in seligen Kriegserinnerungen, hungerte und
darbte und sank, 68 Jahre alt, in einem Hofe der Düsseldorferstrasse
in Wilmersdorf, durch Hunger und Entbehrungen völlig erschöpft,
tot zusammen. Franz Wilhelm Drux war ein Patriot. Ein Patriot hält
unsere Gesellschaftsordnung für so wert voll, dass er zu ihrer Verteidigung freudig die Waffe nimmt und seinen Leib kämpfend dem
inneren und äußeren Feinde darbietet. Wer eine Gesellschaftsordnung, die jährlich hunderte von Menschen, darunter massenhaft
Kinder und Greise, an Hunger und Entkräftung zugrunde gehen
lässt, für wert hält zertrümmert zu werden, ist bekanntlich ein ehrloser Verbrecher.

---

[9] Textquelle | Erich MÜHSAM: *Der Veteran Drux*. In: Kain – Zeitschrift für Mensch-
lichkeit (München), Jahrgang II, Nr. 5 (August) 1912, S. 79.

Vollmarasmus

(September 1912)[10]

Der Ritter Georg von Vollmar, eine stolze Stütze der sozialdemokratischen Partei, ein Mann, über dessen tiefe Wesensart sich jedermann im Kapitel „Georg" der Streitschrift seines Genossen Mehring *„Meine Rechtfertigung"* ausgiebig informieren kann, sprach am 21. August im Bayerischen Landtag nicht ohne Emphase diese Sätze: „Im Wahlkampf ist von Zentrumsagitatoren die Behauptung aufgestellt worden, wenn ein Krieg ausbräche, würden die Sozialdemokraten durch einen Massenstreik die Mobilmachung stören, die Reservisten hindern, der Fahne Folge zu leisten und würden Verrat am Vaterlande begehen. Es ist zwar bereits im Reichstage vom sozialdemokratischen Redner diese Lüge zurückgewiesen worden, ich will es aber ebenfalls tun. Gewiss werden wir Sozialdemokraten alles daran setzen, damit der Friede erhalten bleibt… Wenn es aber ohne Schuld des Reiches nicht gelingt, den Frieden zu erhalten, dann wird alles vor der Not des Vaterlandes zurücktreten, und es ist selbstverständlich, dass dann auch die Sozialdemokraten dem Lande ihre Dienste leisten werden, und sie werden nicht die schlechtesten Verteidigter des Vaterlandes sein." – In der gleichen Sitzung des Landtags hat nach dem Bericht der „M. N. N." Ritter Georg die Behauptung eines Zentrumsredners, die Sozialdemokraten seien Republikaner, mit dem Zwischenruf beantwortet: „Das ist eine Unverschämtheit!" – Es bleibe dahingestellt, ob dieser Bericht zutreffend ist oder der der „Münchener Post", nach dem auf den Vorwurf des Republikanismus nur zwischengerufen wurde: „Wo sind die Beweise?" – Die Beweise für ihre antimonarchische Gesinnung ist die Sozialdemokratie allerdings bisher durchaus schuldig geblieben, und so scheint auch das Empfinden begreiflich, aus dem die Unterstellung, die Herren seien, wie es das Erfurter Programm von ihnen verlangt, Republikaner, den Ruf „Unverschämtheit" geweckt haben könnte. Was seine Partei tun wird, wenn es mit Schuld des Reiches nicht gelingt, den Frieden zu erhalten, hat Herr von Vollmar nicht verraten. Da er den Verdacht, sie könnte den Massenstreik organi-

---

[10] Textquelle | Erich MÜHSAM: *Vollmarasmus*. In: Kain – Zeitschrift für Menschlichkeit (München), Jahrgang II, Nr. 6 (September) 1912, S. 96.

sieren, prinzipiell als Lüge stigmatisiert hat, muss angenommen
werden, dass sie auch dann „alles daran setzen" wird. – Wir Anti-
politiker haben der Sozialdemokratie oft den Vorwurf gemacht, sie
sitze zwischen zwei Stühlen. Dieser Vorwurf ist nicht aufrecht zu
erhalten. Die rechte Hinterbacke hat längst eine Ecke des liberalen
Nachtstuhles erklommen, während die linke, die mit vereinzelten
Flecken der Schamröte in der Luft hängt, langsam abfault.

Chemnitz

(Oktober 1912)[11]

Die Genossen unterscheiden bei ihren Parteitagungen zwischen den
Stunden, in denen sie sich der Beschäftigung mit ihrer schmutzigen
Wäsche hingeben, und denen, wo „positive Arbeit" verrichtet wird.
Chemnitz zeichnete sich durch das imponierende Überwiegen der
„positiven Arbeit" aus. Diese Arbeit besteht in der Vorlegung eines
höchst respektabeln Kassenrapports, in etlichen populären Vorträ-
gen über allgemein interessierende Angelegenheiten, in der Annahme von Parteivorstands-Anträgen und der Ablehnung von Vorschlägen einzelner Delegierter, in der Zustimmung zu phrasentö-
nenden Resolutionen und endlich im dreifachen Hoch auf die internationale völkerbefreiende Sozialdemokratie und dem Absingen
der Wahlrechts-Marseillaise („das freie Wahlrecht ist das Zei-hei-
chen"), in die die Delegierten begeistert einstimmen. In seiner positiven Arbeit sieht also ein sozialdemokratischer Parteitag einer freisinnigen Bezirksvereins-Versammlung verzweifelt ähnlich.

Mitunter kommt ein lebhafterer Zug in die Langweiligkeit solcher Gesinnungsparade, wenn nämlich bei der Springprozession
der Partei in den Revisionismus hinein (zwei Schritte vorwärts, einer zurück) der zweite Schritt vorwärts aufs Pflaster klappt. Im vorigen Jahr geschah das in Bebels Jenenser Bekenntnis zur imperialis-

---

11 Textquelle | Erich MÜHSAM: *Chemnitz*. In: Kain – Zeitschrift für Menschlichkeit
(München), Jahrgang II, Nr. 7 (Oktober) 1912, S. 97-103.

tischen Reichspolitik (vgl. „Kain" I, 7). Den Schritt rückwärts dirigierte in Chemnitz mit Geschick und Geschmack Herr Haase, der neue Parteioberhirt, in seinem Referat über den Imperialismus. In diesem Jahre hopste man seine zwei Schritte vorwärts mit der Billigung der bei den Wahlen kreierten „Dämpfung" zugunsten der liberalen Bundesgenossen. Der Rückhopser in den Radikalismus geschah mit der Relegation des Genossen Gerhard Hildebrand aus der Partei.

Ihre schmutzige Unterwäsche behielten die Genossen diesmal mit viel Zurückhaltung am Leibe. Außer Herrn Radek, dem Protegé der „Bremer Bürgerzeitung", brauchte sich in Chemnitz niemand von seinen Gesinnungsfreunden einen Hundsfott schimpfen zu lassen, und gerade bei der Göppinger Affaire zogen Revisionisten und Radikale so einmütig am gleichen Strang, als ob von ihrer inbrünstigen Gefährtenliebe niemals ein Dresdener Jungbrunnen etwas weggespült hätte. Hildebrand aber wurde mit den zärtlichsten Achtungsbeteuerungen aus der Partei geekelt. Er wird es erst merken, was er für ein Schurke ist, wenn die Presse seiner bisherigen Genossen mit ihm per „ein Herr Hildebrand" wird diskutieren dürfen.

Der Hass zwischen Revisionisten und Radikalen, dessen hemmungsloses Toben die Debatten der sozialdemokratischen Parteitage seit Dresden so anmutig belebte, schien in Chemnitz bis zu der Gerichtsverhandlung gegen Hildebrand im lauteren Bestreben um harmonische Geschlossenheit erloschen zu sein. Besonders tiefblickende Kritiker wollten bemerkt haben, dass die Revisionisten angesichts ihrer bei Auszählungen immer wieder zutage tretenden numerischen Schwäche bis zu gelegenerer Zeit vor den Radikalen kapituliert hätten, ich glaube, sie irren. Mir scheint die Chemnitzer Tagung gerade dadurch bemerkenswert, dass hier zum erstenmale die prinzipiellen Debatten über die Parteidogmen als überflüssig erkannt wurden, und die Spaltung der Partei in zwei grundsätzlich gegnerische politische Gruppen als fait accompli in die Erscheinung trat Die feindlichen Brüder finden sich von jetzt ab miteinander friedlich ab, da sie eingesehen haben, dass das bisher geübte Verfahren der gegenseitigen gröblichen Beschimpfung nicht zu dem erwünschten Ziel der Bekehrung und Verständigung führen kann.

Eine vergleichende Beobachtung der Machtstärke der beiden Unterparteien führt zu sehr lehrreichen Schlüssen. Der sogenannte

radikale Flügel besteht auf der demonstrativen Betonung der von
Marx und Engels als Leitsätze proletarischer Politik aufgestellten
Thesen. Er hält ein revolutionäres Vokabularium für unentbehrlich,
um den Glauben an die oppositionelle Mission der Sozialdemokratie nicht untergehen zu lassen. Der radikale Sozialdemokrat glaubt
an ein sozialistisches Endziel, und wenn er auch in seinem taktischen Verhalten alles tut, um dieses Ziel nie in greifbare Nähe gelangen zu lassen, so wahrt ihm sein frommer Glaube doch vor sich
selbst und vor der begeisterungsgewillten Menge die Würde des
Idealisten. Dass seine Anhängerschaft der Zahl nach immer noch die
weitaus überlegene ist, erklärt sich daraus von selbst.

Die Revisionisten stellen sich bewusst außerhalb jeder dogmati-
schen Umsturzbestrebung. Sie wünschen, eine politische Gegen-
wartspartei zu sein, mit der einzigen Unterscheidung von anderen
Parteien, dass es ihnen ausschließlich um die soziale Hebung des
Arbeiterstandes innerhalb des kapitalistischen Staates zu tun ist. Sie
teilen mit den Radikalen den Wunsch nach Erlangung der politischen Macht. Sie wollen mit dieser Macht aber nicht die Umwälzung
der gesellschaftlichen Einrichtungen erkämpfen, sondern lediglich
die Möglichkeit, auf die bestehenden und im Wesen für gut befundenen Verhältnisse im demokratischen Sinne einzuwirken. – Es ist
klar, dass dieser Parteiflügel aus dem Proletariat den geringeren Zulauf hat, bei den staatserhaltenden Elementen der Gesellschaft aber
die größere Sympathie.

Aus der Vergleichung der beiden Tendenzen in der deutschen
Sozialdemokratie ergibt sich notwendig die von den Entwicklungs-
tatsachen seit Jahren bestätigte Folge, dass auf den Parteitagen die
Anträge der Radikalen stets die größere Aussicht auf Annahme haben, dass aber die reale Macht des Revisionismus trotzdem und unbeschadet der numerischen Stärkeverteilung innerhalb der Parteige-
nossenschaft ständig wächst. Somit können beide Gruppen fortan in
Eintracht nebeneinander wohnen. Denn beide erreichen, was sie ihrem Charakter gemäß anstreben müssen: Die linke Seite den schönen Applomb der Annahme ihrer Anträge, die rechte die schwin-
dende Wirksamkeit der auf überholte Axiome gestützten Maßnahmen.

Hildebrand ist ausgeschlossen worden – gewiss. Aber Ludwig
Frank konnte unmittelbar nach dem Parteitag in einer Mannheimer

Versammlung den Grundsatz proklamieren, es komme nicht auf die theoretischen Lehren an, die ein Genosse verbreitet, sondern auf den praktischen Nutzen, den der Einzelne der Partei bringe. Dass diese Ansicht in einer Partei Geltung gewinnen kann, deren Programm auf bis zur Intoleranz straffen (wenn auch logisch nicht haltbaren) Theorien fußt, kennzeichnet das Maß der Entfernung zwischen rechtem und linkem Flügel.

Vor die Wahl gestellt, welcher der beiden Richtungen der zukunftsgläubige Mensch seine Sympathien zuwenden soll, tut einem das Herz weh. Manche meinen, die Revisionisten seien wenigstens so ehrlich, ihre Advokatenpolitik nicht mehr mit revolutionären Redensarten zu verbrämen. Die so urteilen, mögen einmal einen revisionistischen Parteibonzen in einer Arbeiterversammlung spektakeln hören. Das Register der brandroten Phrasen beherrscht der so virtuos wie der röteste Radikale: nur merkt man, dass er auch anders kann, dass er mit Vorsicht hetzt, dass er bremst, sobald er fürchtet, seine Worte könnten über die Stimmung des Augenblickes hinaus erhitzen. Wer daran zweifelt, dass die Herren Revisionisten bewusst täuschen, wenn sie ins radikale Horn stoßen, der sei an Vollmars freches Wort erinnert, der bei der Erwähnung der gewaltigen Tat der Pariser Commune meinte, man solle die Erinnerung daran fürs Schaufenster reservieren. –

Die Radikalen sind menschlich noch immerhin erträglich. Was von ihnen abstößt, ist aber die dumme Anmaßung, mit der sie die Marxischen Verschrobenheiten als den allein „wissenschaftlichen Sozialismus" reklamieren. Alles andere ist „Utopie". Als ob es je ein Zukunftsideal geben könnte, das nicht Utopie wäre, und als ob je eine Idee verwirklicht wäre, die nicht einmal Utopie war! Aber die auf eine vergewaltigte Logik gegründete, von einer spekulativen Philosophie abhängige, rechnerisch verkehrte, von allen Erfahrungen desavouierte Ökonomie Marxens ist unantastbare Wissenschaft. Bei dieser kritiklosen Arroganz ist es nicht verwunderlich, dass das praktische Tun der Herren zu ihrem theoretischen Bekenntnis in immer lächerlicheren Gegensatz gerät, und dass sie trotz ihrer zahlenmäßigen Überlegenheit den revisionistischen Tendenzen in der Partei immer größeren Einfluss einräumen müssen, was wiederum den sozialdemokratischen Wahn von der Unbezwinglichkeit der größeren Ziffer sehr hübsch illustriert.

Als auf dem internationalen Kongress in Amsterdam im Jahre 1905 Jaurès den drei Millionen deutschen Sozialdemokraten ihre gänzliche Einflusslosigkeit vorhielt, erwiderte ihm Bebel: Lasst uns nur erst acht oder zehn Millionen Stimmen haben, denn werden wir schon zeigen, was wir können. In Chemnitz sprach Haase denselben Gedanken aus und gab zu, dass die vier Millionen Wähler von 1912 noch gar keine positive Macht bedeuten. Beide Herren scheinen nicht bedacht zu haben, dass die Stimmenzahl, die sie für nötig halten, um damit erfolgreich auftrotzen zu können, garnicht anders erreicht werden kann, als durch Heranziehung des Bürgertums zur sozialdemokratischen Unterstützung, und zwar in noch viel weiterem Umfange als sie bisher schon geübt wird. Wir haben alle gesehen, wieviel Konzessionen die Partei den mit dem Kapitalismus völlig einverstandenen Kleinbürger bei jeder Wahl macht, um seinen Zettel zu kriegen. Sollen jene Reserven bis zur Komplettierung der verdoppelten und verdreifachten Zahl sozialdemokratischer Wähler mobil gemacht werden, so bleibt garnichts anderes übrig als völliger Verzicht auf jede Demonstrationspolitik und völliges Aufgehen in positiver demokratischer Staatspolitik. Die Eroberung der politischen Macht geht somit Hand in Hand mit dem Aufgeben der revolutionären Ziele und hat, wenn sie perfekt ist, garnicht mehr die Möglichkeit, für den Sozialismus gebraucht zu werden.

Aber auch die radikalen Vertreter des Marxismus können von diesem Wege der Konzessionen und Inkonsequenzen nicht mehr zurück. Wollten sie es, so müssten sie ihre ganze parlamentarische Taktik im Stich lassen und Sozialisten werden. Das aber widerspräche dem Wesen der politischen Partei. Dass die Herren einen Mann wie Hildebrand, der die militärische Eroberung exterritorialer Kolonien empfiehlt, aus der Partei ausschließen, müsste dem denkenden Sozialisten selbstverständlich erscheinen. Trotzdem möchte ich diese Elimination nicht als eine Konsequenz der Genossen bezeichnen, sondern eher als eine Inkonsequenz in ihren Inkonsequenzen. – Viel interessanter als der Ausschluss war jedenfalls das Bemühen der Revisionisten, Hildebrand für die Partei zu retten. Dieser Grad von Toleranz (nach rechts hinüber) zeigt die Tendenz, in der sich die revolutionäre Partei Deutschlands bewegt. Und die Radikalen müssen mit, sie mögen wollen oder nicht.

Eine nach außen sichtbare Spaltung der Partei wird in abseh-

barer Zeit kaum erfolgen. Die beiden Innenparteien werden noch
sehr lange miteinander weiterwursteln. Die Partei wird dabei von
rechts her immer mehr Wähler ansetzen, während nach links hin die
enttäuschten Arbeiter nach und nach den Weg ins Freie finden werden. Eingeweihte wissen längst, mit welcher Sorge die sozialdemokratischen Seelsorger schon heute das langsame aber stetige An-
wachsen der anarchistischen Bewegungen beobachten.

Für den Frieden
(November 1912)[12]

Der Friedenspfeife der europäischen Staaten ist ein Funke davonge-
flogen. Der hat den Benzinbehälter am Balkan explodieren lassen,
und nun steht Groß und Klein neugierig und von einem wollüstigen
Schauder gekitzelt in gemessener Entfernung um den dicken Pulverturm herum und wettet, ob ihn das Feuer wohl erfassen werde
oder ob man in ihm weiterhin das europäische Gleichgewicht
stabil[is]iert sehen dürfe. Die geaichten Patrioten, die nichts Geistiges zu verlieren haben, spucken schon in die Hände und freuen sich
auf den frisch-fröhlichen Krieg gegen die Nachbarn, die im Moment,
wo es losgeht, zu Erbfeinden avancieren werden. Vaterländische
Schornalisten krümeln aus dem Zettelkasten der stereotypen Rede-
wendungen den wohltätigen Aderlass hervor. Der Burschoa sichtet
seine Papierchen und richtet seine Spekulation auf Baisse ein. Die
Männer in der Bluse lassen den dröhnenden Schritt der Arbeiterba-
taillone hören, begeben sich in musterhafter Disziplin zum Meeting
in einen benachbarten Vergnügungspark, nehmen – einige hunderttausend klassenbewußte Männer und Frauen – einstimmig eine Re-
solution an, in der sie den Krieg für kulturlos erklären und die Ein-

---

¹² Textquelle | Erich MÜHSAM: *Für den Frieden*. In: Kain – Zeitschrift für Mensch-
lichkeit (München), Jahrgang II, Nr. 8 (November) 1912, S. 113-119.

berufung der Abgeordneten fordern, die das noch einmal sagen sollen. Dann begeben sie sich in bewundernswerter Ordnung nach Hause.

Manche meinen auch, es sei noch nicht so gefährlich. So schnell schießen die Preußen nicht. Gut Ding will Weile haben. Es wird nichts so heiß gegessen, wie es aufgetragen wird. Was geht's uns an, wenn unten weit in der Türkei die Völker aufeinanderschlagen? Kommt Zeit kommt Rat. Wie gehts Ihnen denn sonst?

Wir leben in einer trüben Zeit, der im Denken und Wollen faulsten, die die Geschichte erlebt hat. Der Ehrgeiz der Völker strebt nach der technischen Vollkommenheit der Kriegswaffen. Die Beziehungen der Nationen regeln sich nach den Tölpeleien, die den aller Aufsicht entrückten Diplomaten und Botschaftern in ihrem Dauerschlaf passieren. Die Massen werden politisch geschult, indem ihnen ein schwächliches Parteiprogramm als Gummischnuller in den Sabbermund geschoben wird. In den Schulen und auf den Bierbänken werden die Ideale gepredigt, an denen schon vor 1870 das Talentchen des seligen Professors Emanuel Geibel verkrachte. Über jede junge Begeisterung aber, über alles frische Trachten nach Leben, Bewegung, Freiheit, Schönheit, Glück führt die senile Erfahrenheit klapperiger Oberlehrer den schäbigen Wischlappen einer trägen Geschäftsmoral.

Und die Jungen lassen sichs gefallen. Sie kommen garnicht darauf, daß die Weisheiten, die man ihnen einpaukte, kritikfähig sind. Weil die Alten es ihnen so sagten, glauben sie an den Gott, der uns Menschenkinder an der Strippe führt und uns nach Belieben über Gräber hopsen oder hineinplumpsen läßt. Sie finden es ganz in der Ordnung, daß ihre Liebe den Alten ein Rechenexempel, ihr Beruf eine Spekulation, ihr Lebenswandel ein Börsenpapier bedeutet. Die Jugend unserer Tage hat keinen Stolz, kein Selbstvertrauen, keinen Mut. Sie fürchtet den Rohrstock der vorigen Generation und plappert darum nach, was das brave Kind wissen soll, bis sie es glaubt, bis sie alle bessere Einsicht, alles natürliche Gefühl, allen jungen Leichtsinn verdrängt hat und selbst alte Generation geworden ist.

Was aber den jungen Menschen dieser Zeit am bittersten fehlt, das ist die Fähigkeit zur Leidenschaft, zum Zorn, zur Ergriffenheit. Der Verlauf der Gegenwartsgeschichte wäre ein völlig anderer, wenn die öffentlichen Begebenheiten nicht so sehr auf kritischen

Verstand als auf kritische Herzen Rücksicht zu nehmen hätten. Die gemeinsten Schändlichkeiten, die in aller Welt geschehen, werden mit einer Nüchternheit und inneren Teilnahmslosigkeit diskutiert, daß man an jeder Aktion, die Empfindung, Hingabe, Seele verlangt, für alle Zukunft verzweifeln möchte. Unser indolenter Nachwuchs aber glaubt sich vorurteilslos, weil er temperamentlos ist, und hat keine Ahnung, daß er Opfer jener kalten, fatalistischen und im Grunde tiefphiliströsen materialistischen Geschichtsauffassung ist, die alle Handlung als naturgewollt und der Entschließung des individuellen Willens entrückt ausgibt. Das brüstet sich mit unverstandenem Nietzsche, heißt sich amoralisch und turnt jenseits von Gut und Böse an unsozialen Begriffsbarren herum. Es ist hohe Zeit, daß die Werte Gut und Böse wieder Eingang finden in die Gefühlswelt der jungen Leute. Sie müßten nur den Pfaffen und Advokaten entrissen werden und im Sinne von Sozial und Unsozial die Ethik der Wertvollsten stützen, dann könnten sie dem klugen Kritizismus unserer Zeit sehr wohl die Wärme geben, die zu seiner Umsetzung in förderliche Taten nötig wäre.

Man horche nur in den Zirkeln der *Jeunesse dorée* herum, wie schnuppig bei aller Heftigkeit und Lebhaftigkeit der Erörterungen die gegenwärtigen Vorgänge auf dem Balkan und die daraus hervorquellenden Möglichkeiten behandelt werden. Der Rassentheoretiker, der allemal zugleich Entwicklungspolitiker ist, begrüßt freudig die Energie der verbündeten Slavenvölker, die endlich die verhaßte, kulturlose, degenerierte, erbärmliche Osmanenbande aus Europas benedeitem Zivilisationsbezirk vertreiben werde. Der gewitzte Realpolitiker bekennt sich dagegen als deutscher Nationalist und legt – sehr viel gescheiter, aber frei von jeglicher sachlichen Beteiligung – dar, wie schreckliche Folgen eine Niederlage der Türken für das Deutsche Reich haben müßte. Denn die siegreichen Balkanstaaten würden sich zu einem mächtigen Bundesstaat vereinigen, Oesterreich bekäme dadurch eine starke Großmacht in den Rücken und wäre als Bundesgenosse für Deutschland gänzlich entwertet, das nach allen Grenzen hin absolut isoliert dastände. Argumente für den Völkerfrieden, die vom reinen Gefühl diktiert werden, werden von beiden mit gleicher Verständnislosigkeit angehört. Die Menschlichkeit hat als überzeugende Kraft in unseren Zeitläuften längst ausgedient.

Wie steht es denn aber wirklich mit der ganz Europa beschämenden Kulturlosigkeit der Türken? Wahrscheinlich nicht gar so arg, wie es gemacht wird. Zunächst ist es eine gelinde Fälschung, die Türken ohne weiteres mit den Osmanen zu identifizieren. Die Rasse ist von arabischen, tscherkessischen, slavischen und romanischen Elementen längst so gründlich durchsetzt, daß die Schwätzer, die mit dem Maul ein ganzes verkommenes Hunnenvolk auszurotten scheinen, genau so geschmacklos daherreden wie ihre Gegner, denen alle Serben, Bulgaren, Montenegriner und Griechen nichts anderes als verlauste Hammeldiebe sind. Der Verlauf des Krieges soll jetzt die Untüchtigkeit der Türken evident beweisen. Dem kann wohl entgegnet werden, daß Kriegstüchtigkeit nicht im mindesten ein Kriterium für den sittlichen Wert eines Volkes ist. Daß es den Türken weder an Mut noch an Entschlossenheit gebricht, haben sie vor ganz wenig Jahren gezeigt, als sie in der kürzesten, unblutigsten und zielklarsten Revolution sich demokratische Einrichtungen schufen, die dem Preußen, das zur Ausbildung türkischer Soldaten Offiziere auslieh, noch lange fromme Sehnsucht bleiben werden. Es sei daran erinnert, daß dasselbe Osmanenvolk, das jetzt als Ausbund letzter Kläglichkeit gemalt wird, dermaleinst vor den Toren Wiens gestanden hat, daß es in den letzten vierzig Jahren eine Reihe von Verteidigungskriegen geführt hat und im Augenblick, da es noch mitten im Kriege gegen eine europäische Großmacht begriffen war, von den landhungrigen Nachbarn angegriffen wurde.

Natürlich haben die aggressiven Herren Könige, von denen nur zwei überhaupt Landsleute ihrer Untertanen sind, nicht verabsäumt, durch die Berufung auf sein Kreuz das Andenken des ersten Christen zu schänden. Diesen Beauftragten gewissenloser Großspekulanten war es nicht zu schäbig, für ihr straßenräuberisches Beginnen, für den tückischen Überfall auf ein geschwächtes Land, dem man noch nicht einmal Zeit ließ, sich in den durch die Revolution neu geschaffenen Verhältnissen zu orientieren, für die Hinmordung zehntausender junger Menschen, für die Brandschatzung ganzer Landstriche mit allen unvermeidlichen Schweinereien an Notzucht und Greisen- und Kindermord, – diesen gottgesalbten Potentaten war es nicht zu schäbig, für all das Entsetzliche des Raubzugs die Friedens- und Liebeslehre des Christentums zum Vorwand zu nehmen. – Und die man bei uns auf diese Niedertracht aufmerksam macht, finden sie ganz selbstverständlich und sehen nicht ein, warum man im Bauernvolk die Leidenschaft nicht mit Scheingründen erhitzen soll, da die wahren Motive für den Krieg bei der unverdorbenen Masse ja doch nicht auf Verständnis rechnen können.

Ich will mir den Vorwurf des krassen Dilettantismus in politischen Dingen gern gefallen lassen, wenn ich nun erkläre, daß meine Sympathie sogleich auf Seiten der slavischen Balkanvölker (nicht ihrer Könige) sein wird, wenn Oesterreichs begehrlicher Langfinger in die Mörderei eingreift. – Wird es dazu kommen? Wird die österreichisch-ungarische Völker-Koalition wirklich die Verantwortung tragen wollen, um die direkte Nachbarschaft mit der Türkei zu retten, den entsetzlichsten aller Kriege heraufzubeschwören?

Hätten die unter Habsburgs Szepter vereinigten Völker zu entscheiden, dann brauchten wir nichts zu fürchten. Aber die haben Steuern zu zahlen, zu gehorchen und ihr Blut zu lassen. Aus sittlichen Gründen werden die Wiener und Budapester Regierungen gewiß nicht zaudern, ihre Slavenvölker gegen die Slaven des Balkans marschieren zu lassen. Die letzte Entscheidung über Krieg oder Frieden haben heutzutage die Börsen und Bankhäuser. Da werden Gewinn- und Verlustchancen – nicht nach Menschen sondern nach Geldwerten – berechnet, und verspricht nach der Kalkulation der Krieg für die Millionäre ein Geschäft zu werden, dann wird zur Attacke geblasen, dann werden hunderttausende kleinere wirtschaftliche Existenzen vernichtet und hunderttausend kräftige junge leistungsfähige Männer hingeschlachtet – für die Ehre des Vaterlandes.

Geht es aber los, das wissen wir alle, dann wird es ein Weltkrieg, wie er fürchterlicher noch niemals gebrannt hat. Denn Oesterreich hat nicht gegen die Serben zu kämpfen, sondern gegen die Russen. Für Deutschland und Frankreich werden die Bündnispflichten akut, und weil ein paar Wiener Bankiers den Serben ihren „Korridor“ zum Meer, den Sandschak-Novibazar nicht glauben gönnen zu dürfen, werden in ganz Europa, in Westen und Osten, alle Ungeheuer der Kriegswissenschaft lebendig, namenloses Elend erfaßt alle Völker, Leben und Werte werden zerstört, Familien, Dörfer, Städte und Provinzen gesprengt und Kultur und Gesittung, wo sich ihre knospenden Anlagen finden mögen, entwurzelt und ausgerodet. Dann nämlich wird der Kampf dieser Nationen nicht mehr ein Raubzug um exploitierfähige Landstrecken sein, sondern ein revolutionäres

Aufbegehren gegen die auf Geld- und Militärüberlegenheit trumpfende Räuberei europäischer Sklavenjäger.

Vielleicht ist – wenn diese Hefte ausgegeben werden – der Brand schon ausgebrochen; vielleicht hat sich das Gewitter, dessen Blitze den Horizont in dieser Stunde schreckhaft verzerren, inzwischen verzogen. Ist das erste der Fall, marschiert unsere kräftigste Mannschaft schon um eines Nichts willen in den Tod, dann bedarf es keiner zornigen und warnenden Worte mehr, dann agitiert die scheußliche Kriegsbestie unter der sterbenden Jugend wirksamer für den Völkerfrieden, als alle revolutionäre Sehnsucht es je vermöchte. Ist es aber noch Zeit, hat die gesegnete Angst der Länder voreinander, und die dreimal gesegnete Angst mancher Regierungen vor Insurrektion und Revolution das Schreckliche verhindert, dann mag unser geistiges Volk und allen voran unser junges Volk erinnert werden, daß es nottut, den von Börsen und Regierungen drohenden Gefahren den Willen zu einer neuen Kultur entgegenzustellen. Der Weg zu neuer Kultur führt über Zorn und Leidenschaft. Ihre Bedingung ist Freiheit von den Traditionen und Konventionen der Eltern, Verachtung der Schulideale, Haß gegen Knechtung und Krieg und Wille zum Schönen, Wesentlichen und Wahren.

Lieb Vaterland
(November 1912)[13]

Die höchste Tugend eines edlen Mannes ist bekanntlich die Vaterlandsliebe. Wie weit das Vaterland zu lieben ist, ergibt sich ohne Schwierigkeit aus einem Blick auf die politische Landkarte. Seit der Einigung des Deutschen Reichs hat der Mecklenburger das Schwabenland, der Schlesier Schleswig-Holstein, der Sachse Ostpreußen und der Niederbayer Hinterpommern als sein Vaterland inbrünstig zu lieben. Bei Grenzverschiebungen weiß der Patriot, was er zu tun hat: er wird sogleich seine Vaterlandsliebe den neuen politischen

---

[13] Textquelle | Erich MÜHSAM: *Lieb Vaterland*. In: Kain – Zeitschrift für Menschlichkeit (München), Jahrgang II, Nr. 8 (November) 1912, S. 127-128.

Verhältnissen loyal anpassen. Sollte einmal wieder ein Napoleon ins Land kommen und das halbe Deutschland seinem Reiche beifügen, dann ist es ein billiges Verlangen, wenn die deutschen Patrioten nunmehr aufgefordert werden, ihre Vaterlandsliebe fortab nach Frankreich zu dirigieren. Das muss doch eine Kleinigkeit sein, und wem's schwer fällt, dem wird schon nachgeholfen werden. Haben wir Deutschen nicht selbst gezeigt, wie man nachhilft? Wo gäbe es in Elsass-Lothringen noch Leute, die Frankreich als ihr Vaterland liebten? Nord-Schleswig weiß kaum mehr, wo Dänemark liegt, und die Polen gar haben sich in feiner Weise den Preußen assimiliert, dass sie ihren Besitz an Grund und Boden nur noch an deutsche Ansiedler verkaufen. Die preußische Regierung kommt ihnen dabei erdenklich weit entgegen. Fällt es einem Polen gar zu schwer, sich von seinem Besitz zu trennen, dann greift wohltätig das Gesetz ein, und der Staat führt mit väterlicher Hand das Grundstück in das Eigentum eines preußischen Eingebornen über. Viermal ist die Operation nun vollzogen (einmal bei einer polnischen Witwe) und die preußische Vaterlandsliebe ist den Enteigneten dadurch schon soweit in Leib und Seele eingedrungen, dass sie ihnen nachgerade aus allen Poren schwitzt. Ihre polnische Sprache, ihre Sitten und ihre Kultur wird man ihnen mit Gottes Hilfe auch bald abgewöhnt haben. Auf diese Weise sorgt Preußen auf das Zuverlässigste für eine zufriedene und wahrhaft glückliche und patriotische Bevölkerung in jenen Grenzländern, der jedes revolutionäre Trachten naturgemäß für alle Zeiten weltenfern bleiben muss. Wo heutzutage ein paar Polen sich noch auf ihrem ehemaligen Boden zusammenfinden, singen sie, wie ich erfahre, mit treu deutscher Begeisterung das Lied: Das Vaterland muss größer sein!

Das Weltparlament

(Januar 1913)[14]

Während in allen Häusern die Lichter am Weihnachtsbaume glänz-
ten und die Armen und Reichen das schöne Fest des „Friedens auf
Erden" feierten, setzten sich in London die Vertreter der annoch im
Kriegszustande befindlichen und in einem „Waffenstillstand" nach
Atem ringenden Balkanstaaten zusammen, um die Bedingungen
festzustellen, unter denen den armen blutenden Völkern endlich
Ruhe werden könne. Wer noch ein menschliches Herz im Leibe hat,
hofft inbrünstig, daß das ekle Feilschen um Geld und Land endlich
aufhören und dem scheußlichen Morden so oder so ein Ziel gesteckt
werden möge. Aber noch sind die Advokaten der streitenden Parteien nicht einig, und jeder Tag zeigt von neuem die Gefahr, daß die
Herren Diplomaten zu keiner Erledigung ihrer Mission kommen
und neue Hekatomben an jungen, kräftigen, zeugungsfähigen Menschen der Raubgier der Staaten geopfert werden. Auch die entsetzliche Möglichkeit eines europäischen Krieges ist noch nicht aus der
Welt geschafft, und wenn Oesterreich und Rußland sich im Moment
einigermaßen beruhigt zu haben scheinen, so bleibt doch immer
noch der Verdacht bestehen, daß ihre Diplomaten nur den Beginn
einer für Kriegsstrapazen geeigneten Jahreszeit abwarten wollen,
um dann doch das Blut der Gesündesten für höchst zweifelhafte
Staatsnützlichkeiten zu verspritzen. Daß die letzten Wochen noch
nicht zu einem Losmarschieren der mobilisierten österreichischen
Armeekorps geführt haben, scheint in einer Anwandlung besserer
Einsicht die deutsche Regierung verursacht zu haben, die wohl mit
der Verneinung des *casus foederis* gedroht haben mag.

Scheint. Denn was hinter den verpolsterten Türen der diplomatischen Geheimkanzleien geredet und beschlossen wird, erfahren ja
die nicht, über deren Hab und Gut, über deren Leben und Beschließen für ihr eigenes Geld verhandelt wird. Steuern zahlen, Maul halten und widerspruchslos gehorchen – das ist die Funktion der
Staatsbürger, und wer diese Stellung urteilsfähiger Menschen un-

---

[14] Textquelle | Erich Mühsam: *Das Weltparlament.* In: Kain – Zeitschrift für
Menschlichkeit (München), Jahrgang II, Nr. 10 (Januar) 1913, S. 145-163.

würdig nennt, gilt als Verräter und verfällt der abgründigen Verachtung aller Patrioten.

Der Leutnantsstandpunkt, als ob alle Grenzdörfer nur da wären, um im rechten Augenblick zusammengeschossen zu werden, weil ja doch die Vorübungen zu solchem Tun Lebensberuf der Leutnants ist, ist heute noch unter klugen Menschen diskutabel. Der einzige Einwand, den man heute noch unter gebildeten Personen gegen den Krieg gelten läßt, ist die Angst vor den Börsenkursen. Wer den Frieden predigt, weil der Krieg gemein, sinnlos, unmenschlich, jede Daseinswürde degradierend, verrohend und in jedem Betracht unsittlich ist, ist ein schwärmender Narr oder ein von allem nationalen Stolz verlassener Schweinehund.

Das Odium muß ertragen werden. Es läßt sich ertragen für den, dessen Kulturbewußtsein die Kriegsbegeisterung und Kriegsbereitschaft als eine atavistische Konvention erkannt hat, und der seinem Gefühl, das ihn das Leben der Menschen achten heißt, mehr traut als den Erfordernissen einer Staatsraison, die mit dem Blute hunderttausender junger Menschen gefüttert werden muß. Eine Diskussion über die Berechtigung des Krieges ist unmöglich. Wir Friedensfreunde wissen, daß der Krieg so entsetzlich ist, daß er nicht mehr sein darf. Wer dieses Wissen nicht in sich hat, wird nie zu seiner Wahrheit bekehrt werden. Daher haben diejenigen recht, die uns schwärmende Narren heißen. Denn wir sind noch die Minderheit, und verrückt ist bekanntlich nur, wer anders ist als die große Masse. Deshalb hätten wir Friedensfreunde unrecht, wollten wir, was uns gewiß oft naheliegt, die Kriegsenthusiasten blutrünstige Narren nennen. Was wir aber können und wollen, ist, die erkannte Wahrheit mit aller Kraft des Herzens und mit allen Mitteln der Kultur in positives Wirken umsetzen. Jeder gangbare Weg, den Frieden zwischen den Völkern zu erhalten, muß von denen beschritten werden, die im Völkerfrieden die Grundbedingung zu menschenwürdigem Dasein überhaupt erkennen, und der Krieg gegen den Krieg muß mit derselben leidenschaftlichen Entschlossenheit geführt werden, die die Hüter kriegerischer Eigenschaften von ihren Kriegern verlangen. Die Versuche, dem christlichen Friedensideal zu praktischer Geltung zu verhelfen, sind bisher wenig ergiebig ausgefallen. Den sichersten Nutzen haben bisher wohl die Schriften gestiftet, die den Krieg praktisch oder satirisch, kritisch oder religiös, überredend oder dichterisch ins Licht gerückt haben. Ich bin überzeugt, daß der Skeptizismus, der endlich gegen die Massengewalt als Rechtsmittel platzzugreifen scheint, wesentlich der Propaganda zu danken ist, die Swift und Carlyle, Rousseau, Jean Paul und Tolstoy, und selbst auch Bertha v. Suttner und Paul Scheerbart[15] durch ihre kriegsfeindlichen Schriften bewirkt haben. (Bei dieser Gelegenheit möchte ich nicht versäumen, die jüngst erschienene Gedicht-Anthologie *„Krieg"*, herausgegeben von Franz Diederich, Dresden, zur Lektüre dringend zu empfehlen.)

Natürlich kann aber die Beeinflussung sensibler Gemüter durch das Wort allein nicht genügen, um einer in Jahrtausenden gepflegten Völkerpsychose positiven Abbruch zu tun. Wobei es doch wieder an der Zeit scheint, die nachgerade in Tausenden fühlbare Stimmung gegen den Krieg in Handlung umzusetzen. Und auch darüber kann kein Zweifel sein, daß die zu ergreifenden Maßnahmen anders ausfallen müssen, als die kümmerlichen Kompromisse, mit denen bisher die kriegerischen Parteien selbst die Stimmen der Menschlichkeit zu beruhigen versucht haben.

Das ganze „Völkerrecht" mit seinen Einschränkungen der Mordmethoden ist eine aufgelegte Farce. Denn das Bestreben der Staaten, das Massenmorden mit möglichst „humanen" Mitteln auszuführen, zeigt nichts anderes als den Willen, das Kriegführen selbst für alle Ewigkeit die *ultimo ratio* der Völker bleiben zu lassen. Dem Soldaten aber dürfte es einigermaßen egal sein, ob er von einer Lanze oder Patrone durchlöchert stirbt, oder ob sein sterbender Leib von einem im Körper platzenden Dumdum-Geschoß auseinandergerissen wird. Ebenso klar ist es, daß die von stets schlagbereiten Regierungen beschickten „Friedenskongresse" im Haag eher neuen Händeln den Weg bereiten als alten den Boden abgraben können.

---

[15] Paul Scheerbart, der naive Phantast und Humorist, der seltsamste und doch einheitlichste unter den lebenden deutschen Dichtern, ist eben fünfzig Jahre alt geworden. In seinen Werken nimmt der ganz unpathetische, aber tief erlebte Kampf gegen den Krieg einen breiten Raum ein Ich verweise besonders auf seinen schönen Mondroman *„Die große Revolution"*. Ich mache die Baronin v. Suttner und Herrn Alfred H. Fried als deutsche Träger des Friedenspreises aus der Nobelstiftung eindringlichst auf diesen Mann aufmerksam, damit sie bei der hilflosen Suche nach einem würdigen Preisempfänger, wie sie sich regelmäßig wiederholt, die Stockholmer Herren einmal auf diesen prächtigen und immer noch notleidenden Poeten hinweisen.

Die einzige wirklich aussichtsvolle Agitation gegen den Krieg wird bis jetzt von den revolutionären Antimilitaristen betrieben, die in der richtigen Erkenntnis, daß Kriege nicht von Fürsten und Regierungen, sondern vom arbeitenden Volke geführt werden, ihr Wort direkt an die Leidtragenden richten. Die Arbeiter und Bauern jedes Landes sind in der Tat imstande, Kriege zu verhüten, wenn sie im Moment, wo das Unglück droht, ihre Arbeitskraft dem öffentlichen Leben entziehen, den allgemeinen Streik proklamieren und eine wirtschaftliche Krisis heraufbeschwören, die immer noch viel erträglicher ist als die Katastrophen mörderischer Schlachten und völliger Vernichtung des geregelten Austausches unter den Menschen, und die zugleich die Möglichkeit, zum Kriege vorzugehen, technisch unterbindet. Dieses Mittel der Kriegsverhinderung wird auf allen internationalen Sozialistenkongressen immer wieder von Engländern und Franzosen vorgeschlagen. Die ablehnende Haltung der deutschen Sozialdemokraten, die für ihre politische Position neben den andern Parteien fürchten, hat aber vorläufig eine Verständigung unter der internationalen Arbeiterschaft stets verhindert. Und daß das Mittel des gegen einen Krieg gerichteten Generalstreiks nur unter Mitwirkung der werktätigen Bevölkerung aller in Frage kommenden Nationen möglich ist, bedarf keiner näheren Begründung.

So stehen wir mit all unserem Friedenswillen heute noch machtlos und mit geschlossenen Augen und Händen den Überraschungen gegenüber, die unkontrollierte Diplomaten aushecken. Von heute auf morgen können die Auswärtigen Ämter der Mächte untereinander Streit bekommen und ungezählte Menschen, die Wertvolles zu tun haben, werden für Angelegenheiten, die sie nicht im geringsten angehn, vor die Kanonenrohre postiert und selbst zum Hinmorden fremder, friedlicher und ihnen durchaus gleichgültiger Nebenmenschen gezwungen.

Die Erkenntnis dieser Tatsachen eröffnet nun eine neue Möglichkeit, Kriegen vorzubeugen.

Frank Wedekind hat in der Weihnachtsnummer des *„Berliner Tageblatts"* von einem Gespräch berichtet, das im Dezember zwischen ihm und mir stattfand, und das die Begründung eines „Weltparlaments-Vereins" zur Folge hatte. Dies Gespräch schloß an einen Artikel des „Berliner Tageblatts" an, in dem der Satz stand: „Die Diplomatie muß ebenso repräsentativ werden wie andere Staatsressorts".

Worin wir – Wedekind als bedingter Bejaher, ich als unbedingter Verneiner staatlicher Notwendigkeiten – sogleich einig waren, war die Überzeugung, daß momentan die bedenklichste Gefahr der Völker in der Unkontrollierbarkeit derjenigen Personen begründet ist, denen die effektiven Machtmittel der Menschen anvertraut sind. Ob diese Leute von Fürsten ernannt oder von Volksvertretern erwählt sind – auch darin waren wir einig – macht keinen Unterschied. Das Beängstigende liegt vielmehr in der lichtscheuen Heimlichkeit, in der sie miteinander verkehren, und in der Möglichkeit, daß die Laune gernegroßer Händelsucher Leben und Wirtschaft großer, fleißiger Völker zugrunderichten kann.

Jeder einzelne mag sich zu den Einrichtungen der gegenwärtigen Dinge verhalten wie er will: ob er die Auflösung aller Staaten in sozialistische Föderationen oder die Vereinigung aller Staaten in eine kontinentale Demokratie wünscht, – diese Einsicht kann alle verbinden, die den Völkerfrieden als unbedingt nötig ansehen, um irgendeine Kultur zu fördern: daß unter allen Kämpfen der gegen die Friedensstörer der dringlichste ist.

Das Weltparlament, zu dem wir aufrufen, bezweckt die dauernde, öffentliche Beaufsichtigung der Diplomatie. Alle Faktoren, die das Verhältnis der Nationen zu einander bestimmen, sind von Natur aus öffentliche Angelegenheiten, und wären auch öffentliche Angelegenheiten, kämen nicht durch die Geheimniskrämerei der zünftigen Vermittler neue Faktoren fortgesetzt hinzu, die wie Zündschnüre in die Pulverfässer vorkommender Divergenzen und Mißverständnisse leiten. Haben wir erst in unserem Weltparlament einen in Permanenz erklärten Friedenskongreß geschaffen, der die verbindenden und trennenden Momente unter den Nationen in voller Öffentlichkeit untersucht und in internationaler Beratung mit dem einzigen ausgesprochenen Ziel, unter allen Umständen den Frieden zwischen den Völkern zu wahren, in strittigen Fällen die Möglichkeiten einer Verständigung abwägt und finden muß, dann ist die höfische oder staatsparlamentarische Diplomatie unschädlich gemacht, ihre Überflüssigkeit wird nach und nach allgemein eingesehen werden, und die akute Kriegsgefahr, die durch ihr Wirken konstant besteht, verschwindet.

Vorerst soll der Weltparlamentsverein seine Aufgabe darin suchen, die Aufgaben der Diplomatie ohne besonderen Auftrag zu erfüllen: nämlich die wirtschaftlichen und völkerpsychologischen Beziehungen der Nationen zueinander feststellen, in ihren Schwankungen öffentlich darlegen und die Grundlinien zur friedlichen Regelung diffiziler Differenzpunkte öffentlich fixieren. Persönliche Zänkereien und Gehässigkeiten, die bisher den Anlaß zu allen Kriegen gaben (es sei nur an den Fall Prohaska erinnert, der von der österreichischen Regierung inszeniert wurde, um eventuell den Vorwand zum Kriege zu haben), gehen die Völker künftig nichts mehr an. Sachliche Streitigkeiten werden öffentlich verhandelt, und es wird sich zeigen, daß sie stets geschlichtet werden können.

Hat die freiwillige internationale Behörde erst einmal gezeigt, daß sie imstande ist, Gutes zu stiften, dann wird man daran denken können, aus dem Weltparlamentsverein ein wirkliches Weltparlament zu machen. Darin soll nicht abgestimmt und majorisiert, sondern beraten werden. Die Publizität dieser Beratungen soll die Völker in den Punkten beruhigen, in denen sie zu beunruhigen bislang Aufgabe und Zweck der geheimen Kabinette ist.

Statuten werden vorläufig nicht festgesetzt werden. Denn wir wollen verhindern, daß unser Verein zu früh auf bestimmte Aktionen verpflichtet wird. Wer Mitglied werden will, der soll mit Ratschlägen kommen. Melden sich genügend Männer und Frauen, dann werden wir daran denken können, bestimmte Anordnungen über die Art unserer Verständigung und über die Beschaffung von Geldmitteln zu treffen. Fürs erste brauchen wir nur Adressen und Vorschläge.

Ein kurzes Wort noch an meine alten Gesinnungsfreunde: Ich weiß, daß der Plan, mit dem ich hier hervortrete, nicht völlig in das revolutionäre Programm paßt, das sonst mein Schaffen bestimmt. Aber ich kann versichern, daß ich noch genau der bin, der ich immer war: genau so radikal, genau so feindlich gegen den Staat und seine Instrumente, genau so erpicht auf revolutionäres Tun für Sozialismus und Anarchie. Was der Weltparlamentverein will, ist nicht Ziel, sondern Weg. Wohin der Weg führt, werden die bestimmen, die seinen Kies fest stampfen. Wohin er mich selbst führen wird, weiß ich. – Mag er sich teilen! Mögen die, die anders wollen als ich, später eigne Pfade zu ihrem Ziel finden. Die Erfahrungen der letzten Zeit, die Angst großer Völker vor Krieg, Brand, Mord und allen Unmenschlichkeiten heißt zunächst uns alle vereint marschieren. Wir wollen den Frieden. Das ist die nächste schwere Aufgabe aller, die Menschliches wollen. Wissen wir, daß kein Diplomat und kein Staatsgezänk dem Frieden länger droht, dann haben wir unsere Aufgabe erfüllt. Dann werden wir uns die Hände reiben und jeder wird im Anstreben dessen, was er für das Beste hält, in guten friedlichen Empfindungen gegen jeden andern sein besonderes Ziel verfolgen.

Im Zeichen des Kreuzes

(Februar 1913)[16]

Es wird weiter gemordet. Der infame Raub- und Kreuzzug des vereinigten balkanischen Diebsgesindels hat noch nicht genug Blut geschluckt. Die Großmächte in ihrer uneigennützigen Christenliebe hatten mit sanftem Druck das mißhandelte Türkenvolk zu demütigenden Friedenskompromissen gezwungen. Nachdem die Serben und ihr gefräßiger Anhang in den eroberten Landesteilen grauenvoll gewüstet hatten, nachdem in entsetzlichen Schlachten mit Menschenleben unsinnig geaast war, sollte die gehundsvottete und nach Frieden schmachtende Nation von den wohlwollenden Mächten genötigt werden, auch noch die Plätze zu räumen und den Räubern zu überlassen, die sie mit aller Verzweiflung noch bis zuletzt gegen Kanonen und Anstürme gehalten hatten. Da folgte – mit einer Notwendigkeit wie der Knall dem Schuß – die Revolution in Konstantinopel. Man soll Enver Bey und seine Mitverschworenen nicht schelten, weil sie das Signal zu dem neuen Ausbruch des Krieges gegeben haben. Zu dem, was sie taten, trieb sie gekränkter Stolz und die Furcht, die Früchte der jungtürkischen Revolution von 1909 verderben zu sehen. Die Mächte aber hätten bedenken müssen, was sie taten, als sie ein Volk zwingen wollten zu tun, was es nicht tun konnte. Hätte

---

[16] Textquelle | Erich MÜHSAM: *Im Zeichen des Kreuzes*. In: Kain – Zeitschrift für Menschlichkeit (München), Jahrgang II, Nr. 11 (Februar) 1913, S. 175.

Europa den Frieden am Balkan durchaus gewollt, es hätte ihn haben
können, wenn es die Bulgaren veranlaßt hätte, sich einigermaßen zu
bescheiden. – An der Tschataldschalinie und vor Adrianopel wird
von neuem gemordet und gebrannt. Frauen- und Kinderleichen
zeichnen den Weg der siegreichen Christen. Mit der wieder herauf-
beschworenen Gefahr eines europäischen Krieges aber wird im
Deutschen Reichstag demnächst die Forderung nach neuen Heeresverstärkungen begründet werden.

„Da sind die Pazifisten"
(März 1913)[17]

[…] Da sind die Pazifisten. Sie wollen die Erde von den Schrecken
der Kriege erlösen, die sie mit Recht als das entsetzlichste Symptom
barbarischer Verkommenheit erkannt haben. Aber die Idee, den
Willen der Massen, die die Soldaten zu stellen haben, zu Aktionen
zu beeinflussen, und den Krieg dadurch praktisch unmöglich zu
machen, weisen sie weit von sich. Sie paktieren mit den Organisationen der waffenklirrenden Mächte um möglichst „humane" Anwendung der Kanonen und schreien ‚Triumph!', wenn Deutschland
und England ein Abkommen treffen, das das Wettrüsten der Flotten
auf das Verhältnis 10 : 16 beschränkt. Der dauernde Völkerfriede ist
ihnen ein fernes Idol, der Kampf gegen den Militarismus eine frivole
Voreiligkeit. Welche philiströse Genügsamkeit! […]

---

[17] Textquelle | Erich MÜHSAM: *Kultur und Frauenbewegung.* In: Kain – Zeitschrift
für Menschlichkeit (München), Jahrgang II, Nr. 12 (März) 1913, S. 177-186 – hier
S. 179-180 (Überschrift nur redaktionell; pb).

Patrioten

(Mai 1913)[18]

Das Vaterland, als Ding an sich betrachtet, ist gewiß eine schöne Sache. Nur wissen wir von seines Wesens Besonderheit nicht vielmehr, als was uns der Barde E. M. Arndt in seinem Trutzliede versichert: Es muß größer sein. Der beliebte Dichter spricht dabei zwar nur vom deutschen Vaterland, und die patriotische Lyrik unseres Erbfeindes ist mir nicht geläufig, – aber es ist wohl bestimmt zu hoffen, daß auch in den Kampfgesängen der Franzosen, Engländer, Russen und Turkestaner das Vaterland als ein geographisches Gebiet gedeutet wird, das größer sein muß. Denn darin haben sich die Völker der Erde gegenseitig nichts vorzuwerfen: haben sie sich einmal in einen Begriff verliebt, dann stehen sie dafür ein mit Leib und Leben, und es gibt keine Dummheit, die ein Volk nicht um einer Redensart willen begehen würde.

Patriotismus ist bei allen Völkern eine Voraussetzung, die keines Beweises bedarf, eine Eigenschaft, die der Kritik entzogen ist. Ich gestatte mir dennoch auf die Frage: Was ist Patriotismus? zu antworten: Ein gutes Geschäft oder eine leere Phrase.

Die wertgeschätzten Leser, die sich jetzt in ihren heiligsten Empfindungen verletzt fühlen, werden freundlichst ersucht, diese Empfindungen einen Augenblick neben sich zu stellen und ihren bewährten kritischen Verstand an deren Platz zu lassen. Dann werden sie erkennen, daß Patriotismus ein dem natürlichen Heimatgefühl künstlich aufgepfropfter Begriff ist. Ein Sentiment, das räumliche Grenzen voraussetzt, das bei uns Deutschen bis weit ins dänische, französische und polnische Nationalgebiet hineinstrebt und bei der Basler und Salzburger Zollrevision seine Wirksamkeit einstellt. Oder ist Patriotismus etwas anderes? Etwa das Bewußtsein einer nationalen Zusammengehörigkeit, einer Verschmolzenheit seelischer Interessen? Das wird zu prüfen sein.

Unsere gesellschaftlichen Einrichtungen sind solche, daß die Lebensmöglichkeit des Einzelnen sich nicht auf persönliche, oder korporative Tüchtigkeit gründet, sondern durchaus nur auf die Ruder-

---

[18] Textquelle | Erich MÜHSAM: *Patrioten.* In: Kain – Zeitschrift für Menschlichkeit (München), Jahrgang III, Nr. 2 (Mai) 1913, S. 17-24.

kraft der Ellenbogen im sozialen Kampf. Da eine Minderheit der Menschen im Alleinbesitz aller Produktionsmittel ist, und die Mehrheit von ihrer Gnade abhängt, um auch nur zur Arbeit zugelassen zu werden (gegen den Preis kärglicher Entlohnung und frühzeitiger Kräfteabnutzung), da diese Mehrheit ferner unterernährt zur Welt kommt, unterernährt aufwächst und alle Energie für die Möglichkeit, primitiv zu existieren und schon im Keimzustand entrechtete Kinder zu zeugen, aufwenden muß, so ist der soziale Kampf der Menschen der ungleichste Kampf im ganzen Naturgeschehen. Ausbeuter und Ausgebeutete – so setzt sich ein Volk in diesen Zeitläuften zusammen. Und unter diesen Menschen soll das Bewußtsein nationaler Zusammengehörigkeit bestehen, unter ihnen sollen irgendwelche seelischen Interessen verschmolzen sein? Wer das behaupten wollte, müßte die Augen zehnfach verbinden vor dem Haß, der Gier, der Skrupellosigkeit, mit der die Menschen des gleichen Volksstammes gegeneinander wüten. Wo aber wirkliche Interessen ineinander greifen, da sind sie nicht an den Raum gebunden. Die Verbindungen der Reichen gegen die Armen greifen über die Grenzen der Länder hinaus und zeigen den Armen damit an, daß auch sie sich international verbinden müssen, wollen sie je wieder zu menschenwürdigen Zuständen gelangen.

Versuchen wir also, der Ergründung des Patriotismus von einer anderen Seite beizukommen. In welchen Formen äußern sich die Gemütswallungen der Patrioten? In devoten Kundgebungen für das Staatsoberhaupt oder die gerade gültige Staatsform und in säbelrasselndem Selbstlob auf Kosten des „Feindes". Daraus ergibt sich, daß Patriotismus stets eng verquickt ist mit äußerlichen Zeiterscheinungen, mit der oft zitierten „Liebe zur Scholle" aber gar nichts zu tun hat. Die Liebe zur Scholle wird als Heimatsgefühl ursprünglich in jedem Menschen leben, ist aber von politischen Grenzabsteckungen ganz unabhängig und kann als ethisches Postulat überhaupt nicht verwendet werden, weil ihre Intensität von der Fülle und der Art individueller Jugendeindrücke bestimmt ist, und weil die gesegneten kapitalistischen Einrichtungen bei vielen, die nie eine Handbreit Scholle zu eigen besessen haben, das ursprüngliche Gefühl gar nicht haben aufkommen lassen. Ergo: Patriotismus ist, wo das Wort überhaupt eine Empfindung umschließt, politisch-konservative Staatsbejahung, verbunden mit kriegerischer Eitelkeit.

116

Das politische Bekenntnis ist bei den Meisten viel weniger im Temperament begründet als in praktischen Erwägungen. Daher ist auch der wahre Patriot der, der seinen Nutzen in der Erhaltung des bestehenden Staatssystems und in der Feindschaft der Völker gegeneinander erkennt. Wenn sich diejenigen, deren Interessen in direktem Gegensatz zum Kapitalismus und Militarismus stehen, gleichwohl ebenfalls als Patrioten, bezeichnen, so ist das ein demagogischer Kniff und eine Anerkennung der Überlegenheit der Konservativen, denen es noch immer gelungen ist, ihr Geschäft mit Hilfe einer suggestiven Phraseologie zum idealen Wert der Gesamtheit zu machen.

Es genügt vollkommen, einer parlamentarischen Opposition Antipatriotismus vorzuwerfen, um sie als gekränkte Unschuld zum Greinen zu bringen. Der Begriff ist selbst den rötesten Schreiern als moralische Tugend so tief in Fleisch und Blut eingedrungen, daß sie uns, die wir uns aus Liebe zur Ehrlichkeit klar und offen als Antipatrioten bekennen, mit derselben Verachtung abschütteln, wie das die konservativsten Staatsstützen tun. Sie haben aber gegen die Loyalitätspächter den Nachteil, daß sie wider die Wahrheit Patrioten sind, und um ihre Suggestion zu erhalten, als Ideal konstruieren müssen, was den andern praktische Selbstverständlichkeit ist.

Wie sehr der Patriotismus bei seinen natürlichen Bekennern als geschäftliche Nützlichkeit gewürdigt wird, dafür hat die letzte Zeit beweiskräftiges Material in Hülle und Fülle geliefert. Und überall ergibt sich aus den Tatsachen das gleiche Bild: der spekulative Patriotismus der Staatsinteressenten schürt den ideellen Patriotismus der phrasengläubigen Völker und macht sein Geschäft dabei. Hier einige Beispiele.

Bulgarien. Ferdinand, ein aus Deutschland importierter Balkanfürst, ist ohne Anstrengung bulgarischer Patriot geworden. Er hat sein slavisches Volk gewöhnt, im Vivat-Schreien auf einen Westeuropäer seinen Patriotismus kundzutun. Er belohnt das Volk, indem er sich zum König macht. Da er Gebietserweiterungen anstrebt, die erhöhte Steuerleistungen und für ihn erhöhte Apanage zur Folge haben müssen, begibt er sich mit seinen slavischen Nachbarn auf den Kriegspfad und läßt zehntausende seiner durch Gottes Fügung dazu avanzierten Volksgenossen hinmorden, nicht ohne vorher erfolgreich an der Pariser Börse à la baisse spekuliert zu haben.

Montenegro. Nikita, der Fürst der schwarzen Berge, der sich ebenfalls bei günstiger Konjunktur zum König seines Ländchens befördert, erkennt die geschäftlichen Vorteile einer Beteiligung an dem Handel der übrigen Balkanländer. Die unterhandeln noch mit der Türkei, als ihm eine Wiener Bank anträgt, er solle ohne das Ergebnis der Verhandlungen abzuwarten, losschlagen, wofür ihm ein Trinkgeld von fünf Millionen Kronen zugesichert wird. Fünf Millionen Kronen sind ein tüchtiges Stück Geld, und Nikita entfesselt für diesen Preis den Krieg, der unzähligen Menschen das Leben kostet, unermeßliche Werte zerstört, unerhörte Infamie lebendig macht. Sein eigenes Land ist der Vernichtung nahe – aber Nikita hat seine 5 Millionen in der Tasche. Das Kriegsglück lächelt ihm. Skutari, das Ziel seines Strebens, fällt in seine Hand – durch den Verrat des Herrn Essad Pascha, der, bisher ein gefeierter türkischer Patriot, das ihm anvertraute Pfand dem Feinde unter der Bedingung überläßt, daß er künftighin – als König – albanischer Patriot sein dürfe. Die Geschäftsinteressen der in der Londoner Botschafter-Konferenz repräsentierten Patrioten Westeuropas sind mit denen Nikitas nicht identisch. Er soll Skutari wieder hergeben. Er widersetzt sich und beschwört die Gefahr eines großeuropäischen Krieges herauf. Es scheint, er wird sich mit den Kompensationen abfinden lassen, die seinem kaufmännischen Prestige nicht zur Schande gereichen werden[19]. Jedenfalls glaubt er es schon riskieren zu können, an der Wiener Börse à la hausse zu spekulieren.

Oesterreich-Ungarn. Die Donaumonarchie verfügt über ungewöhnlich gewandte Patrioten. So dumm wie unsere östlichen Bundesfreunde hat sich selten ein Volk bluffen lassen. So unverfroren wie dort ist aber auch selten der unbeteiligte Patriotismus des Volkes aufgekitzelt worden. Auf der Blutwiese des Balkankrieges wünschte auch Oesterreich sein Schäfchen zu weiden. Dazu empfahl es sich für das im Wesentlichen slavische Land, den Anwalt des nichtslavischen Europas zu spielen. Als der Krieg mit dem Unterliegen der Türkei ausging, mischte sich Oesterreich-Ungarn hinein, um die Sieger um den Ertrag ihrer Anstrengungen zu bringen und schuf den ganz Europa bedrohenden Konfliktsfall Skutari. Das darf nicht an Montenegro fallen, weil das für die Geschäfte der österreichi-

---

[19] Inzwischen geschehen.

schen Patrioten nicht opportun ist. Montenegro wehrt sich natürlich so lange es kann gegen die Herausgabe – und nun spielt Oesterreich den Beleidigten, spielt ihn mit so ausgezeichneter Mimik, daß die Volksseele in jedem Bürger der Wiener Josephsstadt kocht. Die Bevollmächtigten des österreichischen Patriotismus haben es allmählich so weit gebracht, daß ihnen die Opfer ihrer Spekulationen in die Ohren schreien: Es ist eine Affenschande, was ihr für Schlappschwänze seid! Wir schämen uns Oesterreicher zu sein, wenn ihr Euch die Frozzeleien Nikitas noch länger gefallen laßt! Wir wollen Krieg! Krieg! Krieg! – Ob Oesterreich-Ungarn den heldenhaften Feldzug gegen das winzige Balkanländchen unternehmen wird, oder ob es bei der Verhängung des Belagerungszustandes in den Kronländern bleibt, läßt sich, während ich dies schreibe, noch nicht übersehen. Auch nicht, ob im ersteren Falle Oesterreich-Ungarn Cetinje oder Montenegro Wien okkupieren wird. Das aber läßt sich übersehen, daß das Losmarschieren der Oesterreicher vor der Geschichte nicht als eine Abwehrmaßregel gegen schmähliche Herausforderungen, sondern als ein ganz ordinärer Raubzug dastehen würde, dessen Folgen unabsehbar wären. Denn daß die Oesterreicher Patrioten sich nicht mit einer polizeilichen Aktion begnügen würden, steht doch fest. Wenn die Monarchie aber erst einmal nach Balkanland für den eigenen Bedarf langt, dann werden Rußlands Patrioten gewiß nicht müßig zusehen – und dann gnade uns Gott.

Deutschland. Im Reichstag hat Dr. Karl Liebknecht einige Mitteilungen gemacht, die den geschäftlichen Charakter einer gewissen Sorte von Patriotismus magisch beleuchtet. Danach unterhält die Firma Krupp eine reguläre Spitzelorganisation, die berufen ist, mit Hilfe von Bestechungsgeldern die Absichten der Regierungsämter zu ermitteln und darauf Spekulationen zu gründen. Danach hat die Deutsche Waffen- und Munitionsgesellschaft falsche Nachrichten über neue französische Rüstungsaktionen in die französische Presse zu lanzieren versucht, um die deutsche Regierung auf Kosten der Steuerzahler und zum Nutzen der Waffenindustrie zu weiteren Militärausgaben zu veranlassen. Diese Mitteilungen sind nicht gerade überraschend, aber wichtig, weil sie endlich einmal positives Material bringen. Psychologisches Interesse bietet dabei auch das Verhalten der patriotischen Presse. Die konnte zwar nicht anders, als im Brustton der Überzeugung schonungslose Aufklärung fordern, erging sich aber gleichzeitig in Beschimpfungen gegen Dr. Liebknecht und suchte mit dem bewährten (und von den Sozialdemokraten keineswegs mißachteten) Mittel der persönlichen Verunglimpfung die Wucht der erbaulichen Tatsachen abzuschwächen. Die Bewilligung der von Deutschlands Patrioten als notwendig erachteten neuen Wehrmittel mit all ihren scheußlichen Nachwirkungen auf die Volkswirtschaft des Landes wird denn auch über die Kleinigkeit dieser patriotischen Schweinereien nicht stolpern. Man soll übrigens nicht ungerecht sein und die deutsche Militärindustrie für korrupter halten als die ausländische. Kein ehrlicher Mensch zweifelt daran, daß die Geschäfts-Usancen der französischen, englischen und italienischen Waffenfabriken genau die gleichen sind. Der Patriotismus der Völker gedeiht dabei überall vortrefflich.

Wir erkennen an allen diesen Beispielen, daß die Woge der nationalen Begeisterungen einem circulus vitiosus gleicht. In den Geschäftskontoren der Interessenten wird der Patriotismus erregt. Der fertige Patriotismus schafft aus sich selbst heraus fortgesetzt Reibungen und Skandale (wie z. B. den Dummenjungenkrach in Nancy), aus den Reibungen entwickelt die Geschäftigkeit der Interessenten neuen Patriotismus. Die Völker aber, die lieber verrecken, als sich von ihrer patriotischen Phrase trennen, zahlen die Kosten.

Der Kaiser

(Juni 1913)[20]

Wie doch die Welt so herrlich ist! Wie köstlich sich von Tag zu Tag die Saat der Freiheit entfaltet! Wie glücklich dürfen wir uns preisen, unsere Zeitgenossen zu sein! Wenn wir den Festschmöcken und Jubiläumsschwaflern glauben können, dann hat Drang und Qual aller Jahrtausende nur den einen Sinn gehabt, uns diesen Tag erleben zu lassen, an dem der Erdball von fünfundzwanzigjährigem Ruhme

---

[20] Textquelle | Erich MÜHSAM: *Der Kaiser*. In: Kain – Zeitschrift für Menschlichkeit (München), Jahrgang III, Nr. 3 (Juni) 1913, S. 33-40.

wilhelminischer Regierungsweisheit und Herrschergröße wider-
hallt. Der deutsche Oberlehrer tropft von Begeisterung. Die patriotische Köchin schwitzt von Hochgefühlen. Der Plauderkuli des hin-
terposnerischen Generalanzeigers impft Kinderbewahranstalt und
Synagogengemeinde mit teutonischen Lyrismen. Heil Kaiser dir!

Die Liebe des freien Mannes macht es skeptischer veranlagten
Naturen einigermaßen schwer, das Bild des Gefeierten frei von kar-
rikierenden Verzerrungen aufzunehmen und alle Ironie gerechter-
weise auf die Feiernden zu häufen. Es soll hier versucht werden, ein
Portrait des Kaisers zu entwerfen, wie es sich, herausgehoben aus
dem Hurrahspalier der vaterländischen Sykophanten, dem Auge eines überzeugten Antimonarchisten darstellt. Es soll sine ira et studio
versucht werden, den Charakter Wilhelms II. gegen seine Zeit abzu-
grenzen. Dabei werde ich den Freunden, die in den Betrachtungen
eines Anarchisten über einen Monarchen auf kecke Kunststückchen
hoffen mögen, um den Majestätsbeleidigungsparagraphen des
Strafgesetzbuches zu umgehen, eine gelinde Enttäuschung bereiten
müssen. Die Angriffsflächen, die der deutsche Kaiser nach dieser
Seite hin bietet, sind so rein persönlicher Natur, daß ich ihre Beschießung gerne denen überlassen will, die es nötig haben, ihre Unfreiheit vor dynastischen Überkommenheiten hinter verstohlenem
Schimpfen zu verstecken. Wer hinter dem Katheder eines Schul-
meisters die Zunge herausstreckt, dokumentiert damit, daß er dem
Zuchtbakel des Lehrers noch nicht entwachsen ist. Wer sich von der
Autorität monarchischer Institutionen im Innersten frei weiß, der
begeht keine Majestätsbeleidigung. Die Privatperson eines Kaisers
geht den Feind der Krone nicht das mindeste an, und es sei denen
unter meinen anarchistischen Kameraden, die mit Revolver und Dynamit die Spaziergänge der Fürsten gefährden möchten, nachdrücklich gesagt, daß darin eine verhängnisvolle Anerkennung des dynastischen Übermenschentums zum Ausdruck kommt.

Zur Beurteilung Wilhelms II. ist weder sein hochgedrehter
Schnurrbart noch seine Freude am Reisen und am Reden wichtig,
sondern die Rolle, die er in der Geschichte dieser Tage spielt, und
die Stellung, die er vor der Nachwelt im Bilde unserer Zeit einnehmen wird. Seine Charakteristik ergibt sich aus dem zeitgeschichtlich
sehr interessanten Gegensatz zwischen seiner eigenen Auffassung
von seinem Beruf und der Einschätzung, die das Herrscheramt in

der Philosophie und Ethik des modernen Empfindens erfährt.

Wilhelm war zwölf Jahre alt, als sein Großvater in Versailles die Salbung zum deutschen Kaiser entgegennahm. Zwölf Jahre: das ist das empfänglichste Knabenalter, die empfindlichste Pubertätszeit, wo das Gefühl für die Mysterien des Lebens ahnungsvoll erwacht, wo das junge Gemüt jeden Eindruck gierig in sich aufnimmt und in der Phantasie romantisch ausbaut. Das ist die Zeit, wo andere Jungen, denen das eigene äußere Erleben nicht genug tut an Abenteuern, nach Indianergeschichten langen, um im Geiste Heldentaten zu verrichten, um mitzukämpfen und mitzuleiden mit Karl Mays Räubern und Häuptlingen und sich selbst in heldische Posen und Erlebnisse hineinträumen. In dieser Zeit bestimmt sich zum guten Teile ein Charakter nach dem Grade, in dem der Geist des Knaben von Eindrücken und Traumbildern befruchtet wird. Wilhelms, des Erstgeborenen eines preußischen Thronfolgers, Erziehung war naturgemäß von Anbeginn der Einwurzelung des Bewußtseins seiner zukünftigen Herrscherwürde gewidmet. Gouvernanten und Hofmeister mußten ihm die Taten seiner Vorfahren in einer Beleuchtung servieren, von der die byzantinische Geschichtslehre, mit der man andere Sterbliche in deutschen Schulen beglückt, vermutlich nur einen schwachen Abglanz gibt. Die Verehrung mannhafter Größe, die seine Altersgenossen auf die Produkte dichterischer Erfindung projizieren mußten, durfte der junge Prinz in der eigenen Familie ausleben. Seine kindlichen Spiele verrichtete er unter den Bildern der bewunderten Ahnen. Dazu kam die kriegerisch bewegte Zeit, in die die frühen Kinderjahre des Knaben fielen, und die ihm den Großvater, den er leibhaft vor sich sah, zum Inbegriff alles Heldentums werden ließ. Mit fünf Jahren prägte sich ihm das Wort Düppeler Schanzen, mit sieben Jahren der Name Königgrätz ein. Und dann erlebten die frischen Sinne des wachen Knaben den französischen Krieg mit Gravelotte und Sedan, mit der Reichsgründung und dem pomphaften Einzug der Sieger durchs Brandenburger Tor. Der erwachsende junge Mann sah den ersten Kaiser das lange Greisenalter hindurch als Gegenstand jener „Liebe des Volkes", die die ehrlichen Empfindungen der Massen niemals zu den Stufen des Thrones dringen läßt, sah ihn als friedlichen Herrscher, umringt von weisen Beratern, (die ihn die „Handlanger seines erhabenen Willens" dünkten), sah den als milden, weisen und gerechten Herrn, den reife Männer jener Zeit noch als Prinzen von Preußen, den Kartätschenprinzen und verhaßtesten Mann des Landes gekannt hatten.

Also vorbereitet auf seinen Beruf und völlig im Banne der mächtigen Jugendeindrücke nahm Wilhelm, erst neunundzwanzigjährig, als fast unmittelbarer Nachfolger den Platz des Großvaters ein. Die Krankheit und der rasche Tod Friedrichs III. realisierten ohne Übergang die Träume des Jünglings, der, erfüllt von romantischem Überschwang und im festen Glauben, jetzt sei sein Wille oberstes Gesetz, die Zügel in die Hand nahm.

Nichts ist menschlich so verständlich, wie Wilhelms eiserne Überzeugung von seiner göttlichen Sendung, und der Kontrast zwischen seinem starren Königsbewußtsein und der Realität der Dinge wird späteren Dramatikern als dankbarer Vorwurf für psychologische Zerlegungen dieses unzeitgemäßen Fürstencharakters dienen können. In unzähligen Reden und Manifestationen des Kaisers ist seine Auffassung von Pflicht und Recht des Monarchen niedergelegt. Ich kann nicht umhin, meine Leser mit dem Bekenntnis zu erschrecken, daß ich die Meinung Wilhelms II. von seinem Beruf für die einzig mögliche halte, mit der das Prinzip des Monarchismus überhaupt innerlich zu rechtfertigen ist.

Wilhelms Ansicht über das Herrscheramt ist tief religiös fundiert. Ihre Voraussetzung ist Gott, ihr Beweis die Unfehlbarkeit der göttlichen Gnade. Wilhelm nennt sich „von Gottes Gnaden deutscher Kaiser und König von Preußen". In vollkommener Übereinstimmung mit diesem Titel beruft er sich auf die Gottesgnade als einzige Grundlage seines fürstlichen Wandels. Im August 1910 noch erklärte er in Königsberg ausdrücklich, er sei das Instrument des Herrn und weder Parlamenten noch Volksbeschlüssen, sondern nur dem lieben Gott verantwortlich. Soweit ich davon entfernt bin, die Prämissen des Kaisers zu den meinigen zu machen, so rückhaltlos muß ich doch zugeben, daß nur diese Prämissen das monarchische System stützen können. Damals jammerten die liberalen (und natürlich auch die republikanischen, sozialdemokratischen) Zeitungen bitterlich, der Standpunkt des Kaisers sei unhistorisch, anachronistisch, er sei ein konstitutioneller Fürst, also nicht Gott, sondern dem in den Parlamenten repräsentierten Volkswillen verantwortlich. Ich finde aber mit dem Kaiser, daß jeder andere Standpunkt, von dem aus die Institution der Monarchie verteidigt wird, unhistorisch, unlogisch und unhaltbar ist. Eine konstitutionelle Monarchie ist – schon sprachkritisch betrachtet – eine contradictio in adjecto. Wie soll man den Begriff Alleinherrschaft verstehen, wenn sie von verfassungsmäßigen Instanzen mit gesetzgeberischen Befugnissen abhängig ist! Die Monarchien unserer Tage haben bei nüchternem Zusehen auf ihre Bezeichnung nur noch sehr wenig Anspruch. Die deutsche Kaiserwürde zumal – und hier liegt ein Irrtum des Kaisers in der Sache vor, nicht in der Idee – ist fast eine reine Titular-Einrichtung. Denn das deutsche Reich ist eine durchaus republikanisch organisierte Staatenföderation, nur ist die Präsidialwürde erblich, und ihr Inhaber trägt die Insignien eines Kaisers. Daß die Nationen, als sich die Despotien überall als überlebt erwiesen, die Ausflucht der konstitutionellen Monarchien fanden, ist nur ein Beispiel für die Halbheit aller ihrer Entschlüsse. Sie wollten einfach nicht auf die Gelegenheiten verzichten, ihre Untertaneninstinkte zu betätigen, und blieben mitten auf dem Wege zur Republik stehen. Dem Fürsten aber, der sich gegen die Regierungskameradschaft seiner katzbuckelnden Untertanen wehrt, die seinem umschauenden Auge stets nur den Ausblick auf ein Feld von krummen Rücken darbieten, ist gewiß kein Vorwurf zu machen. Es ist mehr als natürlich, daß er sein Werk, das ihm heilig gilt, lieber auf Gottes Hilfe baut, als auf die Federfuchserei devoter Gerngröße, und daß er diese Herrschaften in bewährter Erfahrung mit einem unzweideutigen „Sic volo, sic jubeo!"[21] ins Mauseloch jagt.

Daß die Auffassung des Kaisers unhistorisch sei, ist blanker Unsinn. Solange der Begriff des Herrschertums irgendwo in der Welt Geltung hatte, stand die Autorität des selbstmögenden Herrscherwillens von selbst fest. Anachronistisch ist seine Meinung allerdings. Denn die Begriffe haben sich gewandelt. Die Völker sind – seit der französischen Revolution – selbständiger geworden und der Glaube an die Gottesgnade, die den Königen die Majestät verleihe, ist erschüttert. Die Konsequenz dieser Erkenntnis aber ist die Ablehnung des monarchischen Prinzips insgesamt und darüber hinaus die Anstrebung der unstaatlichen, anarchischen Autonomie der Einzelnen.

---

21 [JUVENAL: Satiren VI, 223, lat.: *„Hoc volo, sic iubeo, sit pro ratione voluntas."* – „Das will ich, so befehl ich's, als Grund genügt (mein) Wille."]

Es ist gezeigt worden, wie Wilhelm II. durch Erziehung und Kindheitseinflüsse zu der merkwürdigen Stellung gekommen ist, die er in der Geschichte unserer Tage einnimmt: der letzte Romantiker auf einem europäischen Thron. Sehr bezeichnend aber ist, wie sich gerade an seiner Person zum ersten Male der Einfluß der wirtschaftlichen Entwicklung als nivellierender Faktor geltend macht. Als Besitzer des Gutes Cadinen ist derselbe Mann, den das Szepter das Symbol seiner Ausnahmestellung unter den Menschen dünkt, als konkurrierender Kaufmann und Fabrikant ins Geschäftsleben seines Landes mitten hineingegangen. Sein kommerzieller Eifer in der Bewirtschaftung seines Gutes und in der Fruktifizierung seiner Kachelindustrie hat nichts mit der viel kritisierten Ubiquität des in allen Künsten dilettierenden Amateurs zu tun. Dieser Zug im Charakterbilde des Kaisers weist vielmehr auf den großen Fortschritt der Decadenze hin, der der dynastische Romantizismus heute schon verfallen ist. Der enragierteste Verfechter der Adelsidee, der immer noch über ein so großes Maß tatsächlicher Macht verfügt, daß z. B. sein antiquierter Kunstgeschmack ganze Stadtbilder beherrschen kann, kommt an der höheren Macht des Kapitalismus nicht mehr vorbei und muß sich, will anders er die materielle Basis für sein ideelles Amt nicht verlieren, mit beiden Füßen als einer unter vielen in aktiver Betätigung in den wirtschaftlichen Konkurrenzkampf stellen.

Und noch eins: Derselbe Mann, der, erzogen in kriegerischen Erinnerungen, aufgewachsen in kriegerischen Eindrücken, immer und immer wieder den Beruf der Deutschen als kriegerische Nation gepredigt hat, der mit der Devise: „Das Pulver trocken, das Schwert geschliffen!" durch seine Initiative unendlich viel an den ungeheuren Kriegsrüstungen des Landes mitgewirkt und Flotte und Kolonialbesitz des Reiches erst geschaffen hat, – dieser selbe Mann war trotz seiner Gewalt über Krieg und Frieden gezwungen, sich die ganzen fünfundzwanzig Jahre seiner Regierung für den Frieden zu entscheiden. Darin liegt eine gewisse Tragik, daß die Fittiche seiner Phantasie, mit der uns Wilhelm herrlichen Tagen entgegenführen wollte, immer wieder umknicken an den harten Wänden der realen Verhältnisse. Diese Verhältnisse haben es mit sich gebracht, daß die Entscheidung über Krieg und Frieden tatsächlich nicht mehr bei dem steht, der das formelle Recht hat, darüber zu bestimmen, sondern bei denen, die an der Börse die Kurszettel machen. Daher braucht man auch die Kriegsbegeisterung des Kronprinzen nicht allzu feierlich zu nehmen, der angesichts einer Kavallerieattacke im Manöver sehnsüchtig ausruft: „Wenn das doch Ernst wäre!" Der junge Herr, (der freilich heute schon ein paar Jahre älter ist, als sein Vater im Jahre 1888), ahnt noch nicht, daß auch der selbständige Beherrscher eines kapitalistischen Staates längst ein Geschobener ist, und daß die Schieber unter denen sind, die bei patriotischen Gelegenheiten am demütigsten auf dem Bauche rutschen.

Panama
(August 1913)[22]

Wer in Deutschland von Panama spricht, meint damit gewöhnlich keine zentralamerikanische Landschaft, auch keinen aufrollbaren Sommerhut, sondern eine aufgedeckte politische Korruption. Diese Sprachwendung, die hinter einer geographischen Bezeichnung die in moralischer Empörung kochende Volksseele verbirgt, verdanken wir den höchst erfolgreichen Bemühungen des seligen Kanalbauers Lesseps, bei der Betätigung heißer patriotischer Inbrünste das geliebte Vaterland zu begaunern. Wo also einmal der unter nationalen Vorwänden gewonnene Kapitalistenprofit mit Gestank wahrnehmbar wird, wo der Dreck, mit dem das vaterländische Geschäft gedüngt ist, einmal an die Oberfläche gelangt, da ertönt von erschrockenen Lippen das Wort Panama, und man erkennt Morast und Sümpfe, wo man blumige Auen vermutet hatte.

Wir haben ja nun, Gott sei Dank, von dem Anklagevertreter im Kriegsgerichtsprozeß gegen die im Interesse der Firma Krupp bestochenen Militärpersonen selbst erfahren, daß es sich hier keineswegs um ein Panama gehandelt habe. Er stellte das in dem gleichen Plaidoyer fest, in dem er sich angelegen sein ließ, die Strafbarkeit

---

[22] Textquelle | Erich MÜHSAM: *Panama*. In: Kain – Zeitschrift für Menschlichkeit (München), Jahrgang III, Nr. 5 (August) 1913, S. 65-71.

der von den angeklagten Zeugleutnants und Zeugfeldwebeln begangenen Indiskretionen nachzuweisen, indem er beklagte, daß es gelungen sei, „durch Schmieren Militärpersonen dauernd ihren Pflichten abwendig zu machen", und indem er den „Kausalzusammenhang zwischen Pflichtwidrigkeit und hingegebenen Geschenken" als gar nicht zweifelhaft hinstellte. Eine Begriffsdetermination des Wortes Panama, die seine Freude darüber, daß ein solches nicht vorliege, weiteren Kreisen begreiflich hätte machen können, ist der Herr Anklagevertreter leider schuldig geblieben.

Erwiesen ist, daß die Firma Krupp in Essen, die, wie Herr Rechtsanwalt Ullrich sehr schön sagte, „uns Deutschen die Waffen schmiedet für unsere Landesverteidigung", den ehemaligen Zeugfeldwebel Brandt mit dem Gehalt eines Regimentskommandeurs und einem Repräsentationszuschuß in Berlin einquartierte, der für das Schmieren in Militärgeheimnisse eingeweihter Leute draufging. Erwiesen ist, daß Herr Brandt auf diese Weise in den Stand gesetzt wurde, in seinen „Kornwalzern" an die Firma Krupp Mitteilungen gelangen zu lassen, die ihr sonst fremd geblieben wären, Mitteilungen, die ihr zur Kontrolle und zur Ausstechung konkurrierender Staatswaffenlieferanten äußerst nützlich waren, und die für Herrn Brandt ausgeworfenen Gelder sicher reichlich bezahlt machten. Erwiesen ist, daß die Firma Krupp auf diese Weise so diskrete Dinge erfuhr, daß ihre Erörterung in der Prozeßverhandlung im Interesse der Sicherheit des Landes nur hinter verschlossenen Türen und mit der Verpflichtung aller Zuhörer zu strenger Verschwiegenheit erfolgen durfte.

Daran, daß man mit der Bestrafung der paar armen Schlucker, die für ein warmes Abendbrot oder ein Goldstück Stellung und Reputation aufs Spiel setzten, den Schlammherd nicht auskehrte, hat das Berliner Kriegsgericht wohl selbst nicht gezweifelt. Herr Brandt ist ein diskreter Mann. Er hat nicht mehr Leute bloßgestellt, als auch ohne seine Angaben erwischt worden wären. Und daß Herr Brandt mit seinen Bestechungen nicht schob, sondern geschoben wurde, ist erst recht klar. Er saß in Berlin und hatte nach Essen Kornwalzer zu schicken. Woher er aber die geheimen Nachrichten bekam, war seine Sache. Fiel er rein, dann badeten seine Vorgesetzten die Hände in Unschuld. Über dieses Verhältnis haben ihn die Direktoren der Firma niemals im Unklaren gelassen.

Die Angeklagten entschuldigten ihre Vertrauensseligkeit gegen Herrn Brandt damit, daß sie geglaubt hätten, vor der Firma Krupp gebe es in militärischen Dingen keine Staatsgeheimnisse. Dieselbe Auffassung bekundeten in ihren Plaidoyers die Verteidiger. Ich zweifle, ob es in Deutschland viele Leute gibt, die vor dem Kornwalzer-Prozeß anderer Meinung gewesen wären. Tatsächlich haben ja auch hohe Beamte der Firma vor Gericht erklärt, man hätte die Spionage der Zeugoffiziere gar nicht so nötig gebraucht, Krupp hätte doch stets erfahren, was er erfahren wollte.

Man sollte aber auch vorsichtig sein, ehe man gegen die Leitung der großen Waffenfabrik den Vorwurf sträflicher Korruption erhebt. Ich finde, daß das Essener Werk nie etwas anderes hat scheinen wollen, als es in Wirklichkeit ist: ein kapitalistisches Erwerbsgeschäft. Die Tatsache, daß das deutsche Reich der Hauptkunde dieses Geschäftes ist, und der alte kaufmännische Grundsatz, daß eine Hand die andere wäscht, ließe es natürlich verständlich erscheinen, wenn in Essen der Patriotismus lichterloh flammte. Der aufmerksame Zeitgenosse wird aber bemerkt haben, daß das Liebeswerben des Reiches um Krupp stets heftiger in die Erscheinung getreten ist, als umgekehrt. Offenbar hat die Regierung das Waffenwerk viel nötiger als Krupp die Regierung. Denn der Patriotismus des Armeelieferanten hat sich noch immer sehr leicht getan. Man bewirtet mal in der Villa Hügel einen vornehmen Gast und drillt die von den Segnungen der berühmten Kruppschen Wohlfahrtseinrichtungen betroffenen Arbeiter, die weder über das Koalitionsrecht noch über sonst ein Recht freier Willens- oder Gedankenbestimmung verfügen, zum Hurraschreien, aber man stellt sich im geringsten nicht so, als ob man deswegen auf irgendwelche geschäftlichen Vorteile verzichten möchte. Es ist schon vor Jahren unwiderlegt behauptet worden, daß Krupp das Ausland billiger mit Waffen bediene, als sein deutsches Vaterland. Deshalb ist es der Regierung noch lange nicht eingefallen, die Firma zu boykottieren. Sie schmiedet uns Deutschen nach wie vor die Waffen zu unserer Landesverteidigung gegen den Ansturm der Waffen, die sie ebenfalls schmiedet. Sie wird sie auch dann noch schmieden, wenn wirklich Herr Brandt und meinetwegen noch einige Direktoren des Unternehmens zu ein paar Wochen Festung verurteilt sein werden.

Panama! Verkrampfen wir uns doch nicht in so ein Schlagwort, sondern bleiben wir lieber nüchtern bei der Sache. Solange Krupp sich nicht verrechnet, solange Machenschaften, wie sie jetzt zutage getreten sind, seinem Unternehmen nichts schaden, hat er ja ganz recht mit seinem Verfahren. Auf Sentimentalitäten ist seine Industrie schon ihrem Wesen nach nicht abgestimmt. Bisher hat er dem Reiche Kanonen und Waffen geliefert. Waren die Regimenter damit versorgt und in ihren Gebrauch eingeübt, dann ließ er Verbesserungen erfinden, die er der Regierung anbot. Nehmen mußte sie sie, denn sonst nahm sie das Ausland, der „Feind". Es gab also eine neue Militärvorlage, neue Steuern fürs Volk und neue Millionen fürs Geschäft. Nun tritt plötzlich die Konkurrenz auf den Plan, macht der Regierung Angebote und stört dadurch die ungetrübte Beziehung zwischen Essen und Berlin. Krupp tut dagegen, was er tun kann. Er erkundigt sich nach den Preisen des Rivalen. Erfährt er sie nicht direkt, so erfährt er sie halt hintenherum. Wenn Herr Brandt sich dabei in die Nesseln setzt, dann ist ihm nicht zu helfen.

Panama! – Geschäft ist Geschäft. Ein Schneider weiß gern zeitig, wann sein Kunde einen neuen Anzug braucht. Sagt er's ihm nicht selbst, so gibt vielleicht das Zimmermädchen Auskunft, ob das Hosenfutter nicht schon mürbe ist. Der Kunde ist ja auch nicht böse, wenn er die kleine List durchschaut. Die Regierung war offenbar gar nicht sehr böse. Denn als Liebknecht im Reichstage mit seinem Material anrückte, da war das erste, daß der Kriegsminister der Firma Krupp ein Loblied sang, und das zweite war ein schöner, neuer Orden ins Knopfloch des Herrn Krupp-v. Bohlen. Unangenehm ist die Geschichte natürlich trotzdem für beide Teile. Aber vielleicht einigt sich die Regierung mit Krupp über eine Methode, wie die Firma künftig bei hellem Sonnenlicht und ohne Benutzung eines unterirdischen Panamakanals die gewünschten Kenntnisse erlangen kann.

Panama! Man wird sich schon ein paar Stufen über dem Niveau der Wehschreier aufstellen müssen, um in dem patriotischen Wurstkessel das Panama er kennen zu können. Dann aber wird man noch andere Dinge neben den Kruppschen Schweinereien bemerken, die einem den Appetit verderben mögen. Dann wird man erkennen, was der deutsche Großgrundbesitz mit seinen Einfuhrzöllen und Ausfuhrprämien, mit seinen Liebesgaben und Privilegien für Patriotismus hält, und wie eng die patentierte patriotische Gesinnung dem geschäftlichen Profiteifer verschwägert ist.

Und nun noch ein Wort an die Adresse der Herren, die das Kruppsche Panama enthüllt haben und sich in sittlichen Ekstasen darüber nicht genug tun können. Als die neue Militärvorlage kam, die das deutsche Volk mit unerhörten Lasten behäuft, da haben die Sozialdemokraten nichts getan, um ihre Annahme zu verhindern. Nicht einmal der schwache Versuch wurde gemacht, im Reichstage eine Obstruktion zu inszenieren, geschweige denn die Massen auf die Straße zu bemühen. Man hat zum Fenster hinaus Reden gehalten, von deren Wirkungslosigkeit man selbst überzeugt war, und man hat die Milliarde, mit der das neue Werk der militärischen Volksauspowerung einsetzt, in „positiver Mitarbeit" bewilligen helfen. Es ist hier schon auseinandergesetzt worden, daß diese direkte Vermögenssteuer genau wie jede indirekte Volkssteuer auf die Ökonomie des Landes wirken muß. Denn die Verringerung des Nationalkapitals bedingt die Verminderung der Gesamtproduktion und mithin die Verteuerung des Gesamtkonsums. Aber selbst, wenn den Herren diese simple Rechnung zu schwierig sein sollte, und selbst, wenn sie noch nicht wissen sollten, daß sich das Kapital, wo ihm Blut abgezapft wird, stets bei der Masse schadlos hält, ist die Bewilligung dieser Gelder ein noch nicht dagewesener Skandal. In demselben Augenblick, wo man mit heiliger Empörung die Geschäftspraktiken der Firma Krupp aufdeckt, stimmt man für die Aufbringung der ungeheuren Summe, die sehr wesentlich eben dieser Firma zugutekommen soll. Das ist die Illustration zu der tausendmal geleierten Phrase: diesem System keinen Mann und keinen Groschen! Das ist die praktische Betätigung des Antimilitarismus, mit dem die Partei in Volksversammlungen hausieren geht. Kommt es eines Tages zum Kriege, fallen dann ein paar hunderttausend junge deutsche Männer „auf dem Felde der Ehre", dann mag das Volk sich erinnern, daß die Kosten des Massenmordes unter Zustimmung der deutschen Arbeitervertreter der nationalen Arbeit entzogen wurden. Die deutsche Sozialdemokratie möge sich nicht wundern, wenn die Internationale ihr Verhalten als Verrat an der sozialistischen Solidarität der Völker auffaßt, und wenn ihr eines Tages aus den Reihen, die noch nicht um des politischen Geschäftes willen vor Staat, Heer und Besitz kapituliert haben, der Vorwurf entgegenschallt: Panama!

Frieden auf Erden

(September 1913)[23]

Der trübsinnige Neurastheniker, dessen Selbstherrlichkeit im russisch-japanischen Kriege Hunderttausenden das Leben gekostet hat und der unzählige Idealisten erschießen, erhängen und massakrieren ließ, die in seiner Selbstherrlichkeit nicht das Glück der Welt garantiert sahen, – Nikolaj Alexandrowitsch hat in seinem Leben einen einzigen guten Witz gemacht. Das war sein Aufruf an die Kollegen von Gottes Gnaden und sonstigen Staatsoberhäupter, Kriegsräte in den Haag zu entsenden, die dort den Weltfrieden ausbrüten sollten. Herr Carnegie aus Amerika, dessen unsaubere Finger in infamer Ausbeutung seiner Mitmenschen einige Milliarden ergaunert haben, und dessen Nase allezeit gefeit war gegen den Gestank der Leichen, über die sein Weg ging, hat in seinem Leben mehrere gute Witze gemacht. Das waren seine erfolgreichen Bemühungen, sich der Welt als uneigennützigen Menschenfreund zu empfehlen. Im Haag haben sich die beiden Seelenauktionäre zusammengefunden. Carnegie hat dort der Henne, die dem Zaren die Friedenseier legen soll, einen Stall gebaut. Nun gackern auf allen Hühnerstiegen die Pazifisten, daß das Ende aller Kriegsnot gekommen sei. Noch trieft der Balkan vom Blute über dreihunderttausend Toter aus zwei scheußlichen Kriegen, noch hat sich Europa nicht von der Kriegsangst erholt, die es der grotesken Tolpatschigkeit seiner Diplomatie dankte, – und schon schalmeit es uns von den ewig Beglückten entgegen: Friede auf Erden und den Menschen ein Wohlgefallen! – Vielleicht aber werden Nikolaus und Carnegie es doch noch erleben, daß die Friedenstaube über Europa schwebt. Das wird dann geschehen, wenn einmal das Volk, das die Soldaten zu stellen hat, keine Neigung mehr haben wird, den Zaren und Milliardären die Kastanien aus dem Feuer zu holen. Würde jede neue Kriegsdrohung mit dem Generalstreik beantwortet, was die französischen und englischen Arbeiter längst vorgeschlagen haben, und was nur an der nachgerade sprich wörtlichen Schlappheit der deutschen Sozialdemokratie immer wieder scheitert, dann bedürfte es keiner Friedens-

---

[23] Textquelle | Erich MÜHSAM: *Frieden auf Erden*. In: Kain – Zeitschrift für Menschlichkeit (München), Jahrgang III, Nr. 6 (September) 1913, S. 95-96.

paläste im Haag, um „humane" Methoden der Menschentötung auszuhecken. Wir werden es aber in diesen Tagen in Jena wieder hören, daß Generalstreik Generalblödsinn ist und daß das Heil der Völker in der Erringung des Reichstagswahlrechts für Preußen liegt. Das Mittel, mit dem dies Ziel erkämpft werden soll, wird man in analoger Terminologie billig als politischen Massenblödsinn bezeichnen dürfen.

Parteitagsrede

(1913 | Auszug)[24]

Nach dem Hoch auf die Völkerbefreiende (in das die Delegierten dreimal begeistert einstimmten) und nach dem Absingen der Arbeitermarseillaise (zu der sich die Sozialdemokraten endlich mal einen menschenmöglichen Text dichten lassen sollten), ging der Parteitag Jena 1913 auseinander. Ich hatte mir die Verhandlungen von der Journalistentribüne aus angehört, und in meinem Innern stieg die Lust auf, hinunter zu steigen und dem Proletariatsparlament jetzt nach Beendigung seiner Arbeit aus meinem parteifreien Gemüt heraus die Meinung zu geigen. Aber das wäre geschäftsordnungswidrig gewesen. So kommt es, daß die nachfolgende Rede in den Parteitagsberichten nicht enthalten ist:

„Verehrte Anwesende! Denn die Anrede ‚Genossen' würden Sie sich jedenfalls entrüstet von mir verbitten. (Lebhafte Zustimmung. Vereinzelter Widerspruch.) Ihr neuer Parteivorsitzender Ebert hat soeben in seinem Schlußwort die Arbeit Ihrer jetzt abgeschlossenen Tagung mit Emphase als eine höchst fruchtbare und für das Proletariat segensreiche gepriesen. (Sehr richtig!) In welcher Hinsicht Ihre Verhandlungen der Herbeiführung einer sozialistischen Gesellschaft förderlich werden können, hat er nicht verraten. Es ging auch

---

[24] Textquelle | Erich MÜHSAM: *Parteitagsrede.* In: Kain – Zeitschrift für Menschlichkeit (München), Jahrgang III, Nr. 7 (Oktober) 1913, S. 97-106.

aus den Reden dieser Woche nicht hervor. (Oho!) Mißverstehen Sie mich bitte nicht. Ich bin weit davon entfernt, Ihnen daraus einen Vorwurf zu machen, daß der Gedanke an ein freiheitliches Endziel bei Ihren Beratungen völlig in den Hintergrund trat. Ich sehe durchaus ein, daß eine politische Partei mit gegebenen Verhältnissen rechnen und mit realen Werten operieren muß, und ich würde, um meine von den Ihrigen abweichenden Ideen zu propagieren, weiß Gott ein anderes Auditorium aussuchen, als gerade einen sozialdemokratischen Parteitag. (Zuruf: ein anarchistisches!) Nein, Herr Dr. David! Einem anarchistischen Auditorium könnte ich mit der Konstatierung, daß alle parlamentarische Advokatenschläue (Frau Luxemburg nickt fast unmerklich mit dem Kopf) und alle Mandatsjägerei gegen Kapitalismus und Militarismus nichts ausrichten kann, keine neue Weisheit predigen. Die Wahrheit, daß Sozialismus in werktätigem Beginnen erarbeitet werden muß, durch praktische Reorganisation der Produktion und der Zirkulation, in dem Sinne, wie der Sozialistische Bund es vorhat, — diese Wahrheit wird am ehesten von einem Publikum verstanden werden, das noch außerhalb Ihrer Parteidisziplin steht, das noch nicht von den stereotypen Schlagworten Ihrer Wahlaufrufe um die Kritik geredet ist. (Große Unruhe.) Mein ideales Auditorium wäre die hier mit einiger Verachtung behandelte unorganisierte Arbeiterschaft (Gelächter), wären die Opfer der von Ihnen seit fünfzig Jahren erfolglos bekämpften kapitalistischen Gesellschaftsordnung, die Arbeitslosen aus Haß und Ekel, die Verbrecher, Landstreicher, Vagabunden — und vielleicht auch die jungen Studenten, die noch unverdorben von parteikluger Zeitungslektüre ein leidenschaftliches Sehnen nach Freiheit und Menschenglück in sich tragen: kurz alle, die Brachland sind für Ideale und revolutionäre Gedanken. (Zur Sache! Zur Sache!)

[…] Ich komme nun zu den beiden Hauptpunkten Ihrer Beratungen: zur Massenstreik- und zur Steuerfrage. Verehrte Anwesende! Nach der Art, wie Sie diese beiden Gegenstände hier erledigt haben, lehne ich es ab, meine von Ihren Beschlüssen weit abweichenden Meinungen näher zu begründen (große Unruhe). Ich begnüge mich damit, aus Ihrem Verhalten selbst einige Schlüsse zu ziehen (Lärm und Schluß-Rufe). Regen Sie sich doch nicht auf! Sie verraten damit nur, daß Sie ein schlechtes Gewissen haben (Ledebour: Sehr wahr!). Die Resolutionen, die Sie in den beiden Angelegenheiten gefaßt haben, die Referate, mit denen die Resolutionen begründet wurden, und die Diskussionen, die sich an diese Referate anschlössen, weisen dem eben beendeten Parteitag in der Geschichte der deutschen Sozialdemokratie in der Tat einen besonderen Platz an. Seit Ihrem Jena von 1913 wird man von Revisionisten in Ihrer Partei nicht mehr wohl reden können. Die Revision ist vollzogen. Sie haben sich in diesem Saal in optima forma selbst als eine staatserhaltende, nationale, bürgerliche und militärfromme Partei bekannt (großer anhaltender Lärm). Lesen Sie doch das „Berliner Tageblatt", lesen Sie die ganze liberale Kapitalistenpresse, und schämen Sie sich der Zärtlichkeit, mit der man Sie als verlorenen und endlich heimgefundenen Sohn in die Arme schließt! Diese Blätter haben ganz recht, wenn sie in der Freude über Ihren vollkommenen Verzicht auf alle Opposition gegen die neuerdings vom Staat inaugurierte Steuerpolitik zur Deckung der Heereskosten für Ihre platonische Liebeserklärung an den politischen Massenstreik ein verzeihendes Lächeln finden. Sie wissen genau, daß Dr. Franks plötzlich wild gewordene Opportunistenseele (Glocke des Vorsitzenden) auch in der preußischen Wahlrechtsfrage weitaus sanfter ist als sie scheinen möchte (Protest Dr. Franks).

[...] Ich hätte gewünscht, einer Ihrer Redner, die den Massenstreik als stärkstes Mittel, über das die Arbeiterschaft verfügt, anerkannt haben, hätte seine Anwendung auch für den Zweck der Verhinderung eines Krieges in Erwägung gezogen (aha!). Das ist von keiner Seite geschehen, und so bleibt das Resultat Ihrer Massenstreikdebatte, daß im Ausland das Odium auf der deutschen Sozialdemokratie lasten wird, ihr sei ein allgemeines Wahlrecht in Preußen wichtiger als die Erhaltung des Friedens (lärmender Widerspruch.).

Dieser Gedankengang führt mich nun zu der merkwürdigen Haltung des Parteitages zum Verhalten Ihrer Reichstagsfraktion in der Deckungsfrage (Hört! Hört!). Ich will mich nicht lange bei dem interessanten Naturschauspiel aufhalten, das sich hier vor unseren Augen vollzog, indem der blutrote Wurm sich plötzlich als ein sanft schillernder Schmetterling entpuppte (stürmische Heiterkeit). Ich glaube überdies, daß der verjüngte Wurm, der nun zum ersten Male an den duftigen Blüten des Opportunismus nippt (erneute Heiterkeit), nur die Konsequenz zieht aus der Taktik, die Ihre ganze parlamentarische Vergangenheit bezeichnet hat (Zustimmung und Widerspruch). Die steuerpolitischen Grundsätze, die Wurm dargelegt hat, sind vom staatssozialistischen Standpunkte aus unanfechtbar, und Geyers, Luxemburgs und Ledebours Widerstand dagegen ist wohl mehr im revolutionären Gewissen als in marxistisch faßbarer Logik begründet. Mir, der ich kein Marxist bin, werden Sie freundlich gestatten, in diesem Gewissen mehr Wahrheit zu finden, als in all Ihrer pedantischen Gelehrsamkeit. Für mich bleibt die verhängnisvolle Tatsache bestehen, daß eine sich antimilitaristisch gebärdende Partei dem kapitalistischen Staat geholfen hat, die Mittel zur Deckung einer geradezu unerhörten Armeevergrößerung herbeizuschaffen (sehr wahr!). Die Folgen dieser Konzession an Ihre Wahlbündnisfähigkeit — denn allein darauf läuft Ihr Verhalten hinaus (lebhafte Zustimmung) — werden Sie noch schmerzhaft zu spüren bekommen, und mit der landläufigen Redensart: Diesem System keinen Mann und keinen Groschen! werden Sie fernerhin keine Geschäfte mehr machen können! (Sehr gut! bei den Radikalen.)

Aber, verehrte Anwesende, das Ärgste, was die Fraktion auf dem Gewissen hat, ist in Ihren Debatten kaum gestreift worden. Das ist die Lässigkeit, mit der die sozialdemokratischen Abgeordneten die Heeresvorlage selbst bekämpft haben (sehr richtig!). Wenn mein Gedächtnis nicht trügt, hat nur Heilmann-Chemnitz in mildem Tadel bemängelt, daß die Fraktion sogar dafür gestimmt hat, daß der Reichstag sofort in die zweite Lesung des Gesetzes eintrat. Davon, daß hier die schärfste Obstruktion am Platze war, daß die stärkste Partei des Parlaments unter allen Umständen Mittel zur Verschleppung der Sache hätte finden müssen, hat kein Mensch geredet. Bei einer solchen Gefahr, wie dieser Gesetzentwurf sie darstellte, meine ich, wäre die äußerste Anstrengung am Platze gewesen, um den Gegenstand bis zum Herbst hinauszuschieben (Zustimmung). Es hätten Dauerreden gehalten werden können. Mit namentlichen Abstimmungen war zu arbeiten. Vor allem aber hätten die Massen mobil gemacht werden müssen. Daß Straßendemonstrationen ihre Wirkung tun, haben Sie ja im Laufe der Zeit einsehen gelernt. Und wenn sie die Massen zum Generalstreik gerufen hätten, um gegen die entsetzliche neuerliche Belastung des Volkes zu protestieren — Sie können sicher sein, viele Streikbrecher hätte es dann nicht gegeben! (Lebhafter Beifall.) Aber, was Ledebour hier angedeutet hat, die be-

kannte Feriensehnsucht der Abgeordneten, die in der verzweifelt
nach Korruption riechenden Art der Diätenzahlung im Reichstag
begründet ist, — darin können Sie zum größten Teil die Gründe suchen, weshalb die Regierung ihre Riesenvorlage so glatt in den Hafen brachte (große Unruhe). Ich kann Ihnen prophezeien, daß wir
Anarchisten uns dieses Moment bei der Bekämpfung des Parlamentarismus nicht länger entgehen lassen werden (Bewegung).

[…] (Nein! Nicht weiterreden! Schluß! Die Delegierten drängen
sich wütend zum Redepult. Der Redner verläßt achselzuckend die
Tribüne und begibt sich, die Internationale pfeifend, ins Caféhaus.)

Korruption
(November 1913)[25]

Der zweite Krupp-Prozeß ist nun glücklich auch überstanden, und
wenn sich die verurteilten Herren bei den aufgebrummten Strafen
beruhigen, ist zu erwarten, daß der bekannte Ehrenschild der Firma
Krupp in vierzehn Tagen wie der ebenso blank leuchten wird wie
ihre Kanonenrohre. Das lehrreichste Ergebnis der Verhandlungen
war die Erfahrung, wie anspruchsvoll die deutschen Patrioten nachgerade in ihrer Beurteilung unsauberer Handlungen geworden sind.
Hier soll Korruption zutage getreten sein? I Gott bewahre! Wer für
seine Bestechungen keine Hunderttausende ausgibt, sondern nur
Zwanzigmarkstücke und eß- und trinkbare Naturalien, der ist kein
Panamist! Früher war die Ansicht vorherrschend, daß der Begriff
der Bestechlichkeit nicht von der Höhe des Kaufpreises abhängig sei
und daß eigentlich, wer billig zu haben sei, einen unsichereren Kan-
tonisten vorstelle als der, der wenigstens auf lohnende Vergütung
hielt. Da müssen wir jetzt halt umlernen. Da die deutschen Recht-
lichkeitsbegriffe bekanntlich für alle Welt vorbildlich sind, wird es
sich vielleicht empfehlen, wenn die patriotischen Zeitungen, die in

---

25 Textquelle | Erich MÜHSAM: *Korruption.* In: Kain – Zeitschrift für Menschlichkeit
(München), Jahrgang III, Nr. 8 (November) 1913, S. 125.

den Brandt'schen für die deutsch-nationale Renommierfirma Krupp begangenen Manipulationen keine erheblichen Ehrenrührigkeiten erblicken, einen Preiskurant aufstellten, nach dem sich Seelenkäufer richten können, um mit Hilfe sparsamer Finanzwirtschaft dem Vorwurf der Korruption auszuweichen.

Gottseidank ist ja auch Deutschland nicht die einzige Brutstätte der Sittenverderbnis. Das treu verbündete Oesterreich hat seine eigene anmutige Korruptionsaffäre. Da treiben hohe Beamte und Abgeordnete – liberale und klerikale, semitische und antisemitische finden sich hier freundwillig beieinander – einer Schiffahrtsgesellschaft fahnenflüchtige Auswanderer als Kundschaft zu. Dabei ist aber doch entschuldigend zu vermerken, daß wenigstens nicht bloß die kapitalistische Firma und die von ihr bezahlten Politiker Nutzen von der Prozedur hatten, – sondern vor allem die Handelsobjekte, denen das große Wasser jedenfalls angenehmere Luft in die Nase weht als unser teures Nachbarland gegenwärtig zur Verfügung hat. Demnächst wird ja wohl der Prozeß in Wien steigen. Was er auch für Tatsachen ans Licht ziehen wird, die Feststellung wird jedenfalls nicht ausbleiben, daß von einem Panama selbstverständlich gar nicht die Rede sein kann.

Der bunte Rock

(Dezember 1913)[26]

Als der zwanzigjährige Leutnant von Forstner (Zabern, 99. Infanterie-Regiment) im Manöver sein Bett vollmachte, ahnte er schwerlich, daß aus der Selbsthilfe seines bedrängten Leibes ein Lärm und Gestank erwachsen werde, der von der stillen Lagerstätte des Landesverteidigers seinen Weg über Zabern und den Elsaß durch ganz Deutschland, Europa und die zeitunglesende Erde nehmen werde, und von dessen Erschütterung Regierungssitze und Kanzlerstühle ins Wanken geraten würden. Aber es ist so gekommen, und wir ha-

---

[26] Textquelle | Erich MÜHSAM: *Der bunte Rock*. In: Kain – Zeitschrift für Menschlichkeit (München), Jahrgang III, Nr. 9 (Dezember) 1913, S. 129-138.

ben nun in aller Buchstäblichkeit die Illustration zu der Hyperbel, daß die Winde eines preußischen Leutnants als weltbewegende Stürme um die Fundamente von Recht, Gesetz und Ordnung brausen.

Der Fall ist zu lehrreich, für die Beurteilung der in Deutschland geltenden Auffassung von der Heiligkeit des bunten Rockes zu bedeutungsvoll, als daß man ihn nicht noch einmal in seinem ganzen erstaunlichen Verlauf darstellen sollte. Also der Leutnant von Forstner hatte Malheur im Bett. Vielleicht hatte er abends zuviel getrunken, vielleicht hatte eine unruhige Auster in seinem Magen den Grabesfrieden nicht finden können, kurzum, er –, kurzum, ihm passierte etwas, was er diskret zu verbergen wohl nicht in der Verfassung war, kurzum: die Sache kam auf und sprach sich herum. Fröhlich kichernd gab einer dem anderen das Wort Bettschisser weiter, und unser Leutnant hatte seinen Spitznamen weg. Der Einfall, daß sich vielleicht eine Versetzung in ein anderes Regiment empfohlen hätte, kam Herrn von Forstner und seinen Vorgesetzten nicht in den Sinn. Vielmehr glaubte der junge Offizier, die verminderte Respektabilität durch erhöhte Schneidigkeit wettmachen zu müssen. Die Instruktionsstunde der zwar schon uniformierten, aber noch uninformierten Rekruten gab dazu erwünschte Gelegenheit. Hier konnte sich der forsche Jüngling an der Kakophonie des Ausdruckes „Wackes" weiden, das der in schrankenlosem Machtbewußtsein geblähte Preuße den wehrlosen Elsässern möglichst oft an den Kopf warf. Wackes bedeutet im Elsaß so etwas wie Strolch, Zuhälter, Mistkerl, was man in Bayern Luki, in Sachsen Lumich, in Nordwestdeutschland Butjer, in Ostpreußen Lorbaß und in Berlin ne dufte Nummer nennt. Herrn von Forstners Rekruten mußten also antreten und erklären: „Ich bin ein Wackes!" Wenn der Leutnant das hörte, freute er sich, und er lebte seine Phantasie nach jeder Richtung aus, indem er die armen Teufel auch noch gegen die Wackes außerhalb der Kaserne scharf machte und eine Prämie von zehn Mark demjenigen zusicherte, der einen Wackes totsteche. Ein diensteifriger Sergeant gelobte seinerseits, noch einen Taler draufzulegen. Ferner empfahl Herr von Forstner den Leuten, auf die französische Fahne zu scheißen, als für welche er in jenem Manövertraum sein Bettlaken gehalten haben mochte.

Solcherart waren die Belehrungen, die die neu ein gestellten Soldaten als erste Eindrücke ihrer jungen Würde zum Besuch bei Vater und Mutter mitnahmen, als allererste Eindrücke: denn die eigentlichen offiziellen Verhaltungslehren hatten sie noch nicht gehört, nicht einmal die, daß sie – eine, wie man sieht, vorsichtige Bestimmung – über alle Interna des Kasernenlebens draußen zu schweigen haben. Sie schwiegen aber nicht. Sie schwiegen schon aus Angst um das Leben ihrer Angehörigen nicht. Denn sie hatten erfahren, daß sie in den Augen des Vorgesetzten Wackes seien – sie hatten sich ja selbst so melden müssen –, mußten also schließen, daß auch ihre Angehörigen Wackes seien, und wußten, daß die Erstechung eines Wackes als verdienstvolle Tat angesehen würde. Wer garantierte ihnen, ob nicht ein nach den Knöpfen strebender Kamerad, der auch den Wert von dreizehn Mark zu schätzen wüßte, ihren Vater, ihren Bruder, ihren Freund als Objekt seiner Tapferkeit ausersehen möchte! Sie erzählten also, was der Herr Leutnant sie gelehrt hatte. Kein Wunder, daß sich die Angelegenheit herumsprach, und daß sich Zabern beunruhigt fühlte. Die Zaberner scheinen friedliche Leute zu sein. Sie haben erst später erfahren, daß sich auf Beunruhigungen, auch wenn sie sehr geringfügig sind, recht blutig reagieren läßt. Sie selbst begnügten sich damit, zu schimpfen, sich in aufgeregten Gruppen zusammenzustellen, und wenn der Herr von Forstner vorbeikam, dann fiel auch wohl aus Kindermund das Wort Bettschisser.

Damit war der Fall publik geworden, und begann gleicherweise die dem Leutnant von Forstner vor gesetzte Militärbehörde wie die um ihre Lebenssicherheit besorgte Bevölkerung des Elsaß zu beschäftigen. Der Regimentskommandeur von Zabern, Herr Oberst von Reuter, wandte sich an den in Straßburg residierenden General von Deimling, den hurrafrohen Hererobezwinger und Franzosenfresser, – und der, der das Land, in dem er lebt, als Feindesland zu betrachten scheint, gab den Befehl: Bloß nichts gefallen lassen! Das Pulver trocken, das Schwert geschliffen! Die Spitzen der Bajonette – etc. in bekannter Melodie. Die anderen mobilisierten Presse und Reichstag.

Am Königsplatz in Berlin gab es nun eine „kurze Anfrage", und der neue Kriegsminister, Herr v. Falkenhayn, beantwortete sie mit jener preußischen Schneidigkeit, die uns von jeher verpflichtet hat, beim Anblick einer Offiziersuniform die elende Jammerbarkeit unseres Zivilistendaseins einzusehen und in des Königs Rock alle Weisheit und alles Schicksal des Weltgeschehens eingenäht zu wissen. Er entschuldigte den Leutnant von Forstner mit seiner goldenen Jugend (jeunesse dorée). Die gleichalterigen Rekruten, die roh beschimpft und deren Angehörige und Landsleute bedroht waren, wurden hingegen nicht entschuldigt. Ihnen wurde vielmehr strenge Bestrafung in Aussicht gestellt, weil sie – ohne noch von ihrer Schweigepflicht unterrichtet zu sein – von dem gesprochen hatten, was erst durch Publizität bedenklich schien. Der Kriegsminister ließ keinen Zweifel darüber entstehen, daß ihn nicht die Verfehlung des Offiziers, sondern nur ihr Bekanntwerden ärgerte. Er war offenbar der Meinung, daß es die Zaberner Wackes nicht das Mindeste angehe, ob sie erstochen würden oder nicht.

Am gleichen Tage, an dem der Chef der Armee sich also schützend vor seine forschen Westmarkkolonisatoren stellte, ging Herr von Forstner in Zabern Schokolade einkaufen. Sein besorgter Oberst hatte ihn zu diesem Zwecke von vier Soldaten eskortieren lassen (ob es Wackes waren, ist nicht bekannt geworden), die sich mit aufgepflanztem Bajonett vor den Konfitürenladen aufpostieren mußten. Andere Leutnants spazierten in ebensolcher Begleitung durch die Stadt. Dies geschah, wie sich herausstellte, um den Einwohnern des Elsaß etwa noch vorhandene Beste ihres gallischen Humors auszutreiben. Denn als man im Publikum lachte, ging das Militär zu Arretierungen über, sintemalen der Regimentskommandeur davon überzeugt war, daß Verhaftungen von Soldaten vorgenommen werden müssen, sobald die Polizei den Grund dazu nicht finden kann. Vielleicht lag ihm auch daran, seine Kerls für den Kriegsfall im Gefangennehmen auszubilden.

Das Zaberner Straßenbild muß einen recht angenehmen Eindruck gemacht haben. Ein Rudel Leutnants geht spazieren, darunter Herr von Forstner. Spielende Kinder bemerken ihn und eins ruft „Bettschisser". Das Rudel Leutnants zieht die Plempen und jagt hinter den Kindern her, – ein wahrhaft kriegerischer Anblick. Fortbildungsschüler verlassen ihr Institut. Sie amüsieren sich über den heldenhaften Aufzug der bajonettgeschützten Säbelrassler. Da erscheinen auf der Bildfläche 50 Mann Füsiliere, stellen sich in zwei Gliedern auf, das vordere kniet nieder, die Leute legen auf die Schüler an, und unter Trommelwirbel ertönt die Aufforderung, sich zu zerstreuen. Wer nicht sofort verschwindet, wird fest genommen – im ganzen 27 Personen, darunter zwei Landgerichtsräte und ein Staatsanwalt, die gerade einen Übeltäter gegen die bürgerliche Ordnung verknallt haben.

Die Verhafteten werden im ausgeräumten Kohlenverließ der Regimentskaserne, dem sogenannten Pandurenkeller, untergebracht, einem stinkenden, dunklen Loch, von dessen Bestimmung zur Menschenbehausung sein Erbauer sich nichts hätte träumen lassen. Es fehlte alles, was den Aufenthalt hätte möglich machen können. Selbst die Tätigkeit, zu der dem beleidigten Leutnant im Manöver ein Bett zur Verfügung stand, mußte in aller Gegenwart in einer Ecke des Lokales vollzogen werden. Hier wurden die Sünder eine ganze Nacht hindurch festgehalten. Leider hatte man die Juristen vorher freigelassen. Gerade für sie, denen das Verhängen von Freiheitsstrafen Lebensberuf ist, wäre die Erfahrung am eigenen Leibe vielleicht sehr nützlich gewesen. Ich habe schon früher einmal angeregt, daß jeder Staatsanwalt und jeder Richter, ehe ihm sein Amt übertragen wird, ein Jahr Zuchthaus absitzen sollte, damit er weiß, was er tut, wenn er andere Leute verurteilt.

Die kollerig gewordene Soldateska hatte damit noch nicht ausgetobt. Sie setzte ihre Jagd auf lachende Kinder fort, drang in Häuser ein, verhaftete einen neunjährigen Jungen und ein vierzehnjähriges Mädchen, und der erste Held, Herr von Forstner, schlug bei einer Säbelattacke auf spielende Kinder in einem benachbarten Dorfe einem lahmen Schustergesellen eine tiefe Wunde in den Kopf.

Mit Erstaunen und mit Grauen vernahm man im ganzen Lande und weit darüber hinaus von den Zaberner Wundertaten. Obwohl Zabern eine der wenigen altdeutschen Städte des Elsaß ist, mußte – besonders in Frankreich – der Verdacht platzgreifen, daß es sich um beabsichtigte Provokationen des französischen Volkes handle, zumal der Krach in unmittelbarem Anschluß an freche Beschimpfungen der Fremdenlegion und der französischen Fahne erfolgte, und der Oberst von Reuter ausdrücklich öffentlich erklärte, daß er auf höheren Befehl handle, und zumal alle Bemühungen der Zivilbehörde, Ruhe und Sicherheit zu schaffen, an der gegen Krüppel und Kinder entfesselten Heldenhaftigkeit des bunten Rockes scheiterten. Die simpelste Psychologie macht es ja begreiflich, wenn alte Militärs wie jener kampfbegierige General von Deimling nach 43 Friedensjahren allmählich zur Erkenntnis ihrer eigenen Überflüssigkeit kommen und jetzt, wo eben die Machtstärke der Armee dank dem Entgegenkommen des Reichstags gewaltig erhöht ist, jede Gelegenheit – und sei es nur der auf Tatsachen gegründete Spitzname Bettschisser – willkommen heißen, um den Nationalstolz des „Erbfeindes" zu verletzen. Dazu, daß das wütende Hineinprügeln in die elsässische Bevölkerung nur dazu taugt, in den nachgerade an die preußischen Naturalisationsmethoden gewöhnten und in ihr Schicksal ergebenen Grenzbewohnern die Sehnsucht nach der Franzosenzeit mit einem Schlage wieder lichterloh anzuflammen, hat die Einsicht der reichsländischen Patrioteska nicht ausgereicht.

Natürlich ging es nach den anmutigen Vorfällen im Reichstag hoch her. Außer den Sinnes- und Stammesverwandten der Deimling, Reuter und Forstner waren die Volksvertreter alle einig in der strengsten Verurteilung der Ereignisse und des in ihnen zutage getretenen Systems. Besonders fand der Zentrumsabgeordnete Fehrenbach so energische und klare Worte, wie man sie in deutschen Parlamenten überaus selten hört. Anders die Regierungsvertreter. Herr von Bethmann-Hollweg, des eisernen Kanzlers lederner Nachfolger, stümperte eine Rede zusammen, in der Gesetzesübertretungen des Militärs zugegeben, aber mit dem Verhalten des Zivils entschuldigt wurden. Der Sinn des Gestammels war der, daß in Deutschland das Volk zu kuschen hat, wenn ein Leutnant kommandiert, und daß die Gesetze des Landes ohne Wirkung sind, wenn ein Oberst sie als schlecht befindet. Deutlicher, schneidiger, unverhüllter gab dann Herr von Falkenhayn der gleichen Meinung Ausdruck, wobei er es an Entrüstung über die Zaberner und ihre Presse nicht fehlen ließ. Wer sich Beschimpfungen und Bedrohungen von Offizieren nicht gefallen läßt, der beschmutzt des Königs Rock. Des Königs Rock aber darf nicht beschmutzt werden (über die Behandlung von Betten verlautbarte nichts). Wenn man jedoch nicht will, daß das Militär die Bürger von der Straße weg in den Pandurenkeller schleppt, dann müsse man gewärtig sein, daß einem ein Leutnantsdegen in den Leib gerannt wird.

Unsere guten Parlamentarier haben sich über die beiden Regierungsreden höchlich aufgeregt. Ja, sie haben sich dazu aufgeschwungen, dem Reichskanzler mit riesiger Mehrheit ihr Mißtrauen zu votieren. Das ist nicht viel, zeugt aber von bravem Willen. Erreicht wird damit gar nichts. Denn zu gleicher Zeit, wo auf Grund einer Parlamentsabstimmung in Paris der Ministerpräsident Barthou von der Bildfläche abtrat, tat der lange Theobald im deutschen Reichstag einen Ausspruch, der ihn zum erstenmal nicht von aller Staatsklugheit verlassen scheinen ließ. Er erklärte, den Ernst der Stunde nicht darin zu erkennen, daß ihm der Reichstag seine Mißbilligung ausspreche, und zeigte sich damit für seine Person der prekären Situation praktisch durchaus gewachsen. Wenn es jetzt heißt, die Stellung des Kanzlers sei trotzdem erschüttert, ja, wenn sogar Beschwichtigungserklärungen ergehen, wonach Herr von Bethmann nicht gesagt habe, was er hätte sagen wollen, und Herr von Falkenhayn gesagt habe, was er nicht hätte sagen wollen, so mögen sich die Reichsboten auch darauf nicht zuviel einbilden. Das sind Stimmungsreaktionen, die nicht am Königsplatze, sondern in Donaueschingen ihren Ursprung haben. Über Beschlüsse des Reichstags, der erst vor ein paar Wochen der jetzt so hart befehdeten Armee die haarsträubendste Bereicherung zugebilligt hat, die je ein Volk für sein Heer hat aufbringen müssen, stolpern bei uns keine Minister. Kommt in sechs Wochen – vielleicht veranlaßt durch eine Volkserregung in Frankreich wegen der Zaberner Skandale – eine neue derartige Forderung, dann ist alles vergeben und vergessen, und der Reichstag hilft von neuem die Blutschraube fester drehen.

Wird das Parlament die Konsequenz aus seinem Verhalten ziehen? Wird die Empörung gegen die Überhebung des bunten Rockes solange vorhalten, bis das Reichsbudget zur Bewilligung steht? Werden die Herren dem aufsässigen Kanzler sein Gehalt, dem Kriegsminister den Heeresetat verweigern? Werden die Sozialdemokraten den angedrohten Proteststreik in Elsaß-Lothringen durchführen? Oder werden sie sich damit begnügen, Massenversammlungen zur Annahme von Resolutionen zu kommandieren, um die kein Mensch sich kümmert? Wir wollen es abwarten, ohne uns Hoffnungen zu machen. Bis jetzt sind in Deutschland großen Worten noch niemals große Taten gefolgt.

Das aber liegt daran, daß wir uns entwöhnt haben, in betrübenden Einzelerscheinungen Symptome eines unmöglichen Systems zu erkennen. Es ist nicht wichtig, ob ein zwanzigjähriger Leutnant in der Instruktionsstunde dummes Zeug daherredet. Wichtig ist, daß das dumme Zeug sakrosankt wird, sobald es ein Leutnant gesagt hat. Wichtig ist, daß man einem dreiviertelwüchsigen Jüngling eine scharf geschliffene Waffe umhängt und ihn durch patriotische Phrasen in den Glauben versetzt, er sei eine geweihte Persönlichkeit, ein höherwertiger Mensch, der vor dem Leben der *misera plebs* keinen Respekt zu haben braucht. Bedenklich und gefährlich ist die Rolle, die man den bunten Rock in unserem gesellschaftlichen Leben spielen läßt. Verhängnisvoll ist, daß durch die Bevorrechtung des Militärs die Begeisterung für den Krieg gefördert wird.

Dem muß entgegengearbeitet werden. Bei den Kindern fangen die Patrioten an zu arbeiten. Bei den Kindern sollten auch die Antimilitaristen anfangen. Ihnen muß gesagt werden, daß Krieg Mord ist. Ihnen muß der Haß und der Abscheu gegen den Mord eingepflanzt werden, ehe die kriegerische Phrase von ihrem Gemüt Besitz ergreift. Weihnachten steht vor der Tür. Wer seine Kinder vor Kriegslust und Grausamkcit beschützen will, der schenke ihnen zu dem Fest, an dem es heißt „Friede auf Erden", keine Bleisoldaten, keine Uniformen, Flinten, Säbel, Helme, Festungen oder ähnliches militaristisches Werbespielzeug. Es gibt genug schöne Sachen, an denen ein Kinderherz sich reiner erfreuen kann. Die Arbeiter aber seien daran erinnert, daß auch sie helfen können, in revolutionärer Weise gegen Militarismus und Kriegslust zu wirken. Sie mögen sich fernhalten von jeder Arbeit, die Rüstungszwecken dient. Sie mögen in ihren Kreisen dafür agitieren, daß die Kriegsindustrie aus dem Arbeitermangel nicht heraus komme. Kein Arbeiter, der auf sich hält, sollte in eine Militärwaffenfabrik eintreten, keiner Militärschneider oder Militärschuster werden. Für Kasernenbauten sollten keine Maurer gefunden werden, keine Zimmerleute, keine Dachdecker, keine Glaser. In diesen Tagen, wo bis ins behagliche Rentnerheim alles über die Diktatur des Säbels stöhnt, scheint es an der Zeit, solche Probleme zur öffentlichen Diskussion zu stellen.

Es sind Utopien – gewiß. Aber laßt uns erst anfangen, Utopien zu haben, die Bedingungen, sie zu verwirklichen, werden sich dann schon einstellen. Wenn es möglich ist, daß die Magenrevolte eines jungen Leutnants Regimenter versetzen, Regierungen stürzen und Kriegsgefahr heraufbeschwören kann, wie sollte es nicht eines Tages möglich sein, daß der Verstand der Menschen den Weg zu Glück und Wohlfahrt fände? Nur nicht verzagen! Nur nicht verzagen!

Zaberner Nachwehen

(Januar 1914)[27]

Der Berliner Polizeipräsident Traugott v. Jagow, Dr. jur., hat seinen Standpunkt verändert. Früher erklärte er: Die Straße dient dem Verkehr! Jetzt hat er sich zu der Ansicht durchgerungen: Die Straße dient der Staatshoheit! Staatshoheit ist ein Ding, das jenseits von Gut und Böse, außerhalb der Gesetze und hoch über der Kritik des Bürgerverstandes steht. Hält es die Staatshoheit für angezeigt, Schädel zu spalten, zumal wenn sie „fast in Feindesland" spazieren getragen werden, dann müssen Schädel gespalten werden. Der Leutnant v. Forstner war ein Instrument der Staatshoheit, da er angesichts eines lahmen Schustergesellen an das Goethewort erinnert wurde: „Jetzt geht es an ein Schädelspalten!" Also hatte kein Gericht ihn zu verurteilen. – Ich habe keinen Anlaß, mit dem Dr. jur. juristische Disputationen zu führen. Ich freue mich neidlos an den hübschen Sätzen, in die er bisher nur seine Erlasse, jetzt auch seine Ergüsse zu fassen weiß. Noch mehr sollte es mich freuen, wenn er recht bald die Konsequenz aus seiner schriftstellerischen Begabung zöge und sich als engerer Kollege im Bezirke der Literatur begrüßen ließe. Wenn er seinen Polizeihelm an den Nagel hinge und – ohne den persönlichen Verkehr mit der preußischen Adelsfronde aufzugeben – humoristischer Schriftsteller würde, dann könnte man auch diesem Zeitgenossen noch eine gar nicht aussichtslose Zukunft prophezeien.

Bei den Kriegsgerichtsverhandlungen in Straßburg gegen die Überschneid der Zaberner Offiziere trat eine naturwissenschaftlich höchst beachtenswerte Tatsache zutage. Die nämlich, daß die Bekleidung eines nackten menschlichen Körpers mit einer deutschen Militäruniform nicht nur das Ehrgefühl, sondern zugleich die physischen Sinne in wahrhaft erstaunlichem Grade schärft. Volk, Bürger, Rechts- und Staatsanwälte, Landgerichtsräte, Kreisdirektoren und hohe Beamte bis zum Gensdarmen hinauf konnten in den kritischen Zaberner Tagen bei aller Aufmerksamkeit keine Aufruhrstimmung in der Stadt bemerken, während umgekehrt Oberste, Hauptleute, Leutnants, Sergeanten und Musketiere übereinstimmend die helle

---

[27] Textquelle | Erich MÜHSAM: *Zaberner Nachwehen*. In: Kain – Zeitschrift für Menschlichkeit (München), Jahrgang III, Nr. 10 (Januar) 1914, S. 154-155.

Rebellion wahrnahmen, gegen die Maschinengewehre und Belagerungszustand präpariert werden mußten. Möglich auch, daß dem bunten Rock mediale Eigenschaften innewohnen. In dem Falle würden sich die widerborstigen, johlenden, schimpfenden, Steine werfenden und sich zusammenrottenden Zaberner Einwohner als für die okkulte Wissenschaft überaus lehrreiche Beispiele von Materialisations-Phänomenen charakterisieren. Vielleicht ließe sich das interessante Experiment anders wo wiederholen: Man stelle auf einen menschenleeren Platz ein Bataillon Soldaten auf, das in kriegerischer Begeisterung auf Semmeljungen und Zeitungsfrauen Jagd machte. Wer weiß, ob nicht binnen kurzer Zeit, hervorgerufen durch die transzendenten Kräfte der Uniformen, die leibhaftige Revolution in vollem Gange wäre[28].

Bilanz 1913

(Januar 1914)[29]

Abergläubische Menschen werden das verflossene Jahr mit Fug als Beispiel anführen können, wenn sie die Unglücksbedeutung der Zahl dreizehn behaupten. Was in aller Welt unter dem Namen Politik vor sich ging, war der Niederschlag von Knechtsinn, Brutalität und Dummheit. Am Balkan die Massenmetzeleien unter den Völkern, die, angestiftet von russischen, österreichischen und englischen Kapitalshalunken, übereinander herfielen, ihre Länder ver-

---

[28] Oberst v. Reuter und Leutnant Schad sind freigesprochen worden. Auch Herrn v. Forstner hat das Oberkriegsgericht die sechs Wochen geschenkt, die ihm zuerst zudiktiert waren. Ich gönne den Herren, wie jedem anderen Menschen, gerne ihre Freiheit. Ich freue mich sogar des Urteils. Denn die nunmehr festgestellte Tatsache, daß in Deutschland die Offiziere so handeln dürfen, wie es die Herren in Zabern getan haben, wird ja vielleicht doch in manchen Landsleuten antimilitaristische Stimmungen erwecken, wie wir Agitatoren sie bei aller Bemühung in Jahren nicht zuwege bringen könnten.
[29] Textquelle | Erich MÜHSAM: *Bilanz 1913*. In: Kain – Zeitschrift für Menschlichkeit (München), Jahrgang III, Nr. 10 (Januar) 1914, S. 145-151.

wüsteten, ihre Kulturen zerstörten, alle Keime einer Gesittung aus
rotteten und mit Raub und Brand und Mord die Merkmale ihres
Menschentums schändeten. In Mexiko die Schrecken von Revolution und Gegenrevolution, das verzweifelte Ringen eines Volkes,
das nun im vierten Jahre schon im tapferen Aufstand sein Land gegen infame Vergewaltigungen durch seine, von den Vereinigten
Staaten gestützten Blutsauger verteidigt (vergl. „Kain" I, 2, Seite 30),
ein wüstes Auf und Nieder von Kabale und Betrug, von Massen-
und Einzelmord, von Streberei und Schuftigkeit, ein wildes Geraufe
habgieriger Abenteurer um die Arbeit eines tüchtigen, freiheitwilli-
gen, sich seines Lebens wehrenden Volkes. In China die Untermi-
nierung der eben erkämpften Republik durch ihren ersten Präsidenten, dessen Ehrgeiz in reaktionären Kundgebungen, in Verfolgungen und Hinrichtungen auf die Errichtung einer Dynastie Juanschi-
kai hinarbeitet. In Afrika immer noch die Aufräumungsarbeiten unter den eingeborenen Stämmen Marokkos, wo spanische Soldaten
im Dienste europäischer Spekulanten ihre Knochen mordend zu
Markt tragen, ohne bisher das Land für ihren König erobern zu können, dem die Kritik seines Volkes aus dem Revolver eines jungen
Revolutionärs peinlich um die Ohren knallte.

Für Europa aber bedeutet das Jahr 1913 den Bankerott aller
Staatskunst. Aus allen Verwirrungen und Verwicklungen in den Beziehungen zwischen den Völkern haben die europäischen Diplomaten keine andere Rettung gekannt, als noch über das Maß der gewohnten Bewaffnung gesteigerte Verpanzerung gegeneinander, bis
zu einem Grade, daß das verflossene Jahr für ganz Europa ein Jahr
des Schreckens, des Hungers und des Elends war. Mit den gemeinsamen Operationen – so nennt man im diplomatischen Verkehr die
zum Zwecke gegenseitiger Beargwöhnung und Übervorteilung arrangierten Beratungen – während des ersten Balkankrieges fing es
an. Hilflos, aber von den heimischen Geldinteressenten zu Taten ge-
drängt, sah man der unerwarteten Entwicklung der Dinge zu. Bulgarien schluckte Adrianopel. Es folgte die Einnahme Skutaris durch
die Montenegriner und die ewig glorreiche Flottenaktion aller Großmächte gegen König Nikita. Daß es schließlich den vereinten Anstrengungen doch gelang, das Volk der Schwarzen Berge um den
Ertrag seines selbstmörderischen Krieges zu bringen, war der einzige positive Erfolg der gemeinsamen Bemühungen der europäi-

schen Nationen um internationale Verständigung. In London
schwitzte eine Diplomatenkonferenz, deren Beschäftigung es war,
von Tag zu Tag die gefaßten Beschlüsse umzustoßen, und als sie
schließlich, stolz auf ihre Leistung, doch den Frieden unter den Bal-
kanländern hergestellt hatte, nicht ohne im politischen Wurstkessel
Europas selbst ununterbrochen Explosivstoffe zu häufen, da stürzten die siegreichen Serben, Griechen und Bulgaren übereinander los.
Rumänien mischte sich hinein, und Siegerin war die Türkei. Europas Staatskünstler haben nun erreicht, daß alles anders wurde, als
sie es in ihrer Weisheit bestimmt hatten, daß Oesterreich mobili-
sierte, daß Rußland probeweise riesige Truppenmassen an die österreichische Grenze warf, und daß Frankreich und Deutschland
Hals über Kopf ungeheure Heeresverstärkungen vornahmen. Sie
hatten erreicht, daß die Kriegsangst in allen Ländern wirtschaftliche
Verheerungen anrichtete, die schon nach dem Kriege selbst
schmeckten. Was dieses Jahr an ökonomischen und kulturellen Werten zerstört hat, das könnten Jahrzehnte des Friedens nicht wieder
einbringen. Und an diese Jahrzehnte glaube, wer mag. Die bei ständig abnehmendem Bevölkerungszuwachs ständig zunehmende
Truppenpräsenz in allen Staaten muß ja einmal die Katastrophe des
Weltkrieges herbeiführen. Schon lange verschlingt die Erhaltung
der Heere den weitaus größten Teil aller öffentlichen – von der Gesamtheit in immer steigenden Anforderungen erhobenen – Mittel.
Das Jahr 1913 hat auch in dieser Beziehung einen Rekord aufgestellt;
und es ist nur ein wahres Glück, daß wenigstens der von Herrn Carnegie bezahlte Friedenspalast im Haag fertig geworden ist. Sollten
mal in Holland von West und Ost gegeneinander marschierende
Truppen zusammenstoßen, so werden sie doch wissen, wo sie sich
verschanzen können.

In Deutschland läuteten die Sylvesterglocken eine besonders
trübselige Zeitspanne zu Grabe. Der Patriotismus herrschte unumschränkt über Land und Leute. Wo Werte zur Geltung wollten, erschlug er sie, wo freier Atem auszuströmen schien, erstickte er ihn.
Auch bei uns war der Balkankrieg der Ausgang alles Übels. Die
Habsgierer Monarchie machte geile Augen zu den umstrittenen Gebieten und suchte im Trüben zu fischen. Da Rußland ein gleiches tat
und die beiden Waffenbrüder von 1813 miteinander ins Gedränge
zu geraten drohten, erwachte bei uns die Begeisterung treuer Bun-

148

desgenossenschaft, der Friede schwankte, die Kurse fielen, die Krisen züngelten, die Pleite kroch über das Land. Das allgemeine Stocken in Handel und Gewerbe, die überall verminderte Kaufkraft und Kauflust, die dadurch bewirkte Arbeitslosigkeit und Hungersnot hielten die Staatsmänner, die Deutschlands Geschicke lenken, für den geeignetsten Zeitpunkt, um die tiefste Ursache all des Jammers, die unerträgliche Auspressung der Volksarbeit für Militärzwecke, in einer alles Dagewesene weit überbietenden, aller Phantasie spottenden Weise zu vergrößern. Um auf die klaffende Wunde, die man in den Leib der Volkswohlfahrt stieß, ein Heftpflästerchen zu kleben, kam man auf den vortrefflichen Einfall der nunmehr schmerzhaft fälligen Vermögensabgabe, die sich denn auch als eine vollkommen richtige Spekulation auf die kritiklose Kurzsichtigkeit unserer Politik machen den Nationalökonomen erwies. Ich habe hier mehrfach dargetan, daß diese angebliche Besteuerung der Reichen in der Wirkung ganz und gar auf eine erhöhte Belastung der Konsumenten, also der breiten Volksmassen, hinausläuft (vgl. Kain II, 12, S. 188 ff., III, 3. S. 70 etc.). Aber der Reichstag fraß die Riesenvorlage mit wahrem Behagen. Außer den Sozialdemokraten waren alle Parteien einig, sie anzunehmen, und die Roten halfen immerhin (wie manche meinen, um rascher zur letzten Rate ihrer Abgeordnetendiäten zu kommen), sie ohne Pause zwischen erster und zweiter Lesung durchzuhetzen, so daß zehntausende junger Leute noch im Herbst zur Einstellung gelangen konnten. Der einmaligen Wehrabgabe erteilten auch sie ihren revolutionären Segen.

Die unmittelbare Folge dieser patriotischen Taten war in Frankreich die Wiedereinführung der dreijährigen Dienstzeit, die den Zweck der deutschen Anstrengungen illusorisch machte und die Kriegsgefahr noch weiter steigerte.

Ehe die Heeresvermehrung und ihre Deckung noch unter Fach war, kamen jene anmutigen Enthüllungen über die Machenschaften der Firma Krupp, die reizende Kornwalzerepisode, die ja bekanntlich in zwei Prozessen allerlei Schiebungen und Bestechungen zum Zweck erhöhter Waffenaufträge für die Essener Industrie, keineswegs aber den Schatten eines Panamas sichtbar werden ließ. Als aber das Jahr zur Neige ging, da folgte der Essener Kornwalzer- die Zaberner Bettschisser-Affaire. Wer sie noch nicht kennen oder bei der Kurzlebigkeit unseres gesegneten Zeitalters schon vergessen haben sollte, lese die Begebenheiten im vorigen Heft des „Kain" nach. In den Prozessen gegen die Herren v. Forstner u. v. Beuter haben sie inzwischen ihre Bestätigung gefunden. Zur Vervollständigung des Filmdramas sei noch nachgeholt, daß eines Tages im Dezember ein Schuß aus der Propfenpistole eines kleinen Jungen alles, was rote Streifen an der Hose trägt, in neue Aufruhrstimmung versetzte, und daß während der Panduren-Szenen der Oberst v. Reuter dem Wunsche Ausdruck gab, es möge Blut fließen, die fernere Äußerung aber: „Jetzt beherrscht Mars die Stunde!", wie er vor Gericht eingestand, in weiser Mäßigung unterdrückte. Nachträglich festzustellen bleibt ferner, daß die hochgebäumten Wogen der Empörung, die dem deutschen Reichstag vor einem Monat das Aussehen einer Art Nationalkonvent gaben, inzwischen vom Salatöl des Bewilligungseifers geglättet worden sind. Der lederne Kanzler und der tönerne Kriegsminister kriegen ihr Gehalt, alle Etats werden bewilligt und die Sozi haben in großen Versammlungen Resolutionen gesammelt, aus denen jedermann erfährt, daß das Abgeben eines sozialdemokratischen Stimmzettels alle fünf Jahre einmal immer noch die erlösende Tat des deutschen Volkes bleibt. Mittlerweile ist der Winter mit Frost und Stürmen übers Land gekommen, und zur Wohnungs- und Fleischnot ist nun noch die bittere Sorge um das nötige Heizmaterial getreten. Denn der Gott, der Eisen wachsen ließ, hat sich in dieser Tätigkeit nachgerade übernommen und darüber die Produktion von Brennholz vernachlässigt.

Sat prata biberunt. Die Gefilde, auf denen Unzufriedenheit, Groll, Wut und keimende Rebellion gedeiht, sind überreich gedüngt. Wo soviel Schatten herkam, wie im Jahre 1913 über uns fiel, wird ja wohl auch viel Licht sein. Suchet, so werdet ihr finden! Klopfet an, so wird euch auf getan! Um aus den Niederungen des Elendes und der Verzweiflung in den Glanz unendlicher Lebensfreude zu gelangen, brauchen wir uns nur in die Regionen derer zu begeben, die auf den Höhen der Menschheit wandeln. Dort war 1913 ein Jahr der Lust, in dem liebliches Geläute und fröhliches Festefeiern keine Grenzen hatte.

Weil es just hundert Jahre her waren, seit der gewaltige Geschichtemacher Napoleon, geschwächt und am Ende seiner Leistungsfähigkeit aus Rußland zurückgekehrt, von den vereinten Armeen Europas auf deutschem Boden den Genickstoß erhielt, deshalb mußte bengalisches Feuer gemacht werden, bis allem Volk grün und rot vor den Augen wurde. Da gab es die Breslauer Säkular-Ausstellung mit dem erbaulichen Intermezzo des Hauptmann'schen Festspiels. Da gab es die Kelheimer Fürstenspeisung, auf Kosten eines bayerischen Hopfenpatrioten (ohne jede Gegenleistung! Allerdings soll der anonyme Gerngroß inzwischen geadelt worden sein.) Da gab es die Leipziger Denkmalsenthüllung. Dort war der Gastgeber ein König, dessen Ahne als einziger deutscher Fürst Napoleon über Leipzig hinaus die Treue hielt. Da gab es allüberall Spezialfeiern, Kommerse, Serenaden und Reden, Reden, Reden. Es war sehr erhebend.

Aber es gab noch viel mehr. Es gab Fasanen-Massenabschießereien, Regimentsjubiläen, Fürstenbesuche und die Komplettierung der 22 deutschen Thronsessel durch einen Herzog und einen König. An alledem durfte das deutsche Volk freudigen Anteil nehmen. Woran es keinen Anteil nehmen durfte, waren etliche Telegramme, deren letztberühmte vom deutschen Kronprinzen ausgingen und die Zaberner bunten Röcke zu ihrer Schneidigkeit gegen das Bürgerpack beglückwünschten, aus dem einige Schurken gewagt hatten, ihren Mund in einer Weise zu verziehen, als ob sie lächeln wollten. Überraschende Telegramme haben in Deutschland seit langem nichts Überraschendes an sich. Es wird sieh aber die Betrachtung verlohnen, daß der deutsche Kronprinz nach menschlicher Voraussicht einmal deutscher Kaiser und König von Preußen sein wird (von Gottes Gnaden). Als solcher wird er nach eigenem Ermessen die Minister zu ernennen haben, die seine Politik machen. Er wird oberster Befehlshaber der Armee sein und in seiner Hand wird die Entscheidung über Krieg und Frieden liegen.

Prosit Neujahr!

Die Fremdenlegion

(Februar 1914)[30]

Mit zwei Milliarden Mark muß jährlich die Henne gefüttert werden, die unter dem Namen „Deutsche Wehrmacht" im bedrohten Vaterlande herumgackert. Jetzt ist sie mit einer Extramilliarde noch fetter aufgeplustert worden und beansprucht infolgedessen fortan noch erheblich mehr Getreidekörner aus den Äckern des deutschen Volkes als bisher. Der Geflügelzüchter Michel ist ein Schafskopf, denn er merkt nicht, daß das meschuggene Huhn ihm nichts als Kuckuckseier in den Stall legt. Eines guten Tages aber wird es ihm schmerzlich fühlbar werden, wenn nämlich der zärtlich gepflegte „bewaffnete Friede" an Überfütterung krepiert, seine Küken aber auskriechen und sich die mißgestalteten Kreaturen als Krieg, Hunger und Pestilenz über das Land ergießen.

Die Erbpächter der deutschen Ehre und der deutschen Phrase möchten das 43jährige Friedensvieh schon längst zum Platzen bringen. Sie ängstigen deshalb den dummen Michel heute mit diesem, morgen mit jenem Bauernschreck und heißen ihn zur Abwehr immer größere Mengen seiner schwitzend erarbeiteten Profite in die Armee hineinstopfen. Fehlt bloß noch ein geeigneter Anlaß – und der Krieg gegen den Erbfeind ist fertig.

Aber es hat sich herausgestellt, daß es bei den schauderhaften Formen, in denen sich heutzutage ein europäischer Krieg abspielen würde, nicht mehr ganz so leicht ist, die Volksseele zum Kochen zu bringen. Weder die marokkanischen Diplomatenkünste noch die Bemühungen, die Folgen der Balkanwirren friedlich zu überwinden, haben der Schwerindustrie und ihren Hintermännern genützt, den Massenmord in Szene zu setzen. So ein Krieg muß schon aus den Tiefen des europäischen Volksgemüts selbst heraussprudeln.

Seit geraumer Zeit kultivieren die patriotischen Giftmischer eine sehr wirksame Methode, um besagtes Volksgemüt in Wallung zu bringen. Sie zeigen ihm den Feind in der Beleuchtung eines Schubiaks, der darauf aus ist, wehrfähige Söhne der Deutschen mit den Mitteln der Verführung und Vergewaltigung ins eigene Lager hin-

---

[30] Textquelle | Erich MÜHSAM: *Die Fremdenlegion.* In: Kain – Zeitschrift für Menschlichkeit (München), Jahrgang III, Nr. 11 (Februar) 1914, S. 161-169.

überzulocken, um sie der französischen Fremdenlegion einzuverleiben. Dort seien die also Geworbenen den schändlichsten Mißhandlungen und Plackereien ausgesetzt, in fortwährender Gefahr, massakriert zu werden, wehrlos ent rechtet und über kurz oder lang einem elenden physischen und psychischen Zugrundegehen preisgegeben.

Hier soll gewiß kein Lobgesang auf die Fremdenlegion angestimmt werden. Denn es sei ferne von mir, an irgendwelche militärische Organisation freundliche Empfindungen zu hängen. Aber die Hetzanklagen der deutschen Friedensstörer sollen auf ihr richtiges Maß zurückgeführt und ihre Propaganda soll als deutsche Kriegsmache dargetan werden, – um des Friedens willen. Das Material, mit dem ich den systematischen Lügen der deutschen Legionsgegner entgegentreten will, danke ich zum Teil eigenen Informationen, zum Teil einem sehr sachlichen und instruktiven Artikel des Franzosen Pierre Mille, der unter der Überschrift „La Legion étrangère et l'Allemagne" in der Züricher Zeitschrift *„Wissen und Leben"* erschienen ist.

Wollte man der deutschen Schreipresse und dem neuerdings mit der Zentrale München etablierten „Schutzverband gegen die Fremdenlegion" glauben, dann reisen in Deutschland Dutzende französischer Werber umher, die junge Leute in verrufenen Kneipen besoffen machen, sie dann einen Wisch unter schreiben lassen, der sie für fünf oder zehn Jahre oder auf Lebenszeit mit Haut und Haaren der Fremdenlegion ausliefert, und verschleppen sie über die Grenze. Die französische Regierung aber unterjocht mit den also düpierten deutschen armen Teufeln die algerischen Aufwiegler. – Zunächst ist es schon Schwindel, daß sich die Legion ganz oder auch nur zum größten Teil aus Deutschen rekrutieren soll. Herr Mille stellt folgende Statistik zusammen: Die Legion hat etwa 14.000 Mann. Das zweite Regiment bestand am 1. Januar 1913 aus 2196 Franzosen, 985 Deutschen, 354 Elsaß-Lothringern, 391 Belgiern, 327 Schweizern, 255 Italienern, 128 Spaniern, 87 Thunesen, Algeriern und Marokkanern, 61 Russen und Polen, 141 Luxemburgern, und einer Anzahl Oesterreichern, Türken, Amerikanern, Japanern und Malaien. Im ersten Regiment sind die Zahlenverhältnisse – bei sorgfältiger Beobachtung – die gleichen: Im Januar 1912 enthielt es, bei 5300 Mann, 50 Prozent Franzosen, 18 Prozent Deutsche, 7 Prozent

Elsaß-Lothringer, 7 Prozent Belgier, 6 Prozent Schweizer, 3 Prozent Italiener. Daß der Bericht Deutsche und Elsaß-Lothringer unterscheidet, scheint mir sehr berechtigt, da ja die elsässischen Legionäre von der Eindeutschung ihres Vaterlandes für ihre Personen keinen Gebrauch mehr machen, ihre wahre Nationalität aber, wenn die Politik der deutsch-nationalistischen Grenzkolonisatoren irgend einen Sinn haben soll, französisch ist. Aus der ganzen Aufstellung aber ist ersichtlich, daß der internationale Charakter der Fremdenlegion durch ein Überwiegen des deutschen Elements in keiner Weise bestimmt oder gar beeinträchtigt wird.

Auf das Märchen von den in Deutschland herum schwärmenden „racoleurs" geht Mille fast gar nicht ein. Er hat wohl keine Ahnung von den Dimensionen, die die Furcht vor den Werbern für die Fremdenlegion bei uns schon angenommen hat. Immer häufiger liest man in den Zeitungen von Fällen, in denen ein Student, ein junger Kaufmann oder ein reicher Erbe von solchen Seelenkäufern über die Grenze gelockt und um sein Lebensglück geprellt sein soll. Besonders seit der Entstehung jenes „Schutzverbandes" häufen sich die Fälle ganz auffallend. Ich wage die Behauptung, daß noch niemals ein „Werber" für die Legion in Deutschland gewirkt hat, es sei denn, daß ein ehemaliger Legionär selbst rühmend von seinen Erlebnissen erzählt und damit andere Leute veranlaßt hat, dort auch ihr Glück zu versuchen. Denn es wäre doch merkwürdig, wenn es in den 80 Jahren des Bestehens der Legion den berühmt scharfsinnigen deutschen Polizeibehörden noch nie gelungen wäre, so einen Schweinekerl dingfest zu machen. Schließlich ist doch nicht überall, wie in München, die ganze Tätigkeit der öffentlichen Gewalt mit dem Aufstöbern von Polizeistunden-Übertretungen absorbiert. Das Einstellen von Werbern wäre aber auch eine ganz überflüssige Energie- und Geldverschwendung für die französische Militärbehörde. Denn der Zulauf zur Fremdenlegion ist so groß, daß höchstens die Hälfte von denen, die hinein wollen, aufgenommen werden können. Die Legion stellt jährlich etwa 2000 Mann ein. 18 Prozent Deutsche macht darunter 360 Mann. Es bedarf keiner umständlichen Psychologie, um zu begreifen, daß unter uns mehr Leute sind, die den Wunsch haben, in jener allgemeinen Zuflucht für Ent[g]leiste unterzutauchen.

Im Jahre 1907 war ich in Paris. Der Verkehr mit den paar deut-

schen Anarchisten, die sich dort auf hielten, führte mich auch in die
kleine Herberge, in der sich deutsche arme Teufel trafen. Da waren
Deserteure, Defraudanten, auch einzelne, die um schwerer Verbrechen willen im fremden Lande Versteck spielten. Die meisten von
ihnen hatten nur noch ein Ziel: die Fremdenlegion. Ich riet ihnen ab,
gab ihnen antimilitaristische Lektionen. Was mußtet ihr in Deutschland desertieren, fragte ich, wenn ihr nun doch Soldaten werden
wollt? Dann geht schon lieber zurück, reißt euere zwei Jahre herunter und seid frei. Aber die Leute hörten nicht auf mich. Sie hatten
nur eine Angst: daß man sie nicht annehmen werde.

Freilich konnte ich ihnen wenig erwidern, wenn sie mir die Unterschiede auseinandersetzten zwischen dem strengen Drill im
deutschen Heer und dem wilden Erleben, dem abenteuernden
Draufgehen in Afrika. Der Einwand, daß die Eingeborenen, auf die
sie schießen müßten, Menschen seien wie sie, verfing nicht. Auch sie
seien Wild, Gehetzte, Verfolgte, vor deren Leben kein Mensch Respekt habe. Und sie setzten ihr Leben aufs Spiel.

Das Verführerischste aber ist dies: den verirrten Burschen, der
wegen irgend eines Deliktes gesucht wird, und der nun in die Fremdenlegion flüchtet, fragt niemand nach Namen und Art. Er hat keine
Papiere und kein Geld, Dort findet er die Möglichkeit, weiter zu leben. Er erhält den Namen, den er selbst sich beilegt. Seine Vergangenheit ist ausgelöscht. Eine – vielleicht schönere – Zukunft liegt vor
ihm. Er wird Kamerad von Menschen aus anderen besseren Lebens-
sphären. Denn es ist eine merkwürdig zusammengewürfelte Gesellschaft, die sich in der Legion zusammenfindet. Pierre Mille erzählt
darüber höchst seltsame Dinge. Das seltsamste davon ist wohl, daß
eines Tages ein deutsches Kriegschiff kam, um den Leichnam eines
Hohenzollern-Prinzen abzuholen, der als Legionär gestorben war.
Die deutschen Zeitungen haben davon nichts erfahren, aber der von
mir zitierte Gewährsmann ist so seriös und zuverlässig, daß an der
Wahrheit dieses Berichtes kaum gezweifelt werden kann.

So tendenziös lügenhaft wie die Werbergeschichten, sind auch
die Behauptungen der Kriegsschürer über die Behandlung der Legionäre an Ort und Stelle. Über Soldatenmißhandlungen herzuzie-
hen steht vielleicht denen, die sonst das Maul nicht voll genug nehmen können, wenn sie die „Disziplin" in der deutschen Armee preisen, am übelsten an. Es ist natürlich sehr wahrscheinlich, daß derar-

tige Dinge auch in der Fremdenlegion vorkommen. Herr Mille
dürfte in diesem Punkt zu optimistisch urteilen. Er weiß nur von
einem Unteroffizier zu berichten, der sich durch seine Rohheiten
hervortat. Der Mann war Deutscher. Ich habe keine Ursache, eine
militärische Einrichtung in Gloriole zu setzen, und nehme ohne weiteres an, daß Rüpeleien gegen Untergebene in der Fremdenlegion
ebenso zuhause sind wie anderswo, obwohl das Gefühl der Kameradschaftlichkeit naturgemäß dort erheblich stärker ausgeprägt sein
muß, als in den übrigen Heeren. Was aber von den drakonischen
Bestrafungen von Deserteuren gefaselt wird, ist – diese Kenntnis be-
ziehe ich nicht allein aus der Mille'schen Arbeit – größtenteils Mum-
pitz. Richtig ist, daß Desertionen „vor dem Feinde" mit dem Tode
gesühnt werden. Das ist dort so wie überall, und wer sich als Freiwilliger zum Kriegführen anwerben läßt, muß das wissen und handelt also auf eigenes Risiko. Er muß sich sogar sagen, daß eine De-
sertion aus der Fremdenlegion unter solchen Umständen viel gra-
vierender ist, als in anderen Fällen, wo der Soldat, ohne irgendwelche Neigung zum Militärdienst je bekundet zu haben, gewaltsam
gezwungen wird, in den Kugelregen hineinzumarschieren. Im übrigen aber werden in der Legion militärische Vergehen bedeutend la-
xer beurteilt als in den europäischen Heeren. In Friedenszeiten gibt
man sich wenig Mühe, Deserteure einzufangen. Denn Menschenzu-
fluß ist genügend vorhanden, und auf Elemente, die sich durch die
Tatsache ihrer Flucht als unzuverlässig erweisen, legt man keinen
großen Wert. Erreicht man sie aber doch, dann gibt's ein paar Wochen Arrest, und die Sache ist erledigt. Daß der Dienst in Algier stra-
paziöser ist als in Europa, ist wohl selbstverständlich. Aber die Lust
nach strapaziösen Abenteuern ist ja für die meisten der Magnet, der
sie in die Fremdenlegion gezogen hat. Die Leute wollen ja Kriegsge-
fahren. Das Risiko ihres Lebens setzten sie dafür vorher zum Pfand.

Die Einzelfälle, die in der letzten Zeit durch die deutsche Presse
gezogen wurden, werden von Herrn Mille ausführlich erörtert. Was
davon übrig bleibt, ist nichts, was die bezweckte Erregung rechtfertigen könnte. Der Bürgermeister Trömel von Usedom trat freiwillig
in die Fremdenlegion. Das wird auch in Deutschland nicht mehr bezweifelt. Der junge Hans Müller, der tatsächlich wegen Fahnen-
flucht vor dem Feinde füsiliert wurde, sollte erst Deutscher sein.
Dann gab man zu, daß er aus der Schweiz stamme, und endlich stell-

te es sich heraus, daß er Franzose war. Der arme Junge hat die Scheußlichkeit, die an ihm verübt wurde, und die jedes Kommando an ihm verübt hätte, selbst gar nicht als Ungerechtigkeit empfunden. Der Abschiedsbrief an seine Eltern lautete: „Je sais que demain je vais etre fusilié et c'est justice. J'ai mérité mon chatiment. Je vous demande pardon. Oubliez-moi." Bleibt noch der Fall des Deutschen Max Simon. Dessen Abschiedsbrief an seine Eltern, wonach er ebenfalls von seinen Kameraden erschossen werden sollte, ging durch alle Blätter. Diese ganze Geschichte hat sich als dummer Schwindel entpuppt. Als man dem Simon, der gar nichts verbrochen hatte, das Zeitungsblatt vorhielt, erklärte er, sehr erstaunt: „Ich habe das gar nicht geschrieben!"

Nach alledem besteht gar keine Ursache, die Fremdenlegion heftiger oder aus anderen Motiven heraus zu bekämpfen als jede andre militärische Organisation. Daß wir Anarchisten und Antimilitaristen die Fremdenlegion von dieser prinzipiellen Bekämpfung nicht ausnehmen werden, versteht sich ganz von selbst. Denn auch sie ist ein Institut, dazu bestimmt, Menschen zu töten, Länder zu usurpieren und dem Kapitalismus Halt zu geben. Das ist wenigstens gegenwärtig ihre Aufgabe. Bei ihrer Gründung waren allerdings andere Motive maßgebend, die politischer Natur waren. Der eigentliche Gründungstermin war der 10. März 1831; als es sich für Frankreich schon darum handelte, Algier zu unterjochen. Aber der Plan der Gründung liegt weiter zurück. Auf dem Wiener Kongreß 1815 wurde die Idee gefaßt, aus den Resten der international zusammengesetzten großen Armee Napoleons eine ständige internationale Einrichtung unter französischer Herrschaft zu machen, für die schon damals der Name „Fremdenlegion" erfunden wurde. Es handelt sich also nicht um eine französische, sondern um eine internationale Gründung, und es ist heute immerhin interessant, daran zu erinnern, daß sich unter denen, die sich für die Idee dieser Fremdenlegion besonders interessierten, der preußische Generalfeldmarschall Blücher befand. Dies sei nachdrücklich hervorgehoben, um die Lächerlichkeit des Wehgeschreies darzutun, daß es möglich ist, deutsche Menschen unter französischen Fahnen zu sammeln.

Der Lärm um die Fremdenlegion hat bisher schon größere Unruhe in Deutschland bewirkt, als im Interesse des Völkerfriedens gut ist. Kaum einer wagt, gegen das Gekeife der deutschen Nationalisten den Mund aufzutun, um seinen Patriotismus nicht in Zweifel zu setzen. Bis in die Reihen der Sozialdemokraten herrscht diese Angst vor der öffentlichen Kritik. Bedenkt man dagegen, wie empfindlich die Franzosen gerade in puncto Fremdenlegion reagieren, und wie schwer derartige Sentiments und Ressentiments bei politischen Komplikationen ins Gewicht fallen, dann wird man ermessen, wie leicht die Kriegshetzer gerade mit dieser Agitation ihr verwerfliches Ziel erreichen können. Bekämpfen wir die Fremdenlegion wie jede Militärmacht mit den Mitteln, die uns unsere antimilitaristische Friedensliebe eingibt, niemals aber in Formen, die in sich selbst neue Kriegsgefahr enthalten.

Idealistisches Manifest

(April 1914)[31]

Wer mit dem Blick auf zeitlose Weiten neue Moral, neue Gerechtigkeit, neue Menschlichkeit zum Inhalt seines Strebens macht, der weiß aus unzähligen Erfahrungen, daß er mißverstanden wird. Es ist fast notwendiges Schicksal seiner Überredungskunst, selbst bei Menschen von Verstand, Kritik und gutem Willen Kopfschütteln und Achselzucken zu erregen. Denn jede Agitation, deren Absicht nicht zeitlich begrenzt ist, steigt unbekümmert und rücksichtslos über praktische Bedenklichkeiten hin. Für bürgerliche – das heißt gegenwartsbesorgte – Naturen ist das Ziel immer der nächste Schritt. Wer aufs Ideal steuert, „schießt über das Ziel hinaus". Den Weg zu einem Ziele nicht in jeder Kurve kennen, das Werkzeug zu einem Kampfe nicht auf jede Gefahr erprobt haben, das bewirkt die Zweifel, das Warnen, das Bangemachen und selbst den gewalttätigen Widerstand gegen Tendenzen, gegen deren Ehrlichkeit gar nichts eingewandt wird. Aber wer im reinen Gefühl die Wahrheit

---

[31] Textquelle | Erich MÜHSAM: *Idealistisches Manifest.* In: Kain – Zeitschrift für Menschlichkeit (München), Jahrgang IV, Nr. 1 (Mitte April) 1914, S. 1-8.

weiß und in kluger Skepsis von ihr abläßt, den heiße ich einen Lumpen.

Hier ist mein idealer Zweck – da sehe ich das Mittel, ihn zu erfüllen: was kümmert mich die Chamade der Vorsichtigen? Naturwissenschaftler, Volkswirtschaftler, Historiker, Geographen, Politiker und Kaufleute sollen hundertmal recht haben, – mein Gefühl, das seine Wege kennt, können sie nicht widerlegen. Ich will den Völkerfrieden, weil er mich gut dünkt. Ich weiß, er wird sein, wenn die Arbeit der Menschen nicht mehr für den Krieg steuert, wenn die Soldaten sich weigern, ihresgleichen zu töten, wenn der Wille der Völker auf Frieden aus ist. Ich will Sozialismus und Anarchie. Ich weiß sie möglich, wenn Arbeit und Verbrauch in gerechten Ausgleich gebracht sind, wenn Ordnung und Friedfertigkeit in den Menschen Leben gewonnen haben, wenn Autorität und Gehorsam, Herrschaft und Knechtschaft aus der Gewohnheit der Völker gewichen sind. Sie werden weichen, wenn allenthalben aus der Sehnsucht nach Freiheit der Wille zur Freiheit geworden ist. Ich will Kultur und Kunst [als] Gemeingut der Völker wissen. Sie werden es sein, wenn der Geschmack der Besten sich allen mitgeteilt hat, wenn die Ethik der Massen sich zum Anstand geformt hat, wenn aus Zwang und Strafe Rechtlichkeit und Verständigung geworden ist.

Aber für den Frieden sind alle Vorbedingungen nicht erfüllt. Die Völker haben ein natürliches Expansionsbedürfnis und bedrohen die Grenzen der Nachbarn. Gehorsamsverweigerung, Generalstreik, Revolution ziehen entsetzliche Strafen nach sich. Der Gedanke, das Raubtier Mensch werde in Ordnung und Verständigung miteinander auskommen, der Geschmack der rohen Masse könne umgeformt werden, Freiheit werde jemals etwas anderes sein als eine schöne Phrase, ist absurd und kindlich. Schon die Formulierung deiner Ideale ist ein Beweis, wie unabwendbar und naturgewollt alle die Einrichtungen sind, die du bekämpfst. Bitte: ich fordere nicht auf, – ich bekenne. Und ich suche meine Gefühle, die mir Wahrheiten sind, in das Gefühl der Nebenmenschen zu verpflanzen. Verstandeskühle Einwendungen können richtig oder falsch sein, – an der Erkenntnis dessen, was gut und recht ist, prallen sie ab.

Das also ist das Wesen der Agitation: auszusprechen, was subjektiv wahr ist, die Energie der andern nach der Richtung zu beeinflussen, die zu erstreben ist. Was die stärkste Energie – Weniger oder der Menge – wollen wird, das wird die Zukunft sein. Unmittelbare praktische Wirkungen gelten nicht allzu viel. Sie sind nur wertvoll als Symptome eines neuen Geistes, der unterirdisch im Werden ist. Der neue Geist aber entsteht heimlich und unbeobachtet, langsam und viel später, als sein Same gestreut ist. Wenn er zuerst in einem Gedanken, einer Tat, einem Kunstwerk oder einer Erkenntnis plötzlich aus dem Boden schießt, dann ist sein Ursprung längst nicht mehr zu entdecken, dann hat er gewirkt, als ob er selbstverständlich und ohne Rausch wäre.

Plötzlich ist eine neue Bewegung da, überraschend, scheinbar aus dem Nichts gestampft. Sie zieht Kreise, wächst, wirkt, aber ihre Herkunft ist verschollen. Aller Fortschritt ist diskreter Geburt, denn er stammt vom heiligen Geist, er stammt aus der Sehnsucht und der Bitternis vergangener Idealisten. Freilich sieht jeder Erfolg des Idealismus anders aus als seine Werbung. Was daraus eingeht in das Leben des Menschen, sind Anpassungen an geltende Verhältnisse, sind nichts weiter als Entwicklungsfaktoren. Gerade darum müssen die Forderungen an die Welt so schroff wie möglich gestellt werden, muß stets das denkbar Äußerste verlangt werden, ohne Rücksicht auf die Aussichten der Verwirklichung. Nur die ideale Forderung in ihrem weitesten Umfange schafft Fortschritte im engen Kreise. Die Utopie ist die Vorbedingung jeder Entwicklung.

Die Entwicklung hat mit dem Abrollen der Jahre nichts zu tun, nicht nur, weil uns die Irrealität der Zeit bewußt ist, sondern weil uns die Geschichte der Vergangenheit lehrt, daß die vorgeschrittene Jahreszahl keine Gewähr gibt für höhere Kultur und tieferen Menschenwert. Einsichten und Sitten entstehen und verschwinden mit dem Werden und Vergehen der Generationen. Nie wird die Zeit kommen, die keiner Revolution bedürfte. Dennoch wollen wir unser Weltbild gestalten nach dem Ideal der Vollkommenheit, und das können wir, wenn wir den Blick aufs Künftige, und das ist aufs Ewige, gerichtet halten. Und wir wollen uns freuen, wenn irgendwo aus dem Geschehen der Zeit eine Blüte treibt, in der wir verwandelt und verdünnt den Keim unserer Werbung erkennen.

Wir erleben seit einem halben Jahrhundert eine gewaltige soziale Bewegung. Die werktätige Menschheit, also die Sklaven und Entrechteten, haben sich auf ihren Anspruch besonnen, an den Lebenswerten teilzunehmen. Ja, sie haben begriffen, worauf ihre Versklavung beruht, und sie haben erkannt, daß die Ablösung des Kapitalismus Sozialismus heißen muß. Zwar kamen die Advokaten und Politiker, die Geschäftemacher und Demagogen, und bemächtigten sich der Idee der Gerechtigkeit und der Befreiung, indem sie daraus ein Parteiprogramm machten. Zwar kam die Trägheit des Denkens und Handelns wieder über die Massen und der tiefste Fluch des Lebendigen, die Zufriedenheit. Aber ein Funke aus der heiligen Glut der Saint-Simon, Proudhon, Bakunin, Lassalle schwelt noch unter dem Schutt, und wir Lebenden dürfen nicht ruhen, ihn freizumachen und zu neuem, hellen Feuer anzublasen.

Aus der Schande tausendjähriger Entwürdigung als Kreatur der Männer ist das Weib erwacht. Es will Mensch sein, die Rechte und Anerkennung des Menschen haben. Daß die kämpfenden Frauen unserer Tage im Langen nach dem Gute der Freiheit vorbeigreifen und statt Menschenrechte Männerrechte begehren, soll uns nicht verdrießen. Die Not und die Verstocktheit der Zeit hat den Frauen Männerpflichten auferlegt. Vielleicht schafft sich doch einmal die Einsicht Bahn, daß nun nicht die Assimilation ans andere Geschlecht, sondern die Befreiung von seiner Herrschaft – das ist die Freiheit des Weibes in Liebe und Mutterschaft – das Glück des Frauentums wäre. Sie müssen ihre Ziele weit setzen, die Frauen, die in den Kampf getreten sind. Die Neubildung aller gesellschaftlichen Formen auf dem Boden des Mutterrechts müssen sie verlangen. Wenn sie es dann einmal erreichen, daß kein Weib mehr ein anderes deswegen verachtet, weil es Mutter ist, dann müssen sie die Genugtuung fühlen, daß ihr Werben und Kämpfen nicht umsonst war, wie sie selbst Zeugnis dafür sein sollten, daß die herrlichen Frauen der Romantik nicht umsonst die Vorbilder freier, schöner Weiblichkeit waren.

Seit ganz kurzem aber beobachten wir die ersten Atemzüge einer neuen Bewegung, die vielleicht berufen sein wird, das höchste anarchistische Ideal, die Selbstbestimmung des Menschen, sein stolzes Vertrauen auf die eigene Persönlichkeit zur Sehnsucht der gehorsam-beherrschten Zeitgenossen zu machen. Zum ersten Male organisiert sich die Jugend gegen Autorität und Zwang, gegen Tradition und Erziehung, gegen Schule und Eltern. Die jungen Leute wollen die Hälse frei bekommen von den Umschnürungen der Verbote und des Drills. Sie wollen anerkannt werden als Menschen mit eigner Sehnsucht, mit eignem Leben, die nicht zu danken, sondern zu fordern haben. In schönem Radikalismus streben sie nach den größten Dingen: nach Wahrheit in Empfangen und Geben, nach Freiheit in Leben und Lernen, nach Raum zum Atmen und Werden. Was in der Zeitschrift der Jugend *„Der Anfang"* aus jungen Herzen nach Ausdruck drängt, das ist viel ungegorenes und manchmal bizarres Zeug, aber es ist die Sprache der Jugend, es ist das aufgeregte und den Freund der Zukünftigen heiß aufregende Bekennen heiliger, starker revolutionärer Inbrünste. Mögen Lehrer, Pfaffen und Eltern vor Entsetzen bersten, mögen sie sich mit Maulkörben bewaffnen und die Polizei herbeirufen, um das freie Wort im Munde der Jungen zu verstopfen, – es nützt nichts mehr. Der Gedanke ist stärker als das Wort, der Gedanke ist losgelassen, ihn hält nichts mehr auf. Das Problem Väter und Söhne ist gelöst, die Jugend hat es gelöst. Sie schreitet dahin über den Jammer der Alten, wie der Frühling über die Dürre des Winters. Die immer und immer bewährten „Erfahrungen" der Sechzig- und Siebzigjährigen sind um diese bereichert worden: daß die recht haben, die eine ganze Generation jünger sind, also um eine Generation Erfahrungen mehr haben. Der Kampf der Jungen ist angefacht. Er wird zum Siege führen, denn an Nachwuchs wird er nie Mangel haben, und die fröhliche Torheit, die das schöne Vorrecht der Jugend ist, wird allzeit seine gute Waffe sein.

Hier ist ein prächtiges Beispiel, wie idealistische Agitation wirkt, bis der Ursprung verwischt ist und bis plötzlich an einer Stelle, die niemand kannte, in einer Art, die niemand voraussah, ihr Segen aus der Erde quillt. Was haben die Alten nicht getan, um ihre Macht über die Jungen zu konservieren! Sie haben verboten und gestraft, geprügelt und gelogen, sie haben das Geheimnis der Menschwerdung vor den Kindern gehütet, als ob alles Seelenheil in Gefahr wäre, wenn der Junge weiß, wie das Mädel beschaffen ist. Und nun stellt sich die Jugend lachend vor ihnen auf und ruft ihnen ins Gesicht: ihr braucht uns nichts zu erklären, denn wir sind längst so klug wie ihr. Ihr braucht uns nichts zu verbieten, denn wir tun doch, was wir für recht halten. Ihr braucht uns nichts zu befehlen, denn wir gehorchen euch nicht mehr. Wir Älteren haben das noch nicht gewagt, wie brünstig wir es auch gefühlt haben. Aber nun wollen wir uns ehrlich freuen, daß wir es bei den Jüngeren mit ansehen dürfen, und die nach uns kommen werden, wollen wir in einem Geiste aufwachsen lassen, der die Beherrschung in sich selbst hat und keine Beherrschung von außen mehr duldet.

Die Jugend, der Nachwuchs, die kommende Generation hat sich mündig erklärt. Das Alter ist nicht berechtigt, mit seinen überlebten, verknöcherten Prinzipien daran zu rütteln. Bei der Jugend ist alle Zukunft geborgen. Ihr wollen wir unsere Ideale anvertrauen. Haben wir die jungen Leute gewonnen, dann haben wir alles gewonnen: Freiheit und Kultur, Revolution und neue Menschheit. Die Jugend soll uns die Staaten zertrümmern und den Frieden aufbauen, sie soll Sozialismus und Kultur schaffen, sie soll die Erde dem Geiste und dem Menschenglück bewohnbar machen. Wir anderen müssen uns ja wohl begnügen, ihr in Dichtung und Werbung anfeuernd zuzurufen und zu gleichem Tun denen den Mund zu öffnen, in denen die geistigen Güter der Menschheit gespeichert sind.

Noch verträumen die Künstler und Kulturellen ihre Zeit in ästhetischen Zirkeln. Noch haben sie nicht begriffen, daß sie zum Volke gehören, in die Gemeinschaft aller, und daß ihr Werk erst Wert enthält, wenn es Resonanz findet im Herzen der Mitmenschen. Der Geist der Lebenden gehört an die Spitze und in die Gefolgschaft der rebellischen Jugend. Seien wir Agitatoren, bilden wir eine Jungmannschaft der Welt, auf daß auch unser Wort Keime lege zu neuem Geschehen und neuer Gestaltung! Verstopfen wir unsere Ohren vor den Unkenrufen träger Philister und vor den Rechenexempeln praktischer Nörgler! Rufen wir die Wahrheit unserer Ideale aus, unbekümmert um Erfahrungen und zweifelnde Erwägungen, – und wir werden eine Welt erleben, die auf Schönheit und Gemeinschaft und – fernab von Gott und Kirche – auf religiöser Inbrunst errichtet ist.

Das große Morden
(Mai 1914)[32]

Immer wieder überraschen einen die Mitmenschen – selbst solche, die die Bezirke geistiger Lebendigkeit bewohnen – mit ernsthaft gemeinten Gegengründen gegen die Forderungen der selbstverständlichsten Menschlichkeit. Immer wieder sagt man den Spruch auf, daß es doch wohl natürlich wäre, wenn die Menschen einander hülfen und versuchten, im Frieden nach innen und außen Gerechtigkeit zwischen Arbeit und Verbrauch zu schaffen, und immer wieder begegnet einem das überlegene mitleidsvolle Lächeln der Weltklugheit, die Krieg und Spionage, Ausbeutung und Unterdrückung als gottgewollte, schöne und gute Notwendigkeiten zu verteidigen weiß. Man schämt sich allmählich vor sich selbst, immer und immer wieder den moralischen Gemeinplatz aussprechen zu müssen, daß Krieg schlecht und häßlich, Friede gut, natürlich und notwendig ist. Aber wir wollen noch tausendmal die Gründe der anderen widerlegen, um vor der Nachwelt nicht in der lächerlichen Haltung solcher dazustehen, die vor Dummheit und Herzenskälte resignieren und kapitulieren.

In diesem Zeitalter raffiniertester technischer Zivilisation gibt es für den Erfindungsgeist immer noch keine höheren Aufgaben als die Vervollkommnung der kriegerischen Mordinstrumente. Wessen Gewehre und Kanonen am weitesten schießen, am schnellsten laden, am sichersten treffen, der hat den Kranz. Das Scheußliche und das Groteske gehen Hand in Hand durchs zwanzigste Jahrhundert und rufen die Völker auf zur Bewunderung der Weltvollkommenheit.

So sieht unsere Kultur heute aus: Hunderttausende junger arbeits- und zeugungsfähiger Männer werden aus ihrer Beschäftigung gerissen, in komisch bunte Gleichtracht gekleidet, mit blanken Knöpfen, goldblechbeschlagenen metallenen Kopfbedeckungen und nummerierten Achselbeschlägen. An der Seite hängt ihnen ein langes Messer, scharf geschliffen, zum Stechen so geeignet wie zum

---

[32] Textquelle | Erich MÜHSAM: *Das große Morden*. In: Kain – Zeitschrift für Menschlichkeit (München), Jahrgang IV, Nr. 2 (Mitte Mai) 1914, S. 17-24.

Hauen. Über der Schulter tragen sie ein Schießgewehr, aus dessen Lauf sie oftmals hintereinander Geschoße jagen können, geeignet auf große Entfernungen Menschen zu durchbohren, mit einer Durchschlagskraft, daß gleich zwei hintereinander davon getötet werden können. Der Griff der Waffen aber ist schwer und wuchtig. Er dient zum Zertrümmern von Menschenschädeln. Vor den Nabel ist diesen Leuten ein Täschchen gebunden, das noch viele Geschoße enthält, für den Fall, daß die im Gewehrlauf ihre Pflicht nicht erfüllt haben. Ihre Tätigkeit besteht im jahrelangen Einüben in die Benützung der bezeichneten Gegenstände für den Bedarfsfall. In den Höfen der Häuser, in denen sie zu hunderten zusammen wohnen müssen, stehen aus Holz gefertigte, menschenähnliche Soldatenpuppen. Die Phantasie der Kriegseleven wird dazu geschult, in diesen Puppen lebendige Ebenbilder Gottes zu erblicken, und dann müssen sie darauf schießen. Außerdem aber werden sie erzogen, andren Leuten, zu denen sie im gewöhnlichen Leben gar keine Beziehungen haben, blinden Gehorsam zu leisten. Um sie daran zu gewöhnen, werden ihnen Aufgaben gestellt, denen ein erkennbarer praktischer Zweck überhaupt nicht innewohnt. Z. B. müssen sie oft, wenn sie in Gruppen angeordnet zum Gehen aufgefordert werden, alle gleichzeitig das Knie bis vor den Bauch hochheben, alsdann die Zehenspitze weit vorwärts schleudern und den Fuß mit lautem Klappen auf den Boden schlagen, und so immer abwechselnd mit dem linken und dem rechten Bein verfahren. Den Vorgesetzten müssen sie besondere Ehren erweisen, wozu ihnen je nach der Situation das Gewehr, die Kopfbekleidung oder die Hosennaht behilflich ist. Aber ihr Gruß gilt nicht der Person des Vorgesetzten sondern dessen Kleidern, die mit noch mehr Goldblech verziert sind als die eigenen.

Die Bezahlung dieser Dinge muß das Volk mit einem riesigen Prozentsatz seines Arbeitsertrags leisten, und so groß sind bereits die Anforderungen an die Steuerkraft der Menschen, daß seit Jahren kein Aufhören der Wirtschaftskrisen mehr ist, und die Folgen dieser Krisen sind Arbeitslosigkeit und Geburtenrückgang, aus denen wiederum verminderte Leistungsfähigkeit des Volkes und mithin – da die Forderungen des Militarismus sich nicht reduzieren, sondern ständig steigern – Erzeugung und Permanenz weiterer, immer ärgerer Krisen resultiert.

Der Wert dieser Opfer an Eigenwillen und Volkskraft wird sich jedoch erweisen, wenn eines Tages die Kriegsfahne entrollt wird. Dann wird der Begeisterung in allem Volk kein Ende sein. Dann wird sich dieses Bild entfalten: Zu denen, die gerade in den Kasernen zum Kriege gedrillt werden, treten die noch leistungsfähigen früheren Soldaten hinzu und die jungen Leute, die eigentlich noch auf ihre Schulung warten sollten. Junge Gatten und Väter werden aus dem Hause ihrer Hoffnungen geholt. Die Söhne müssen hinaus ins Feld der Ehre. Studenten, Lernende aller Berufe müssen ihre Entwicklung abbrechen, um am Kriege teilzunehmen, dessen Gründe sie nicht kennen und nicht erfahren, die auch mit ihren Interessen nichts zu tun haben. Nicht freiwillig gehen sie hinaus in Gefahr und Tod, sondern gezwungen und ohne Wahl. Weigerung wäre Tod.

Und nun kommt Bewegung in das Heer, dessen Gesamtstärke etliche Millionen Menschen beträgt. Die einzelnen Abteilungen suchen die Grenze des Landes zu erreichen, mit dessen Armee die Kämpfe zu führen sind. Im eigenen Lande schon herrscht Trauer und Verzweiflung. Die Mütter, die Frauen und Mädchen jammern den Männern und Söhnen nach. Die Saaten werden von Pferden und Menschen zerstampft, aller Handel, alle Produktion stockt, die Nahrungsmittel werden schlecht und unerschwinglich teuer, Krankheiten breiten sich aus, das Elend meldet sich überall.

Soll ich schildern, was weiter geschieht? Brauchte ich nicht Stunden und Stunden, um all das Gräßliche aufzuzählen, das das Wesen des Krieges aus macht? Denkt an die Schilderungen derer, die solche Heldenzüge mitgemacht haben. Denkt daran, daß Städte umzingelt und ausgehungert werden, wobei hunderte und hunderte Hungers sterben, denkt an den Sturm auf die Städte, wie sie in Brand geschossen werden und Kinder, Frauen, Greise, Kranke und Krüppel ihr Leben lassen müssen – fürs Vaterland! Denkt an die Eroberungen der Städte, wie die Soldaten, wochenlang keiner Schürze nah, sich mit geilen Nerven auf die fremden Frauen stürzen. Denkt an die innere Verwilderung des Einzelnen, der in ununterbrochener Angst um das eigene Leben täglich Sterbende und Leichen sieht, dem schon dadurch alle Raubtierinstinkte wach werden, und dem noch dazu stündlich gelehrt wird, daß das Umbringen von Menschen Tapferkeit sei. Und denkt an die Schlachten in den modernen Kriegen selbst! Wo ist da noch etwas von persönlichem Heldenmut! Wie maschinell und untapfer wird heutzutage gekämpft! Aus verdeckten Gräben schießt man aus Kanonenläufen und Maschinengewehren auf die Stelle, wo man den Feind vermutet, läßt Sprengstoffe explodieren und wird selbst von Granatsplittern zerrissen, ohne zu sehen, woher der Mord geschickt ist. Der Kampf von Unsichtbaren gegen Unsichtbare – ist das nicht der furchtbarste Hohn auf alle Menschenwürde?

Aber unter den Lesern selbst dieser Zeilen sind genug, denen ich mit meinem leidenschaftlichen Haß gegen den Krieg kindlich und dumm vorkomme, solche, die gegen Einrichtungen und Gebräuche keinen Haß kennen, weil sie abgeklärt sind und das Leben zu beurteilen wissen. Sie sagen einfach, daß der Militärdrill eine gesunde Körperausbildung ist, und für die Einsicht, daß Körperübungen, die erzwungen und unter Abtötung der eigenen Willensbestimmungen vorgenommen werden, niemals gesund sein können, haben sie kein Gefühl. Sie sagen, daß die Natur Seuchen über die Menschheit schicke, die mehr Opfer fordern, als die blutigsten Kriege, und daß Kriege ebenso weise Maßnahmen der Natur seien wie Krankheiten, bestimmt, die von Blut und Kraft übermäßig strotzenden Völker wohltätig zur Ader zu lassen. Wie kommen denn diese Logiker dazu, jeden Fortschritt der Wissenschaft zu bejubeln, der die Bezwingung einer Epidemie bewirkt? Wer den Krieg mit solchen Argumenten verteidigt, hat kein Recht, die Zurückdrängung von Pest- und Choleraseuchen, die Erfindung von Serum, Salvarsan, Mesothorium als Siege der Menschheit zu feiern. Was den Menschen recht ist, sollte doch wohl dem lieben Gott billig sein. Entweder wollen wir die schicksalsgewollten Auskehrungen unter den Menschen willig tragen, dann ist der Kampf gegen die Bakterien eine Heuchelei, oder wir wollen uns gegen verheerendes Unglück schützen, dann müssen wir den Krieg verhüten, wie jede andere Pest.

Aber die wirtschaftlichen Bedürfnisse der Völker bedingen Kriege. Wenn ein Land seine Leute nicht mehr füttern kann, muß es dem Nachbarn Äcker wegnehmen. Schwindel. Seit der Kapitalismus die Welt beherrscht, ist noch fast jeder Krieg vom Reichen gegen den Armen geführt worden. Der Große saugt dem Kleinen das Blut aus. Es ist mit den Staaten genauso wie mit den Einzelnen. Die Machtanhäufung wird von keinem Bedürfnis bestimmt, sondern ist Selbstzweck, wie die Ansammlung von Kapitalien, deren Ertrag niemandem zunutze kommt, für die modernen Geldmagnaten Selbstzweck ist. Die Machtanhäufung der Staaten aber, um derentwillen Kriege geführt werden, ist in Wahrheit Kapitalsanhäufung bei einzelnen Kapitalisten. Die anderen haben Leben, Habe, Arbeit, Hoffnung und Glück zum Opfer zu bringen wie die Kleinstaaten Selbständigkeit, Nationalbesitz und Volksart. Das Kreuz Christi aber, der Name Gottes, die Postulate der Gerechtigkeit und Sittlichkeit liefern allemal das Glockengeläute, unter dem die Kanonen zum Kriege geladen werden.

Ein Musterbeispiel für die Art, wie gewissenlose Habgier Kriege inszeniert, liefern gegenwärtig die Vereinigten Staaten von Nordamerika, repräsentiert in dem würdigen, pazifistisch geschminkten Präsidenten Wilson, Professor und sozial aufgeklärten Schriftsteller.

Das Land Mexiko steckt seit Jahren in hellem inneren Aufruhr. Die infamen Landgesetze des Porfirio Diaz (vgl. „Kain" I, 2) trieben die Leidenschaften hoch, und in höchst wechselvollen Kämpfen, die die Rebellen mehrmals dem Siege nahebrachten, mußten sie es immer wieder erleben, daß sie ihre Waffen gegen den Verrat der eigenen Führer wenden mußten, die die Revolution zum Vorwand ihrer persönlichen ehrgeizigen Ziele machten. Was für eine Sorte Führer die Rebellengeneräle Villa und Carranza sind, läßt sich von Europa aus schwer er kennen. Die Tatsache aber, daß sie sich das wohlwollende Augenzwinkern der Vereinigten Staaten in ihrem Kampf gegen den demokratischen Despoten Huerta gefallen ließen, läßt sie wenig vertrauenswürdig erscheinen. Jetzt zeigt sich ja, was die biederen Volksbeglücker Wilson und Bryan mit ihrer Rebellenfreundlichkeit bezweckt haben: die völlige Verwirrung im Lande, um leichter zum Gewaltstreich ausholen zu können.

Der Vorwand zum mexikanischen Kriege ist ebenso schimpflich wie lächerlich. Tagelang war die brennendste Frage in aller Welt, ob Huertas Schiffe die Yankeeflotte mit 21 Schüssen begrüßen werden, ob Wilsons Kanonen ihnen antworten würden, und ob Huertas Forderung, die Salutschießerei solle abwechselnd erfolgen, angenommen oder statt dessen der Krieg ausbrechen werde. Natürlich geschah, was mit der ganzen demütigenden Albernheit bezweckt war: die Amerikaner besetzten Veracruz, brachen also – ohne Kriegserklärung, um sich die Pose als Zuchtmeister geben zu können – den Krieg vom Zaun. Selten ward solche Aktion mit so ekelhafter Heuchelei begonnen wie diese „Strafexpedition". Die nordamerikanischen Friedensapostel vergossen Tränen der Verzweiflung, daß in ihrem Namen Blut fließen mußte, und Herr Wilson erließ eine Kundgebung an das mexikanische Volk, wonach er es nur auf den Präsidenten, beileibe nicht auf die Mexikaner abgesehen habe. Während dem machte er sich auch schon zum Herrn ihrer Städte. Daß ihm der Raubzug nun doch etwas schwerer gemacht wird, als er es sich vorgestellt hatte, und daß er deshalb geneigt scheint, die Intervention der südamerikanischen Republiken anzunehmen, ändert nichts an der Tatsache, daß dieser Mann, der europäische liberale Blätter mit menschheitsbeglückenden Manifesten füllt, als Werkzeug ausbeuterischer Milliardäre in fremdes Land eingedrungen ist, um im Trüben zu fischen. Nach seiner Auslegung: um Ordnung zu schaffen, – Ordnung zu schaffen in dem Moment, wo im eigenen Lande im Staat Colorado die ihm unterstellte Soldateska blutige Schlachten gegen streikende Arbeiter führte und Frauen und Kinder unter scheußlichen Martern umkommen ließ.

Na also, höre ich meine militärentzückten Freunde triumphierend ausrufen. Hier zeigt sich wieder, wie gottgewollt und unanfechtbar die Pflege einer starken, stets kampfbereiten Armee ist. Selbst in Zeiten des Friedens muß sie bereit sein – gegen den inneren Feind!

Serajewo
(Juli 1914)[33]

Der verhaßteste Mann Oesterreich-Ungarns ist bei einem Repräsentationsbesuch in Serajewo erschossen worden. Seitdem ist er der beliebteste Mann Oesterreich-Ungarns. Früher wurde öffentlich gemeint, Franz Ferdinand von Este sei deutschfeindlich, pfaffenhörig und der schlimmste Kriegshetzer Europas. Jetzt war er die Hoffnung auf Frieden, Ordnung und Freiheit. Die Tat der jungen serbischen Patrioten wird als gräßlichste Niedertracht verschrieen, und Deutschlands Nibelungentreue gegen alle großserbischen Gelüste herbeigerufen. Wollen wir nicht vielleicht gerecht sein? Ich habe wahrhaftig mit dem in Belgrad gezüchteten, von russischem Gelde genährten serbischen Nationalismus der Bosniaken garnichts gemeinsam, und die Tat Princips geht mir – zumal ihr auch die Frau des österreichischen Thronfolgers zum Opfer fiel – gegen das menschliche Empfinden. Aber der Fall liegt doch so, daß Bosnien, dessen Einwohner Serben sind und serbisch fühlen, von Oesterreichs Ländergier geschluckt wurde, und daß die gewaltsame Eingliederung in die Habsburger Monarchie mit allen Knebelungen, mit denen die neue Verwaltung arbeitet, als unerträglicher Druck empfunden wurde. Wenn ich mich auf den Standpunkt der Gabrilowitsch und Princip stelle, dann sehe ich zwischen ihrer Tat und der Wilhelm Tells, der den österreichischen Landvogt Geßler erschoß, keinen Unterschied. Beide Morde geschahen aus dem gleichen patriotischen Gefühl heraus, beide zu dem gleichen Zweck, das Vaterland von österreichischer Zwangsherrschaft zu befreien. Wenn die recht haben, die sagen, mit Franz Ferdinands Regierungsantritt hätte ein Krieg zwischen Oesterreich und Rußland ausbrechen müssen, dann gilt für mich die Rechnung, daß die tötlichen Schüsse in Serajewo ganz Europa vor dem denkbar entsetzlichsten Unglück bewahrt haben. Das Mitgefühl mit den Getöteten, verbunden mit dem Respekt vor dem großen persönlichen Mut, den Este in seiner letzten Stunde an den Tag legte, kann noch so wahr sein, – ein verhinderter Krieg war das Opfer wert. Mitgefühl und Respekt kann ich

---

[33] Textquelle | Erich MÜHSAM: *Serajewo*. In: Kain – Zeitschrift für Menschlichkeit (München), Jahrgang IV, Nr. 4 (Mitte Juli) 1914, S. 61-61.

aber auch denen nicht vorenthalten, die die Tat gewagt haben. Sie haben ihr junges Leben einer Sache geopfert, die ihnen heilig war. Mögen sie dafür gehenkt werden – gut: sie wußten, daß das ihr Schicksal sein werde. Aber furchtbar ist, was in Serbien jetzt behauptet wird und was, da niemand es bestreitet, als wahr gelten muß: daß die österreichischen Behörden unter Anwendung von Inquisitionsfoltern den Verrat der Mitverschworenen aus ihnen herauspressen. Dagegen bäumt sich jedes Gefühl auf, daß Idealisten, die um ihrer Sehnsucht willen das eigene Leben zum Pfand setzten, zu sinnlosem Schmerz gepeinigt werden, um sie zu Schurken an ihresgleichen zu machen. Vor solcher Entsetzlichkeit wendet sich der Rest jeder Sympathie von Oesterreich ab, und selbst den Nichtpatrioten beschleicht die Scham vor dieser Bundesgenossenschaft. Was die serbischen Verschwörer vollbrachten, das war ein Verbrechen – gewiß. Denn höchstes ethisches Gesetz ist Ehrfurcht vor dem Leben der Mitmenschen. Was aber an ihnen geschieht, ist ärger als Verbrechen, weil es ohne den heiligen Zorn geschieht, der den Mördern die Hand führte, und weil ihnen nicht nur das Leben, sondern auch die Seele gemordet wird.

———

MITTEILUNG VON ERICH MÜHSAM AN DIE LESERSCHAFT
DER ZEITSCHRIFT „KAIN" VOM 3./4. AUGUST 1914:

„Die über Länder und Völker hereinbrechende Katastrophe ist nicht mehr aufzuhalten. In diesem Augenblick wäre es müßiges Tun, Kritik zu üben oder Schuld auszuteilen. Die Ereignisse nehmen mir, der ich um der Menschlichkeit willen meine Zeitschrift geschaffen habe, die Feder aus der Hand. [...] Ich habe nur die Wahl, ganz zu schweigen oder zu sagen, was jetzt niemandem frommt und was unter dem geltenden Ausnahmerecht meine persönliche Sicherheit gefährden kann. Ein Drittes ist unmöglich, da ich meine Überzeugungen nicht verleugnen und nicht frisieren kann. – Deshalb habe ich mich entschlossen, die Herausgabe des ,Kain' während der Dauer des Kriegszustandes zu unterbrechen. [...]" (Volltext →Seite 283-284)

Krieg – Revolution – Friede
(18.11.1918)[34]

Der feierliche Glockenklang der Revolution tönt stark und erschütternd durch unsere Seelen. Wunderbar begeistert empfangen wir die Weihe einer neuen Zeit. Wir Vorderen, die wir uns stets als Schrittmacher der Zukunft zwischen unwegsamem Geröll, im Stich gelassen von der Welt, die wir liebten, ein wenig lächerlich wußten vor den Weisen und Abgeklärten, deren Herz nie tut, was nicht der Kopf erwogen hat – wir fühlen mit einem Male weichen Rasen unter den Füßen, und hinter uns drängt sich freudige Gefolgschaft. Wir haben Grund zur Freude, aber keinen zum Übermut.

Der Ausbruch und der Sieg der Revolution – und der Ausbruch einer Revolution ist schon ihr Sieg, weil er die Entbindung einer Sehnsucht ist – kamen aus dem Unerträglichen, aus einem Übermaß des Leidens und der Entwürdigung, das in keiner Stunde der Freude und der Befriedigung vergessen werden darf. Wir mußten erst das finsterste, den Namen der Menschheit entehrendste Kapitel Weltgeschichte durchleben, um reif zu werden für den ersten Schritt ins Licht, für die Vortaufe zur Aufnahme in den Bund des gerechten Geistes. Das ist der stärkste Beweis für die gewaltige Beseelung der großen Revolution, in die wir eingetreten sind, daß der Schwingenschlag dieser wunderbaren Tage uns befähigt, das Grauen und das Elend, die Entwürdigung und die Gemeinheit des Krieges, der kaum noch abgeschlossen ist, dessen fauliger Sud noch über den Saaten aller Länder dunstet, dessen ekler Ertrag an Gewinn und Verlust noch nicht berechnet ist, der gestern noch gegenwärtig war mit der ganzen Schwüle einer fressenden Pest, heute schon als ein Stück aufseufzend abgeworfener Vergangenheit zu empfinden. Aber niemals laßt uns vergessen, was wir in den vier Jahren durchlebten, die als Scham- und Schmachjahre der Geschichte den Nachfahren überliefert werden mögen. Wollen wir würdig sein der eben heraufziehenden neuen Zeit, wollen wir stolz bleiben im Willen, aufzubauen auf dem Grundstein der Freiheit, der Gerechtigkeit, des Sozialismus und der Völkerverbrüderung, den wir jetzt ins Funda-

---

[34] Textquelle | Erich MÜHSAM: *Krieg – Revolution – Friede.* In: Kain – Erstes Flugblatt, 18. November 1918, S. 2-3.

ment senken, dann dürfen wir nicht leichtfertig abwerfen, was an gräßlicher Erfahrung die sterbende Epoche uns aufgeladen hat.

Jeder Tote, der im verwüsteten Boden Frankreichs und Belgiens, Polens und Rußlands, Österreichs, Serbiens, Rumäniens, Italiens, der Türkei und Palästinas, der am Grunde des Meeres oder als mittelbares Opfer des Weltverbrechens in den Friedhöfen der ganzen Welt fault, hat Anspruch darauf, mit seinem stillen Schrei nach ewigem Frieden, nach ewiger Weltversöhnung gehört und geachtet zu werden. Jeder Krüppel, der seine Glieder oder seine Augen, seine Fröhlichkeit oder seinen Verstand einbüßte auf dem Teufelsamboß der Ruhm- und Besitzgier gewissenloser Bevorzugter, hat Anspruch darauf, von Mitwelt und Nachwelt mit zerknirschter Reue und mit dem Gelöbnis gegrüßt zu werden, daß die Befreiung der Welt von den Ursachen jedes Kriegs fortab Ziel und Trieb aller gemeinsamen Kräfte sein soll. Die Tränen jeder Witwe, jeder Waise, die die Luft der Erde in diesen vier Schreckensjahren salzten, die Trichter und Löcher im Ackerboden jedes Landes, das dem Jammer dieser Tragödie zur Bühne diente, der Mörtel jedes Hauses und jeder Hütte, die verdorrten Äste jedes Baumes, die als Staub und Asche den Scheiterhaufen menschlichen Anstands und menschlicher Güte kennzeichnen, haben Anspruch darauf, von allen gegenwärtigen und allen zukünftigen Erdbürgern geheiligt zu werden als Mahnung an die Welt, den einigen Geist zu ehren, der die Empfindung der Menschen mit den eigenen Werken und mit den Gaben der Natur verbindet. Der Schmerz jedes verwundeten Pferdes, die Angst jedes liebenden Herzens, der Jammer jeder verlassenen Seele hat Anspruch darauf, am Leben zu bleiben über alle Generationen mit der einzigen Forderung: Friede! Ewiger Friede!

Das grauenvolle Kapitel: wer trägt die Schuld? – soll heute und in diesem Zusammenhange noch nicht aufgerührt werden; – nicht, weil das Gewesene vergangen wäre und weil denen verziehen sein sollte, die jetzt zum Glück der Welt entmachtet sind – nein! niemals dürfen sie begnadigt werden vor Geschichte und Nachwelt, ihre Namen sollen gebucht werden im Merkbuch der Zeiten mit allem Blut, das sie haben fließen lassen für ihren und ihrer höllischen Idole Nutzen. Aber vertagt soll die Anklage werden bis auf kurzes, damit sie nicht allzu schroff, allzu weh die Freude dieser Stunden trübe. Sie sollen gezeichnet werden, die Schuldigen – und wir in Deutschland wollen die deutschen Schuldigen am schonungslosesten zeichnen. Denn das sei fortab unser nationaler Stolz, wettzueifern mit den Brudervölkern, um unsern Volksnamen zu reinigen vor dem Urteil der Zeiten.

So grüßen wir die Revolution als ein Reinigungsbad in einer Stunde, in der wir der Reinigung mehr bedurften als je zuvor. Nicht als Erfüllung betrachten wir die Tage, die jetzt golden und stark über uns herrauschen, wenigstens nicht als Erfüllung der weiten großen Ziele, die vor uns stehen. Wohl aber sind sie die Erfüllung unseres tiefsten Sehnens, das dem Anfang galt. Erfüllt ist die Stunde, in der wir bußfertig und tatenfroh das Werk der Zukunft beginnen. Nicht ohne Kämpfe werden wir unsere Taten verrichten können. Aber diese Kämpfe werden geläutert sein durch den Zustrom warmen Lebens, den jetzt die Revolution durch die Herzen gießt.

Leidenschaft und Begeisterung durchströmt uns Kämpfende der Zukunft. Im August 1914 ging schon einmal solche Welle leidenschaftlicher Erregung durch das Volk. Aber damals war Angst ihr Antrieb, und wir, die wir von jener Angst in andere Empfindungen als in Begeisterung versetzt wurden, waren das Gespött, der Zorn oder das Bedauern der vielen Erhobenen. Heute ist es umgekehrt. Unser rascherer Puls gibt dem Blutlauf der Volksgenossen Tempo und Rhythmus, und wer heute nicht mit ergriffen ist von unserer Erfülltheit, die nicht Angst, sondern hoffende Liebe bewegt, dem zürnen wir nicht und dessen spotten wir nicht, aber wir bedauern ihn und mühen uns, ihm abzugeben von unserer Seligkeit und ihn zum Frieden zu stimmen für uns und für unsere Ziele.

Denn das gemeinsame Völkersehnen nach Frieden gebar die Revolution, der werdende Friede gibt der Revolution seine Musik, und Friede steht über den Pforten, die der Hammer der Revolution in die harte Mauer der Völkerfeindschaft geschlagen hat: – ewiger Friede!

Aufgaben der Revolution
(10.12.1918)[35]

Am 7. November 1918 erhoben sich die Arbeiter und die Soldaten
Münchens, um mit einer unvergleichlich kühnen und starken Geste
ein politisches und soziales System für alle Zeit zu beseitigen, das
auf Gewalt und Volksbetrug gegründet war und das sich in einer
alle geschichtlichen Verbrechen gigantisch überragenden Orgie von
Mord, Raub, Verwüstung, Verelendung, Lüge, Verleumdung, Unterdrückung und Gewinnsucht in fünfzig Monaten zu seinen letzten
und schändlichsten Konsequenzen gesteigert hatte. Drei Tage darauf waren in Deutschland zweiundzwanzig Fürsten von ihren
Thronen gestürzt, die öffentliche Gewalt befand sich in den Händen
derer, die die Revolution veranstaltet hatten, und das fürchterliche
Unternehmen der Militaristen und Imperialisten Preußens und seiner Trabanten, eine deutsche Schreckensherrschaft über der Welt
aufzurichten, war, gerade noch bevor die herausgeforderten, in Notwehr verbundenen imperialistischen und kapitalistischen Mächte
aller Kontinente ihren militärischen Sieg endgültig buchen konnten,
von der Wut der den Verrat endlich erkennenden Opfer des eigenen
Landes entlarvt und für immer vernichtet. In der Frühe des 11.No-
vember unterzeichneten die noch überdauernden Nachzügler der
vertriebenen Macht die Annahme der Bedingungen, unter denen ein
in ihren eigenen Anschauungen lebender Sieger mißtrauisch und
machtbewußt den Waffenstillstand bewilligte, und um elf Uhr am
Abend dieses elften Tages im elften Monat des Jahres 1918 war der
letzte Schuß zwischen den Kampfgräben, die die unnatürliche
Feindschaft zwischen gleich leidenden, gleich hoffenden Völkern
symbolisieren, verhallt. Auf der Seite der Sieger erscholl das Tri-
umphgeschrei derer, die die furchtbarste Gefahr, die je dem Ge-
meinschaftsgeist der Völker gedroht hat, von sich und der Welt ab-
gewehrt hatten – auf der Seite der Besiegten aber entrollte sich die
rote Fahne, als Zeichen der Sühne und eines neuen Anfangs, als Signal der Befreiung von Vorrecht und Unrecht, als Weckruf an die
Völker der Welt, nach gemeinsamer Not und gemeinsamem Leid

---

[35] Textquelle | Erich MÜHSAM: *Aufgaben der Revolution*. In: Kain – Zeitschrift für
Menschlichkeit (München), Jahrgang V, Nr. 1 vom 10. Dezember 1918, S. 2-3.

anzutreten zum Kampf um das Recht auf ein glückliches Leben, auf friedvolle Arbeit, auf Wohlstand und Freiheit, anzutreten zur Weltrevolution.

Eine Fahne entrollen heißt nicht einen Sieg feiern, sondern ein Gelöbnis ablegen. Was in diesen Novembertagen in Deutschland geschah, war erst ein Versprechen, wenngleich dies Versprechen bekräftigt wurde durch die beginnende Tat. Aber niemand lasse sich genügen mit dem Beginn. Gewaltig war der Auftakt der Revolution, denn zum Forträumen der in langen Jahrhunderten in Erlebnis und Gewohnheit eingesenkten Tradition von Gehorsam und Herrschaft bedurfte es neben der Erkenntnis, daß das Alte zum Abschlagen reif sei, des entschlossenen Willens zur Tat, des Vertrautseins mit dem Gedanken, daß das Mißlingen des Unternehmens den Tod bedeute. Hier liegt das entscheidende Moment, um mehr zu fordern, als der Anfang brachte. Wer mit Herz und Leib teilgenommen hat am Aufstand, wer aus seelischer Not und aus der Kraft seiner Idee sein Leben und seine Freiheit einsetzte für seine Sehnsucht und der Völker Glück, wer im Sturm der Ereignisse erfahren hat, daß die Parole Siegen oder Sterben, wo es um die eigene Erkenntnis geht, mehr ist als eine benebelnde Phrase, der hat das Recht, nun, da der erste Hieb gefallen ist, seinen Willen, den er eins weiß mit dem Antrieb zur Revolution, als sittliches Postulat denen entgegenzuhalten, die untätig abseits standen, sich dann ins Unabänderliche fügten und jetzt, aus Angst vor Schaden an Besitz und Vorrecht, dem rollenden Rade der Revolution den Bremsklotz ihrer plötzlich entdeckten Weltanschauung zwischen die Speichen rammen möchten.

Die Revolution vom 7. November hat ihre Aufgaben mit dem Siege über die Dynastien nicht erfüllt, sondern erst geschaffen. Sie hat den Boden der Gesellschaft aufgeworfen, das Gestein, das ihn härtete und unfruchtbar machte, an den Tag gerollt und die Notwendigkeit einer gänzlichen Umpflügung bewiesen. Die jetzt die Erde mit den alten Walzen des Kapitalismus und der Bürokratie wieder feststampfen möchten, ehe die Saat der Neuerung, des Sozialismus, des Volkswillens tief und unzerstörbar in ihrem Schoße keimt, sind Feinde der Revolution, sind Reaktionäre, sind Nachhuten der verjagten Macht und müssen bekämpft und unschädlich gemacht werden.

Das ist die erste Aufgabe der Revolution: sich selbst zu sichern.

Wir haben die Reaktion geköpft, aber noch lange nicht entseelt.
Überall wälzen sich die Teile des zerschnittenen Wurms unter der
Oberfläche, suchen Anschluß aneinander, ringeln sich nach oben
und entwickeln aus ihren Stümpfen neue Organe, mit denen sie sich
den veränderten Bedingungen anzupassen scheinen und die in
Wahrheit Vampirrüssel sind, die der jungen Freiheit den Saft aus
dem Innern saugen. Die alten Beamten, die alten Behörden arbeiten
weiter in ihren Stuben, an ihren Akten. Man kann ihrer nicht entra-
ten, weil in diesen Tagen, da wir die ganze Schwere der Kapitulation
zu tragen haben, da das bis zur restlosen Erschöpfung aller Lebens-
kräfte im Kriege ausgepumpte Volk jetzt, hilflos besiegt, die Rechnung seiner flüchtigen Bankrotteure zahlen soll – weil da die ungeheuer komplizierte Maschinerie der Versorgung und des Verkehrs
nicht stehenbleiben darf und weil niemand da ist, der die ausgefah-
renen, rostigen, falsch konstruierten Triebräder bedienen kann, außer denen, die sie bisher bedient haben. Wer aber aus der Not eine
Tugend macht, ist ein Fälscher. Daß wir die Hebel des Gesellschafts-
betriebes zum Teil immer noch in den Händen rückständiger Funktionäre lassen müssen, beweist nicht deren Unentbehrlichkeit, sondern die Notwendigkeit, den Betrieb umzustellen. Und das muß
rasch geschehen. Denn in der Übernahme der alten Apparate ruht
die größte Gefahr für die Revolution, die Gefahr nämlich, daß das
erwachte Volk wieder eingeschläfert wird, daß es sich neu gewöhnt
an Zustände, deren Unhaltbarkeit die Revolution eben verursacht
hatte, und daß dadurch neue Minen gelegt werden müssen, deren
Explosion vielleicht zu Blut und Schrecken, zu Gewalt und Bürgerkrieg führen kann. Blut aber, scheint mir, ist in den letzten Jahren
genug geflossen.

Ich sage nicht: werft die übernommenen Vertreter des früheren
Regimes unbesehen aufs Pflaster, gebt sie dem Elend und der Brot-
losigkeit preis. Ich sage nur: laßt sie nicht unbeaufsichtigt. Solange
sie selbständig [... ges] Werk regieren, regieren sie uns. Ihr Regiment aber ist Bürokratie, ist Kapitalismus und Reaktion. In jedes
Schreibzimmer jedes Ministeriums, jeder Behörde, jedes öffentlichen Organs gehört eine Vertrauensperson der Revolution, der Räte,
die kraft ihrer Tat die Exekutoren der öffentlichen Gewalt geworden
sind. So öffnen wir die Fenster der staubigen Werkstatt, so lassen
wir Luft hinein, die freie, klare Luft des neuen Geistes, die den Rä-

dern und Riemen der Verwaltungsmaschinerie den Schwung verleiht, den sie braucht.

Die Beamten und Offiziere vom alten System sollen es als Vorzug und Ehre betrachten, zur Arbeit fürs Volk und für die soziale Republik zugelassen zu werden. Deshalb suchte man sie, werfe unbarmherzig hinaus alle, die vorher im Kampf gegen Freiheit und Wohlfahrt alldeutsche Rufer waren, die je in unsozialer Überhebung ihre abhängigen Mitarbeiter geschunden und unterdrückt haben, alle, die jetzt die Aufsichts- und Arbeitsorgane der Arbeiter-, Soldaten- und Bauernräte nicht mit dem Respekt behandeln, den sie als Vorkämpfer für Freiheit und Recht beanspruchen dürfen, alle endlich, die durch passive Resistenz, durch Obstruktion und durch absichtliche Sabotage der neuen Ordnung die Lebensunfähigkeit des revolutionären Systems zu begründen suchen. Sie alle – es sind ihrer nicht wenige überall – haben keinen Raum in der Verwaltung des Übergangs, für sie gibt es kein unentbehrlich, sie müssen sofort verschwinden, sofort ersetzt werden.

Diese Reinigung des Hauses ist die erste Pflicht des neuen Wirts. Will er in gesunder Luft leben, dann darf er nicht die Krankheitsträger nähren, an denen sein Vorgänger gestorben ist. Der wahre Bazillus aber, der den alten Staat im Hexenkessel des Weltkrieges krepieren ließ, heißt Kapitalismus.

In der programmatischen Erklärung der republikanischen bayerischen Regierung vom 15. November wird die verhängnisvolle Auffassung vertreten, in einer Zeit, da die Produktivkräfte des Landes nahezu erschöpft sind, dürfte an eine grundsätzliche Umgestaltung der Volkswirtschaft nicht gedacht werden. „Man kann nicht sozialisieren, wenn kaum etwas da ist, was zu sozialisieren ist."

Hier soll der Wirksamkeit Kurt Eisners, dessen Verdienste um die Revolution unermeßlich groß sind und der in den ersten Wochen der Präsidentschaft die besten Führereigenschaften betätigt hat, die möglich sind, Charakter, Entschlossenheit und Wahrhaftigkeit, keineswegs eine grundsätzliche Opposition in den Weg treten. Die hohe Anerkennung seiner Qualitäten und Leistungen schließt aber gewiß nicht das Recht und die Pflicht zu ernster Kritik aus, wo die Ansichten über die Anforderungen der Revolution auseinandergehen. Daher sei dem Ministerpräsidenten bedeutet:

Die Revolution steht und fällt mit der Entschlossenheit, Sozialismus zu schaffen. Das gemeinsame Gefühl aller Unzufriedenen an der Front und in der Heimat war die Empörung gegen die Inhaber der wirtschaftlichen Machtmittel, die Erkenntnis, daß der Krieg mit all seinem Entsetzen nur dem Interesse weniger zuliebe geführt wurde. Diese Einsicht war der wirkliche Anlaß zum Aufruhr. Der vollständige Niederbruch Deutschlands aber wurde vom naivsten Mann erkannt als die Niederlage des deutschen Kapitals. Deshalb sind die Produktivkräfte des Landes nahezu erschöpft, weil die Inhaber und privilegierten Nutznießer dieser Produktivkräfte sich beim Voranschlag ihres auf die Schaffung neuer ungeheurer Ausbeutungsmöglichkeiten berechneten Planes verspekuliert haben und weil die Fruchtbarkeit der Kräfte in die Hände von Spekulanten gelegt war. Das hatte das ganze Volk instinktiv begriffen, deshalb hat es sich erhoben, um die Wiederaufrichtung von Verhältnissen unmöglich zu machen, die das fürchterliche Verderben über alle Welt heraufbeschworen haben.

Kurt Eisner will mit der Sozialisierung der Wirtschaft warten, bis „die Produktionskräfte sich so gewaltig entwickelt haben, daß sie die zu enge Hülle der kapitalistischen Ordnung sprengen". Er beruft sich bei dieser Vertröstung auf Karl Marx. Ich bin kein Marxist und halte es für überaus bedenklich, die vor sechs bis sieben Jahrzehnten ausgeklügelten Doktrinen eines Gelehrten zur Grundlage von Entschlüssen oder Verzichten zu machen, die das Schicksal der Welt berühren. Während einer grundstürzenden Umwälzung sind keine Katechismen aufzuschlagen, sondern die Augen offenzuhalten und die eigenen Erlebnisse und Erkenntnisse als dynamische Kraft und Energie zu gebrauchen. Jedoch gerade angesichts des von Eisner vorgezogenen Dogmas könnte ja der abgewandteste Skeptiker Marxist werden. Wie stellt sich denn Eisner die Sprengung der zu engen Hülle der kapitalistischen Ordnung vor, wenn das wirtschaftliche Chaos von heute ihm noch nicht das Bild davon gibt? Er meint, in einem einzigen nationalen Bezirk könne man nicht damit anfangen, sozialistische Einrichtungen zu schaffen. Er übersieht wohl, daß wir gar nicht die ersten sind, bei denen der Kapitalismus sich überschlagen hat. Bei den Russen war es schon vorher soweit, und der schreckliche Bürgerkrieg in Rußland entstand eben aus den Widerständen, die sich den Sozialisten entgegenstellten, als sie darangingen, sozialistische Ordnung zu schaffen, wo die kapitalistische Mißwirtschaft katastrophal zerplatzt war. Und es war gerade der deutsche Kapitalismus, der mit militärischen Mitteln in Rußland die Internationale der Völkerausbeutung zu retten suchte, der deutsche Kapitalismus, den das Verderben jetzt ebenfalls ereilt hat.

Was wir jetzt erleben, ist ja gar nichts anderes als der Zusammenbruch des kapitalistischen Systems, und die Pflicht, die uns daraus erwächst, ist die Niederhaltung aller Bestrebungen, die aus dem Schutt und dem Mörtel des zerstörten Gebäudes auf dem zerwühlten Grunde der alten Gesellschaft den überlebten Betrieb bloß mit veränderter Fassade wieder aufbauen wollen. Jetzt ist der Augenblick zum Sozialisieren, und wenn Eisner nichts findet, was zu sozialisieren wäre, so ist ihm zu erwidern: Alles.

Sozialisieren heißt allerdings nicht verstaatlichen. Die Einsetzung des Herrn Walter Rathenau zur Auswahl der Betriebe, die reif zur Verstaatlichung sind, ist ein schlechter Scherz. Es geht jetzt nicht darum, die Ausbeutung zu monopolisieren, sondern sie abzuschaffen. Es geht darum, den bisher Ausgebeuteten den Ertrag ihrer Arbeit zu sichern, den Privatbesitz an Grund und Boden und an Produktionsmitteln den bäuerlichen und gewerklichen Gemeinden zu übertragen, Produktion, Konsum und Zirkulation in gerechten Ausgleich zu bringen, der aus Arbeit Freude macht, der den Unternehmungseifer jedes einzelnen in den Nutzen der Allgemeinheit stellt, der Kunst, Geist und Kultur aus der Verödung geschäftlicher Interessen befreit. Jetzt ist der Augenblick, Hand anzulegen an die Niedertracht des sich aus eigener Kraft, das heißt vielmehr aus dem Schweiß entrechteter Menschen, vermehrenden Kapitals. Verhindern läßt sich der Prozeß der Kommunisierung der von Natur aus gemeinsamen Güter doch nicht mehr, man kann ihn nur aufhalten.

Den Prozeß aufzuhalten mit dem Wunsche, ihn zu verhindern, ist Absicht und Inhalt aller gegenrevolutionären Strömungen. Hier liegt der wahre Zweck aller, die nach der Nationalversammlung schreien. Die wildesten Antidemokraten von ehemals poltern am lautesten jetzt für die Einberufung eines Reichsparlaments, das nach dem allgemeinen, gleichen, geheimen, direkten Proporzwahlrecht für Männer und Frauen zusammengetrommelt werden soll. Warum diese plötzliche Mehrheitsseligkeit? Weil man weiß, daß die Revolution ihr Hauptwerk noch vor sich hat, daß daher, ehe die Sozialisierung als unvermeidliche Notwendigkeit dem Bewußtsein des ganzen Volkes eingegangen ist, der Einfluß des Kapitals und der Kirche und der in beider Gewalt befindlichen Presse die Zusammensetzung der Nationalversammlung wesentlich bestimmen müßte und daß somit die Indifferenten, Uninteressierten, die Nachzügler und Gedankenlosen, die an der Revolution gar keinen Anteil hatten und ihren Sinn noch nicht begriffen haben, bei raschem Handeln der Reaktion eine überwältigende Übermacht im Parlament sichern würden. Denkt an das gräßliche Unheil, das die französische Nationalversammlung 1871 über die Kommune brachte, denkt an das Blutbad, in dem sie die wundervolle Erhebung des Pariser Volkes ersäufen ließ. Denkt auch an das Schicksal der russischen Konstituante, die die Sozialisten, die ihr revolutionäres Werk nicht durch reaktionäre Schwätzer um Wesen und Geist bringen lassen wollten, am Tage ihres Zusammentritts auseinanderjagten, und an das Blut, das dadurch von neuem aus den Wunden des russischen Volkes floß. Wir wollen kein Blut mehr fließen sehen, und darum werden wir uns der Reaktion rechtzeitig entgegenstemmen, ehe sie die Revolution zwingt, ihr Werk mit Waffengewalt wiederherzustellen.

Man sagt uns: es gibt keinen Frieden ohne Nationalversammlung, es gibt kein Brot und keine Kohlen ohne Wahlen. Laßt euch nicht bange machen! Die Presse lügt. Wir vertrauen auf die Solidarität der Völker. Die Internationale wird neu aufleben, die Völker der siegreichen Imperialisten werden ihre Ausbeuter hindern, die deutschen Methoden von Brest-Litowsk und Bukarest nachzuahmen. Wenn aber die Zeitungen drohen, fremde Heere werden bei uns einziehen und die Revolution mit Gewalt unterdrücken, so seid mißtrauisch und hellhörig. Denn hier ist der Wunsch der Vater des Gedankens. Solche Meldungen sind Vorbereitungen zu Hilferufen an das Ausland, wie sie in der Ukraine, in Finnland, Estland, Kurland, Livland, in Georgien und in der Krim arrangiert wurden. Von den Ausbeutern Frankreichs und Italiens erhoffen die deutschen Volkserpresser die Rettung der kapitalistischen Internationale. Seid klug und bereit, ihr, die ihr die Revolution ausführtet und das Recht habt, ihren ferneren Weg zu bestimmen, ihre ferneren Schritte zu lenken.

Die Revolution steht am Anfang ihrer Aufgaben. Ihr Mittel ist Wahrheit, Festigkeit und Entschlossenheit, ihr Ziel Sozialismus, Gerechtigkeit und Kultur. Will sie ihr Ziel erreichen, dann entferne sie aus ihren Reihen alle Hüter diskreditierter Ideen und Traditionen, vertraue auf die Lauterkeit des eigenen Wollens und verbünde sich, ohne auf Parteiprogramme und akademische Lehren zu pochen, mit allen, die guten Geistes sind im Glauben und im Willen für eine neue Weltgemeinschaft. Der Weltkrieg verröchelt, die Weltrevolution drängt ans Licht. Es stirbt die Internationale des Kapitalismus und der Vorrechte, und an ihren Platz tritt stark, mutig und entschlossen die sozialistische, alle Völker umfassende Internationale!

Mittel der Revolution

(17.12.1918)[36]

Revolution entsteht aus der Unerträglichkeit von Einrichtungen, die in sich selbst keine Möglichkeit enthalten, sich zur Erträglichkeit zu wandeln. Sie bezweckt die Schaffung eines öffentlichen Rechts, das ihren Veranstaltern die Betätigung ihrer Überzeugungen gestattet. Sie beginnt mit Umsturz und endet mit Aufbau. Ihre Aufgabe ist erfüllt, wenn ihre eigene innere motorische Kraft zum treibenden Werk des gesellschaftlichen Lebens geworden ist, wenn sich die Gemeinschaft der Menschen auf den Geist eingestellt hat, aus dem die Kraft zur umwälzenden Tat erwuchs. In Zeiten der Revolution tritt an die Stelle des geschriebenen Gesetzes das Recht des sittlichen Willens, der den Umsturz bewirkte; die Exekutive des Aufruhrs wird zur Initiative der Gesetzgebung; die Mechanik der sozialen Verständigung läuft auf neuen Walzen. Somit ist Revolution nichts als die Fortsetzung des Gesellschaftsbetriebs mit anderen Mitteln.

Die Mittel der Revolution bestimmen sich aus ihren Widerständen. Sie werden gewaltsam sein in dem Maße, in dem sich ihnen Gewalt entgegenstellt. Voraussetzung für den Erfolg der Revolution ist nicht die Anwendung von Gewalt, sondern die Verfügung über die stärkere Gewalt. Je sicherer die Revolution ihrer physischen Stär-

---

[36] Textquelle | Erich MÜHSAM: *Mittel der Revolution.* In: Kain – Zeitschrift für Menschlichkeit (München), Jahrgang V, Nr. 2 vom 17. Dezember 1918, S. 2-3.

ke ist, um so zuverlässiger wird sie auf ihren Gebrauch verzichten können. Daher verläuft der Beginn der Revolution fast immer unblutig oder doch unter mäßigen Reibungen. Denn der Augenblick der Erhebung gegen ein eingeführtes Gewaltregiment tritt bei der Entschlußträgheit der Massen immer erst ein, wenn die Wahrscheinlichkeit, daß der Umsturz, dank der offensichtlichen Morschheit der alten Macht, gelingen werde, ihren offenen Bekämpfern Anhängerschaft wirbt, ihre heimlichen Feinde zu vernehmlicherer Kritik ermutigt und ihren Anhang dezimiert und demoralisiert hat. Der äußere Aufputz des zur Vernichtung reifen Systems fällt daher meistens schon bei der bloßen Vorweisung der verwendungsbereiten Waffen. Wirkliche Gefahr droht den Revolutionären erst, wenn es gilt, das Gefäß nach der Abhebung des Deckels gründlich auszuleeren und endlich mit neuem Inhalt zu füllen.

Die deutschen Bundesstaaten wurden in der zweiten Novemberwoche ihrer krönenden Ornamente beraubt. Dabei wirbelte eine Menge Staub auf, und die guten Bürger des Landes hatten die Empfindung, als ob in Deutschland über Nacht ein großes Reinmachen vor sich gegangen wäre. Sie waren zuerst ehrlich erfreut darüber, denn der über dem Staatsgefäß gelagerte Dreck war auch ihnen peinlich bemerkbar geworden, weil in den letzten Monaten Fochs Heere das verdeckende Lorbeergrünzeug zur Ausschmückung des eigenen Kübels immer eiliger von der deutschen Müllkiste entfernten. Als dann unter dem kräftigen Zugriff der aufständischen Soldaten die altbewunderte Stukkatur von der Umhüllung fiel und die rasch aus dem Impuls des Augenblicks entstandenen Soldaten- und Arbeiterräte ihr Reinigungswerk fortsetzen wollten, da waren sie alle da und wählten auch Räte und kamen mit Staubwedeln und Wischlappen, um mit zu säubern und zu demokratisieren, und stellten sich „voll und ganz auf den Boden der Tatsachen".

Es muß den beflissenen Anpassern erklärt werden, daß das, was ihnen bis jetzt als Revolution erschienen ist, die Geste der Revolution war und daß die Arbeit der Revolution erst bevorsteht. Es muß ihnen erklärt werden, daß die Arbeit der Revolution keine Anstreicherarbeit ist, sondern eine Baumeisterarbeit, daß es bei der Revolution nicht um Reform geht, sondern um Erneuerung, daß die Arbeit der Revolution die Arbeit von Revolutionären ist, derer, die zur Geste der Revolution den Mut hatten und zum weiteren Tun den

Grund legten. Es muß ihnen ferner erklärt werden, daß die Mittel der Revolution revolutionär sind und nichts mit der stumpfsinnigen parlamentarischen Mehrheitsauszählerei zu schaffen haben, mit der man die Auswirkung der Revolutionsgeste zur Revolutionsarbeit unter der verruchtesten Diktatur, der der Gesinnungslosigkeit, erwürgen möchte. Und es muß ihnen endlich erklärt werden, daß die Revolution fähig und willens ist, ihre revolutionären Mittel bis zu dem Ende zu gebrauchen, wo sie ihr Ziel, das ist die völlige Beseitigung ihrer eigenen Ursachen, gesichert weiß.

Die Revolution ist eine Muttermörderin. Sie tötet den Leib, der sie gebar – das ist der Behälter der gesellschaftlichen Einrichtungen, deren Unerträglichkeit sich gezeigt hat. Es ist unsinnig, zu meinen, daß mit der Entbindung der Tod der Mutter schon eintrete. Sie wird geschwächt, weiter nichts. Erholt sie sich wieder, dann wehe dem Kinde, wehe der Revolution! Dann verleugnet die Mutter das Kind als eine Frucht der Schande, mißhandelt es zu Tode und bietet den wieder schlank gewordenen Leib dem Meistbietenden zur neuen Schwängerung. Das nächste Mal aber wird es eine schwere Geburt werden, bei der viel Blut verlorengeht – und dann muß der Kampf zwischen Mutter und Tochter von neuem beginnen, der Kampf, bei dem endlich die Revolution doch siegen wird, weil sie das Recht ist und weil das Recht stärker ist als das Unrecht und die Liebe stärker als der Haß.

Revolution ist eine Sache des Rechts und der Liebe, mag ihr immer das Unrecht und der Haß zum Leben verholfen haben. Ihr stärkstes Mittel bleibt Zeit ihres Verlaufs der seelische Impuls, aus dem sie hervorging, bleibt Ethos und Pathos. Der Versuch, den Idealismus der Revolutionäre in realpolitische Definitiva einzufangen, ist Gegenrevolution. Revolution hat nichts mit Politik zu schaffen. Politik ist die Anwendung von bestehendem Recht mit vereinbarten Mitteln, Revolution die Schaffung von neuem Recht mit den Mitteln spontaner Eingebung oder für den besonderen Fall getroffener Verabredung. Politik ist stabil, Revolution muß labil bleiben, bis ihr geistiger Inhalt die Grundlage des gesellschaftlichen Rechts geworden ist.

Das Mittel der Reaktion gegen die Revolution ist stets die Anwendung des erschütterten Rechtes auf die keimenden Verhältnisse. Ehe die Mentalität der breiten Massen von der Erneuerung erfaßt ist, ehe das revolutionäre Geschehen in den nicht unmittelbar an der Tat beteiligten Gemütern den Weg von der Sensation zum Erlebnis zurückgelegt hat, kann die populäre Terminologie des alten Systems zur Verwirrung der Geister und zur Verwischung der Gegensätze zwischen gestern und heute wirksame Dienste leisten. Das freiheitliche Schlagwort im Munde von Traditionshütern ist die größte Gefahr für die Revolution. Es ist das Mittel, die öffentliche Gewalt aus den Händen ihrer revolutionären Usurpatoren in die ihrer früheren Inhaber zurückzuschmeicheln.

Zur Zeit arbeitet die Gegenrevolution mit zwei gleich wirksamen, gleich bedenklichen Schlagworten: Demokratie und Pressefreiheit. Beide Begriffe werden unter kluger Anpassung an die Werbeformeln früherer Opponenten zurechtgebogen, um sie als Mittel zur Konservierung von der Revolution bedrohter Vorrechte gebrauchsfähig zu machen. Dieselben Leute, die alle demokratischen Einrichtungen immer als persönlichkeitstötende Mechanik verlästert haben, die in der Freiheit des Wortes eine Gefährdung der allgemeinen Sicherheit zu fürchten behaupteten, nehmen jetzt diese Postulate für sich in Anspruch, um zur Verteidigung ihrer schwankenden Position Verbündete aus dem Lager ihrer natürlichen Feinde zu werben. Sie akzeptieren die Forderungen ihrer Gegner, indem sie rabulistisch verschweigen, daß diese Forderungen für sie nur Mittel sind zur Wiederaufrichtung ihrer Macht, während ihre Gegner sie als Komponenten eines künftigen Rechtes betrachten, das aber erst durch die Revolution, also mit grundsätzlich anderen Mitteln, geschaffen werden soll.

Der entscheidende Unterschied zwischen den Auffassungen ist dieser: Die Reaktion vertritt aus selbstsüchtigen Gründen den Grundsatz: Gewalt geht vor Recht. Die Revolution kämpft gegen die Selbstsucht dieses Prinzips aus der Überzeugung: Gewalt schafft Recht. Wobei, wie schon gesagt, die Verfügung über die Gewalt ihre Anwendung vermeidlich macht. Nur gilt es ein Recht zu schaffen, das so sehr Anspruch hat auf den Namen Recht, daß es im Gegensatz zu dem durch die Revolution erschütterten Rechtszustand nach seiner Stabilisierung nicht mehr durch die Bereithaltung gewaltsamer Schutzmittel gesichert zu werden braucht.

Die Mittel, die sich der jungen deutschen Revolution gefährdend entgegenstellen, sind außer den unverfälscht gegenrevolutionären Bestrebungen gewisser Offiziers- und Junkerkreise, die geradlinig auf die Niederwerfung der neuen Gewalt konspirieren und die man natürlich keineswegs unterschätzen darf, hauptsächlich solche der tückischen Übertragung volkstümlicher Worte auf volksfeindliche Absichten.

Demokratie! Der Begriff ist in langen Jahrzehnten als Ausdruck freiheitlichen Empfindens sakrosankt geworden. Die schlagwortfreudige Sozialdemokratie hat ihn ihren Anhängern sogar wie ein untrennbar zum Sozialismus gehörendes Attribut aufsuggeriert. Jetzt dient er der vereinigten Reaktion als äußerst schneidige Waffe gegen den Sozialismus. Kaum war der erste Schritt in die Revolution getan, da war auch schon von den Führern leichtfertig das Wort Nationalversammlung ausgesprochen. Und auf dieses Wort stürzte sich alles, was Privilegien und Vorteile aus der alten Ordnung retten möchte, alles, was an der Erhaltung früherer Autoritäten und Konventionen interessiert ist, alles, was mit Amt und Posten, mit Einfluß und Ansehen auf die bürokratische, beamtenmäßige Ausschaltung eigenwilliger Volkskräfte angewiesen ist. Aus dem im ersten Drang des Mitteilungsbedürfnisses aus dem Ärmel geschüttelten nebensächlichen Programmpunkt wurde rabulistisch das Programm selbst gemacht. Die Einlösung des Versprechens wurde zur drohenden Forderung erhoben. Die Einschränkungen, die selbstverständlich die Mitwirkung der Soldaten und Gefangenen und eine Zeit grundsätzlicher Volksaufklärung vorsahen, wurden ignoriert und die Wahlen sofort verlangt. Eine Bearbeitung der öffentlichen Meinung setzte ein, die die ungeschwächte Aktionskraft des Kapitals, der Presse und der Kirche demonstrierte, und die Agenten der Bourgeoisie in den Ministerien (in Bayern präsentiert durch den demagogischen Sozialpatrioten Auer, den Saboteur des Januarstreiks, den Hauptschuldigen an der reaktionären Beschaffenheit der Gewerkschaften und gegenwärtigen Minister des Innern) bewirkten ein immer schwindsüchtigeres Nachgeben der maßgebenden Gewalten gegen die Forderung der Reaktionäre und endlich, nach einer bewaffneten Demonstration vor dem Eisnerschen Ministerium in München, die Zusage, daß die Wahlen am 12. Januar [1919] stattfinden würden.

Herr Eisner hat öffentlich erklärt, die Wahl am 12.Januar sei jetzt schon als vollzogene Tatsache zu werten. Er irrt. Die Revolutionäre sind entschlossen, fest entschlossen, dem unermeßlichen Unglück, das der Zusammentritt einer konterrevolutionären gesetzgebenden Körperschaft für das Land bedeuten würde, äußersten, entschiedensten Widerstand entgegenzusetzen. Die Einigkeit, die darüber in allen Teilen Deutschlands bei den verschiedensten Gruppen, Parteien, Organisationen und Einzelpersonen herrscht, die die Durchführung der Revolution zur Befreiung von den alten Mächten wollen, mag ihn darüber belehren, daß dieser Wille ernst ist und daß er nicht vor der Rücksicht auf seine Person haltmachen wird. Er sei dahin belehrt, daß sein eigenartiges Verlangen, man möge seine Arbeit in Ruhe lassen, da sie die einzig richtige sei, undiskutabel ist. Sein guter Wille wird von niemandem bezweifelt. Der Kritik ist er aber so wenig wie irgendein anderer entzogen. Sein Protest gegen die kompromittierten Vertreter des alten Systems in Berlin in Ehren. Er wird es sich aber gefallen lassen müssen, daß auch gegen die kompromittierten Persönlichkeiten an seiner Seite, die ihn in der Nationalversammlungsfrage zur Kapitulation gezwungen haben, protestiert wird. Vor allem mag er sich jedoch gesagt sein lassen, daß wir uns die Unbedenklichkeit seiner persönlichen Polemik nicht länger gefallen lassen werden. Seine wiederholten Äußerungen, jeder, der ihm von links her die Arbeit erschwere, sei verdächtig, im Dienste der Reaktion zu arbeiten, sind unerhörte Insinuationen. Wünscht Herr Eisner, daß die Opposition gegen Einzelheiten seiner Regieführung sich nicht zur prinzipiellen Opposition gegen ihn selbst steigere, dann wahre er die Formen des persönlichen Anstands. Die Lauterkeit unserer Arbeit steht über jeder Verdächtigung. Herr Eisner sei gewarnt, das Niveau der Polemik nicht in den Schmutz zu ziehen. Gegen eine unnoble Kampfesart werden wir uns zu schützen wissen.

Der Reaktion ist es bis jetzt also schon gelungen, durch skrupellose Benutzung des Schlagwortes Demokratie die bayerische Regierung ihren Wünschen gefällig zu machen. Wir wissen jetzt, daß es demokratische Gerechtigkeit ist, unter Ausschließung vieler Tausender Behinderter, die ihren Kopf für die Interessen derer ins Trommelfeuer gehalten haben, die jetzt ihre Heimkehr nicht mehr erwarten wollen, Millionen von Leuten, die noch keine Ahnung haben, worum es sich bei der Revolution handelt, mit Stimmzetteln zur Wahlurne laufen zu lassen. Wir werden damit den wahren Willen des Volkes kennenlernen. Ach nein, wir werden die Meinung des Großkapitals, der Presse, der Kirche und der Gewerkschaftssekretäre kennenlernen – und die kennen wir ohnehin. Glaubt wirklich ein denkfähiger Mensch, damit werde sich die Revolution niederbügeln lassen? Man zwingt sie einfach zu schärferen Maßnahmen, man zwingt sie zur Verstärkung ihrer revolutionären Mittel. Der Gefahr, die durch diese Provokation heraufbeschworen wird, werden die Revolutionäre begegnen durch Bewaffnung der Arbeiterschaft, soweit sie sich den Fängen der Gewerkschaftsbanausen entzogen hat, durch die Erzwingung einer Diktatur der Revolution durch Übertragung der Gewalt in die Hände der Arbeiter-, Soldaten- und Bauernräte und durch Unschädlichmachung des Giftes, das das Land mit dem Stoff des Bürgerkrieges erfüllt, der die Geschäfte der Gegenrevolutionäre besorgenden Presse.

Es ist merkwürdig, mit welcher mitleidheischenden Ängstlichkeit die gesamte deutsche Tagespresse ihr heiliges Recht auf Freiheit der Meinung verteidigt. Man hat den Eindruck, als ob nie in der Welt die Zeitungen unter einem ähnlichen Druck despotischer Gesinnungszensur geächzt hätten wie gerade jetzt. Dabei erfreuen sich die Blätter doch gegenwärtig jeder nur denkbaren Selbständigkeit und Aufsichtslosigkeit und machen einen Gebrauch davon, daß unsereiner, der sein Lebtag nur Opposition getrieben hat, erstaunt ist von den Möglichkeiten des Federkampfes, die diese Neulinge in der Befehdung der herrschenden Macht in so kurzer Zeit ausfindig gemacht haben. Wir haben kritisiert, widerlegt, wohl auch geschimpft und angeklagt, sie lästern hinten herum, verdächtigen, bejammern die Zustände, fälschen die Tatsachen und lügen, lügen, lügen. Gleichzeitig aber beklagen sie sich bitter über die Beschneidung ihres Meinungsrechtes und proklamieren die Pressefreiheit als wichtigstes Fundament aller Volkswohlfahrt. Dieselben Zeitungen, die jetzt aber, gestützt auf die unbeschränkte Lügenfreiheit, den Verlust ihrer freien Meinungsbetätigung bejammern, haben über vier Jahre auf Diktat des Wolff-Büros gelogen, haben eine Zensur des Militärs ertragen, die in ihrer Rigorosität kein Gegenstück in der Geschichte hat, und haben die ganze Zeit hindurch die Aufrechterhaltung ihrer Bevormundung nicht bloß schweigend hingenommen, sondern „im

Interesse des Vaterlandes" selbst gefordert. Und jetzt zetern sie und rufen das Volk auf zur Wahrung ihrer Rechte. Welche Wendung durch Gottes Fügung!

Die Seltsamkeit der Gesinnungswandlung der Presse in wenigen Wochen erklärt sich ohne Schwierigkeit. Früher hielt man sie an der Kandare, schrieb ihr zweimal wöchentlich exakt vor, ob gerade die Bolschewiki zu beschimpfen oder zu streicheln waren (man erinnere sich, daß mehrere Male im letzten Jahre der jetzt so geächtete „Bolschewismus" von oben herunter kommandierte deutsch-offizielle Protektion genoß), ob Gott England strafen sollte oder Ludendorff Frankreich, und gab ihr die Stichworte für die Verhetzung der Völker, für Deutschlands Unschuld und für Wilsons Falschheit. Aber zugleich empfing Hindenburg ihre Vertreter, lobte sie über den grünen Klee und versicherte, daß der den Deutschen nicht mehr entreißbare Sieg zum guten Teil dem tapferen Verhalten der Presse zuzuschreiben sei.

Jetzt läßt man sie aus eigenen Jauchekübeln Lügen schöpfen, hindert sie an keiner Verleumdung und Infamie, schreibt ihnen nichts vor und verbietet nichts. Aber man spricht aus, daß sie würdelose Volksverführer und Lügner sind, und unterhält sich öffentlich über ihre Nichtswürdigkeit. Das mögen sie nicht. Darum zetern sie. Ihre Arbeit ist vermehrt, weil sie die Lügen nicht mehr vorgekaut geliefert bekommen, und ihre Arbeit ist erschwert, weil ihre Lügen der Kritik begegnen. Darum lügen sie, daß man sie nicht frei lügen lasse, und das müssen sie lügen, um mit dem Schlagwort Pressefreiheit ihre gegenrevolutionären Zwecke verfolgen zu können.

Die Reaktion marschiert, mögen es die Minister leugnen oder nicht. Sie marschiert aus den Offizierskasinos und den Sitzen der von monarchistischen Offizieren dirigierten Frontsoldatenräte, aus den Konventikeln des Hauptquartiers, aus den Herrensitzen der Junker, den Kontoren der Großindustrie, aus den Pfarrhäusern und Kirchen und aus den Schreibstuben der Gewerkschaftsbeamten, sie marschiert durch die Kanäle der Presse und der Ministerien zu ihrer Geschäftsstelle, der Nationalversammlung. Die Reaktion marschiert, und sie marschiert bewaffnet. Denn das Geld der Nation, dessen Macht ungebrochen ist, ist in ihrer Hand, und die Frontsoldaten, die abgeschnitten von jeder Aufklärung über die Lage im Lande mit schwarzweißroten Fahnen unter dem Befehl volksfeindlicher Generäle noch immer die Waffen des Militarismus führen, folgen ihrem Wink.

Darum darf die Revolution nicht schwach werden. Sie muß sich verstärken von Stunde zu Stunde. Die revolutionäre Masse muß bewaffnet werden, nicht um Blut zu vergießen, sondern um Blutvergießen zu verhindern. In Berlin wurde die unbewaffnete Demonstration der Liebknechtfreunde zusammengeschossen, die bewaffnete Demonstration blieb unbehelligt. Die Militärs, die Diplomaten und die Kaisersozialisten müssen von ihren Posten entfernt werden. Hindenburg, der Ölgötze von 1914-1918, darf nicht ins Revolutionsjahr 1919 übernommen werden, der ehemalige Kronprinz von Bayern, der immer noch Führer einer mächtigen Armee ist und noch auf keinen Anspruch auf Thron und Macht verzichtet hat, dieser Ruprecht muß unschädlich gemacht werden. Ein Revolutionsgericht muß eingesetzt werden, das den Willen der Revolutionäre, Sozialismus zu schaffen, sichert, indem es die Häupter der Gegenrevolution bloßstellt und das Land vor ihnen schützt. Das Hauptquartier muß den Arbeiter- und Soldatenräten unterstellt werden, deren Macht ausgedehnt und gefestigt gehört. Die Jugend muß für die Revolution gewonnen und an ihre Spitze gestellt werden. Der Presse endlich müssen die Giftzähne ausgebrochen werden. Man schaffe eigene Blätter, die millionenweise ins Volk gehen, um Wahrheit zu verbreiten, wo bis jetzt nur Lügen hingelangten. Und man richte ein Inseratenmonopol ein, das dieser Pest des Volkes die Hauptader der Korruption abbindet, die materielle Abhängigkeit von den Wünschen des Kapitalismus. Man wird sehen, wie schnell die eklen Reptilien im Sumpf ihrer Herkunft verschwinden werden.

Das sind ein paar praktische Mittel der Revolution. Über ihnen stehn ihre ideellen Mittel: die Begeisterung für Wahrheit, Freiheit und Gerechtigkeit, der Wille zum Guten und zur Menschlichkeit, der unbeirrbare Entschluß, sich selber durchzusetzen bis zum vollen Erfolge, bis zur Verwirklichung der Weltrevolution und zur Erringung der Völkerfreiheit und der Völkerversöhnung im Sozialismus.

„Also wird immer Krieg sein?"

Fünf Prosatexte aus der Zeit des Ersten Weltkriegs[1]

Tapferkeit

Nicht wer sich gezwungen in Gefahr begibt, ist tapfer, noch wer aus Übermut der Gefahr entgegenläuft, sondern nur, wer um seiner Erkenntnis willen auf sich nimmt, was die Pflicht des Gewissens fordert. Darum schweige das Lob gefahrvoller Taten, und es erhebe sich der Ruhm der aufrechten Gesinnung.

Die Tapferkeit des unbedingten Bekennens bedarf keiner Gefahren, so wenig sie sich von ihnen schrecken läßt. Wer aber Gefahren sucht der Ehren der Welt halber, ist tapfer aus Eitelkeit – das heißt, er ist scheintapfer; er spielt den Furchtlosen, weil er das Urteil der Mitwelt fürchtet. Der wahrhaft Tapfere fürchtet kein Urteil, es sei denn das des eigenen Gewissens.

Tapferkeit ist rücksichtsloses Rechttun, ist bedenkenlose Unterwerfung unter den Befehl der selbst erkannten Moral. Wer fremder Moral gehorcht, wer Befehlen folgt, die das eigene Bewußtsein von Gut und Böse verwirft, der ist nicht tapfer, mögen seine Werke immer denen gleichen, die die Welt als heldische Taten preist. Ohne den Antrieb des eigenen Herzens kämpfen, um nur Vorwürfe zu vermeiden und Strafen zu entgehen, heißt aus Feigheit tapfer sein, heißt Mutlosigkeit mit Mut umpanzern.

Der Todesmut, der alles wagt für die kleine Aussicht, das Leben zu retten, hat mit Tapferkeit nichts zu schaffen. Nicht um Lebens oder Sterbens willen ziemt es sich tapfer zu sein, sondern um des Geistes und der Menschheit willen.

Wenn einmal die Zeit gekommen sein wird – und sie muß kom-

[1] Textquelle | Erich MÜHSAM: *Sammlung 1898-1928*. Berlin: J. M. Späth-Verlag 1928, S. 228-245 und 346-353.

men, sie steigt schon herauf, und die Welt ist schwanger mit ihr –,
die Zeit, da der Kampf der Menschen um geistige Werte gehen und
der Geist ihm die Waffen geben wird, dann erst kann die Tapferkeit
zu ihrer wahren Geltung gelangen. Denn dann wird offenbar werden, daß der kämpfende Mensch nur tapfer ist, wenn die Sache, für
die er kämpft, zugleich seine eigene Sache ist und die der Menschheit.

Vom Tode

Was wir Ehrfurcht vor dem Tode nennen, die Mischung von Schauder, Beklemmung, Wehmut und Jenseitsgefühl, die wir beim Hin-
sterben eines Mitmenschen empfinden, sollte uns deutlich bewußt
sein als Ehrfurcht vor dem Leben.

Die Trauer um einen Toten ist die Bejahung seines Lebens, ist das
Bekenntnis zum Diesseits als allein Erlebniswertem. Die Hoffnung
auf ein Fortleben nach dem Tode ruht immer nur auf Glauben oder
Spekulation. Keinem, der in der Überzeugung von Seelenwande-
rung, Wiedergeburt, Fortwirkung irgendwelcher Art Trost und Sicherheit findet, soll Skepsis oder gar Spott begegnen. Aber alle, die
zu innerer Klarheit über ihren Verbleib nach dem Abscheiden gelangt sind – das gilt auch für die Gläubigen mit dem Kindertraum
von Himmel und Paradies –, sollten sich erinnern, daß diese Klarheit
ihr Glaube und daher ihr Eigentum ist, nur für sie gültig und als
sichere Wahrheit nur von ihnen beansprucht und also nur auf sie
selbst anwendbar.

Kriegszeiten, Epochen, in denen der Tod über alle Vorstellung
Opfer empfängt, verführen viele zu leichtfertiger Einschätzung des
Lebens. Sie beruhigen ihre Bedenken und ihr Grauen mit der Erinnerung an die eigene Zuversicht auf ein Weiterleben nach dem
Tode. Sie begehn schweres Unrecht an denen, die ihrer Weisheit
nicht glauben, die für sich zu keiner Lösung des düstern Rätsels
kommen konnten, die des natürlichen Ablaufs ihres Lebens bedurft
hätten, um überlegen und ausgesöhnt die überstandene Welt mit

einer neu beginnenden vertauschen zu mögen. Ja, der Trost der eigenen Seele wird Grausamkeit gegen die fremde, weil er das Mitgefühl am fremden Leid verdrängt und den Sterbenden eines Teils der Trauer beraubt, auf die er um seines Todes willen Anspruch hat.

Natürlich ist von keinem Menschen zu verlangen, er müsse dem Tode jedes andern Menschen nachtrauern. Das Sterben einer Person beschäftigt niemanden in höherem Maße, als es ihr Leben getan hat. So ist uns der Tod der meisten Menschen völlig gleichgültig. Aber wir sollten uns hüten vor einem summarischen Bedauern, wenn das Los eines gewaltsamen Endes viele zugleich trifft. Es ist eine Frivolität, zu klagen: Schrecklich! In der oder jener Schlacht sind wieder zehntausend Mann gefallen ... und dabei die Zahl der Leichen statt die Summe der zerstörten Schicksale zu meinen. Einmal zehntausend ist leicht zu denken; der Phantasie wird dabei keine Aufgabe gestellt. Zehntausend mal eins aber ist ein Gedanke von furchtbarem Gewicht, denn er enthält die Vorstellung von zehntausend Einzelerlebnissen mit aller Qual jedes Betroffenen, mit allen Tränen und Klagen, die jedem der zehntausend nachweinen – nicht der zehntausend Mann, sondern der zehntausend Männer. Hat uns das Leben dieser Menschen bekümmert und bewegt, so haben sie ein Anrecht darauf, mit allen Empfindungen, die das Ereignis des Todes erweckt, betrauert zu werden. Der Tod kann nicht korporativ erfaßt werden. Daher kann keine Trauer aufrichtig sein, die ihren Schmerz an der Zahl weidet.

Je größer unsre Achtung vor dem Leben ist, je stärker unser eigener Lebenswille uns zwingt, den fremden Lebenswillen anzuerkennen, um so ehrfürchtiger werden wir das Phänomen des Todes begreifen: als Mahnung des irdischen Lebens, bis zu seiner Grenze lebendigen Geistes zu sein und die Aufgaben des Lebens zu erfüllen. Welche Aufgaben jenseits der Grenze gestellt sind, ist das Geheimnis, das der Tod dem Leben verborgen hält. Wer da glaubt, das Geheimnis des Jenseits enträtselt zu haben, der stört mit seinem Glauben vom Tode nicht das Diesseits, dessen Recht das Leben ist.

Kindliche Fragen

Scharen von Männern, denen die Felle verwegen um die Schultern lagen, schritten vorbei, immer mehr, in endlosem Zuge, und die Keulen hingen ihnen schwer in den Händen.

„Wohin gehen die Männer?" fragte das Kind, aufgestützt auf die Knie der Urahne, die mit zitternden Fingern mürbes Laubwerk ins Feuer des Erdherdes streute.

Der Vater schnitt mit einem scharfen Stein ein Stück Baumrinde zur Sandale und maß die Breite an seiner Fußsohle ab. Er antwortete: „In den Krieg."

Das Kind schaute zum Vater hinüber. „Was machen sie da?"

Der Vater lachte. „Sie schlagen die Feinde mit ihren Keulen tot."

„Was haben ihnen die Feinde getan?"

„Sie wollen sie totschlagen."

„Die bösen Feinde! Warum wollen sie unsre Männer totschlagen?"

„Weil die ihnen ihr Land wegnehmen wollen."

„Warum wollen unsre Männer den Feinden das Land wegnehmen? Haben sie denn selber keins?"

„Doch. Aber je mehr Land einer hat, desto reicher ist er."

„Ist es gut, reich zu sein?" fragte das Kind weiter.

„Das will ich meinen."

„Bist du reich, Vater?"

„Nein, mein Kind, ich bin arm; aber für unser kleines Haus reicht es."

„Wenn es doch für uns reicht, warum ist es dann gut, reich zu sein?"

„Wären wir reich, dann könnte ich Leibeigene für mich arbeiten lassen."

„Was ist das – Leibeigene?"

„Das sind Menschen, die alles tun müssen, was ihr Herr ihnen aufträgt."

„Warum gehst du nicht mit in den Krieg und schlägst die Feinde tot? Dann nimmst du ihnen ihr Land weg und bist reich und schenkst mir Leibeigene, daß ich nicht zu arbeiten brauche, wenn ich groß bin."

„Du sollst aber arbeiten, wenn du groß bist. Faulheit ist ein Laster.“

„Aber dann brauche ich doch keine Leibeigenen, wenn ich selbst arbeiten soll. Dann ist es doch nicht gut, reich zu sein.“

„Kleiner Narr! Der Reiche hat so viel Land, daß er es nicht allein bebauen kann. Deshalb braucht er Leibeigene.“

„Wenn er doch genügend Land hat für sich und seine Kinder, warum muß er denn noch so viel dazu haben, daß er es nicht mehr allein bebauen kann?“

„Der Racker fragt mich tot“, rief der Vater. „Gib du ihm Antwort, Ahnfrau.“

Die Alte strich dem Kinde durch die Locken. Halb zu sich selbst sprach sie: „Mancher Weise hat schon ebenso gefragt und keine Antwort bekommen.“

Das Kind schwieg eine Weile und dachte nach. Dann wandte es sich hartnäckig an die Alte:

„Warum schlägt Vater nicht auch die Feinde tot und nimmt ihnen ihr Land weg?“

„Er bekäme ja das Land gar nicht.“

„Wer kriegt es denn?“

„Der Herzog, der die Männer in den Krieg schickt.“

„Wer ist das – der Herzog?“

„Das ist der Anführer der Männer“, erwiderte jetzt wieder der Vater; „ihr Herr, dem sie dienen.“

„Also sind alle die Kriegsmänner Leibeigene des Herzogs?“

„O nein, es sind freie Männer; aber sie lieben ihren Herzog.“

„Und deshalb schlagen sie die Feinde tot, bloß damit der Herzog mehr Land bekommt?“

„Gewiß. Und sie lassen sich auch töten für ihren Herrn.“

„Welcher Mann wird denn immer der Herzog?“

„Der reichste natürlich.“

„Dann lieben die Männer den, der am reichsten ist, immer am meisten?“

„Nein. Sie lieben nicht den Reichsten, sondern den Herzog.“

„Aber du hast eben gesagt, der Herzog ist es deshalb, weil er der Reichste ist. Und weil sie ihn lieben, nehmen sie den Feinden das Land weg und geben es ihm. Da wird er ja immer noch reicher?“

Der Vater bastelte schweigend an seiner Sandale. Die Urgroßmutter nickte, die Lippen bewegend, vor sich hin. Das Kind hing weiter seinen Gedanken nach.

Nach einer Pause fragte es von neuem: „Wo nimmt denn der Herzog alle die Leibeigenen her, daß sie ihm das viele Land bebauen können?“

Der Vater wies auf die Männer, die immer noch schweren Schrittes vorbeizogen: „Sieh doch, wie viele Kriegsmänner es gibt!“

„Aber du sagtest doch, das sind keine Leibeigenen.“

„Gewiß nicht. Aber sie arbeiten für den Herzog. Sie zahlen ihm Abgaben, und dann dürfen sie sein Land bebauen.“

Das Kind steckte den Finger in den Mund und starrte die bewaffneten Männer so eindringlich an, daß mancher von ihnen lachen mußte. Dann wandte es sich zur Ahne und sagte ernsthaft: „Du, Ahnfrau, die Kriegsmänner sind aber dumm!“

Der Heereszug war vorübergegangen. In der Ferne war noch der Staub zu sehen, der den letzten nachwehte. Das Kind sah dem Vater bei der Arbeit zu. Plötzlich fragte es: „Vater, hat es schon immer Kriege gegeben?“

„Immer“, sagte der Vater.

„Und immer bloß, weil die Männer, die einen Herzog liebten, den Männern das Land wegnehmen wollten, die einen andern Herzog liebten?“

„Ich kann’s mir nicht anders denken.“

„Wird denn niemals eine Zeit kommen, wo immer Friede sein wird?“

Der Vater zog das Kind an sich. Lächelnd sprach er: „Wenn einmal die Wagen ohne Pferde fahren und die Menschen in der Luft herumfliegen, dann wird’s keine Kriege mehr geben.“

Die Alte wandte sich eifriger dem Herdfeuer zu. Sie schüttelte den Kopf und stocherte mit einem Scheit in der Glut. Ihre Lippen bewegten sich. „Dann erst recht!“ flüsterte sie. „Dann erst recht!“

Das Kind gab noch nicht nach. „Sag doch, lieber Vater, es ist doch nicht gut, daß die Männer sich alleweil gegenseitig totschlagen. Wird das wirklich nie aufhören?“

„Vielleicht doch einmal“, erwiderte der Vater zweifelnd. „Vielleicht kommt einmal ein großer starker Herzog, der alle anderen Herzöge besiegt und sich zum Herrn über alles Land macht. Dann wird niemand mehr da sein, der Krieg gegen ihn beginnt, und wenn er mächtig und klug genug ist, werden die Menschen in Frieden leben.“

„Und wenn der große Herzog stirbt?“ beharrte das Kind. „Und wenn dann der neue Herzog nicht mehr so mächtig und klug ist, wird es dann wieder Krieg geben?“

„Wahrscheinlich wohl. – Nun laß mich aber zufrieden, Kind. Willst du noch mehr wissen, dann frage die Urgroßmutter.“

Da fragte das Kind die Urgroßmutter, ob einmal ein Herzog kommen werde, der den Menschen den Frieden bringen könne.

„Nein“, sagte die Alte, „den Herzog wird es niemals geben.“

„Also wird immer Krieg sein?“

„Nein, mein Herz. Es wird einmal ein letzter Krieg sein. Den werden die Menschen aber keinen Krieg mehr nennen. Der wird anders sein als alle Kriege. Da werden die Männer nicht mehr für die Herzöge um Land kämpfen, sondern für sich selbst um das Land, das den Herzögen gehört. Und die Keulen werden sie nicht mehr gegeneinander schwingen und einander nicht mehr Feinde nennen. Sie werden sehn, daß sie Brüder sind, die Männer des einen und die Männer des andern Landes. Wenn sie das erkannt haben, dann werden sie auch nicht mehr wünschen, reich zu werden und Leibeigene zu haben. Sie werden begreifen, daß es gut ist, zu arbeiten, wenn man für sich selbst arbeitet und nicht für einen Herzog. Und wenn erst alle für sich selber arbeiten, dann wird es auch keine Leibeigenen mehr geben.“

„Aber was werden die Herren dann tun, wenn keiner mehr für sie arbeitet?“

„Sie werden selbst arbeiten wie alle andern und werden also keine Herren mehr sein.“

„Ja, Ahnfrau, das muß schön sein, wenn alle gleich sind und alle zufrieden. Wenn ich groß bin, will ich allen Männern sagen, daß sie nicht mehr für die Herzöge arbeiten und sich auch nicht für sie gegenseitig totschlagen sollen.“

„Präge dir ein Wort ein, mein Liebling. Wenn du das Wort tief im Herzen trägst und es ganz erfaßt hast, dann sollst du es weitergeben an die andern Menschen. Vielleicht wird in vielen, vielen hundert Jahren dieses Wort einmal in allen Menschenherzen Wurzel fassen. Wenn es dahin kommt, dann wird die Welt keine Kriege mehr kennen, keiner wird einen andern töten, um für einen dritten Land

zu erobern. Die Menschen werden arbeiten, jeder für sich und jeder
für alle andern. Und alle werden glücklich sein."

„Wie heißt das Wort, Ahnfrau? Ich will es lernen und mir fürs
ganze Leben merken."

Was ist Wahrheit?
(Anekdote)

Ende August 1914. „Was sagen Sie zum ,Simplicissimus'?" fragte ich
wütend Frank Wedekind und zeigte ihm die neue Nummer, die von
der ersten bis zur letzten Seite nichts als die tollsten Kriegshetze-
reien und die übelsten Schmähungen der gegnerischen Nationen
enthielt. „Diese schamlose Verleugnung aller Traditionen des Blat-
tes! Diese Heuchelei! Jedes Wort ist doch eine innere Lüge!"

Wedekind grinste boshaft. „Sie täuschen sich, Herr Mühsam. Der
,Simplicissimus' lügt nicht. Dies ist seine wahre Meinung. Gelogen hat
er die zwanzig Jahre vorher!"

Stammtisch-Eroberer
(Anekdote)

Es war die ekelhafte Zeit der ersten Kriegsmonate. Die hysterische
Verrücktheit aller Bevölkerungsschichten hatte sich auch bis auf
verschwindende Ausnahmen den Kreisen der Künstler und Dichter
mitgeteilt, die sich selbst so gern als den geistig überlegenen Teil der
Menschheit aufspielten.

Ich hatte mich daran gewöhnt, schweigend zuzuhören, wenn
wieder mal die große patriotische Walze lief. So stand eines Abends
in der Torggelstube die belgische Frage zur Erörterung. Der leider
bald darauf verstorbene Anglist Professor Sieper stand mit seiner

Meinung allein, daß die von Bethmann Hollweg selbst zugesicherte Rückgabe Belgiens nach dem Kriege eine Selbstverständlichkeit sein müsse. „Das wäre noch schöner!" schrien die andern und überboten einander in der Aufzählung politischer, militärischer, wirtschaftlicher, kultureller und moralischer Gründe, die die dauernde Einverleibung Belgiens ins Deutsche Reich zwingend erforderten. Als sich der nationale Lärm ein wenig gelegt hatte, nahm auch Frank Wedekind, der bis jetzt wie ich schweigend dabeigesessen hatte, bedächtig das Wort: „Ich bin freilich ebenfalls der Meinung, daß Belgien von Deutschland annektiert werden muß." Ich war nun doch erbost und fragte gereizt: „Sie auch? Das überrascht mich denn doch stark." – „Aber natürlich", rief Wedekind. „Ich bitte Sie, wenn wir Belgien wieder herausgeben, sieht ja alle Welt, wie wir dort gehaust haben!"

Der Schriftsteller Erich Mühsam
(1878 – 1934)

Aus Kriegstagebüchern

Eine Auswahl von Einträgen
der Jahre 1914-1917[1]

1914

MÜNCHEN, MONTAG/DIENSTAG, D. 3./4. AUGUST 1914 | Es ist ein Uhr nachts. Der Himmel ist klar und voll Sternen, aber über die Akademie ragt der Rand einer weißen, in dicken Schichten gehäuften Wolke, in der es unaufhörlich blitzt. Unheimlich grelle, lang sichtbare, in horizontaler Linie laufende Blitze.
Und es ist Krieg. Alles Fürchterliche ist entfesselt. Seit einer Woche ist die Welt verwandelt. Seit drei Tagen rasen die Götter. Wie furchtbar sind diese Zeiten! Wie schrecklich nah ist uns allen der Tod!
Immer und immer hat mich der Gedanke an Krieg beschäftigt. Ich versuchte, mir ihn auszumalen mit seinen Schrecken, ich schrieb gegen ihn, weil ich seine Entsetzlichkeit zu fassen wähnte.
Jetzt ist er da. Ich sehe starke, schöne Menschen einzeln und in Trupps in Kriegsbereitschaft die Straßen durchziehen. Ich drücke Dutzenden täglich zum Abschied die Hand, ich weiß nahe Freunde und Bekannte auf der Reise ins Feld oder bereit auszuziehen – Körting, Kutscher, Bötticher [Joachim Ringelnatz], v. Jacobi, beide Söhne von Max Halbe und viele mehr –, weiß, daß viele nicht zurückkehren werden, lese Depeschen und Nachrichten, die – jetzt schon, ehe noch die Katastrophe eingesetzt hat – einem das Herz aufschreien machen, ich sehe alles schaudervoll nahe und viel schlim-

---

[1] Textquelle | Darbietung der Auszüge hier nach Erich MÜHSAM: *Tagebücher 1910-1924*. Herausgegeben und mit einem Nachwort von Chris Hirte. München: dtv 1994 [digital auf projekt-gutenberg.org]. – Inzwischen liegt folgende – nunmehr maßgebliche – Edition vor (ungekürzt nach dem Nachlass): Erich MÜHSAM, Tagebücher (1910-1924). Herausgegeben von Chris Hirte und Conrad Piens. 15 Bände. Berlin: Verbrecher Verlag 2011 bis 2019 [freier Zugang zu allen Texten auf dem Online-Portal: www.muehsam-tagebuch.de].

mer noch in der Realität, als die theoretisierende Phantasie es ausdachte. Und – ich, der Anarchist, der Antimilitarist, der Feind der nationalen Phrase, der Antipatriot und hassende Kritiker der Rüstungsfurie, ich ertappe mich irgendwie ergriffen von dem allgemeinen Taumel, entfacht von zorniger Leidenschaft, wenn auch nicht gegen etwelche „Feinde", aber erfüllt von dem glühend heißen Wunsch, daß „wir" uns vor ihnen retten! Nur: wer sind sie – wer ist „wir"?

Aber der Gedanke ist doch grauenhaft, daß die Russen ins Land kommen könnten, Barbaren? Immerhin Menschen anderer Art, ohne Achtung vor unserer Welt, ohne Rücksicht auf unsere Gefühle mordend und sengend, Frauen und Kinder mißhandelnd und mit unseren Kulturgütern Kosakenspäße treibend. Und wie furchtbar ist es zu lesen, daß heut ein französischer Arzt mit zwei Offizieren in Metz versucht hat, einen Brunnen mit Cholerabazillen zu vergiften! *Tatarenmeldung. Dementiert. (E. M.)*

Vorgestern haben die Hände eines Chauvinisten Jaurès [Jean Jaurès, 1859-1914] gemordet, den Mann, der den Frieden wollte, der eigentlich verkörperte, was wir als die überlegene französische Kultur verehren. Und nun fahren französische Flieger über das Land und werfen Bomben. Da verlassen einen die Theorien, man wird einer von allen, mit den Instinkten aller, aber mit erhöhtem Leid, weil die Kritik unter dem Gefühl wirksam bleibt und weil alle Parteinahme den Opfern, nicht den Machern gilt.

Die Massen sind durch die Aufregungen dieser Tage in wahre Hysterie geraten. Überall werden Spione gewittert. Dann rennen die Menschen in Haufen zusammen, mißhandeln die Unglücklichen und übergeben sie der Polizei. Manchmal sollen ja wirklich schon russische Bombenwerfer abgefaßt sein.

[…] Heut früh sah ich ein etwas ausländisch aussehendes Paar von erregtem Volk gehetzt durch die Straßen eilen. Was draus wurde, weiß ich nicht. Und nachmittags in der Sendlingerstraße brachten wieder Hunderte ein Mädchen zum Schutzmann, von dem behauptet wurde, es sei ein verkleideter Mann.

Wilde Gerüchte laufen um, unkontrollierbar, da die Behörden über fast alles Schweigen bewahren. Danach sollen gestern und heute hier eine ganze Menge Serben und Russen standrechtlich erschossen sein. Sie sollen die Hauptpost, den Bahnhof, den Pulverturm bei

Freimann haben in die Luft sprengen wollen. Heut früh wurde ausgesprengt, das Leitungswasser sei vergiftet. Offiziere riefen es warnend aus – ich selbst war Zeuge davon –, die Häuser wurden einzeln benachrichtigt. Es stellte sich als leeres Gerede heraus. Man hört – ganz heimlich – von massenhaften Soldatenselbstmorden etc.

Aber doch ist die Einmütigkeit des Gefühls, eine gerechte Sache zu führen, bei aller Verblendung, ergreifend. Man ist sehr ernst, aber doch sichtlich gehoben. Wäre bloß nicht schon überall eine üble Gesinnungsriecherei bemerkbar! Vorgestern nacht traf ich Köhler, Turati [Filippo Turati, 1857-1932], v. Maaßen [Carl Georg von Maaßen, 1880-1940] und Bötticher im großen Raum der Torggelstube. Mein Erscheinen bewirkte das Mißtrauen umsitzender nationaler Studenten, die uns belauschten und, obwohl kein Wort, das Gefühle hätte verletzen können, fiel, denunzierten. Es gab böse Auseinandersetzungen. Maaßen teilte Ohrfeigen aus. Schließlich wurde Bötticher – am Tage vor seiner Abfahrt zur Marine! – abgeführt (freilich noch auf der Straße freigelassen), und ich beschimpft und bedroht. Ohne ein politisches Wort gesprochen zu haben!

Heut habe ich eine Erklärung an die Leser des ‚Kain‘ herausgegeben [→Eintragung vom 24. August 1914], in der ich begründe, daß ich das Blatt während der Kriegsdauer eingehen lasse. Ferner habe ich mich beim Schwabinger Krankenhaus als Hilfsarbeiter in der Registratur gemeldet. Wo alles schwankt, ich vielleicht morgen nicht weiß, wovon leben, will ich nicht müßig sein. Bekomme ich keine oder eine ablehnende Antwort, dann gehe ich morgen zum Magistrat und frage nach Beschäftigung im humanitären Zivildienst: bei Kranken, Irren oder der Feuerwehr. Vielleicht kann mir da mal meine alte Apothekererfahrung nützlich werden.

Um Jenny bin ich sehr besorgt. Die letzte Nachricht erhielt ich am 29. Juli noch aus Eydtkuhnen, das inzwischen von den Russen besetzt[2] ist. Ein Brieftelegramm, in dem sie mich bat, ich solle ihr postlagernd nach Königsberg schreiben. Das tat ich sofort, las aber inzwischen, daß die Bestellung postlagernder Briefe jetzt entweder aufgehoben oder sehr erschwert ist. Nun weiß ich nicht einmal, wo

---

[2] [Das basierte auf einer der vielen Falschmeldungen; 1914 ging Mühsam überhaupt noch davon aus, dass Deutschland angegriffen worden sei und sich in einem ‚Verteidigungskrieg‘ befinde.]

die Geliebte ist und ängstige mich sehr. Ließe mich die allgemeine Spannung zur Besinnung über die Privatangelegenheiten kommen, ich glaube, ich stürbe vor Unruhe.

Auch von Lübeck hörte ich nichts. Der Landsturm ist aufgerufen, und ich fürchte, daß meine beiden Schwäger und vielleicht auch mein Bruder ins Feld müssen. Das wäre für unsern alten Vater sehr arg – und Charlotte ist gerade von ihrem dritten Kind entbunden. Aber was sagt das gegen das Los der armen Lucie v. Jacobi, die vor einem halben Jahr ihr einziges Kind verlor und nun den Mann in den Krieg ziehen sieht!

Morgen dürfte der Krieg mit Frankreich offiziell beginnen. Es sind Telegramme angeschlagen, daß der Gesandte in Paris aufgefordert sei, seine Pässe zu verlangen, weil die Franzosen völkerrechtswidrig die Grenzen überschritten haben. Libau soll von einem kleinen Kreuzer beschossen sein, der Kriegshafen soll brennen. Das wäre wohl ein Erfolg der Deutschen. Wie das Einmarschieren der Russen in Eydtkuhnen und das der Deutschen in Czenstochau zu bewerten ist, läßt sich noch gar nicht übersehen. Es wird erstmal zu allem Hurra gebrüllt. Rosenthal wollte wissen, daß der Louvre in Paris brenne. Ich glaub's nicht. Aber wie scheußlich schon, daß das möglich werden kann!

München, Dienstag/Mittwoch, d. 4./5. August 1914 | Es ist wieder spät nach Mitternacht. Aber heut regnet es und ist trübe und trostlos. Und alles Unglück scheint ausgegossen über dies arme Land und seine ärmeren Menschen.

Eine entsetzliche Botschaft steht auf den Anschlagtafeln: Kurz nach 7 Uhr (also vor noch nicht sechs Stunden) erschien in Berlin der englische Botschafter im Auswärtigen Amt, um Deutschland den Krieg zu erklären.

Krieg mit England! Da mit Rußland und Frankreich die Kämpfe schon begonnen haben. Aus der Ferne durchs offene Fenster, von der Ludwigstraße her, tönen lärmende Jubelrufe und Hurrageschrei – jetzt auch Gesang herüber. Der Zug nähert sich und wird gleich dicht bei mir am Siegestor sein. – Nein, sie kamen von der Türkenstraße, und eben zogen sie – vielleicht 300 Mann – unter unserem Fenster vorbei, die Akademiestraße entlang. Singen können vor solchen Nachrichten! Arme Menschen! Vielleicht sind viele unter ihnen, die selbst mit müssen in den Krieg, die gar nicht oder als Krüppel wiederkehren.

Krieg mit England! Der ist der schlimmste! Wie das ertragen werden kann – ich habe graue Zweifel. Heut sind im Reichstag die Kriegskredite sämtlich bewilligt worden. Die Sozialdemokraten haben für alle Forderungen gestimmt und auf Kaiser und Vaterland mit Hurra! gebrüllt. Was sollten sie auch tun? Sie haben die Suppe einbrocken helfen. Nun stehen sie dem *fait accompli* gegenüber. – Aber was jetzt werden soll? Krieg! Tod! Nacht über die Welt! Es ist schaurig, es ist unausdenkbar.

Ich bin maßlos traurig. Ich zwinge mich zu Friedenshoffnungen. Aber die Zweifel sind stärker. Ich kann nicht glauben, daß mit den Mächten von England, Frankreich und Rußland jetzt noch von Frieden zu sprechen ist.

[…] Zweimal entlud sich heute meine Gepreßtheit in Tränenausbrüchen. Die erleichtern in den Stunden des Alleinseins. Die tun wohl, wenn das Herz platzen will. Und niemand mehr, der mich versteht, den ich verstehe. Hätte ich nur erst Nachricht, ob ich im allgemeinen Dienst Arbeit finden kann. Das Schwabinger Krankenhaus verwies mich an den Magistrat, und an den habe ich mich heute gewandt. Vielleicht weiß ich morgen abend schon, wohin ich gerufen werde. Dies Herumsitzen zu Hause und in den Cafés habe ich satt. Dabei gehe ich kaputt. – Überhaupt das Warten auf Nachrichten. Wo Jenny ist, weiß ich nicht, von Lübeck kein Wort, – die Post scheint fast gar nicht mehr zu funktionieren. Es ist gräßlich.

[…] Heut passierte ein heiterer Zwischenfall. Ich saß mit Nonnenbruch [Max Nonnenbruch, 1857-1922] im Stefanie. Plötzlich liefen die Leute zusammen und starrten gen Himmel. Wir hinaus – ein Flieger. In ganz engen Kurven überflog er in großer Höhe etwa die Türkenkasernen. Das Publikum war in großer Aufregung. Ist es ein deutscher oder ein französischer Aeroplan? fragte man sich. Vielleicht konnte jeden Moment eine Bombe niederfallen. Vielleicht zehn Minuten währte die Spannung, und immer im gleichen Kreis umflog der Apparat seinen Platz. Plötzlich löste sich die Aufregung in mächtigem Gelächter auf. Die Flügel des Apparats bogen sich nach beiden Seiten nieder, der Aeroplan flog mit großer Eile schräg aufrecht davon und verschwand sogleich im Äther. Es war ein unschuldiger Vogel gewesen – vielleicht der Unglücksvogel, vor dem das Volk sich ängstigt. – Schon ist auch für den 23. August ein Komet angesagt. Und man kann abergläubisch werden in diesen Zeiten.

München, Donnerstag, d. 6. August 1914 | [...] Emmy sitzt wegen eines Diebstahls, begangen in Hannover an einem nächtlichen Besucher, in Untersuchungshaft am Neudeck. Becher und ich haben ihr den Dr. Kahn als Anwalt bestellt. Aber in der Kriegsaufregung denkt der wahrscheinlich sowenig wie ein anderer an seine Klienten. Nun war ich gestern bei ihr – in der Gitterzelle, wo ich vor Jahren Johannes Nohl besuchte, sprach ich sie. Ich hinter einer, sie hinter der anderen Gitterwand, und dazwischen die Wärterin – übrigens eine gutmütige, nette Frau. Die arme Emmy weinte entsetzlich, klammerte sich mit den Fingern in die Vergitterung und war unermeßlich unglücklich. Ich mußte ihr versprechen, an ihre Mutter zu depeschieren und alles zu versuchen, um sie freizukriegen. Nach etwa zehn Minuten war das Gespräch zu Ende. Ich blieb allein in der Zelle, und ehe ich hinausging, ließ ich den aufschießenden Tränen freien Lauf. Wie gräßlich sind die Einrichtungen doch, um deren Erhaltung nun Hunderttausende kräftige, schöne, junge, frohe Menschen ihr Leben lassen!
[...] Ganz schlimm ist Henri Bing dran, der, wie er mir heut erzählte, als Franzose schon zweimal fast gelyncht worden wäre. Er verramscht jetzt, um leben zu können, seine Bilder um zwanzig Mark. ‚Jugend‘ und ‚Simplicissimus‘ benehmen sich erdenklich schlecht gegen ihn. Da lebt er nun seit zehn Jahren hier, fühlt und denkt und spricht deutsch, arbeitet ständig an diesen Blättern mit, und jetzt, da er hilflos und bedrängt dasteht, lassen sie ihn im Stich. Der ‚Simplicissimus‘, dies reiche Blatt, hat ihm ganze 50 Mark gegeben, die ‚Jugend‘ gar nichts. Seiner Not gegenüber zuckt man die Achseln. Es ist schändlich.
Die Post scheint ihren Betrieb ganz eingestellt zu haben. Ich höre und weiß nichts und mache mir um Jenny schwere Sorgen. Dabei sind diese Tage gerade solche besonders herzlichen Gedenkens. Vor genau einem Jahr waren wir zuletzt zusammen, in Berlin bei Mutter Stern am Gendarmenmarkt. Das waren Tage – und Nächte! – Ach Jenny, wann werden wir das wieder miteinander erleben? Ich bin sehr traurig und will jetzt mal nach der lieben Frau sehn, die mir seit

dreiviertel Jahren nun die Geliebte ersetzt – nach Zenzl Engler [Kreszentia Mühsam, geb. Elfinger, 1884-1962], die sich auch seit vier, fünf Tagen nicht mehr gezeigt hat und deren Mann vielleicht auch schon fort ist, um im Kriege Sanitätsdienste zu tun.

Wie mir das Zimmermädel heut erzählte, denkt Frau Kaderschafka daran – der Mann ist ebenfalls eingerückt –, eventuell die Pension aufzulösen, in der ich nun vier Jahre hause. Möglich, daß ich mich dann mit Zenzl zusammen irgendwo einniste. – Vom Magistrat noch keine Antwort, und das Geld geht sehr auf die Neige. Eine Existenz muß ich schaffen, ohne dem Krieg zu helfen!

München, Nacht zum Sonnabend, d. 8. August 1914 | Lüttich ist von den Deutschen im Sturm erobert worden. Es heißt, es seien 600 deutsche Pioniere dabei umgekommen. Scheußlich. Und dabei soll man sich vielleicht gar noch freuen, daß die Befürchtungen unbegründet waren, die ein Telegramm hervorrief, das mittags angeschlagen war und ebenfalls vom offiziösen Wolff-Büro ausgegeben war. Danach hätten deutsche Soldaten einen kühnen Handstreich gegen Lüttich unternommen, der aber mißglückt wäre. Es hieß dann, im Ausland werde man eine große Niederlage der Deutschen daraus machen, aber mit Unrecht, da die Unternehmung für den Verlauf des Krieges ganz belanglos gewesen sei. Natürlich kombinierte jeder, daß sich die Deutschen eine große Schlappe geholt hätten, was nun bemäntelt werden sollte. „Gottlob" ist es anders, und es war ganz nützlich, daß die gute Botschaft gleich hinterherkam, da die moralische Wirkung einer Niederlage sicher die wäre, daß die Leute noch irrsinniger würden. So weit bin ich nun glücklich, daß mich Siegestelegramme beruhigen, während mich doch nie die Kritik verläßt, ein welcher Wahnsinn der Krieg ist, und das Wissen, daß tatsächlich die Unfähigkeit der deutschen Diplomatie ihn heraufbeschworen hat. Wenigstens gab Deutschland den tieferen Grund für das fürchterliche Völkermorden, während Österreichs egoistisch-arrogante Rücksichtslosigkeit den äußeren Anlaß schuf.

Die Redensart vom „bewaffneten Frieden", das alte „si vis pacem para bellum" hat furchtbar Bankrott gemacht. Deutschlands Rüsterei, der unstillbare Ehrgeiz, die europäische Militärhegemonie zu sein, hat das Unglück verschuldet.

[…] Nun ist also aus dem angeblichen Rachezug Österreichs gegen Serbien wegen der Ermordung des Thronfolgers, in Wahrheit ist es natürlich ein Unterdrückungskrieg gegen die großserbischen Bestrebungen, den die Nachbarmonarchie seit Jahren planmäßig vorbereitet hat – dieser Este [d. h. der beim Attentat ermordete Kronprinz Franz-Ferdinand] starb ihr sehr gelegen –, ein beispielloser Weltkrieg geworden. In knapp vierzehn Tagen sind die mitteleuropäischen Länder gezwungen worden, sich zugleich gegen Serbien, Rußland, Frankreich, Belgien und England zu wehren, und die armen Soldaten, das heißt, das arme Volk muß die Suppe ausessen, die die Diplomaten ihm eingebrockt haben. Ich aber, der Antimilitarist, muß alle meine Hoffnung dahin wenden, daß das Militär in Deutschland besser sei als die deutsche Staatskunst (*Warum eigentlich? Dies ist doch schon Kriegspsychose! – 12. November*; E. M.), so wenig ich den andern wünsche, was ich für die Unsern fürchte.
Immer noch kein Brief von Lübeck oder von Jenny und auch keine Antwort vom Magistrat. Wie entsetzlich sind diese Zeiten für jeden Einzelnen!

München, Sonntag, d. 9. August 1914 | Eine Postkarte von Hardy, die gestern ankam und am 5. August in Berlin aufgegeben war, zeigt, daß der Postverkehr, wenn auch langsam, doch funktioniert. Um so bewegter warte ich auf Nachrichten, besonders von Jenny. Den letzten Brief schickte ich ihr offen nach Königsberg, postlagernd, mit dem Vermerk, daß er, falls er nach drei Tagen nicht abgeholt wäre, an mich zurückzuleiten sei. Kriege ich ihn wieder, dann schreibe ich an ihre Freundin, die Tochter des Sozialdemokraten Haase [Hugo Haase, 1863-1919]. Vielleicht weiß die etwas.
In der Zeitung stand heute, daß der Magistrat keine Leute mehr einstellt, da alle Posten besetzt seien. Nun will ich mich an die Geschäftsstelle des Vereins Münchner Apotheker um einen Gehilfenposten wenden. Man will doch schließlich existieren, und mit Literatur ist zur Zeit kein Geschäft zu machen. Die ‚Jugend‘, mit der ich seit etwa einem Jahr wieder Verbindung habe, schickte mir einen Stoß Einsendungen zurück, offenbar wollen die Hosenscheißer meinen Namen jetzt doch wieder nicht drucken. – Der Gedanke, wieder Apothekendienst tun zu sollen, amüsiert mich eigentlich. Nach dreizehneinhalbjähriger Unterbrechung! Damals stopfte ich in der Stun-

de höchster Not und als mir eine gute Vertretung angeboten war, sämtliche Papiere in den Ofen und verbrannte sie, um die Brücken endgiltig hinter mir abzubrechen. Jetzt, wo ich als anerkannter Schriftsteller und bekannte Persönlichkeit provisorisch wieder den Pillenmörser zur Hand nehmen will, weiß ich, daß ich mir nichts mehr damit vergebe. Ich kann mir und andern nützen – das ist entscheidend. […]

München, Nacht zum Dienstag, d. 11. August 1914 | […] Bei uns ist jeder Autofahrer als Spion verdächtig. So hat man, was offiziell zugegeben wird, schon deutsche Offiziere in ihren Autos erschossen. Das Menschenleben ist gar nichts mehr wert. Man spricht, daß bei Lüttich 2400 Deutsche gefallen seien. „Nur" heißt es dabei. Heut bringen die Blätter eine Notiz, wonach gestern in München ein zwölfjähriger Junge, der auf ein Wärterhäuschen geklettert war, um die Verladung von Soldaten mit anzusehen, von einem Wächter heruntergeschossen und schwer verwundet wurde. Diese Notiz wird mit keiner kritischen Bemerkung versehen. Es ist ganz selbstverständlich.

[…] – In diesen Tagen erwartet man eine Riesenschlacht in Frankreich. Tausende werden dabei zugrunde gehen – vielleicht viele Freunde und Bekannte darunter. Trotzdem ist alle törichte Erwartung darauf gerichtet: Ginge es doch erst ordentlich los! (Um so eher wird's aufhören !?)

Aber eines muß zugegeben werden. Die Zuversicht der Deutschen, ihre gläubige, starke Anteilnahme ist erschütternd, aber großartig. Es ist jetzt eine seelische Einheit vorhanden, die ich einmal für große Kulturdinge erhoffe.

Was wird nur nach dem Krieg kommen? Ich fürchte sehr Böses. Ein schändlicher Materialismus wird um sich greifen und eine wüste Reaktion herbeiführen. Es ist Irrsinn, daß Leute wie Dehmel sich freiwillig gemeldet haben. Gerade diese Männer werden dann nötig sein, um den Geist zu verteidigen. Ich fürchte auch, daß eine einschneidende Spaltung der Geistigkeit eintreten wird. Der George-Kreis [um Stefan George, 1868-1933] soll von wildem Patriotismus ergriffen sein. – Das fehlt nun gerade noch, daß unseresgleichen sich offen der Gegenpartei zuwenden! Ich sehe eine trübe Epoche voraus. […]

München, Nacht zum Donnerstag, d. 13. August 1914 | Die Nachrichten von deutschen Erfolgen häufen sich. Lüttich, Mülhausen, Lagarde: das klingt allen sehr vertrauenerweckend. Für den 15. ist eine große Schlacht prophezeit, vermutlich in der Gegend von Namur. Wer am meisten Menschen mordet, gewinnt. Die Menschenfreunde *à tout prix* hoffen wie jedermann, daß unsere Landsleute die meisten Menschen töten werden. Denn sonst würde das Elend grenzenlos: Alle Kultur, alle Gesittung, die Deutschland sich seit dem dreißigjährigen Kriege erarbeitet hat, stehe auf dem Spiel. Nicht zu reden von der materiellen Pleite. (Freilich: die andern?)

Bei mir ist die Pleite schon da, und ich sehe noch kein Ende ab. Von meinem Vater kam ein Brief (der eine geschlagene Woche unterwegs war). Natürlich denkt er nicht daran, mir aus der Misere zu helfen. Seine Papiere seien kolossal gefallen.

[…] Aber er stellt mir gütigst anheim, zu ihm zu kommen, wo ich wohnen und leben kann (und Vorwürfe hören). Ich habe ihm geantwortet, daß, wenn ich das Reisegeld nach Lübeck hätte, ich schon nicht mehr dorthin zu reisen brauchte. Er möge mir die Beglaubigung über mein Gehilfenexamen von der Medizinalbehörde besorgen und herschicken.

[…] Eben bin ich mit zwei Büchern herausgekommen, die nun natürlich kein Mensch kauft. Bei den ‚Freivermählten‘ ist das ja zu verschmerzen, aber meine Gedichte, die Cassirer gerade in wirklich anständiger Aufmachung hat erscheinen lassen! [Wüste – Krater – Wolken“, 1914.] Meine gesammelten Gedichte! Der Niederschlag meines besten Lebenswerkes, von dem ich soviel erhofft hatte! Wenigstens die äußere Anerkennung! Wenigstens die Bestätigung, daß ich in die vordere Reihe der gegenwärtigen Dichter gehöre! Und nun kommt, ehe sich noch ein Mensch um das Buch gekümmert hat, dieser schauerliche Krieg, und niemand wird das Buch lesen, niemand es erwähnen, niemand es empfehlen, niemand deswegen von mir reden! Gott meint es wohl redlich schlecht mit mir. […]

München, Sonnabend, d. 15. August 1914 | Der ‚Simpl‘ [Zeitschrift ‚Simplicissimus‘] treibt's aber auch arg. Am Titelkopf das Eiserne Kreuz mit dem W. desselben Wilhelms, den das Blatt in allen Jahren seines Bestehens verhöhnt hat. Und immer der haltloseste Hurrapatriotismus, in dem sich Ludwig Thoma, der große Spötter, am lautesten jetzt hervortut. Diese Stimmung macht sich in allen Blättern breit, eine bramabarsierende Deutschtümelei, die protzig mit der deutschen Schlichtheit renommiert. Blätter vom Schlage der ‚Münchner Zeitung‘ wären ohne weiteres fähig, derartige Furchtbarkeiten, wie sie in Belgien gegen Deutsche verübt wurden, gutzuheißen, wenn sie, von den Behörden ungehindert, hier gegen Fremde versucht würden. Auf die Idee, daß in Belgien ein Massenwahnsinn ausgebrochen ist, kommt hier niemand. – Denn es will keiner glauben, daß die Leute, die dort so entsetzlich bestialisch gehaust haben, sicher gewöhnlich gute Menschen sind, denen gar nichts ferner liegt, als Wöchnerinnen zu töten und Säuglinge aus den Fenstern zu schleudern. Das sind die berühmten veredelnden Wirkungen des Krieges!

Mein Geld ist ganz am Ende. Gestern half mir Lotte Pritzel noch mal mit zwei Mark auf die Beine. Was weiter wird, übersehe ich noch nicht. Aber ich habe wenigstens mein Mittagessen in der Pension. Bei vielen Künstlern und Schriftstellern ist ein Elend eingekehrt, das aller Beschreibung spottet und, da keine Hand sich helfend öffnet, die Not der Arbeitslosen in Friedenszeit weit in den Schatten stellt. […] Halbe erzählte eine bezeichnende Geschichte. Er wurde auf die Redaktion der ‚Neuesten Nachrichten‘ gebeten. Dort empfing ihn der Chefredakteur Mohr: Dr. Hirth wolle ihn sprechen, um von ihm Beiträge zu erbitten. Mohr bereitete Halbe vor: „Schmalz brauchen wir jetzt, Herr Doktor, viel Schmalz!“ Als Halbe zu Hirth kam, stellte sich heraus, daß er gar nicht gemeint war und daß man von Heigel das „Schmalz“ erwartete, das als öffentliche Meinung nun in der Tat mehr als reichlich verschmiert wird. Von Jenny kein Lebenszeichen.

München, Dienstag, d. 18. August 1914 | […] Seltsam und unwirklich scheint einem manches, was man jetzt sieht, hört und erlebt. Gestern traf ich Lion Feuchtwanger, der in Tunis war, dort vor Ausbruch des Krieges verhaftet wurde, aus der Gefangenschaft auf ein italienisches Schiff entkam und unter vielen Strapazen und nach Verlust all seiner Manuskripte und seines Geldes hier eingetroffen ist. Einen Mitflüchtling holten die Franzosen von dem italienischen Schiff herunter und erschossen ihn vor Feuchtwangers Augen, der sich bei der Durchsuchung unter Seilen versteckt hatte. –
Heut früh erhielt ich eine Zustellung vom Polizeipräsidenten, wo-

nach alle Artikel über das Heer oder den Krieg vor Druck dem Kriegsministerium vorzulegen sind. Ich bin froh, daß ich den ‚Kain‘ sistiert habe. Wer weiß, was man mir sonst für Scherereien machen würde, und wie lange ich frei herumliefe. […]

München, Donnerstag, d. 20. August 1914 | […] Der Papst ist heut nacht gestorben. Er muß sich's gefallen lassen, daß die Presse dies Ereignis nebenher auf der dritten und vierten Seite behandelt. Rößler meinte neulich schon: „Nur jetzt nicht sterben! Man hätte gar keine Presse!" – Den schwarzen Politikern wird mit dem Tode Pius' X. ein Stein vom Herzen fallen. Er hat ihnen ihre schäbige Realpolitik nicht leicht gemacht, der fromme Dickschädel.
Am ekelhaftesten in dieser Zeit ist die Verlogenheit der Zeitungen. Das Niveau der deutschen Presse war ja bei Gott nie sehr hoch. Aber gegenwärtig halten die Schmalz-Schmöcke einen Tiefstand, der seinesgleichen sucht. Daß ein paar hysterische und unbefriedigte, wahrscheinlich bloß vom Krieg angewiderte Frauen gefangene Franzosen mit Wein und Schokolade bewirtet haben und gern zu ihnen in die Lazarette wollten, ist ihnen neuerdings Anlaß zu empörten Stilübungen. „Die Ehre der deutschen Frau" soll gewahrt werden, und dazu proklamieren die Soldschreiber jene „Schlichtheit", die man gemeinhin Geschmacklosigkeit nennt und die sich in Flanellröcken zu manifestieren pflegt. […]

München, Montag, d. 24. August 1914 | Zenzls Besuch verlief gestern etwas melancholisch. Von den fünf Brüdern, die sie im Felde hat, ist einer gefallen, ein Schäffler, der eine schwangere Frau und drei unversorgte Kinderchen hinterläßt. Zenzl muß nun die Witwe trösten. Morgen will sie nun aufs Land fahren und mir heut abend noch ihren Leib zum Abschied geben. Ich werde sie doch sehr vermissen, die schöne, zärtliche Frau mit der derben bayrischen Mundart, den praktischen Händen und Augen und dem herrlichen Haar und Wuchs.
[…] Von Schustermann [Presse-Dienst] kamen eine Anzahl ärgerlicher Zeitungsausschnitte, die sich mit meiner Erklärung an die ‚Kain‘-Leser beschäftigen. Sie drucken den verstümmelten Abdruck aus der ‚Augsburger Abendzeitung‘ nach, in dem der wichtigste Abschnitt, in dem ich ehrlich sage, ich würde, wolle ich meine Meinung

sagen, meine persönliche Sicherheit gefährden, ausgelassen ist, um durch den letzten Abschnitt mich als Patrioten hinstellen zu können, da ich den allerdings mißverständlichen Wunsch[3] ausspreche, daß es gelingen werde, die fremden Horden von unseren Brüdern und Frauen, von unsern Städten und Äckern fernzuhalten!" – Natürlich bin ich auch in diesem Zusammenhang überall der „Edelanarchist", der die Caféhäuser unsicher macht. Nur eine Lübecker Zeitung läßt diesen Relativsatz aus, weist auf meinen „aufsehenerregenden Kampf gegen die Münchner Zensur" hin und renommiert mit mir als geborenem Lübecker. Gönnen wir den Schafsköpfen das Vergnügen. – Aber der dumme Schlußsatz macht mir zu schaffen. Ich fügte ihn unter der Angst um Jenny und beeinflußt von den Warnungen Jacobis und Weisgerbers nachträglich ein. Es war eine große Eselei.

München, Donnerstag, d. 27. August 1914 | Sehr lohnende Unterhaltung mit Heinrich Mann, der den Krieg ungemein pessimistisch beurteilt. Seine Idee, man wende sich absichtlich nur gegen Westen und lasse die Russen getrost in Ostpreußen einbrechen, ist natürlich unsinnig. Richtig ist nur soviel, daß die feindliche Übermacht zu stark ist und daß man nun zuerst mit aller Wucht gegen die Seite marschiert, von der man die stärkere – nicht „sittliche", sondern Überlegenheitsgefahr fürchtet. Manns Ansicht, daß die deutsche Regierung dem russischen Zarismus nicht gern wehtäte, ist nur bedingt richtig, etwa so wie der Standpunkt Wedekinds, den er mir gegenüber verschiedene Male in den letzten Tagen vertrat, indem er in seiner bekannten Weise ethische Momente überall ganz leugnet und alles auf eine rein geschäftliche nüchterne Formel bringt. Beider Kritik ist aber immerhin noch viel schöner, anständiger und richti-

---

[3] [Der Schlußpassus, Anfang August 1914 noch eilig vor der Drucklegung hinzugefügt und in einer Neuauflage alsbald wieder fortgelassen, brachte Mühsam bei Franz Pfemfert (‚Die Aktion') den Vorwurf des Chauvinismus ein; er lautete: *„Vorerst ruhe im Lande aller Zwist. Das Grundsätzliche meiner Überzeugungen wird durch die gegenwärtigen Ereignisse nicht berührt. Aber ich weiß mich mit allen Deutschen einig in dem Wunsche, daß es gelingen werde, die fremden Horden von unseren Kindern und Frauen, von unseren Städten und Äckern fernzuhalten."* („Ich habe gleich, als die Fälschung erschien, Neudrucke ohne den Satz drucken und den Rest der ersten Auflage vernichten lassen. E. M.") →S. 17, 20, 171, 237, 283-284.]

ger als die der à-tout-prix-Patrioten à la Maaßen, Jodocus Schmitz [Oscar „Jodocus" Schmitz,1873-1931] etc. Ich bekam gestern im Stefanie einen richtigen Wutanfall, als diese Leute sich tief darüber empörten, daß England erklärte, den deutschen Patentschutz nicht mehr anzuerkennen. Das gilt als wichtig, während täglich in allen Heeren Tausende niedergeknallt werden, wo kein Land sich ums Völkerrecht schert, wo Kinder und Frauen mißhandelt, auf marschierende Soldaten aus dem Hinterhalt geschossen wird, wo aus Zeppelinen Bomben unter die Menschen platzen, wo Belgien und Ostpreußen zerstampft und zermanscht werden, wo Häfen und Städte, Wälle und Mauern mit grauenhaften zentnerschweren Granaten zerstört werden – da schimpft man über Englands „Krämergeist", weil es deutsche Kapitalswerte zu schädigen sucht! Ich sagte den empörten Leuten, entweder man erkenne den Krieg an, dann sollte man nicht einzelnes als „Gemeinheit" herausgreifen (wenn es nämlich der „Feind" tut), oder man verabscheue den Krieg insgesamt, dann kommt man dazu, alles, was zum Kriege taugt, als Gemeinheit zu bewerten, auch das, was die Deutschen machen, die in Algier ungeschützte Häfen beschossen haben, neutrales belgisches Gebiet beschritten und weil die Belgier, eingeschüchtert zugleich von England und Frankreich, sich zur Wehr setzten, dort ein entsetzliches Strafgericht hielten. Man beruft sich darauf, daß der in Frankreich und Belgien – übrigens auch im „deutschen" Elsaß-Lothringen ausgebrochene Franktireurkrieg grausame Gegenmaßregeln notwendig mache. Das ist ganz töricht. Ich werfe es den Deutschen zwar nicht besonders vor, daß sie Leute, die sie aus dem Hinterhalt umbringen, beseitigen. Aber von verbrecherischen Instinkten getriebene Mörder sind die Franktireurs nicht.[4] Sie sind geleitet von der naiven Wut der Bauern, denen fremde Horden das Eigentum zertrampelten und gleichzeitig von dem gleichen nationalen Furor, der auch die deutschen Soldaten begeistert und verrückt macht. Die bestialischen Scheußlichkeiten, die an Verwundeten verübt wurden, gehören in ein besonderes Kapitel. Das sind Wahnsinnserschei-

---

[4] [Vom Propaganda-Charakter der entsprechenden ‚Franktireurs'-Meldungen und von den deutschen Massakern in Belgien konnte Mühsam noch nichts wissen; vgl. zur Aufklärung John HORNE / Alan KRAMER: Deutsche Kriegsgreuel 1914. Die umstrittene Wahrheit. Hamburg: Hamburger Edition 2004.]

nungen, Symptome einer Verrohung, die ihre Ursache doch auch wieder im Kriege hat. […]

Mit Heinrich Mann und seinem Unglück von Eheweib war ich auch gestern wieder im Hofgarten zusammen, ehe sie nach Schliersee zurückfuhren. Er berichtete über ein Gespräch mit dem Rechtsanwalt Dr. Brantl, der die Kriege für notwendig hält, damit die Menschheit dezimiert werde. „Wenn man aber näher darauf eingeht", erzählte Mann, „meint er unter Menschheit die Münchner Rechtsanwälte." Die Theorie von der Übervölkerung der Erde, der die Kriege begegnen sollen, mag wohl bei vielen aus der Abneigung gegen die Konkurrenz entspringen. Ich glaube, ich habe im ‚Kain' schon einmal denen, die mit diesem Blödsinn hausieren gehen, geraten, sich doch selbst umzubringen, um ihrerseits an der Entvölkerung mitzuwirken, statt immer nur die andern Leute als überzählig anzusehen. Ferner berichtete Heinrich Mann von einem Besuch bei seinem Bruder Thomas. Er zitierte etwas spöttisch dessen Bewunderung für die allen gemeinsame Begeisterung: „Er genießt das, wie alles, ästhetisch", erklärte der Bruder, und mir wurde dabei der tiefste Gegensatz zwischen beiden lebendig. Thomas Mann kommt vom Ästhetischen aus zu seinen Stoffen und verarbeitet sie ästhetisch und mit dem bewußten Bestreben, der Wahrheit des Lebens möglichst nahezukommen. Daher wirken seine Romane und Novellen wie exakte Ausschnitte aus der Wirklichkeit, gesehen durch ein abgeklärtes, stilisierendes Temperament. Heinrich Mann kommt von starker Ergriffenheit aus zu seinem Thema, dem er in Aufbau und Ausdruck die raffinierteste Präzision sucht. Daher wirken seine Arbeiten auf das verwandte künstlerische, Thomas' auf das verfeinerte bürgerliche Temperament stärker, und daher gilt mir persönlich Heinrich so viel bedeutender und wertvoller als sein Bruder. […]

München, Montag, d. 31. August 1914 | […] Wenn man Maaßen hört, müßte überhaupt jetzt ganz England, Frankreich und Rußland deutsch werden (Belgien, selbstverständlich). Aber er ist ein so lieber Kerl und bringt seine blutrünstigen Fanfaren mit so kostbarem Humor und soviel Selbstironie vor, daß man ihn trotz allem gern haben muß. Gestern abend waren wir mit Jodocus Schmitz und Pfenninger im Domhof. Schmitz und Maaßen kämpften gegen mich an, weil ich den Krieg, von allen übrigen Scheußlichkeiten abgesehen, als das Ende aller seit 50 Jahren in Deutschland bestehenden Kultur ansah, Wedekind, behauptete ich, wird Walter Bloem [1868-1951; nationalistischer Schriftsteller] und ähnlichem Kaliber das Feld räumen müssen. Und was war die Antwort? Kritische Nörgeleien gegen Wedekind, also sofort die Bestätigung. Schmitz wurde mordsausfallend gegen mich, aber schließlich vertrugen wir uns. Auf dem Nachhausewege, während wir noch laut stritten, hielt mich ein Passant an, machte mir Komplimente wegen meiner Wahrhaftigkeit und warnte mich, jetzt meine Ansichten zu laut zu sagen. Nachher fühlte ich das Bedürfnis, noch mit Maaßen allein zu sein, und ich freute mich, wie der dann trotz seiner patriotischen Hochspannung auf mich einging. Ich erklärte ihm, wie er meine Depression begreifen müsse: Alle meine sozialen und sittlichen Ziele nehmen ihren Ausgang vom Weltfrieden. Was gegenwärtig geschieht, erschüttert die Grundlagen meiner Welt. Hier wird einmal wahr, was Köhler [Bernhard Köhler,1882-1939; ab 1919 Nationalsozialist] gestern nachmittag von Hegel zitierte: Wenn Theorie und Praxis nicht übereinstimmen – um so schlimmer für die Praxis. – Maaßen ging auf das alles ein, sprach sogar seine Überzeugung dahin aus, daß er an die einstige Verwirklichung meiner Ideen glaube und sah auch ein, daß er seine Begeisterung schwerlich von mir verlangen könne. So trennten wir uns wieder als gute Freunde. […]

München, Montag, d. 7. September 1914 | […] Gegenstand vieler Unterhaltungen waren in diesen Tagen auch die Sozialdemokraten der verschiedenen Länder. Selbst der brave, gütige, alte Professor v. Stieler [Eugen Ritter von Stieler, 1845-1929] wurde ganz grimmig gegen mich, als ich meinte, die deutschen Sozialdemokraten hätten sich mit ihrer Haltung das Grab gegraben. Freilich konnte ich ihm das nicht so plausibel machen, wie ich es sehe: daß sie nämlich in allen Jahren vorher schon die inkonsequenteste Politik getrieben haben, die sie fortgesetzt zwischen ihren Werbereden und ihren Taten in Konflikt brachte, daß sie den Militäretat stets verweigerten, dann aber die Milliarden-Vermögenssteuer für Militärzwecke bewilligten und endlich dem Kriegskredit zustimmten. Ich behaupte, der Krieg wäre, in seinem jetzigen Umfang wenigstens, vermieden worden, wenn etwa wie in Frankreich auch in Deutschland der Wille zum Frieden als unbedingtes Erfordernis der Volkswohlfahrt bei den

Arbeiterpolitikern bestanden hätte. Aber bei allen internationalen Sozialistenkongressen ist der Antrag der Franzosen, Engländer und Schweden an den Deutschen gescheitert, drohender Kriegsgefahr durch gleichzeitige Proklamierung des Generalstreiks in den beteiligten Ländern zu begegnen. Die Furcht vor solcher Entschlossenheit hätte in Paris, London und Berlin genügt, um die den Krieg einleitenden Handlungen – in diesem Falle das Ultimatum Österreichs an Serbien – zu verhindern. Die Antwort auf diese Behauptung lautet stets: „Lächerlich! Im Gegenteil, die deutschen Arbeiter hätten selbst den Krieg erzwungen. Man sieht ja, mit welcher Begeisterung sie dabei sind und von Anfang an mitgetan haben." Ja, seit der Krieg im Gange ist. Seitdem wird ihnen jeder Widerstand als Irrsinn hingestellt. Vorher war die Stimmung aber sehr anders. Noch in den letzten Julitagen fanden überall in Deutschland protestierende Massenversammlungen statt, die sehr energisch gegen den Krieg Stellung nahmen und in Berlin, Stuttgart etc. zu Straßendemonstrationen führten. Mit so gestimmten Arbeitern war ohne Schwierigkeit auch der Generalstreik zu machen, hätten die Führer gewollt. – Jetzt aber schreiben dieselben Leute, die damals alles Unheil vom Kriege weissagten, auch im Falle des Sieges, begeisterte Hymnen auf die „große Zeit". […]

München, Sonnabend, d. 12. September 1914 | Von Lemberg und Paris nichts Neues. Auf beiden Seiten toben immer noch fürchterliche Schlachten, und wenn man es wagt, am Ausgang eine Sekunde zu zweifeln, dann hat man den Namen eines Deutschen verwirkt. Eine Verrohung und Beschränktheit äußert sich überall ganz ungeniert, daß einen helles Entsetzen packt. Schon hat Karl Hans Strobl [1877-1946, österreichischer Heimatschriftsteller] die deutschen Kritiker ermahnt, keine ausländische Literatur mehr zu beachten, schon predigt das Rindvieh Dillmann, man solle französische Musik boykottieren, und Nonnenbruch fand das, als ich gestern darüber herzog, ganz in Ordnung: Wir müssen uns endlich auf uns selber konzentrieren. Mit anderen Worten: Nieder mit Manet, Renoir, van Gogh, Rodin, Ssomow [russischer Jugendstil-Künstler], kauft Nonnenbruchs geile Kitschnymphen! Wie sagt Meßthaler jeden Abend dreißigmal ? Der Krieg ist zum Kotzen !

München, Freitag, d. 18. September 1914 | [...] Eine amüsante Nachricht: Professor Quidde [Ludwig Quidde (1858-1941), Historiker & linksliberaler Politiker; Deutschen Friedensgesellschaft, Friedensnobelpreis 1927] aus München ist nach Holland gereist und will eine ständige Verbindung zwischen den „internationalen" Pazifisten schaffen. Er hat sich schon für eine Rotterdamer Zeitung interviewen lassen und ausgesprochen, daß die Herren Pazifisten durchaus noch nicht den Mut verloren haben und eine Einwirkung auf den schnellen und milden Friedensschluß nehmen wollen. Ich kenne doch den eingebildeten alten Laffen Quidde. Er will sein Röllchen spielen und den Nobelpreis kriegen. Aber Selbstvertrauen haben die Herren Friedlichen, Fried[5], Umfried[6] – und wie die Friedriche alle heißen. Angesichts des scheußlichsten aller Kriege der Weltgeschichte, der zum ersten Mal kein Kabinettkrieg, sondern ein ausgesprochener Diplomatenkrieg ist, meinen sie immer noch, durch betuliche Geschwätzigkeiten bei den Diplomaten alle Dinge ins Gleiche stellen zu können. Vor vielleicht anderthalb Jahren nannte ich mal in einer Versammlung die Diplomaten „professionelle Händelsucher". Quidde wies das damals zurück. Gelernt hat er also auch von der Erfahrung nichts. Deutschlands geistige Elite! Aber noch Gold gegen die Patrioten. [...]

München, Sonntag, d. 20. September 1914 | „Was bedeuten gewonnene Schlachten? Sieg und Niederlage sind Begriffe. Wie kann ein Volk siegen, das in der ganzen Welt gehaßt wird?" Das sind Worte, die mir gestern abend Heinrich Mann sagte. Wedekind saß am Tisch und Halbe, B. v. Jacobi und Frau, v. Maaßen, Schmitz, Steinrück, Herzog, Dr. Goldschmidt [Alfons Goldschmidt, 1879-1940; linker Nationalökonom] und Friedenthal [Joachim Friedenthal, geb. 1887]. Mann sagte seine sehr herben Dinge nur zu mir. Er hätte sich auch trotz des neutralen Raumes (die Kegelbahn unter der Torggelstube) wenig empfohlen, sie laut zu sagen. Denn Halbe ging schon hoch, als ich an Jacobi die harmlose Frage richtete, ob man im Felde ebenso talentiert Kriegspläne entwerfe, wie Maaßen es gerade tat. [...]

---

[5] [Alfred Hermann Fried, 1864-1921; Weggefährte Bertha von Stuttners und Begründer der Deutschen Friedensgesellschaft; Friedensnobelpreisträger 1911.]
[6] [Otto Umfrid, 1857-1920; evangelischer Theologe & Pazifist.]

München, Sonnabend , d. 26. September 1914 | [...] Ein ausführlicher Brief Jennys macht mir große Freude. Sie findet eine klare Stellung zu den Geschehnissen, auf die ich sorgsam werde zu antworten zu haben. Besonders ihr Zukunftsprogramm scheint mir sehr wichtig. Da sich die Gesellschaft im Gegensatz zu der ungeheuren Realität des Staats als völlig desorganisiert und bankrott erwiesen hat, will sie den Zusammenschluß aller derjenigen betreiben, „die sich zur ‚Gesellschaft‘ im Gegensatz zum Staate rechnen. Und zwar ein Zusammenschluß nicht zum Zwecke irgendeiner Kritik oder Mitarbeit am Staate, sondern zum Zweck realer Arbeiten." – Diese anarchistischen Gedanken werden sich wohl nur in der vom Sozialistischen Bund geförderten Weise verwirklichen lassen. Ich wollte, wir könnten uns endlich persönlich aussprechen. Aus unserer Ehe, unserem Bunde könnte sich eine Gemeinschaft ergeben, aus der für alle Gutes erwachsen sollte. – Der wirklich bedeutende Brief, der auch viel Angreifbares enthält, hat mich in einen merkwürdigen Zustand der Erregung versetzt, bei dem die Aufwühlung von Ideen ebenso beteiligt ist wie die heiß spürbare Liebe zu dem herrlichen Mädchen.

München, Dienstag, d. 29. September 1914 | [...] Als ich heimkam, fand ich einen sehr seltsamen Brief vor: von Karl v. Levetzow [1871-1945, Dramatiker], der mir neulich schon per Karte angekündigt hatte, daß er mich etwas anfragen wolle. Er schreibt aus Nervi in Italien, und seine Frage geht dahin, ob ich ihm Schweizer Verleger oder anarchistische Zeitungen nennen kann, wo er seine Broschüre bzw. Artikel seiner Färbung veröffentlichen kann. Er kommt dann auf den Krieg zu sprechen, teilt mir mit, daß er sich dem Kriegs- und Marineminister Frankreichs zur Verfügung gestellt habe, ohne noch Bescheid zu haben und schreibt dann: „Da Ihre deutschen Zeitungen nicht die Wahrheit sagen dürfen und sie auch nicht erfahren, so will ich Ihnen sagen, daß die Sache Deutschlands und Österreichs ganz miserabel steht und miserabel bleiben wird, selbst wenn partielle Erfolge kommen sollten. Der Krieg endet *nur* mit der vollständigen Niederwerfung des preußischen Zarismus und Militarismus und mit der Zersplitterung der habsburgischen Monarchie." „Wenn das deutsche Proletariat schon jetzt Kaiser und Könige hinauswürfe und die deutschen Nationen als föderative Republiken dastünden, würde der Friede rascher zu erzielen sein ..." „Das Schlagwort, mit dem Preußen auch die Sozialisten und Anarchisten ködert, nämlich ‚Russischer Zarismus‘, ist ein Wauwau für Kinder! Die russische Gefahr hat nie bestanden – aber die preußische Raubrittergefahr lebt heute noch, und die muß jetzt niedergeworfen werden. Denn *jetzt* ist der gute Moment." – Ich will den Brief sorgfältig beantworten und hoffe, Levetzow zu anderer Meinung zu bringen. Daß er sich der Republik freiwillig gestellt hat, ärgert mich. Diese Bourgeois-Republik ist nicht das Ideal. Zeit zum Niederwerfen des preußischen Zarismus wird es sein, wenn einmal aus der eigenen Fäulnis der revolutionäre Wille des Volks erwacht ist, nicht, wenn es streberischen Diplomaten des Auslands einfällt, über die deutschen Diplomatentrottel zu triumphieren. Momentan brennt's bei uns im Haus. Da heißt's löschen, auch wenn uns die Fassade mißfällt. – Gegen den Krieg – nicht für eine Partei! Interessant ist's, wie stark Levetzow überzeugt ist, die absolute Wahrheit zu wissen, daß es für Deutschland schlecht steht. Um die Tatsache, daß die Kriegsschauplätze in Frankreich, Belgien und Rußland liegen, kommt er doch nicht herum. Daß wir hier nicht jede Wahrheit erfahren, ist ja klar, und daß Rußland in Ungarn Erfolg hat, erst recht. Aber wer die Ruhe des deutschen Volkes, die wirtschaftliche Vorsicht, die Großartigkeit der Mobilisierung, die ungeheure Organisation des ganzen Betriebes auch in der Ausnahmezeit mit klaren Augen sieht, kann nicht an die Niederlegung dieses Gebäudes durch äußeren Zwang glauben. – Sehr originell ist, daß der Levetzowsche Brief die Überwachungsstelle passiert hat, dort geöffnet ist und mit dem Vermerk „Militärischerseits freigegeben" an mich weiterbefördert wurde. Sehr sorgfältig scheint Herr Oberstleutnant Sixt meine Korrespondenz nicht mehr zu lesen. Er hätte doch wohl Bedenken gehabt, ihn sonst zu expedieren. […]

München, Donnerstag, d. 1. Oktober 1914 | Der Levetzowsche Brief beschäftigt mich nachhaltig. Die Annahme, daß er ungelesen von der Überwachungsstelle an mich weitergeleitet sei, ist nicht zu halten. Der Überwachungsoffizier hat – zum ersten Mal – auf den Verschlußzettel seinen vollen Namen gesetzt, und zwar ist es der Chef selbst, derselbe Oberstleutnant Sixt, mit dem ich vor einigen Wochen Jennys wegen korrespondierte. Offenbar haben also untergeordnete Stellen zweifelnd beim Chef angefragt, und der hat die Beförderung verfügt. Das ist ein Maß von Toleranz bei der Militärbehörde, das mich in Erstaunen setzt. Entweder hält man nur Mitteilungen strategischer Natur zurück, oder man wollte im besonderen Falle zeigen, daß man derlei Ergüsse nicht wichtig nimmt. Vielleicht soll es eine Versuchung sein, da mein Antwortbrief an Levetzow ja auch über die Überwachungsstelle zur Weiterbeförderung geht, so daß die, die seine Meinung erfahren haben, auch meine kennenlernen. Auf diesem Umweg kann aber ich vielleicht Menschen, die auf ganz fremdem Boden stehen, etwas von meiner Gesinnung mitteilen, die ihnen sonst ewig eine verbrecherische Verrücktheit schiene. […]

München, Sonnabend, d. 3. Oktober 1914 | Meine Antwort an Levetzow ist gestern abgegangen, sehr ausführlich und bestimmt. Da ich einen Zeugen für den Brief und vor allem einen Ratgeber dafür haben wollte, ob ich ihn, ohne an Levetzow ein Unrecht zu begehen, da die Zensur ihn doch liest, abschicken sollte, bat ich telefonisch Jacobi um ein Rendezvous und verabredete es um sechs Uhr im Café Orlando di Lasso. Dort traf ich Wedekind, natürlich mit Friedenthal. Gespräche über den Krieg. Wir kamen auf den Unterschied der Lebenseinschätzung zwischen Deutschen und Engländern, wozu die Zerstörung der drei englischen Panzerkreuzer durch das eine deutsche Unterseeboot U9 Anlaß gab. Wedekind fand die Todbereitschaft der Deutschen wertvoller als die von den Engländern beobachtete Sparsamkeit mit Menschenleben. Dabei sagte er folgendes, was ich hier festhalten will, weil es für seine Ausdrucksweise besonders charakteristisch ist: „Gott ist stärker als das Einmaleins – solange er nicht damit in Widerspruch gerät." […]

München, Mittwoch, d. 7. Oktober 1914 | Mein Gedichtbuch hat eine Kritik gekriegt, seit Ausbruch des Krieges die erste, im Ganzen die dritte. Zuerst schrieb Erich Baron in der sozialdemokratischen ‚Brandenburger Zeitung' darüber, dann brachte die ‚Königsberger Zeitung' ein paar Zeilen, und jetzt also der ‚Berner Bund', in dem ein Herr Walter Reitz das Buch ablehnt. Wem diese Gedichte gefallen, der „muß wohl, wie der Dichter, innerlich völlig zerrissen sein, voller Hohn und Gift auf diese Welt und voller brutaler Lüsternheit". Daß ich aber für Herrn Walter Reitz ein „keineswegs talentloser

Dichter" bin, ist doch hübsch von ihm. Über eines habe ich mich in allen drei Besprechungen geärgert: daß noch keiner meiner Kritiker den sozialen Gehalt des Buches herausgemerkt hat. – Was wird überhaupt aus dem Werk werden? Ich möchte weinen, wenn ich's bedenke!

Die Mädchen kosten mich viel von meinem wenigen Geld. 150 Mark kriege ich monatlich nur, 30 gab mir Fred [Walter Fred, 1879-1922; Kassenwart des Schutzverbands Deutscher Schriftsteller] und das ‚Berliner Tageblatt' läßt sich bis jetzt trotz meiner Bitte, den Frank-Artikel beschleunigt zu bezahlen, nichts merken. Da ich der Wirtin 100 Mark von der Rechnung schuldig blieb, habe ich immerhin noch einige dreißig, und ich lebe kolossal sparsam. Aber Zenzl bekam 1,50 Mark, Käte Stefanie eine Mark, Ruth zwei Mark, Asta eine Mark – und so geht's unausgesetzt weiter, in zwei Tagen über fünf Mark! Jetzt erwarte ich Friedl W. – die sich schon verspätet. Will sie mich mit meiner „brutalen Lüsternheit" versetzen? […]

München, Dienstag, d. 13. Oktober 1914 | Friedensgreuel: Quidde ist Gegenstand öffentlicher Beschimpfungen geworden, weil er sich in den Haag begeben hat und dort mit ähnlich Gesinnten des Auslands vom Frieden redet. Außerdem hat er gebeten, den deutschfreundlichen ehemaligen englischen Minister Haldane [Richard Haldane, 1856-1928; britischer Kriegsminister 1905-1912] nicht allzu eifrig anzugreifen. Nun ist er ein taktloser Verräter. Denn wir wollen nichts von Frieden hören, und wir wollen uns unseres Hasses freuen und wünschen nicht, in der Seligkeit unserer patriotischen Besoffenheit ernüchtert zu werden. Der Rechtsanwalt Goldschmidt II, unser neuer Kassenwart beim Neuen Verein, mit dem ich jüngst ein ganz interessantes Gespräch über Anarchismus hatte, stößt gegen Quidde ins Horn: die liberalen Parteien sollen ihn rausschmeißen, denn er schände den deutschen Namen, kurzum: Zeter und Mordio! – Man muß sich wirklich fragen, wer dümmer und alberner ist, diese kriegerischen Großmäuler, die mit Existenzmitteln für alle Fährlichkeiten wohlversorgt zu Hause sitzen und das heroische Bluthandwerk der ins Feld Gezogenen, die unter namenlosen Strapazen, fürchterlichen Herzenstorturen und schrecklichen Eindrücken, den Geruch sterbender und verwesender Mitmenschen in der Nase morden und gemordet werden, als eigene Heldenhaftigkeiten preisen – oder der harmlose Esel Quidde, der, Sklave eines ad absurdum geführten Systems der internationalen Diplomatenverständigung, jetzt vom Haager Friedenspalast herab in das brennende Europa spuckt und meint, dann werde das Feuer ausgehen.

Emmy erzählte, daß Hardekopf in einer dem Selbstmord nahen Verzweiflung über den Krieg sei. Ferner rede man davon, daß Leybold [1892-1914, Lyriker] nicht an einer Blutvergiftung infolge der Entzündung einer im Franktireurkrieg [*Propaganda-Begriff u. a. für den belgischen Widerstand*] empfangenen Wunde gestorben sei, sondern aus Schande, noch einmal hinauszusollen, selbst ein Ende gemacht habe. Er hätte Gräßliches berichtet, so, daß er mit eigenen Augen gesehen habe, wie ein deutscher Soldat ein vierzehnjähriges Mädchen aufs Bajonett gespießt habe. Ich halte solche sadistischen Exzesse im Kriege für sehr möglich. Engel sind auch die Deutschen nicht, und die verrohenden Wirkungen des Krieges treiben gewiß aus jedem Menschen die bösesten Triebe ans Licht.

Mein sexuelles Leben ist inmitten eines langdauernden Waffenstillstandes. Asta und Hedwig erscheinen nicht mehr. Zenzl, die heut früh wieder sehr verliebt war, ist nicht intakt, und Emmy will erst morgen kommen, um mir mit ihren liebenswerten Künsten Grüß Gott zu wünschen. – Meine Sehnsucht ist Jenny wieder mehr als je.

München, Mittwoch, d. 14. Oktober 1914 | Ich las in diesen Tagen das neueste Heft der ‚Friedenswarte‘, worin A. H. Fried seinem bedrängten Herzen über den Krieg in einem für Fortsetzungen angelegten Kriegstagebuch Luft macht. Seine aus Selbstgefälligkeit und Weinerlichkeit zusammengesetzte, eines persönlichen Stils und erfinderischen Ausdrucks ganz bare Schreibweise gefällt mir nicht, noch weniger sein pazifistischer Wahn, zwischenstaatliche Vermittlungen seien imstande, Kriege zu verhindern. Ich schrieb im letzten ‚Kain‘-Heft in meinem Nachruf auf die [Bertha von] Suttner „… daß Staaten feindliche Abgrenzungen der Länder gegeneinander bedeuten.“ Da mögen freundschaftliche Bemühungen manchmal fruchten können, um einen Krieg aufzuschieben, meinetwegen selbst in einem Konflikt eine friedliche Lösung zu finden, niemals aber um Kriege dauernd abzuschaffen. Das kann nur Aufgabe derer sein, die als Soldaten selbst Kriege führen sollen, und es kann erst erreicht werden, wenn die kapitalistischen Staaten durch sozialistische Fö-

derativgemeinschaften ersetzt sind. Trotzdem finde ich in Frieds
Aufzeichnungen manchen gesunden Gedanken und im Ganzen einen guten Idealismus. Mir ist jetzt der Gedanke aufgestiegen, sämtliche auf den Frieden gerichteten Bestrebungen zu einer dauernden
Beziehung zueinander zu bringen, also zwischen Pazifisten, Antimilitaristen, Christreligiösen etc., kurz zwischen allen, die den Krieg
aus ethischen Gründen verwerfen, eine ständige Vermittlungsstelle
zu schaffen, um im Friedschen Jargon zu reden: eine zwischenstaatliche Organisation im eigenen Lande. Wann und wie ich diesen Gedanken in Tat umsetze, weiß ich noch nicht. Jedenfalls werde ich so
verfahren, daß das Ganze meiner Initiative vorbehalten bleibt. Sonst
greifen die andern die Idee auf, schmeißen aber zu allem Anfang die
revolutionären Antimilitaristen heraus. Angenehm wird es ja nicht
sein, eventuell mit Leuten wie Quidde und mit schmalzigen Pfaffen
oder gar Staatsministern in einer Kommission arbeiten zu müssen –
aber wenn sich diese Leute darauf einlassen sollten, so werde ich
gerecht zu bedenken haben, daß sie ja ebenso große Hemmungen zu
überwinden haben werden wie ich und meine Gesinnungsgenossen.
Vermutlich werde ich zuallererst die Sache mit Jenny überlegen.
Vielleicht kann sie mit Haase reden, um die zugänglichen Sozialdemokraten zu gewinnen, ich setze mich darauf mit Fried auseinander, der dann alles übrige zu organisieren hätte. Es wäre ein großes
Ding, bei dem – wenigstens für mich – persönlich gewiß kein Ruhm
oder Geld zu holen ist, das aber, geschickt und anständig angefaßt,
vielleicht nach Abschluß des Friedens gegen die zurückbleibende
Haß- und Kriegsstimmung ein starkes Gegengewicht bilden und
möglicherweise auch mal zur Ausgestaltung einer unüberwindli-
chen Friedensföderation führen kann, die im Ausland Nachahmung
erfährt. Denn es ist meine Ansicht, daß, ehe sich die Schwätzer der
verschiedenen Länder zu internationalem Gequassel über Dinge zusammensetzen, auf die sie doch keinen Einfluß haben, erst mal innerhalb der eigenen Grenzen gegen die verrückte und viehische
Rüstungs- und Kriegsbesessenheit losgegangen werden muß.
Von Galizien liegen günstige Nachrichten vor, vom Westen fehlen
Mitteilungen, die eine deutliche Übersicht ermöglichen. Die Kolos-
salschlacht an der Aisne, die gestern vor einem Monat begann, rast
weiter, mordet immer neue Tausende, entfesselt immer mehr
Ströme von Blut und Tränen und läßt noch immer keine Entschei-

dung voraussehen. – Die belgische Regierung ist nach Bordeaux übergesiedelt. Auch dies arme besiegte Land scheint von seinen Gänglern noch immer tiefer ins Unglück hinunter geleitet werden zu sollen. Wo ist die Zeit der Pariser Kommune? Wo wird sich endlich die Faust der Empörung heben?

München, Sonntag, d. 18. Oktober 1914 | Wir wenigen, die wir nicht von dem allgemeinen Taumel schwindlig geworden sind, denen die „große Sache" immer noch ein Gegenstand sehr skeptischer Anzweiflung ist und die bei jedem Bericht über Schlachten, Siege und See-Erfolge daran denken, daß tausend Tote tausend Einzelschicksale bedeuten, haben jetzt einen schweren Stand. Man ist wahrhaft froh, wenn man irgendwo unter Larven eine fühlende Brust spürt, und so stellen sich wohl hier und da Verständigungen her, wo sonst niemals eine Gemeinschaft möglich schien. Vorhin traf ich Richard Elchinger [geb. 1879, Theaterkritiker] auf der Straße, der – offenbar glücklich, einmal etwas von seinen Empfindungen äußern zu dürfen, gleich anfing, ironisch die Taten der Deutschen zu preisen, die irgendwo ein Schiff mit 700 Mann elegant in die Tiefe befördern. Ich erinnerte ihn an die Scheußlichkeit von Tannenberg [*Schlacht, 23. bis 31. August 1914*]. Da hatte Hindenburg reguläre Straßen angelegt, die schnurstracks in die masurischen Sümpfe führen, und es gelang ihm wirklich, vierzig- bis fünfzigtausend Russen da entlang zu jagen, die schauderhaft in den Seen und Sümpfen umkamen. Man erzählt, daß viele deutsche Soldaten bei den entsetzlichen Schreien der Ertrinkenden wahnsinnig geworden seien. Aber welcher Jubel erhob sich in den deutschen Zeitungen, wie wurden die armen Kerle, die doch genau wie jeder Deutsche an ihrem Leben hängen, die alle irgendwo in der Welt eine Aufgabe kannten, denen allen irgendwo in der Heimat eine Mutter, eine Frau, Braut, Schwester oder ein Freund und Bruder Tränen und Gebete mitgaben in den Krieg – wie wurden sie noch im Tod verspottet – weil sie Russen waren! Irgendwer meinte, in den Gegenden würden in diesem Jahre die Krebse gut geraten, und Maaßen fügte dem hinzu, man sollte nur auch gleich eine Aalzucht dort anlegen. Man rühmt, wie Hindenburg dort jahrelang Vorstudien machte! Man hätte ihm eine Kaserne zur Verfügung gestellt, und so kannte er jeden Steg, jede Vertiefung, wußte, wo die meisten Menschen sterben müßten, und wird drum – und noch dazu mit Recht – gepriesen und bewundert. Denn er ist der „Retter der Länder" geworden, er hat Ostpreußen „befreit", er hat ein strategisches Meisterstück vollbracht. – Oha, der Krieg ist etwas Herrliches und Beglückendes! Die „große Sache!" – In Kutschers Karte ist davon die Rede, in Lene Körtings Brief, in jedem Gespräch und in allen Zeitungen ein dutzendmal. Was ist denn das bloß für eine große Sache? Das herrliche geeinte deutsche Vaterland! Wenn schon. Es geht um unsere Existenz, hört man überall mit Emphase behaupten. Ist ja Unsinn! Ich glaube schwerlich, daß es den siegenden Gegnern beikommen würde, mit Deutschland zu verfahren, wie man seinerzeit mit Polen verfahren ist. Mindestens aber wird Frankreich schwerlich in Deutschland eine Politik betreiben, wie Preußen sie in Polen betrieben hat. Wir kritischen Leute sind jetzt wahrlich übel dran: Den deutschen Sieg, wie er überall verkündet wird, als Niederzwingung aller anderen Länder zum Zweck der unbestrittenen deutschen Hegemonie in Europa können wir unmöglich wünschen, weil er eine entsetzliche geistige Reaktion mit sich bringen wird, eine tiefe Verwahrlosung der Kultur, die zum Anhängsel patriotischer Selbstgefälligkeit gemacht würde. Davon gibt es schon heute trübe Vorzeichen. – Andererseits wäre eine Niederlage Deutschlands mit der Furchtbarkeit feindlicher Invasionen in das eigene Land verbunden, und das können wir auch nicht wünschen. Dagegen, daß hier Franzosen und Kosaken einrückten und hier hausten wie die Franzosen seinerzeit in der Pfalz gehaust haben, bäumt sich alles Landmann-Empfinden auf, das mir kein Mensch glaubt, weil es so gegensätzlich ist dem patriotischen Empfinden der anderen. Heimatgefühl ist angeborene Eigenschaft, die sich auf Tradition, Sprache, Landschaft, Gebräuche gründet. Patriotismus ist Anerkennung nationaler Einrichtungen, mit diesen Einrichtungen wandelbar, aber tief unduldsam gegen jede Bestrebung, die das Grundsätzliche der geltenden Einrichtungen bekämpft. Aber Landmannschaft ist überall gleich wertvoll. […]

München, Mittwoch, d. 21. Oktober 1914 | […] Uns kann keener! Diese Stimmung geht durch alle Kreise. Gestern sprach ich mit Heinrich Mann darüber, der von dieser Überhebung und von der unernsten Auffassung des Krieges überhaupt ebenso engeekelt ist wie ich. Er sieht aber die kulturellen Folgen des Abenteuers noch

düsterer an als ich. Mit gleichem Widerwillen beurteilen wir beide den offenen Brief, den Richard Dehmel vor seinem Einrücken in die Front an seine Kinder gerichtet hat. Ihm war es darin vorbehalten, den allgemeinen schwachsinnigen Haß gegen die Engländer auch noch auf deren größte Geister zu beziehen: Shakespeare und Byron seien Zyniker gewesen. Dann nimmt er sich jedes Feindesland einzeln vor und vermöbelt es in je fünf Zeilen so, daß kein kleinster Wert mehr übrig bleibt. Nur wir Deutsche! Nein, was sind wir für ein herrliches und unvergleichliches Volk! Es kotzt einen nachgerade an, das jeden Tag ein dutzendmal zu lesen. [...]
Ich beobachte mit wachsendem Entsetzen, wie durch die absonderlichen Ereignisse die intelligentesten Gehirne verblöden.[7] Nach dem Krieg wird alle Kultur Europas im Sumpfe sein, wo er am tiefsten ist.

München, Freitag, d. 23. Oktober 1914 | [...] In der Torggelstube war ich abends mit Halbe und Paul Wiegler [1878-1949, Schriftsteller] zusammen, den ich vor Jahren bei Harden kennenlernte und der jetzt Redakteur der ‚B. Z. am Mittag‘ ist. Ein sehr gescheiter Mensch. Man fand, daß ich mit meiner den Krieg ablehnenden Haltung wohl ganz allein stehe. Könnten die Leutchen einmal hören, wie ich mit Morax und Heinrich Mann über die Dinge rede und wie sämtliche Mädchen die Dinge beurteilen! Halbe meinte, ich könnte froh sein, bei ihm und den übrigen Freunden immer noch einen Kreis zu haben, wo ich von der Leber weg sprechen könnte. Daß ich mich stets sehr zurückgehalten habe, wollte er mir nicht glauben. Und würde ich ihm sagen, daß er bei leise zweifelnden Andeutungen stets wie ein Berserker hochgeht – worin Schmitz freilich noch rabiater ist – würde er mich für närrisch halten. Jedes Gespräch über den Krieg – und andere Gespräche führt man nicht – ist ein Eiertanz. Ich freue mich auf Hardy. Mit dem wird sich wohl reden lassen. [...]

München, Mittwoch, d. 28. Oktober 1914 | [...] Über Bahrs Vortrag war ich ziemlich ärgerlich. Er sieht den Segen des Krieges wieder in der Einigkeit Deutschlands, rühmt den „disziplinierten Enthusias-

---

[7] *Etwas aus den Fugen sind wir alle schon, – ich entsetze mich oft über mich selber.* (E. M.)

mus" der Deutschen, zitiert viel Goethe und Bismarck über das Er-
bübel der Deutschen, ihre Parteizersplitterung, und hofft endlich,
daß ein jeder nach dem Kriege sagen könne: Ich kenne keine Parteien mehr! Als ich ihn später in den Vier Jahreszeiten fragte, auf
welche Einheit der Überzeugung er denn die Deutschen verpflichten wolle, erklärte er lachend: Ja, da wird wohl jeder seine eigene
durchsetzen wollen, woraus, wie er mir zugab, dann wieder der Par-
teizank erwachsen muß. – Wir hatten dann noch in größerem Kreise
eine sehr gute Unterhaltung mit Bahr über Zionismus, Judentum,
Rassenressentiments und Nationalismus, an der sich Wedekind in
sehr kluger, Friedenthal in aufdringlich-geschmackloser Weise beteiligten. – Während Bahr einmal nicht am Tisch war, kam ich mit
Wedekind noch einmal auf den „disziplinierten Enthusiasmus" der
Deutschen zu sprechen. Wedekind warf dazwischen: „Ja, Chaos im
Parademarsch." […]

München, Mittwoch, d. 11. November 1914 | […] Gestern nachmit-
tag war ich zum Kaffee bei Heinrich Mann. Das war wieder mal ein
wahres Labsal. Endlich mal ein Mensch, der den Krieg ohne Befangenheit beurteilt und also tödlich haßt. Lange Gespräche über Jacobi, der durch seine Tollkühnheit beim Angriff auf einen feindlichen Schützengraben trotz der Warnung seiner Vorgesetzten den
tödlichen Schuß geradezu provoziert haben soll. Mann meinte, es
sei bei diesem keuschen Menschen wohl plötzlich erwachte Aben-
teuersucht gewesen, ich dagegen, daß sein temperamentvolles
Pflichtgefühl eben auch da restlose Erfüllung suchte, wo es in eine
ihm eigentlich wesensfremde Sache gespannt war. – Wir amüsierten
uns dann über die Presse und stellten fest, daß in Frankreich und
Deutschland vom Feind immer wortwörtlich das gleiche zusam-
mengelogen wird, was im Einzelfalle natürlich hier wie dort einmal
wahr sein kann. Über die Schlacht am Yser-Ypres-Kanal meinte
Mann: „Was muß das für ein unheimlich langer Kanal sein, wo die
Deutschen wochen- und monatelang täglich Fortschritte machen
können!" – Dann zeigte er mir das neueste ‚Forum', wo Herzog nun
völlig umfällt und in einem Artikel: ‚Die Losung heißt – durch!' ganz
und gar in das geschwätzige deutschpatriotische Gesabbere verfällt
wie die gesamte Presse. Mann hat ihm einen entschieden ablehnen-

den Brief geschrieben, und wir waren einig in der angewiderten Verurteilung des charakterlosen Lümmels. […]

München, Freitag, d. 20. November 1914 | […] Papa schickt mir ein Paket, enthaltend meine Barmitzwah-Wertsachen, nämlich goldene Manschettenknöpfe, (Kaiser-Friedrich-Zehnmarkstück mit angelötetem Blechverschluß), die ich von Onkel Herrmann und Tante Jeannette hatte, eine goldene Kitschschlipsnadel, mit sehr kleinen Edelsteinchen garniert (von Onkel Henry) und zwei alte österreichische Silbermünzen, etwa zehn Kronen im ursprünglichen Wert, von Onkel Weiß. – Ferner von Papa selbst eine Kiste Zigarren und eine Wurst, von den Geschwistern ein Kistchen Zigarillos, ein Paar wollene Handschuhe, eine Tüte Pfefferkuchen, eine Tafel Schokolade und eine Zigarrenschere. Ferner noch fünf Mark, die der Alte noch aus meinem Besitz aufbewahrte. Aus den Wertsachen hoffe ich immerhin dreißig, vierzig Mark herauszuschlagen, so daß dieser Monat wohl wieder als glücklich entkümmert anzusehen sein wird, zumal, was ich wohl einzutragen vergaß, inzwischen 50 Mark vom ‚Berliner Tageblatt‘ eintrafen, die noch fast intakt sind. Die Wurst und einen Teil der Pfefferkuchen erhielt Zenzl. Die übrigen Fressalien will ich zwischen Lotte und Roja aufteilen. […]

München, Sonnabend, d. 21. November 1914 | Weiber! Ich bin immer der, der die Frauen gegen die anmaßliche Einschätzung der Männer in Schutz nimmt. Ich bestreite ihren „physiologischen Schwachsinn“, ihre Unfähigkeit zur Logik, kurzum alles, was unter der Bezeichnung „Minderwertigkeit“ den Männern als Anlaß herhalten muß, um den Herren über sie zu spielen. Eine einzige Eigenschaft aber scheint wirklich Allgemeingut sämtlicher Frauen zu sein, die sie – und zwar moralisch – unter den Mann stellt. Das ist die Unpünktlichkeit. […] Unpünktlichkeit ist eine moralische Untugend. […]

München, Freitag, d. 27. November 1914 | Ich bin erfüllt von einem Aufsatz von Romain Rolland [1866-1944; französischer Schriftsteller & Pazifist] im Heft 1 des VIII. Jahrgangs der Züricher Zeitschrift ‚Wissen und Leben‘ vom 15. Oktober ‚Über dem Ringen‘, den mir Herr Kies lieh. Rolland hat seinerzeit in einem offenen Briefwechsel mit Gerhart Hauptmann in das gleiche Horn gestoßen wie alle anderen: Richepin [Jean Richepin, 1849-1926; französischer Schriftsteller], Verhaeren [Emile Verhaeren, 1855-1916; belgischer Dichter], Maeterlink [Maurice Maeterlinck, 1862-1949; belgischer Schriftsteller] etc., die Deutschen Barbaren und Hunnen genannt und wohl redlicher und ruhiger als die anderen, doch aber voreingenommen und befangen einseitig Partei genommen. Jetzt dementiert er sich selbst, wirft sich öffentlich vor, so schwach gewesen zu sein wie alle andern. Der Artikel enthält wunderschöne Stellen, die jeder Geistige in jedem Land unterzeichnen kann. Über die Haltung der Christen und der Sozialisten, über die Verhetzung der Völker, über den wahren Feind der Kulturen, den jede Nation in sich selbst hat, über all das, was unsereiner – ein Prediger in der Wüste – unter den wenigen vertritt, die wenigstens noch manchmal, angeärgert zwar, zuhören können, und über den Frieden, der auch Versöhnung heißen soll. – Die erste derartige Stimme ist die eines Franzosen. Auch er muß sich eines Schweizer Blattes bedienen, um seinen Schmerz ausströmen zu können (der Artikel erschien zuerst im ‚Journal de Genève‘). Auch er muß am Schluß bekennen: „Übrigens rede ich ja nicht, um sie zu überzeugen. Ich rede, um mein Gewissen zu entlasten … Und ich weiß, damit entlade ich das von tausend anderen in allen Landen, welche nicht reden können oder nicht zu reden wagen." Ich habe mir vorgenommen, das Wagnis zu reden auch auf mich zu nehmen. Ich will noch heute an ‚Wissen und Leben‘ schreiben und anfragen, ob man von mir einen ähnlichen Artikel will, den ich vielleicht ‚Im Geiste Tolstois‘ nennen werde. Darin will ich namens deutscher Mitbefangener die Hand ergreifen, die aus Frankreich herlangt, und der Geist des großen Russen soll es sein, der die verbindende Geste erleichtern mag. Und aufrufen will ich zur Versöhnung und zur Gemeinschaft und Stimmung machen gegen diesen und jeden Krieg und einleiten die große Bewegung gegen den Krieg, an der sich alle Nationen beteiligen sollen in den Vertretern, die berufen sind: In den Künstlern und Geistigen, in den Anarchisten und Sozialisten, in den Pazifisten und vor allem den Frauen. Vielleicht gelingt es mir, ein Weniges beizutragen zu dem heiligen Ziel einer neuen Kulturgemeinschaft der Menschen, die sich den Namen wieder verdienen wollen. Wir müssen eine neue Arbeiter- und Menscheninternationale schaffen. […]

München, Montag, d. 30. November 1914 | Ich gerate nach und nach in eine ziemlich trostlose Gemütsverfassung, die durch das Kriegsentsetzen wohl gefördert und verstärkt wird, aber nicht von ihm allein hervorgerufen ist. Mir kam es gestern plötzlich zum klaren Bewußtsein, daß ich unendlich vereinsamt bin. Mit meinen Empfindungen zu den gegenwärtigen schlimmen Zeiterscheinungen stehe ich absolut allein unter denen, die ich kenne. Wohl kann ich mit einzelnen, besonders Mann, darüber reden. Aber es kommt dann eine unfruchtbare Lästerei heraus, weil alle von verschiedenen Instinkten aus in die Dinge schauen. Heinrich Mann leidet weniger unter den Schrecknissen als solchen. Er ist Partei: und zwar auf der französischen und belgischen Seite. Bei Meßthaler verläßt mich das Gefühl nicht, daß aller Widerspruch bei ihm vom kritischen Verstand, aber nicht vom klagenden Herzen ausgeht. Und die Frauen, die natürlich ganz von innen her unter all dem Schmerzlichen leiden, kommen doch alle nicht zum Haß gegen die Einrichtung des Krieges, sondern nehmen deutsche Partei und hassen die „Feinde". Die Arbeiter, mit denen ich in Berührung komme, sind entweder hurrapatriotisch oder verängstigt. Ich weiß mich in meiner Herzenshaltung seltsamerweise am besten von dem Manne verstanden, dessen eigene nicht geringer bewegt, aber grundsätzlich adversär gerichtet ist: von Max Halbe. Aber mit dem führt die Verständigung über wütendes gegenseitiges Anschreien. – So habe ich niemanden, mit dem ich von der Seele aus reden kann. […]

München, Donnerstag, d. 3 Dezember 1914 | […] Im Reichstag ist mit vielen Radamontaden eine neue Fünf-Milliarden-Forderung glatt von allen Parteien bewilligt worden. Nur Karl Liebknecht[8] ist bei der Abstimmung sitzen geblieben, wofür er von aller Welt beschimpft wird. Die Partei aber wird ihm wegen Disziplinwidrigkeit einen Ketzerprozeß machen. Ich freue mich über den Mut dieses Einzelnen. Ganz ohne Eindruck wird die Demonstration nicht sein, mancher wird nachdenken. […]

---

[8] [Karl Liebknecht, 1871-1919; als Kriegsgegner, Revolutionär und Widersacher der Mehrheits-SPD am 15. Januar 1919 von deutschen Militärs ermordet.]

München, Freitag, d. 4. Dezember 1914 | „Gott strafe England!" –
„Er strafe es!" Das ist der neueste Gruß und Gegengruß der Deutschen, bei denen die Furcht vor der Lächerlichkeit ebenso unbekannt ist wie die vor dem Feind, mit dem man nicht in Berührung
kommt. – Über die Kriegsereignisse sagt der offizielle Draht der letzten Tage nichts. Auf Umwegen erfährt man, daß Krakau von den
Russen unmittelbar bedroht ist. Dagegen scheint die Lage in Nord-
polen für die Russen übel zu stehen, was sich auch aus der Tatsache
erhellt, daß der General Rennenkampf abgesetzt ist.
Gegen Liebknechts Haltung im Reichstag erläßt der Parteivorstand
eine Erklärung, in der sie seinen Disziplinbruch „aufs tiefste" be-
dauert. Es heißt, Liebknecht werde sein Mandat niederlegen.[9] […]

München, Sonnabend, d. 5. Dezember 1914 | An Liebknecht habe
ich geschrieben und ihm meine Glückwünsche zu seinem tapferen
Verhalten übermittelt und zugleich den Plan zur Gründung eines
‚Internationalen Kulturbundes gegen den Krieg' entworfen. – Von
‚Wissen und Leben' habe ich auf das Angebot eines Essays ‚Im
Geiste Tolstois' noch keine Antwort. Ich rechne damit, daß entweder
mein Brief an die Redaktion oder deren Antwort an mich von der
militärischen Überwachungsstelle zurückgehalten sein kann. Wenn
die Heeresgewaltigen meinen, mit solchen Mitteln meinen Entschluß, gegen den Krieg und die Völkerfeindschaft zu wirken, abstellen zu können, irren sie sich. Ich warte noch ein paar Tage. Dann
geht's auch ohne besondere Bestellung an die Arbeit. […]

München, Donnerstag, d. 24. Dezember 1914 | […] Die arme Zenzl
hat heuer nur drei Mark von mir bekommen. Als sie heut früh an
meinem Bett saß, ging es mir recht auf, wie lieb ich sie habe. Sie ist
mir ein wenig das, was ich von meiner Geliebten am tiefsten er-
sehne: Ersatz der Mutter. Ich kann ihr wie keiner sonst den Kopf in
den Schoß legen und mich ganz still und wunschlos streicheln lassen. Ihre gute Liebe tut mir unermeßlich wohl, und ihr danke ich in
dieser schweren Zeit mehr, als ich selbst oft empfinde. Vielleicht
kann ich es ihr einmal danken.

---

[9] [Liebknecht wurde im Februar 1915 vom Militär eingezogen.]

München, Montag, d. 28. Dezember 1914 | [...] Der Krieg geht in der gewohnten Weise weiter, nur daß zu befürchten ist, daß sich die Kämpfe im Osten an der Bzura, Nida und Rawka zum gleichen Stellungskrieg auswachsen werden wie die im Westen an der Yser und Yper ... Ein Gutes ist aber allmählich zu merken: Das Publikum mag nicht mehr. Der Krieg fängt an, unpopulär zu werden. Man glaubte, es werde alles gehen wie 1870 – der berühmte „Siegeslauf der deutschen Waffen"[10].

Und wenn man den Krieg angefangen hat, muß er so gehen, will man gutes Wetter beim Volk erhalten. Kriegsmüdigkeit, heimliche Empörung, wie sie sich allmählich in immer weiteren Kreisen geltend macht, wäre namenloser Segen. Denn sie wäre die Voraussetzung für den Kriegshaß, der nach Beendigung der Ereignisse den Frieden sichern muß. – Daß ich nicht rosiger sehe als berechtigt ist, beweist mir eine Äußerung Gustl Waldaus, der mir vorgestern – auf der Straße, vor Zeugen, und er in Offiziersuniform mit dem Eisernen Kreuz – die Hand auf die Schulter legte und sagte: „Gelt, Erich, du brauchst jetzt auch nicht mehr soviel Angst zu haben, deine Meinungen zu äußern, wie am Anfang?" – Er selbst gibt ehrlich zu, daß er nur sehr ungern wieder ins Feld hinausgeht und zieht das, solange es geht, hinaus. Er empörte sich kürzlich heftig über die Rubrik ‚Feldhumor' in den Blättern und bestritt, – er, der lustigste, sonnigste Mensch der Welt–, daß Humor je im Schützengraben bemerkbar werde. Wenn er irgendwo lese ‚Humor im Schützengraben' dann schmeiße er wütend das Blatt in die Ecke.

1915

München, Freitag, d. 1. Januar | Zeitwende! Das Wort führt jetzt jeder Esel im Munde, dem die Zeit noch niemals etwas gewendet hat. Das Schicksalsjahr 1915! Voll Stolz und Selbstgefühl wird dieser 1. Januar begrüßt. Daß er bestimmt ist, eine Epoche fortzusetzen, die die Vernichtung von Millionen Schicksalen bedeutet, fällt den Hanswürsten nicht ein.

---

[10] [Deutsch-französischer Krieg 1870/71, der zur Gründung des preußisch dominierten militaristischen ‚Deutschen Kaiserreiches' führte.]

Wird sich mir die Zeit endlich wenden? Wird mir 1915 ein Schicksalsjahr im guten Sinne sein? Gestern schrieb ich einen langen Brief an Jenny. Glückwünsche zu Neujahr und zum 23. Geburtstag. Sie muß daraus sehen, wie innig mein Schicksal an ihrem Leben hängt, wie es auf sie hofft, nach ihr sich sehnt. Ich schickte ihr die Gedichte gebunden mit dieser Widmung: *Meine ganze Seele ist in Dir. / Deine ganze Seele soll es wissen: / Müßt ich einmal Deine Seele missen, / wäre meine Seele fern von mir.* – Sie wird es empfinden, wie wahr diese Verse sind. Ich weiß es täglich tiefer. Wenn ich noch zu beten verstände: ohne ihren Namen würde keine Bitte und kein Dank zu Gott steigen. Sie liebe ich, ihr verschreibe ich mich und mein Leben.

Eben ging Zenzl von mir. Mein Mund ist noch feucht von ihren Küssen, und doch: So wahr ich die Frau lieb hab, so wahr gehöre ich doch nur Jenny, um die ich schon zuviel gelitten und gesehnt habe, um je von dieser Liebe loszukommen.

Friedel ist mir ein Traum geworden, ein süßer, zärtlicher Traum, den ich all mein Lebtag fortträumen werde. Ihren persönlichen Verlust habe ich überwunden. An Uli, Lotte, Ella – an all die andern lieben Frauen denke ich wie an Episoden zurück. Mariechen sah ich heute wieder. Sie kam nach langer Nachtfahrt mit ihrem reizenden dreijährigen Söhnchen von Breslau und war im Café Stefanie. Ich fühlte große Fremdheit zwischen uns und sprach freundlich und ohne jegliche Erregung mit ihr. Sie war wirklich nur Episode. An Zaza denke ich oft und herzlich. Ein Sonnenstrahl, der sich zufällig gespiegelt, einmal in mein nach Norden gelegenes Zimmer stahl, mich küßte und verschwand. Und Johannes? Heut kam – nach einem halben Jahr entsetzlicher Verwirrung, eine Karte von ihm. Aus Borneo. Auch er ist mir fremd geworden. Ich muß Umwege machen in meinem Herzen, um wieder zu ihm zu finden. Ob unsere Freundschaft sich je wiederfinden wird auf einem Boden sonstigen Einverständnisses, geistigen Austausches und fern vom mißtönigen Klingen des Geldes? Ich weiß es nicht.

1915! All mein Wunsch für das Jahr geht auf Frieden. Der Krieg zehrt an meinen Nerven wie an denen der Welt. Er darf nicht länger sein. […]

München, Sonnabend, d. 2. Januar 1915 | […] Ein längerer Brief [Gustav] Landauers, als Antwort auf meinen Neujahrsbrief, gibt mir zu denken. Er gibt mir leider wenig Hoffnung auf die Anstellung als Dramaturg bei der Berliner Volksbühne. Natürlich sei Sinsheimers Verlangen, ich dürfe mich dann nicht anarchistisch betätigen, Unsinn. Aber erstens müsse man rechnen und bekomme leicht Literaten, die froh sind, wenn sie nur volontieren dürfen, zweitens aber zweifle er (Landauer) selbst, ob er, falls die Frage überhaupt gestellt würde, für mich stimmen würde. „Du bist in Deinem Urteil über literarische und besonders theatralische Dinge der Beeinflussung der Freundschaft und geradezu der Clique durchaus nicht unzugänglich, läßt es an harter Sachlichkeit, seit Du in München bist, oft fehlen ... Ich weiß, daß dieser Zug mit sehr Sympathischem in Deinem Wesen, vor allem mit Dankbarkeit eines Vereinsamten zusammenhängt, und will Dich wahrhaftig nicht kränken; aber in der Volksbühne brauchen wir hartes Holz." Das ist bitter. Abgesehen von der zerstörten Hoffnung, endlich doch Boden unter die Füße zu kriegen und ein Haus für Jennys Kinder schaffen zu können – diese klare Anzweiflung meiner Unabhängigkeit. Ob Landauer recht hat? Manchmal gewiß. Es will mir scheinen, als ob manchmal im gütigen Suchen nach guten Eigenschaften in einem schlechten Werk und im Verschweigen seiner Schwächen eine höhere Gerechtigkeit sei als in der unbedingt von allem Persönlichen absehenden Objektivität des Urteils, die Landauers Art ist. Das harte Verurteilen kann furchtbar weh tun und im Gefühl des Betroffenen dauernde Wunden hinterlassen und selbst Werte seiner Persönlichkeit herabmindern. Abgesehen davon, daß in künstlerischen Dingen reine Objektivität ja gar nicht existiert und daß es sicher ebenso wichtig ist, das Gute im Schwachen zu erkennen als um der Schwächen willen alles Gute mit zu verdammen.

L. sagt mir dann einiges Nette über mein Gedichtbuch, daß ihm – in vollem Gegensatz zu Johannes Nohl – Freude gemacht hat. „Schönes, starkes Altes und Neues, in guter Anordnung!"

Meine Erklärung an die ‚Kain'-Leser hat ihm nicht gefallen, und ich muß schon selbst gestehen, daß ich recht wünschte, den letzten nachträglich eingefügten Absatz darin nicht geschrieben zu haben. Landauer sagt mit Recht: „Ich kann es nicht gutheißen, daß von fremden Horden z. B. geredet wird, solange nicht die Möglichkeit besteht, alle Armeen, die in Feindesland hausen, so zu bezeichnen." Natürlich war ich, als ich den Satz schrieb, durchaus geneigt, auch

die ins Ausland eindringenden Deutschen als „fremde Horde" anzusehen. Aber ich hätte das Mißverständliche des Ausdrucks erkennen sollen und mir viel Ärger ersparen können. Landauers Meinung, daß ich etwa „vorübergehend vom Wedekind-Kreis oder der-
gleichen angesteckt" gewesen sein könnte, ist natürlich Unsinn. Ich
werde, sobald der ‚Kain' wieder erscheint, eine klare Definition geben müssen. […]

München, Freitag, d. 15. Januar 1915 | Die arme Zenzl hat heute früh
so viel und schmerzlich an meiner Schulter geweint, daß ich noch
ganz zerschlagen davon bin. Und hat auch Grund genug. Es geht ihr
und dem Manne unglaublich schlecht. Gäbe ich nicht jeden Tag ein
paar armselige Groschen her, wäre kein Stück Brot mehr im Hause.
Die Stadt München hat zwar eine große Notstandsaktion für Künstler unternommen und stellt etwa eine viertel Million Mark zum Verteilen bereit, aber Engler [Ludwig Engler, geb. 1875; Bildhauer] wird
anscheinend übergangen, obwohl er ein ganz zweifellos sehr befä-
higter Bildhauer ist. Nur eben bei den Maßgebenden persönlich
nicht sehr beliebt. Nun kommt hinzu, daß die Leute eine böse Nach-
barin haben, die den ganzen Tag durchs Haus schimpft und ihnen
das Wohnen in ihren dürftigen Gemächern zur Hölle macht. Diese
Hexe hat nun obendrein Anzeige erstattet, weil die beiden Leute im
Konkubinat leben. Das tun sie zwar seit über zehn Jahren und haben
einen zehnjährigen Sohn miteinander, ohne daß die sittliche Welt-
ordnung darüber ins Krachen geraten wäre. Aber wir erfreuen uns
hier mehrfacher bayerischer Reservatrechte, und eines davon ist die
Strafbarkeit des Konkubinats. Die Eheschließung ist aber zugleich
ein hier besonders teures Vergnügen und kostet etwa 150 Mark, da
man für bares Geld erst Bürgerrecht und alles mögliche erwerben
muß. Englers, die gar nichts gegen das Heiraten hätten, werden also,
da sie unbemittelt sind, von dem gleichen Staat daran gehindert, der
sie wegen dieser Unterlassung in Strafe nimmt. Sie sollen binnen
drei Tagen je fünf Mark Strafe zahlen, an deren Stelle, falls sie nicht
da sind, zwei Tage in Stadelheim treten. Vorläufig ist wenig Hoffnung, das Geld zu beschaffen. Ich habe mich aber jetzt bei Jaffé an-
gemeldet und will dort sehen, ob ich wirklich die Frau, die ich gern
habe, wegen lumpiger zehn Mark ins Gefängnis gehen lassen muß.
All diese Dinge regten die arme Frau nun heut früh sehr auf und

dazu noch ein Umstand, der an und für sich sehr lustig ist, aber auf den ohnehin schwer belasteten Gemütszustand Zenzls natürlich noch deprimierender wirkte. In der Frühe erschienen nämlich heut in ihrer Wohnung zwei Polizeibeamte, die sich einen aus dem Fenster gehängten Sack mit Krautköpfen ansahen, da ein Baron in der Nachbarschaft (ein Herr v. d. Tann in der Ainmillerstraße) den Verdacht denunziert hätte, daß Bomben drin seien, weil man nämlich Bomben gewöhnlich in große Säcke verstaut und sie darin zum Fenster hinaushängt. Zenzls haltloses Weinen, das ich in dem Maße noch gar nicht bei ihr erlebt habe, dazu meine eigenen Sorgen und ein unglückseliger Ofen, der die Bude, statt sie zu wärmen, mit giftigen Dünsten anfüllt, haben mir die Laune für heute gründlich verdorben. […]

München, Montag, d. 25. Januar 1915 | Meine Erklärung an die ‚Kain'-Leser ärgert mich ihres letzten, nachträglich angehängten Satzes wegen täglich mehr. Die „fremden Horden" kann ich mir allenfalls verzeihen, weil ich mich gar nicht scheue, auch die in Belgien hausenden Deutschen so zu nennen, aber wie komme ich zu dem Wunsch, daß gerade unsere Länder vom Kriege verschont bleiben sollen? Dieser Egoismus ist ekelhaft und unverzeihlich. Nein – es ist nicht im geringsten schlimmer, daß Eydtkuhnen mit Jennys Habe, als daß irgendein serbischer Flecken zerstört ist. Und wenn München eines Tages in Brand und Schutt liegt, so hat das nicht einen Fetzen mehr zu bedeuten als das Unglück Löwens[11]. Es ist nicht wahr, daß unsere Frauen und Kinder, unsere Städte und Felder mehr wert wären als die der Galizier, Kaukasier, Polen, Bosnier, Siebenbürger, Wallonen, Franzosen, Elsässer, Ägypter, Marokkaner, Buren oder Zulukaffern. – Ich schäme mich meiner selbstischen Wallung und will sie öffentlich widerrufen, sobald es geht. […]

München, Freitag, d. 5. Februar 1915 | […] Ich komme in der letzten Zeit dem alten Problem, warum die Deutschen in der ganzen Welt

---

[11] [Die Bewohner von Leuwen fiel im August 1914 einem rücksichtslosen Vergeltungsfeuer der deutschen Besatzer Belgiens zum Opfer; die Flammen erfassten u. a. auch die mittelalterlich Universitätsbibliothek, was in der ‚Weltöffentlichkeit' bezeichnenderweise mehr Empörung bewirkte als die blutige Gewalt der deutschen Soldateska gegen die Menschen.]

so maßlos unbeliebt sind, näher. Ich glaube, es hängt mit dem Beamtencharakter der Deutschen zusammen, mit dieser übertriebenen Richtigkeit, Deutlichkeit, Gründlichkeit in allen Dingen, die jede frische Sorglosigkeit ausschließt, und mit dem wahrhaft widerlichen Unfehlbarkeitsdünkel des deutschen Wesens, an dem bekanntlich die Welt genesen soll. Wir halten's hier mit der Wissenschaftlichkeit, die alles kennt, alles weiß, alles durchschaut, und was sie etwa nicht kennt, weiß und durchschaut, wie die übersinnlichen Dinge, einfach leugnet. Dadurch hat der typische Deutsche etwas Unpersönliches, Langweilig-Sachliches, ewig Korrektes. Er funktioniert, statt zu leben, und darauf beruht ja auch seine hervorragende Militärtüchtigkeit. Denn der Militarismus mechanisiert die Menschen, macht sie zu Automaten und kann sich für seinen Drill kein geeigneteres Material erwünschen als das deutsche. Die leichtere Sinnesart aller anderen Völker fühlt sich naturgemäß beeinträchtigt durch das Wirken jener absolut stimmenden Sicherheit und haßt infolgedessen die Träger der ihr Seelisches vergewaltigenden deutschen Korrektheit. Mit dieser Deutung stimmen alle Vorwürfe des Auslands gegen uns überein, ebenso wie der Eindruck in Deutschland, als ob all der ausländische Haß auf Neid beruhe.

Die deutsche Sozialdemokratie scheint vor den größten Krisen zu stehen. Die Vorstände fassen Beschlüsse gegen Liebknecht und Ledebour, der (offenbar mit großem Krach) aus dem Fraktionsvorstand ausgetreten ist. Zugleich aber finde ich folgende Notiz im Blatt: „Am Schlusse der gestrigen Sitzung des badischen Landtages brachte in der Zweiten Kammer der Vizepräsident Geis, ein Sozialdemokrat, ein Hoch auf das Großherzogpaar und das deutsche Vaterland aus…" Antimonarchisten, Republikaner. Jahrzehntelang haben sie geschrien, daß wir in Deutschland noch jede Freiheit erkämpfen müßten. Jetzt aber bewilligen sie alle Kriegshilfe für die Erhaltung der deutschen Freiheit, die also plötzlich von ihnen entdeckt sein muß, und brüllen Hurra für die Fürsten, denen sie bisher stets stramm die Zivilliste verweigert haben. Charaktere! […]

München, Donnerstag, d. 25. Februar 1915 | Am letzten Krokodil-Abend schloß ich mit Henckell [Karl Henckell, 1864-1929; sozialistischer Dichter] eine Wette ab, in der ich behaupte, daß die Sozialdemokratie sich spätestens gleich nach dem Kriege spalten werde, dergestalt, daß drei Monate nach dem ersten Parteitage nach dem Krieg die Richtung Liebknecht in Stärke von mindestens 7.500 Genossen ausgeschieden sein wird. Henckell bestreitet das. Eine Flasche Escherndorfer Berg ist der Preis des Gewinns. Als ich die Wette abschloß, wußte ich noch nicht, wie schnell die Wahrscheinlichkeit sich meiner Ansicht nähern werde. Vor einigen Tagen hielt Wolfgang Heine[12] in Stuttgart eine Rede, in der er die sozialdemokratische Partei für jetzt und später geradezu als Leibgarde der Regierung empfahl, ja er rief auf zum Vertrauen zu Wilhelm II. Der ‚Vorwärts‘, der eine nach Möglichkeit charaktervolle Haltung zu wahren sucht, fertigt Heine jetzt recht ironisch ab und findet, daß „nicht früh genug die Aufmerksamkeit der Masse der Parteigenossen und Gewerkschaftsmitglieder auf diese Ziele der Umwandlung der Sozialdemokratie in eine nationalsoziale Reformpartei gerichtet werden kann." Das ist deutlich genug. […]

München, Sonnabend, d. 6. März 1915 | […] Mittwoch auf der Kegelbahn erneuter heftiger Zusammenstoß mit Halbe. Ich hatte mir herausgenommen, beiläufig zu sagen, daß ich die Munitionslieferung der Vereinigten Staaten an England nicht für das ärgste Unrecht in diesem Kriege zu halten vermöchte. Denn einmal ist Amerika nicht durch völkerrechtliche Verträge formell verhindert, Konterbande auszuführen, außerdem würden die Fabriken doch ebensogern für Deutschland Waffen liefern, wenn es nur ginge, und schließlich habe im vorigen Jahr auch Deutschland im Kriege gegen die Vereinigten Staaten Mexiko mit Kriegsmaterial versorgt. Halbe nahm das zum Anlaß, mir vorzuwerfen, daß ich alles gutheiße, was die Gegner tun und alles verurteile, was von den Deutschen geschieht. Auch ich wurde sehr heftig und erklärte, alles, was in diesem Kriege von irgendeiner Seite bisher geschehen sei und was noch geschehen werde, für unermeßliche fürchterliche Schweinerei. Dabei sei keiner besser als der andere, und wenn stets alles Deutsche gepriesen, alles Antideutsche prinzipiell verunglimpft werde, so mache ich bei der Parteilichkeit nicht mit. – Es ist fast, als ob aus jedem Menschen ein freiwilliger Polizist geworden wäre, stets auf

---

[12] [Wolfgang Heine, 1861-1944; rechter SPD-Politiker, Reichstagsabgeordneter 1898-1920, preußischer Innenminister 1919/20.]

der Lauer, den anderen auf unerwünschte Empfindungen festzule-
gen. Ich will sehen, ob ich, ohne es auffällig zu machen, den Umgang
mit Halbe etwas einschränken kann.

München, Montag, d. 8. März 1915 | [...] In Frankreich hat man
längst eine Nachmusterung auch der Ausgeschiedenen vorgenommen. Ich würde – das habe ich mir sorgfältig überlegt – den Gehorsam höchstens so lange leisten, wie man von mir keinen Mord forderte. Den würde ich verweigern müssen, sei es auch auf Kosten des
Lebens. Nicht, daß ich so weit mit Tolstoi mitginge, daß ich grundsätzlich niemals die Waffe gegen einen Menschen erhöbe, aber ich
müßte dazu von persönlicher Feindschaft geleitet sein. Im Interesse
deutscher Börseaner und Industrieller französische Arbeiter ab-
schießen – nein! Hoffentlich bleibt mir die Praxis dieser Überlegung
erspart!
Bei der Aushebung des Landsturms haben sich groteske Szenen ab-
gespielt. So mußte Thomas Mann sich stellen. Er stand nackt vor
dem Offizier, der ihn fragte, was er sei. Auf die Antwort „Schriftsteller" folgte die weitere Frage: „So, was haben Sie denn geschrieben?" – Man muß sich das nur vergegenwärtigen, um die ganze
Würdelosigkeit dieser Zeit zu begreifen. Ein Mann vom Range
Thomas Manns muß splitternackt vor irgendeinem Leutnant stehen
und auf dessen ungebildete Näselei über sein Lebenswerk Auskunft
geben. [...]

München, Dienstag, d. 23. März 1915 | [...] Nun habe ich gerade in
den letzten Tagen wieder gelesen, was ich in den ersten Kriegswochen ins Tagebuch schrieb, und war bei einzelnen Stellen ganz betroffen. Damals brachte ich über deutsche Siege geradezu Freude
auf – wohl in dem Gefühl, daß dadurch der Krieg abgekürzt würde,
wenn nicht angesteckt von der Massenhysterie, die den Schutz der
deutschen Grenzen als Verhütung des allerschlimmsten Unheils ansah. Heut weiß ich, daß der Schauplatz der Greuel ganz gleichgiltig
ist für seine Beurteilung, weiß auch, daß keine Armee besser, mit-
leidvoller und menschlicher ist als die andere, keine auch grausa-
mer, verbrecherischer und roher. Es scheint mir sicher und auch
selbstverständlich, daß die belgische Greuelkommission schreckliche Dinge, die von Deutschen verübt wurden, festgestellt hat, und

gerade jetzt, wo die Deutschen in West und Ost „Vergeltung" gegen Schandtaten plakatieren, lassen die Russen kommissarisch feststellen, wie die Hindenburgschen Scharen in Polen und Litauen hausen. Schon zeigt sich, daß die Franzosen gegen die Vergeltungsaktionen in Calais, Paris und Compiègne im Badischen Wiedervergeltung üben, auf die die deutschen Repressalien natürlich nicht ausbleiben werden, und so abwechselnd weiter mit wachsender Scheußlichkeit. Ebenso werden die Russen nicht zögern, den Vergeltungsakten der Deutschen Strafmaßnahmen folgen zu lassen, die wiederum von unserer Seite gerächt werden müssen. Die Kriegführung nimmt danach mehr und mehr die Form eines Wettkampfes in Grausamkeiten gegen Zivilisten an, wobei jeder den andern Barbaren heißt. […]

München, Freitag, d. 26. März 1915 | […] Heinrich Mann suchte mich gestern wieder im Café auf. Er sei so von Haß erfüllt, sagte er, daß er manchmal meint, platzen zu müssen. Er verfällt dabei aber in den entgegengesetzten Fehler wie unsere Patrioten, indem er alles für wahr hält, was der ‚Matin' zuungunsten Deutschlands berichtet, alles für erlogen, was in deutschen Blättern steht. Meiner Behauptung, daß alle gleicherweise lügen, stimmt er nur widerwillig zu. Der Inbegriff aller Schmach und allen Unglücks ist für ihn der Begriff ‚Potsdam'. Fruchtbar und menschlich befriedigend sind die Unterhaltungen mit ihm immer. – Lächerlicherweise hat man ihn bei der Stellung als „Infanterie II" tauglich befunden. Es kann also gut sein, daß er eines Tages einberufen wird und buddeln muß. Sein Bruder Thomas, der Patriot, ein körperlich viel widerstandsfähigerer Mensch zweifellos, ist hingegen freigekommen. […]

München, Sonnabend, d. 10. April 1915 | […] Ohne meine Sehnsucht nach Jenny – und bei Gott! auch nach Friedel (die sich auch nicht gemeldet hat) – zu berühren, gewinnt meine Zuneigung zu Zenzl[13] täglich Boden in meinem Herzen. Wir kennen uns nun eineinhalb Jahre, und oft ertappe ich mich der schönen, köstlich natür-

---

[13] [Vgl. zu ihr jetzt das Buch von Rita STEININGER: Weil ich den Menschen spüre, den ich suche. Zenzl und Erich Mühsam. (= Schriftenreihe Geschichte & Frieden, Bd. 53). Bremen: Donat Verlag 2024.]

lichen Frau gegenüber auf einer ganz jungenhaften, erfrischenden Verliebtheit. Wäre sie nicht an ihren „Luki" [Ludwig Engler] so fest gebunden, – ich täte die Erinnerungen an Jenny in einen besonders geschmückten Schrein meines Herzens und nähme Zenzl einfach zu mir. Wenn ihre eigenen Nerven ruhig und nicht von den perfidesten Nahrungssorgen zerquält sind – und dafür wollte ich wohl sorgen –, ist sie für meine Nerven Sonne und Bad. Wer weiß, ob ich sie nicht vielleicht doch noch mal heirate, die Bäuerin aus der Holledau – zum Entsetzen meiner An- und Stammverwandtschaft. [...]

Lübeck, Mittwoch, d. 21. April 1915 | Ich schreibe in meinem Schlafgemach, im Giebel des alten Hauses der Königstraße. Trete ich hinaus, so bin ich auf dem Speicher, wo es muffig und nach Mäusedreck riecht und allerlei Gerümpel sich türmt.

Papa habe ich immer noch nicht zu sehen bekommen, und es ist ganz fraglich, wann dieser Zustand mal geändert wird, – und was dann wird. Es geht ihm wieder etwas besser, doch ist er selbst ganz überzeugt, daß jeder Tag, den er noch erlebt, sein letzter war, und er wünscht sich den Tod. Ich glaube, daß jeder von uns allen nun seinen Wunsch teilt und keiner hofft, daß die Qualen unabsehbar sich fortsetzen sollen.

Gestern abend war ich mit Anthes [Otto Anthes, 1867-1954; Lübecker Schriftsteller] im Caféhause zusammen. Gute Unterhaltung. Wir waren beide froh, jemanden aus der eigenen Welt zu sehen, und wollen nun häufiger beisammen sein.

Heut vormittag: Moisling. Ich stand mit sehr bewegten und ungeklärten Gefühlen am Grabe der Mutter. Vergangenes und Künftiges flossen sonderbar ineinander.

In der Trambahn plattdeutsche Unterhaltung mit dem Schaffner. Ich freute mich, daß es noch fließend ging. Münchnerisch werde ich nie lernen, sowenig, wie ich das Plattdeutsch verlernen kann.

Eben traf ich vor dem Katharineum Professor Stoffregen, meinen alten Mathematiklehrer. Etwas gezwungene Unterhaltung. Er forderte mich auf, einzutreten in die Anstalt, aus der man mich vor nahezu zwanzig Jahren [*wegen einer Zeitungsglosse zur patriotischen Rede des Schuldirektors*] hinausgeschmissen hat. Ich verzichtete aber dankend. Mir ist in Lübeck ein wenig traumhaft zumute.

Lübeck, Dienstag, d. 27. April 1915 | Morgen früh will ich abreisen. Da ich den sterbenden Vater nicht sehen und sprechen darf, habe ich hier nichts zu suchen. Ich fühle mich ihm mehr verbunden als je, und wenn mein Wunsch, er möchte sterben, jetzt heftiger als früher spürbar ist, so aus dem Gefühl des Erbarmens mit seinem Leiden heraus.

[…] In Berlin hoffe ich Jenny zu sprechen. Ich habe sie sehr eindringlich um ein Rendezvous gebeten und fürchte nur, daß sie etwa nicht zur Post gegangen sein könnte, also meine letzten Briefe und Karten nicht erhalten hat. Ich will jetzt endlich klarsehen, wie wir zueinander stehen, um eventuell sofort nach Papas Tod Entscheidungen treffen zu können. Sollte die Verbindung mit Jenny nicht oder vorläufig nicht zustande kommen, so werde ich wohl mit Zenzl zusammenziehen, in der Weise, daß ich sie als meine Haushälterin engagiere. Die süße, gute Frau schreibt mir köstliche Briefe, an denen ich erst sehe, wie sehr sie mich liebt. Sehr unorthographisch, aber sehr lustig und sehr lieb. „Ich habe so Sehnsucht nach Dir", heißt es im letzten, „wenn Du da wärst, mein Teurer, ich würd Dich liebhaben, meine Haare täte ich frisch waschen, mich baden und dann zu Dir legen …", und zum Schluß: „und probiere Deine nicht angenehme Lage Dir damit zu verschönern, daß Du ans Meer gehst und Dich von dem Lachen und Weinen des Meeres überzeugst, wie es in meinem Herzen aussehen würde, wenn ich Dir ein Kindlein schenken könnte." Eine wahrhaftige Dichterin ist meine Zenzl geworden. Von ihr wünschte ich mir wohl ein Kind. […]

München, Montag, d. 3. Mai 1915 | […] Jennys Liebe zu mir ist tot. Der Anschluß ist verpaßt. Wir haben gestern Entlobung gefeiert. Sie war sehr nett und geradezu lieb zu mir, – aber Liebe war nicht mehr dabei. Meine Liebe zu ihr wird Bestand haben. Denn – das habe ich schmerzlich erfreut mir wieder bestätigen können – es gibt keine Liebe, deren sie nicht wert wäre. Ich verbarg alle Seelennot unter schlechten Witzen, erzählte ihr dann auch von Zenzl – eigentlich, um mir selbst den rettenden Hafen zu zeigen –, und sie begleitete mich abends zum Anhalter Bahnhof. Den „Entlobungskuß", um den ich sie bat, verweigerte sie mir leider. So reiste ich mit einem bittertrockenen Geschmack im Mund ab. Aber ich bin froh, daß die zahllosen Versuche, mich mit ihr in Verbindung zu setzen, endlich doch

Erfolg hatten, daß sie selbst, nachdem sie von meiner Anwesenheit unterrichtet war, mit Mühe und viel Umständen die Begegnung herbeiführte, und daß ich ihre schönen klugen guten Augen sehn und ihre liebe Hand küssen durfte.

Nun wird also Zenzl mein nächstes Schicksal sein. Sie holte mich heut früh vom Bahnhof ab. Im Bett feierten wir Wiedersehen, und die leichte Schwellung ihres Leibes, die ich glücklich streicheln konnte, malte mir eine gute Zukunft in einem neuen Menschen, – in meinem Kinde ! […]

München, Dienstag, d. 4. Mai 1915 | Jeder Mensch begegnet mir mit der gemütvollen Frage: „Nun, ist Ihr Vater tot ?" – und auf meine Antwort sehe ich Kondolenzgesichter und taktlose Enttäuschtheiten. Ziersch [Walther Ziersch, 1874-1943; Schriftsteller] – ich war im Krokodil mit ihm, Henckell und Martens zusammen – erzählte, daß schon Wetten darüber abgeschlossen seien, ob ich nach Empfang der Erbschaft noch Anarchist bleiben werde. Wie primitiv müssen doch die Leute selbst organisiert sein, die anderen die Primitivität zutrauen, die Weltanschauung nach jeweiligem Bedürfnis aus der pekuniären Situation abzuleiten. […]

München, Mittwoch, d. 12. Mai 1915 | Unser Kind wird nicht zur Welt kommen. Zenzl gestand mir, daß keine Hoffnung mehr dazu besteht. Das arme Weib weinte sehr an meinem Halse, und ich selbst hatte Mühe, Haltung zu zeigen … Vielleicht stehen große Veränderungen in meinem Leben noch bevor. […] Ob es möglich sein wird, bei der Geldknappheit uns einzurichten oder eine möblierte Wohnung zu mieten, oder wie wir uns sonst mit den Schwierigkeiten zurechtfinden werden, steht ganz dahin. Ich vertraue auf Zenzls praktischen Sinn. Ihr werde ich auch meine Gelder zur Verfügung stellen, wenn wir erst zusammen sind. Dann weiß ich, wird es keine Not geben im Hause. Quod Deus bene vertat !
Ich habe Wedekind in der Klinik (Josephinum) besucht. Erfreulicherweise scheinen mir Langheinrichs Befürchtungen unbegründet. Er sieht zwar sehr schlecht aus, wie ein hoher Sechziger. Aber das ist wohl nach der schweren Operation selbstverständlich. Jedenfalls hält er selbst das Schlimmste für überstanden und hält sich schon außerhalb des Bettes auf. Gesprächsstoff hauptsächlich der Krieg, zu

dem Wedekind nicht anders steht als ich und meine wahren Freunde. Auch er sieht die größte Gefahr in der Militarisierung Europas durch den deutschen Sieg und sprach sehr hart über die entsetzlichen Franktireurbestrafungen in Belgien und den Unterseebootkrieg, besonders den Fall [des englischen Passagierschiffes] ‚Lusitania‘. Einige Äußerungen, die mir haften blieben: „Es sollte mich nicht wundern, wenn der Krieg demnächst nur noch mit Giften und Chemikalien geführt werden wird.“ Und über den Nationalismus: „Der Nationalismus ist der Feind der Menschheit. Je mehr der Deutsche, der Franzose, der Engländer, der Russe gilt, um so weniger gilt der Mensch.“ Wedekind freute sich sichtlich über meinen Besuch. Ich soll wiederkommen. […]

München, Freitag, d. 14. Mai 1915 | Heute früh legte mir Zenzl neue erschütternde Beichten ab: über ihren Sohn, den sie mit achtzehn Jahren geboren, der jetzt – zwölfeinhalbjährig – bei seiner Großmutter in der Theresienstraße wohnt, und den sie seit sieben Jahren nicht gesehen hat, weil es ihr zu schrecklich ist, ihn bei ihr fremden Leuten in schlechten Verhältnissen zu sehen. Über ihr Verhältnis zu Engler – und wie unglücklich sie in diesen zehn Jahren ist. Über ihre Krankheit – das ist das Schlimmste. Ihr Vater gab ihr auf dem Totenbett Maßregeln, daß sie ihre kleine Halbschwester nicht verlassen dürfe, drückte sie fest an sich und starb in diesem Augenblick. Seitdem leidet sie an einer Gebärmutterkrankheit, die, wie sie fürchtet – und ihr Gatte ihr gestern schon vorwarf –, Gebärmutterkrebs zu sein scheint. Ich suchte es ihr auszureden, und ich hoffe wirklich, daß ihr Pessimismus nicht begründet ist. Außerdem versprach ich ihr, mich ihres Sohnes, sobald ich kann, anzunehmen. Die Pension bleibt in der alten Form bestehen. Trotzdem möchte ich so bald wie möglich mit Zenzl zusammenziehen und will versuchen, zum 1. Juli eine passende Wohnung zu finden. […]

München, Sonnabend, d. 15. Mai 1915 | Ich nahm gestern abend als Gast der Münchner Friedensgesellschaft an einer geschlossenen Versammlung im Café Arkaden teil, die unter Vorsitz des Professors Quidde stattfand. Etwa 50 Teilnehmer, die allesamt überzeugte und durch die Tatsachen des Völkermordens heftig bestärkte Kriegsgegner sind. Das schuf eine Atmosphäre solidarischer Stimmung und bewirkte wohl bei jedem ein gewisses Gefühl der Sicherung, mit seinen Empfindungen nicht alleinzustehen. Die Einleitung des Schweizers Quidde ließ allerdings befürchten, daß diesen Zusammenkünften ein etwas spießbürgerlicher Kränzchencharakter innewohnt. […] In der Diskussion nahm ich das Wort, um dem Gedanken meines ‚Weltbundes gegen den Krieg' Ausdruck zu geben. Ich fand damit starken Beifall. Quidde antwortete freilich nachher in dem Sinne, daß er gewiß nichts gegen eine gemeinschaftliche Demonstration nach dem Kriege habe, falls sich alle Unterzeichner zunächst einmal mit den Forderungen der Friedensgesellschaft einig erklärten (!). Er ging dann freilich auch auf den Antimilitarismus ein und erklärte es als fernliegendes Ziel, daß einmal die Völker den Kriegsdienst verweigern würden. „Wenn es ein Einzelner tut, ist es Landesverrat, wenn es alle tun, ist es Kultur!" Sehr schön. Aber er hat gezeigt, daß die bürgerlichen Pazifisten und wir nicht miteinander arbeiten können. Eine Verpflichtung zu Haager Konferenzarbeiten mit den Regierungen kann ein Antimilitarist und Anarchist selbstverständlich nicht in Frage ziehen. Ich werde nun Dienstag mit Frau Heymann über die Sache konferieren und hoffe sie – ohne den selbstgefälligen Herrn Quidde – zu gutem Ziele zu führen. […]

München, Pfingstmontag, d. 24. Mai 1915 | […] Meine Kassenverhältnisse und besonders das Problem, wie ich das Nötigste zusammenbringe, um mit Zenzl endlich ganz zusammenzukommen, machen mir viel Sorgen. Von Lübeck bekomme ich gar keine Nachrichten mehr, so daß ich annehme, der Vater ist so weit hergestellt, daß eine Katastrophe in absehbarer Zeit nicht zu erwarten ist. Zu verdienen ist nichts, und nun will ich's anders versuchen und unter die Erfinder gehen. Ich bin auf den Einfall gekommen, einen Apparat herstellen zu lassen, mit dem man appetitlich und zugleich praktisch Spargel essen kann. Es ist ja scheußlich mitanzusehen, wie alle Welt mit den Fingern in den Teller langt und den Spargel auslutscht. Ich will also Zelluloidzangen (etwa in Form von Austernschalen) konstruieren und schützen lassen. Wüßte ich nur erst, wer mir die Idee bezahlt! Ich erwarte Zenzl. Die muß den Plan realisieren helfen.

München, Sonntag, d. 6. Juni 1915 | […] Um das letzte vorwegzunehmen: ein Erdbeben in der Nacht zum Mittwoch. Ich wachte seit zwei Uhr morgens, obwohl ich erst zwei Stunden geschlafen hatte, auf in einem Gefühl undefinierbarer Gereiztheit wie etwa vor einem Gewitter, wo man auch den Grund seiner Nervosität nicht kennt. Eine Stunde lang versuchte ich ohne Erfolg, wieder einzuschlafen. Endlich machte ich Licht und mischte die Patience-Karten, um der Spannung meiner Nerven durch eine langweilig mechanische Beschäftigung Herr zu werden. Die Uhr zeigte 3 Uhr 15. Während ich die Karten sehr uninteressiert auflegte, spürte ich plötzlich eine sehr heftige Erschütterung, als ob jemand das Bett von unten gefaßt hätte und vor- und rückwärts rüttelte. Ich sah nach der Uhr, und während ich mich über den Nachttisch beugte, erfolgte ein zweiter ganz gleichartiger Ruck. Ich wußte sofort, daß es sich um ein Erdbeben handelte, sprang aus dem Bett ans Fenster und spürte, wie sich schon bald meine Nervosität löste. Die Entspannung war erfolgt, und ich konnte dann ausgezeichnet schlafen. Der Erdbebenstation der Sternwarte, die um Mitteilungen bat, habe ich meine Beobachtungen beschrieben. Es war das erste Erdbeben, das ich bei völlig wachen Sinnen miterlebt habe. […]

München, Sonnabend, d. 11. Juni 1915 | Bevor ich fortgehe, nur eine kurze Notiz zu meiner Biographie. Ein Brief meines Schwagers Leo als Antwort auf meine schroffen Worte an die Geschwister enthält die Mitteilung, daß ich mich in Lübeck in einem Irrtum befand. Es war nicht an dem, daß der Gesundheitszustand meines Vaters es nicht gestattet hätte, mich zu empfangen oder von meiner Anwesenheit zu erfahren. Der alte Herr hat vielmehr erfahren, daß ich da war. Er weigerte sich aber, mich vorzulassen, was man mir mit Rücksicht auf meine Empfindungen verschwiegen hat … Sein Leben zählt, wie mir Leo ebenfalls schreibt, nur noch nach Tagen, und nun soll ich ihm doch noch das Sterben erleichtern und den absurden Witz machen, wieder Apothekerlehrling zu werden. Ich habe eben einen sehr ernsten und klaren Brief an Leo geschrieben, nach dem ich vor dergleichen Zumutungen wohl Ruhe haben werde. – Daß mir einmal meine gütige Mutter erscheinen möchte, daß ich ihr mein Herz öffnete!

München, Mittwoch, d. 23. Juni 1915 | […] Grethe schreibt, Papas Schwäche habe nicht weiter zugenommen, im Gegenteil mache sich ein geringes Zunehmen der Kraft bemerkbar, und er fasse von neuem Hoffnung. Mein Brief habe ihn angenehm berührt, ohne seine Entscheidung zu ändern. Wie er will ! … Mir träumte vor Jahren einmal, ich ließe den Vater ärztlich untersuchen. Eine ganze Ärztekommission unterzog sich der Aufgabe. Ich erwartete im Nebenzimmer das Resultat. Als die Kommission eintrat, verkündete mir ihr Wortführer, ein weißbärtiger Gelehrter: „Die genaue ärztliche Untersuchung Ihres Herrn Vaters hat ergeben, daß er der ewige Jude ist." – Ich fange an, an Wahrträume zu glauben.

München, Dienstag, d. 20. Juli 1915 | […] In der Angelegenheit Morstadt war ich gestern mit Zenzl draußen in Eglfing, wo ich den Arzt interpellierte, einen sympathischen Rundkopf, der wie fast alle Psychiater selbst schon einen stark angesponnenen Eindruck machte. Ich habe ein kurzes Protokoll über den Besuch meinem Morstadt-Akt angefügt. Die ganze Familientragödie, in die ich da Einblick bekomme, ist unbeschreiblich. Finny, das Tierchen, an dem alles abgleitet, im Mittelpunkt (Finny coronet opas). Väterlicher- wie mütterlicherseits Vorfahren und Angehörige geisteskrank. Die Eltern in Trennung, weil der Vater (Krupp-Beamter) ein Konkubinat auftut. Die Mutter führt das Mädel im Vor-Backfischalter in Bohemekreise, sitzt mit ihr bis drei Uhr jeden Morgen im Simplicissimus etc., und um acht Uhr muß das arme Wesen zur Schule. Mit dreizehn Jahren Entjungferung durch einen Einmieter – mit Wissen der Mutter. Die Mutter stellt der eigenen Tochter nach (wahrscheinlich mit Erfolg), sieht zu, wenn das Mädel mit Männern im Bett liegt. Die Kleine erfährt ein Mittel, mit dem Mutter von Großmutter Geld erpreßt: durch die Erinnerung an sexuale Beziehungen der Alten mit dem Schwiegersohn Morstadt. Im mütterlichen Kreise ohne jegliche Erziehung zur Arbeit, Beschäftigung mit Astrologie, Kartenschlagen, jedweden abergläubischen Humbug, miserabelste Lektüre. Im Verkehr mit jungen, unreifen Burschen (Leybold etc.) wüste Zotereien. Finny ist siebzehn Jahre alt, als Mama von einem Rechtsanwalt ein Kind kriegt (mein Mündel Clementine). Mit neunzehn Jahren wird sie selbst (von Leybold) schwanger, muß, um der „Schande" zu entgehen, in der Schweiz entbinden, bekommt durch die Anstrengungen der Reise und die Verhinderung, das Kind selbst zu nähren, Gebärmuttersenkung. Die Mutter wird irrsinnig. Finnys

Kleiner wird hertransportiert, und nun sitzt das Mädel, das vom Vater schikaniert wird, weil sie nicht zu ihm will – früheren Erfahrungen nach hat auch dieser Ehrenmann nicht nur väterliche Empfindungen gegen die Tochter – in München herum und macht sich verflucht wenig Gedanken um Vergangenheit und Zukunft. Ich strebe an, auch die Vormundschaft über ihren kleinen Jungen zu kriegen, um den Großvater Leybold sowohl wie auch den Herrn Hugo Ball [1886-1927, Schriftsteller] zum Alimentezahlen zu zwingen. Der alte L. weigert sich zu zahlen, weil aus einem Brief Balls an Leybold hervorging, daß auch er mit Finny in der Konzeptionszeit zu tun hatte. Aus dem Brief ging aber auch hervor, daß Ball den Koitus nur herbeiführte, um dem Freunde Hans Leybold von der Alimentationspflicht zu helfen. Ich werde dann also zugleich Vormund sein von Frau Anna Morstadt, ihrer Tochter Clementine und ihrem Enkel Hans. Neben der Sorge für die armen, schwer belasteten kleinen Kinder würde ich es aber für meine Kampfpflicht halten, der armen Finny, die ganz hilflos und ohne Ahnung, wie man das Leben angreift, nur Zenzl und mir vertraut, gegen den Vater und gegen alle, die Geld oder Gunst von ihr wollen, einen Halt zu geben. […]

Lübeck, Sonntag, d. 25. Juli 1915 | Es ist früh sieben Uhr. Ich liege im Bett und schreibe in etwas unbequemer Haltung, zieh das aber vor, weil ich, bei Grethe wohnend, zum Schreiben tagsüber weder Gelegenheit noch Zeit finde. Ich will die wichtigen und erregenden Ereignisse dieser Tage kurz andeuten.
Der Vater starb am Dienstag, dem 20. Ich reiste abends ab, von Zenzl, die dem Weinen nah war, und Finny zur Bahn gebracht. Mittwoch blieb ich in Waidmannslust, nachdem ich in Berlin für Einkleidung gesorgt hatte. Donnerstag nachmittag mit Onkel Leopold Abreise nach Lübeck. Der hatte mir vorher Einblick in die Hauptbücher der Häuserverwaltung gegeben. Freitag fand dann mittags die Beerdigung statt. Es waren viele Verwandte gekommen, die Lübecker Beteiligung war sehr groß. Amüsiert hat mich der Kampfgenossenverein, der die Orden dem Leichenwagen vorantrug und mit großer Fahne – lauter verwitwete alte Herren von 1866 [Schlacht bei Königgrätz] und ’70 – hinterherzog. Carlebach [Rabbiner zu Lübeck] hatte zu Hause gesprochen. Auf dem Kirchhof niemand. Scheußlich war mir nach der Versenkung des Sarges die religiöse Zeremonie in der

Einsegnungshalle, wo ich mir mit Hans weiß Gott die Schuhe ausziehen mußte und hin- und herlaufen.

Onkel L. erklärte mir an diesem Abend noch, welche Änderung der Vater zu meinen Ungunsten noch am Testament getroffen hat: Pflichtteil … Die andere Hälfte des auf mich entfallenden Erbteils wird festgelegt und Zins auf Zins geschrieben, bis ich entweder wieder Apotheker werde oder eine als Jüdin geborene (sehr witzig!) jüdische Frau heirate oder 60 Jahre alt werde. Dann kriege ich das Ganze … Den gleichen Freitag noch saßen wir Geschwister zusammen im Hause des Verstorbenen, und Leo verlas die letztwilligen Aufzeichnungen. Der Vater hat über all und jedes bestimmt. Eine Vorsorglichkeit tritt zutage, die beispiellos ist. Ich muß bekennen, daß er mich in bezug auf Andenken und wertvolle Bedenkung ebenso reichlich wie meine Geschwister bedacht hat. Ja, die kostbarsten Dinge fallen eigentlich mir zu, besonders seine prachtvolle goldene Uhr mit Kette und Kugel, die er bis zuletzt getragen und benutzt hat.

Eine große, enttäuschende Überraschung gab es aber eben bei der Feststellung des Besitzstandes. Dabei kam heraus, daß der Multimillionär im Ganzen ein Vermögen von ganzen 235.000 Mark hinterlassen hat. […] Ich werde also ein Vermögen von höchstens 20.000 Mark besitzen, von dem leider noch nicht mal das Nötigste für die Berner Schuld flüssig ist. […] Das ist doch ein recht schmerzliches Erlebnis: Am Ziel meiner sehnlichsten Erwartung stehe ich am Anfang neuer schwerer Sorgen und Ängste. Aber mein Trost ist: Von jetzt ab gibt es kein Hoffen mehr auf Tod und Erbschaft, sondern auf Leben und Arbeit!

Lübeck, Dienstag, d. 27. Juli 1915 | Im Café Hansa in der Breiten Straße, da ich woanders kaum Gelegenheit habe, ungestört meine eigenen Dinge zu betreiben. Noch ist nicht alles so geklärt in mir, daß ich imstande wäre, Erlebnisse und Stimmungen der letzten Tage festzuhalten und zu überdenken. Nicht einmal meine Gefühle für den verstorbenen Vater vermag ich heute zu kontrollieren. Sicher ist nur, daß mich die große Enttäuschung, die mir die Feststellung seines Vermögens verursacht hat, gegen ihn versöhnlich gestimmt hat. Ich glaube, daß ich ihm manches abzubitten habe, da ich einsehe, daß er ein solches Maß von Unterstützung, wie ich es alle

Jahre hindurch von ihm meinte beanspruchen zu dürfen, bei Wahrung seiner Absicht, seinen Kindern die nötigen Sicherheiten fürs Leben bei seinem Tod zu hinterlassen, angesichts seiner Besitzverhältnisse gar nicht leisten konnte. Dazu kommt der warme herzliche Ton seiner Verfügungen und Aufzeichnungen, wobei er durchaus niemals Unterschiede macht und gegen mich nicht ein einziges Wort des Vorwurfs ausspricht. Und in den Vermächtnissen an Gegenständen werde ich fast reichlicher bedacht als die Geschwister, und Dinge, die ihm besonders lieb gewesen sind, wie seine Uhr, die Ölbilder der Eltern etc. ausdrücklich für mich bestimmt.

[...] So schwankt mein Empfinden zwischen Ehrfurcht vor dem Andenken an den harten, strengen, verschlossenen und doch sehr gütigen alten Mann, der mein Vater war, und Verbitterung und Vorwurf, weil er die Brücken zwischen seinen Grundsätzen und meinen Notwendigkeiten im Leben und im Sterben nicht zu schlagen wußte. Als ich aber gestern mit zwei Kränzen nach Moisling fuhr und sie auf seinem frischen Grabe als ersten Schmuck niederlegte, da freute ich mich, in ehrlichem Herzen zu wissen, daß von nun an und für mein Leben Friede zwischen mir und ihm sein wird. Ich verließ wahrhaft erschüttert das Grab der Eltern. [...] Über meinen Plan, aus dem Judentum auszutreten[14], sprach ich mit Leo. Er bat mich sehr, davon abzustehen, und ich versprach schließlich, noch ein Jahr zu warten. Vielleicht ist's auch besser so, solange die Häuser-Erbgemeinschaft besteht. Sollten wir Kinder bekommen, so müßte ich sie zu Juden machen, will sie von Erträgnissen des großväterlichen Erbes nicht ausschließen.

Lübeck, Donnerstag, d. 29. Juli 1915 | [...] Meine Biographie verlangt zunächst wieder eine bittere Feststellung. Wie mir gestern Leo mitteilte, ist eine erst in den allerletzten Tagen seines Lebens getroffene Bestimmung meines Vaters zu berücksichtigen, nach der ich alle Silber- und Wertsachen, die ich erbe und die er doch mit gleich liebevoller Besorgtheit für mich bestimmt hat wie die Vermächtnisse für die Geschwister, ebenfalls erst erhalten soll, wenn die Bedingungen erfüllt sind, die er gestellt hat, um mir den Besitz der zurückzulegenden Vermögenshälfte zugänglich zu machen.

---

[14] [Den Schritt hat Mühsam erst 1926 vollzogen.]

[…] – Mich verstimmt diese Wendung der Dinge außerordentlich. Gar nichts war in den letzten Jahren geschehen, was diese Kundgebungen der Erbitterung beim Vater hätte rechtfertigen können. Wofür er mich büßen läßt, ist groteskerweise folgendes: 1) Mein Verlöbnis mit Jenny, das nach seinem Herzen war und das weiß Gott ohne meine Absicht nicht zur Ehe führte. 2) Meine Bitte an den Vater, mir das Apothekergehilfenzeugnis zu schicken, die ihn fälschlicherweise in die Überzeugung versetzte, ich werde nach fünfzehnjähriger Verirrung den rechten Weg wiederfinden, 3) der Krieg, den ich nicht erstrebt habe und den ich weniger als irgendwer anderes billige, der mir aber die törichte Idee eingab, ich könne vorübergehend als Apothekengehilfe mir und meinen Mitmenschen nützlicher sein denn als Schriftsteller. – Wie teuer ich diese Dinge bezahlen muß, wird mir erst jetzt klar nach einem Gespräch, das ich gestern mit Leo führte, und das nun heut abend mit ihm und Julius fortgesetzt werden soll. Dabei wurde mir die angenehme Überraschung, daß ich mindestens für die nächsten drei bis vier Monate auf nicht mehr als höchstens 200 Mark monatlich werde rechnen können. Mit anderen Worten: Die ganze Misere geht von neuem los, mit dem Unterschied nur, daß ich nicht mehr auf eine bevorstehende Erbschaft hin werde pumpen können.

Waidmannslust, Sonnabend, d. 7. August 1915 | Einen sehr genußreichen Tag mit Landauer verlebte ich gestern. Ich ging früh zu ihm nach Hermsdorf hinüber. Wir machten einen prächtigen Spaziergang durch den schönen märkischen Wald, ich aß bei ihm Mittag (Frau Hedwig [geb. Lachmann] ist verreist) und blieb bis zum Spätnachmittag. Wir stellten die erfreulichste Übereinstimmung in der ganzen Beurteilung der Vorgänge fest. Auch unsere Wünsche und die Entwicklung unserer Wünsche im Lauf des Kriegsjahres laufen konform. Auch Landauer freute sich anfangs der deutschen Siege aus dem gleichen Gefühl wie ich: Wir sahen darin den schnellsten Weg zum Frieden. Jetzt stehen wir dem weiteren mit derselben Hoffnungslosigkeit gegenüber. Sehr schmerzlich war mir ein Brief, den Johannes Nohl nach einjährigem Stillschweigen aus Bern an Landauer geschrieben hat und den er mir mit seiner Antwort zu lesen gab. Zunächst in dezidierter Form ein Anpumpungsversuch um 100 Mark, daran anknüpfend aber leider ein traurig schwungvolles

Bekenntnis zur „gerechten Sache" Deutschlands und Österreichs. Landauers Antwort ist mehr als grob. Er versagt ihm Hilfe und Achtung und erklärt sich zur Sache Tolstois. […]

Berlin, Montag, d. 9. August 1915 | […] Um zwei Uhr heute nachmittag findet in einem Caféhause am Belle-Alliance-Platz eine Konferenz statt, die meiner Initiative zu danken sein wird und zu der ich geladen habe: Ströbel[15], Landauer, [René] Schickele und Hardekopf. Einzelheiten für unsere Verabredungen habe ich noch nicht im Sinne. Nur will ich versuchen, für eine Art „Burgfrieden" zwischen den verschiedenen Parteien und Richtungen, die gegenwärtig gegen den Strom schwimmen, die Basis zu gründen. Wir müssen uns dahin einigen, unsere Differenzen in allgemeiner Weltanschauung, in Zielen und Arbeit vollkommen zurückzustellen und einen Weg zu konspirativer Propaganda suchen, um unsere gemeinsamen Ansichten zur Geltung zu bringen. Ob das in der Form des von mir geplanten ‚Weltbundes gegen den Krieg' möglich sein wird oder ob wir uns zunächst auf Inlandsarbeit einigen werden, das stehe dahin. Jedenfalls hoffe und glaube ich, daß sich Möglichkeiten finden werden, wie wir trotz Zensur und Militärdespotie, trotz Staatswillkür und Gesinnungsverrottung den Ideen der Kultur und des Willens zum Frieden Raum und Atem schaffen können. Ich darf nicht eher nach Hause, ehe ich nicht weiß, daß mir dort – unter Hunderttausenden Einem – die Aufgabe winkt, für Gegenwart, Zukunft und Menschheit Zuträgliches zu wirken, und ehe ich nicht in Berlin Fäden gewebt habe, die den Telegrafendienst zwischen den paar Deutschen meiner Gemütsverfassung still und sicher versehen.

München, Donnerstag, d. 12. August 1915 | Eine Reiseepisode. In der Gegend von Halle wurden gefangene Franzosen eskortiert. Man sah im Hintergrund Gefangenenbaracken. Ein Mitreisender meinte: „Schön wohnen sie da ja nicht gerade." Ein anderer: „Immerhin besser als Unsere, besonders in Afrika." Der erste, der sich nun wohl seiner menschlichen Regung schämte: „Kann ihnen ja auch nichts schaden, daß sie bei uns mal arbeiten lernen!" … Diese Überhebung

---

15 [Heinrich Ströbel (1869-1944), Vorwärts-Redakteur 1900-1916; dann ab dem Jahr 1917 Mitglied der USPD.]

ist typisch. Was wird nur daraus werden, wenn wirklich westliches Land annektiert und „germanisiert" wird. Ein nicht auszudenkendes Unglück für alle menschliche Gesittung.

Im Osten wird dauernd weitergesiegt. Daß die Kraft der Russen damit gebrochen wäre oder würde, ist natürlich Unsinn. Aber die Gefahr, daß dort deutsche Truppen zu ähnlichen Aktionen im Westen frei werden können, ist sehr groß. Und am Balkan ist immer noch keine Wandlung zu erkennen. Vielleicht stehen wir erst am Anfang des ganzen Krieges. Die Rabbiner – selbst Carlebach in Lübeck gehört dazu – predigen von den Synagogenkanzeln seltsame Weissagungen. Um das Jahr 1830 lebte ein Talmudist, der hat die Prophezeiungen des Buches Daniel (das ich gestern Zenzl vorlas) gedeutet, und da schon viele wichtige Einzelheiten seiner Deutungen durch die Geschehnisse bestätigt sind, glauben die bibelgläubigen Juden alles Weitere: Danach soll dieser – genau vorhergesagte – Krieg vierzehn Jahre dauern. Sobald er aber zu Ende ist, werde der Meschiach kommen, die Welt erlösen und das Reich Juda über der Menschheit errichten. Ich habe den Lübeckern gesagt, falls das wahr werden sollte und der Messias komme zu ihnen, so möchten sie ihn mir doch auch nach München schicken. Ich möchte den Mann gern kennenlernen.

München, Montag, d. 23. August 1915 | Über die Kosten des Kriegs hat Helfferich[16] im Reichstag dolle Zahlen genannt: Danach betragen die täglichen Kriegskosten für alle beteiligten Mächte zusammen fast 300 Millionen Mark. […] Die Zerstörungswerte und der Ausfall sind nicht mitgerechnet – und die täglich hingemordeten Menschen auch nicht. Keine Phantasie reicht aus, um all das Unglück, das in diesen Zahlen ausgedrückt wird, zu erfassen. Aber die Welt jubelt, sie erlebt ihre „große Zeit".

Für die Sozialdemokraten sprach im Reichstag Dr. David [Eduard David, 1863-1930; rechter Sozialdemokrat]. Der ‚Vorwärts' konstatiert ganz richtig, daß seine Rede sich von denen der bürgerlichen Herren gar nicht unterschied. Nicht einmal gegen die Annexionsabsichten fand er mehr Worte, als in einem nichtssagenden Satz Raum

---

[16] [Karl Helfferich (1872-1924), Wirtschaftspolitiker, Leiter des für die Kriegsfinanzierung zuständigen Reichsschatzamts.]

hatten. Bei der Abstimmung waren wieder 29 Sozialdemokraten aus dem Saal gegangen. Gegen die zehn neuen Milliarden stimmte nur Liebknecht, dessen Versuche, sich Gehör zu schaffen, in Lärm und Gewieher der wahren deutschen Volksvertreter erdrosselt wurden. Im ganzen Land aber ist der Mann, der den Mut hat, sich in der Uniform eines Armierungssoldaten, der also rettungslos den Schindereien patriotischer Vorgesetzter ausgesetzt ist, allem entgegenzustellen, was ungestraft den Mund aufmachen darf, ein Gernegroß, ein Poseur oder bestenfalls ein Narr. So tief ist das ethische Gewissen Deutschlands gesunken, daß, wer die Empfindungen der Millionen öffentlich ausspricht, im ganzen Land als Lügner verlästert wird. Der Sieg der deutschen Waffen wird die Vernichtung der deutschen Seele sein!

München, Mittwoch, d. 15. September 1915 | Verheiratet.

München, Donnerstag, d. 16. September 1915 | Einiges Episodische von der Eheschließung [...] mit der Trambahn fuhren wir zum Festakt. Der verlief so grotesk wie möglich, da die Kopulierung von einem Manne vorgenommen wurde, der einen mir neuen Typus des salbungsvollen Staatsbeamten darstellt. Mit monoton plärrender Stimme trug er uns die Pflichten gegeneinander vor, wonach ich meine Gattin zu behüten, beschirmen, ernähren, sie mir hingegen ein sonniges Heim zu bereiten habe (Zenzl meinte nachher auf der Straße, sie werde eine Südwohnung suchen). Schmalz und Korrektheit verschmolzen in der Ansprache in einen Brei von Kanzleikomik, so daß ich die größte Mühe hatte, mein Grinsen nicht in lautes Gelächter überschlagen zu lassen. Zenzl ging es offenbar ebenso, und die beiden Zeugen standen würdig und mit größter Selbstbeherrschung ernsthaft zu unserer Seite. [...]

München, Freitag, d. 24. September 1915 | Ausgemustert – Dienstunfähig. Keine Engelsmusik hätte mir lieblicher in die Ohren tönen können als diese Entscheidung des Stabsarztes gestern vor der „Hilfsersatz-Kommission". Vorgestern stand ich mit Zenzl an der Görresstraßenecke, als ein älterer Stabsarzt vorbeikam. Ich benutzte die Gelegenheit, um Zenzl vorzuklagen: „Ich glaube, nächstens platze ich vor Nervosität." Zenzl beschwichtigte besorgt, bis ich ihr klarmachte, daß nur der Militärarzt mich zu dem Bekenntnis veranlaßt hatte. Der Zufall gab, daß wirklich derselbe Mann das Urteil über Leben oder Tod für mich zu fällen hatte.

Um halb neun mußte ich im Zimmer 38 des Wehramts antreten, wo sich im Ganzen etwa 170 Mann versammelten, alle aus den Jahrgängen 1881-78. Zunächst gab ein Beamter in Zivil Anweisungen, in welcher Weise „die Herren" zur Musterung vorgenommen würden. Dann erschien ein Oberstleutnant, der uns als „Mannschaften" apostrophierte und die Erklärung abgab, die Ausgehobenen würden sehr bald eingezogen werden, wohl schon Anfang Oktober: die Stimmung unter den bis dahin „dauernd Untauglichen" sank sichtlich, besonders als dann die ersten untersuchten Leute mit Leichenbittermienen herauskamen und erzählten: „Oalls packn's aa!" und einer nach dem anderen die Nachricht brachte: Verwendungsfähig, Infanterie, Pioniere etc., so daß schon die wenigen, die als garnisonsdiensttauglich bestimmt wurden, Neid und Glückwünsche einkassierten. Es schien, als sollten nur die wirklichen Krüppel ausgemustert werden. Die armen Leute taten mir schrecklich leid, und ich dachte mit Entsetzen daran, daß meine Aussichten, frei zu werden, auch immer tiefer sanken. Ich hätte gewünscht, daß unsere Repräsentationshelden, Kaiser, König, Kanzler, Minister, die überall Glockengeläut, Hochgeschrei und Siegesjubel vorgemimt bekommen, diesen Saal 38 betreten sollten. Sie hätten ein bißchen wahre Volksstimmung wahrnehmen können. Von den 170 Männern dachte nicht einer an Vaterland und Ruhm, eine furchtbare Depression lastete über den Gemütern, und die Gesichter derer, die ausgehoben waren, drückten tiefste Verzweiflung aus – und den entsetzten Gedanken: zum Tode verurteilt!

Ich überlegte indessen die Folgen, die die Einstellung für mich haben müßte, und beschäftigte mich im Geiste mit dem Eid, den ich hätte schwören müssen: Treue für König und Vaterland. Jeder weiß, daß das für mich wertlose Begriffe sind und daß mir gar nichts ferner liegt, als mich diesen höchst bekämpfenswerten Einrichtungen mit Leib und Leben zu verpflichten. Gott ist den Menschen der höchste Ausdruck aller seelischen Wahrheit, Ergriffenheit und Erfülltheit. Wer zu Gott schwört, tut es – nach dem Geiste der Frömmigkeit – aus dem tiefsten Bewußtsein seiner Herzenswahrheit heraus. Der Staat beruft sich auf Gott als den Schirmer seiner Berechtigung, der König führt sein Amt von Gottes Gnaden. Staat und König aber nötigen unter Zwang und Drohung die Menschen zur Ablegung eines Eides um Gottes willen, der den wenigsten von Herzen kommen kann, vielen aber direkt gegen die Wahrheit läuft. Den so erpreßten Eid benutzen sie dann als Waffe und Folter gegen den, der ihn leisten mußte. Ob nie einem Geistlichen diese entsetzliche Schmähung der Gottheit, diese fürchterliche Unsittlichkeit klargeworden ist? Als ich diese ganze Gedankenreihe durchging, beschloß ich endgiltig, den Treueid zu verweigern, wenn er von mir verlangt würde: auf jede Gefahr.

Mir ist gottlob die furchtbare Not erspart geblieben. Auf die Frage, was mir fehle, berief ich mich auf schlechte Augen und Herzerweiterung, die sich in Erschöpfungszuständen äußern. Der Stabsarzt selbst legte mir nahe, mich auch auf die Lungen zu berufen, behorchte mich nur ganz wenig und erklärte mich als „Ausgemustert!" Ob ich das den seit fünfzehn Jahren gerauchten Zigarren, getrunkenem schwarzen Kaffee und Alkohol und umarmten Frauen verdanke oder dem freiwilligen Verzicht der Militärbehörde, wage ich nicht zu entscheiden. Die neugierigen Blicke der Offiziere und Beamten, als ich in leuchtender Nacktheit in ihren geweihten Raum trat, läßt mich jedenfalls darauf schließen, daß man sich vorher über mich unterhalten haben wird, und da mag wohl die Ansicht laut geworden sein, daß ein derartiger Miesmacher in der deutschen Armee mehr ruinieren als helfen kann. So wäre denn einmal mein Festhalten an der stets bestätigten Gesinnung wahrhaft belohnt worden. Ein Martyrium hätte ich ohne „Stolz" hingenommen.

Aber in was für Situationen einen der Krieg bringt, das wurde mir erst ganz klar, als ich im Vorraum der Musterung warten mußte, bis die Reihe an mich kam, und mit angstvoll zitterndem Herzen mit noch etwa zehn Leidensgefährten im Kreise um ein Zimmer saß, jeder war mit dem Hemd bekleidet, aus dem die behaarten oder glatten, krummen, dürren oder wampigen nackten Beine hervorstachen. In dieser grotesken Maskerade, die das Vaterland von uns verlangt, mußten wir unser Schicksal erwarten, das für manchen tragisches Verhängnis sein mag.

München, Sonntag, d. 17. Oktober 1915 | Paul Scheerbart ist gestorben – nach der kurzen Zeitungsnotiz, aus der ich es erfahre, „einem

Schlaganfall erlegen". Ich finde mich noch gar nicht zurecht in dem Gedanken, daß dieser wundervolle, wunderliche Wunderkerl tot sein soll. Die Zeitungen nennen ihn einen komischen Kauz, einen Sonderling und wie noch alles. Daß sie und das Publikum ihn haben verhungern lassen wie seinerzeit Peter Hille [1854-1904], das wollen sie nicht wissen. Einmal sah ich, wie es in ihm aussah: als unser grotesker Zeitungsplan ‚Das Vaterland' in der groteskesten Weise scheiterte [...] und sein unbändiges Lachen plötzlich in wildes Weinen umschlug ... Ich bin überzeugt, daß Scheerbart ein Opfer des Kriegs geworden ist, wie er natürlich auch sonst etwas später ein Opfer des Alkohols, und das heißt der Not, geworden wäre. Aber die maßlose Teuerung dieser Zeit wird dem Bären [gemeint: Anna Scheerbart] ja nicht einmal mehr gestattet haben, den Schweinebauch mit Rüben zu kochen, der sonst herhalten mußte, wenn überhaupt zum Essen etwas Geld da war.

München, Sonntag, d. 31. Oktober 1915 | Ich gehe mit der Idee um, demonstrative Proteste gegen den Krieg zu organisieren. Bin allerdings vorläufig noch gar nicht im klaren, wie. Straßenkundgebungen sind sicher das Wirksamste und das Gefürchtetste. Die Stimmung im großen Publikum ist nachgerade reif, um dem Ruf nach Frieden und Brot Echo zu schaffen. Wenn etwa bei einem der polizeilich geschobenen Huldigungszüge vorm Wittelsbacher Palais plötzlich von vier, fünf Leuten an verschiedenen Stellen der Ruf ertönte: „Wir wollen Frieden und Brot!" so wäre vielleicht zu erreichen, daß aus der Huldigung ein allgemeiner Protest würde – und man weiß nie, ob aus solchen Anfängen nicht große und sehr eindringliche Krawalle entstehen können, was gegenwärtig der zuverlässigste Weg wäre, um den Wunsch nach Beendigung der Schweinerei auch bei den „Verantwortlichen" äußerst dringend werden zu lassen. Nur werden solche Huldigungszüge stets nach großen Siegen unternommen, wenn die Stimmung also den Adversären günstiger ist als uns, zudem nehmen daran zumeist Leute teil, die – wenigstens nach außen – auf loyale Stellung besonderen Wert legen. Außerdem bin ich noch ganz im Zweifel darüber, wie ich die zuverlässigen Leute finde, die den Versuch auf die Gefahr hin, verprügelt und verhaftet zu werden, unternehmen mögen, und wie ich selbst dabei völlig im Hintergrunde bleiben kann. Nicht daß ich Angst

hätte – wüßte ich, dadurch Nützliches bewirken zu können, wäre mir auch jahrelange Haft nicht zu teuer. Aber mein Name im Zusammenhang mit Friedenskundgebungen würde alles verderben, weil die Sozialdemokraten nicht zögern würden, mich abzuschütteln und als Beweis dafür zu benutzen, daß Anarchisten Provokateure sind, und das haben sie längst fertiggebracht, im deutschen Sprachgefühl das Wort *provocateur* nur mit der Assoziation *agent* gelten zu lassen.
Vielleicht nimmt mein Plan bei längerer Überlegung greifbarere Formen an, oder eine Gelegenheit ergibt sich, wo er sich zwanglos realisieren läßt.

München, Sonntag, d. 21. November 1915 | Der Berliner Aufenthalt war trotz aller Anregungen und erfrischenden Begegnungen quälend, zumal Zenzl schauderhaft unter der geschmacklosen Betriebsamkeit der Stadt litt. Dazu kam die Veränderung des Bildes durch den Krieg. Ein viel sichtbarerer Männermangel als anderswo. Frauen als Briefträger, als Trambahnschaffner, Fensterputzer, Eisenbahnbeamte, Frauen sogar bei der Nachtarbeit an der Untergrundbahnstrecke Nord-Süd, wegen deren Anlegung die ganze Friedrichstraße aufgerissen ist, und an der Kranzler-Ecke stehen Frauen mit Spitzhacke und Schaufel in den Erdlöchern und bauen. Aber auch die Unzufriedenheit ist in Berlin schon ganz anders bemerkbar als hier.
[…] Mit Landauer waren wir vielfach zusammen. Wir stellten in bezug auf das Zeitgeschehen völlige Übereinstimmung fest: Die Überzeugung (wie sie auch [Eduard] Bernstein geäußert hatte), daß die Sache der Mittelmächte keineswegs so glänzend stehe, wie man es vorzutäuschen sucht, und daß jeder Tag der Kriegsverlängerung der Entente zunutze kommt. Die ganze deutsche Kriegsführung gleicht einer ungeheuren Donquichoterie, immer von neuem werden unter Aufbietung kolossaler Energien und unter entsetzlichen Verlusten neue Pläne entworfen, unternommen und wieder aufgegeben. Die Taktik der Gegner, dabei einfach die völlige Erschöpfung Deutschlands und Österreichs abzuwarten, scheint daher sehr aussichtsvoll, wenn auch der schreckliche Gedanke nicht von der Hand zu weisen ist, daß bis zur Erreichung des Ziels aus dem Weltkonflikt ein neuer siebenjähriger Krieg geworden sein kann. Das zu verhindern, wer-

den revolutionäre Taten geschehen müssen, und für die ist vielleicht auch mir noch eine Funktion vorbehalten. Landauer meint freilich, daß konspirative Versuche, wenn sie mißlingen, erstens zur Verlängerung des Krieges beitragen könnten, zweitens Leute, die nachher noch viel zu tun haben und dringend nötig sind, für Jahre und Jahrzehnte ins Zuchthaus bringen könnten. Ich verschließe mich diesen Erwägungen nicht, aber oft will mir scheinen, als ob ich die Untätigkeit einfach nicht ertrage.

1916

München, Sonnabend, d. 1. Januar 1916 | Des Neujahrs 1916 werde ich lange eingedenk bleiben. Bei uns fand eine große Silvesterfeier statt, an der – zugerechnet die Flüchtlinge von anderen Veranstaltungen – achtzehn Personen teilnahmen. Es war ungemein lärmend und ausgelassen. Man ersäufte die Große Zeit in Alkohol und Fröhlichkeit. Zenzl hatte sich riesig angestrengt und reichlichst Speise und Trank vorgesorgt. Bei mir schaltete der starke Feuerzangenpunsch bald alle Hemmungen aus, und ich lag in den Armen und am Munde einer Frau Professor Aenny v. Aster. Frau Ehrengard wurde darüber hysterisch eifersüchtig, und ich mußte mich auch mit ihr abgeben. Da sich überall sogenannte „Schwabinger Knäuel" gebildet hatten, nahm niemand Anstoß daran außer Zenzl, was mir leider in meiner Bezechtheit erst zu spät klar wurde. […] Entsetzlich war es mir, als sie weinend sich vorwarf, Ludwig Engler meinetwegen verlassen zu haben. Sie bereue es und werde vielleicht doch noch zu ihm zurückgehen. Was nun daraus werden soll, ist mir ganz rätselhaft und beängstigend. Sie will es mir nicht glauben, daß sie mir unentbehrlich und meinem Herzen der nächste von allen Menschen ist. Andererseits ist meine Sinnlichkeit bei Ehrengard zur Zeit sehr stark engagiert, und bei der fanatischen Verliebtheit der Frau und ihrer Kunst, mich immer wieder zu sich einzufangen, kann ich mich ihren Reizen nicht entziehen. […]

München, Freitag, d. 7. Januar 1916 | Auf der letzten Kegelbahn gab es mit Halbe wieder einen Disput, der sich diesmal mehr in den

Grenzen philosophischer Determinationen hielt. Der Krieg ist diesen Leuten immer noch lediglich Naturkatastrophe, und ihr Gewissen ist völlig beruhigt. Daß sie bei dieser „historischen" Betrachtungsweise trotzdem wütende Feinde der Herren Grey [britischer Außenminister 1905-1916], Poincaré [französischer Staatspräsident 1913–1920], Iswolski [russischer Außenminister 1906-1910] und Genossen, aber begeisterte Bejaher der Tirpitz [Großadmiral: Ausbau der Kriegsflotte, aggressive Kolonialpolitik], Burian [österreichischer Außenminister 1915/16] und Enver Pascha [türkischer General & Politiker] sind, tut nichts zur Sache. Mein „Kosmopolitismus" ist höchst verächtlich, aber in meiner Eigenschaft als Jude begründet. Ich erklärte, daß ich diese Eigenschaft für die beste der Juden halte und nur wünschte, meine Stammesgenossen hätten darin nicht auch umgelernt. Im übrigen sei der Kosmopolitismus bis zum 1. August 1914 auch ein Spezifikum der Deutschen gewesen. Das ficht aber den sich verbreitenden Antisemitismus der deutschen Patrioten gar nicht an. Ich sehe immer klarer: Nach dem Kriege wird ein Krieg ausbrechen, in dem ich als freiwilliger Offizier im ersten Graben kämpfen muß.

München, Sonntag, d. 6. Februar 1916 | Freitag sprach ich mit Heinrich Mann, gestern mit Professor v. Aster [1880-1948, Professor der Philosophie] über die Möglichkeit, die oppositionellen Elemente der deutschen Intellektualität zu sammeln und mit ihnen irgendeine Aktion zu unternehmen, die von Wert sein könnte. Soviel ist sicher, daß es ungemein schwierig ist, auch nur den persönlichen Konnex zwischen denen herzustellen, die nicht vom Staatswahnsinn verfolgt sind. Die Herren Fischer, Wölfflin [Professor der Kunstwissenschaft], Brentano [Nationalökonom] wollen so hofiert werden, daß man von vornherein den Mut verliert. Jaffé[17] ist ein schwankes Rohr im Winde, der erst zu brauchen sein wird, wenn er seine innere Überzeugung auf die gleiche Ansicht autoritativer Namen glaubt stützen zu können. Inzwischen redet er noch öffentlich von Deutschlands wirtschaftlicher Unbesiegbarkeit. Wedekind gesteht

---

[17] [Edgar Jaffé (1866-1921), Professor der Nationalökonomie in München, mit Mühsam bekannt; er war 1918/19 bayerischer Finanzminister (USPD) in der Revolutionsregierung Eisner.]

offen zu, daß er nichts riskieren mag. „Man wirft uns in den Schützengraben oder ins Zuchthaus", sagte er mir neulich. „Dafür danke ich. Ich fühle keinen Beruf zum Märtyrer. Unser aller ganzes Leben ist Martyrium genug." Das ist für ihn natürlich richtig, und man muß warten, bis er und andere seiner Art einsehen, daß sie keine Christusleiden mehr zu fürchten brauchen. Das wird sein, wenn stärkere Naturen von wichtigem Namen vorangegangen sind, ohne in Not und Tod zu geraten … Mit Aster bin ich ziemlich einig. Meine Idee einer ‚Deutschen Gesellschaft von 1916' fand er diskutabel, meint aber, das Beste sei, den ‚Bund Neues Vaterland', der nur noch ein Scheindasein führt, in München zu neuem tatkräftigen Sein zu erwecken. Für die Zeit nach dem Kriege plant er die Gründung eines ‚Schutzverbands gegen das Alldeutschtum'. – Wir betreiben jetzt eine erste persönliche Zusammenkunft mit denen, die den Mut zur Wahrheit haben. Daraus mag dann Weiteres und hoffentlich Gutes erwachsen. […]

München, Montag, d. 14. Februar 1916 | […] Ich hatte großen Ärger. Gestern sollte die lang vorbereitete Besprechung mit den Professoren und den übrigen Gleichgesinnten sein. Die kleine Person, deren Initiative viel dabei zu danken war – wirklich auf die Beine gebracht habe ich die Verabredung –, kam nun gestern mittag plötzlich und bestellte alles ab, da „die Hauptperson" erkrankt sei. Diese „Hauptperson" sollte [Kurt] Eisner sein, der von Anfang an gar nicht viel Wert auf die ganze Geschichte legte. Ich war wütend, und mein Verdacht, daß die Verlegung sich *ad calendas graecas* erstrecke, erhielt die stärkste Wahrscheinlichkeit, als mir Professor v. Aster, der abends bei mir war, mitteilte, er habe mit Fischer vereinbart, daß erst mal die Professoren allein zusammenkommen sollten. Meine Idee war gerade, daß diejenigen Entschlossenen, die persönlich noch keine Fühlung haben, zusammenkommen sollten, um sich kennenzulernen und nach Maßgabe ihres jeweiligen Wirkungskreises die Rollen verteilen. Was bei der Professorenkonversation herauskommt, sehe ich deutlich voraus: eine lendenlahme, zensurfähige Resolution und die vorsichtige Erwägung, man bleibt lieber allein, als sich mit dem suspekten Herrn Mühsam gemein zu machen. Und dies Fiasko nur, weil die törichte Person die Erkrankung Eisners für die Verhinderung der „Hauptperson" hält, während ich überzeugt bin, daß die Krankheit in Wirklichkeit Unlust heißt. Bald verzweifle ich an allem. Man sollte halt Milliardär sein wie Herr Ford. Der bringt es wirklich fertig, einen permanenten Friedenskongreß von neutralen Staatsangehörigen zu organisieren. Wenn er's erreicht, daß der Krieg durch seine Arbeit auch nur um einen Tag verkürzt wird, so würden die Hunderte Millionen, die es kostet, nicht umsonst vertan sein, und wir wollen das Geld, ohne zu fragen, wie es erworben sein mag, vergessen, selbst ohne zu fragen, was Ford dran verdient.

München, Sonnabend, d. 25. März 1916 | Alles, was ich in den letzten Tagen hier zu notieren gedachte, tritt in den Hintergrund gegen das, was sich gestern im Reichstag abgespielt hat. Nach den kurzen Berichten, die bisher hier vorliegen, ist es zu regulärem Skandal zwischen den Amtsträgern der sozialdemokratischen Partei gekommen und zur offenen Spaltung in der Fraktion. Nachdem Scheidemann[18] die Erklärung abgegeben hatte, daß die Partei vorbehaltlich ihrer Entscheidung zum Hauptetat dem vorläufigen „Notetat" die Zustimmung geben werde, nahm Haase das Wort, um eine sehr scharfe Rede dagegen zu halten. Für die grenzenlose Verlogenheit, die heutzutage in Deutschland überhaupt nur als Diskussionsboden Geltung hat, zeugt das Verhalten der Abgeordneten bei Haases Rede. Er sprach aus, was jeder Mensch ganz genausogut weiß wie er selbst: Nämlich, daß Not und Entbehrung im Lande herrsche und daß schleunigst Frieden gemacht werden müsse, da es in diesem Kriege Sieger oder Besiegte doch nicht geben werde. Bei diesen Worten tat sich ein Orkan der Entrüstung auf, und bei der Abstimmung, ob Haase das Wort entzogen werden solle, stimmten außer allen bürgerlichen „Volksvertretern" viele Sozialdemokraten dafür. Dann beschloß die Fraktion, Haase ebenso wie Liebknecht außerhalb der Fraktion zu stellen, weil er angeblich dadurch einen Treuebruch begangen habe, daß er in der Fraktionssitzung dem Antrag zugestimmt hätte, zum „Notetat" keinen Redner vorzuschicken (Wie sich diese Dinge verhalten, wird wohl morgen aus dem ‚Vorwärts' ersichtlich sein). Ich denke mir, Haase und seine Anhänger werden

---

[18] [Philipp Scheidemann (1865-1939), rechter Sozialdemokrat und Fraktionsvorsitzender der SPD im Reichstag.]

sich gesagt haben, die Ankündigung ihrer Absicht in der Fraktion hätte die nationalliberalen Scheidemänner zu Gegenmaßnahmen veranlaßt, und es wäre wieder unmöglich geworden zu sagen, was zu sagen ist. Jedenfalls haben sich nun die übrigen Mitglieder der Minderheit mit Bernstein etc. mit Haase solidarisch erklärt, und so ist eine neue Fraktion entstanden, die „Fraktion der sozialdemokratischen Arbeitsgemeinschaft", der sich wohl auch Liebknecht und [Otto] Rühle [1874–1943] einfügen werden. Sehr bezeichnend für den Geist, der die Mehrheit der Partei beherrscht, sind die Zwischenrufe, die Haase aus den eigenen Reihen hören mußte: „Landesverräter!" schrien welche, und Herr Hörn: „Sie sind überhaupt kein Sozialdemokrat!" ... Fast muß man es wirklich annehmen, daß einer, der noch internationales Empfinden, menschliches Fühlen und Haß gegen die kapitalistische Mordbrennerei in sich hat, nicht mehr so bezeichnet werden darf. – Ich habe eben an Haase einen längeren Brief geschrieben, in dem ich auch ihm meine Meinung begründet habe, daß jetzt wir wenigen, die wir entschlossen sind, aktiv für revolutionären Pazifismus zu wirken, zusammengehören. Er möge mir mitteilen, ob er einer Konferenz in Berlin, die im April stattfinden solle, zustimme. – Liebknecht hat mir auf meinen Brief bisher nicht geantwortet. Ich fürchte, daß die Ursache seines Schweigens sein Dünkel ist. Dann soll er mir gestohlen werden. Meine Bemühungen um die Münchner Wahlweiber habe ich aufgegeben. Die haben die Reformhosen voll, wenn sie nur meinen Namen hören. Mit Angstmeiern aber ist keine Rebellion zu machen. [...]

München, Mittwoch, d. 5. April 1916 | Die Unterseeboote arbeiten wie besessen; englische, französische, holländische, norwegische, schwedische, dänische Schiffe, bewaffnet und unbewaffnet, mit Bannware oder mit Passagieren werden gewarnt oder ungewarnt torpediert oder in die Luft gesprengt. Zugleich darf sich das Publikum täglich von neuem an der Nachricht erfreuen, daß die Zeppeline England bombardieren, bald London, bald die Ost- und Südostküste – nun schon an vier Tagen hintereinander. Ob sich die Arrangeure dieser Kriegsführung gegen Kinder und Weiber im Ernst einbilden, damit die Gegnerschaft Englands kleinzukriegen? Ich kann's mir nicht denken. Ich sehe in diesen Unternehmungen nur noch Akte der Verzweiflung. Die Metzelei vor Verdun, die immer noch entsetzensvoll fortgesetzt wird, führt scheinbar nicht zu dem gewünschten Ergebnis einer militärischen Entscheidung. Die russische Offensive ist wegen des Tauwetters abgebrochen worden – in einer unglaublich geschwätzigen OHL-Darlegung [Oberste Heeresleitung] wurde das ausgedrückt, sie sei „in Sumpf und Blut erstickt". Die Türkei scheint angesichts der russischen Erfolge in Armenien und Persien sehr geneigt, einen Sonderfrieden zu schließen. Bulgarien wird in den deutschen Blättern gar nicht mehr erwähnt, nur das erfuhr man heute, daß die bulgarischen Truppen auf Verlangen Griechenlands von der griechischen Grenze zurückgezogen sind – was auch nicht gerade auf diplomatische Erfolge am Balkan schließen läßt. Im Lande selbst aber herrscht Katastrophenstimmung. Hier in Bayern hat die Kleinigkeit der Butterknappheit das Faß offenbar voll werden lassen. Überall redet man ganz ungeniert so, wie ich es etwa in diesen Blättern darstelle. Die unglaubliche Teuerung aller Waren, die sich in den ärmeren Schichten in bitterer Not ausdrückt, äußert sich drohend in den Reden der Menschen und hier hauptsächlich in unverhohlenem Preußenhaß. Man hat das Gefühl: einen Tropfen noch – und dann wehe der Welt! … Schon ist in der Schwanthalerhöh an einer Verteilungsstelle des sogenannten „Wohlfahrtsausschusses" die Wut der Frauen offen ausgebrochen. Ein Beamter fauchte sie an, sie sollten ihre Fratzen zu Hause lassen. Antwort: Vielleicht sollen wir für eure Bettelgroschen auch noch Kindermädchen bezahlen! Auf das Murren und Schimpfen ließ der Mann Polizei kommen. Der Schutzmann, der eine der Frauen feststellen wollte, bekam eine Ohrfeige, daß ihm der Helm herunterflog. Er zog blank. Aber die Frauen nahmen ihm den Säbel weg und verprügelten ihn. Dabei gab es Zurufe: Ihr wollt's wohl mit uns so machen wie in Berlin und auf uns schießen, wenn unsere Männer im Schützengraben liegen! – Das sind kleine Einzelfälle – gewiß. Aber sie zeigen an, wie weit die Stimmung gediehen ist bei uns. – Da wird der Zeppelin- und U-Boot-Lärm auch nicht mehr viel helfen. Einmal gibt's Scherben – und dann ist der Friede da. Alle Welt prophezeit ihn für den Mai.

München, Donnerstag, d. 6. April 1916 | […] Ich reise Samstag nach Berlin, dort hoffe ich mit Landauer, Bernstein und anderen, vielleicht auch Haase und Liebknecht, zu einem Einverständnis zu kommen. Natürlich können wir die Revolution nicht machen, wahrscheinlich nicht einmal erheblich beschleunigen. Aber ist sie über Nacht da, dann muß jeder seinen Platz kennen und seine Aufgabe. Der Boden ist gedüngt, sobald die Keime sichtbar werden, müssen die Gärtner bereitstehen.

Berlin, Dienstag, d. 11. April 1916 | Heute beherbergt mich eine Konditorei in der inneren Stadt, von wo ich um sechs Uhr zu Haase gehen will. Inzwischen die Eindrücke seit gestern in aller Kürze. Von Hans aus ging ich nachmittags zum Reichstagsgebäude. Dort erhielt ich, nachdem mir eine nachgesuchte Besprechung mit Eduard Bernstein nicht gelungen war, nach vielem Warten Zutritt auf die Tribüne. Cohn-Nordhausen sprach über den neuen Kali-Gesetzentwurf, was mich nicht interessierte, das „hohe Haus" übrigens sichtlich ebensowenig. Dann war ich aber doch noch Zeuge einer durch Widerwärtigkeit interessanten Szene. Der Präsident Hämpf schlug vor, bis zum 2. Mai über Ostern zu verlegen. Dem widersprach Ledebour mit der Begründung, die Sozialistische Arbeitsgemeinschaft habe einen Antrag eingebracht, durch den eine Wiederholung der Vorgänge vom Sonnabend unmöglich gemacht und verhindert werden solle, daß ein Abgeordneter durch Gewalttätigkeiten von der Ausübung seiner parlamentarischen Pflichten abgehalten werden könne. Die Sache sei so dringlich, daß zu ihrer Beratung unbedingt schon morgen (also heute) eine Extrasitzung angesetzt werden müsse. Dem widersprach – Herr Scheidemann. Dieser ehemalige Revolutionär erklärte, daß er die Notwendigkeit einer so überstürzten Beratung nicht einsehe und denunzierte Haase, er habe Herrn Edmund Fischer gesagt, die Abgeordneten dürften ruhig gleich abreisen, es würde bestimmt nicht mehr verhandelt werden. Haase strafte ihn Lügen. Das half aber nichts, die ganze Rechte und Mitte des Hauses mitsamt dem Freisinn und der alten demokratischen Fraktion brüllten wie die Ochsen: Hört! Hört! und rasten vor Vergnügen, und ich hatte das unangenehme Gefühl, mich in einer Idiotenanstalt zu befinden, deren Insassen eine Katzbalgerei vor geladenen Gästen vorführen, um die Menschenähnlichkeit der Affen ad oculos zu demonstrieren. Grenzenlos häßlich war das Verhalten des Strebers Scheidemann, der nur darauf bedacht schien, den

Patrioten auf der rechten Seite seine Assimilation durch Gehässigkeiten gegen die Seite, von der er kommt, sinnfällig zu machen. Ein
arrivierter Subalterner, den die angeborenen schlechten Manieren
zum Verräter werden lassen.

Nach der Sitzung traf ich im Hause Herrn Dr. Liebknecht, der sich
entschuldigte, weil er meinen letzten Brief nicht beantwortet hat. Er
sieht seltsamerweise – aber ähnlich wie Eisner in meinem Plan einer
gemeinsamen Wirksamkeit eine Quelle der Schwächung. Ihn interessiere nur die sozialistisch-proletarische Bewegung, und er glaube, daß jeder dem andern am stärksten hilft, wenn jeder sich auf
seine Kreise konzentriert. Immerhin versprach er, sich an einer Konferenz, wenn sie zustande komme, zu beteiligen. Über die Samstag-
Vorgänge sprach er kühl-belustigt. Etwas Prügel müsse man in Kauf
nehmen. Über den genauen Verlauf der dreckigen Szene habe ich
nicht viel erfahren können, nur soviel, daß sich die Freisinnigen, und
besonders Herr Müller-Meiningen [1919/20 bayerischer Justizminis-
ter] dabei hervorgetan haben. […]

Morgen und in den nächsten Tagen werde ich die Konferenz weiter
zu fördern suchen, und Ledebour, [Rosa] Luxemburg, Gerlach etc.
zu gewinnen sehen. Über die Nützlichkeit kräftiger Vorbereitungen
gerade in diesem Augenblick habe ich keinen Zweifel. Die Ernährungsverhältnisse in Berlin sind geradezu grotesk. Keine Butter,
kein Zucker – und im Volke dumpfe Erbitterung.

Berlin, Mittwoch, d. 12. April 1916 | Vor der Abfahrt nach Steglitz
zu Lannatsch Schickele in einem kleinen Caféhause am Wannsee-
bahnhof. – Bei Haase war ich etwa eine Stunde. Ein liebenswürdiger
sympathischer Mensch mit guten, klugen Augen. Auch er steht der
Idee sehr skeptisch gegenüber und findet, daß der Bund Neues Vaterland völlig erfüllt, was ich möchte. Gleichwohl will er sich an einem „Bierabend" beteiligen. Auf revolutionäre Dinge hofft er nur
wenig. Tatsächlich kann einen die engelshafte Geduld, mit der die
Leute zu vielen Hunderten vor den Butter-, Zucker-, Kaffeeläden
stehen und sich nicht einmal durch Polizistenpöbeleien aus ihrer Er-
gebung schrecken lassen, zur Verzweiflung treiben. Aber wenn das
grauenvolle Schrecknis dieses Krieges möglich war, darf man dann
aufhören, auf das Wunder einer Revolution zu hoffen? […]

Waidmannslust, Donnerstag, d. 20. April 1916 | [...] Aus der von mir angestrebten Zusammenkunft wird leider, solange ich in Berlin bin, nichts mehr werden. Haase hat mir heute telefonisch erklärt, daß die Leute jetzt, ums Osterfest herum, nicht mehr zusammenzukriegen sind. Aber er sowohl wie Landauer halten die Sache selbst für so gut, daß sie für ihre Realisierung sorgen wollen. Ich denke nun in der nächsten Woche einige Tage in Leipzig zuzubringen und dort außer meinen eigenen Geschäften einen ähnlichen Zusammenschluß verschieden orientierter, aber jetzt vom gleichen Drang beseelter Menschen zu betreiben. Ein Besuch bei der ‚Leipziger Volkszeitung‘ und bei den Literaten, die ich interessiert weiß, wird hoffentlich genügen, nun auch dort Wertvolles erstehen zu lassen. Wie ich es aber in München machen werde, davon hab ich noch keine Ahnung. Aber gemacht muß es auch dort werden! [...]

Waidmannslust, Dienstag, d. 25, April 1916 | [...] Ich hatte Gelegenheit, eine Anzahl von sozialdemokratischen Streitkundgebungen einzusehen, aus denen deutlich wird, wie uneinig auch die Minderheit unter sich ist, und wie weit entfernt die Richtung Liebknecht-Rühle mit ihrem Rückhalt bei den Mehring [Franz Mehring, 1846–1919, USPD-Mitbegründer], Luxemburg, ‚Bremer Bürgerzeitung‘ etc. sich von der gemäßigten ‚Arbeitsgemeinschaft‘ bewegt. Die ‚Spartacus-Briefe‘ [Gruppe Internationale], die ich in der Hand hatte, gehen äußerst scharf mit den Haase-Leuten ins Gericht, die nie den Mut fanden, Liebknecht bei seinen kurzen Anfrage-Aktionen etc. zu unterstützen. Außerdem erhielt ich eine Broschüre von Julian Borchardt [1868–1932, linker Sozialdemokrat] über die Politik der Partei vor und nach dem 4. August 1914, aus der mir der Beweis am interessantesten war, daß die ganze Haltung der Partei zum Kriege bestimmt war von der Angst um die 20 Millionen in Parteiunternehmungen investiertem Kapital. – Höchste Zeit zum Aufbruch!

München, Montag, d. 1. Mai 1916 | [...] „Hamstern“ ist das neueste Schlagwort der Presse und des Publikums, und die „Hamster“ dienen jetzt, wie vordem Juden und Wucherer, als Sündenböcke für den steigenden Nahrungsmittelmangel. Wie fraglos der Wucher einen Teil der Schuld an der allgemeinen Teuerung trägt, so beschleunigt in gewissem Maße das Anhäufen von Nahrungsmitteln in den einzelnen Hausständen die wirtschaftliche Erschöpfung Deutschlands. Aber ich glaube, daß diese Erscheinungen minimal auf die Gesamtsituation einwirken und daß eben doch die systematische Aushungerungspolitik der Entente den Ruin der Volkskraft unaufhaltbar herbeiführt. Allmählich wird es das Volk ja wohl auch trotz aller noch so forschen – dabei aber höchst mangelhaften – „Organisation" und trotz aller Schuldhäufung auf Einzelne merken, daß Schlachtensiege und Durchhalterei es auf die Dauer nicht werden füttern können. Ich begrüße die „Hamsterei" deshalb als ein Mittel zur Beschleunigung der Katastrophe, wie Amerikas Eingreifen mir aus demselben Grunde erwünscht wäre. […]

München, Donnerstag, d. 4. Mai 1916 | […] Ich war wegen meiner Konferenzen bei Aster und Prof. Schmid. Beide wollen mittun. Beide „versprechen sich nichts davon". So sind sie fast alle. Das Richtige wissen, aber nie die Vorsicht vergessen. Vorweg entmutigen und hintennach, wenn sie an Haaren und Kleidern zur Aktion gezerrt sind, den Ruhm einstreichen.

München, Freitag, d. 5, Mai 1916 | Ich überlege, wie ich den Leisetretern den Teppich wegziehen kann und will es vorerst damit versuchen, daß ich ihren Wünschen entspreche und ihnen für die Zusammenkunft ein richtiges Arbeitsprogramm entwerfe. Wie das aussehen wird, weiß ich noch nicht. Jedenfalls habe ich in Briefen an Haase und Landauer das „Konkrete", das zur Besprechung kommen soll, vorgezeichnet. Es kommt darauf an, die von verschiedenen Weltanschauungen zur Zeit in eine Richtung gedrängten Elemente zu Besprechungen zusammenzuführen, bei denen 1.) die Wege gesucht werden sollen, auf denen man die wirksame und ganz ungenierte Propaganda der Alldeutschen durch eine ebenso wirksame Propaganda durchkreuzen kann, 2.) für den Fall plötzlicher Ereignisse, als Revolution (mag sie unwahrscheinlich sein – möglich ist sie!), Freigabe der [bis November 1916 verbotenen] Kriegsziel-Erörterungen [in der Öffentlichkeit], Waffenstillstand oder sonstwelche Überraschungen die Obliegenheiten des Einzelnen in Verbindung mit denen der anderen fixiert oder doch überlegt werden müssen, 3.) jeweils auftauchende Einfälle, Vorschläge,

Wahrnehmungen der richtigen Behandlung zuzuführen wären. Vorläufig „versprechen" sich die Herren nichts davon. Wollen mal sehen, ob ihre Passivität oder meine Aktivität stärkeren Atem hat. […]

München, Dienstag, d. 23. Mai 1916 | […] Erdmann sowohl wie vorher ein junger Lyriker, der mit einem Gruß von Jenny bei mir vorsprach, erzählten von der Liebknecht-Demonstration am Potsdamer Platz, an der offiziell 200 Personen teilgenommen haben sollen (als ob auf dem Potsdamer Platz eine Ansammlung von 200 Personen auch nur als Auflauf angesehen würde!). Man scheint zwei Nullen bei der Zahl unterschlagen zu haben, und es ist bei der Zerstreuung nach beiden Aussagen auch Blut geflossen. Liebknecht soll zur Zeit in Moabit sitzen. Ich finde, man muß jetzt möglichst viele in ihrer Weltanschauung voneinander entfernte Menschen gewinnen, um Solidaritäts- und Sympathiekundgebungen für den Mann herbeizuführen. Das wäre zugleich eine gute Gelegenheit, aufrechte Menschen von Opportunisten und Leisetretern zu scheiden. Da in München kaum etwas zu machen ist, will ich auch das nach Berlin anregen. […]

München, Sonntag, d. 18. Juni 1916 (früh) | Das Volk steht auf ! – Gestern erlebten wir den Auftakt der Revolution. – Mittags brachte meine Frau das Gerücht nach Hause, am Marienplatz sei etwas los gewesen, ein Butterkrawall oder dergleichen. Abends waren wir im Bunten Vogel, wo erzählt wurde, um sieben Uhr habe es am Marienplatz Krach gegeben, die Leute ständen noch da. Wir entschlossen uns (um zehn Uhr) noch hinzugehen. In der Tat stand der Marienplatz voll von Leuten, die ich auf 10.000 Personen schätzte (eine unsichere Schätzung, da ich keinen rechten Maßstab hatte). Johlen und Pfeifen war zunächst das einzige Merkmal einer Erregung. Allmählich hörte man aus den Gruppen heraus lautes Fluchen, Aufklärungen, Anklagen wegen der Not, der Nahrungsmittelverteilung, der Massenmörderei. Vor dem Café Rathaus standen etwa zehn berittene Schutzleute aufgepflanzt, zunächst ohne sich zu rühren. Man erfuhr, daß kurz vorher die Gäste des Caféhauses Wasser aus den Fenstern geschüttet und Brotreste heruntergeworfen hätten. Darauf seien die Fenster des Lokals eingeworfen worden. – Allmählich kam auch jetzt wieder Bewegung ins Ganze. Die Schutzleute ritten herum, forderten zum Weitergehen auf, trieben die Menge auf dem Platz herum. Auf der Mariensäule standen dreizehn-, vierzehnjährige Jungen, die bis zu den Mittelfiguren hinaufgeklettert waren und mit Blumenstöcken warfen. Einer, den ein Schutzmann zum Herunterkommen aufforderte, erwiderte: „Mei Mutter weint den ganzen Tag, weil's ka Brotmark'n nimmer hat. Gibst mir deine, dann kumm i abi." – Am Rathaus hörte man Fenster einschlagen. Allgemein war aber die Stimmung noch mehr neugierig als aufgeregt. Das änderte sich plötzlich, als die Dienerstraße entlang Militär anrückte, mit aufgepflanztem Bajonett, und sich vor der Ostseite des Rathauses aufstellte. Eine maßlose Wut brach durch. Alles schrie Pfui! – Gemeinheit! – Sauhunde! – Blaue Bohnen statt Brot! und ähnliches. Man sah dann, wie die Soldaten über den Platz gingen und wie an der Ecke Rindermarkt von ihnen ein junger Mensch festgenommen wurde. Der Lärm steigerte sich jetzt ungeheuer. Auch wir drangen jetzt bis zu den Soldaten durch, die von der Menge gehöhnt und beschimpft wurden: „Schamts euch! Auf die eignen Frauen und Kinder loszugehn! Franzosen täten dös net!" Die Leute (Leibregiment) schämten sich offensichtlich. Wo man einen persönlich anredete, entschuldigte er sich achselzuckend: „Mir müssen doch!" – Angesichts der infolge der Provokation bedrohlichen Volkswut zog sich die Kompanie dann zum alten Rathaus zurück. Jetzt flogen Steine und harte Gegenstände gegen die Fenster anderer Häuser (Hagé und Pölt etc.), und plötzlich hörte man aus der Rosenstraße einen Riesenlärm von Steinwürfen und niederprasselnden Fensterscheiben, jeder Wurf vom donnernden Bravo der Massen begleitet. Erst nach geraumer Weile, nachdem die Seidische Bäckerei jedenfalls schon gehörig zugerichtet war, ritten die Schutzleute in die Straße hinein und versuchten Ruhe zu schaffen. Wir standen indessen vor dem Westflügel des Rathauses, wo ebenfalls hin und wieder eine Scheibe klirrte. Plötzlich ein wildes Geschrei, Frauengezeter, wildes Durcheinanderrennen. Die Polizisten hatten blank gezogen und ritten jetzt, nach allen Seiten schlagend, über den Platz. Man hörte Schreie von Verwundeten, namenlose Wutäußerungen: Pfui! Sauhunde! Preußenknechte! Helden! Auf Weiber und Kinder habt ihr Mut! Pfui! Pfui! Nach allen Seiten stob das Volk auseinander und staute sich in den Seitenstraßen. Wir gerieten in die Weinstraße. Auf einmal stürzten sich Schutzleute zu Fuß mit blanker Waffe auf uns. Tolle Flucht und Geschrei. Wir wurden in ein Seitengäßchen abgedrängt, das zur Frauenkirche führt. Auch dahin folgten die jetzt heldisch geblähten Säbelschwinger. Eine Dame, die sich uns angeschlossen hatte, kriegte einen Hieb mit der flachen Klinge auf den Rücken. Endlich kamen wir durch Haufen aufgeregter Menschen hindurch zur Neuhauserstraße, wo die allgemeine Erregung noch nachzitterte. Wieviel Verhaftete und wieviel und welche Art Verwundungen, wird man wohl bald durch Gerüchte erfahren. Daß die Geschichte erst ein Anfang war, scheint mir ganz sicher. Heute am Sonntag wird schwerlich die Fortsetzung ausbleiben. In der Weinstraße war der allgemeine Ruf: „Auf Wiedersehen morgen!" Und ob sich nach solcher Aufführung der Staatsgewalt das Volk wieder unbewaffnet den Bewaffneten ausliefern wird, ist mir sehr fraglich. Die Demonstration trug gestern schon durchaus revolutionären Stil. Rufe wie „Frieden! – Nieder mit dem Krieg! – Brot!" erschollen überall, und nachher in der Stadt hörte man kein anderes Urteil als: „Ganz recht so! Es mußte ja mal so kommen! Noch lange nicht genug!" Die Erregung ist sehr groß, und das Volk scheint einig zu sein. Fragt sich nur, ob die Soldaten soviel Schneid aufbringen, zu den Ihren zu halten, wenn es drum und drauf ankommt, oder ob sie sich von ihren Oberen ebenso gegen ihre Angehörigen kommandieren lassen wie gegen Russen und Franzosen. Vielleicht erweist sich's schon heute.

Ursache zu dem Krawall soll dieser Vorfall gewesen sein: Gestern vormittag erschien am Viktualienmarkt eine Bauersfrau mit großem Buttervorrat, den sie verkaufen wollte. Die Kundschaft, der sie die Ware gern billig gegeben hätte und die sie gern gekauft hätte, hatte aber keine Butterkarten mehr. So kam man überein, die Butter solle halt ohne Karten verkauft werden. Dazu kam ein Schutzmann und verbot den Verkauf. Die weinende Frau sollte mit ihrem teuren Gut wieder nach Hause ziehen und die Leute ohne die köstliche Gottesgabe. Denn unsere treffliche Organisation verlangt es so. Die Menge nahm nun Stellung gegen den Schutzmann, der soll dann, als er blankzog, verprügelt worden sein, und dieser Krach setzte sich dann in Massenansammlungen am Marienplatz und demonstrativen Rufen vor dem Rathaus den ganzen Tag fort, bis um Mitternacht (genau um zwölf Uhr nachts kam die Säbelattacke, jedenfalls wollte die Münchner Polizei um keinen Preis die Polizeistunde überschreiten lassen) das Kampffeld von den Helden der Ettstraße behauptet werden konnte. War dieser Münchner Krawall, der offenbar weitaus intensivere Formen hatte als die vorangegangenen Krachs in Berlin, Hamburg, Leipzig etc., mehr als die vorübergehende Äußerung von allgemeinem Mißmut, war er, wie ich hoffe, nur der erste Schritt auf dem Wege entschlossener Selbsthilfe, und greift sein Beispiel über auf andere Städte – vielleicht zunächst nur in Bayern – dann kann es mit dem Kriege nicht mehr lange dauern. Gegen den bewußten und systematischen Widerstand des Volkes kann keine Regierung lange bestehen. Außerdem bezweifle ich, ob sich eine Armee lange vor dem Feinde halten läßt, die es – trotz aller Verheimlichungen – ja doch erfahren muß, daß die Ihrigen daheim den wahren Feinden den Krieg erklären.

München, Montag, d. 19. Juni 1916 | Nachzutragen zu der Samstag-Demonstration am Marienplatz wäre, daß unter den Demonstranten eine ganze Anzahl Soldaten in Uniform waren, die sich kräftig an den Ausrufen beteiligten und durchaus offen mit dem Volk fraternisierten. Andere kamen in Zivil, aber mit Kriegsauszeichnungen. So war einer da mit dem Band des Eisernen Kreuzes, der angesichts der Säbelattacke meinte: „Einen Arm ham's mir draußen schon kaputtg'macht. Geht der andre aa hi, ist's aa wurscht." Ein andrer hatte die ganze Heldenbrust mit bunten Bändern von Orden, Verdienst- und Tapferkeitsmedaillen vollgesteckt und schimpfte am lautesten mit. Der amtliche Polizeibericht weiß natürlich bloß von Pöbel und halbwüchsigen Burschen und stellt den ganzen Vorgang als ganz unernst hin. Immerhin klebten schon gestern früh um fünf Uhr Anschläge in der ganzen Stadt, wonach Zusatzbrotmarken wieder ausgegeben werden sollen, und zwar auch am Sonntag.
Es hat also gewirkt. Gestern kam es – wahrscheinlich infolge des raschen Funktionierens der Nahrungsmittel-Versorgungsstelle zu keinen neuen Kundgebungen. Der Marienplatz wimmelte den ganzen Tag von Sonntagsspaziergängern, die sich den Schaden an den Fensterscheiben betrachteten, Schutzleute zu Fuß und zu Pferde machten sich wichtig, hofften aber vergeblich darauf, ihren Tatendurst befriedigen zu können. Denn es war bekannt gemacht worden, daß die Polizei angewiesen sei, gleich bei Beginn neuer Unruhen „mit aller Strenge" vorzugehen. Man hat die Schufte nur bei der Arbeit sehen

müssen, um zu erkennen, wie das Volk regiert wird, das die Kosaken als blutrünstige Bestien vorgemalt bekommt. Es sind 20 Personen verhaftet worden, über die Zahl und Art der Verwundungen ist keine Meldung laut geworden.

[…] Von Landauer bekam ich einen sehr ausführlichen Brief, in dem er begründet, warum es ihm unmöglich ist, zu der von mir gewünschten Aktion mit Haase und Gerlach [sozialdemokratischer Abgeordneter] die Initiative zu ergreifen. Er meint, wir hätten doch zu wenig Gemeinsames mit allen Politikern, um mit ihnen gehen zu können, ohne uns herabzuschrauben. Zu meiner Liebknecht-Verteidigung in der ‚Bremer Bürgerzeitung' [vom 8. Juni 1916] beglückwünschte er mich. Gegen die Bemühungen, eine Revolution zu provozieren, wendet er sich aus dem Grunde, der auch die Russen jetzt von Erhebungen absehen läßt: weil dazu bestimmte Ziele aufgestellt und organisatorisch vorbereitet sein müßten. Die Ansicht teile ich gar nicht. Das Ziel einer Revolution wäre jetzt einfach Friede. Ist der erreicht, dann hat das Volk ein moralisches Plus, das es für die Vorbereitung größerer und sozialistischer Dinge sehr aufnahmefähig machen müßte. […]

München, Mittwoch, d. 21. Juni 1916 | […] Anscheinend hat die hohe Polizei in diesen Tagen meiner kleinen Person wieder ihre erhöhte Aufmerksamkeit zugewandt. Gestern traf ich in den Kammerspielen (‚*Nach Damaskus*' I. und II. [Strindberg]) das Ehepaar Feuchtwanger, das mir erzählte, die Kriminalpolizei habe in der Torggelstube anfragen lassen, ob ich dort noch verkehre. Man scheint mich in Verdacht zu haben, die ganze Sache organisiert zu haben, als ob sich so was überhaupt organisieren ließe! Meine Tätigkeit bei dem Tumult erstreckte sich einfach darauf, den Rufen der Menge eine bestimmte Richtung zu geben, die Aufregung über die Brotnot auf ihre Ursache, den Krieg, hinzulenken. Aber die Rufe „Nieder mit dem Krieg" „Wir wollen Frieden!" etc. wären wohl ohne mein Zutun auch laut geworden, wie denn die Behörde meinen Einfluß auf die Massen überhaupt erheblich überschätzen dürfte. Ich wollte, ich könnte ihrem Verdacht noch recht geben. […]

München, Sonnabend, d. 19. August 1916 | Ich bin immer noch ganz zermürbt von einem kurzen Gespräch, das gestern mittag zwi-

schen mir und meinem alten Freund Bernhard Köhler stattfand, der
– Leutnant und Kompanieführer einer Maschinengewehrabteilung
– zur Zeit auf Urlaub hier ist. Er stand mit seiner Kompanie vor Verdun, wo es am ärgsten zugeht, und nennt die Tage dort die glück-
lichsten seines Lebens. Und zwar preist er den Krieg um des Krieges
selbst willen. Die Hemmungslosigkeit – sein eigenes Wort – mache
das Kriegsdasein so reizvoll. Auf meine Erwiderung, es sei doch
Mord, was er da treibe, gab er das glatt zu, auch daß diese Auffassung Barbarei sei. Ich meinte, es sei doch schrecklich, jeden Moment
dem Sterben ausgesetzt zu sein. Nein, das sei gerade das Schöne. –
Gut, für ihn als Freiwilligen. Aber ob er sich denn das Recht anmaße,
das Leben anderer Leute zu vernichten, die nicht so denken? Und
seine Leute hineinzujagen? – Ja. Anspruch auf Respektierung seines
Lebenswillens habe kein Mensch. – Ich konnte mich nicht enthalten,
Köhler zu sagen: „Wenn ich in Ihrer Kompanie wäre, säßen Sie jetzt
nicht hier." Er lachte und meinte, das müsse man in Kauf nehmen,
und fand auch nichts dabei, als ich sagte: „Gegen Ihre Ansichten gibt
es kein Widerlegen mehr. Dagegen gibt es nur noch Totschlagen."
Köhlers jetzige Denkart ist aber, wie mir scheint, einfach die Konsequenz jenes ruchlosen Ästhetizismus, der vor fünfzehn Jahren Mode
war, von Köhler speziell mit einem gewissen mystischen Umhang
angetan wurde, und nun, durch den Eindruck des Krieges einen
Wahnsinn in ihm bewirkt hat, der sich auch in einem merkwürdigen
Flackern im Auge ausdrückt. Ich bin überzeugt, daß seine Tätigkeit
am Maschinengewehr, dies seit einunddreiviertel Jahren geübte Ab-
schießen von Franzosen, in ihm geradezu eine Lust am Töten geweckt hat, daß er das Hinschlagen von Menschenleibern unter seiner Arbeit an einem kunstvollen Apparat als Sportsmann zu beobachten sich gewöhnt hat und nun das Vernichten von Menschenleben wie ein rohes Spiel betreibt, das er sich mit ästhetisch-philoso-
phischen Betrachtungen jedesmal noch amüsanter macht. Ich zweifle kaum daran, daß für Köhler die Teilnahme am Kriege zum Irrsinn
führen wird, und so wird auch er als Kriegsgefallener zu betrauern
sein, und man möchte sogar hoffen, daß ihn der Tod durch Abschuß
noch vor dem furchtbareren Los bewahren möge. […]

München, Montag, d. 9. Oktober 1916 | […] Eben kommt Besuch
mit der Mitteilung, daß bei Maffei die Munitionsarbeiter streiken

und daß bei Kustermann eine große Zahl Bomben gestohlen seien. Die Offiziere seien mit geladenen Revolvern ausgestattet worden und jeder Mannschaftsurlaub sei aufgehoben. Wenn's doch wahr wäre! Wenn doch endlich die Einsicht ins Volk käme, daß die Erlösung vom Übel nur von ihm ausgehen kann! … Die Contre-Revolution ist in vollem Gange. Die Reichskanzler-Fronde arbeitet mit Hochdruck am Sturz der Reichsregierung Mit der Ernennung Hindenburgs zum Chef des Generalstabes Ende August 1916 und dem Eintritt von führenden Industriellen in die Militärbehörden tritt das ,Hindenburgprogramm' in Kraft, das mit wirtschaftlichen Zwangsmaßnahmen auf einen totalen Krieg hinsteuert. Die Herren Kirdorf [Großunternehmer: Montanindustrie], Körting [Rüstungsfirma], [Ernst] Bassermann [Nationalliberale], [Gustav] Stresemann und Genossen dürfen sagen, tun und lassen, was sie mögen. Der ,Vorwärts' aber, der behauptet hatte, daß diese Leute pekuniär an der Ausdehnung des Kriegs interessiert seien (was für jeden denkenden Menschen selbstverständlich ist), ist seit heute verboten … An der Somme und in Galizien gehen die entsetzlichsten Kämpfe weiter, die Alliierten nehmen den Deutschen hier und da ein wenig Gelände weg, und es bleibt alles unverändert trostlos. – Ich komme mir bei allem so überflüssig und ratlos vor. Zur Aktivität findet sich nicht die leiseste Gelegenheit. Seit etwa einem Monat korrespondiere ich lebhaft mit Julian Borchardt. Ich habe ihm vorgeschlagen, ich werde nach Berlin kommen, um ein Zusammengehen der Anarchisten mit dem äußersten linken Flügel der internationalistischen Sozialdemokraten zu erwägen. Er ist radikal genug, um selbst das Auftreten der Spartakus-Gruppe in der sozialdemokratischen Reichskonferenz als zu schlapp zu verurteilen. Aber die Lehren der Kirchenväter sitzen auch bei ihm noch zu fest. Es soll alles vom „historischen Materialismus" herkommen, statt von Leidenschaft, Sehnsucht und Empörung. – Das Wichtigste wäre Verbindung mit jungen Leuten. – Aber wie an sie herankommen, da sie zum Teil von der Jugendwehr, zum anderen von der Partei beschlagnahmt sind? – Ich hoffe – hoffe – hoffe – aber ich weiß nicht worauf noch woraufhin.

München, Sonntag, d. 22. Oktober 1916 | Es ist eine außerordentliche Tat geschehen. Gestern mittag hat in Wien in einem Restaurant

Dr. Friedrich Adler [1879-1960; österreichischer Linkssozialist] den österreichischen Ministerpräsidenten Grafen Stürgkh erschossen. Der erste Akt demonstrativer Selbsthilfe, begangen in dem Lande, von dem alles Unglück seinen Ausgang nahm, an einem Manne, der repräsentativ und verantwortlich ist und dem ein großer Teil der Schuld an der Balkanpolitik Österreichs zufällt, die zu dem ganzen Unheil den Hauptanstoß gab. Begangen obendrein von einer weit bekannten revolutionären Persönlichkeit, dem Sohn des Führers der österreichischen Sozialdemokratie Viktor Adler [1852-1918], von einem Marxisten, der damit zugleich den ledernen Riemen der öden sozialdemokratischen Entwicklungstheorie durchschnitt. Mich erfüllt die Tat mit größter Freude und Genugtuung. Die pädagogische Wirkung muß unbeschreiblich sein. Mit dem „fluchwürdigen Verbrechen" werden die Leute ja nicht viel anfangen können in einer Zeit, wo das Hinschlachten von Menschen als heldenhaft gilt und wo täglich Tausende Unschuldiger bluten müssen. Aber ich habe ein beinah mystisches Gefühl, daß dieser Schuß ein Signal für den Frieden sein wird. Mit der Ermordung eines österreichischen Repräsentanten begann der Anfang, ebenso beginnt nun das Ende des Krieges. – Ich kannte Friedrich Adler in Zürich, wo wir oft im Café Terrasse zusammensaßen und uns über Anarchismus und Sozialdemokratie stritten. Seine tapfere Tat wird ihn die Sympathie vieler seiner Genossen kosten, die ihre politische Parteistellung gefährdet sehen werden. Er aber wird für diese Tat sterben[19], und wir, seine grundsätzlichen Gegner, werden ihn als gefallenen Kameraden betrauern und verehren.

———

---

[19] [Es kam tatsächlich zum Todesurteil, doch nach der Revolution 1918 wurde Friedrich Adler amnestiert; Erich Mühsam hat Friedrich Adler sein Gedicht *„Lob der Tat"* (Mai 1917) gewidmet.]

(Auszug)[20]

8. Mai 1917 | Die entsetzliche Schlächterei im Westen nimmt bei Arras und an der Aisne ihren Fortgang. Ein Durchbruch ist bisher weder den Engländern noch den Franzosen gelungen, wohl aber scheint, nach einem Wort des Zeitungsstrategen der „Neuen Züricher Zeitung", die deutsche Front mehr und mehr „abzubröckeln". Die Verluste auf allen Seiten müssen schauderhaft sein, und die Ruhmredigkeit der Tagesberichte wird von Tag zu Tag ekelhafter. Interessant ist in den Ludendorffschen Communiqués die Behandlung der Kriegslage im Osten. Da heißt es immer nur Vergeltung von Artilleriefeuer, Erwiderung von Beschießungen usw. Nach der offiziellen Entschuldigung nach dem Sieg am Stochod ist das natürlich System. Man will die Russen um Gotteswillen nicht ärgern, bedauert deshalb jede kriegerische Maßnahme, zu der man gezwungen wurde und hofft anscheinend noch immer auf Sonderfrieden. Jedenfalls ist die Ruhe an der Ostfront auch insofern in Übereinstimmung mit Hindenburgs Wünschen, als sie ihm starke Abzüge von Truppen nach dem Westen gestattet. Über die Vorgänge in Petersburg wird die deutsche öffentliche Meinung durch tendenziöse Nachrichten, für die man in Stockholm ein spezielles Büro errichtet hat, gründlich verfälscht. An einen Separatfrieden ist garnicht zu denken und Lenins Einfluß ist sicher sehr gering. Widerlich ist die betuliche Anbiederung unserer Autokratie an die radikalsten Russen. Aber das Volk merkt nichts, obwohl die Grönerschen Erlasse und der letzte Streich, die schändliche Auslobung der 3000 Mark Belohnung für Denunziationen von Streikagitatoren, die selbstredend „Agenten der Entente" sind, doch wohl Gedanken darüber erwecken könnten, daß Deutschlands Machthaber wirklich keine Ur-

---

[20] Textquelle | Auszug aus Erich Mühsams Tagebuch vom 8. Mai 1917. In: *Besinnung und Aufbruch*, 3. Jg., Heft 2, Berlin, Juni 1931. – Die Tagebuchhefte, die Erich Mühsam zwischen Ende Oktober 1916 und Mitte April 1919 führte, sind verschollen und allein dieser isolierte Tageseintrag ist überliefert.

sache haben, ihren Schafen auf die Gesinnung russischer Revolutionäre Wechsel auszustellen. – Wie die Friedensaussichten stehen, darüber kann man bloß Vermutungen haben. Wichtig scheint ein Besuch des bayerischen Ministerpräsidenten Hertling in Wien. Nach der Rückkehr erschien in der „Bayerischen Staatszeitung" ein auffälliger Artikel von „besonderer Seite". Verzicht auf Kriegsentschädigungen war der eigentliche Inhalt, mit der Begründung, daß gute Handelsverträge eine günstigere Wirkung haben müßten als runde Milliardensummen. Die Presse tobt, – als ob auch nur für günstige Handelsverträge die Kriegslage Anhalt gäbe. Inzwischen wird im Verfassungsausschuß des Reichtags mit Hochdruck in „Neuorientierung" gearbeitet. Allerdings wird sich nach dem bisher Geleisteten die Einführung des parlamentarischen Regimes wohl auf sehr gleichgültige Formalien beschränken, und ich glaube kaum, daß die Wilson und Lloyd George sie als „Sicherung des Weltfriedens" hinnehmen werden. Übrigens: wenn der Reichstag wirklich radikale Neugestaltungen beschlösse und die Regierung wollte nicht und löste den Reichstag auf, – was dann? Dann haben wir den Absolutismus in Reinkultur, und daß dem revolutionär entgegengetreten würde, ist bei dem infamen Verhalten der Sozialdemokraten – auch Cohn-Nordhausen von der Arbeitsgemeinschaft hat sich dagegen verwahrt, daß er und seine Freunde etwa für den 1. Mai zum Streik hätten auffordern wollen – und bei der erprobten Langmütigkeit des Volkes kaum anzunehmen. Dennoch – ich sehe nur zwei Möglichkeiten, um zum Frieden zu kommen. Beide liegen nur in Deutschland: Niederlage durch die Revolution oder Revolution nach der Niederlage. – Die Niederlage kann allenfalls auch durch einen Separatfrieden Österreich-Ungarns herbeigeführt werden und dazu scheint trotz aller offiziellen Ableugnungen viel Aussicht zu bestehen. Jedenfalls macht sich in Wien und Budapest seit einiger Zeit die Tendenz bemerkbar, sich von der preußischen Oberhoheit zu befreien. Der Verzicht auf Annexionen ist auch schon ausgesprochen in einem Artikel des „Pester Lloyd", wenn auch da nur von Rußland die Rede war und das Verhalten gegen Serbien offen gelassen wurde. Heute wird nun auch noch ein Interview des türkischen Gesandten in Bern über türkische Kriegsziele bekannt gegeben, und darin wird zum ersten Male klar und deutlich ausgesprochen, daß den Russen die Durchfahrt durch die Dardanellen freigegeben werden soll. Langsam muß unsern Durchhaltern wohl vor den eigenen Bundesgenossen mehr Angst werden als vor den Frontoffensiven. In den nächsten Tagen soll Bethmann sich im Reichstag über die deutschen Kriegsziele äußern. Wahrscheinlich wird er oder sein Zimmermann-Mexicanismus*[21] in vielen Worten wieder nichts sagen, so daß Westarp und Scheidemann gleich befriedigt sein werden.

―――

[21] * *Zimmermann-Mexicanismus* bezieht sich auf die kurz zuvor bekannt gewordene Tatsache, daß der Staatssekretär des Auswärtigen, Zimmermann, die mexikanische Regierung noch vor dem Eintritt der Vereinigten Staaten in den Krieg zur Kriegserklärung an die USA zu verführen versucht hatte. Die Mexikaner reagierten darauf in der Form, daß sie sofort dem Präsidenten Wilson Mitteilung von der deutschen Zumutung machten.

Abrechnung

Erster Rückblick auf die „große Zeit"[1]
(Niederschrift Mai 1916 – Herbst 1917, unvollendet)

VORBEMERKUNGEN

1. |

Der Inhalt dieses Buches wird seinen Titel nur bedingt rechtfertigen
können. Abrechnung bedeutet Ausgleich schaffen zwischen Soll
und Haben, quitt werden zwischen Gläubiger und Schuldner. Eine
kritische Bilanz aber, ein Aufzählen von Schuldposten kann nicht
ausgleichen, was an ungeheurer Infamie jetzt hinter uns liegt. In diesem Augenblick, wo zum ersten Mal seit dem verruchten 1. August
1914 der würgende Druck der Militärdespotie von der Kehle weicht,
will nur ein Schrei der Qual, der Wut, des maßlosen Entsetzens aus
der Brust. Ein Buch, das – noch inmitten alles Greuels in Heimlichkeit geboren – der erste Ausdruck der Wahrhaftigkeit und Menschlichkeit nach der jahrelangen Orgie von Erbärmlichkeit, Niedertracht, Lüge, Heuchelei, Verleumdung und jeglicher Gewalttätigkeit
sein möchte, wird bei aller Sorgfalt, das vorhandene Material übersichtlich zusammenzustellen, eine einleitende Geste bleiben müssen, ein Ausholen und ein vorbereitender Akt. Es handelt sich, juristisch gesprochen, um ein Ermittlungsverfahren, bestenfalls eine
Voruntersuchung als Präparation der Anklage. Der eigentlichen
Verhandlung soll eine Unterlage geschaffen werden. Das Urteil zu
fällen und zu vollstrecken wird Aufgabe des deutschen Volks sein.

Des *deutschen* Volks! In deutscher Sprache, für deutsche Leser,

---

[1] Textquelle | Erich MÜHSAM: *Abrechnung*. In: E. Mühsam: Ausgewählte Werke,
Band 3: Streitschriften. Literarischer Nachlaß. Herausgegeben von Christlieb
Hirte. Berlin 1984, S. 49-218 (dieser Textgestalt folgt unsere Darbietung der Niederschrift) und S. 789-801 (Anmerkungen). – Ein kleiner Auszug erschien bereits
zuvor in Erich MÜHSAM: Eine Auswahl aus seinen Werken. Auswahl, Vorwort
und Erläuterungen von N. Pawlowa. Moskau: Verlag für fremdsprachige Literatur 1960, S. 112-127. (Der Untertitel gehört nicht zur ursprünglichen Niederschrift
und ist hier übernommen worden nach dem Portal anarchismus.at, das einen
kleinen Auszug der ‚Abrechnung' dokumentiert).

aus deutschem Empfinden schreibe ich meine Abrechnung. Daher zitiere ich deutsche Sünden vor Gericht. Das Hemd sitzt näher als der Rock. Französische, englische, russische, serbische Kritiker mögen ermitteln, was ihre Führer und Oberen gefehlt und versehen haben, mit Anklagen gegen die „Feinde" sind wir übergenug gefüttert worden. Den Glorienschein deutscher Herrlichkeit, deutschen Edelsinns, deutscher Vortrefflichkeit und deutschen Rechts gilt es endlich der Beleuchtung einer täuschenden und verhimmelnden Rampenbestrahlung zu entrücken und unter das derbe, nicht bengalisch gefärbte Licht der Wahrheit zu nehmen. Bleibt dann für die unter ihm hüpfenden Manager des Kriegs und für alle, die sich um sie drängten, um mitzuschinden, von der Sonne ihres Ruhms nur ein Strohkranz übrig – um so schlimmer für sie! Den Vorwurf, ich sei der Vogel, der sein eignes Nest beschmutzt, werde ich gemütsruhig tragen. Denn erstens finde ich es für einen gesitteten Vogel unschicklich, sich für solche Tätigkeit das Nachbarnest auszusuchen – und die Beobachtungen während zweier Kriegsjahre haben mich in dieser Auffassung nur bestärkt –, zweitens aber könnte mich die Beschuldigung nicht treffen, weil sie an der Verwechslung von Ursache und Wirkung krankt. Wer sich der peinlichen Aufgabe unterzieht, eine Kloake aufzuräumen, um ihrer Reinigung vorzuarbeiten, wird nicht vermeiden können, daß sich unter seiner Beschäftigung üble Düfte erheben und ausbreiten. Es geht nicht an, für die Erregung des Gestanks ihn verantwortlich zu machen.

Endlich sei bemerkt: Deutsches Wesen hat für mich nichts zu schaffen mit Hohenzollerntum und patriotischer Staatspolitik, nichts mit 42-Zentimeter-Geschossen und Unterseebooten, nichts mit Machtgeltung und den ökonomischen Interessen spekulativer Landsleute. Unter deutschem Wesen verstehe ich einen geistigen Wert, der sich ausdrückt in den Phänomenen deutschen Kulturschaffens, in den Werken der Holbein und Dürer, Walther von der Vogelweide und Jakob Böhme, Hans Sachs und Grimmelshausen, der Kant, Hölderlin, Goethe, Schiller, Jean Paul, Lichtenberg, Platen, in den Werken der Romantiker und der Dichter, bildenden Künstler, Philosophen und Forscher nach ihnen und bis in unsre Tage, sofern ihnen Ewigkeitsgehalt innewohnt. Das so verstandene deutsche Wesen im deutschen Volke wieder bewußt zu machen, indem die Grimasse des Deutschtums, die der nationalistische Wahn als Antlitz unserer Kultur vortäuschte, in ihrer verlogenen Abscheulichkeit entlarvt wird – darauf kommt es in diesem Buche an. Und so wendet es sich an die breiten Massen des Volkes, um sie zu gewinnen zu der Liebe zum Deutschtum, das geistige Art bedeutet und dessen Sinn es ist, das eigne Wesen zu läutern und zur Weltgemeinschaft emporzuführen – und zugleich an die geistigen Menschen, die ideellen Führer des Volks, um sie ihrer Aufgabe bewußt zu machen, sich zu kümmern um die Angelegenheiten aller, Kämpfer zu werden mit allen und für alle, teilzunehmen an der Revolution des deutschen Ideals, das eins ist und eins werden muß mit dem Ideal der Welt: durch Sozialismus zur Menschheitsverbrüderung und zum ewigen Frieden!

2. |

Den Plan, möglichst bald nach Beendigung des Krieges in einem Kaleidoskop von Eindrücken und Gedanken meine abseitige Beurteilung des ganzen Geschehens öffentlich zu machen, faßte ich schon im Herbst 1914, als sich vor den aufmerksamen Blicken des Revolutionärs die aus Lüge und Volksverrat gebrauten Nebel zu teilen begannen und die nichtswürdige Regie der kriegerischen Massenverhetzung das ungeheuerliche System der Volksinfizierung mit den jahrelang gezüchteten Bakterien einer Haß- und Begeisterungspsychose zutage trat. Schon am 2. August hatte ich mich entschlossen, mein Blatt „*Kain* – Zeitschrift für Menschlichkeit" für die Dauer des Kriegszustands zu sistieren, weil ich einsah, daß meine Ansichten über den Krieg im allgemeinen und über diesen Krieg und seine Anlässe im besonderen einer militärischen Zensur nicht gewachsen sein würden und daß ein Balancieren auf dem schmalen Brett erlaubter Kritik auf die Dauer unerträglich werden müßte. Ich teilte meinen Entschluß in folgender Erklärung meinen Lesern mit:

> „Die über Länder und Völker hereinbrechende Katastrophe ist nicht mehr aufzuhalten. In diesem Augenblick wäre es müßiges Tun, Kritik zu üben oder Schuld auszuteilen. Die Ereignisse nehmen mir, der ich um der Menschlichkeit willen meine Zeitschrift geschaffen habe, die Feder aus der Hand.
> Die Leser, die in vierzig Monaten mein Wollen erkannt haben, werden meine Stellung verstehen und billigen. Ich habe nur die

Wahl, ganz zu schweigen oder zu sagen, was jetzt niemandem frommt und was unter dem geltenden Ausnahmerecht meine persönliche Sicherheit gefährden kann. Ein Drittes ist unmöglich, da ich meine Überzeugungen nicht verleugnen und nicht frisieren kann. Auch den Ausweg, den Inhalt der Zeitschrift auf die Glossierung belangloser Kleinigkeiten oder auf kunstkritische Betrachtungen zu beschränken, verschmähe ich. In dieser Stunde, wo es um das Schicksal aller geht, gibt es außerdem nichts Wesentliches und nichts, was eine Zeitschrift für Menschlichkeit angehen könnte.

Deshalb habe ich mich entschlossen, die Herausgabe des ‚Kain' während der Dauer des Kriegszustandes zu unterbrechen. Nachher werde ich wieder auf dem Plan sein, um die Wege zu Frieden und Glück suchen zu helfen. Möge es bald sein!"*2

---

2 * Als ich am Tage nach ihrer Niederschrift (Montag) mit dieser Erklärung zur Druckerei ging, ließ ich mich leider von Bekannten, die mich angesichts der bedrohlichen Stimmung warnten, breitschlagen, ihr noch im letzten Moment einen versöhnlich klingenden Schlußsatz anzuhängen, mit dem die Kundgebung zuerst erschien. Ich bemerke, daß ich unter dem Druck einer furchtbaren Nervendepression handelte und daß ich, nachdem mir bewußt geworden war, daß ich mich im Ausdruck vergriffen und mein Verhalten Mißdeutungen ausgesetzt hatte, sehr bald einen Neudruck ohne den betreffenden Satz veranstaltete. Mit den Leuten, die es unternahmen, mich wegen der (keineswegs verräterischen) Entgleisung aus persönlichen Motiven verleumderisch zu beschmutzen, und mir dann den Versuch einer Entgegnung vereitelten, und mit ihren Helfershelfern werde ich mich nach Wiedererscheinen meiner Zeitschrift noch ausdrücklich auseinandersetzen. [Der in erster Auflage hinzugefügte Schlußsatz lautete: *„Vorerst ruhe im Land aller Zwist. Das Grundsätzliche meiner Überzeugungen wird durch die gegenwärtigen Ereignisse nicht berührt. Aber ich weiß mich mit allen Deutschen einig in dem Wunsch, daß es gelingen werde, die fremden Horden von unseren Kindern und Frauen, von unseren Städten und Äckern fernzuhalten."* Dazu vermerkt Christlieb Hirte: *„Am Montag, dem 3. August 1914, hatte Mühsam von einem russischen Überraschungsangriff auf die ostpreußische Grenzstadt Eydtkuhnen gehört, in der sich seine damalige Verlobte, die Studentin Jenny Brünn, aufhielt. Besondern Franz Pfemfert, der Herausgeber der ‚Aktion', bezichtigte Mühsam aufgrund dieses Satzes des Chauvinismus und der Kriegsbegeisterung. Mühsams Tagebucheintragungen belegen, daß er bis etwa Mitte Oktober in der grundsätzlichen Bewertung der Kriegsereignisse schwankte und geneigt war, die Partei des jeweils Angegriffenen zu nehmen, nie aber seine antimilitaristische Grundhaltung verleugnet hat. 1917 rechtfertigte er sich öffentlich in der Wiener Zeitschrift ‚Ver!'."* In: Erich MÜHSAM: Ausgewählte Werke. Dritter Band. Berlin 1984, S. 793-794.]

Die Stunde, die mir die Selbstverurteilung zur Schweigsamkeit eingab, habe ich im Laufe der Kriegszeit oft gesegnet. Denn so grimmig auch vielfach der Drang war, dem vergiftenden Treiben der Machthaber das Veto der Vernunft und der Menschlichkeit entgegenzurufen, so deutlich zeigte sich doch Tag für Tag die Unmöglichkeit, durch öffentlichen Protest auch nur einen Schatten seiner Empörung auf ein der Druckpresse gewidmetes Stück Papier fallen zu lassen. Meine Vorsicht erwies sich in einem Grade als begründet, den die verwegenste Phantasie nicht geahnt hatte. Rücksichtslos und bis zur Lächerlichkeit brutal schlug man mit dem Knüppel tyrannischer Willkür jeden Laut der Wahrheit und der Kritik nieder, um der erstaunten Welt das idyllische Bild eines einigen, von gleichem Willen beseelten, von keinem Mißmut getrübten Deutschlands vorzuspiegeln. Jeder zur Beobachtung bereite Deutsche hat dann erfahren, wie dies despotische Wüten im Inneren des Landes sich im umgekehrten Verhältnis zu den Siegesaussichten und der Lebensmittelsicherung ständig steigerte.

So legte ich meine Meinungen und Stimmungen (vom zweiten Kriegstage an) in einem Tagebuch nieder, das ich später als Materialschatz für die neu zum Leben erstehende Zeitschrift auszubeuten gedachte. Aber, wie gesagt, noch vor Ablauf des ersten Vierteljahrs erkannte ich, daß nur ein zusammenfassendes Werk, unmittelbar nach der Befreiung vom Maulkorb ins Volk geworfen, imstande sei, der mit allen Mitteln, außer solchen der Redlichkeit, angestrebten Geschichtsklitterung rechtzeitig das Wasser abzugraben. Auch das sah ich schon damals voraus, daß eine solche Arbeit keineswegs den geklärten Niederschlag objektiver Zeitcharakteristik abreagieren könne, sondern daß grade die subjektiven Eindrücke eines an persönliche Anschauung gewöhnten, sozial und revolutionär gerichteten Kritikers inmitten der wogenden Ereignisse höhere Zukunftsgeltung beanspruchen dürften als alle voreilige Einordnung der Vorgänge in die verstaubten Schubfächer wackliger Historikerkommoden.

Letzte Gerechtigkeit im Urteil über den Weltkrieg 1914–16 mag hundert Jahre später dem leidenschaftslosen Forscher möglich sein, dem das von Generationen gesichtete Material mit allen seinen Quellen und dazu der Überblick über die politischen und kulturellen Folgen der Katastrophe zur Verfügung steht. Ich erstrebe mit meiner Beschuldigungsschrift nicht den Ruhm eines unparteiischen Geschichtsschreibers. Denn mir ist daran gelegen, auf die Resultate und Folgen des Kriegs zu meinem Teil einzuwirken, damit nicht die Leute, aus deren ehrgeizigen oder selbstsüchtigen Interessen das ganze Unheil entstanden ist und deren ökonomische und politische Macht die Dauer des Schreckens und des Jammers ins Maß- und Sinnlose zu verlängern gewußt hat – damit diese Personen nicht auch noch als Architekten der deutschen Zukunft Unglück über Unglück zu häufen und als Krönung und Abschluß des zweiten Jahrtausends christlicher Zeitrechnung eine deutsch-militärische Schreckensherrschaft über die Zivilisation und Gesittung Europas aufzurichten befugt werden. Wenn aus der nun überstandenen Zeit der physischen und psychischen Mörderei und Verwüstung noch je etwas Gutes entstehen kann, dann nur dadurch, daß alle inzwischen gespeicherte Wut und Erbitterung sich in dem entschlußfesten Willen der Völker umsetzt, mit jedem Mittel und mit aller Leidenschaft des Gedankens und der Tat in internationalem Zusammenwirken Enkeln und Nachfahren eine Wiederholung der Schändlichkeit zu ersparen. Vielleicht mußte erst die Summe aller Verbrechen und alles Wahnsinns auf die Menschheit niederprasseln, um als Menetekel den künftigen Geschlechtern die Blutschrift des Krieges bewußt zu machen. Soll aber der Krieg von 1914 die Wirkung einer Widerlegung und dauernden Verhinderung aller Kriege haben, dann müssen die Sünden und Fehler, die ihn möglich machten, schonungslos aufgedeckt werden. War diese Katastrophe nicht die letzte ihrer Art, dann ist die Menschheit jeder Sintflut wert, dann mögen Pest und Schwefel den Wahn von der göttlichen Sendung des Menschen zum Teufel jagen!

3. |

Die Niederschrift dieses Buches ist, nach zweiundzwanzig schrecklichen Kriegsmonaten, Anfang Juni 1916 begonnen worden. Noch kann niemand voraussehn, ob es, wie man immerhin fromm hoffen darf, noch im Entstehn sein wird, wenn der Tag des Friedens und der Beruhigung endlich aufgeht, oder ob es, wofür leider vorläufig noch mehr Anzeichen sprechen, längst der zusammenfassenden Übersicht und des Druckes harren wird, während weitere Hunderttausende für die Sache einiger Hunderter morden und gemordet werden und während die Tyrannei der Kriegsgesetze die Stimmen des Gewissens, der Wahrheit und der Verzweiflung weiterhin knebeln.

Immerhin mehren sich in der letzten Zeit die Symptome, die den Gedanken an ein Ende der Scheußlichkeit auch bei den Elementen vermuten lassen, die vor der Nachwelt die Verantwortung für ihr Entstehn und für ihre Dauer zu tragen haben werden. Ministerreden diesseits und jenseits des Kanals, eine gelinde Lockerung der Zeitungszungen in bezug auf Friedensmöglichkeiten, schüchterne Vermittlerangebote geben optimistischen Empfindungen Raum und ermutigen zum Anfang einer Arbeit, deren Gegenstand erst abgeschlossen sein muß, ehe der Schlußpunkt gesetzt werden darf.

Der Charakter meiner Abrechnung erlaubt es mir, vorgreifend und auf das Risiko hin, am Schluß die Einleitung berichtigen zu müssen, gewisse Resultate des Kriegs aufgrund der bisherigen Erfahrungen schon jetzt als gegeben zu betrachten. Zwar ist noch nicht zu ermessen, ob der Völkermord aufhören wird, wenn es den Diplomaten genehm sein wird, die ihn heraufbeschworen haben, ob die Hand eines neutralen Unterhändlers die Wege zum Frieden bahnen kann, ob das gottlose Wüten bis zur Erschöpfung aller Parteien fortgesetzt werden soll oder ob die Völker selbst über ihre Regierungen und Kommandeure hinweg den Schlauch zur Hand nehmen werden, um das Feuer, das ihnen Glück, Heimat und Zukunft verzehrt, auszuspritzen.

Aber dazu bedarf es keiner Prophetengabe, um vorauszusagen, daß ein militärischer Triumph, der Sieger und Besiegte schafft, der es einem Kampfbund gestattet, dem andern den Fuß ins Genick zu setzen und ihm seine Bedingungen zu diktieren, gewiß nicht den Frieden herbeiführen wird. Und ebensowenig zweifelhaft ist es, daß die Unterzeichnung des Friedenspaktes, wie er auch aussehn mag, für den Bestand ruhiger Zeiten keine Gewähr geben kann. Um den Frieden sicherzustellen, wird der Kampf nötig sein, der entschlossene, opferbereite, willensstarke Kampf der Völker gegen die sichtbaren und die unterirdischen Mächte, die es weiterhin unternehmen werden, die Pfosten der Weltgemeinschaft, der Weltwohlfahrt, des Weltaufstiegs anzusägen. In diesem Kampf werden die Waffen neu geprüft und neu geschliffen werden müssen, und innerhalb der

Völker werden neue Gruppierungen erforderlich sein, da die früheren jetzt deutlich als unbrauchbar erwiesen sind.

Was mir den gegenwärtigen Zeitpunkt geeignet erscheinen läßt, um Überblick, Rückschau und Anklage zusammenzufassen, ist folgendes: Der Krieg ist, soweit er mit den Waffen ausgetragen wird, in seiner Unentschiedenheit entschieden. Mögen im Westen oder im Osten, am Balkan oder an Kriegsschauplätzen, an die heute noch kein Mensch denkt, Angriffe vorgetragen oder abgewiesen werden – wer sich nicht in loyaler Demut oder in verbissener Verblendung von Hoffnungen und Wünschen täuschen läßt, hat erkennen gelernt, daß jede neue Offensive irgendeiner Partei zu keinem andern Ergebnis führt als zu neuen Blutströmen, neuen Wüsten und neuen Frontgrenzen. In wessen Gebiet aber die Schlachten geschlagen werden, ist für den Ausgang des Kriegs ohne jede Bedeutung. Das wissen wir aus der Kriegsgeschichte aller vergangenen Jahrhunderte, wo unzähligemal der Sieger im eignen Lande den Gegner zu Boden warf, das wissen wir aus den Erfahrungen des gegenwärtigen Weltkriegs, wo sich nach jedem Vormarsch, nach jedem Ansturm bald diesseits, bald jenseits der Landesgrenzen die Mauer der Verteidigung unübersteigbar in den Weg des Angreifers stellte, ohne daß die Pläne der einen, die Befürchtungen der andern Seite je Wirklichkeit wurden, das wissen wir von allen militärischen Theoretikern, die übereinstimmend lehren, daß sich der Endsieg eines Kriegs nicht aus der Besetzung noch so großer Landstrecken, sondern ausschließlich aus der Ausschaltung der feindlichen Heeresmacht als kriegführenden Faktor bestimmt.

Das einzige Land, das nach diesem Axiom heute als besiegt angesehn werden könnte, ist das kleine Königreich Montenegro seit der Entwaffnung des größten Teils seiner Streitmacht. Aber sogar die Niederzwingung dieses schwächsten Gegners dürfen die Mächte Zentraleuropas und ihre Verbündeten noch so wenig als endgültig in Anspruch nehmen wie die Besetzung der Hauptterritorien Belgiens und Serbiens. Stehen die Armeen dieser beiden Länder noch durchaus widerstandsfähig in den Kampfreihen der Alliierten, so ist das ausgeschiedene montenegrinische Heer dem Schicksal seiner starken Bundesgenossen viel zu eng verkettet, als daß man es im Moment der Friedensverhandlungen als *quantité négligeable* behandeln dürfte. Denn der Charakter des Weltkriegs als Koalitionskrieg, in dem beide Bündnisgruppen in wohlverstandenem Eigennutz jedes Beteiligten sich zu stärkster Solidarität verpflichtet haben, bedingt es, daß auch der zunächst Unterworfene bei der Inventur seinen Verbündeten ebenbürtig erachtet werden muß.

An dem entscheidungslosen Ausgang der gesamten Kriegshandlungen wird auch der Umstand nichts ändern, daß Deutschland als von zweien seiner Gegner bündig besiegt angesehn werden muß: von Japan und Portugal. Die Japaner haben ihr Kriegsziel mit der Eroberung Tsingtaus und der Entwaffnung der dort besiegten Deutschen erreicht, und daß in Afrika den Portugiesen die restlose Bezwingung der ihnen entgegenstrebenden Wehrmacht ebenso glücken wird, ist nicht zu bezweifeln. Das sind jedoch unwichtige Resultate im Gefüge des Ganzen, und es fällt hüben und drüben niemandem ein, sie feierlich zu nehmen. Um so betrübender aber ist die Auffassung der leitenden Kreise Deutschlands, die darauf bestehn, die Entente solle die zur Zeit bestehenden Kampffronten der europäischen Landkarte als gültige Basis für die Friedensverhandlungen anerkennen. Diese Forderung, verbunden mit der Drohung, bis zu ihrer Erfüllung die Blutorgie fortsetzen zu wollen, belastet die deutsche Regierung mit der Verantwortlichkeit für alles Unglück, das aus den Quellen der fürchterlichen Katastrophe weiterhin fließen wird, da derselben Regierung doch schon die gräßliche Schuld wird aufgeladen werden müssen, den Höllenschlund dieser Quellen aufgebohrt zu haben.

Im Gegensatz zu dem von den Herren Bethmann-Hollweg[3], Burián[4] und Tisza[5] formulierten Anspruch, der auf die Zumutung hinausläuft, die verbündete Gegnerschaft möge sich besiegt erklären, stehn die wiederholten Erklärungen des englischen Staatsleiters Sir Edward Grey[6]. Der verlangt von den Zentralmächten das Eingeständnis, daß die Alliierten nicht besiegt seien, mit andern Worten die Anerkennung der Remislage der Partie. Somit kennen wir zwar

---

[3] [Theobald von Bethmann-Hollweg (1856-1921), Politiker – deutscher Reichskanzler 1909-1917.]

[4] [Stefan Graf Burián von Rajecz (1851-1922), österreichischer Außenminister 1915/16 und 1918.]

[5] [István Graf Tisza (1861-1918), ungarischer Politiker, u. a. 1913-1917 Ministerpräsident.]

[6] [Edward Grey (1862-1933), englischer Außenminister 1905-1916.]

noch nicht die Bedingungen, unter denen die Diplomaten der verschiedenen Nationen bereit wären, zu Nutz und Frommen der Kapitalisten ihrer Länder Frieden zu schließen, immerhin aber kennen wir jetzt die Bedingungen, unter denen sie bereit wären, in Unterhandlungen über den Friedensschluß einzutreten. Da es aber die Deutschen sind, die dafür positive Bedingungen aufstellen und somit Erörterungen vorweg abschneiden wollen, die für die Dauerhaftigkeit des Friedens grundlegend sein müssen, so ist der deutsche Chronist nicht länger gehalten, seine Abrechnung aufzuschieben. Er weiß jetzt, wohin er seine Anklage zu richten hat, seine Bedenken sind zerstreut, seinem Drange, Wahrheit zu bekennen, stehn die Tore offen. Subjektive Wahrheit natürlich. Denn Wahrheit ist immer subjektiv. Das Gewissen lenkt sie, der Zweifel zügelt sie, die Gerechtigkeit gibt ihr die Sporen.

4. |

In meiner subjektiven Wahrheit stellt sich die Situation bei Anlegung dieses Buchs so dar: Die Schlacht an der Marne hat den Krieg strategisch entschieden, indem sie ihn zum Verbluten an sich selbst verurteilte. Sie stoppte die rapide Vorwärtsbewegung des Angreifers und zwang ihn, in festen Stellungen das bislang gewonnene Gelände zu behaupten, gegen Angriffe zu verteidigen und hin und wieder schrittweise zu erweitern. Sie bestimmte zugleich den Verlauf aller Kriegshandlungen auch auf den andern Kampffeldern. Was den Franzosen im September 1914 gelang, den deutschen Vormarsch zurückzustoßen und zu fesseln, das vermochten die Russen ein Jahr später nach dem Frontdurchbruch von Gorlice–Tarnow auf der Linie von Dünaburg bis Pinsk, das glückte den Österreichern bei Beginn des italienischen Kriegs, den Italienern ein Jahr darauf und den Türken nach der Einnahme von Trapezunt in Armenien und durch das Treffen von Ktesiphon in Mesopotamien. Man braucht kein Stratege zu sein, um zu wissen, daß auch die eben begonnene große russische Offensive in Ostgalizien an irgendeinem Punkt wird haltmachen müssen und daß die Trümmerhaufen erkämpfter Bezirke auch im ferneren Verlauf des Kriegs, wie lange die Schrecken immer noch wüten mögen, zuverlässig nicht die Wehrmacht einer der Mächteverbände verschütten werden.

Der von Zeitungsphrasen nicht betrunkene Zeitgenosse sieht sich also folgender trostloser Lage gegenüber: die militärischen Aufgaben sind auf allen Seiten so wenig gelöst wie am ersten Tage. Die Generale und ihre Heere können nur insofern noch zum Ende des Kriegs beitragen, als sie die zur Bedienung der Mordmaschinen immer noch nötigen Menschenmassen vernichten helfen. Wie lange es aber noch dauern kann, bis durch Tod, Verkrüppelung und Rettung durch Gefangennahme diese oder jene Seite bis zur Wehrlosigkeit erschöpft sein wird, ist nicht abzusehn. Bis jetzt rühmen sich die Machthaber allerorten, daß Mangel an „Menschenmaterial" nicht zu fürchten sei und daß sie entschlossen: seien, bis zum Siege „durchzuhalten". Danach könnten wir also noch auf einen Krieg über Generationen hinaus gefaßt sein.

Auch auf eine Beendigung des Jammers durch eine kriegerische Entscheidung der Seeflotten ist nicht zu rechnen. Die einzige große Seeschlacht des Weltkriegs, die „vor dem Skagerrak", hat dasselbe Ergebnis gehabt wie fast alle Landschlachten, daß nämlich beide Parteien den Sieg für sich in Anspruch genommen haben. Tatsächlich hat das Ereignis außer der großen Schwächung beider Beteiligter an Kampfschiffen und an Marinepersonal kaum eine andre Veränderung in den Aussichten für künftige Zusammenstöße zur Folge gehabt als eine ziemlich geringfügige Verschiebung im Stärkeverhältnis der beiden Flotten zuungunsten der deutschen. Kommt es aber nicht noch zu einer die Seemacht einer Partei vernichtenden Entscheidungsschlacht wie bei Trafalgar, was bei der vorsichtigen Taktik der beiderseitigen Admirale nicht zu erwarten ist, dann werden die gelegentlichen Schädigungen des Gegners an zufällig exponierten Schiffseinheiten die Erschöpfung des maritimen Materials wohl noch langsamer bewirken, als die Verblutung der Landheere dauern wird. Gleichwohl kann der negative Ausgang der genannten Seeschlacht insofern für den Ausgang des Weltkriegs wesentlich werden, als das gesamte Weltmeer danach neben den deutschen Kolonien der positive Faktor in der Schlußrechnung der Entente bleibt, wenn doch schon solche Faktoren bei den Friedensverhandlungen Geltung haben sollen, und als die englische Blockade der deutschen Nordseeküste auch seitdem ungeschwächt fortbesteht und somit die Wahrscheinlichkeit der wirtschaftlichen Widerstandsfähigkeit Deutschlands und Zentraleuropas von Tag zu Tag geringer wird.

Zwar ist es wahr, daß unter der Teuerung auch die Völker der übrigen kriegführenden Staaten und selbst die der neutralen Länder (Holland, Schweiz) schwer leiden. Bei uns aber ist es nicht wachsende Teuerung, was die Leistungsfähigkeit lähmt, sondern schrittweise nahende Hungersnot, die allmählich eintretende Unmöglichkeit, mit den vorhandenen und durch Zufuhr von außen fast nicht vermehrten Vorräten den dringlichen Lebensbedarf der Bevölkerung zu decken. Daran ändern auf die Dauer weder die Organisationskunststücke eines „Lebensmittel-Diktators" noch die Anklagen gegen die Wucherer und Hamsterer etwas. Was nicht da ist, kann auch nicht verteilt werden, und daß bei aller Mühe, mit den Vorräten hauszuhalten, sie zu „strecken" und einheitlich für jede Person abzumessen, die Ernährung nicht mehr ausreichend durchführbar ist, das zeigt die erschreckend steigende Kindersterblichkeit, das zeigen die sich wöchentlich mehrenden Hungerkrawalle in allen Landesteilen, das zeigen zudem Tausende von Soldatenbriefen, die bitter klagen, daß sie bei den namenlosen Strapazen ihres Dienstes, bei der dauernden Gefährdung ihres Lebens und ihrer Gesundheit noch nicht einmal ordentlich zu essen bekommen.

Es bleibt nun abzuwarten, ob die deutsche Regierung noch rechtzeitig in Verhandlungen mit ihren Gegnern eintreten wird, um unter Verzicht auf sieghafte Eroberungen und Entschädigungen irgendwelcher Art dem hungernden und verzweifelnden Volk endlich Luft zu schaffen, ob sie es dahin kommen lassen wird, daß die Hungerpest auch ihre Gewalt lähmt und den Frieden aufgrund des Diktats der gegnerischen Regierungen erzwingen läßt, oder ob das Volk selbst eines Tages sein Schicksal in die Hand nehmen und mit den andern Völkern über die Köpfe der Oberen hinweg Verständigung und segenvolle Zukunft erzwingen wird.

Eine von diesen Alternativen muß über kurz oder lang Tatsache werden. Welche es auch sei – die Voraussetzungen für einen kritischen Rückblick auf all das Schauderhafte, das seit dem Sommer 1914 der Menschheit aufgebürdet worden ist, sind gegeben. Daß zur Zeit immer noch jede Stunde von Mord und allem Wahnsinn der Welt erfüllt ist, wird die Kritik zwar herber ausfallen lassen, als sie nach der Beruhigung durch eine abgemessene Zeitentfernung aussehen würde, aber wen täglich von neuem das Entsetzen schüttelt, wen das Gewicht des Leides noch bei jedem Wort seiner Niederschrift mit der ganzen Schwere der Gegenwärtigkeit drückt, der wird desto wuchtiger die Faust der Anklage erheben können. Während über zuckenden Leibern und verwesenden Gebeinen die Fahnen trügerischer Triumphe wehn, während alle öffentliche Gedankenfreiheit nur denen bewilligt wird, die immer neue Hunderttausende in Tod und Elend stürzen wollen, denen, die die Angst vor dem Tage der Abrechnung mit selbstgefälliger Ruhmredigkeit und voreiligem Siegesgeschrei zu übertönen suchen, ziehe ich die Bilanz aus ihrem Gebaren unter den Gesichtspunkten meiner Weltanschauung.

GESICHTSPUNKTE

1. |

Nicht als historisch ordnender Politiker, sondern als sozial wägender Ethiker gehe ich an die Beurteilung des Weltereignisses von 1914 bis 1916. Meine Legitimation zu solchem Unterfangen leite ich ab von den sittlichen Einsichten, die, von den Anlagen meines Charakters gezeugt, durch Studium und Beobachtung in mir gewachsen sind und denen ich seit fünfzehn Jahren in öffentlichem Werben dichterischen und agitatorischen Ausdruck zu geben suche. Diese Einsichten stützen sich, unbeschadet eigner Modifikationen und Erweiterungen, auf die Lehren aller der früheren Neuerer und Umstürzer, die an das ursprüngliche Gute in der menschlichen Natur geglaubt haben, die darauf vertraut haben, ihre eigne Erkenntnis schlechter Einrichtungen und besserer Möglichkeiten dem Verstand und den Herzen der in die Irre geleiteten Mitmenschen zu Umkehr und Aufbau nahebringen zu können.

Die Widmung am Eingang des Buchs deutet an, in wessen Bahnen ich zu gehn wünsche. Leo Tolstoi war kein Politiker. Er hatte nichts zu schaffen mit denen, die mit Abstimmungen und kleinen Beschlüssen an Gesetzen und Staatseinrichtungen herumkurieren. Seine Stimme rief nicht die einzelnen Völker auf, zu reformieren oder zu demokratisieren, sondern sein Ruf erging an die Menschheit, und er zeigte ihr, daß alle ihre Verbindungen falsch seien, daß all ihr Tun zu Schlechtem und Verderblichem führe. Berief er sich dabei auf Bibel und Christentum, so wollte er die Übereinstimmung seines Gefühls vom Guten mit den Lehren dartun, aus denen die große Schar der einfachen und unverbildeten Seelen ihre religiöse Kost zieht. Er nannte sich Christ, weil ihm die Moral, die er für recht hielt und die er als endgültig ansah, in der Formulierung der Überlieferungen Christi zum unwiderruflich klarsten Ausdruck gebracht zu sein schien. Er fand, daß die Gefühle seines Herzens und seine Empfindungen von Wahrheit und Recht übereinstimmten mit den Mahnungen der Bergpredigt. Die Beziehungen aber der Menschen untereinander und ihre Gruppierungen in Klassen und Staaten sah er von Gedanken geleitet, die mit christlicher Gesittung keine entfernteste Gemeinschaft mehr haben, während doch der Name Christi und die Berufung auf sein Wort in Staat und Kirche zur Begründung aller öffentlichen und privaten Verderbnis herhalten mußte. Eigennutz, Willkür, Gewalt und Unredlichkeit erkannte Tolstoi als die Träger von Einrichtungen, die unter den entstellten Formeln christlicher Nächstenliebe Unterschlupf suchten. Das gereinigte Gotteswort, das ist die natürliche Auffassung vom Rechten und Unrechten, stellte er dagegen auf oder, wie bequeme Einfalt es nennt: Utopie gegen Wirklichkeit.

Du sollst nicht töten! In dieses einfache, klare Gebot des alten Testaments faßte der große Dichter, Mahner und Bekenner die Summe der Einwände zusammen, die seine Vernunft und sein Gefühl gegen den Krieg als Auseinandersetzung zwischen Menschen erhoben. Du sollst nicht töten! Es gibt kein noch so primitives, kein noch so raffiniertes Bekenntnis menschlicher Einsicht und menschlicher Inbrunst, dem die Ehrfurcht vor dem Leben des Nebenmenschen nicht Voraussetzung wäre. Kaltherzige Verstandesspekulation mag sich lachend über die Verpflichtungen des natürlichen Empfindens hinwegsetzen und sich überlegen dünken über Postulate, die nach moralischen Doktrinen aussehn. Mit dem Instrument rabulistischer Logik kann einer die Stärke schwach, das Licht finster und die Gottheit verächtlich machen. Aber es gehört die absichtliche Verbildung des Geistes dazu, seelische Bewegungen und Erregungen, die entstehn, weil sie dem Gattungscharakter der Menschen eingeboren sind, mit dialektischen Klugheiten determinieren und durch philosophische Kniffe eliminieren zu wollen. Die kältesten Amoralisten erschaudern bei der bildhaften Vorstellung von blutigen Gewalttätigkeiten. Wen nicht sexuelle Entartung anders leitet, den ekelt es beim Anblick von Messerstechereien, der wird im ganzen Leben das Grausen nicht los, wenn er einmal mit ansehn mußte, wie ein Mensch totgefahren wurde oder, aus dem Fenster gestürzt, mit klaffendem Schädel in seinem Blute lag. Das sind ursprüngliche Empfindungen, und dieser Ekel und dieses Grausen, dem nur Perversität oder Gewöhnung sich entziehn kann, beweisen die hereditäre Moralität des Menschen, wie sie zu allen Zeiten, bei allen Völkern und allen Religionen in der Verfemung des Menschenmordes ihren natürlichen Ausdruck fand. Jeder Versuch, die Achtung vor dem andern Leben als moralische Voraussetzung jeder Menschengemeinschaft mit was immer für Gründen, mit was immer für Absichten wegzuleugnen, ist eine Vergewaltigung der angeborenen menschlichen Instinkte.

Daher hat Tolstoi recht, wenn er immer wieder das Gebot „Du sollst nicht töten!" als stärksten und überzeugendsten Einwand gegen den Krieg heranzieht. Da wir von Natur aus Moralisten sind, kommt es uns zu, die moralische Forderung als kategorischen Imperativ beweiskräftig für uns zeugen zu lassen. Krieg ist organisierter Massenmord und schon deshalb schlechthin unsittlich. An dieser apodiktischen Beweisführung zerschellt jedes Argument, das noch je zur Rechtfertigung von Kriegen hat dienen sollen. Daran zerschellt insonderheit der gottergebene Fatalismus, der sich mit der bequemen Resignation genugtut: „Wir können's nicht ändern!" Die so sprechen, handeln am schmählichsten an der menschlichen Würde und an allen Gaben des eignen Herzens und Hirns. Denn sie verzichten kampflos auf jede Anwendung ihrer Fähigkeit, Einrichtungen und Veranstaltungen, die von Menschen geschaffen sind und benutzt werden, umzustoßen und durch neue zu ersetzen. Sie geben andern Menschen willenlos das Recht, kraft dieser Einrichtungen und Veranstaltungen nach Belieben zu schalten, sei es auch mit den Rechten und dem Leben jener Indolenten und Resignierten selbst. Diese Leute anerkennen zwar durchaus die abscheulichen Ausdrucksformen des Kriegs, sie versichern, daß ihr Gemüt mindestens im gleichen Maße von den Schrecknissen der Kämpfe erschüttert werde wie unsres, aber sie stemmen sich aus Leibeskräften gegen die Folgerung, daß nun eine Einigung erzielt werden müsse, das Verderben abzustellen und seine Wiederholung zu verhindern: „Wir können's nicht ändern!"

Das Schlechte nicht ändern können heißt das Gute nicht ernsthaft wollen. Und das ist der Vorwurf, der leider grade den geistigen Menschen, den Künstlern und sogenannten Intellektuellen nicht erspart werden kann. Alles geistige und künstlerische Schaffen ist moralisches Tun, weil es auf die Wirkung ausgeht, den Sinn der Menschen auf das Gute, Schöne, Wesentliche und Wahre zu lenken. Wo aber dem Schaffenden selbst der Wille zum Guten fehlt, da kann sein Werk diese Wirkung nicht ausüben. Denn sein Werk bleibt ihm zu eigen in dem Maße, wie es seine Eigenschaften und seine Ziele reflektiert. So ist auch Leo Tolstois heftige Fehde gegen die Kunst zu verstehn, zu der er in der verklärten Einsicht seiner späten Jahre kam und die ihm so viel Spott und Mißverstehn eintrug: er sah sie ohne Zusammenhang mit den Kämpfen und Problemen des Menschengeschlechts und daher ohne einen Inhalt, der aus der Wirrnis und Verrottung der menschlichen Gefühls- und Gedankenwelt heraus- und hinaufführen könnte.

Weltgeschichte wird von geistigen Energien gemacht. Wer meint, an ihrem Laufe nichts ändern zu können, und deshalb den Krieg trotz seiner erkannten Furchtbarkeit Krieg sein läßt, der hat keine geistigen Energien, deren beste die Liebe ist. Wem aber die Liebe fehlt, der kann die Welt nicht mit fördernden Werten befruchten.

2. |

Geistiges Wollen, moralische Energie sind also die Kräfte, die zu Zukunft und Freiheit führen, und Liebe ist ihr Wegweiser. Kriege aber mit ihren Erscheinungsformen, von welchen Haß, Übelwollen, Hinterlist, Verzicht auf Eigenleben, blinder Gehorsam, Aufopferung für fremde Zwecke, Gewissensbeugung durch physischen Zwang die Elemente sind, können die Gesittung der Menschen nur abwärts leiten und müssen den Drang nach geistiger Entfaltung und seelischer Einkehr hemmen. Viele, die früher daran nicht glauben wollten, haben das in den letzten beiden Jahren erschrocken eingesehn.

Wer gleichwohl noch die Verteidigung des Kriegs mit philosophischen oder wissenschaftlichen Argumenten unternimmt und die „Naturnotwendigkeit" der Völkerkämpfe beweisen will, der wird folgerichtig jede Höherentwicklung lebender Geschöpfe leugnen müssen, der wird auch guttun, seine eigne Wissenschaftlichkeit, seine Denktätigkeit und mithin seine Polemiken gegen andrer Leute Friedenswillen als fruchtlos und müßig anzuerkennen, mindestens aber Gegnerschaften gegen den Krieg unbehelligt zu lassen, da sie, wenn der Krieg und alles Weltgeschehn naturgewollt ist, es gewiß ebenso sein müssen. Es muß ihnen, die doch mit dem Hinweis auf die Naturnotwendigkeit auch die Unabänderlichkeit ihrer Wirkungen behaupten, zugleich der Widerspruch aufgedeckt werden zwischen ihrer vernünftigen Einsicht und ihren Tathandlungen, wenn etwa sie sich Blitzableiter auf die Dächer stellen, wenn sie Schutzimpfungen an sich vornehmen lassen, wenn sie Überschwemmungen mit Deichen vorzubeugen suchen und wenn sie ihre Krankheiten mit Medikamenten und chirurgischen Operationen bekämpfen. Ich wünschte einmal irgendwo zu lesen, warum man die von Menschenkräften unbeeinflußt hervorbrechenden Naturereignisse zwar verhindern und unschädlich machen könne, warum es zudem des Schweißes der Edlen wert sei, Mittel gegen Seuchen, Blitzschlag und jede Art Gottesplage zu ersinnen, warum aber die Verhinderung derjenigen Elementarkatastrophen, zu deren Ausbruch erst menschliche Maßnahmen und Vorbereitungen nötig sind, dem Plane der gottgewollten Fügungen entgegengesetzt und alles darauf gerichtete Trachten ewig vergeblich bleiben muß.

Kurz nach Ausbruch des Krieges erzählte man mir, daß bayerische Landpfarrer von der Kanzel herab die Sittenverderbnis in den Großstädten anklagten, Gottes Zorn in dem Maße erregt zu haben, daß er nun mit einem Weltbrand strafend zwischen die Menschen fahre. Es ist mir immer aufgefallen, wie ähnlich sich doch das Weltgeschehn in solchen primitiven Theologenschädeln und in den verästelten Gehirnen weltweiser Gelehrter, insonderheit Historiker und Naturforscher, spiegelt. Nur die verschiedene Ansicht über die Freiheit des Willens der Menschen führt zu Variationen in der Schuldverteilung: der Pfaffe läßt die Gesamtheit der Menschen oder doch die Gesamtheit einer ganzen Menschenklasse sündigen, um die Natur oder Gott oder die Geschichtsnotwendigkeiten kriegerisch explodieren zu lassen; der Historiker rollt die Vergangenheit auf und beweist, daß Gott an seine Traditionen gefesselt ist; der Naturforscher setzt voraus, daß die Schöpfung vernünftig ist und fühlt sich daher zur Verteidigung jeder Unvernunft, die in der Schöpfung Raum hat, verpflichtet – sofern sie sich nicht in der Anzweiflung seiner eignen Wissenschaftlichkeit äußert. Sie alle sind darin einig, die handelnden Menschen selbst, die Veranstalter von Kriegen und Schrecknissen von jeder Verantwortlichkeit freizusprechen und eigentlich doch den lieben Gott, sei es den schiebenden, sei es den geschobenen, mit der ganzen Verantwortung zu belasten. Schade, daß ihre theologisch orientierte Toleranz nur dem Massenmord des Kriegs gegenüber wirksam ist. Der individuelle Sünder am Leben und besonders am Eigentum seiner einzelnen Mitmenschen findet vor ihren Augen in der Regel keine Entschuldigung auf Kosten Gottes.

Wie die Prediger und Seelsorger aller Bekenntnisse sich mit dem Krieg abgefunden haben, soll in einem andern Abschnitt untersucht werden. Eine Auseinandersetzung mit den fatalistischen Einwendungen der Geschichts- und Naturforscher mag gleich erfolgen, weil ich für die Eindringlichkeit der späteren Erörterungen fürchte, solange die achselzuckende Entgegnung nicht erledigt ist, daß bei der Unabänderlichkeit und Naturmäßigkeit von Kriegen jedes Eifern für ihre Abschaffung und für ewigen Frieden müßig sei.

Kriege hat es immer gegeben! Das ist die gebräuchlichste Antwort auf Charakterisierungen des Kriegs als menschenunwürdige, schändliche Barbarei: Historiker, Forscher und all die vielen, die nicht gewohnt sind, Dinge, die sie vertreten zu müssen glauben, vorher ernster Überlegung zu würdigen, fahren dem Friedensfreund gleichmäßig sicher mit dieser fadenscheinigen Behauptung in die Parade. Ihnen darf zweierlei entgegengehalten werden. Erstens: Warum muß, was immer gewesen ist, immer bleiben? – Zweitens: Woher wißt ihr, daß es zu allen Zeiten Kriege gegeben hat?

Ich gestehe, daß mir alle Lehren, die ein entwicklungsmäßiges Höhersteigen der menschlichen Kultur behaupten, die sozusagen die vorgeschrittene Jahreszahl als Kriterium für vertiefte Gesittung ansehn, von jeher verdächtig waren. Ich bezweifle, daß man die Geistesfähigkeiten von 1915, denen die Zerstörungswut der gegenwärtigen Generation die sinnreichsten technischen Instrumente dankt, höher werten dürfe als diejenigen, die zur Zeit der mosaischen Gesetzgebung jahrhundertelang sozialen Ausgleich schufen, die zur Zeit des alten Hellas oder der Renaissance ewige Werke der Schönheit wirkten. Mir scheint vielmehr die Weltgeschichte ein wechselvolles Auf und Nieder von seelischer Stärke und sittlicher

Verwahrlosung zu bieten, und wenn zur Zeit eine ethische Stufe erreicht ist, wie sie so erbärmlich niedrig noch in keiner Epoche der uns bekannten Geschichte betreten wurde, so folgert daraus für mich die Pflicht, an neuem Aufstieg mitzuarbeiten und von höherem Posten aus festen Boden zu schaffen, daß solcher Abstieg nie mehr möglich wird. Aber die Ablehnung des Glaubens an ein unentwegtes Hinaufsteigen auf der Stufenleiter geistiger Kultur veranlaßt mich um so weniger zu jenem stumpfen Verzicht und Alleshinnehmen, zu jenem feigen: Es hat's ja immer gegeben, also wird's schon recht sein – als grade das Vertrauen auf den ständigen automatischen Geistesaufschwung mit diesem Verzicht auf persönliche Initiative mitschuldig ist an dem indolenten Gottvertrauen, das sich mit der grenzenlosen Vernichtungsorgie des Kriegs ebenso anmaßlich selbstzufrieden abfindet wie mit einem Novemberschnupfen.

Übrigens berechtigen die Erfahrungen der Geschichte keineswegs zu der Hypothese, daß jede von Anbeginn beobachtete Erscheinung für alle Zeit und Zukunft notwendig und unabänderlich sei. Die gesamte technische Zivilisation widerlegt diesen Wahn. Jahrtausende hat man sich ohne Eisenbahnen, Telefone, Telegrafen, Automobile, Grammophone, Flugmaschinen, Zeppeline, Röntgenstrahlen, Fahrräder und Kinotheater beholfen. Ihre Erfindung hat dem Anstand der Menschen gewiß nicht vorwärts geholfen, doch aber wohl gezeigt, daß nicht alle Dinge allezeit auf dem gleichen Punkt stehn bleiben müssen. Daß wir noch nie, seit Gott die Welt erschuf, Fernspiegel, Tarnkappen und Wettermaschinen gehabt haben, scheint mir wenig stichhaltig für die Annahme, daß die Menschheit auch nach Jahrtausenden noch auf so zweckmäßige Apparate werde verzichten müssen. Umgekehrt wissen wir von Einrichtungen, Gebräuchen, Lehren, die, als sie noch gültig waren, so selbstverständlich schienen, daß die Altvordern sie für unabänderlich, naturgewollt, ewig hielten, während wir abgeklärten Zeitgenossen sie im Bewußtsein unsrer herrlichen Geisteshochzüchtung nur noch mitleidig als Vergangenheitskuriositäten belächeln wie Hexenverbrennungen, Sklavenhalterei, Wundertaten von Propheten und Heiligen und liebevolle Beziehungen zu Nymphen, Faunen, Göttinnen und Elfen. Auch Revolutionen, die es doch sonst zu allen Zeiten gegeben haben soll, scheinen dem Bewußtsein und dem Willen der Völker abhanden gekommen zu sein. Oder doch nicht?

Weiter oben habe ich schon angedeutet, daß mir auch die Voraussetzung selbst zu der vorigen Betrachtung keineswegs feststeht. Einmal angenommen, es müsse, was immer gewesen sei, auch immer wieder so sein, erhebt sich die Frage: Haben denn die Menschen wirklich, seit sie sich von Affen, Bakterien, Keimzellen, Engeln oder was weiß ich zu dem zweibeinigen Denktier entwickelt haben, das sich jetzt Herr der Welt dünkt, in mordwütigen Massen aufeinander losgeschlagen? Es ist auffallend, daß die Leute, die es behaupten, also wieder die sehr wissenschaftlich, sehr materialistisch, sehr historisch denkenden Seelenverächter, sich auch hier wieder in merkwürdiger Übereinstimmung mit den bibelgläubigsten Frommreligiösen befinden. Hat ihre Weisheit doch nur einen Sinn, wenn die vergangene Zeit als von einem Anfangstermin begrenzte Geschichtsperiode angenommen werden kann. Nur der kann doch mit heiterer Stirn dekretieren, daß es Kriege „immer" gegeben habe, der alles, was es gibt und gegeben hat, von Anbeginn kontrolliert hat. Die Historiker scheinen also den Beginn aller Dinge gleichzusetzen mit dem Tage, an dem Gottvater einen Lehmkloß nahm und daraus den Adam formte, seit welchem siebenten Tage der Weltschöpfung laut Auskunft der jüdischen Rabbiner und Talmudisten bis jetzt 5676 Jahre verflossen sind. Wollen sie diese Unterstellung nicht gelten lassen, so werden sie ihre Wissenschaft halt noch 2000 Jahre jünger taxieren lassen müssen, nämlich von dem Zeitpunkt an, den sie mit Hilfe schriftlicher und halbwegs zuverlässig scheinender Aufzeichnungen wenigstens oberflächlich zum Ausgang ihrer Forschungen nehmen können.

Um meine eigne Ansicht hierüber einzuschalten, bekenne ich mich zu der Auffassung der Kantischen Philosophie, die den Zeitbegriff als irreal betrachtet. Im Weltgeschehn gibt es kein Anfangen und kein Aufhören, ebensowenig in der Menschengeschichte. Zugegeben aber, daß Darwin recht hat und sich der Mensch in jahrmillionenlanger Umbildung aus niederen Gattungswesen entwickelt hat, so möchte ich doch vermuten, daß es miteinander lebende, füreinander arbeitende, mit allen Gliedern und Organen wie wir ausgestattete Erdenbewohner, die man zoologisch als Menschen wird bezeichnen müssen, auch schon zu Zeiten gegeben hat, die vor den Anfängen der zugänglichen Geschichtsliteratur liegen. Ja, ich glaube, daß die drei oder fünf Jahrtausende, auf die sich die Kriegsverewiger berufen können, eine verschwindend kurze Epoche der Menschheitsgeschichte darstellen. Diese Meinung, verbunden mit der dargelegten Überzeugung, daß die Geschichte, kulturell und ethisch gewertet, ein stetes Auf und Nieder ergibt, in dem Wiederholungen keineswegs naturgeboten sind, immer neue Erscheinungen aber notwendig aus der Summe der auseinander [sic] folgernden Ereignisse und Zustände zutage treten müssen, führt mich umgekehrt zu dem Schlusse, daß auch Zeiten des Friedens, des Wohlseins, des Anstands, der Kultur schon von Menschen erlebt wurden, „goldne Zeitalter", wie Ovid sie besingt und wie wir Anarchisten und Revolutionäre sie *mutatis mutandis* für unsre Kinder erträumen.

Nebenbei bemerkt ist es noch nicht einmal gewiß, ob die Behauptung, ohne Kriege sei es noch nie abgegangen, eigentlich für alle Erdvölker auch nur im übersehbaren Zeitraum zutrifft. Die Eskimos sind meines Wissens bisher in Frieden mit allen andern Völkern ausgekommen, womit natürlich für die Vergangenheit vor den Anfängen der Geschichtsforschung nichts ausgesagt ist, noch auch die Möglichkeit geleugnet werden soll, daß eines Tages europäische Kulturträger kommen mögen, die etwa Lebertran als Kanonenschmiere erwerben wollen und als Bezahlung für das Land, das sie den Einwohnern wegnehmen, für ihre Kinder, die sie sich versklaven, für den Frieden und die Zufriedenheit, die sie den einfachen und selbstgenügsamen Menschen rauben, ihnen Peitschen, blaue Bohnen und die Religion der Liebe bringen, wie sie's in Afrika mit den „Wilden" gemacht haben. Auf diese Weise können vielleicht bis zum nächsten Kriege auch Lappen und Grönländer schon so viel Kultur angenommen haben, daß sie als Helden für Wahrheit, Freiheit und Recht für europäische Spekulanten ihr Blut vergießen und in der Tätigkeit des Mordens und Brennens, den eben bekehrten Blick aufs Kreuz geheftet, den echten Segen gehobener Zivilisation begreifen lernen.

3. |

Es könnte noch festgestellt werden, daß alle früheren Kriege, die, aus Angst, die gute Gewohnheit der Menschen, einander umzubringen, möchte aufhören, als Kronzeugen für alle späteren Kriege beschworen werden, mit dem gegenwärtigen Gemetzel gar keine Ähnlichkeit gehabt haben. Der gesamte Inhalt dieses Buches wird dartun, wie jammervoll tief im Hinblick auf menschliche Würde, Zweckanständigkeit, vorgeschobene und wirkliche Ursachen, Kampfformen und sittliche Geltung dieser Krieg unter allen seinen Vorgängern rangiert und wie gar keine Möglichkeit besteht, ihn als Neubelebung hergebrachter Sitten einzuschätzen. Es könnte auch darauf verwiesen werden, daß alle historische Wissenschaft untauglich ist, Dinge der Zukunft aus solchen der Vergangenheit abzuleiten, und daß diese gelehrte Kategorie zu der Bescheidung verurteilt ist, gewesene Tatsachen aufzufinden, aneinanderzureihen, zu vergleichen und auf ihre ebenfalls schon feststehenden Wirkungen zu prüfen, jegliche „historische Betrachtungsweise" aber versagen muß, wo die nach rückwärts geknotete logische Kette von Ursachen und Folgen ins Leere der Zukunft hinein weitergeflochten werden soll. Eine ausführliche Widerlegung solcher spekulativen Wissenschaftlichkeit jedoch und ihre gründliche Entlarvung als Scharlatanerie und teleologische Gaukelei läge nicht mehr im Rahmen meiner hier gestellten Aufgabe. Hier sollen nur die stereotypen Einwendungen gegen die Forderung des Weltfriedens mit kurzer Begründung abgewiesen werden.

Neben den abgefertigten sind es immer wieder die Theorien der Biologen und Naturforscher, die den Bestrebungen ethischer Soziologie entgegengestellt werden. Der Krieg soll ein naturgeschichtliches Phänomen sein, eine biologische Notwendigkeit, eine Selbsthilfe der Schöpfung gegen ihre Geschöpfe. Der „Kampf aller gegen alle" wird zitiert und die Tierwelt als Beispiel herangezogen, um unter Hinweis auf hasenjagende Leoparden, auf hühnerfressende Füchse, auf fliegenschnappende Goldfische die natürliche Respektlosigkeit der Lebewesen vor einander darzutun. Mit solchen Hinweisen mag man Vegetariern kommen. Der Berliner Universitätsprofessor Dr. Nicolai hat in seinem tapferen, während des Kriegs aufgenommenen Kolleg *„Über den Krieg als biologischen Faktor in der Entwicklungsgeschichte der Menschheit"* völlig richtig ausgeführt, daß, wenn der Löwe die Gazelle verschlingt, zwar die Gazellensubstanz vermindert, dafür aber die Löwensubstanz vermehrt wird, während im Kriege Menschensubstanz in ungeheuren Mengen vernichtet wird, ohne Ersatz zu finden. Von Tiergattungen, die, wie die Menschen, systematisch gegen die eigne Art wüten, habe ich bis jetzt nichts gehört. Gibt es gleichwohl welche, die etwa die Nahrung aus dem Blut der eignen Familie ziehn, so könnten damit allenfalls kannibalische Manieren verteidigt werden, nicht aber die gegenseitige Massenabschlachtung des Kriegs, in dem man die Leichen einscharrt oder im Drange heldischer Beschäftigung verfaulen läßt. Bei alledem sollte ja wohl auch nicht ganz übersehn werden, daß wir Menschen mit bewußtem Willen begabte, unsre Handlungen kontrollierende und bis zu einem gewissen Grade selbst bestimmende Wesen sind, deren Taten noch lange nicht deswegen gerechtfertigt sind, daß manche Tierarten in manchen Fällen, von ihrem kritiklosen Instinkt geleitet, vielleicht ähnliches tun könnten.

Dasselbe wäre auch denen entgegenzuhalten, die das Tierreich bemühen, um die Ausrottung des männlichen Überschusses der Arten zugunsten des weiblichen Geschlechts als Zweckabsicht der Natur zu beweisen. Die Überzahl der Männchen, sagen sie, sei ein Anzeichen für allmähliches Aussterben, wie sich bei verschwundenen Tierklassen, wie sich auch bei ausgestorbenen Menschenrassen, etwa bei Indianerstämmen, gezeigt habe. So seien also die Kriege weise Vorsichtsmaßregeln des Weltgeistes, um durch gründliches Aufräumen unter dem männlichen Teil des Menschengeschlechts fruchtbaren Boden für guten Nachwuchs zu schaffen. Der naturwissenschaftlich minder geschulte Erdensohn möchte eher zu der Annahme neigen, daß sich die Natur, um sozusagen Unkraut auszujäten, das dem Wachstum der Menschenart im Wege steht, dazu kaum an die ausgesucht kräftigsten, an die arbeits- und zeugungsfähigen Exemplare halten würde, sondern dann allenfalls eugenetisch zu Werke ginge und schwächliche, kranke, irre, kurzum artverderbende Individuen der gegenseitigen Vernichtung anheimgeben dürfte. Das Argument ist denn doch gar zu kurzatmig, als daß mehr dahinter vermutet werden könnte als der Wunsch, nur unter allen Umständen gegen die ethische, soziale, naturvernünftige Bekämpfung des Kriegs überhaupt ein Argument vorzuführen. Ebenso verhält es sich mit der Erinnerung an gewisse Erscheinungen des animalischen Lebens, die den Mord am Männchen oder den Kampf der Männchen gegeneinander zur Rechtfertigung der Kriege herbeiziehn. Hirsche und Hähne kämpfen um das Vorrecht bei den Weibchen, was niemand leugnen wird. Doch sollte man dieses Phänomen doch unter die Rubrik „Liebesleben in der Natur" einordnen und meinetwegen den Zweikampf aus Eifersucht damit verteidigen, aber nicht den Millionenkampf zwischen verschiedenen Völkern, denen gar nichts ferner liegt, als einander die Frauen streitig zu machen. Unter den Käfern sind es die sogenannten Gottesanbeter, bei denen das Weibchen nach der Befruchtung das Männchen erdrückt und verzehrt. Auch diese Parallele erscheint wenig stichhaltig und könnte höchstens einem Advokaten dienen, der für ein entartetes Weib mildernde Umstände suchen muß, wenn es etwa im sexuellen Rausch sich zum Lustmord am Geliebten hinreißen ließ. Auch die Bienen müssen als Kronzeugen für die Kriegsmanie der Menschen herhalten. Die Drohnen werden von den Arbeitsbienen aus den Stöcken verjagt und, wenn sie nicht anders aus dem Harem ihrer Königin herauswollen, umgebracht. Ja, vergißt man denn ganz, daß solcher die Vernunft des Naturgeschehns licht verklärende Vorgang die grimmigste Verhöhnung dessen ist, was damit in Vergleich gestellt werden soll? Übersieht man denn, daß es bei den kriegführenden Menschen grade die Drohnen, die faulen Nutznießer fremder Arbeit sind, die die arbeitenden Gattungsbrüder in Kampf und Tod hetzen? Es gehört schon ein gehöriges Stück Frivolität oder doch ein Riesenmaß naiver Urteilslosigkeit dazu, derartige Beispiele für das Menschenrecht der Kriegsmetzelei zeugen lassen zu wollen, bei denen die Krone der Schöpfung, der Herr über alle Wesen, Gottes Ebenbild, so traurig abschneidet.

Endlich noch ein Wort an die Neunmalklugen, die im Kriege die Wohltat eines Aderlasses, also sozusagen eine heilsame ärztliche Kur am Körper der Menschheit erkennen. An sie muß die ernstliche Aufforderung gerichtet werden, dem Vollblutleiden ihres Geschlechts zunächst einmal durch die Beseitigung des Zuviels entgegenzuwirken, das auf ihrer eignen Beteiligung am Gesamtorganismus beruht. Es wirft wahrhaftig kein gutes Licht auf ihren Charakter, wenn sie die gewaltsame Blutabzapfung aus dem Leibe der Allgemeinheit verlangen, ihnen als Opfer aber jeder andre recht ist, nur nicht sie selbst. Man kommt dabei leicht auf den Verdacht, es möchte sich da um die Sympathie für ein Verfahren handeln, das auf mechanischem Wege unliebsame Konkurrenz wegräumen kann. Ich besprach einmal während der Kriegszeit mit einem Rechtsanwalt aus Berlin die Erscheinung des Kriegs und ihre tieferen Gründe. Auch dieser Herr hatte auf meine Anklagen gegen die verfahrenen Einrichtungen der menschlichen Gesellschaft nur ein bedauerndes Achselzucken und den genügsamen Hinweis auf den mitunter notwendigen Aderlaß. Ich ließ ihn seine Ansichten ruhig entwickeln, und dabei stellte sich heraus, daß ihm persönlich eigentlich nur ein Aderlaß unter den Berliner Rechtsanwälten notwendig schien. Man wiederhole das Experiment bei jedem, der mit dem „notwendigen Übel" einer gelegentlichen Schröpfung hausieren geht, man wird erkennen, daß ein sehr egozentrisches Empfinden und ein von kollegialer Benebelung umgrenzter Horizont die Weltanschauung beeinflußt, auch wenn sie mit nationalökonomischen Kieseln wie Übervölkerung der Erde, Unfähigkeit des Bodens, gemäß der Menschenvermehrung Nahrung zu produzieren, und ähnlichen Malthusianismen gepflastert ist. Widerlegen kann man diese Herrschaften kaum. Denn dem Beweise, daß die Erde, sinnvoll kultiviert, gerecht organisiert, Produktion und Verbrauch in vernünftige Beziehung gesetzt, auch die vielfache Bevölkerung noch vollkommen ausreichend ernähren kann, ohne daß ein einziger Mensch verhungern müßte, stehn sie mit derselben abweisenden Überlegenheit gegenüber, der das Einfache und Selbstverständliche überall begegnet. Es wäre gut so, also kann es nicht so sein, wie der Friede nicht sein kann, weil er gut wäre. Daher muß diesen Leuten aufgegeben werden, dem Schaden der Übervölkerung, den sie so arg zu empfinden meinen, unverzüglich durch ihren Selbstmord zu steuern. Sie werden dadurch allen, die ihre Überzeugung nicht teilen, den Beweis liefern, daß sie nun bei größerer Ellenbogenfreiheit menschenwürdiger leben können und also für ihre Lehre die Propaganda der Tat treiben. Sie werden entsprechend ihrer eignen Theorie eine eminent soziale Handlung begehn und sich so die Dankbarkeit der Nachwelt sichern, und sie werden, falls sich ihr Glaube als falsch erweist, mit sich selbst eine Hypothese aus der Welt schaffen, die, wie der gegenwärtige Krieg lehrt, die verhängnisvollste und fürchterlichste Gefahr für die Menschheit bedeutet.

4. |

Den Skeptikern aus Entschlußfaulheit, Abgeklärtheit oder Gottergebenheit stehen gegenüber die Positivisten des Kriegs, die Bejaher seiner Wünschbarkeit, die Verkünder seiner Schönheit und Herrlichkeit. Sie sind der Feind. Ihnen sei, den Repräsentanten und Personifizierungen des Kriegs, der Krieg erklärt. In ihnen wollen wir

die Inkarnation des Schlechten, Ruchlosen, Verächtlichen, in ihnen
den Antichrist und den Antimenschen erkennen und bekämpfen.
Wir wollen uns vergegenwärtigen alle Schrecknisse und Entsetz-
lichkeiten der furchtbaren Zeit, die wir durchleben. Alles unsägliche
Elend, das über Menschen, Völker, Länder und Schicksale geflossen
ist, wollen wir uns lebendig machen. Soweit unsre Phantasie fähig
ist, die Grausamkeit dieser Wirklichkeit zu erfassen, wollen wir sie
anstrengen. Millionen zerfleischte Menschenleiber wollen wir uns
vorstellen, zerrissene und zerstückelte Gliedmaßen, vor den Augen
ihrer Kameraden verfaulende Leichname, an denen die Krähen pi-
cken, unaufgefundene Verwundete, die unter gräßlichen Schmerzen
und fürchterlicher Seelenpein zwischen verendeten Pferden und toten Menschen in Kadavergestank und geronnenem Blut fluchend
sterben. An die Witwen und Waisen wollen wir denken, die Hoffnung und Freude eintauschten gegen Jammer, Trauer und Not, und
der Frauen und Kinder nicht vergessen, die selbst von Luftbomben
zerfetzt, schauerlich gemordet dem Moloch opferten, gleich jenen,
die als Begleitfracht von Kriegsmunition oder Postgut zum Meeres-
grund sanken, den Haifischen zum willkommenen Fraß. Die Krüppel alle wollen wir vor unseren Geist zur Parade rufen, die gesund
und stark hinauszogen, oft selbst umnebelt von Ehrgeiz und ruhm-
vollen Wahnbildern und erfüllt von der hehren Mission, die sie zu
erfüllen glaubten, und die nun wieder daheim sind, verstümmelt
und entstellt, auf Krücken schleichend, die losen Ärmel in den Rock-
taschen, in Stuhlwagen gerollt und dabei arm, bettelnd, den Mitmenschen zu kaum verhüllter Last, viele aber verwirrt im Geiste,
von Krämpfen geschüttelt, blöde lachend, angstvoll um sich schlagend oder boshaft schreiend. Auch die sollen dabei sein, die vorher
hübsch, forsch, jung und geliebt, nun mit zerschossenen Kiefern,
ohne Nase oder Ohr oder gar entmannt den Mädchen zum Widerwillen sind, und die vielen Blinden, denen eine Patrone die Augen
ausriß, und die, unglückliche Mütter oder Väter, die sie sich ausge-
weint haben, da ihnen die Söhne in fremde Erde gescharrt wurden,
die Schwiegertöchter ins Irrenhaus kamen und die Enkel aus Lust
und Lachen, aus liebevoller Obhut der Eltern dürftiger Mildtätigkeit
preisgegeben sind. Der fruchtbaren Länder und Felder wollen wir
uns erinnern, wo Fleiß und Geschmack, Anmut und Reichtum von
rohem Brand zerstört sind, und der zahllosen armen Leute, die, aus

Arbeit und Frieden von Haus und Hof gejagt, durch die Lande irren, häufig genug losgesprengt von den Nächsten, ihre Kinder und Eltern, ihre Freunde und Nachbarn hilflos und vergeblich suchend. Alles unermeßliche Leid des Todes, der Trauer, des Unglücks und der Entbehrung wollen wir aufstehn lassen, wollen es vervielfältigen bis zu dem Maße, das unsre Vorstellung fassen kann, wissend, daß es weit zurückbleibt hinter dem, was Wahrheit ist, und dann unsern Grimm ausschütten über die grauenvollen Menschen, die dazu getrieben haben, die dies verantworten mögen, die weiterhin zu lästern wagen von frischfröhlichem Krieg, von Ehre und Heldentum: Über euch dieses Blut! Über euch all dies Grauen, all dieser Jammer, all dieses Schändliche! Trag's, wer es tragen kann!

Erstaunlich genug: es gibt Menschen, die die Last aushalten. Ihnen wird sie aufgewogen und bis zur Wesenlosigkeit entbürdet durch die vermeintlich sittlichen Werte, die auf der andern Seite der Waage ruhn. Als solche Werte bemessen sie Ruhm, Ehre, Tüchtigkeit, Mut, Entschlossenheit, Ausdauer, Entsagung, Vitalität, Disziplin, Begeisterung, Kameradschaftlichkeit, Körperstählung, Aufopferung, männlichen Sinn als Momente des persönlichen Wesens und patriotische Interessen, Staatsnotwendigkeiten, völkischen Expansionsdrang, Lebendighaltung militärischen Geistes, monarchistisches bzw. autoritäres Prestige, Niederhaltung revolutionärer Neigungen, strategische Ziele, Erkämpfung wirtschaftlicher Absatzgebiete und Nützlichkeiten für Industrie, Landwirtschaft und Handel als Momente des nationalen Gemeinguts.

Diskussionen darüber, ob das Verderben des Kriegs, die Summe der Vernichtung und Weltauszehrung, der Vergiftung aller Beziehungen und der Verrottung aller sittlichen Begriffe auf der einen Seite, auf der andern der Kult einer asozialen Gewaltmoral als Hort staatlicher und gesellschaftlicher Einrichtungen, aneinander abwägbare Werte darstellen, sind ganz überflüssig. Die Entscheidung im Widerstreit zwischen dem Abscheu gegen das Unmenschliche und der Zustimmung zu aufgestellten Tugend- und Ehrbegriffen wird nicht von Verstandeserwägungen, sondern vom religiösen Gefühl getroffen. Wer seine Forderungen der Tugend und der Ehre unabhängig von den natürlichen Regungen des Herzens erhebt, kann nicht dazu überredet werden, an die Stelle seiner ideologischen Abstraktionen die einfachen Empfindungen der Liebe, des Verstehns und des Widerstrebens gegen das Übel zu setzen. Nur das darf von ihm verlangt werden, daß er eindeutig und ehrlich zu seinen Normen stehe und den Versuch unterlasse, das Ethos der Gerechtigkeit und Güte, an dem es kein Kneten und kein Fälschen gibt, seinem Weltbild anzupassen. Hier Menschlichkeit, Nächstenliebe, Weltgefühl – dort Zweckmäßigkeit, Macht, Nationalstolz: eine Vermengung ist unmöglich.

Die Aufgabe dessen, der das Heil der ganzen Menschheit sucht, kann nur die sein, die Unvereinbarkeit der staatlichen und nationalen Ehrbegriffe mit seinem eignen Ideal darzutun und daher ohne Rücksicht auf anerzogene Formeln und herkömmliche Geltung sein Gebäude des idealen Lebens aufzurichten. Dabei wird er sich bewußt zu halten haben, daß seine Polemik gegen die gültigen Werte und Ansichten nur bei solchen Mitmenschen widerlegende Wirkung ausüben kann, bei denen der Wille zum Guten und zur Liebe nicht überwuchert ist von nationalegoistischen Überlegungen, und daß dies die geringe Minderzahl der Zeitgenossen sind.

Dagegen aber wird er sich sagen dürfen, daß über die großen Ziele der Menschen keine Majoritäten entscheiden, sondern die stärkste Energie, der tatklarste Wille, und daß dieser ebensowohl aus der sittlichen Einsicht weniger oder eines einzelnen erwachsen kann wie aus der Suggestion traditioneller Richtunggeber auf die Riesenschar der Massen.

Bevor ich jedoch darangehe, die sozialrevolutionären Gedanken auszubreiten, in denen ich die Wurzeln neuer gesellschaftlicher Verbindungen und friedfertiger Beziehungen der Völker erblicke, möchte ich einem Einspruch begegnen, der meinen Ideen oft geworden ist und mit dem die Muskelmenschen des Kriegs die überlegene Sittlichkeit neuordnender Zukunftspläne aus deren eignen ethischen Voraussetzungen zu degradieren suchen. Ihr wollt, wenden sie ein, die Kriege wegen ihrer gewaltsamen Äußerungen abschaffen. Das Mittel aber, mit denen ihr den Unterbau des erstrebten krieglosen Zustands errichten wollt, ist die Revolution, ein Vorgang also, dessen Begleiterscheinungen die gleichen sind wie die des Kriegs: Mord, Brand, Enteignung, Hunger, brutaler Kampf, Einbeziehung Unbeteiligter, auch Frauen und Kinder, in die gewaltsamen Händel. Daraus erhellt, daß ihr die Erscheinungsformen des Kriegs nicht als Kriterien seiner Unsittlichkeit anziehn dürft, zumindest aber kein Recht habt, eure Revolution sittlicher zu nennen als unsern Krieg.

Es wäre natürlich leicht, den Nachweis zu führen, daß Revolutionen im Gegensatz zu Kriegen unter Umständen ganz unblutig durchgeführt werden können, auch schon ohne oder mit geringem Aufwand körperlicher Gewalt durchgeführt worden sind. Ich verzichte darauf, weil ich nicht leugnen kann und nicht leugnen will, daß Volkserhebungen fast immer mit schweren blutigen Kämpfen verbunden waren und daß die Revolutionen, mit denen zur Erringung menschenwürdiger sozialer Zustände noch gerechnet werden muß, wahrscheinlich ebenfalls harte Zusammenstöße und bittere Menschenopfer kosten werden. Freilich ist es wahr, daß das gewaltsame Losschlagen noch stets von denen ausging, denen ihre vermeintlichen und angemaßten Rechte streitig gemacht wurden, und daß die eigentlichen Kämpfe daher aus der Notwehr verzweifelter Massen hervorgingen. Doch könnten dagegen vielleicht widerlegende Beispiele angeführt werden, auch läßt sich nicht voraussehn, ob in Zukunft die Revolutionäre immer die endlich Angefallenen sein werden, wie denn – die Augusttage des Jahres 1914 lehren es deutlich – nachträglich jeder der Überfallene gewesen sein will und das Suchen nach dem Angreifer überall eine mißliche Sache ist. Ferner soll auch nicht beschönigt werden, daß revolutionäre Attentate, also blutige Handlungen einzelner gegen einzelne, oft genug von überaus idealistisch gesinnten Personen verübt und von sehr friedliebenden, den Krieg mit seinen Äußerungen tief verabscheuenden Menschen bewundert und in reinem Herzen bejaht worden sind, Handlungen also, bei denen allenfalls von seelischer, nie und nimmer aber von körperlicher Notwehr die Rede sein kann.

Ich will es hier ohne Umschweife eingestehn: Ja, es besteht eine Diskrepanz zwischen unsrer heftigen, heiligen, feierlichen Abkehr von der Gewalt des Kriegs und unserm sehnsüchtigen, tatbereiten, wilden Verlangen nach Revolution. Wir alle – ich glaube, ich kann da von mir auf jeden Sinnesverwandten schließen – haben das auch schon empfunden und in mancher schweren Stunde der Selbstprüfung in uns gewälzt, ohne zu dem Ausgleich zu gelangen, der zur völligen sich selbst genügenden Befriedigung geführt hätte. Wir mußten uns genug sein lassen mit dem Bewußtsein der Zuverlässigkeit unsres Gefühls, in dem die Unterscheidung zwischen der Ge-

walt als Selbstzweck oder als Mittel zu andern üblen Zwecken und
der Gewalt als Mittel gegen die Unterdrückung und gegen jegliche
Gewalt nie irre wird. Daß hier der Gegner höhnisch lacht und unsre
Zwecke als übel, seine als lauter und gut in Rechnung setzt, müssen
wir achselzuckend hinnehmen. Aber auch Leo Tolstoi hat mehrfach
scharf unterschieden zwischen der Gewalt der Revolution und der
des Kriegs, und wenn er auch wohl nirgends gradezu die physische
Empörung empfohlen oder gutgeheißen hat, so finden sich doch in
seinen Schriften kräftige Zurückweisungen, wenn jemand den gerechten Zorn gegen den Krieg mit dem Hinweis auf Revolutionen
entkräften wollte.[7] Endlich aber sei an den friedlichsten und duld-
samsten aller Weltbefreier erinnert, an den wundervollen Begründer des Christentums, an Jesus selbst, der die linke Wange hinhielt,
wenn einer die rechte schlug, der sich ohne Widerstand ans Kreuz
nageln ließ und der doch, als sein Zorn aufs äußerste gereizt war,
dem Gelichter der Händler und Wechsler die Tische umstieß und sie
mit mannhaften Hieben zum Tempel hinausjagte.

Was ist es also, was vom Standpunkt höchster Sittlichkeit dem
Rebellen zu seiner Gewalttätigkeit das reine Gewissen gibt, während es ihm den Krieg verdammenswert scheinen läßt? Es ist zuerst
das Bewußtsein, in der Revolution aus eigner Entschließung die
eigne Sache zu vertreten, es ist sodann die Gewißheit, einem Zweck
zu dienen, der der Menschheit selbst zugute kommen soll.

Kriegen im allgemeinen, dem zur Zeit wogenden Weltkrieg im
besonderen kann man hunderterlei Ursachen nachweisen oder unterlegen. Die Untersuchung von meinem Blickfeld aus wird einem
eignen Abschnitt dieses Buches vorbehalten. Keinesfalls läßt sich behaupten, daß ein Kampf von Nation zu Nation wirklich dem Nutzen
einer Volksgesamtheit entsprechen könne. Immer sind es die Machthaber, die Nutznießer der Oligarchie, in unsrer Zeit vornehmlich die
kapitalistischen Staatsinteressenten, von denen die kriegerischen
Operationen verlangt und organisiert werden, für die die Teilnehmer ihre Haut zu Markt tragen. In früheren Zeiten – in England traf
das noch bis mitten in den schwebenden Kampf hinein zu – war das

---

[7] [Vgl. Leo N. Tolstoi: *Soziale Sünde und Revolution*. Texte über die moderne Sklaverei, Wege der Befreiung und den Irrweg des Blutvergießens. Mit einem Vorwort von Gregor Gysi. Herausgegeben von Peter Bürger. (= Tolstoi-Friedensbibliothek: Reihe B, Band 7). Norderstedt: BoD 2024.]

sichtbare Zeichen hierfür die Einrichtung der Söldnerheere. Wer das Interesse am Kriege hatte, warb zu seiner Durchführung die Soldaten, die ihn auszuführen hatten. Die Völker selbst blieben von diesen Geschäften soweit unbehelligt, wie nicht etwa die Zusammenstöße der Heere zwischen ihren Wohnstätten stattfanden. Das ging, solange die Technik der Kriegführung das Risiko der Beteiligung gering scheinen ließ gegenüber der Lockung des Soldes und der von der Aussicht auf Plünderung und Sexualfreuden versüßten Abenteuerei. Mit der Vervollkommnung der Waffen und der damit gesteigerten Gefahr verringerte sich naturgemäß die Lust am Soldatenleben und erhöhte sich die Schwierigkeit, Armeen zusammenzubringen. So ersannen die Gesetzgeber das Mittel der allgemeinen Wehrpflicht, die, weit entfernt, eine demokratische Errungenschaft zu sein, vielmehr die ganzen Völker bei geschickter Verteilung der Machtausübung unter diese selbst, in die disziplinierteste Abhängigkeit von unumschränkt gebietenden Militärdespoten brachte. Die Berufung auf die große Zahl Freiwilliger, die bei Kriegsausbruch 1914 unter die Fahnen aller Heere gingen, verschlägt nichts gegen die Tatsache, daß die Millionen, denen im ganzen Leben nichts ferner lag als kriegerische Ruhmsucht, die Hunderttausende in jedem beteiligten Land, deren Sinn dem Verfahren und dem Zweck ihrer Aushebung bewußt widerstrebte, von physischer Macht gezwungen mitziehn mußten und auf Befehl fremder Menschen Taten ausführten, die ihrem Gewissen, ihrer Neigung, ihrer Erkenntnis und ihrem Nutzen strikt entgegengesetzt waren. Leiden und sterben müssen für Dinge, mit denen wir in Kopf und Herz nicht das mindeste zu schaffen haben – ist das nicht Hohn auf jede Würde und jeden Verstand? Und ist es nicht Schande und Wahnwitz, gar selbst zu töten und Leid und Schaden zu stiften unter Menschen, die uns gar nichts angehn, gegen die wir keinen Haß und keine Feindschaft fühlen, denen wir uns vielleicht aus guten Gründen und klaren Empfindungen viel enger verbunden wissen als denen, die unsre Hand führen bei solchem Widersinn? Dies aber ist der Krieg, das verlangt er von uns, das ist seine Ausdrucksform, hierin liegt seine Unsittlichkeit.

Anders die Revolution. Da führt eigner Zorn, eigne Überlegung, eigner Entschluß zum Aufmarsch. Da ist jeder Freiwilliger und jeder eingeweiht in das Ziel des Ganzen, da es eines jeden Ziel und bewußter Wille ist. Da ist selbstgewählte Führerschaft, die weichen muß, wenn die Gefolgschaft es verlangt. Da ist Opferbereitschaft für eine eigne, bekannte und selbstgesetzte Sache. Und da ist wahrhafte Feindschaft gegen diejenigen, auf die die Waffe gerichtet wird – im Gegensatz zu diesen selbst, die befohlen gehn, für fremde Rechnung, für fremden Nutzen, oft selbst gegen die eigne Überzeugung und mit dem Wunsch für den Sieg des Gegners – des „inneren Feinds". Auf welcher Seite kämpft da der bessere Geist? Wo steht die sittlichere Idee?

Dies betrifft indessen nur den Antrieb der Revolution zum Unterschied von dem des Kriegs. Was noch tiefer scheidet, was die sittliche Note noch mächtiger bestimmt, ist beider Zweck und Ausblick, ist der eigentliche moralische Inhalt. Kriege werden veranstaltet, wenn dem Bestand des Staats und seiner Einrichtungen von außen Gefahr droht oder wenn die Machtinhaber neue Festigungen ihrer Machtbezirke anstreben. Adel, Kirche, Kapital, Heer sind die Machtinhaber, sind die Elemente der Gesellschaftsorganisation, wie sie sich bis zu unsrer Zeit gestaltet hat und wie sie den Revolutionären unsrer Tage zur Beseitigung reif scheint. In diesen Elementen liegt die konstante Gefahr für den Frieden, da ihre Existenz auf Zentralisation und Abgrenzung beruht. Sie erzeugen aus sich selbst heraus und durch ihre Herrschaft über alle Arbeitskräfte und Arbeitsmittel fortgesetzt Reibungen, da die Tendenz zur Machterweiterung auf Kosten wesensgleicher Organismen in ihnen immer aktiv bleibt. An den Reibungen solcher Machtzirkel entzünden sich dann die Kriege, so daß also die Staaten selbst den Keim der Feindseligkeiten gegeneinander in sich tragen. Da aber der Ertrag des Kriegs in der Stärkung der Institutionen besteht, die ihn hervorgerufen haben, so fördert er in seinen Folgen die Vorbedingungen zu neuen Kriegen. Somit bezweckt und bewirkt der Krieg die Konsolidierung und Verewigung seiner eignen Ursachen.

Revolutionen hingegen gelten der Beseitigung und gänzlichen Ausmerzung ihrer eignen Anlässe. Sie entstehn, wenn Zustände unhaltbar geworden sind, wenn sich die Schaffung neuer Grundlagen des gesellschaftlichen Zusammenlebens als notwendig erwiesen hat und wenn der Geist neuen Wollens, neuen Formens, neuen Beginnens über die Menschen gekommen ist. Kriege entströmen einem Krater, der mit jedem Ausbruch schon zu neuen Eruptionen sammelt. Der Schoß aber, der die Revolution gebiert, stirbt mit dem Augenblick, in dem er sich befreit hat. Der Krieg erweitert seine Quellen, die Revolution verschüttet die ihrigen. Der Krieg schafft Druck, Haß, Argwohn, Bitterkeit, die Revolution Befreiung, Vertrauen, Gemeinschaft, Liebe. Wenn das von den Kriegsenthusiasten oft bemühte Bild vom reinigenden Gewitter irgendwo zutrifft, so bei der Revolution. Der Krieg aber – wer das Unglück hat, jetzt Zeitgenosse zu sein, hat es gelernt – ist eine Schlammflut von Eiter und Unrat, die alles Gute, Reine und Schöne überspült und wegschwemmt und dem trauernden Blick nichts hinterläßt als schmutzige Pfützen von Blut und Tränen.

5. |

Denen noch ausführlich zu entgegnen, die die hygienischen Wirkungen des Kriegs für seine Notwendigkeit sprechen lassen wollen, verlohnt nicht der Mühe. Sie mögen die Witwen und die Krüppel fragen, wie sie sich zu diesem Argument verhalten. Auch mit Ruhm und Ehre sollte man vorsichtiger umgehn. Die Auffassung, daß zum Erlangen ruhmvoller Unsterblichkeit der Nachweis physischer Überlegenheit über einen Gegner gehört, mutet doch arg atavistisch an. Man möge sie in Athletenklubs pflegen, aber aus den Katechismen der Volkserziehung herauslassen. Ehrbegriffe werden von Menschen verabredet und wandeln sich mit deren Sitten und Erkenntnissen. So kann man sich recht wohl Zustände vorstellen, in denen die Zurückweisung von Titelverleihungen und Ordensauszeichnungen allgemein als ehrenvoller gelten wird als die annoch herrschende Beglücktheit über solche Anerkennungen, ja, wo die Verzierung von Männerbrüsten mit Bändchen, Kreuzchen und Sternchen die Einschätzung erfahren wird wie heute die Tätowierungen der Indianer oder die Blechbehänge eitler Negerhäuptlinge. Wer die Spannkraft seiner Muskeln und Nerven erhöhen will, trete in Wander-, Turn- oder Bergsteigervereine ein, wer äußere Ehren sucht, erwerbe die Würde eines Kommissionsrats. Das Umbringen von Mitmenschen und die Gefährdung des eignen Lebens sind für beide Zwecke die ungeeignetsten Methoden.

Ruhm und Ehre des Krieges aber stellen ja eine besondere Kategorie dieser Werte vor. Man erwirbt sie fürs Vaterland. Man kämpft fürs Vaterland, man stirbt fürs Vaterland, man tötet, verwüstet, requiriert, evakuiert, spioniert, legt Brände an, hungert, durstet, blutet, friert, verkommt in Schmutz, gibt Heimat, Arbeit, Familie, Wohlstand, Liebe preis – alles fürs Vaterland. Was niemand für sein leibhaftes Kind täte: sich die Glieder abhacken lassen, fremden Leuten Messer in den Leib rennen, Bomben in Gräben werfen, die voll Menschen sitzen, singend in den Tod rennen – fürs Vaterland geschieht es. Ganz allgemein geschieht es fürs Vaterland, ganz selbstverständlich, niemand schließt sich aus. Die Liebe zum Vaterland ist so übermächtig, so urgewaltig groß, daß die Liebe zu Weib und Kind, zum eignen Leben und Glück, zu Pflichten und Aufgaben daneben versinken muß. Und sie duldet keinen Zweifel, sie wird vorausgesetzt in ihrer vollen heiligen Mächtigkeit, sie verlangt jedes Opfer, jede Bereitschaft, jeden Blutstropfen. Die Liebe zum Vaterland entbindet von der Erfüllung aller Gebote, aller menschlichen und göttlichen Satzungen, jeglicher Pflichten gegen sich und die Seinen, sie erzwingt sogar ihre Nichterfüllung und macht zu Tugend und Verdienst, was nach den Worten aller heiligen Bücher und natürlichen Empfindungen Schande und Verbrechen ist.

Die Gewissenhaftigkeit erfordert eine Untersuchung des Begriffs Vaterland, dieser merkwürdigen Gottheit, die der Gegenstand so verhängnisvoller, so über alles Maß hingebender, so jeder Verneinung entrückter Liebe ist. Man frage einen Patrioten – und wer verzichtete wohl auf diesen Charakter? –, was das Vaterland sei. Man wird schwerlich eine andre Antwort erhalten als eine gefühlsmäßige, als eine solche, die die Frage zurückweist, weil sie ursprüngliche Dinge des Herzens, eingeborne Eigenschaften jedes Menschen analysieren wolle. Man wird erfahren, daß das Vaterland ein seelisches Etwas sei, so innig verwoben mit den Mysterien der Natur wie das Leben selbst, und mehr noch, da ja im Bedarfsfall dieses jenem zum Opfer zu bringen ist. Der philosophisch geübte Kopf wird daraus schließen, daß es sich beim Vaterland also um eine Abstraktion handle. Aber es geht doch im Kriege um die Verteidigung des Vaterlands. Es wird doch gesagt, das Vaterland sei bedroht, es solle vernichtet werden, die Feinde wollen es ausrotten und gänzlich ruinieren. Dem, was abstrakt, was rein geistig und seelisch ist, kann doch nicht der Garaus gemacht werden. Also muß das Vaterland doch wohl konkret und materiell sein. Der begriffsstutzige Nörgler wird weiterforschen und den Erklärungen derer, die sich etwa zu

Auseinandersetzungen herbeilassen, endlich entnehmen, daß das Vaterland in der Tat ein Abstrakt ist, ein Begriffswert also, der aber räumliche und zwar nach Umständen verschiebbare Grenzen hat und innerhalb dieser jeweiligen Grenzen als Raumgebiet sowohl wie auch als Fundament bestimmter, nach Zeitumständen wandelbarer Herrschafts- oder Verwaltungseinrichtungen zu lieben ist, ferner, daß der Begriff des Vaterlands in unserm Zeitalter mit dem des Staats identisch ist.

Diese wohl etwas pedantisch anmutende Definition schien geboten, um bei der allgemeinen, vom anerzogenen und herkömmlichen Vokabelfanatismus abhängigen Begriffsverworrenheit mein Bekenntnis schmackhafter zu machen, daß ich die Anerkennung einer a priori eingewurzelten Vaterlandsliebe verweigere und die sittliche Pflicht zum Kriegführen fürs Vaterland bestreite.

Bei den Alten war das Vaterland der Athener Athen, das der Spartaner Sparta. Heute haben die Griechen ein gemeinsames Vaterland, dessen Grenzen sich seit vier Jahren zweimal verändert haben, und niemand weiß, welches Stück Mazedonien sie nach der Regelung der Dinge bei Beendigung des gegenwärtigen Kriegs in ihre Vaterlandsliebe mit einzubegreifen oder daraus zu verbannen haben werden. Das deutsche Reich, wie wir es seit 1871 zu lieben verpflichtet sind, wird nach dem Kriege sehr wahrscheinlich nach andrer Grenzorientierung zu lieben sein als vorher, Anwohner russisch-österreichischer und bulgarisch-serbischer Grenzbezirke (welch letztere das ja in der jüngsten Vergangenheit schon gelernt haben dürften) werden ihre Liebe umzuschalten und fernerhin als Erbfeind zu betrachten haben, wen sie bisher als Söhne des eignen Vaterlands in brüderlichem Herzen lieben mußten. Tirolern, Istriern, Armeniern, Ägyptern und Lothringern wird es nicht anders gehn, und daß es geht, das setzen ja die voraus, denen der Wunsch, Grenzpfähle umzustecken, Grund genug ist, Kriege mit all ihren Schrecken anzufangen, sie über jede Erträglichkeit hinaus zu verlängern, wie wir es zur Zeit grade mit der Annexionswut alldeutscher Länderfresser am eignen Leibe erfahren. Wußten doch auch von 1864 an die Nordschleswiger, dann die Hannoveraner und endlich die Elsaß-Lothringer ihre Vaterlandsliebe den veränderten Verhältnissen sinnentsprechend anzupassen, und erhoben doch auch grade wieder die fanatischsten Patrioten diese Anpassungsfähigkeit zur sittlichen Forderung, wovon die zahllosen Hinrichtungen von Überläufern während dieses Kriegs deutliches Zeugnis ablegen. Das Gefühl vaterländischer Zusammengehörigkeit, das österreichische Ruthenen zu den Russen, Bosniaken zu Serben und Montenegrinern, Trientiner zu den Italienern trieb, half ihnen, wenn sie erwischt wurden, ebensowenig vorm Galgen wie den Lothringern, wenn sie sich zu den Franzosen, oder den für England geworbenen Mohammedanern, wenn sie sich unwiderstehlich zu den Türken hingezogen fühlten. Während doch umgekehrt die serbischen Mazedonier, die in den bulgarischen Heeren die wahren Fechter für ihr Vaterland erblickten, von denen mit einem Jubel empfangen wurden, der sich laut hallend in jedem deutschen Generalanzeiger fortpflanzte, und während man die russischen Polen sogar vor aller Welt zum Wechsel des Vaterlands aufrief. Was ist es also mit der Vaterlandsliebe und ihrer jeder Kritik enthobenen Selbstverständlichkeit?

Mit Zusammengehörigkeitssentiments hat sie gewiß nichts zu tun. Man müßte ja nicht in Bayern leben, um nicht zu sehn, wie weit z. B. im deutschen Reich die natürlichen Empfindsamkeiten in Nord und Süd auseinanderstreben. Welches Band soll es auch wohl sein, das in Tondern und in Lindau die Herzen gemeinsam umschlösse? Das fünfzigjährige Jubiläum von Königgrätz könnte ja allein geeignet sein, die trunkene Wonne des liebevollen Gemeinschaftsrausches mit stillem Gedenken abzukühlen. Rassen? Nationalitäten? Konfessionen? Russische Slawen kämpfen gegen österreichische, serbische Slowaken gegen ungarische, türkische gegen englische Mohammedaner, und Katholiken, Protestanten, Griechisch-Orthodoxe, Juden stehn in allen Lagern. Es bleibt nichts übrig als die Annahme, daß als Vaterland genau das zu verstehn ist, was die politischen Staatsgrenzen in feindseliger Eifersucht umschlossen halten, also nach Ausdehnung und Zugehörigkeit veränderliche Bezirke, die zu lieben von Naturrechts wegen niemandem zugemutet werden kann.

Das Heimatgefühl lasse man aus dem Spiel. Das hat mit Herrschafts- und Verwaltungsproblemen gar nichts zu schaffen, sondern es ist einfach die seelische Mitnahme von Kindheitserinnerungen ins spätere Leben, die von Landschaftsbildern und freundlichen Jugenderlebnissen eingeprägte Zugehörigkeit zu einem bestimmten Fleck Erde. Wer als Kind schon in der Welt herumgestoßen wurde, wessen frühe Eindrücke von Not und bitteren Gefühlen bestimmt waren, häufig selbst wer späterhin fern von der Heimat von der Natur oder den Mitmenschen so stark angezogen wurde, daß kein Heimweh in ihm Boden fand, der kommt auch ohne Heimatgefühl aus, und niemand hat ein Recht, niemand sogar ein Bedürfnis, ihm das zum Vorwurf zu machen. Denn Liebe, sollte man meinen, ist eine Angelegenheit des persönlichen Empfindens, niemals kann sie Gegenstand eines ethischen Postulats sein. Wenn ich meine Heimat liebe, so ist das meine eigenste Sache und geht niemanden etwas an, ebensowenig, wenn ich sie nicht liebe. Ansprüchen und sittlichen Gesetzen sind derartige Empfindungen von selbst entrückt.

Vaterlandsliebe aber ist, wo sie wirklich noch im Herzen gespürt wird, nichts andres als erweitertes Heimatempfinden, das natürlich genauso Angelegenheit des persönlichen Fühlens ist wie der engere Begriff, zu dem kein Mensch verpflichtet ist, und das schon gar nicht den Vorwand abgeben kann, ungefragt Leben, Eigentum und Freiheit der Landsleute zu fordern. Denn schon die vorher genannten Beispiele zeigen, wie wenig dieses erweiterte Heimatgefühl mit der vaterländischen Gesinnung identifiziert werden darf, die dem Kriegseifer den ideellen Vorspann liefert. Es soll ja durchaus nicht geleugnet werden, daß jene Zusammengehörigkeitsinstinkte, wie sie Tradition, gemeinsames Erlebnis, Liebe zur Landschaft, Sprach- oder Dialektgemeinschaft schaffen, auch über den örtlichen Heimatbegriff hinaus wirksam sind und daß es daher natürliche Nationalitätssolidarität gibt. Heftig zu bestreiten ist jedoch, daß diese Solidarität von jemandem, der sich nicht zu ihr veranlaßt sieht, zu verlangen wäre und daß, wo sie besteht, die Eigentümlichkeiten ihres Wesens von den vaterländischen Kriegsenthusiasten irgendwo berücksichtigt würden. In der Regel wird solche nationale Solidarität sogar erst evident, wenn eine unnatürliche Gemeinschaft mit Unterdrückungsmaßregeln erzwungen werden soll. Vor dem Kriege hat in Deutschland die Regierungspolitik in Elsaß-Lothringen, Nordschleswig und Polen das jedem Urteilsfähigen sinnfällig gemacht. Im Verlauf des Kriegs aber gaben vor allen Belgier und Serben den Beweis dafür, während das Verhalten zahlreicher Elsaß-Lothringer, Ruthenen, Südtiroler und Slowenen zeigte, wieviel stärker der von Staatsgrenzen unbeeinflußte Zusammenhalt zwischen Völkern ist, die durch Sprache, Sitten und geographischen Ursprung verbunden sind, als zwischen solchen, denen die gemeinsame Vaterlandsliebe von politischer Phraseologie aufgepfropft worden ist. Ein Widerspruch zwischen dieser Gedankenreihe und der vorigen besteht nicht, da ja das echte, auf natürliche Solidarität gegründete Vaterlandsgefühl nirgends den Krieg verursacht hat, sondern überall grade erst durch den Krieg und häufig die Zwecke des Kriegs durchkreuzend zum Leben erwachte.

Es ergibt sich, daß die natürlichen Empfindungen der Heimat- und Vaterlandsliebe ohne gründliche Verfälschung ihrer Bedeutung zur Rechtfertigung von Kriegen nicht zu gebrauchen sind, wie sich denn jede anständige Regung überhaupt dagegen empören muß, daß eine Liebe herhalten soll, um das düstere Meer von Haß, Mord, Tücke, Grauen und Schändlichkeit zu vergolden, das blutig die Welt umbrandet. Böses kann nur aus Bösem werden, Gemeines nur aus Gemeinem. Wollen wir die Nützlichkeit des Kriegs erkennen, dann müssen wir ermitteln, wer Nutzen aus ihm zieht, und wollen wir das Rühmliche begreifen, das ihm innewohnt, dann müssen wir uns klarwerden, wem zum Ruhme er geführt wird.

6. |

Ich gab schon zu verstehn, daß im Sprachgebrauch unsrer Zeit die Begriffe Vaterland und Staat gleichbedeutend sind. Das schließt den ursprünglich verschiedenen Sinn der Worte nicht aus, da sich die Sprache häufig an bestehende Ausdrücke hält, um neue Vorstellungswerte, die sich im Wandel der Geschichte gebildet haben, unter Anpassung an ihre Herkunft zu bezeichnen. Wenn es also denen unbenommen sein soll, für Staat Vaterland zu sagen, die in der Institution des Staats ihr Glück und das der Menschheit erblicken, so verpflichtet doch der Unterschied der Begriffe den philosophisch abwägenden Betrachter zu sorgfältigem Auseinanderhalten. Dies um so mehr, als im Gange der Kriegsereignisse die Begeisterungsregisseure in allen Ländern die Begriffsvermengung als wichtiges Requisit ihrer Inszenierung benutzt haben und als gemeinsame Angst, gemeinsame Not und Verzweiflung nationell entfernte, aber staatlich geeinte Völker zu einer Innigkeit zusammenführte, die ruhig vaterländisch genannt werden soll. So war es mit den Flamen und Wallonen in Belgien, einander argwöhnisch belauernden Stämmen, deren staatliche Zusammenkoppelung allen Haß und alles Mißtrauen erst verursacht hatte, die aber durch das Erlebnis des deutschen Einbruchs in Belgien das Trennende so konsequent zurückstellten, daß die ganze Rechnung der Eindringlinge auf ihre Rassen-, Sprachen- und Charakterverschiedenheit grade an dem Trotz der wegen der Rassenverwandtschaft mit den Deutschen bevorzugten flämischen Bevölkerung jämmerlich auseinanderfiel. So war es in den ersten Kriegsmonaten auch in Deutschland. Die Gefahr, die Kosaken würden das ganze Land überschwemmen und verwüsten, wurde in schreienden Farben ausgemalt, die Greuel in Ostpreußen mit gellenden Posaunen ins Volk geblasen, schandbare Infamien in den Elsaß eingedrungener Franzosen verbreitet – und so aus Furcht und Grauen eine patriotische Brücke über den Main geschlagen, auf der das widerstrebend zusammengefügte Gespann von 1871 sich zur Eintracht entschloß. Bei der triebmäßig handelnden Masse war es also nirgends die Bejahung des Kriegs noch auch die Liebe zum im Staat organisierten Vaterland, aus der die allgemeine Solidarität der Augusttage entsprang, sondern es war umgekehrt das Gefühl einer gemeinsamen, jedem einzelnen drohenden Gefahr, das ohne Besinnung Rückhalt suchte bei der Organisation und diese deshalb bejahte, ihr den Charakter des Vaterlands gab und die Angst in Liebe und Abwehrpflicht, ja, in Begeisterung umsetzte.

Man übersah, daß die Gefahr durch den Staat, durch seinen Existenzwillen und seinen Machtdrang herbeigeführt war, glaubte an seine Fähigkeit, die Gefahr zu bannen, begab sich unter seinen Schutz, indem man ihm seine Hilfe anbot, und gab damit allen Ansprüchen des eignen Staats die erwünschte Rückendeckung gegen die gleichen, als Infamie beschuldigten Ansprüche der feindlichen Staaten. Die Überlegung, daß der Staat die Gefahr des Kriegs in sich selbst trägt und durch seine Funktionen ständig steigert, hätte die Völker vor der Überrumpelung durch die vaterländische Phrase bewahrt. Denn sie hätte dazu geführt, im rechten Augenblick die Bedrohung von außen als Bedrohung von innen zu erkennen und lieber eine Organisation rechtzeitig aufzuheben, als sich von ihr in grenzenloses, nie wiedergutzumachendes Unglück ziehn zu lassen.

Das Wesen des Staats ist die pyramidenförmige Staffelung der Gesellschaft und die zentralistische Organisation ihrer Verbindungen. Diese Charakteristik trifft auf jeden Staat zu, auf den feudalistisch-imperialistischen und den demokratisch-kapitalistischen, die beiden Staatsformen, die wir haben und die in der laufenden Epoche ineinander verwurzelt sind und nur in Nuancen differieren, ebenso wie auf den in revolutionären Programmen erstrebten sozialistisch-demokratischen Staat. Beide Eigenschaften des Staats aber, die der Pyramide und die der Zentralisation, sind durch einander bedingt, voneinander abhängig und eine ohne die andre nicht zu denken. Worauf es den staatssozialistischen Tendenzen überall ankommt, ist keineswegs der Abbau der übereinandergetürmten Staffeln und damit die Niederlegung des zur Spitze zusammenlaufenden Turmgerüstes, sondern einzig die ausgleichende Gewichtsverteilung der Gesellschaftsetagen, die Beseitigung des Zustands, daß jedes höherliegende Stockwerk aus schwererem Material besteht als das untere und daher die breite unterste Schicht von den darauf gewälzten schmäleren mit unverhältnismäßigem Druck belastet wird. Es wird zu erweisen sein, daß die Erreichung dieses Ziels einen gerechten Ausgleich im Geben und Nehmen der Menschen nicht bewirken kann, noch daß zumal die Voraussetzungen für Kriege durch irgendwelche Gewichtsverschiebungen in der Zusammensetzung der Staatsformationen behoben wären, sondern daß jeder Staat selbst durch seine wie immer geartete Existenz die Ungerechtigkeit der Lastenverteilung und die Gefahr kriegerischer Verwicklungen mit andern Staaten in sich trägt. Denn die zentrale Leitung eines Organismus bedingt Abhängigkeit, also Unfreiheit, also Ungerechtigkeit, das Nebeneinander zentral geleiteter Organismen aber Abgrenzung, also Reibung, also Feindschaft.

In den derzeitigen Staatssystemen formiert sich die unterste, den ganzen Gesellschaftsbau tragende Schicht aus Arbeitern und Bauern, zwei völlig verschiedenen, aus inneren und äußeren Gründen feindlich gegeneinanderwirkenden Massenkräften, die schon darum keinen kompakten Halt aneinander finden können, weil die einen ohne eigne Verfügung mit entliehenen Produktionsmitteln für die höheren Klassen arbeiten und von ihnen ausgebeutet werden, die andern zumeist eignen Grund und Boden bestellen, aber durch fast unvermeidliche Verschuldung, Zinspflicht und Versicherungszwang und durch eine ganz zugunsten der Großbesitzer ersonnene Gesetzgebung in keineswegs geringerer Abhängigkeit von den oberen Schichten leben als die städtischen Arbeiter und die eignen ländlichen Hilfskräfte. Es sind also ganz verschiedene Säfte, mit denen die Unterschicht des Volks die oberen Gruppen speist, Säfte, die durch keine Adern ineinanderfließen, sich also gegenseitig keine Kraft zuführen, die aber gleichmäßig haltgebend oben aufgenommen werden und vereint das Blut des von der Spitze hinabwirkenden Gesamtorganismus bilden.

Auf ihnen ruht die Schicht der Bourgeoisie, die sich dem Gefüge des Ganzen entsprechend nach oben verjüngt und zugleich vollblütiger wird. Händler, Handwerker, Halbselbständige, Kleinbesitzer, durchsetzt von der Unterklasse des Beamtentums, die Schicht, die, mehr Durchgangsstation als Empfänger, verhältnismäßig wenig von den im Fundament gewordenen Kräften in sich aufnimmt, diese um eignen Arbeitsertrag verstärkt, hinaufleitet und sie der eignen Oberschicht zuführt, den Kaufleuten, Gelehrten, Juristen, Ärzten, Fabrikanten, kurz denen, die als Konsumenten mit den reinen Nutznießern der in den Tiefen produzierten Werte konkurrieren möchten, ohne doch noch auf die Zutat durch eigne Arbeit erworbener Mittel verzichten zu können. Auch ihre Schicht ist durch ein Heer mittlerer und höherer Beamten vermehrt, das den Druck auf das Postament empfindlich steigert.

Über der Bourgeoisie lastet der wuchtende Klotz des Großkapitals, zusammengefügt aus den Vertretern des Großgrundbesitzes, der Großindustrie und des Großhandels, also aus den tatsächlichen Inhabern der Produktions- und Verkehrsmittel, deren ganze Tätigkeit eine organisatorische ist, nämlich die sinnreiche Vergebung der Benutzung Ihrer Werke bei möglichst geringen Spesen und möglichst hohem Profit. Diese an Zahl kleine Klasse, in der sich das Schwergewicht des gesamten gesellschaftlichen Gebäudes akkumuliert, ist geistvoll ineinander vertrustet und versippt und zu unlöslicher Festigkeit hauptsächlich auch dadurch verbunden, daß die hohe und höchste Beamtenschaft, mit andern Worten das bestimmende Verwaltungselement des ganzen Organismus, ihr zugehört. Diese Zusammensetzung des gewichtigsten Gesellschaftsblocks gibt ihm die erdrückende Schwere, welche ja nicht allein vom Materialwert, sondern wesentlich vom Einfluß auf den Unterbau herrührt. Tatsächlich werden in dem kleinen massigen Hochteil der Pyramide die aus dem Fundament emporklimmenden Adern ausgesogen und die Versorgung aller Schichten mit dem Abfall an Lebenskräften vermittelt.

Die schließliche Zusammenraffung sämtlicher Fäden geschieht dann in der Spitze der Pyramide, die, mehr oder minder dekorativ, die Form einer Krone oder eines republikanischen Ovals zeigen mag. Von hier aus vollzieht sich die nach außen sichtbare Ausstrahlung der ganzen Staatsmacht. Hier thront die Regierung, die fiktive Verantwortlichkeit, die Exekutive, deren Bedeutung mehr auf äußerem Glanz als auf innerem Gewicht beruht.

Die starke Umhüllung aber der also aufgebauten Staatspracht ist der eiserne Panzer der Wehrmacht, die aus den fruchtbaren Kräften der unteren Schichten herausgeholt und je höher hinauf, desto undurchdringlicher um die Stockwerke des Gebäudes gelegt ist, die Spitze und ihre Basis ungeheuer stärkend, dem Fundament zum Tragen der Gesellschaft Halt gebend, den inneren Zusammenhang der abhängigen Volkskreise vollends auflösend und die gleichartigen Staatsgebilde und damit das Gleichgewicht der Welt und den eignen Bestand unausgesetzt bedrohend und gefährdend.

7. |

Es gibt keinen verhängnisvolleren Wahn als die Meinung, die so beschaffene Struktur des Staates wäre durch Kräfteverschiebungen in seinem Inneren grundsätzlich umzugestalten. Das Verlangen der unteren Klassen nach Beteiligung am Dirigieren des Staatswesens muß sich notwendig auf einen gewissen Einfluß auf die Verwaltung des Bestehenden beschränken. Aber die demokratischste Verfassung, wie sie etwa in der Schweiz nahezu schon besteht, ändert gar nichts an dem wirtschaftlichen System der Ausbeutung noch auch an der Kastenschichtung der Gesellschaft, die einzig in der ungerechten Verteilung von Arbeit und Nutzung ihren Ursprung hat. Gewiß ist durch demokratisches Verfahren manche entwürdigende Konsequenz des Kapitalismus abzustumpfen, gewisse Feudalrechte können geschmälert werden, wenn die Masse der wirtschaftlich Geknechteten auf die Methoden ihrer Knechtung selbst einwirkt. Aber auch die Möglichkeit zugegeben, daß der zur Gesetzgebung zugelassene Wille der unteren Klassen irgendwo eine Grenze abzustecken vermag, über die hinaus der Exploitierungsdrang der Oberschichten nicht fassen darf, so bleibt dennoch der aus ökonomischen und sozialen Staffeln geschichtete Bau unbetroffen, dessen Konstruktion den höheren Teilen die Fähigkeit gewährt, die unten gezeugten Kräfte mühelos zu sich hinaufzupumpen.

Daran werden die Bestrebungen der Sozialdemokratie gewiß nichts ändern, die darauf ausgehn, durch Ansammlung alles aus den Volkskräften destillierten Kapitals in der – demokratisch auszutapezierenden – Spitze der Staatspyramide eine gleichmäßige Ausschüttung des Ertrags über alle Mitwirkende herbeizuführen. Denn wie schon das Verfahren der Sozialdemokraten, dies Ziel zu erreichen, nämlich die Erringung von Ämtern im kapitalistischen Staat, niemals zur Okkupation seiner Hebel und Steuern, sondern immer nur zur Anpassung an seine Methoden und damit zur Demoralisierung der revolutionären Triebe führen kann, so würde auch die Beschlagnahme der Staatsgewalt durch die unterdrückte Volksmehrheit, ihre Möglichkeit einmal vorausgesetzt, zu keinem andern Ergebnis führen als zur Übernahme der Ausbeutung in Beamtenhände, zur Uniformierung eines Systems, das an Unschönheit, Ungerechtigkeit und Unfriedlichkeit nichts verlieren würde. Es ist nämlich nicht der Kapitalismus, der den Staat gezeugt hat, sondern umgekehrt ist der Kapitalismus aus dem Staat entstanden und wird Geltung haben, so lange seine Voraussetzung, eben der Staat, in irgendeiner Form der Zentralisation und der Abgrenzung Bestand hat, ebenso wie jeder Staat des militärischen Schutzes bedarf und somit durch seinen Bestand selbst die Gefahr kriegerischer Verwicklungen in jeder Stunde wachhält und neu gebiert.

Eine durchgreifende kritische Darlegung des kapitalistischen Systems kann hier keinen Raum finden, da es hier einzig auf die letzten Zusammenhänge ankommt, die zur katastrophischen Auswirkung dieses Systems durch den Krieg geführt haben. Nur das möchte ich einleuchtend machen, daß jeder Staat, wie immer er organisiert sei, bei seiner Natur als zentralistisches und geographisch abgegrenztes Gebilde die Ursprünge des Kapitalismus und mithin auch die Keime des Mammonismus und Imperialismus und Militarismus in sich trägt, daß also die Idee eines sozialistischen Staats den Widerspruch in sich selbst hat und die Bekämpfung kapitalistischer Institutionen nur auf der Basis anarchistischer Grundsätze als Bedingung sozialistischer Vergesellschaftung möglich ist.

Was kann denn dabei herausschauen, wenn wirklich, meinetwegen durch den phantastischen Vorgang eines „Hineinwachsens" in den Zukunftsstaat, die Sozialisierung der Gesellschaft im Sinne der marxistischen Theorie erreicht würde? Nichts andres als eine Verstaatlichung des Kapitalismus, auf die ja Marxens Akkumulationsgesetz und folgerichtig auch die in der sozialdemokratischen Politik überall beobachtete Taktik, der kapitalistischen Staatsregie möglichst alle Verkehrs- und Produktionsmittel zuzuführen, deutlich genug zusteuert. Dann wäre allerdings das äußere Bild der gestaffelten Pyramide in mancher Hinsicht geändert. Das Fundament wäre insofern vereinheitlicht, als der expropriierte Bauernstand und das in Warenhäusern kasernierte Händlertum zusammen mit der industriellen Arbeiterschaft und dem restlos industrialisierten Handwerk zu einer Art pensionsberechtigtem Proletariat verschmölze, in dem das Gros des Beamtenheers mitsamt den aller Eigenbetätigung beraubten Vertretern der Wissenschaft mit aufginge. Der wesentlich erhöhte Unterbau würde sich also nicht mehr nach oben verjüngen, sondern unter Wegfall der Bourgeoisschicht mit seiner ganzen Breitfläche den mit republikanischer Spitze gekrönten ungeheuren Verwaltungskörper tragen, der einerseits die Aufsaugung des in Produktion und Verkehr erzeugten Überschusses ebenso zielsicher besorgte, wie es heutzutage die Privatausbeutung tut. Damit wäre gewiß der empörenden Ungerechtigkeit gesteuert, die das geltende System mit seiner Machtverteilung nach unabhängig von persönlicher Leistung geregeltem Güterbesitz so widerwärtig macht. Die Absurdität des sich aus fremder Arbeit selbsttätig vermehrenden Kapitals wäre beseitigt und die Bevorzugung einzelner durch Geburt und Versippung aus der Welt geschafft. Aber die Überstülpung ungeheurer, durch keine Verbindung als die einer theoretisch konstruierten Nationalitätsgemeinschaft zusammenhängender Landkomplexe mit der Käseglocke der Staatszentralisation bliebe, die Beamtenwirtschaft, von der wir doch auch jetzt schon ein Lied singen können, würde die Formen einer Hierarchie annehmen, wie sie sich in den dünkelhaften und schikanösen Disziplinausbrüchen der sozialdemokratischen Parteifunktionäre schon jetzt andeutet, und der Schweiß des arbeitenden Volks würde zwar nicht mehr den Glanzlack herrschaftlicher Luxusgeräte, wohl aber die Schmiere der von Beamtenwillkür bedienten Staatsmaschinerie abgeben.

Ein so unlebendiger Mechanismus wie dieser demokratische Staatssozialismus trüge, da wir Menschen nun einmal trotz allem Blut in den Adern haben, alle Bedingungen zu neuer Umwälzung in sich selbst, zur Umwälzung im Sinne wirtschaftlicher Vergewaltigungen. Die neue Herrenkaste, die Beamtenschaft, sähe ja die Methoden, um aus der ersten Dienerin des Staats zu seiner unbeschränkten Gebieterin zu werden, in der Entwicklung der bürgerlichen Polizei von der hilfsbereiten Schaffnerin des Publikums zu seinem erfinderischen Quälgeist praktisch vorgezeichnet und wäre auf die Dauer sicherlich nicht verlegen, sich bei der Ausübung der ihr anvertrauten Güterverteilung Vorrechte und Vollmachten zu sichern, die langsam, aber zuverlässig eine neue Form der Ausbeutung, eine Renaissance des Kapitalismus, also der wirtschaftlichen Hörigkeit herbeiführen müßten. Die folgerichtige Entwicklung dieses neuen Kapitalismus zum Mammonismus, d. h. zu der Tendenz, Kapitalien nicht bloß mehr zum Zweck der Befriedigung möglichst weitgehender Konsumentenbedürfnisse, sondern als Selbstzweck, zur Schaffung und Stärkung imponderabiler Machthäufung anzusammeln, könnte nicht ausbleiben. Wir hätten also ungefähr, was wir haben.

Ich gestehe gern, daß diese Betrachtungen rein akademischer Natur sind, weil nach meiner Überzeugung die „wissenschaftlichen" Voraussetzungen, aus denen Marx das „naturnotwendige Hineinwachsen" in einen solchen sozialistischen Staat ableitet, unrichtig sind. Das Akkumulationsgesetz ist durch die Tatsache widerlegt, daß seit seiner Postulierung nicht nur keine Konzentration des Kapitals in immer weniger Händen stattgefunden hat, sondern sich die Zahl der Kapitalisten relativ und de facto vermehrt hat. Auf der andern Seite ist der Verelendung der Massen, die die Vorbedingung der Akkumulation wäre, mit Hilfe der sozialdemokratischen Parlamentsvertreter durch das Ventil der staatlichen Zwangsversicherungsgesetzgebung vorgebeugt. So, wie die Sozialisierung des Staats in den Büchern der Marxisten vorgezeichnet ist, wird sie also keinesfalls vor sich gehn.

Immerhin darf die Möglichkeit einer Staatsreglementierung des Haushalts der Massen als Dauereinrichtung nicht verkannt werden. Was während des Kriegs unter dem Druck der Blockade in Deutschland auf diesem Gebiet geleistet und von sozialdemokratischen

Größen als Sozialismus hochgefeiert worden ist, muß sehr zu denken geben, zumal die sich bei Wiedererscheinen normaler Zustände aus solchen Methoden ergebenden Konsequenzen, die auf Imperialismus hinauslaufen, von jenen quasi sozialistischen Umlernern mit vielem Mut gezogen wurden. Es ist völlig verkehrt, ihnen aus ihrer neu errungenen Erkenntnis, daß es ohne Bejahung eines weitreichenden vaterländischen Imperialismus auf der Bahn zu ihrem Sozialstaat nicht weitergehe, einen Vorwurf zu machen. Notwendig ist vielmehr die Einsicht, daß der Staatsgedanke selbst seine imperialistische Ausweitung verlangt und daß, wer keinen Imperialismus will, logischerweise keinen Staat, auch den sozusagen sozialistischen nicht, wollen darf.

Die räumliche Umschlossenheit des Staats erfüllt den Zweck, seine Bewohner in möglichst ausschließlicher Abhängigkeit von den Zwangseinrichtungen des eignen Landes zu halten, also eine möglichst starke Unabhängigkeit des Staatsganzen vom Ausland zu verbürgen. Der Ertragsüberschuß der Arbeit eines Volks soll, soweit es geht, den Kapitalisten des eignen Landes zugute kommen. Deshalb wird die Ausfuhr der Eigenprodukte durch Zölle erschwert, und ebenso werden auch der Einfuhr fremder Erzeugnisse Schwierigkeiten entgegengestellt. Das Durchbrechen dieses Grundsatzes durch Aus- oder Einfuhrprämien, Meistbegünstigungen, Austauschübereinkommen zwischen verschiedenen Staaten ist in politischen Erwägungen, kapitalistischen Sonderinteressen, Handelsrücksichten etc. begründet, die an der prinzipiellen Tendenz zum wirtschaftlichen Eigenleben des Staates nichts ändern. Nun wäre ja gewiß nichts gegen das Bestreben einzuwenden, die Bedürfnisse eines Volks im weitesten Maße aus der eignen Produktion zu decken, da dadurch eine Selbstgenügsamkeit gefördert würde, die die letzten Ursachen der Feindschaften zwischen den Nationen, Rivalität, Neid und Anreiz zum Raube, abstellen müßte. Aber das Bedrückungssystem des Staats, zumal des kapitalistischen, ist nicht dazu angetan, die Ansprüche der Begünstigten zu mindern, vielmehr gilt es ja in diesen Zeitläuften und unter den bestehenden Einrichtungen als Zivilisation und Kultur, die materiellen Ansprüche der Oberschichten raffiniert zu steigern, ohne die Unterklasse dabei vollends zugrunde gehn zu lassen. Da folglich der technischen Industrie ungleich höherer Wert beigemessen wird als der sinnvollen Bewirtschaftung des Bodens, die übrigens schon durch die private Verfügung einzelner über das Ackerland ausgeschlossen ist, kommt kein Staat ohne bedeutende Zufuhr fremder Ware aus, die durch Ausfuhr eigner Mehrproduktion angereizt und wettgemacht wird.

Dem Ideal des Staats entspricht dieser Zustand einer gewissen ökonomischen Abhängigkeit von fremden, den eignen Zwangsgelüsten entzogenen Faktoren nicht. Vertragspflichten widerstreben von Natur aus allen Gewalthabern, den korporativen ebenso wie den individuellen, weil das Diktat ihres brutalen Willens im Gegensatz zu Übereinkommen und gegenseitiger Verständigung ihnen die Kontrolle über die eignen Nutzmaßnahmen erleichtert und sie selbst jeglicher Kontrolle entzieht. Der Drang, unbehindert von Gegenseitigkeitspflicht und fremdem Einblicksrecht die im Inlande nicht produzierten notwendigen Waren einzuführen, weckt das Bestreben, außerhalb der Staatsgrenzen Dependancen zu schaffen, die, dem Einfluß des Staats zwangsweise unterstellt, nach Wunsch und Bedürfnis des Mutterlandes hergeben und empfangen müssen. Eben dieses Bestreben, das „Vaterland" zum „Mutterland" von Kolonien und Absatzgebieten zu machen, ist Imperialismus. Daß aber der vom Privatkapitalismus erlöste und dem Staatskapitalismus anheimgefallene Staat den Ehrgeiz nach „Weltmachtgeltung" – das ist, wie gezeigt, nichts andres als der in der Landesabgrenzung begründete Unabhängigkeitswille in der Versorgung mit und im Absatz von Rohstoffen –, daß also der im Marxschen Sinne sozialistische Staat das Expansionsbedürfnis vom Nationalstaat zum Imperium nicht erzeugen sollte, ist schlechterdings nicht einzusehn. Die Bedingungen dazu bleiben jedenfalls die gleichen.

Die nach ihrer Ertragsfähigkeit erforschte Erde ist unter den europäischen „Kulturländern" längst verteilt. Den in fremden Erdteilen zwar ohne technisches Raffinement, aber friedlich, zu gegenseitigem Nutzen, nach Maßgabe des eignen Bedarfs arbeitenden „wilden" Völkern haben die Okzidentalen Kriegsschiffe, Gouverneure und Missionare geschickt und sie gezwungen, die Früchte ihrer Arbeit mitsamt ihrer Freiheit, ihrem Glück, ihrer Naivität den ausbeuterischen Spekulationen weißer Geschäftemacher zu opfern. Der imperialistische Wille der Europäer richtet sich deshalb kaum irgendwo noch gegen die natürlichen Besitzer der auszuraubenden Länder, sondern vornehmlich gegen Usurpatoren, die schneller zur

Stelle waren oder bei früheren Händeln geschickter operierten. Dieser Umstand liefert denn auch gewöhnlich die Unterlage zur sittlichen Begründung der imperialistischen Aktionen. Der künftige Ausbeuter „befreit" die seinen Appetit reizenden Länder von den Saugrüsseln des bisherigen Nutznießers. Ob es sich dabei um europäische Raubobjekte oder um exkontinentale handelt, scheint mir wenig belangvoll. Für die besonders im Inselreich Großbritannien beliebte Ideologie, die die Unterjochung andersfarbiger Völker billigt, die über Nachbargrenzen langende verabscheut, fehlt mir das Verständnis. England und Frankreich neigen ihrer geographischen Lage gemäß mehr zum überseeischen Imperialismus, Rußland, Österreich und Italien bevorzugen die Angliederung der Nachbarschaft, während sich in Deutschland mehr und mehr der Grundsatz festigt, daß das Nähen mit doppeltem Faden am sichersten hält und daß, wer das eine tut, das andre nicht zu lassen braucht.

Aus Zentralisation und Abgrenzung der Staaten erzeugt sich also zunächst selbsttätig die Klassenschichtung mit ihren Ausbeutungserscheinungen, d. i. der Kapitalismus, und daraus resultierend der Staatsegoismus mit seinem Erweiterungsdrang, d. i. der Imperialismus. Es bedarf bei diesen Zusammenhängen keiner weiteren Überredungskünste, um den aggressiven und mithin kriegerischen Charakter der Staaten einleuchtend zu machen. Mag immerhin in Republiken und Demokratien der kriegerische Geist gemindert und zeitweilig ganz zurückgedrängt sein, da die traditionelle Eroberungslust der Dynastien und durch die Mitwirkung der leidtragenden Masse an Staatsentschlüssen die begehrliche Draufgängerei der besitzenden Minderheit entkräftet ist, so bietet doch die volkstümlichste Staatsform noch keineswegs die Garantie für die dauernde Friedlichkeit der Staatsexekutive. Denn der Anreiz zur Vergewaltigung produktiver Kräfte des Auslands ist Ja im Charakter des Staats selbst begründet. Dazu und dadurch kommt die Notwendigkeit der Wappnung zur Verteidigung, da jeder Staat zum Opfer des fremden Expansionsdrangs ausersehn sein kann und, sofern er seine eigne Existenzberechtigung behauptet, auch den Schutz seiner Existenz und seiner Selbständigkeit wird vorsehn dürfen.

Somit folgt aus dem natürlichen Ausdehnungsbestreben jedes Staats ein ständiges gegenseitiges Belauern, daraus ein ständiges wetteiferndes Rüsten, bei dem keiner der Schwächere bleiben will, und mithin die Durchdringung der Völker mit kriegerischen Vorstellungen: der Militarismus. Über diese aus den geschilderten Zusammenhängen erwachsene Spezies von Völkerwahnsinn und ihre gigantische Hochzüchtung im preußisch-deutschen Militarismus ist später noch gesondert abzuhandeln. An dieser Stelle schien es nur geboten, die innere Verbindung zwischen dem Wesen des wie immer gearteten Staats und der militärischen Vorsicht und militärischen Geist schaffenden Feindschaft unter den Völkern nachzuweisen. Zugleich wäre hier auf eine der seltsamsten und bedenklichsten Halbheiten in den Forderungen der Sozialdemokraten hinzuzeigen, die meinen, mit Einführung des Milizsystems den Angriffsneigungen der Staatsregierungen entgegenwirken zu können. Einmal ist aber nicht recht einleuchtend, warum z. B. das Schweizer Volksheer, dessen Organisation völlig den militärischen Forderungen der Staatssozialisten entspricht, zum Angriffskrieg ungeeignet sein sollte, und ferner drängt sich doch die Erwägung auf, daß die Bereitschaft zur Defensive die zur Offensive beim Nachbarn voraussetzt. Da nun wiederum das sozialdemokratische Begehren einer allein auf die Landesverteidigung eingerichteten Miliz auf der Annahme beruht, daß diese Umwandlung auf dem Wege der Verständigung gleichzeitig allenthalben vor sich gehn müsse, wodurch doch angeblich überall die Möglichkeit, Angriffskriege zu unternehmen, abgeschnitten wäre, so entbehrt die Vorsorge zur Abwehr von Angriffen jeder begreifbaren Logik. Die Einsicht, daß die Beibehaltung des zentralistischen Staatssystems auch in seiner entkapitalisierten Demokratisierung eben doch alle Bedingungen für neue kriegerische Zusammenstöße konserviert, muß wohl im Unterbewußtsein der Programmbaumeister mit am Werk gewesen sein, als sie ihre Abrüstungsideen im bescheidenen Waschtrog demokratischer Miliz-Postulate verwässerten.

Aus nationalistischen Einrichtungen, als welche räumlich umgrenzte Zentralgebilde ewig in Geltung bleiben werden, wird eben auch dann noch kein Internationalismus, wenn sich ihre Betreuer beratend und vereinbarend zusammensetzen. Was es mit internationalen Verträgen auf sich hat, sobald sie sich in der Praxis staatlicher Interessenkonflikte zu bewähren haben, hat sich dem erstaunten Blick des Zeitgenossen im Tosen der „großen Zeit" wohl hinreichend geoffenbart. Im Abschnitt „Völkerrecht" wird sich auch dieses Buch mit den Erscheinungen der fremdnachbarlichen Übereinkünfte noch zu beschäftigen haben. Vorläufig mag es mit dem Bekenntnis der persönlichen Auffassung sein Bewenden haben, daß sich die Einteilung der Völker in Staaten mit Internationalismus nun einmal nicht verträgt. Vereinbarungen in unwichtigen Angelegenheiten sind natürlich zwischen den verschiedenen Staatsverwaltungen möglich, wie sie auch bisher schon bestanden haben. Sie werden Fetzen Papier sein, sobald sich ihre Gegenstände zu wichtigen, den Bestand der kontrahierenden Staaten gefährdenden Divergenzen verdichtet haben. Unter der Vereinigung von Staaten, die hauptsächlich von sogenannten Pazifisten empfohlen wird, kann ich mir eigentlich nicht recht etwas andres vorstellen als Bündnisse zwischen allen Staaten, zunächst der europäischen. Den Wert von Bündnissen zwischen einzelnen Nationen können wir nach den Erfahrungen dieses Kriegs ermessen. Die aggressiven Koalitionen, als die sie in Erscheinung treten, haben der Katastrophe den Umfang und das Übermaß des Entsetzlichen gegeben, wovon sich die Welt in Jahrhunderten nicht erholen wird. Wo die Interessen der Staatsnutznießer sich plötzlich nach andern Richtungen geweckt fanden, als die Bundespflichten vorsahen, da wurden die Bündnisse unbedenklich aufgelöst und auf der Gegenseite ebenso ungeniert neu geknüpft.

Daß eine Vereinigung aller europäischen Staaten in dem Augenblick, wo aus dem Staatscharakter kapitalistische oder imperialistische Bedürfnisse erwachsen, fester halten sollte als die Bande, die bisher einzelne von ihnen umschlossen, ist kaum anzunehmen. Ein aus einem Dutzend Nationalismen zusammengefügter Internationalismus ist ein Gestell auf tönernen Füßen. Man versöhnt zwei Feinde nicht, indem man sie festbindet, sondern indem man den Grund ihrer Feindschaft beseitigt. Die Stricke, die sie halten sollen, scheuern sich ab und reißen schließlich, und die Wut, mit der sie dann übereinander herfallen, wird um so rabiater sein. Da die Ursachen der Feindschaft zwischen Staaten im System der Staaten selbst liegt, werden Verbrüderungen und Vereinigungen unter ihnen nur so lange Bestand haben, wie gemeinsame Feindschaften gemeinsames Dreinschlagen empfehlen. Darum heißt es für den Internationalisten nicht Verständigung suchen zwischen feindlichen Elementen, sondern Einigung schaffen durch Niederlegung der trennenden

Schranken. Nicht Vereinigte Staaten von Europa, sondern Entstaatete Vereinigung der Welt.

8. |

Zur Klarstellung der Gesichtspunkte, unter denen hier mit der „großen Zeit" abgerechnet werden soll, wird noch ein Ausblick auf die Zukunft nötig sein und eine Erklärung, in was für gesellschaftlichen und wirtschaftlichen Formen jene „Entstaatete Vereinigung der Welt" sich einzurichten haben wird. Auf die Mittel und Wege, wie der ideale Zustand anarchisch-sozialistischer Föderationen erreicht werden kann, lasse ich mich nicht ein. Dem Idealisten muß es genügen, sich das erwünschte Weltbild vorzustellen, es den Mitmenschen in klaren Umrissen zu bezeichnen und es ihnen in dem Maße erstrebenswert zu machen, daß es den Charakter utopischer Schwärmerei verliert und die Willensrichtung tatbereiter Neuerer im Sinne des aufgestellten Ideals beeinflußt. Dabei darf gleichwohl der Vorwurf der Utopisterei nicht schrecken. Das Ziel jeder Umwälzung ist selbstverständlich Utopie. Es hört aber auf, utopisch zu sein, sobald der bewußte Wille, es zu erreichen, in den Menschen Leben gewonnen hat. Ich lege den stärksten Wert darauf, Utopist zu sein. Denn das heißt Zielen nachstreben, die im Gegenwärtigen noch keine Wurzeln haben, heißt also Wurzeln legen für etwas andres, Höheres, Besseres, als wir haben. Ich bin kein „Realpolitiker", will keiner sein und rede nicht zu solchen, die es sind. Realpolitik treiben heißt an Bestehendes anbauen, heißt Verzicht leisten auf Abbruch und Erneuerung, heiß das Dach flicken, wo der Unterbau morsch ist.

Möglich, wahrscheinlich ist, daß beim Verwirklichen der Ideale schwache Seelen realpolitisch mäßigend am Werk sein werden. Sicher ist, daß die künftige Gesellschaft anders aussehn wird, als ich sie mir träume, oder doch, daß noch viele Revolutionen nötig sein werden, bis sie nach meinem Bilde dastehn wird. Aber wer aufwärts will, trachte nach dem Gipfel. Es sind immer Leute da, die von jeder Forderung Abstriche machen. Wer nicht das Höchste verlangt, wird nichts erreichen.

Wenn einer von einem niederen Tal auf unbekanntem fernem Felsen ein Schloß sieht, in dem er seine Heimat gründen möchte, kann er nicht wissen, wie lange er braucht, bis er oben ist, wie verschlungen die Pfade sind, die er gehen muß, in welchen Windungen und über welche Klippen er steigen muß. Er kennt nur die Richtung, die er einhalten muß. Die Menschen werden ihn warnen. Sie werden von reißenden Strömen wissen, die den Weg sperren, und von wilden Tieren, die im Dickicht lauern. Die Unzugänglichkeit der Burg wird ihnen gewiß sein, weil sie so weit und so hoch gelegen ist, daß sie den Weg hinauf scheuen. Der aber, der dort seine Heimat sucht, wird sich nicht schrecken lassen. Er wird aufbrechen auf die Gefahr hin, niemals zum Ziel zu gelangen, wissend, daß der Versuch doch gelingen könnte, der Verzicht aber erbärmlich ist. Sein Wunsch ist stark genug, um ihn an den Erfolg glauben zu machen. Und das ist das Geheimnis des Idealismus: daß zwischen Wunsch und Entschluß kein Raum ist zum Zweifel. Wer Großes will, der fange es an. Wer hinauf will, der schaue nicht auf den Weg, sondern aufs Ziel. Verirrt er sich, so ist es nicht so schlimm, als wenn er in der Niederung geblieben wäre. Vielleicht gerät er ganz woanders hin, als wohin er wollte, es wird auch da immer noch besser sein, als da, wo es ihn forttrieb. Bleibt er auf halber Strecke liegen, so weiß er schon viel vom rechten Wege, und andre nach ihm werden der Spur folgen. Vielleicht auch findet er sein Schloß – und in der Nähe sieht er, daß es nicht ist, was es schien. So wird er die, die ihm nachgehn, zu neuen, höheren und schöneren Zielen weisen. Gelingt ihm aber gar nichts von allem, was er sich vornahm, so bleibt ihm immer noch die Genugtuung, daß der Drang seines Herzens die Welt mit Kraft und mit Sehnsucht befruchtet hat. Denn der Same der Zukunft kommt nicht aus Berechnung und Anpassung, sondern aus dem Strahl der Augen und aus der Wärme des Atems.

Mag also die „historisch-ökonomische Wissenschaft" mit allem Scharfsinn ihrer Dogmatik beweisen, daß das Bild meiner Sehnsucht eine Fata Morgana sei und daß alle „historisch-materialistische" Erkenntnis die Möglichkeit widerlege, solche Spiegelung je auf realen Erdboden zu stellen – das geht mich gar nichts an. Ich habe erkannt, wie traurig und miserabel die Einrichtungen sind, die die Beziehungen zwischen den Menschen regeln. Ich sehe an den Erschütterungen des Kriegs, zu welchen Geist, Leben und Materie vernichtenden Folgen sie führen. Meine Vorstellungskraft findet den Entwurf zu besserer, zu guter Ordnung unter den Menschen, zu einer Ordnung, die Frieden verbürgt, dauernden, zuverlässigen, unbedrohten, durch sich selbst garantierten Frieden, – da können mir alle entwicklungsrevolutionären Schulmeister und alle freidenkerischen Kirchenväter gewogen bleiben, da ist mir, wenn nicht der Weg, so doch seine Richtung vorgezeichnet, da trete ich an zum Marsch. Wer folgen will, folge. Wer zweifelt, bleibe daheim. Denn nicht auf die Zahl derer kommt es an, die Neues und Großes unternehmen, sondern auf die Energie, die am Werke ist, und auf die Sittlichkeit, die die Tat befeuert. Die Geschichte entwächst den persönlichen Werten ihrer Verwirklicher, soviele oder sowenige es sein mögen. Die Mittel der Verwirklichung sind Vorbild und Beispiel. Die Richtung jedes Aufstiegs bestimmen Ideale, und für das Steckenbleiben im Sumpf – das mag alle Kleinmütigen trösten – sorgen nachher schon die, die immer dabeisein müssen, die Wortemacher und Realpolitiker, die Konzessionshelden und Advokaten, die Bremser und Philister.

Beginnen! – das ist das Rezept für Umsturz und Erneuerung. Wer Sozialismus und Anarchie will, muß mit Sozialismus und Anarchie beginnen. Wer zu erkennen glaubt, auf welchem Grunde der Friede gedeihen kann, der muß beginnen, diesen Grund zu schaffen und zu festigen. Gustav Landauer hat vor einigen Jahren einen *„Aufruf zum Sozialismus“* erlassen, worin er in heftiger und heißer Rede zum Anfangen mit dem Sozialismus rät. Sein „Sozialistischer Bund“ soll in aktivem Tun den Boden bereiten für die neue Gesellschaft, die, befreit von Staat und Zwang, die Arbeit dem Bedarf unterstellt, Grund und Boden und alle Produktionsmittel der Verfügung bevorrechtigter einzelner entzieht und dem Fleiße eines jeden zugänglich macht, statt Eigennützigkeit und Paragraphenzwang Gegenseitigkeit und Gerechtigkeit schafft. In Gruppensiedlungen soll der Bund schon jetzt den kapitalistischen Markt verlassen, die Produktion in den Dienst des eignen Bedarfs stellen, in primitiver Gemeinwirtschaft durch Austausch und gegenseitige Hilfe sich außerhalb der staatlichen Scheinordnung stellen und durch wirtschaftliche Kultur und menschliche Gebarung beispielgebend für die Überzeugung wirken, daß schöne Gemeinschaft, wie unter wenigen, so auch unter allen möglich ist. Ob die Absichten des Sozialistischen Bundes je zu ihrem Ziele führen werden, den Staat durch Ignorierung seiner Organisation und resolute Neuschaffung von innen heraus zu zersprengen und an seine Stelle Sozialismus zu setzen, ob auch nur die Versuche zum Anfang dieses Plans, ohne an den Widerständen des Staats und des Philisters zu zerbrechen, bis zu einem sichtbaren Vorergebnis gelangen werden, kann niemand wissen. Mir genügt der Wille zur Aktivität, gefaßt aus den Idealen der Freiheit, der Gerechtigkeit und des Friedens, um Landauers Programm anzunehmen. Solange ich kein besseres weiß, sei dies das meine. Kommt eines Tags ein andrer, der schnellere, sicherere Wege zu Sozialismus und Aufbau weiß, so werde ich dem folgen. Aber Zeit ist nicht zu verlieren. Begonnen muß werden mit Destruktion und Konstruktion – dies ist für den Revolutionär ein und dasselbe Ding –, und führt der Versuch zu nichts Größerem, so wird er gewiß zu Erfahrungen führen, die neue Versuche auf festerem Grunde ermöglichen.

Um die Umrisse jenes entstaateten Internationalismus zu fixieren, der den Frieden auf Erden begründen soll, seien die Fundamente der nationalen Staaten, die mit Kriegsstoff geheizt sind und deshalb der Beseitigung anheimfallen müssen, noch einmal aufgezählt. Die Gegenüberstellung dessen, was werden soll, wird dann eindringlicher für Umsturz und Neubildung werben können als detaillierte Phantasmagorien, die der Neugier entgegenkommen, ohne dem Tatwillen auf die Spur zu helfen. Denn damit sagt kein Skeptiker etwas Neues, daß tausend Fragen nach Einzelheiten unbeantwortet bleiben müssen. Die Anlage eines so ungeheuren Plans wie einer neuen Gesamtorganisation des menschlichen Zusammenlebens muß Skizze bleiben. Erst die Verwirklicher des Plans können daran denken, die kleinen Regelungen des Verkehrs in die große Ordnung einzufügen. Die zahllosen Einwände, mit denen jeder Pfahlbürger anrückt, um aus seiner Perspektive das Bild einer gewandelten Zukunft zu verunstalten, kennt Jeder, der aufs Ganze geht, zur Genüge. Jeder hat sich auch selbst schon die schwierigsten Detailfragen vorgelegt und manchmal an ihrer Unlösbarkeit verzweifeln wollen. Aber stärker als aller Zweifel ist die Entschlossenheit. Wenn alle Schrecklichkeiten des täglichen Lebens, Ausbeutung, Nepotismus, Hunger und Elend neben Luxus und Schlemmerei, Kriminalität, Jugendverwahrlosung und Prostitution durch wirtschaftliche und staatliche Ungerechtigkeiten nicht vermocht haben, die Notwendigkeit gründlicher Umgestaltung zu illustrieren, das Explodieren aller dieser satanischen Erscheinungen im Hexenkessel des gegenwärtigen Kriegs muß den Willen des Revolutionärs beleben, so daß Hemmungen und Skrupeln kein Raum mehr bleibt. Der Grundriß des Hauses wird angelegt – für die Toiletten wird sich schon ein Platz finden. Die kleinen Ängstlichkeiten kommen zu ihrer Zeit, erst gilt es an die großen Notwendigkeiten zu denken. Die Gegenwart hat an die Zukunft keine Fragen zu stellen, sondern Forderungen.

Wenn also das Grundübel der bestehenden Gesellschaftsordnung der Kapitalismus ist, mithin der Privatbesitz an Grund und Boden und an jeder Art Produktionsmittel, der den Besitzenden das Recht schafft, über die Arbeitskraft der Besitzlosen zu verfügen und deren Ertrag zum eignen Nutzen einzubehalten, so ergibt sich für die künftige Ordnung als Basis aller Beziehungen der Sozialismus, das ist die Erfüllung des Verlangens der Gerechtigkeit: Niemand kann von der freien Benutzung des Grund und Bodens und der selbst produzierten Produktionsmittel ausgeschlossen werden. Dadurch wird der infame Zustand behoben, daß die für die Erhaltung des Menschengeschlechts nötige Arbeit von einer Minderzahl durch keinen andern Vorzug als den des zufälligen Eigentums ausgezeichneter Privilegierter nach Belieben vergeben werden kann. Unter dem Kapitalismus verdingt sich der manuelle Arbeiter, der die übergroße Mehrheit des Volks repräsentiert, dem, der ihm Arbeit zuweist, gegen die entwürdigende Bedingung, daß das von ihm geschaffene Produkt nicht ihm, sondern dem Unternehmer gehört. Der Arbeiter selbst wird mit einem Lohn abgespeist, der den Ertrag seiner Arbeit nicht entfernt erreicht und ihn nur imstande hält, dem Besitz des Arbeitgebers neue Erträgnisse seiner Fertigkeit zufließen zu lassen, das heißt dauernd für die Verzinsung des von ihm bearbeiteten Kapitals zu produzieren. Dieses Verfahren bewirkt die Klassenschichtung der Gesellschaft, die es einem kleinen Teil ermöglicht, die Freuden des Lebens voll auszukosten, der Nachkommenschaft alle Vergünstigungen des Daseins zu sichern und ihr zugleich durch Gewährung einer sorglosen Kindheit und Jugend und Zuführung hoher Wissensbildung über lange Generationen hinaus das materielle und geistige Übergewicht über die entrechtete und abseitsgestellte Mehrheit zu reservieren. Daß dagegen kein Lohnsystem und kein Tarifvertrag zwischen Arbeitgeber und Arbeitnehmer schützt, versteht sich. Dagegen hilft nur die Erkämpfung sozialistischer Zustände. Erst wenn die Arbeitsmittel keinem Verfügungsberechtigten gehören, sondern jedem, der arbeiten will, zugänglich sind, kann der Wettstreit zwischen den Menschen beginnen, der die Scheidung zwischen arm und reich in die zwischen tüchtig und untüchtig verwandelt. Wenn jeder Mensch, so, wie er aus dem Mutterleib kommt, die gleichen Lebensbedingungen für sich vorfindet wie jeder andre, wird freie Bahn sein für alle Tüchtigen. Die individuelle Differenzierung der Menschen hängt ab von der Nivellierung der Voraussetzungen, unter denen sie den Kampf beginnen.

Der Kapitalismus ist ein Kind des Staats, woran der Umstand nichts ändert, daß sich das Kind zum Vormund des Vaters erhoben hat. Für die Zwecke dieses Buchs ausführlich genug ist schon dargelegt worden, wie jeder Staat aus seiner ursprünglichen Beschaffenheit als Zentralisation und Abgrenzung trotz allen sozialisierenden Reformen immer wieder Kapitalismus entwickeln muß. Die sozialistische Gesellschaft kann also nicht staatsmäßig organisiert sein, darf weder in eine verwaltende Spitze auslaufen noch von räumlichen Grenzen umschlossen sein. Sie muß Anarchie sein. Anarchie bedeutet herrschaftslosen Zustand und hat natürlich nichts mit Unordnung, Verworrenheit, Organisationslosigkeit zu schaffen. Die Anwendung des guten Worts zur Bezeichnung solcher schlechten Sachen ist tendenziöse Verdächtigung. Es kommt darauf an, zu dezentralisieren, d. h. den absurden Zustand zu beseitigen, daß, wie es das Wesen des Staats ist, die heterogensten Kategorien des gesellschaftlichen Betriebs von einem Platz aus autoritär gelenkt werden. Sanitäre, künstlerische, privat- und gesellschaftsrechtliche, kirchliche, bautechnische, landwirtschaftliche, pädagogische und verwaltungsorganisatorische Angelegenheiten haben schlechterdings miteinander nichts zu schaffen und lassen sich unmöglich von ein und derselben Stelle aus dirigieren. Das ist auch im Staat nicht zu erreichen, der die verschiedenen Dinge deshalb auf eigene Ministerien verteilt, aber doch die äußere Form einer allgemeinen Zusammenfassung durch gesetzgebende Kollegien wie Gesamtregierung und Parlament pflegt, Körperschaften, deren Beschlüsse durch majorisierende Abstimmungen, aber zumeist allen mißfallende Kompromisse, zustande kommen. Welche Unfehlbarkeit, Allwissenheit und Allgegenwärtigkeit in diesen Körperschaften vereint sein müßte, um sie zur Regelung aller Beziehungen zwischen vielen Millionen

Menschen zu befähigen, ist nicht auszudenken. Die Ordnung der
zahlreichen Notwendigkeiten, die den räumlich verbundenen Menschen gemeinsam ist, überlassen sie daher in notgedrungener Bescheidung den Behörden und Vertrauenspersonen der einzelnen
Städte und Kommunen. Hier ist aber der Weg bezeichnet, auf dem
die Dezentralisation sich vollziehn muß. Wo einzelne Menschen
oder Gemeinschaften gemeinsame Interessen haben, da sollen sie
sich in Verträgen und Abkommen verständigen. Wie die Bewohner
der Ortschaften ihre Beschlüsse fassen über Wegebau, Kanalisation
und Beleuchtung, so mögen auch die großen und weitreichenden
Beziehungen geregelt werden, die den Austausch von Waren, die
Verkehrsverbindungen, die wissenschaftliche Forschung, die Pflege
der Kunst, das Schulwesen usw. betreffen: wo gemeinsame Bedürfnisse, gemeinsame Erfordernisse vorhanden sind, da mögen Verbindungen geschaffen werden, die unter allen Umständen besser und
nützlicher wirken werden als die schematisierenden Gesetze, die in
den meisten Fällen ihren Objekten durchaus nicht angepaßt sind.
Bei den großen internationalen Unternehmungen sind derartige fö-
derative Vereinbarungen längst wirksam und bewähren sich glänzend. Der Weltpostverein, die Schiffahrts- und Eisenbahnüberein-
künfte, die Welttruste, denen keine Zentralstellen übergeordnet
sind, beschränken ihre Tätigkeit auf ihr eigenes Gebiet. Es mußte
erst der Krieg kommen, der Vernichter alles Guten und Förderli-
chen, um aus den Höllenmaschinen der zentralisierten Staaten heraus auch diese locker gefügten und darum erst recht haltbaren Verbindungen auseinanderzusprengen.

9. |

Selbstverantwortlichkeit ist die Voraussetzung jeder freiheitlichen
Ordnung unter den Menschen. Die Versimplung und Verödung der
Völker, wie sie bei der tierischen Willigkeit im Tragen aller Opfer
dieses Kriegs am kläglichsten in die Erscheinung trat, ist gekennzeichnet durch das Vertretersystem, mit dem die Lastträger der
Volkswirtschaft ihr Heil und Wehe in die Hände dritter Personen
legen. Das Volk begnügt sich damit, alle paar Jahre einmal zur
Wahlurne zu gehn, einen Zettel abzugeben und die gewählten Herren in seinem Namen schalten und walten zu lassen. Dabei ist die

gesamte weibliche Hälfte des Volks von diesem einzigen Bürgerrecht ausgeschlossen, ebenso alle diejenigen, die zu arm sind, um auf irgendwelche Mitbestimmung Anspruch erheben zu dürfen, und die Soldaten, die ja möglicherweise sonst versuchen könnten, auf den Lauf der Dinge einen Einfluß auszuüben, der ihr Leben zu retten verspräche. Die auf solche Art zusammengestellten Parlamente dürfen nun ohne Rücksicht auf die Wählermassen, aber wohlgeleitet von politischen Augenblickserwägungen, in der Tat auf gewisse Reformen mit einwirken, sofern diese im Gefüge der staatlichen und kapitalistischen, der feudalistischen und imperialistischen Einrichtungen Platz haben. Zwar brutalisieren auch in den Parlamenten die Majoritäten die Minoritäten, indem sie sie einfach überstimmen – aber das Volk fühlt sich doch „vertreten" und ahnt gar nicht, mit wie tiefer Berechtigung dieser Ausdruck vom Wortstamme ‚Tritt' abgeleitet wird. Es bedarf ja gar keiner Begründung mehr, warum der Parlamentarismus der reine Hohn ist auf alle Volksselbständigkeit und Volksverantwortlichkeit. Das Verhalten der europäischen Parlamente einschließlich ihrer demokratischsten Mitglieder während des Weltkriegs hat zu Beginn des Unglücks ebenso wie in seinem ganzen Verlauf auch dem Einfältigsten die Augen darüber geöffnet, daß aus keiner Wählerei eine den „Volkswillen" ausdrückende Körperschaft zustande gebracht werden kann. Wie in jedem kapitalistischen Staat die Regierung immer die Exekutive der Besitzenden sein muß, so kann darin das Parlament ebenfalls nichts anderes tun als – allenfalls unter Schimpfen und Protestreden – das kapitalistische Räderwerk ölen. Denn wer einen Betrieb zerstören will, beteiligt sich nicht mit guten Ratschlägen an seiner Verwaltung.

Schaltet sich das Volk durch die Wahl von Vertrauenspersonen von jedem Einfluß auf die öffentlichen Vorgänge aus, so ist aber auch das Parlament, und zwar selbst in den demokratischsten Staaten, in allen die Schicksale der Völker unmittelbar berührenden Dinge höchstens Komparserie. Die wirkliche „Vertretung" des Volks besorgt die Regierung, wobei es sehr wenig ausmacht, ob sie auf konstitutionellem Wege, also durch Majorisierung etwa ins Parlament verirrter Intelligenzen, oder durch den Willensakt einer von Gottes Gnaden inspirierten Majestät ihre Macht erhielt. Man schreibt und eifert jetzt viel gegen die Geheimbündelei der politischen Diplomatie, und auch in diesem Buch wird noch allerlei über die Methode zu sagen sein, die es ein paar Dutzend unbeaufsichtigten Strebern und Dummköpfen erlaubt, alle Lawinen des Grauens und des Todes über die Völker niederzuschütten. Hier sei gleich einmal prinzipiell ausgesprochen, daß die ganze geheime Kabinettswirtschaft einfach die Konsequenz des Systems ist, das die Schicksale der Menschen in Vertreterhände gibt, statt die Beziehungen zwischen Individuen – soviele oder sowenige jeweils in Frage stehn mögen – deren eigenen Übereinkünften und Entschlüssen zu überlassen. Das Vertretersystem aber ist untrennbar verbunden mit der Zentralisation der Staaten und führt zum Verderben durch deren räumliche Abgrenzungen gegeneinander.

Man überlege folgendes: die sogenannte Einigung Deutschlands durch den französischen Krieg gab Anlaß zu einer Fülle gemeinsamer Gesetze, wo bisher die Landesgesetze der Bundesstaaten genügt hatten. Die nach Tradition, Bedürfnissen, Lebensauffassung, wirtschaftlichen Bedingungen himmelweit unterschiedenen Stämme mußten sich zu Anpassungen bequemen, die sie um so weiter von der Natürlichkeit ihrer Landesart und von ihrer Verbindung mit den durch Staatsgrenzen getrennten Nachbarn entfernte. Der Zusammenhalt des merkwürdigen Konglomerats, in dem Ostpreußen, Rheinländer, Bayern, Schleswig-Holsteiner, Sachsen und Elsässer vereinigt sind– um nur ein paar Völker der verbündeten 26 Vaterländer zu nennen –, wird durch ein künstlich aus republikanischen und absolutistischen Elementen errichtetes Reichssystem bewirkt, das unter der Hegemonie des stärksten Kontrahenten für alle gemeinsame Pflichten, gemeinsame Lasten, gemeinsame Moral, gemeinsame Feindschaften postuliert. Daß bei so gewaltiger Konzentration, die durch die partielle Autonomie der Einzelstaaten nur wenig beeinflußt wird, da alle wirkliche Lebensdinge betreffenden Gesetze für das ganze Reich verfügt werden, nicht jeder Bürger seine Angelegenheit persönlich führen kann, liegt am Tage. Je zentralistischer eine Organisation gestaltet ist, um so abhängiger wird der Einzelteilnehmer von Mandataren, um so weiter rückt von ihm die Entscheidung über seine Interessen, um so tiefer gerät sein Wille und seine Kritik in gehorsame Disziplin.

Das künstliche Zusammenziehn geographisch entfernter und charakterologisch fremder Stämme unter einen Verwaltungskörper bedingt die Entfremdung benachbarter Völker, zwischen deren Gebiet willkürlich gezogene Landesgrenzen liegen, und hieraus ergibt sich die ständige Gefahr für den Völkerfrieden. Von Hause aus haben Pfälzer und Ostfranzosen natürlich viel mehr in sittlichen Anschauungen, Volkscharakter, Geschmacksrichtung, ethnologischer Verwandtschaft etc. wahrnehmbare Beziehungen zueinander als etwa Württemberger und Mecklenburger. Die gegeneinandergestellten Staatspyramiden aber ziehn die Interessen nach verschiedenen Richtungen dahin ab, wo für jedes Volk der kapitalistische Brennpunkt sitzt, und durch das Vertretersystem, das die Beteiligten selbst aussperrt, erreicht man, daß aus natürlicher Gemeinschaft konstruierte Feindschaft, aus natürlicher Fremdheit konstruierte Gemeinschaft wird. Die Phraseologie, die aus Kapitalsinteressen vaterländische Gesinnung und aus imperialistischem Eroberungsdrang völkische Selbsterhaltung macht, tut das Ihrige, um den Beauftragten der Besitzenden ihre Geste als Beauftragte des Volks zu erleichtern.

Bis zu welchem Grade die Entrechtung der Völker durch ihre oktroyierten oder selbstgewählten „Vertreter" in der Praxis schon gediehn ist und bis zu welch niedriger Selbstentäußerung sie die Gewöhnung an die Entmündigung schon gebracht hat, das lehrt verblüffend die Vorgeschichte und der Verlauf des Weltkriegs. Es wird später noch davon zu sprechen sein, wie sich in den Dunkelkammern der geheimen Kabinette die Machenschaften woben, deren Opfer die ahnungslosen Völker werden sollten, und wie unbefangen demutsvoll die Zeitungsleser allenthalben die Tischreden bei Monarchen- oder Ministerzusammenkünften lasen, zufrieden mit der Versicherung, daß die Freundschaft zwischen den von den Festessern repräsentierten Ländern nie so zärtlich gewesen sei wie in dieser Stunde der Champagnertoaste. Aber wie schimpflich ist erst die entsagende Ehrfurcht des von Friedenssehnsucht zitternden Europäertums jetzt, während die Welt von Blutwogen gepeitscht wird und unermeßlicher Jammer alle Länder aufwühlt, wenn berichtet wird, dieser oder jener Fürst sei bei diesem oder jenem Diplomaten vorgefahren, dieser oder jener parlamentarische Parteiführer habe mit diesem oder jenem Minister konferiert – und alle Schmöcke ereifern sich in der Versicherung, es habe sich um äußerst wichtige Dinge gehandelt, und alles Volk trägt es flüsternd weiter, ohne vor

Zorn und Scham zu vergehn, daß da um seine Haut gemarktet wird, ohne daß es auch nur erfährt, wovon eigentlich die Rede ist.

Ich möchte mich nicht von der Empörung bei der Erinnerung an Einzelvorgänge verführen lassen, vorgreifend in den allgemeinen Gesichtspunkten Geschehnisse zu behandeln, die der spezialisierten Abrechnung anheimfallen sollen, wiederum möchte ich gern bald anfangen dürfen, von dem vielen Bösen zu sprechen, das aus der Verlotterung des öffentlichen Lebens die „große Zeit" hervorgehn ließ. Deshalb will ich davon absehn, in Berufungen und Zitierungen Autoritäten meiner Ansichten für mich zeugen zu lassen. Wer mit dem Wunsche, daß die von mir aufgestellten Ziele einmal Wirklichkeit sein möchten, aber mit bangen Zweifeln an der Möglichkeit ihrer Vollendung den Grundlagen meiner Lehren und Mahnungen prüfend nachgehn will, der beschäftige sich mit den Schriften und den Lebensläufen der Rebellen, die schon früher aus ähnlichen Erlebnissen und Besorgnissen zu ähnlichen Resultaten gelangt sind. Bei Pierre Joseph Proudhon werden ihm die Methoden, auf die alles staatliche Dasein gestützt ist, offenbar werden, und zugleich wird ihm der weitschauende Franzose das Bild des Sozialismus zeigen, wie es durch das Temperament eines Anarchisten gesehn ist. Im Feuergeist Michael Bakunins wird er den Wahn aller Autorität zerstieben sehn, und die gewaltige Geste des russischen Revolutionärs wird ihm die Axt schleifen, die den morschen Baum der Staatsknechtschaft fällen soll. Von dessen Landsmann Peter Kropotkin wird er lernen, wie gut der Boden der Erde bereitet ist, um die neue Saat freier Arbeitsgemeinschaft hineinzulegen, wenn wir nur erst anfingen, statt für den Profit des Unternehmers für den eignen Verbrauch zu schaffen. Den Wert der Persönlichkeit in ihrer individuellen Besonderheit wird ihn der Deutsche Max Stirner erkennen lassen, dessen trotzigen Anarchismus er sich eingehn lassen mag, um der Versuchung zu widerstehn, soziale Umwälzungen doch wieder im demokratischen Bevollmächtigtenverfahren zu verwässern. Landauers praktischen Wegweiser zum Beginnen mit Sozialismus mag der werdende Anarchist zur Ermutigung ständig bei sich tragen und das sittliche Muß, die unabänderliche Verpflichtung, das Ethos des Wollens immer und immer wieder bei Leo Tolstoi bekräftigen. Von solchen Künstlern modelliert und gespiegelt vom eignen Drang zum Aufstieg ins Weltreich der Freiheit und Gerechtigkeit, wird sich dem Sehnsüchtigen klar das Bild der neuen „utopischen" Gesellschaft formen. Die Landesgrenzen werden verschwunden sein, und der Übergang von Volk zu Volk wird zwanglos und verschmelzend geschehn, unbeeinflußt von nationalen Vorurteilen, staatlichen Gesetzen und gehässigem Mißgönnen. Der Ertrag jeder Arbeit wird dem Produzenten gehören, der das Produkt für sich und seine Arbeitsgenossen verbrauchen oder in geordnetem Austausch weitergeben wird. Die Menschen werden sich auf besseren Kampf besinnen, als der aufreibende und entwürdigende Streit um den feisteren Bissen ihnen zumutet. Das entnervende Leben der Großstädte wird aufhören, da geregelte wirtschaftliche Verhältnisse von selbst der Agrararbeit den wichtigsten Teil der Gesamtproduktion zuweisen wird. Die maschinelle Industrie mit ihrer persönlichkeitstötenden Gleichmäßigkeit wird dem Handwerk von neuem einen weiten Platz einräumen, und so wird die Freude am Schaffen die Welt mit neuer Schönheit erfüllen.

Damit wird zugleich der unseligen Überschätzung der technischen Zivilisation gesteuert werden, die zur Zeit grade in der scheußlichen Freude an möglichst raffinierten Mordinstrumenten ihren häßlichsten Ausdruck findet. Die Menschen werden mehr Zeit haben, die Schönheiten der Natur zu genießen und sich mit geistigen und künstlerischen Dingen abzugeben. Der Künstler wird in der Schätzung der Welt die Rolle der Fürsten und Priester einnehmen, und umgekehrt wird der geistige Mensch und der Schöpfer kultureller Werke Anteil nehmen an dem, was alle bewegt, Schlechtes verhindern, zu Gutem raten und die Jugend zu Rechtem erziehn.

Daß dies alles kein Schwärmen eines phantastischen Gemüts, sondern möglich und erreichbar ist, das wird derjenige glauben lernen, der sich die Überzeugung gewahrt hat, daß die Menschheit, die imstande war, sich die Hölle der Gegenwart zu schaffen, auch die Fähigkeit haben muß, sich das Paradies der Zukunft zu bereiten. Die Lehrmeister, die hier genannt wurden, werden ihm auf den Weg helfen. Wichtiger aber als alles Bücherstudium, als alle theoretische Grübelei und alles wissenschaftliche Systembauen ist die eigene Erkenntnis, die Idee des Guten, eingegraben von dem Erleben des Schlechten, der Wille zur ändernden, neuschaffenden Tat. Wen das Völkergemetzel dieser schrecklichen Zeit nicht hochhebt über das Getümmel eines verwahrlosten, tief erbärmlichen Menschengeschlechts und mit beiden Füßen in das Lager derer stellt, die entschlossen sind, aus Verrottung und Haltlosigkeit zu Brüderschaft, Frieden, Gemeinsamkeit, Güte zu kommen, der bleibe mit dem ewigen Feinde beisammen, dem Nationalismus und Patriotismus, der Herrschsucht und der Ländergier. Wir Staatlosen, wir Anarchisten und Sozialisten, wir Neuerer und Festiger menschlicher Verständigung, deren Vaterland die Welt ist – wir werden über ihn hinweggehn und ihn der Verachtung und dem Abscheu der Nachfahren überlassen.

Der letzte Völkerkrieg liegt, wenn dies Buch erscheint, hinter uns. Weh uns, weh unsern Kindern, weh dem Geiste der Gesittung, dem Gewissen aller künftigen Menschen, wenn es nicht der letzte war! Denn dann wird alles Entsetzen über diesen Krieg, alle Abrechnung mit seinen Schuldigen und seinen Ursachen, alles Verdammen und Wehrufen ein heulendes Possenspiel sein. Jetzt ist die Stunde, wo jeder, der schön in die Zukunft blickt, Grenzen einreißen und Feindschaften versengen muß. Einfach und rein müssen die Völker zueinanderkommen, ohne Politik, ohne Überhebung, erfüllt von Reue über das Geschehene und entschlossen, miteinander eine Welt zu bauen, die keine Herren und keine Knechte kennt, keine Grenzen und keine Staaten – dann wird sie auch keinen Krieg kennen, und der ewige Friede wird kein Kindertraum mehr sein, sondern Wesen und Wert einer befreiten und geeinten Menschheit.

URSACHEN UND SCHULD

1. |

Gemütsruhige Narren sind der Meinung, weltgeschichtliche Erschütterungen seien dem Zorn der den Schuldigen suchenden Anklage entrückt. Es genügt ihnen, eine Summe von historischen und entwicklungsmechanischen Erscheinungen in ein paar akademische Formeln zu pressen, die den Gang der Dinge begleitenden Personen aber als Marionetten des Schicksals verantwortungslos figurieren zu lassen. Da sie einmal etwas von Willensunfreiheit glauben gelesen zu haben, die nur von den Positivisten gottgläubigen Sakrilegienwahns bezweifelt wurde, sind sie bereit, die schaurigsten Verbrechen, sobald sie das Maß individueller Kriminalität überschreiten, mit der gelassenen Objektivität des Beobachters zu betrachten, der sich an einem seltenen Naturschauspiel weidet. Aber der Wille des Menschen ist nur insofern unfrei, als die natürlichen Gaben des Verstands, des Herzens und des Temperaments von Imponderabilien als Vererbung, Heimat, Rasse, vorgeburtlicher Erziehung, meinetwegen auch von kosmischen und okkulten Einflüssen abhängig und mithin der eignen Bestimmung entzogen sind. Innerhalb eines Charakters jedoch ist der Wille frei. Sonst gäbe es keine Ethik und keinen Zweifel, keine Initiative und keine Reue, und der Mensch hätte keinen Anspruch auf höhere Geltung in der Arche der Lebewesen als das Tier der niedersten Gattung, das ohne Kontrolle seiner Handlungen triebhaft seinen Ernährungs- und Fortpflanzungsbedürfnissen folgt. Dies leugnen heißt auf alle Kritik an Menschenhandlungen ein für allemal verzichten, heißt jede Willkür ergeben hinnehmen, da es doch keine Willkür gebe, heißt Gott einen guten Mann und den Menschen seinen dressierten Affen sein lassen. Wer dagegen gesonnen ist, die Leute, die vor der Welt eine Verantwortung auf sich nehmen, für ihr Tun auch verantwortlich zu machen, der darf beim Aufsuchen der Ursachen weltbewegender Ereignisse nicht vor der schrecklichen Pflicht zurückscheuen, den handelnden Personen hart und vernehmlich ins Gesicht zu sagen: Schuldig!

Daher darf es für den Beurteiler des Weltkriegs nicht mit der Registratur der politischen und wirtschaftlichen Vorgänge sein Bewenden haben, deren heillose Verknotung im Sommer 1914 das Losgehn der jahrelang geladenen und gerichteten Kanonen herbeiführte. Das Geschäft des Tatsachensammelns mag dem Historiker überlassen bleiben, der sich's im Durchwühlen des von verstorbenen Geschlechtern hinterlassenen Kehrichts wohl sein läßt, dessen Horizont von Vergangenheit und Gegenwart, von Ursache und Wirkung begrenzt ist und dem die seelische Dynamik freiheitlichen, menschlichen, hoffnungsfrohen Zukunftbegehrens ewig fremd bleibt. Hier geht es um Abrechnung, weil es um Befreiung der Welt geht, um Befreiung von stumpfen Überkommenheiten, um Befreiung von verdorbenen Entwicklungsbegriffen und um Befreiung von den Menschen, die das Steuer der Geschichte drehen und sich in fader Gelassenheit noch etwas darauf zugute tun, daß ein vermeintliches Schicksal, welches in Wahrheit nur das Ergebnis schlechter Einrichtungen ist, sie an ihren Posten gestellt habe. Menschen machen Geschichte und Schicksale, an Menschen geht ihr Gehaben aus, vor Menschen mögen sie sich verantworten.

Gewiß will ich keinem von den Männern, auf die hier der Finger entsetzlicher Anklage weisen wird, die Anerkennung des guten Glaubens versagen. Auch sei es fern von mir, ein Strafgericht gegen sie aufzuwerfen und Rache an ihren Personen zu verlangen. Jedem von ihnen billige ich zu, was sie einander unter Gassengekeif abstreiten, die Überzeugung, für eine rechte Sache zu handeln. Keinem werfe ich eigennützige Zwecke vor, sondern ich will blindlings glauben, daß alle ihre Delikte dem ehrlichen Wunsche entsprangen, ihrer vaterländischen Aufgabe zu dienen, der Idee also, an deren sittlichem Recht ihnen nie ein Zweifel aufstieg. Lädt das Ergebnis der Untersuchung Schuld über Schuld auf ihre Handlungen, so mögen sie wohl für alle Zukunft verhindert werden, ihren verwegenen Idealismus an fremden Menschengeschicken auszulassen, aber Verachtung und Vernichtung treffe nicht sie, sondern die falschen Lehren und die schändlichen Institutionen, die ihre Macht und ihre Taten ermöglichten.

Über die Verderblichkeit dieser Institutionen und Lehren ist im vorigen Abschnitt hinlänglich gesprochen worden. Die Tiegel, in denen das Sprengpulver gemischt wurde, sind also bekannt. Die Schuld, sie nicht vorsichtig ausgeräumt und durch neue Gefäße ersetzt zu haben, die sich zur Aufnahme friedliche Beziehungen schaffender Mischungen eignen, trifft keine einzelnen Personen, sondern die Gesamtheit der Völker. Die Untersuchung von Ursachen und Schuld kann sich deshalb von jetzt ab auf die Aufdeckung der besonderen Anlässe beschränken, die die Entzündungsgefahr akut machten, und auf die Entlarvung der Regierungen und ihrer Auftraggeber, die die glimmende Lunte in die explosive Masse der europäischen Staatskonflikte leiteten.

Mit dieser Festlegung will ich vorweg jene Temperament und Werbung bremsende „historische Betrachtungsweise" abgelehnt haben, die beim Aufsuchen ursächlicher Zusammenhänge nie tief genug in die Vergangenheit loten kann, um dann unter logischen Spitzfindigkeiten die Naturnotwendigkeit alles Gewordenen und die Entschuldigung aller Machenden herzustellen. Wer das will, kann natürlich ohne Schwierigkeit mit dem Turmbau von Babel anfangen und mit einwandfreier Folgerichtigkeit den Beginn aller

Feindseligkeiten durch die Sprachenverwirrung und die dadurch herbeigeführte ewige Unmöglichkeit einer Völkerverständigung für den Ausbruch des Weltkriegs von 1914 dingfest machen. Auch die imperialistische Geschichte des alten Rom und die Völkerwanderung lassen sich fraglos für diesen Zweck gebrauchen, und es soll keineswegs bestritten werden, daß diese Begebenheiten in gar nicht geringem Maße die Zustände schaffen halfen, für deren Bestand jetzt, wie es scheint, selbst die Ausrottung der europäischen Menschheit als angemessener Einsatz angesehn wird. Wenn man auf die frühesten Ursachen der Einzelfeindschaften zwischen zwei Ländern zurückgehn will, mag der Teilungsvertrag von Verdun herangezogen werden, durch den das fränkische Reich Karls des Großen in der Weise geteilt wurde, daß Burgund seither der Zankapfel zwischen Deutschland und Frankreich geblieben ist. So hat jede Streitigkeit zwischen verschiedenen Völkern oder deren Lenkern stets irgendwo in der älteren oder neueren Historie ihren wohlmotivierten Ursprung, und wer Freude daran findet, sich wie weiland Theseus am Faden der Ariadne im Labyrinth der Weltgeschichte durch alle dunkeln und geheimen Gänge, Pförtchen und Hintertreppen zu den Anfängen irgendeines Staatskonflikts zurückzutasten, der wird uns gewiß überzeugen, daß zwischen Bulgarien und Serbien, zwischen Rumänien und der Türkei, zwischen Rußland und Österreich schon vor Jahrhunderten Ärgernisse und Meinungsverschiedenheiten bestanden haben, aber das Recht, an den Taten unsrer Zeitgenossen Kritik zu üben, wird durch seine Forschungsergebnisse schwerlich beeinträchtigt werden dürfen. Maximilian Harden, sicherlich der beste Kenner der neueren politischen Geschichte Europas, führt seine zeitgeschichtlichen Kommentare fast immer auf weit vergangene Verwicklungen zurück, wobei er Briefe, Aussprüche, Meinungen dem Laien gänzlich unbekannter und vor Jahrhunderten begrabener Autoritäten heranzieht. Zur fatalistischen Rechtfertigung alles dessen, was heutzutage in die alten Verwirrungen hineingeknotet wird, hat ihn aber meines Wissens sein Studium stockfleckiger Akten doch nie verleitet. Die aus noch so verzwickten Verhältnissen gezogenen Tatfolgerungen sind eben Sache der persönlichen, der Zustimmung oder Verwerfung unterstellten Entschlüsse verantwortlicher Personen. War ihnen die Last ihrer Verantwortung zu schwer, so hätten sie sie rechtzeitig abwerfen sollen. Verloren sie unter ihrer Bürde das Gleichgewicht und richteten Schaden an, so gehören sie vor den Richterstuhl der Kritik. Die europäischen Staatsmänner aber, die 1914, unbekümmert um die ihrem Gewissen aufgepackte Last, in das dünne Maschengewebe der internationalen Beziehungen staatskapitalistischer Art hineintänzelten und dabei das Gefüge der Welt zerrissen, haben keinen Anspruch auf Schonung.

Ein Unterschied muß indessen gemacht werden. Wie eng die Interessen des Staats in die seiner kapitalistischen Karyatiden hineingebaut sind, ist gezeigt worden. Wie maßgebend die einzelnen Kampfgruppen in der Aufstellung ihrer Kriegsziele von den auseinanderstrebenden Interessen ihrer Kapitalisten beeinflußt wurden, wird noch gezeigt werden. Daß jede Partei mit der Aufzählung der gegnerischen Interessen der andern Seite die Schuld am Ausbruch des Kriegs zuschieben wollte, ist bekannt. Es muß daher gleich anfangs ausgesprochen werden, daß sich die Entscheidung über die Schuldfrage aus andern Momenten ergibt als aus den Zielsetzungen der Kriegsgegner, nämlich aus den tatsächlichen Handlungen, die die Katastrophe einleiteten.

Die ewige Beschwörung der Unterdrückungs- und Eroberungsabsichten der Gegner zum Beweise ihres ruchlosen Überfalls bedeutet eine offenbare Irreführung des Volksurteils. Natürlich sind stille Wünsche dieser Art im tiefsten Frieden überall gehegt worden, das liegt ja im Wesen der kapitalistischen Staatenkonkurrenz, als formulierte Pläne sind sie jedoch erst aufgetreten, als der Krieg schon im Gange war. Für die Schuldigerkennung allein entscheidend ist die Feststellung, auf welcher Seite zuerst das Schwert aus der Scheide flog. Der tatsächliche Angreifer übernahm die Verantwortung, gleichviel, welche Ursachen und welche unmittelbaren Anlässe ihn zum Angriff bestimmten. Von diesem Gesichtspunkt aus steht aber fest:

Den tatsächlichen Auftakt zum Weltkrieg gab das österreichisch-ungarische Ultimatum an Serbien, den tatsächlichen Anfang machte die Kriegserklärung Deutschlands an Rußland.

2. |

Eine Geschichtsschreibung des Weltkriegs ist hier nicht beabsichtigt. Daher kann auch die exakte Schilderung der politischen Vorgänge vor dem Kriege und die Ableitung der zur Entzündung gebrachten Konflikte aus den gegensätzlichen Auffassungen und Ansprüchen der Großmächte unterbleiben. Es genügen einige kurze Erinnerungen, die sich ebenfalls auf die Ereignisse und Zustände beschränken dürfen, welche in unmittelbarem Zusammenhang mit den jetzt zur kriegerischen Entscheidung gestellten Streitfragen stehn. Dabei seien alle Kriegsziele ethischer Natur für später zurückgestellt, nicht weil ich sie für belanglos oder gar unehrlich hielte, sondern weil ihre Prüfung nicht in den Zusammenhang der materiellen Gegensätze gehört, die zunächst allein erörtert werden sollen. Doch mag gleich betont werden, daß der deutsche Entschluß zur katastrophalen Austragung der Streitigkeiten sehr wesentlich in jenen ethischen Anschauungen begründet war, gegen deren dauernd friedengefährdenden Bestand die Entente unter der Formel „Kampf gegen den preußischen Militarismus!" ihr in der ganzen Welt wirksamstes Kriegsargument zielen konnte. Bei allen weiteren Betrachtungen werden denn auch immer neue innere Beziehungen zwischen den im modernen Deutschland beliebten ethischen Grundsätzen und dem Ausbruch des Kriegs zutage treten, so daß das Thema Kriegsursachen und Kriegsschuld nahezu Thema der ganzen Kriegsbilanz sein wird. In den ferneren Abhandlungen über Militarismus, Staatswahnsinn, Alldeutschtum, Presse, innere Politik, Völkerrecht, Germanisierungstendenzen und selbst über die deutsche Sozialdemokratie wird sich das noch erschreckend offenbaren.

Um so notwendiger ist es, die weltpolitische Lage vor dem Kriege und ihre Zuspitzung durch die elende Pfuscherei der europäischen Diplomatie gesondert zu behandeln, um dann die Scheiterhaufenschichtung der machthabenden deutschen Landsleute zu besehn und schließlich den Akt der Brandlegung selber, befreit von allen amtlichen und gefälligen Legendenschilderungen, darzustellen.

Der Zeitungsleser, der sich, abgesehn von den lärmenden Zeiten bevorstehender Reichstagswahlen früher nie um Öffentliche Dinge gekümmert hat, seit dem 1. August 1914 jedoch auch die delikatesten Finessen der Staatskunst mit der zweifelfreiesten Autorität zu beurteilen weiß, belehrt seitdem seine Frau und seine Biertischgenossen mit der Miene wichtiger Eingeweihtheit, daß die wahren Ursachen des Kriegs der Neid Englands, die Rachsucht Frankreichs und die Habgier Rußlands gewesen seien. Man möge nicht unwillig werden, wenn die Fähigkeit Englands, Frankreichs und Rußlands, neidisch, rachsüchtig und habgierig zu sein, hier durchaus bestritten wird, weil diese Länder eben Länder, geographisch abgesteckte Bezirke, aber keine affektbegabten Wesen sind, und wenn ferner unter Berufung auf das, was oben über Kapitalismus und Imperialismus gesagt ist, wiederholt wird, daß Konkurrenzneid, Expansionsbedürfnis und Raubsucht den besitzenden Organisatoren und ihren regierenden Prokuristen nicht bloß in Rußland, England und Frankreich eigentümlich ist, sondern auch in den Ländern, mit denen sich deren Völker im Kriege befinden.

Ob und wieweit es wahr ist, daß die Deutschen seit 1871 ohne Unterlaß den gegenwärtigen Krieg gewollt und vorbereitet hätten, um eine deutsche Militärhegemonie über Europa zu gewinnen, bleibe ebenso dahingestellt wie die Behauptung, in dieser ganzen Zeit sei in Frankreich jede politische Aktion von dem Hintergedanken getragen gewesen, Elsaß-Lothringen zurückzuerobern. Die Radamontaden mutgeschwellter Volksredner, Generäle und Redakteure auf beiden Seiten lassen sich dafür, die mehr oder minder aufrichtigen Freundschaftsbezeugungen der verschiedenen Regierungen dagegen anführen. Fürst Bismarck, der zwar skrupelloseste, aber auch weitsichtigste Staatsmann, der in dieser Epoche Europas Segel stellte, fand fraglos in den beiden letzten Jahrzehnten seiner machiavellistischen Amtstätigkeit den bewaffneten Frieden für das deutsche Reich vorteilhafter als die provokatorische Politik, die nach seiner Entlassung in Berlin dauerhaft wurde. Zu dieser Zurückhaltung kam er nicht durch sentimentale Gemütsart, sondern durch die kluge Voraussicht, daß zur Schau getragener Übermut Deutschland zwischen die Kneifzange eines west-östlichen Bündnisses bringen müsse. Sein deutsches Ziel war mit der nationalen Einigung und der Etablierung des Kaisertums preußischer Observanz erreicht. Seine fernere Taktik beschränkte sich auf die Stärkung des deutschen Ansehns beim Ausgleich internationaler Fragen. Seine durchaus bedeutende Persönlichkeit vermochte denn auch die Fäden der diplomatischen Beziehungen zwischen den europäischen Höfen und Kabinetten ganz in eigenen Händen zu halten, welches Verhältnis sich nach seiner ingeniösen Inszenierung und Durchführung des Berliner Kongresses 1878 für die ganze Dauer der Regierungszeit Wilhelms I. stark befestigte und dem Gesicht Europas seinen, wie man in Deutschland meinte und zu meinen noch immer nicht aufgehört hat, bleibenden Ausdruck gab. Als Mittel, die deutsche Vorherrschaft zu bewahren, fand Bismarck die besorgte Pflege guter Freundschaft mit den russischen und englischen Herrschaftskasten geeignet. Daneben betrieb er die brutale Unterdrückung revolutionärer Bestrebungen im eignen Lande, denen er durch scheußliche Schikanen gegen die Polen und – unter Benutzung der Attentate von Hödel und Nobiling als äußere Anlässe[8] – im Kongreßjahre 1878 durch das Sozialistengesetz die Kehle zu durchschneiden versuchte, nachdem er schon unmittelbar nach dem Kriege den Kulturkampf inauguriert und den Ultramontanismus geknebelt hatte, um „die auf dem Schlachtfeld gewonnene Einheit möglichst dauerhaft zu festigen". Zugleich diente ein konstantes Bösäugeln nach Frankreich hinüber zur Hütung des kriegerischen Prestiges, das durch progressives Aufrüsten der Moltke unterstellten Armee unterstützt wurde. Wie innig die stetige Bedrohung Frankreichs Bismarck am Herzen lag, bewies er 1887, als er die Forderung nach einer riesigen Heeresverstärkung durch das Landwehr- und Landsturmgesetz mit einer Gefahrpolitik (Reizung Boulangers[9] durch die Verhaftung Schnäbeles) durchsetzte, die ganz nahe an den Rand eines zweiten deutsch-französischen Krieges führte. Die ganze Bismarcksche Bravourdiplomatie hat sich gewiß als äußerst verhängnisvoll für Deutschland und für Europa erwiesen. Solange er selbst aber das Pferd an der Kandare hatte, ging es, wie es sollte.

Es bedarf keiner Erinnerung an die Sprünge und Kurventänze des Gauls, nachdem Bismarck abgesessen war. Aus der gewohnten Bahn getrieben, wird so ein armes Tier scheu, wirft ab, bockt und karriolt los, ohne vom Anrennen an Laternenpfähle und vom Umschmeißen beladener Obstkarren mäßigende Einsicht zu gewinnen. Ich möchte das metaphorische Reichsroß nicht zu Tode hetzen, gebe aber durch Benennung einiger Stationen seines Laufs zu erwägen,

---

[8] [Der später hingerichtete Emil Heinrich Max Hödel (1857-1878) hatte im Mai 1878 ein Attentat auf Wilhelm I. verübt; der Anarchist Karl Eduard Nobiling (1848-1878) unternahm im darauffolgenden Juni einen Anschlag auf Wilhelm I.]
[9] [General Georges Ernst Boulanger (1837-1891), französischer Kriegsminister 1886/87.]

ob das Bild zu Unrecht als Illustration der deutschen Politik seit 1890 eingesetzt ist.

Der neue Kurs unter Caprivi[10] ließ sich ja zuerst sehr nett an: Aufhebung des Sozialistengesetzes, Abschluß bedeutsamer Handelsverträge und eine dem Anscheine nach liberalisierende, in Wirklichkeit einfach den Bismarckschen Traditionen *à tout prix* entgegengesetzte Gebarung der politischen Geschäftsführung, die sich in der äußeren Politik zunächst in dem Tauschhandel mit England, Sansibar gegen Helgoland, und in der Lösung des (von Bismarck 1896 der Öffentlichkeit denunzierten) Rückversicherungsvertrages mit Rußland offenbarte, zwei Ereignisse, die die englische und russische Politik in ausgesprochen antideutschem Sinne beeinflußten. Höchstwahrscheinlich hat der Helgolandhandel in seinen vorbereitenden Stadien zu Bismarcks Sturz den entscheidenden Grund geliefert. Der gewitzte alte Staatskünstler hat jedenfalls den aggressiven Charakter des Tauschs sofort klarer erkannt als die englischen Kontrahenten selbst, die vielleicht eine Bedrohung, nicht aber eine Gefährdung für sich gewittert haben werden, da sie sonst auch den unverhältnismäßig hohen Preis, den die Berliner Regierung bot, ausgeschlagen hätten. Das einzige Buch, das über diese Anfänge der vorher für unmöglich gehaltenen englisch-deutschen Feindschaft authentische Aufschlüsse wird geben können, der dritte Band der *„Gedanken und Erinnerungen"*, ist den Söhnen und Enkeln, denen es „zum Verständnis der Vergangenheit und zur Lehre für die Zukunft" gewidmet ist, bislang ja nicht zugänglich geworden. Die Urenkel werden wohl einmal reif genug befunden werden, um erfahren zu dürfen, wie Bismarck den Beruf des Eilands beurteilte, „ein Bollwerk zur See zu werden … ein Stützpunkt für Meine Kriegsschiffe, ein Hort und Schutz für das deutsche Meer gegen jeden Feind, dem es einfallen sollte, auf demselben sich zu zeigen" (Wilhelm II. in seiner Rede an die Marinetruppen, Helgoland, 10. August 1890).

Eine Maxime der Bismarckschen äußeren Politik ließ man indessen unberührt, nämlich die Nervöshaltung Frankreichs, die schon vor Bismarcks Abgang und nachher erst recht in immer kürzeren

---

[10] [Leo Graf von Caprivi (1831-1899), preußischer General und Reichskanzler in den Jahren 1890-1894.]

Zeitspannen für die Motivierung aller Heeresansprüche herhalten mußte. Es ist durchaus nicht wahr, daß die Verschiedenheit der Volkscharaktere einen latenten Antagonismus begründete, der die Staatslenker hüben und drüben zu dauernder militärischer Bereitschaft verpflichtet hätte. Napoleon III. hat das jedenfalls nicht gefunden. Sein Bestreben ging von seiner Thronusurpierung an bis Königgrätz mit allem Nachdruck auf eine Allianz mit Preußen, und er fürchtete dabei so wenig den Widerspruch seiner sensiblen Franzosen, daß er Bismarck im Jahre 1862 – wenige Monate vor dessen Ernennung zum preußischen Ministerpräsidenten – in aller Form eine *„entente intime et durable"* vorschlug. Der Vertreter König Wilhelms fand aber schon damals die Brüskierung der Westnachbarn vorteilhaft, um die Zaren um so sicherer zu Freunden zu haben. Auch nach dem deutschen Einigungskrieg war es – ausgenommen die kurzen Episoden, in denen es ehrgeizigen Abenteurern wie Boulanger und Déroulède[11] gelang, Macht zu gewinnen – keineswegs Frankreich, wo eine Wiederholung des Feldzugs betrieben wurde. Bismarck bezeugt es selbst, daß 1879 Gortschakows[12] Plan, mit Frankreich zusammen Deutschland für gewisse den Russen ungünstige Entscheidungen auf dem Berliner Kongreß zu züchtigen, an der entschlossenen Absage der Pariser Regierung zuschanden wurde. Mit Rußland kam man dann bald wieder ins reine, die Rüstungen aber hörten nie auf, und ihr Kompaß zeigte auf die Vogesen.

Dieses System wurde also unter den Nachfolgern des ersten Reichskanzlers beibehalten und durch gelegentliche liebenswürdige Aufmerksamkeiten so wenig gestört, daß ihre Aufnahme gewöhnlich etwas säuerlich anließ. Dies sonderbare Gemisch von aufgeregtem Gefährdetsein mit Säbelrasseln und Herausforderungen und betulichem Anbiedern mit Reisen, Reden und Telegrammen, das im Zeitungsjargon als Zickzackkurs fixiert wurde, gab dem Gesicht Deutschlands nach 1890 den etwas komischen Ausdruck eines Angstmichels, der energische Falten runzelt. Wieweit die verantwortlichen Minister für die Zerfahrenheit aller Beziehungen verantwortlich waren, bzw. in welchem Grade sie als Handlanger eines

---

[11] [Paul Déroulède (1846-1910), befürwortete eine Revanche gegen Deutschland.]
[12] [Fürst Alexander Michailowitsch Gortschakow (1798-1883), russischer Politiker – u. a. Reichskanzler bis 1883.]

über den ihrigen erhabenen Willens figurierten, wird sich wohl erst aus den postumen Indiskretionen ergeben, die die beteiligten Höflinge und Kabinettsräte altem Brauch gemäß den späteren Geschlechtern als ihre „Denkwürdigkeiten" hinterlassen werden.

In der inneren Verwaltung des Landes blies man das liberale Zigarettenwölkchen der Caprivischen Anfänge rasch wieder auseinander, um mit dem starken Toback der Umsturz- und Zuchthaus-Gesetzvorlagen die Politik der entschlossenen Courage zu überbismarcken. Den Frechen und Unbotmäßigen wurden die Spitzen der Gardegrenadier-Bajonette vor die Nase gehalten, ihre Gelüste aber zugleich in die sozialpolitischen Fürsorglichkeiten des Grafen Posadowsky eingewickelt. Die Klerikalen streichelte und ärgerte man abwechselnd, und den Dänen, Elsässern und Polen gab man nach einer kurzen Verschnaufungspause die Segnungen der Einpreußung und Eindeutschung in einer Weise zu kosten, die in den betroffenen Gebieten das Ozon ihres Völkerfrühlings stark mit Juchtengeruch untermischte.

Natürlich unterhielt die deutsche innere und äußere Experimentalpolitik in den ausländischen Kabinetten einen empfänglichen Zuschauerkreis. Mit Zuckerbrot und Peitsche dressiert man die Löwen, die man im Käfig hat, nicht aber die noch draußen in der Wüste brüllen. Die hocken sich hinter ein Gebüsch und werden ungemütlich, wenn der ungebetene Dompteur seine Künste an ihnen erproben will. Völker sind im staatlichen Gesellschaftsgefüge, wenigstens solange die Staatsmacht auf festem Grunde steht, ihren eigenen Regierungen gegenüber in der Lage gezähmter Bestien. Sie sind Objekt der Gesetzgebung und empfinden das Zuckerbrot um so dankbarer, je lauter vorher die Peitsche geknallt hat. Dies Verhältnis galt bisher auch *cum grano salis* im Verkehr der Regierungen mächtiger Staaten mit denen schwacher, im Umgang gleichwertiger Machtrepräsentanten erweckt jedoch das süßeste Johannisbrot nicht so viel Zutrauen wie das vorsichtigste Zungenschnalzen Argwohn.

In England zumal, wo das kritischste und wirklichkeitsbewußteste Volk der Welt darauf hält, daß alle öffentlichen Angelegenheiten nüchtern und unpathetisch behandelt werden, sah man wachsam zu, wie auf der deutschen Drehbühne in immer beschleunigtem Tempo die Szene gewechselt wurde, ohne daß ein erkennbarer Spielplan zutage treten wollte. Caprivis Nachfolger, Fürst Hohenlohe hatte in der Person Bernhard v. Bülows [1849-1929] einen Staatssekretär für die auswärtigen Angelegenheiten engagiert, der mit seiner glatten Beredsamkeit, seiner Verbindlichkeit im Stile der Adelsgesellschaften und seiner Bereitwilligkeit, kaiserliche Augenblickseingebungen mit der amtlichen Kontrasignatur zu versehn, die unsicheren Verknüpfungen der nachbarlichen Interessen mit denen des zentralen Deutschlands vollends zu verwirren verstand. Er wurde gegraft, er wurde Reichskanzler, er wurde gefürstet. Er löste die Handelsverträge, sperrte durch Schutzzölle die Einfuhr ab, belohnte die Ausfuhr durch Prämien, schickte seinen Herrn auf Reisen ins Ausland, um alle Welt von Deutschlands Wohlwollen zu überzeugen, und begründete zugleich die deutsche Ambition auf die Vorherrschaft zur See, die nach seinen Plänen, wenn man seine lächelnden Unbeholfenheiten so nennen darf, wohl mit Rußlands Hilfe den Engländern abgezwungen werden sollte. Die Gründung und dynastische Förderung des Flottenvereins und die provozierenden Äußerungen, die diese Protektion in äußerliche Erscheinung setzten, ließen über die Aggressivität der kaiserlichen und Bülowschen Politik gegen Großbritannien keine Unklarheit („Bitter not tut uns eine starke deutsche Flotte", „Der Dreizack gehört in unsre Faust", „Der Admiral des Atlantischen Ozeans grüßt den Admiral des Großen Ozeans").

Das expansive Streben der neuen Ära kam zum ersten Male tatbereit zum Vorschein, als 1897 in dem durch den japanischen Krieg erschöpften China zwei deutsche Missionare ermordet worden waren. Mehrere Kriegsschiffe erschienen in der Bucht von Kiautschou, deren Kapitäne Genugtuung verlangten. Die bestand indessen nicht in der Auslieferung der religiös beleidigten Laotse-Gläubigen, die sich von der alleinseligmachenden Wahrheit des durch 1800 Jahre Kirche entchristeten Christentums nicht beglücken lassen mochten, sondern die toten Prediger des Heils forderten realere Äquivalente als Sühne. Bülow sprach das Wort von dem „Platz an der Sonne", und China mußte – der Satisfaktion wegen! – die Kiautschou-Bucht nebst Umgebung für 99 Jahre an Deutschland „verpachten" und Schantung als deutsche Interessensphäre anerkennen. Rußland, Frankreich und England hatten zwar das Unglück, sich nicht auf ermordete Missionare berufen zu können, vielleicht aber das Bedürfnis, den deutschen Sonnenplatz ein wenig zu beschatten. Sie benutzten die Gelegenheit, und die Russen nahmen Port Arthur, die Franzosen die Kuang-Tschou-Bucht und die Engländer Wei-hai-wei in „Pacht". Die mißlungene Ausbreitung des Christentums in China wurde nun also ausgeglichen durch die Knebelung jeglicher Selbständigkeit der chinesischen Verwaltung mittels des Zwangseinflusses der in Peking akkreditierten Vertreter der christlichen Großmächte. Der Gegendruck blieb nicht aus. In der Boxerbewegung fanden freiheitliche Bestrebungen lebendigen Antrieb zur Betätigung, und da der Begründer und Leiter dieser auf ethischen und pädagogischen Grundsätzen aufgebauten Organisation, Li Ping Heng, auf Betreiben der deutschen Regierung von seinem Staatsposten entfernt werden mußte, gewannen die Boxer, in dem Verlangen nach Befreiung von der Fremdherrschaft, in Peking ein äußerst volkstümliches Programm und mächtigen Zulauf. Die europäischen Gesandten hielten es für ratsam, sich dadurch bedroht zu fühlen, und ließen Truppen landen. Der englische Admiral Seymour rückte nun mit 2000 Mann (darunter 200 Deutschen) an, und sämtliche Kriegsschiffkommandanten außer dem amerikanischen stellten (am 16. Juni 1900) das Ultimatum an den Befehlshaber der Ta-ku-Forts, die Forts binnen 24 Stunden an sie auszuliefern. Das geschah nicht, und nun wurden sie eben beschossen und erobert. Frankreich, England, Deutschland, Österreich-Ungarn, Rußland, Japan, die Vereinigten Staaten und Italien, die „Schutzmächte" des Landes, befanden sich demnach mit China im Kriegszustand. Die Gesandten in Peking wurden ausgewiesen, und Herr v. Kettler, der Vertreter des Deutschen Reichs, der sich tags drauf noch auf der Straße zeigte, abgeschossen. Die übrigen Herren befolgten den Ausweisungsbefehl zwar auch nicht, sie waren aber vorsichtig genug, sich mit 700 Europäern und 6000 Chinesen im Viertel der Gesandtschaftsgebäude zu verbarrikadieren, und es gelang ihnen, sich zu verteidigen, bis Hilfe kam. Am 14. August 1900 wurde Peking von einer 20.000 Mann starken gemischten Armee erobert.

Im September traf dann der deutsche Generalfeldmarschall Waldersee ein, der an der Spitze der zu zivilisatorischem Tun verbündeten Europäer, Amerikaner und Japaner (nur die Franzosen halfen unter eigner Leitung) den Krieg zu Ende führte, der die Deutschen allein an Toten 462 Mann kostete. Das Friedensprotokoll wurde erst am 7. September 1901 unterzeichnet. Welche Empfindungen nach der Heimkehr von dem Heldenzug, bei dem „Pardon nicht gegeben, Gefangene nicht gemacht" werden sollten, dem Jubel über die Weltmarschallherrlichkeit folgte, ist wohl noch in der Erinnerung jedes Erwachsenen. Daß Lihungtschang[13] als bedeutenderer Staatsmann dastand als Bülow, erkannten selbst intelligentere Zeitungsredakteure. Das übrige war, abgesehn von der Trauer in den Häusern der Opfer, in ganz Deutschland Gelächter und Beschämung. Die aus Peking weggeschleppten astronomischen Instrumente mußten aus Berlin zurücktransportiert werden, und der Prinz Tschun durfte von Potsdam wieder abreisen, ohne die Sühnezeremonie des Kotaus, die der Zweck seiner Reise gewesen war, vollzogen zu haben, aber fürstlich befeiert und bewirtet und in dem Bewußtsein, die deutsche Sprache um einen Ausdruck aus dem Chinesischen bereichert zu haben, zu dessen Anwendung unsre heimischen Geschichtemacher *intra muros et extra* hinlänglich Gelegenheit schaffen.

Es schien nützlich, die äußerlichen Daten des Boxerfeldzugs im Zusammenhange eines Rückblicks auf die jüngste Geschichte aufzuzählen, nicht weil sie eigentlich zu den Ursachen des Weltkriegs gehörten (höchstens der deutsch-japanische Krieg steht noch in unmittelbarer Beziehung zu dem Vorgang), sondern weil sie in Parallelen und in Antithesen zu den Ereignissen der Gegenwart mancherlei reizvolle Vergleichsmomente darbieten. Der letzte Koalitionskrieg – wenn auch im Duodezformat. Von den vierzehn Kriegsstaaten des Weltkriegs sieben Beteiligte, wovon der Zehnerbund ebenso wie der Vierbund je eine Hälfte stellen – sie alle in Gemeinschaft mit dem heute mächtigsten Neutralen zur Beraubung eines widerstandsunfähigen Kolosses vereinigt. Der Zweck des Unternehmens – das nackte imperialistische und flottenstrategische Interesse, sein Anlaß – Mord aus Fanatismus. (Der Mord an den deutschen Missionaren nämlich. Die Ermordung Kettlers wurde erst durch Regiekünste mittels *Hysteron – proteron*[14] als racheheischende Untat den Begründungen zur Strafexpedition eingefügt: Analogien liegen auch hier nicht fern.) Endlich die Antizipation eines Völkerbundes, von dem zur Zeit ja viel die Rede ist und bei dem Deutschland bewiesen hat, daß es nicht nur teilzunehmen, sondern sich sogar an

---

[13] [der Unterhändler auf chinesischer Seite]

[14] [gr. *Das Spätere – das Frühere*; also: Ursache und Wirkung werden vertauscht]

die Spitze zu stellen weiß. An späteren Beurteilern der zeitgenössischen Geschichte und dieses Buchs wird es sein, zu ermessen, wer hier Persiflage geübt hat: meine Wenigkeit oder Herr v. Bethmann-Hollweg.

3. |

Es ist klargeworden, wie schon im ersten Jahrzehnt der Wirkungs-ära Wilhelms II. die absonderliche Hastigkeit, der Neuerungseifer und das Aktionsverlangen der Berliner Politik sich durch ein bemerkliches Schwanken des unter Bismarcks Ägide konsolidierten Gefüges der europäischen Staatsbeziehungen geltend machte. In der Absicht, zugleich den Eindruck stets gegen alle gerüsteter Stärke zu machen und dabei gegen jeden die Liebenswürdigkeit selbst zu sein, stieß man wahllos diejenigen vor den Kopf, die gewohnt waren, in den Grenzen herkömmlicher Höflichkeitsformen die Stabilhaltung korrekter Nachbarschaft zu pflegen. Die von sittlichen und freiheitlichen Gesichtspunkten aus verwerfliche Methode der gegenseitigen Beargwöhnung, Bespitzelung und Hintergehung war zwischen den europäischen Großmächten immerhin gemildert durch eine stillschweigende oder auch in Übereinkommen ausgesprochene Respektierung der wechselseitigen kapitalistischen Interessen. Der Wunsch, Kriege untereinander zu vermeiden, und der Wahn, durch Bereithaltung schlagkräftiger Heere die Konkurrenz im Zaum halten zu können, bestand zweifellos bei allen europäischen Mächten. Auch die deutsche Regierung und nicht zuletzt der Kaiser waren sicherlich weit entfernt davon, die Erprobung ihrer Kriegsgewandtheit zu wünschen. Der Kriegswille erwachte in ihnen erst, als sie zu der Überzeugung gekommen waren, daß dem Zusammenstoß nicht mehr auszuweichen sei. Der Rückblick auf die geschichtlichen Vorgänge bis etwa 1908 soll denn auch nicht beweisen, daß von 1890 an der Weltkrieg bewußt vorbereitet worden sei, sondern nur, daß es vornehmlich die deutsche Politik war, die mit ihrer Ziellosigkeit und Spontaneität die Voraussetzungen schuf, aus denen sie selbst, mindestens von 1911 an, die Herbeiführung der Katastrophe unvermeidlich machte und in allen Einzelheiten gemeinsam mit Österreich-Ungarn in Szene setzte. Wenn bei diesen rückschauenden Betrachtungen der Eindruck entstehn sollte, als ob hier in grundsätzlicher Voreingenommenheit die Politik der übrigen Regierungen glorifiziert würde, so genügt wohl die Erinnerung an die grundsätzlichen Darlegungen des vorigen Abschnitts, um mich von diesem Verdacht zu befreien. Die Staatsmachtinteressen der Franzosen, Engländer, Russen, Italiener und ihres Anhangs sind selbstverständlich im Charakter von denen der Zentralstaaten gar nicht unterschieden. Daß sich im Verlaufe des Kriegs bei den Gegnern Deutschlands ideologisch gerichtete Maximen in den Vordergrund schoben, lag einfach daran, daß die brutale und gewissenlose Art, wie die deutsche Regierung den Krieg begann, und die unerhörten, die ganze Welt empörenden Methoden, wie sie ihn durchführte, dort, besonders in England, das Ethos der Menschenwürde weckten, das dann als Kampfparole zu wirksam war, um nicht den politischen Unterdrückungswillen gegen den Feind durchaus zu übertönen.

Bevor die bewußte Absicht bei den Beteiligten bestand, im Kriege eine Neuordnung Europas vorzubereiten, waren die moralischen Qualitäten der leitenden Kreise überall die gleichen, wie das ja bei Gelegenheit des Boxerkriegs schlagend bewiesen wurde. Meine Kritik der deutschen politischen Gebarung sei also nicht als Zustimmung zur nachbarlichen Politik verstanden. Als geschworener Feind der Staatsidee selbst stehe ich bei der Betrachtung dieser Dinge außerhalb ihrer Peripherie. Wohl aber traue ich mir ein Urteil zu über die intellektuellen und energetischen Kräfte, die hüben und drüben am Werk waren, und wenn dabei die Klugheit, Geschicklichkeit und Stetigkeit der fremden Staatsmänner besser wegkommen als die von den deutschen bewiesene Geschicklichkeit, so möge man die Gründe nachprüfen, die dieses Urteil belegen, und nicht die Vorurteilslosigkeit des Kritikers anzweifeln.

Das meistbemühte Schlagwort, um Deutschland als von allen Nachbarn bedroht hinzustellen, alle Rüstungen des Landes als Akte der Vorsorge und der Notwehr zu erweisen und die aggressive Gesinnung West- und Osteuropas gegen den Bestand des Reichs evident zu machen, ist das von der Einkreisung, und der Mann, dem persönliche Abneigung und dynastische Verstimmung den Wunsch eingegeben haben soll, Deutschland in einem europäischen Blutbad von allen Seiten anpacken und zerfleischen zu lassen, ist der englische König Eduard VII. Es ist zur Kennzeichnung der unglaublichen Oberflächlichkeit dieser Ansicht, die bei den deutschen Patrioten festsitzt wie ein Katechismus, lohnend, der Herkunft des Worts nachzugehn. Es stammt in seiner Anwendung auf die außerdeutsche Politik von Maximilian Harden, der es in seinem Bestreben, die Bismarckschen Traditionen in der Pflege der Reichsangelegenheiten kritisch zu überwachen, den bülowkratischen Sachwaltern des Landes warnend vorhielt. Harden hat sich wiederholt und noch während des Kriegs dagegen verwahrt, daß die Einkreisung die Erwürgung der staatlichen Existenz Deutschlands bezwecke. Vielmehr sei sie die natürliche Reaktion auf die lärmvolle und für alle Welt bedrohliche Politik des Säbelfuchtelns, die in Berlin in Übung gekommen war, und ihr Charakter sei von Anfang an rein defensiv gewesen.

Soviel steht außer Frage: die vom König Eduard – und übrigens, wie die russisch-französische Verbündung zeigt, schon von Vorgängern – angestrebte Koalition, die dem Dreibund gegenüber die *balance of power* bewirken sollte, hat zum Auseinanderkrachen der ganzen europäischen Staatenwirrnis sehr viel beigetragen. Nur darf nicht übersehn werden, daß die von Bismarck geschaffene und für den Bestand des europäischen Friedens bestimmte Entente Deutsches Reich – Österreich-Ungarn – Italien ihren Beruf nur so lange erfüllen konnte, wie dieses konkurrenzlos bewaffnete Gefüge von seiner Übermacht keinen für andre gefährlichen Gebrauch befürchten ließ. Die gesteigerten Heeresverstärkungen Deutschlands drängten die Franzosen zu Bündnissen, das plötzlich erwachte Bedürfnis nach einer starken Flotte machte die Engländer in einem Maße stutzig, daß Eduards spöttischer Ausspruch über „Willys Spielzeug“ nicht lange trösten konnte, die Russen aber mußten ihre internationale Politik nach neuen Regeln einrichten, seit der nahe Orient überraschenderweise zum Gegenstand den Erdball aufschreckender Zärtlichkeiten ausersehn wurde.

Bismarcks Auffassung von den Interessen des Deutschen Reichs entsprach die Gesinnung keineswegs, die am 8. November 1898 in der Rede Wilhelms II. in Damaskus Ausdruck fand: „Möge der Sultan und mögen die 300 Millionen Mohammedaner, die, auf der Erde zerstreut lebend, in ihm ihren Kalifen verehren, dessen versichert sein, daß zu allen Zeiten der deutsche Kaiser ihr Freund sein wird!“ Der Gründer des Reichs hielt vielmehr dafür, daß die deutsche Politik die russische in ihren Ansprüchen auf den Bosporus zu unterstützen habe. Er erklärte es im Gegenteil für einen „Vorteil für uns, daß Österreich und Rußland entgegengesetzte Interessen im Balkan haben und daß solche zwischen Rußland und Preußen-Deutschland nicht in der Stärke vorhanden sind, daß sie zu Bruch und Kampf Anlaß geben könnten". Die Frage, ob Österreich oder England, wenn sie sich einem russischen Vorgehn gegen die Türkei kriegerisch widersetzten, auf die Unterstützung Deutschlands rechnen könnten, würde nach seiner Überzeugung „unbedingt zu verneinen sein". Ja, er glaubte, „daß es für Deutschland nützlich sein würde, wenn die Russen auf dem einen oder andern Wege, physisch oder diplomatisch, sich in Konstantinopel festgesetzt und dasselbe zu verteidigen hätten" (*Gedanken und Erinnerungen*, Kap. 29 u. 30).

Die Gedankengänge, auf denen der erste Reichskanzler zu seinen Anschauungen über die Aufgaben deutscher Staatskunst gelangte, sind von denen, die hier Kritik üben, durch Welten unterschieden. Sie sind es aber nicht von den Auffassungen, die bei den Verantwortlichen des Weltkriegs bei seiner Inszenierung in Geltung standen. Es soll ja hier auch nicht für die Wiederbelebung Bismarckscher Diplomatie Propaganda gemacht werden, sondern nur zum Bewußtsein kommen, daß die im nachbismarckischen Deutschland verfolgten politischen Richtlinien Europa in die Lage brachten, aus der die Schrecknisse dieses Kriegs hervorgingen.

Es steht außer aller Frage, daß Bismarcks ganzes Trachten seit 1871 darauf ausging, den Frieden Europas, wie er ihn verstand, und die staatliche Macht Deutschlands in seinen Grenzen, die er nicht mehr erweitert wünschte, sicherzustellen. Er schloß den Dreibund, für den er weitaus lieber Rußland als Österreich gewonnen hätte, in dem Glauben, die auf starke Heere gestützte Zentralkoalition werde das Fundament der friedlichen Entwicklung aller europäischen Völker bilden, und er bezeichnet es als „ein ungewöhnliches Maß von Dummheit und Verlogenheit in der öffentlichen Meinung und in der Presse Rußlands, um zu glauben und zu behaupten, daß die deutsche Politik von aggressiven Tendenzen geleitet worden sei, indem sie das österreichische und dann das italienische Defensivbündnis abschloß", und zwar führt er dabei die Verlogenheit auf polnisch-französischen, die Dummheit auf russischen Ursprung zurück.

Der in der Flotten-, Kolonial- und Türkenpolitik Wilhelms II. zutage tretende gänzliche Bruch mit Bismarcks Grundsätzen hob für die Außenwelt den Verteidigungscharakter des Dreibunds auf, der nun kraft seiner militärischen Stärke, die bislang den europäischen Frieden stabilisieren sollte, Gefahr zu bergen schien. Die Steuerlosigkeit der Berliner Entscheidungen, das unstete Schaukeln von Provokation zu Umschmeichelung, wie es sich im Burenkrieg zeigte, als nach Jamesons Einfall erst das kaiserliche Telegramm an den Präsidenten Krüger abging, dann eine in Waffenlieferungen und Beglückwünschungen manifestierte Begünstigung Englands bevorzugt wurde, bis gar ganze Kriegspläne zugunsten einer Partei die höchsten britischen Lebensinteressen in Potsdam domiziliert scheinen ließen; wie es später im Kampf Rußlands und Japans um Korea zum Ausdruck kam, als zuerst der russische General Stössel mit der höchsten preußischen Kriegsauszeichnung bedacht wurde, alsdann seinem mongolischen Besieger die gleiche Ehrung widerfuhr – all dies seltsame Hin und Her, dieser rasche Wechsel von Sonnenschein und Nebel stärkte bei den Nachbarn das Gefühl der Unsicherheit und die Neigung, sich gegen den Einbruch plötzlichen Unwetters einander zu rechtzeitigem Schutz Beistand zu versprechen.

So kam unter englischem Protektorat die russisch-französische Zweibund-Verständigung zuwege. Die großbritannische Regierung selbst, der die Verfassung Bündnisse von dauerndem Bestande verbietet (nur deshalb hatte Bismarck auf den Versuch verzichtet, England mit Deutschland zu liieren), stand abseits auf der Wacht und begnügte sich damit, zur Sicherung des Gleichgewichts beim italienischen Dreibundgenossen den Geschmack an Extratouren in der europäischen Quadrille zu beleben. Der Witterungsumschlag, der die spätere Entente zum ersten Mal veranlaßte, sich vor aller Welt unter einen gemeinsamen Regenschirm zu stellen, wurde 1905 spürbar, als die deutsche Regierung ganz überraschend in der bis dahin ausschließlich englisch-französischen Interessensphäre Marokkos mit eignen Ansprüchen hervortrat. Das Heraufziehn des Gewitters aber ward drei Jahre später vernehmlich: die Einbeziehung Bosniens und der Herzegowina in das österreichisch-ungarische Staatenkonglomerat im Jahre 1908, die die Veränderung der politischen Landkarte im Besitzstande der Großmächte in Europa selbst herbeiführte, infizierte den Weltfrieden mit dem Krankheitsstoff, der im Körper brandete und schwelte, die Eiterungen des libyschen Kriegs 1911 und der beiden großen Balkankriege von 1912 und 1913 herbeiführte, bis die Urheber der Infektion aus einem ärgerlichen Zucken des siechen Leibes den Anlaß nahmen, den um die Genesung bemühten diplomatischen Ärzten in den Arm zu fallen und dem europäischen Frieden mit dem Ultimatum vom 26. Juli und den Kriegserklärungen vom 28. Juli und vom 1. August [1914] den Todesstoß zu versetzen.

4. |

Mit voller Absicht habe ich bis hierher davon abgesehen, die Skizzierung der Kriegsvorgeschichte durch die Betonung kaufmännischer Konkurrenzmomente zwischen den Mächten zu verdunkeln. So gewiß die Staaten aus ihrer ganzen Beschaffenheit ihren Kapitalismus erzeugen mußten und so gewiß die folgerichtige Fortentwicklung des Kapitalismus zum Imperialismus und zum Militarismus führte, so gewiß ist doch die These, daß alle modernen Kriege lediglich imperialistische Ursprünge und Ziele haben können, eine oberflächliche Verallgemeinerung. Wohl spielen in alle internationalen Konflikte Ausbeutergelüste hinein, aber die Manifeste, die die Vertreter des fest gebliebenen Teils des Proletariats von Zimmerwald und Kienthal[15] ausgehen ließen, machten sich ihre Sache doch zu leicht, indem sie gar kein anderes Agens zum kriegerischen Aufmarsch gelten ließen als das Spekulationsbedürfnis der handeltreibenden Oberklassen.

Ein ebenso wichtiger feindschaftbildender Faktor wie die Habgier ist die Herrschsucht, deren Befriedigung erst sekundär die Auspowerung der Opfer nach sich zieht. Der Ehrgeiz regierender Kreise, „Mehrer des Reichs" zu werden, braucht keineswegs von ökonomischen Berechnungen geweckt zu sein, sondern kann ebenso leicht auf dem ganz naiven Verlangen beruhen, die Grenzlinien des „Vaterlands" auf der Landkarte möglichst weit nach auswärts verlegen zu dürfen. Bei den zahlreichen Raufereien der Balkanstaaten untereinander, bei denen Nationalitäten-, Konfessionen- und Rassenressentiments eine viel größere Bedeutung haben als bei den kosmopolitischer empfindenden Westvölkern, und deren staatliches Eigenleben noch viel zu jung ist, um aus der Gewöhnung in bestimmte

---

[15] [Zwei Internationale Konferenzen im September 1915 und April 1916; pb]

Grenzen Bescheidung darein werden zu lassen, lagen die Gründe einfach in dem eifersüchtigen Streben, bei der endgültigen Festsetzung der politischen Scheidelinien ein möglichst umfangreiches Gebiet zu besitzen. Als wägbarer Wert der Macht galt aber nicht die wirtschaftliche Kraft der exploitierbaren Menschenarbeit, sondern. die militärische Stärke für künftige Zusammenstöße.

Die patriotische Phrase ist als kriegstreibender Faktor viel gefährlicher als die Raublust. Der normale Zeitgenosse der besitzenden Oberklasse wird selten leugnen, daß die Neigung, seinen Reichtum zu vergrößern, das wirksamste Schwungrad seiner Entschlüsse ist. Die Unterstellung aber, viele Millionen Menschen verschiedener Länder sollten um der Vermehrung seiner Ressourcen willen mit den entsetzlichsten Mordwaffen gegeneinander zu Felde ziehen, wird er in Friedenszeiten, solange also sein Geist nicht von hysterischen Haßimpulsen aus dem Gleichgewicht gestoßen ist, mit vollkommener Aufrichtigkeit zurückweisen. Vermag er überhaupt der Herkunft seines Vermögens klar genug nachzudenken, um im Begriff der Ausbeutung mehr als ein agitatorisches Hetzmittel zu erkennen, so wird ihm gemeinhin die Möglichkeit, seinen Nutzen aus der Arbeit einheimischer Proletarier zu ziehen, vollauf ausreichend scheinen. Ja, das Risiko, im Kriege zu unterliegen, und die Überlegung, wieviel irreparable Zerstörungen die Kriegführung unter Umständen dem eignen Gut zufügen kann, wird dem Besitzphilister in der Regel den Wunsch zum Kriege fernhalten. Den Kapitalisten jenseits der Grenze empfindet er ja auch viel eher als Kampfgenossen im Abpflücken von Arbeitsfrucht denn als Konkurrenten, mindestens aber neidet er dem im fernen Ausland einheimsenden Ausbeuter seine Erfolge in gewiß nicht höherem Grade als dem benachbarten Landsmann.

Der Patriotismus dagegen setzt den ausländischen Feind voraus. Dem Patrioten liegt daher der Gedanke an Krieg niemals fern, und er verlangt das schützende und stets schlagbereite Heer, weil ihm seine patriotische Idee so selbstverständlich ist, daß er sie mit derselben Angriffslust, die ihn beseelt, auch beim „Feind" als hereditär [*erblich*] vorhanden annimmt. Niemand kann aber behaupten, daß die patriotische Kriegsraserei vor dem 1. August 1914 bei den Vertretern der Handelswelt am wildesten aufgetreten sei. Die nationalistische Streitaxt fuchtelte allenthalben in den Händen derer am aufgeregtesten, deren Lebensberuf mit dem Zusammenbruch der patriotischen Fiktion den Halt verlöre, der Militärs.

Bismarck kümmerte sich um die ökonomischen Folgen seiner Kriegspolitik so gut wie gar nicht. Die Einverleibung Schleswig-Holsteins betrieb er um des dynastischen Prestiges willen. Er wollte die Herzogtümer für Preußen erwerben, damit sein König nicht hinter allen seinen Vorgängern, die sämtlich „für den Staat einen Zuwachs gewonnen" hätten, zurückstehe. Auf den Kieler Hafen kam es ihm an, keineswegs auf die materiellen Erträge der zu annektierenden Äcker. Die Erwägungen, die ihn nach dem böhmischen Feldzug die Forderung, auf weitgreifende Gebietseroberungen zu verzichten, bis zur Kabinettsfrage treiben ließen, waren rein diplomatischer Natur, und der Widerstand, den er dabei fand, fußte auf dem Einwand des Königs, „der Hauptschuldige (Österreich) könne doch nicht ungestraft ausgehen", auch hier also keine merkantilen, sondern im militärischen Sinne moralische Bedenken. Bei der Annexion Kurhessens und Hannovers aber waren ausschließlich politische Rücksichten maßgebend, nämlich die Gefahr, die Bismarck in der unbedingten Hingebung Nassaus für Österreich im Falle eines Kriegs gegen Frankreich erblickte, und das Bedürfnis, den östlichen und westlichen Teil der preußischen Monarchie durch die Einverleibung des hannöverschen Gebiets zu einem einheitlichen, im Kriege leichter zu verteidigenden Gebilde abzurunden. Als es dann 1871 an die Liquidation des deutsch-französischen Kriegs ging, nahm Bismarck sehr ungern und nur auf das Drängen der Offiziere hin Elsaß-Lothringen in Kauf, dessen wirtschaftliche Ergiebigkeit dabei gar nicht zur Erörterung kam.

Politische, nicht wirtschaftliche Machtgeltung strebte Bismarck zeit seiner Wirksamkeit an. Aus nationalpolitischen, nicht aus nationalökonomischen Ambitionen führte er die drei Kriege, und nachdem ihm nach Versailles das Deutsche Reich in dieser Beziehung „saturiert" schien, wehrte er sich mit aller Kraft gegen kriegerische Treibereien, die gewöhnlich „durch diesseitige militärische Unterströmungen" genährt wurden.

Einen mindestens so starken Anteil am Entstehn aller früheren Heereszüge und ebenso des gegenwärtigen Kriegs wie die ausbeuterischen Begierden der Industrie- und Handelswelt haben die soldatischen Traditionen der Herrenkaste in allen Ländern, und es heißt sich in eine lebensfremde Doktrin verbohren, will man sämtliche Ursachen feindlicher Gesinnung zwischen verschiedenen Nationen in den Erscheinungen primitiven Brotneids suchen. Das Waffengetöse als Selbstzweck und der Eroberungsdrang zur Gewinnung strategischer Positionen unter der selbstverständlichen Voraussetzung immer wiederkehrender Kriegskämpfe beansprucht im Gegenteil einen so umfassenden Platz bei der Zusammenstellung der Kriegsursachen, daß dieses Buch, um seine Absicht zu erreichen, ein Menetekel für die Zeit sittlicher Rückkehr und Einkehr zu bleiben, auf die eingehende Untersuchung der geistigen Entartung, die im Begriff „Militarismus" umschlossen ist, nicht wird verzichten dürfen. Ich glaubte in der Behandlung der Vorgänge, die die Wetterbildung seit 1890 in Erscheinung setzten, nicht fortfahren zu sollen, ehe ich nicht über diese meine Auffassung Klarheit geschaffen hätte. Die Beteiligung wucherischer Spekulationen an der Anberaumung der Generalprobe des Weltuntergangs, die wir mit anzusehen genötigt sind, wird darüber, wie ich hoffe, im folgenden gleichwohl nicht zu kurz kommen.

5. |

So verkehrt es nach dem Gesagten ist, die Weltpolitik einfach als Instrument des Börsenspekulanten auszugeben, so gewiß ist es umgekehrt, daß die Börse der empfindlichste Seismograph für alle politischen Begebenheiten ist, da sie mit ihren Kursregistrierungen alle Schwankungen im Verkehr der staatlichen Bevollmächtigten aufzeichnet, um von der so entstehenden Erschütterungskurve die Ratsamkeit bestimmter geschäftlicher Manipulationen abzulesen. Nun findet freilich zwischen dem politischen Verhalten der Staaten und dem Reagieren der Börse auf jeden Umschwung in deren Beziehungen zueinander eine Art Wechselwirkung statt, wenn nämlich aus diplomatischen Aktionen so wesentliche Verschiebungen in der Wertorientierung der Kaufherren entstehen, daß ihnen Nachteil droht. Dann treten sie aus ihrer Position als notierende Zuschauer hervor und verlangen Rücksicht auf ihre Geschäfte. Der Staat kann nicht umhin, diese Rücksicht zu üben, weil das Gedeihen der Börsenspekulationen den Steuerertrag der Staatsverwaltung erheblich beeinflußt und daher der ganze kapitalistische Apparat am Funktionieren der großen Geldunternehmungen der Börse vital interessiert ist.

Bei dieser Abhängigkeit des Staats von den Interessen des Kapitals und bei der Geneigtheit des Militärs, Streitfälle in pflegliche Obhut zu nehmen, wo sie ihm geboten werden, ist es klar, daß sich die Regierungen in ihren internationalen Entschlüssen gern von der Initiative des Spekulantentums leiten lassen. Das strebt nach Anlagegelegenheiten für sein überschüssiges Kapital und nach Absatzmärkten für die über den Bedarf produzierten Waren und drängt seine politischen Funktionäre, für die Befriedigung dieser Ansprüche unter Beseitigung ausländischer Zoll- und Abgabeschikanen zu sorgen. Welcher Nährstoff für Konflikte darin liegt, liegt am hellen Tage. Die spekulativen Momente, die die deutschen Kriegsmacher auf den Weg des Verderbens geleiteten, erfordern deshalb beim Aufsuchen der Kriegsursachen große Aufmerksamkeit, die übrigens die Beschäftigung mit den politischen Vorgängen vom Beginn der marokkanischen Streitigkeit an von selbst ergibt.

Der Marokkokonflikt, der im Jahre 1904 zu gären anfing, ist insofern der Merkpunkt einer Teilstrecke auf dem Wege der neudeutschen Geschichte, als die Politiker hier zum ersten Mal die sonst schamhaft versteckten oder ganz nebenher laufenden Profitrücksichten als Prunkpferd vor ihren diplomatischen Karren spannten. Damit wurde die alte Gepflogenheit aufgegeben, bei allen Maßnahmen der Staatsweisheit lediglich die „Ehre der Nation" und die Sicherheit ihres Bestands entscheiden zu lassen, damit wurde offiziell der imperialistische Wettbewerb an ihre Stelle gesetzt, der Wettbewerb deutschen Expansionsstrebens auf Gebieten, die bei der Ausraubung der Erde schon von andren europäischen Mächten mit Beschlag belegt waren oder zu werden drohten. Das bis dahin gewonnene Kolonialreich war durch private Unternehmungen von Kaufleuten (Lüderitz) oder Forschungsreisenden (Nachtigal, Peters, Pfeil etc.), die ohne Auftrag irgendwo die deutsche Fahne hißten und dann „Freundschaftsverträge" mit den Eingeborenen schlossen (Samoa, Neu-Guinea etc.) und durch darauf folgende friedliche Grenzverträge mit benachbarten Okkupatoren (mit Frankreich und England über Kamerun, mit England über die Südsee-Besitzungen) zustande gekommen. Mit ihrem Eingreifen in die marokkanischen Verhältnisse aber betraten die Hüter des deutschen Friedens völlig neue Bahnen, und bei diesem im ewigen Zwiespalt zwischen robuster Draufgängerei und neurasthenischer Ängstlichkeit gewählten Schritt wurde die Bülowsche diplomatische Amokläuferei als drohende Gefahr für den Weltfrieden zuerst vor allen Augen offenbar.

Das überraschende Vorgehen der Reichsregierung zu Anfang des Jahrs 1905 und seine Begründung mit wirtschaftspolitischen Interessen erhält einen besonders pikanten Geschmack durch den Verdacht, daß in Wirklichkeit der Schutz des deutschen Welthandels nur vorgeschoben wurde, um dahinter durchaus aggressive Absichten zu verdecken. Stimmt das – ganz klar lassen sich die Ursprünge jener merkwürdigen Konvulsionen des damaligen Grafen Bülow immer noch nicht erkennen –, dann ständen wir vor der bemerkenswerten Erfahrung, daß neun Jahre vor der Inszenierung des großen Kriegs eine deutsche Regierung der Meinung war, das Volksgemüt am sichersten durch die Aufzeigung einer profitablen Chance für seine Börseaner in Wallung bringen zu können.

Am 12. April 1904 hatte Bülow im Reichstag gesagt: „Was Marokko angeht, so sind wir im wesentlichen wirtschaftlich interessiert … Unsre merkantilen Interessen müssen und werden wir schützen. Wir haben keinen Grund, zu befürchten, daß diese unsre Interessen von irgendeiner Macht mißachtet oder verletzt werden könnten." Er war also der Ansicht, daß die damals bestehenden Verhältnisse in Marokko keinen Anlaß zu deutscher Besorgnis böten, wobei zu erwähnen ist, daß vier Tage zuvor das französisch-britische Abkommen veröffentlicht war, worin die Engländer das Recht erhielten, sich in Ägypten festzusetzen, während sich die Franzosen freie Hand in Marokko zusichern ließen. Kurt Eisner [1867-1919] hat in einer ausgezeichneten Schrift[16] („*Der Sultan des Weltkriegs. Ein marokkanisches Sittenbild deutscher Diplomaten-Politik*". Kaden u[nd]. Comp. Dresden 1906) an der Hand amtlicher Aktenstücke bewiesen, wie es ausschließlich die groteske Akrobatik der Bülowschen Staatsweisheit war, die im Jahre 1905 wegen der absolut gleichgültigen Marokko-Angelegenheit Europa wiederholt in unmittelbare Kriegsgefahr brachte. Die Lektüre dieser Schrift kann gar nicht eindringlich

---

[16] [Ein Auszug der Schrift jetzt auch in . Kurt EISNER: *Texte wider die deutsche Kriegstüchtigkeit*. Zusammengestellt von Peter Bürger – mit einem einleitenden Essay von Volker Ullrich. (= Regal: Pazifisten *&* Antimilitaristen aus jüdischen Familien, Bd. 6). Hamburg 2025.]

genug empfohlen werden, da die darin geleistete Aufdeckungsarbeit die Methode, wie Kriege gemacht werden, zu einem Bilde bloßlegt, das die erschreckendsten Ähnlichkeiten mit der Regie von 1914 aufweist.

Es wird gezeigt, wie Delcassé, der französische Auslandsminister, die deutsche Regierung von den Absichten des Übereinkommens mit England vorher verständigte, wie der deutsche Botschafter in Paris, Fürst Radolin, diese Absichten (am 27. März) *„très naturelles et parfaitement raisonnables"* fand, wie in Deutschland keine regierende Seele daran dachte, sich wegen der Neuregelung der Dinge in Marokko zu beunruhigen, bis plötzlich, dreiviertel Jahre später, das Geschrei anhub, Deutschland sei nichts mitgeteilt worden und es weigere sich, den Vertrag vom 8. April anzuerkennen. Es folgten Unterredungen und Verhandlungen, Gesandtschaftsberichte und Parlamentserklärungen, Zeitungsschwätzereien und chauvinistische Hetzaktionen, und es folgte, am 31. März 1905, Wilhelms Landung in Tanger und seine persönliche Verpflichtung, „alles zu tun, was in Meiner Macht ist, um wirksam die Interessen Deutschlands in Marokko zu schützen, da Ich den Sultan als einen völlig freien Souverän betrachte". Er besuche den Sultan als einen unabhängigen Herrscher und hoffe, daß unter der Herrschaft des Sultans ein freies Marokko der friedlichen Konkurrenz aller Nationen ohne Monopole und Ausschließung eröffnet werden würde … Er hege aufrichtige Wünsche für die Entwicklung und Wohlfahrt des marokkanischen Reichs ebensosehr zum Besten seiner Untertanen wie dem der europäischen Nationen, die dort Handel treiben, und zwar, wie er hoffe, auf dem Boden völliger Gleichberechtigung. Sein Besuch in Tanger habe den Zweck darzutun, daß die deutschen Interessen in Marokko beschützt und bewahrt werden sollten. Über die besten Mittel, dies zu erreichen, werde er sich mit dem Sultan ins Einvernehmen setzen, den er als freien Herrscher betrachte. So sprach der Kaiser zu Muley Abdul Malek, dem Vertreter des Sultans Abd-el-Aziz, nachdem er vorher schon der deutschen Kolonie versichert hatte, daß Deutschland in Marokko „große Handelsinteressen" habe. „Den Handel, der einen erfreulichen Aufschwung zeigt, werde Ich fördern und schützen und deshalb für die volle Gleichberechtigung mit allen Mächten sorgen, was nur bei Souveränität des Sultans und Unabhängigkeit des Landes möglich ist. Ich glaube, daß Mein Besuch in Tanger dies ausdrücklich und deutlich kundgibt und gewiß diese Überzeugung hervorrufen werde: was Deutschland in Marokko unternehme, werde ausschließlich mit dem souveränen Sultan verhandelt."

In jedem Satz also die Betonung der vollkommnen Souveränität des Sultans Abd-el-Aziz und der wichtigen deutschen Handelsinteressen, im ganzen Unternehmen aber und hinter jeder Silbe der Redekonzepte die nicht mißzuverstehende Drohung nach Frankreich hinüber: Hände weg! Eure Ziele liegen jenseits unserer Bajonette!

Was zunächst die Souveränität der scherifischen Majestät anlangt, so trat der Repräsentant des Deutschen Reichs für die Erhaltung einer Eigenschaft ein, die de facto gar nicht vorhanden war oder doch nur in der Deutung, daß der Kerl, der grade das Sultanat über Marokko erschlichen hatte, mit den Mitteln des finstersten Despotismus gegen die eignen Landsleute hauste, erbarmungslos brutal, ohne Hemmung und Scham, fremdes Leben und fremde Habe der persönlichen Begierde tyrannisch unterjochend. In Eisners Broschüre wird das infame Wüten der marokkanischen Herrscher mit erschütterndem Material belegt. Über diese „Souveränität" verfügte Abd-el-Aziz aber nur seinen direkten maurischen Untertanen gegenüber, sofern die nicht durch das Schutzgenossenrecht der fremden Gesandten den Charakter europäischer Staatszugehörigkeit verlangt hatten, und auch das galt nur für einen kleinen Teil des Volks, denn „reichlich zwei Drittel des Gebiets … sind Rebellenland, in dem die Gewalt des Sultans sich nur vorübergehend mit Waffengewalt Achtung zu sichern vermag". Entscheidungen über „sein" Land stehen dem Sultan aber überhaupt nicht zu, da schon 1880 die internationale Konferenz von Madrid, an der Deutschland ebenso wie fast alle europäischen Staaten teilnahm, Marokko unzweideutig unter die Aufsicht der europäischen Regierungen stellte. Was danach die Fiktion bedeutete, nach der plötzlich zwischen den Höfen von Berlin und Tanger wie zwischen gleichwertigen Potenzen verhandelt werden sollte, kennzeichnet Eisner so: „Keine Handlung der deutschen Regierung hat so sehr die ehrliche Empörung im Ausland erregt als die unwürdige Ankündigung, die Regierung des Fürsten Bülow wolle Hand in Hand mit dem Sultan gegen Frankreich und England operieren. Wir haben gesehen, was es heißt, Sultan und Regierung von Marokko sein. Entsprach es wirklich dem Begriff nationaler Ehre, daß Deutschland den ‚halbwilden Janhagel‘ des marokkanischen Sultanats zu Hilfe rief gegen zivilisierte Staaten? Wo waren plötzlich die Völker Europas geblieben, die ihre heiligsten Güter gemeinsam wahren sollen? Wie durfte es der deutsche Reichskanzler wagen, das (wenn auch nur vorgeschobene) Interesse eines barbarischen Despoten zum Schiedsrichter über Krieg und Frieden zwischen europäischen Kulturstaaten zu bestimmen?“

Zu alledem kam es aber den Franzosen noch nicht einmal in den Sinn, den Rest der Souveränität, dessen sich der Scherif noch erfreute, anzutasten. Sie verfolgten keine politischen Eroberungspläne, sondern wünschten durch den Vertrag mit England und den kurz nachher abgeschlossenen mit Spanien, den beiden Ländern, die neben Frankreich ernstliche Handelsinteressen in Marokko haben, die Gewähr zu erhalten, ihre *„pénétration pacifique“* ohne Störung von den einzigen Konkurrenten vollziehen zu können, die sich möglicherweise benachteiligt hätten fühlen können. So eine friedliche Durchdringung läuft natürlich auf monopolisierte Ausbeutung hinaus, läßt aber den Begriff der Selbständigkeit des ausersehenen Landes ganz außer Betracht. Wir werden noch sehen, in wie hohem Maße es die derzeitigen deutschen Geschichtemacher in der Türkei auf solche *„pénétration pacifique“* abgesehen haben, aber als Mittel dazu wollen sie ja grade die vollständige Souveränität des osmanischen Reichs erst sicherstellen. Auch die „Politik der offenen Tür“, die die Konferenz in Madrid für Marokko grundsätzlich gemacht hatte, blieb durch die neuen Verträge unberührt, da die Franzosen ja nicht den marokkanischen Markt sperren, sondern die Reformen des Landes, an denen Deutschland schlechterdings überhaupt nicht interessiert war, ihrem Kapital sichern wollten.

Wie steht es nun mit den „großen Handelsinteressen“ Deutschlands, zu deren Schutz die Hohenzollern-Majestät in Person an die Nordküste Afrikas bemüht werden mußte? Ich zitiere wieder Eisner: „Der Handelsverkehr zwischen Deutschland und Marokko ist verschwindend; es führte im Jahre 1902 für 3.700.000 Mark aus Marokko ein und exportierte 1,6 Millionen. Über 3 Millionen ist die deutsche Einfuhr nach Marokko niemals gestiegen. Sowohl nach Einfuhr als nach Ausfuhr gehört Marokko statistisch zu den ‚übrigen Ländern‘, deren Anteil am Handel des Reichs zusammengenommen noch kein einziges Prozent ausmacht. Statistisch ist also prozentual der deutsch-marokkanische Handelsverkehr genau 0,0 – ein Ergebnis, das schon die Entzündung eines Weltkriegs lohnt …" Was jedoch die Zahl der in Marokko zu schützenden Deutschen betrifft, so rechnet Eisner in einer pedantisch genauen Aufstellung vor, daß von den 15.000 Europäern dort die Deutschen nicht viel mehr als das Personal ihrer diplomatischen Vertretung stellen.

Der „erfreuliche Aufschwung" des deutschen Handels in Marokko, den der Kaiser pries, trat erst einige Monate nach seiner Tangerfahrt ein, als es sich darum handelte, auf der Konferenz zu Algeciras deutsche „Interessen" wahrzunehmen. In der zitierten Broschüre heißt es über die Herstellung dieser Interessen: „Einige Bankiers wurden gepreßt, dem Sultan 10 deutsche Millionen leihweise aufzunötigen – Herr v. Bülow hat leider sein Vermögen nicht der scherifischen Majestät zur Verfügung gestellt – so hat man doch wenigstens 10 Millionen Interessen in Marokko!" Dies geschah entgegen dem Übereinkommen, vor der Konferenz jeden Eingriff in den Status quo zu unterlassen.

So verlockend es wäre, die Vorgänge, die der Einberufung der Marokko-Konferenz von Algeciras vorausgingen, detailliert vorzuführen, und so wichtig vielleicht die Kenntnis aller dieser Einzelheiten für die Beurteilung der kriegstreiberischen Politik Bülows scheint, da die Stationen Tanger-Algeciras-Casablanca-Agadir eine der bestimmendsten Fährten bezeichnen, die in den Weltkrieg führen, so muß ich mich doch der Begrenzung meines Themas wegen auf die Benennung einiger wesentlicher Daten beschränken und im übrigen auf die Quelle hinweisen, aus der ich größtenteils schöpfe, auf Eisners Broschüre, die ihrerseits das meiste Material aus dem Ende 1905 ausgegebenen amtlichen französischen Gelbbuch zieht.

Also: Am 31. März überrascht Wilhelm II. die Welt durch sein Erscheinen in Tanger. Die von ihm garantierte Souveränität des Sultans wird sofort dadurch bemerkbar, daß ein berüchtigter Banditenhäuptling, Raisuli, Gouverneur von Fez wird und damit Herrscher über das europäische Viertel von Tanger. Inzwischen streitet Bülow mit Delcassé über die Form, in der das französisch-englische Abkommen der Berliner Regierung mitgeteilt war, die neun Monate nach seiner Veröffentlichung an den „gelegentlichen, mündlichen und bruchstückweisen" Mitteilungen an Radolin Anstoß nimmt und „Eröffnungen von solcher Wichtigkeit" in „schriftlicher Form" begehrt. Die unaufhörlichen deutschen Schulmeistereien gegen Frankreich wecken in England Aufmerksamkeit, wo man ja ebenfalls an dem vermeintlichen Komplott vom 8. April 1904 beteiligt war, ohne merkwürdigerweise deswegen vom deutschen Reichskanzler gerüffelt zu werden. Die Drohungen Bülows sind aber so stark, daß Delcassé die britische Regierung bereit findet, mit der französischen eine Bündnisverständigung gegen Deutschland einzugehen (Mitte April). Die „Einkreisung" ist perfekt.

Jetzt ändert sich das Bild. Delcassé wird, da er an Deutschlands Absicht, Krieg anzufangen, nicht mehr zweifelt, selber aggressiv. Er läßt am 3. Mai die kategorische Forderung an den Sultan stellen, das französische Reformprogramm für das Land anzunehmen. Vom deutschen Gesandten, Herrn v. Tattenbach, entsprechend bearbeitet und im sicheren Vertrauen auf die Unterstützung der deutschen Armee und Flotte lehnt Abd-el-Aziz das Ultimatum ab und weigert sich im Namen der „Notabeln der marokkanischen Bevölkerung ... die Durchführung irgendwelcher Reformen durch Fremde anzunehmen, ausgenommen nach Einberufung einer internationalen Konferenz in Tanger". Damit bricht Delcassé die Verhandlungen ab, der Krieg klopft laut an die Tür, und Bülow schickt angesichts dieser Situation am 30. Mai den deutschen Reichstag, der keine Ahnung hat, was vorgeht, urplötzlich nach Hause, nachdem er sich schon wochenlang vorher beim Kriegsminister und beim Generalstabschef vergewissert hat, ob Deutschland für einen Krieg bereit sei.

Die Kriegsgefahr war katastrophal akut, während in Deutschland außer den Eingeweihten sich kein Mensch im Schlaf stören ließ. Es wäre zum Äußersten gekommen, hätte es nicht in Frankreich Männer gegeben, die – Jean Jaurès[17] an der Spitze – den Ministerpräsidenten Rouvier drängten, den Chef seines Auswärtigen Amts, Herrn Delcassé, zu entlassen. Alldeutschland jauchzte dem einen Monat vorher zur Durchlaucht erhobenen Kanzler zu, da seine hervorragende diplomatische Leistung Europa gerettet hätte. In Wirklichkeit mußte Delcassé gehen, weil man in Frankreich meinte, mit diesem Opfer die Kampfbegier des deutschen Nachbarn zu besänf-

---

[17] [Jean Jaurès (1859-1914), französischer Sozialist, wegen seiner Antikriegs-Haltung am Vorabend des Ersten Weltkrieges von einem Nationalisten ermordet.]

tigen. Der aber tobt weiter. Er will seine – nein Abd-el-Aziz' – Konferenz!

Die Franzosen bleiben höflich. Sie bitten, das Programm und den Zweck der Konferenz mitzuteilen, ehe sie zustimmen. Bülow aber ist entschlossen, mit Frankreich erst zu verhandeln, „nachdem die französische Regierung die Einladung zur Konferenz in formeller Weise angenommen haben wird". – Das war im Juni 1905 – nicht etwa im Dezember 1916!

In Frankreich steigert sich die Nervosität. Man erkennt, daß Deutschland auf Krieg ausgeht. Clemenceau stellt in der *„Aurore"* klipp und klar die Frage: Handelt es sich überhaupt um Marokko? Und selbst Jaurès schreibt in der *„Humanité"*: „Was will man? Unser Land wünscht leidenschaftlich den Frieden … Es würde einen Konflikt nicht leichten Herzens hinnehmen. Aber diese Klugheit bedeutet nicht Furcht. Wenn Frankreich das Ziel eines schändlichen und ungerechtfertigten Angriffs wäre, so würde es sich mit allen seinen Lebenskräften gegen ein solches Attentat erheben." (Dieses Zitat sollte beachtet werden. Es gibt auf die umstrittene Frage, wie sich der gewiß friedliebende Staatssozialist im August 1914 verhalten hätte, klaren Bescheid.)

Jetzt schlägt mit der gleichen Plötzlichkeit, die eben an die Wurzeln des Erdfriedens fuhr, die Berliner Stimmung in das sanfte Säuseln eines Mailüftchens zurück. Bülow läßt am 24. Juni [1905] den Botschafter der Republik, Herrn Bihowed, zu sich kommen und eröffnet ihm zutraulich lächelnd, daß die deutschen Forderungen gar nicht bös gemeint seien. Nur die Konferenz müsse, da der Kaiser sich nun einmal dem Sultan verpflichtet habe, zustande kommen. „Wenn der Versuch scheitert, was sehr möglich ist, dann wird Frankreich die Rolle übernehmen können, die es wünscht." Am gleichen 24. Juni hatte Bülow noch in einem Rundschreiben erklärt, Änderungen der in Madrid geschaffenen Verhältnisse dürften nur durch den einstimmigen Beschluß aller Vertragsmächte getroffen werden, so daß also der bloße Einspruch Deutschlands den englisch-französischen Vertrag aufgelöst hätte – und am Nachmittag versichert man mündlich, mit dem Rundschreiben wolle er nur „aus einer üblen Situation herauskommen". Rouvier möge die Konferenz bewilligen, dann seien alle deutsche Ansprüche erfüllt. Was dabei herauskomme, interessiere sein Kabinett überhaupt nicht mehr.

Jetzt gibt Rouvier nach (8. Juli). „Das Programm der Konferenz", sagt Eisner, „ist zwar nicht vorher, aber gleichzeitig mit der Annahmeerklärung festgelegt. Die französische Voraussetzung für die Konferenz, die Bülow lieber mit den Waffen in der Hand bekämpfen als annehmen wollte, ist in vollem Umfang zugestanden." Und er resümiert: „Die Nichtanerkennung des englisch-französischen Vertrags war der Ausgangspunkt des ganzen ruchlosen Spektakels. In der Deklaration vom 8. Juli versichert Deutschland, daß die kaiserliche Regierung auf der von dem Sultan von Marokko vorgeschlagenen Konferenz keine Ziele verfolgen wird, welche die berechtigten Interessen Frankreichs in diesem Lande in Frage stellen oder in Widerspruch stehn mit den Rechten Frankreichs, die sich aus seinen Verträgen oder Arrangements ergeben. Das bedeutet die Anerkennung der Verträge mit England und Spanien, zugleich aber auch die Ausschaltung der Diskutierung dieser Verträge auf der Konferenz." Als Grundsatz des Konferenzprogramms aber wird ausdrücklich „die Anerkennung der Lage, die für Frankreich in Marokko geschaffen wird", hervorgehoben sowie das „hieraus für Frankreich folgende besondere Interesse daran, daß im scherifischen Reiche Ordnung herrsche".

Nach dieser verblüffenden Niederlage der deutschen Diplomatie, die um eines nicht vorhandenen Fetzens Papier willen den Krieg heraufbeschwören wollte, wie sie nach neun Jahren wegen bloß eines Fetzens Papier keine Umstände mit Belgien machte, schien die Gefahr gebannt. Schien. Denn schon im Dezember desselben Jahres sank die Friedenssäule wieder auf einen Punkt, daß (am 19. Dezember) die französische Regierung von dem Befehl an den deutschen Gesandten in Paris Kenntnis erhielt, sofort abzureisen, und ihrerseits die telegrafischen Verbindungen vier Stunden hindurch aufhob, um nötigenfalls schleunigst die Mobilisationsordre versenden zu können. (Mitgeteilt in einem Aufruf der französischen Gewerkschaften, der mit den Worten schließt: „Wir wollen den Frieden! Wir weigern uns, in den Krieg zu ziehen!")

Welche neuen Umstände kurz vor dem Zusammentritt der Diplomaten in Algeciras Bülows Grübchenwangen zu frischem Fanfarenstoß blähten, ist nicht bekannt geworden. Was geht's denn die Völker an, warum sie sterben sollen? Eisner vermutet, daß die peinlichen Veröffentlichungen des Gelbbuchs den Rachedurst derer hervorriefen, die das blamable Material dazu geliefert hatten.

Der erste Marokkokonflikt ist hier so ausführlich dargestellt worden, weil sein Entstehen und sein Verlauf jeden Zweifel darüber ausschließt, daß es der Regierung Bülows einfach darum zu tun war, einen Anlaß zum Kriege gegen Frankreich zu schaffen. Flottenverein und Alldeutscher Verband hatten die leitenden Stellen schon in einem Grad mit Kriegsgift infiziert, von dem das Volk in seinem Schlaf nicht träumte, wie es denn ja auch heute noch nicht weiß, welchen unheimlichen Anteil diese Kreise an den Entscheidungen im Juli 1914 hatten und wie sehr sie sich des selbstgewählten Namens als „treibende Kräfte" würdig erwiesen. In den ersten Monaten des Jahres 1905 nun sahen sie zum ersten Mal die Früchte ihrer Tätigkeit erntereif, und es gelang ihnen, wie gezeigt, schon damals, wenigstens für eine Weile, die Spitzen des Gouvernements ihren Wünschen gefügig zu machen. Die Sensen waren gewetzt und angesetzt. Warum sie im entscheidenden Moment wieder aufgeschultert wurden, läßt sich bis jetzt nicht scharf erkennen. Postume Bekenntnisse werden wohl auch darüber einmal Klarheit schaffen.

Die Gründe aber, die den deutschen Kriegstreibern damals den geeigneten Zeitpunkt zum Losschlagen gekommen scheinen ließen, sind durchsichtig genug. Rußland war durch den japanischen Krieg militärisch schwer verwundet, und die inneren Zustände bei den Verbündeten der Franzosen deuteten auf nahe Revolution. Man beachte, daß das Umschwenken in Bülows Marokko-Politik in derselben Zeit geschah, als der Priester Gapon an der Spitze zehntausender streikender Arbeiter und demonstrierender Studenten vor dem Winterpalais des Zaren in Petersburg das Signal gab zu der großartigen Erhebung des russischen Volks, die nur scheinbar niedergeschlagen ist, und die der Weltkrieg wohl aufhalten, aber gewiß nicht dauernd zertrümmern kann. Die Bündnispflicht Rußlands war also für die deutsche Sache so weit gefahrlos geworden, daß man hoffen konnte, Österreich-Ungarn allein werde das Heer, das der Zar noch kampffähig aufstellen mochte, an den Grenzen fesseln, bis der Krieg im Westen entschieden wäre. An Italiens Bundestreue zu zweifeln war kein Anlaß – den schuf man ja erst mit der Marokko-Affäre. Ebensowenig war an Englands Eingreifen zugunsten Frankreichs zu denken, da von Faschoda her immer noch eine gewisse Animosität zwischen den beiden Regierungen spürbar war, die gleichfalls erst die impulsive Behandlung des Marokkoproblems, wie es Herr v. Bülow betrieb, außer Kraft setzte. Der Sieg war also gewiß – bis die deutsche Diplomatie eben doch das Londoner Kabinett dem Pariser zu gemeinsamem Tun und Lassen an die Brust gelegt hatte. Wahrscheinlich war es dieses Ergebnis seiner Forschheit, das Bülow sehr zum Gram seiner teutonischen Antreiber sein Heldenantlitz wieder in die gewohnte Maske des verbindlichen Causeurs umschminken hieß.

Der englisch-französische Marokkovertrag war als Kriegsargument insofern verwendbar, als hier dem Merkantilismus des Reichs ein schöner Gewinnbrocken als Siegesziel hingeworfen werden konnte. So schrieb am 28. April 1905 Herr Bihowed an seinen Chef Delcassé in einem Situationsbericht, die deutsche Politik scheine durch eine Entschädigung die Klagen der Industrie und des Handels beschwichtigen zu wollen, die sich in den neuen Handelsverträgen für geopfert erklärten, und welcher Art die Entschädigung sein könnte, verrieten die Kraftgermanen durch offene Forderungen, die auf Flottenstützpunkte an der marokkanischen Küste und auf Beschlagnahme mindestens des ganzen westlichen Teils Marokkos hinzielten.

Es galt für den Reichskanzler demnach bloß, den Streitfall so zu arrangieren, daß Deutschland als angegriffene Partei dastände, um für Italien und Österreich-Ungarn den *casus foederis* [*Bündnisfall*] akut zu machen. Wie er das anstellte, hat der Leser gesehen. Daß es ihm gelungen wäre, für den Fall der Kriegserklärung trotz seiner „ordinären diplomatischen Taschenspielerei, die das ererbte Handwerk unsrer Staatsmänner ist“ (Eisner), die Katastrophe als ruchlosen, längst geplanten Überfall allem Volk in Deutschland plausibel zu machen und Arm und Reich, Groß und Klein, Junker und Sozialdemokraten für die Verteidigung unsrer Freiheit und unsrer Existenz lichterloh zu begeistern, daran kann kein Mensch zweifeln, der im August 1914 von deutscher Sonne beschienen wurde. Daran zweifelt auch keiner von den Patrioten, die man heute noch bei französischem Rotwein seufzen hören kann: Wären wir nur 1905 marschiert! Da war der gegebene Moment! Da wäre uns viel Mühe, viel Blut, viel Geld erspart geblieben!

Der preußische General Friedrich von Bernhardi (1849-1930), Verfasser des kriegsertüchtigenden Werkes *„Deutschland und der nächste Krieg"* (1912) – Bild: commons.wikimedia.org

6. |

Am 31. März 1906, dem Jahrestage der Kaiserlandung in Tanger, einigten sich die Vertreter der Regierungen von zwölf Staaten in Algeciras auf eine Neuordnung in Marokko, die die „Souveränität" des Sultans, wie sie bisher bestand, und das „Prinzip der offenen Tür", ebenfalls nahezu unverändert, noch einmal bekräftigte, die Polizeiaufsicht über das Land zwischen Frankreich und Spanien teilte und im übrigen den Franzosen die Vollmachten einräumte, die sie sich im Vertrag mit England ausbedungen hatten. Die Resultate der Bülowschen Politik kamen bei der Gruppierung der Stimmen bei dieser Gelegenheit deutlich zum Vorschein. Italien trat mit einer schlanken Wendung an die Seite der „Einkreiser", und nur Österreich-Ungarn verdiente sich durch einen Antrag, der zwar unter den Tisch fiel, aber doch einen gewissen mitleidigen Willen für den Bundesgenossen betätigte, das Patent eines „brillanten Sekundanten".

„Da wir bewilligen, was Sie wünschen, sehe ich keine Schwierigkeit mehr", sagte der Staatssekretär Tschirschky zum französischen Botschafter, ehe die Konferenz auseinanderging, und in der Tat war der Konflikt mit der restlosen Anerkennung aller französischen Ansprüche beigelegt – wenigstens für die Regierungen. Nicht so für die kampffreudigen Germanomanen. Die hatten Blut gerochen. Der Name Marokko hatte sich ihnen mit dem Wohllaut eines Schlachtgesangs gefüllt. Die Retirade der Regierung war nicht die ihrige. Um Marokkos willen hatte ein Jahr hindurch Germania in Panzerschuppen gerasselt. Das war ermutigend genug, um hier mit weitem Blick einen der neuen Punkte zu suchen, „wo wir einen Nagel einschlagen können, um unser Rüstzeug daran aufzuhängen" (Wilhelm II., in Hamburg, am 18. Juni 1901).

Sie hatten aber im bisherigen Verlauf der Begebenheit auch etwas dazugelernt, nämlich die Erkenntnis der Notwendigkeit, daß da, wo man mit Mars etwas unternehmen will, es beim Merkur etwas zum Schützen geben muß. Sie hatten gesehen, mit welcher Hast noch in der letzten Stunde vor Algeciras 10 Millionen in Marokko investiert worden waren, da galt es vorzubeugen, um bei nächstpassender Gelegenheit schon wirkliche respektable Handelsinteressen schutzbedürftig bei der Hand zu haben. Und so traten denn gleich im Jahre 1906 die unternehmungseifrigen Brüder Mannesmann aus Westfalen auf die Bildfläche Marokkos, um mit Hilfe sehr beträchtlichen Industriekapitals Bodenuntersuchungen anzustellen, die – siehe da! – erhebliche Erzlager ausmittelten. Die Entdeckung der Herren Mannesmann war nun eben nicht so epochemachend, wie sie schien, denn Erzschürfungen wurden auf marokkanischem Gebiet schon lange betrieben und von europäischen Konsortien ausgenutzt. Eine solche Gesellschaft, die *Union des Mines Marocaines*, hatte bisher das unbestrittene Privileg auf die Erzgewinnung Marokkos, und in ihr hatten deutsche Kapitalisten neben französischen – die Leitung der Union hatte die Waffenfirma Schneider-Creuzot – treulich Schulter an Schulter gewirtschaftet und ihre Rechnung gefunden. Auch Krupp war mit bedeutender Einlage beteiligt.

Die Algeciras-Konferenz hatte ihr Abkommen noch nicht besiegelt – das geschah erst im Juni 1906 –, da trat schon Herr Reinhardt Mannesmann – im April des Jahres! – an den unglückseligen Abdel-Aziz mit dem Ansinnen heran, ihm die Konzession zur Ausnützung der neuen Fundstellen zu verleihen, und zwar aufgrund des Artikels 112 des erst zu ratifizierenden Abkommens, wonach „ein scherifischer Ferman die Bedingungen der Konzession und Ausbeutung von Minen, Gruben und Steinbrüchen festsetzen" sollte und sich bei der Ausarbeitung dieses Fermans „nach den den Gegenstand regelnden fremden Gesetzgebungen richten" sollte. Im August erhielt der Antragsteller die Zustimmung des Sultans, und im Oktober wurde die Zusage vor dem deutschen Gesandten feierlich bestätigt. Unter ständiger Mitwirkung der deutschen Gesandtschaft kam denn auch wirklich der Entwurf eines auf die Mannesmannischen Bedürfnisse zugeschnittenen marokkanischen Berggesetzes zustande, und zwar ohne Benachrichtigung der bestehenden Grubengesellschaft, die erst zwei Jahre später durch eine Indiskretion dem intriganten Manöver auf die Fährte kam und der bis dahin nicht eingefallen war, die Forschungen und Anlagen der Mannesmänner im geringsten zu behelligen.

Ein gebrauchsfähiger Konfliktzunder lag also wieder in Marokko bereit. Ehe sie ihn zum Glimmen brachten und dadurch Deutschlands wichtige Handelsinteressen von neuem tückisch bedroht zeigen konnten, überließen es die umsichtigen Kraftdeutschen dem Lauf der einmal in Verwirrung geratenen Dinge in Marokko selbst, die politische Atmosphäre zu schaffen, die der Erregung des *furor teutonicus* günstigen Wind zutrug. Es lief auch alles wie am

Schnürchen. Die Franzosen gingen sogleich an die Ausübung der ihnen in Algeciras zugestandenen Rechte, nämlich unter Polizeigewalt staatliche Regelungen unter den an freie Zügellosigkeit gewöhnten Berbern einzurichten, was natürlich nicht aus ehrfürchtiger Liebe zu Ordnung und Gesetz geschah, sondern um sich die „friedliche Durchdringung" des Landes auch da zu ermöglichen, wo die Bewohner für die Berechnungen der Pariser und Marseiller Börse kein angeborenes Gefühl haben. Sie fanden daher bei den landessässigen Marokkanern lebhaften Widerstand gegen ihre Bemühungen, so daß die Durchdringung sich immer weiter von friedlichen Formen entfernte. Es gab von Anfang an Unruhen, die wohl auch von der Erinnerung an die kraft- und trostspendenden Versprechungen des deutschen Kaisers genährt wurden, und schon am 27. Mai ereignete sich einer der „Zwischenfälle", wie sie die starken Kulturträger aus Europa gegen die Opfer ihrer zivilisationsbeflissenen Unternehmungen stets mit gepanzerter Faust zu verwenden wissen. Denn oft, wo Kriegsmotive fehlen, da stellt ein Mord zu rechter Zeit sich ein (China, Bosnien). Zwar hatte auch Deutschland schon einen Mord in Marokko zu beklagen, aber der Korrespondent der *Kölnischen Zeitung* hatte schon 1904 dran glauben müssen, und da war, zumal man ja die Freundschaft der schuldigen Berber suchte, für die Gerechtigkeit nicht mehr herauszuschlagen als die Gewährung deutscher Frachtschiffahrt an der marokkanischen Küste. Die Franzosen dagegen gewannen aus der Ermordung ihres Landsmanns Charbonnier das sichtliche Recht zu vermehrter Energie in der Beseitigung maurischer Widerstände. Dadurch wurden neue Unruhen entfesselt, so daß die polizeiliche Aktion von Tag zu Tag an kriegerischer Gebärde zunahm. An der algerischen Grenze und am Saharand gab es zu tun, und allmählich nahmen die Erhebungen den Charakter nationaler Entschlossenheit an, die sich nicht mehr bloß gegen den weißen Eindringling richtete, sondern zugleich gegen den schwächlichen Sultan, der sich hilflos bei seinen Haremsfrauen versteckte.

Die von Wilhelm II. garantierte Souveränität Abd-el-Aziz' geriet zusehends ins Rutschen, zumal sein zielbewußter Halbbruder Mulei Hafid, Vizekönig von Marrakesch, unter der Hand für die Übertragung des Sultanats auf seine Person warb. Im November demonstrierten französische und spanische Kriegsschiffe, und am 29. März

1907 besetzte der General Lejantey die Stadt Udschda, zu welcher militärischen Prozedur wiederum der Mord an einem französischen Arzt die Moral abgab. Zum Inszenieren einer wahrhaft umfangreichen „Strafexpedition" bedurfte es aber eines noch ernstlicheren Reats. Das blieb denn auch nicht aus. Am 30. Juli brachten die fanatisierten Marokkaner in Casablanca drei Franzosen, drei Italiener und zwei Spanier um, und am 5. August bombardierten zwei französische Kreuzer die Stadt und landeten Truppen. Bei der Beschießung kam deutsches Eigentum zu Schaden, wofür von der deutschen Regierung eine Vergütung von 250.000 Mark gewährt wurde. Die Alldeutschen legten die Stirn in Falten und schielten nach der Mannesmann-Lunte. Sie zum Glimmen zu bringen, war aber die Zeit noch nicht da.

Eine französische Expeditionstruppe von 15.000 Mann, unterstützt von einem starken Kriegsschiffgeschwader, war noch in und um Casablanca tätig, um den aufgewühlten Boden mit europäischem Ordnungsbeton zu unterlegen, da ließ sich – am 16. August – Mulei Hafid in Marrakesch als Gegensultan ausrufen. Die Absicht des Mannes war, Marokko von jeglicher Fremdherrschaft zu befreien, also ein Programm, dessen vaterländischer Fundus nicht wohl in Frage gestellt werden kann. Abd-el-Aziz rückte gegen ihn zu Felde, wurde aber geschlagen. Dennoch hielt Europa an dessen Legitimität fest, in der übereinstimmenden Überzeugung, daß ein wenn auch ebenso willig für die Konkurrenz käuflicher Scherif immer noch erträglicher sei als einer, der stolz und verwegen das Wohl der eignen Landsleute ins Auge faßte. Als der Rebellionssultan den Versuch machte, durch eigene Gesandte mit den Großmächten zu verhandeln, holte er sich zuerst in Berlin (14. Oktober), dann auch in Paris und London einen Korb. Die Sendlinge wurden nirgends empfangen.

Konsequenz ist die stärkste Seite der Regierung des Fürsten Bülow nie gewesen. Mulei Hafid als geschickterer Diplomat baute auf diesen Mangel einen neuen Plan auf. Er erhob bei der deutschen Regierung Protest gegen die unter robusten Generälen unaufhaltsam vorschreitende *„pénétration pacifique"* der Franzosen, und obwohl der allein anerkannte und vom deutschen Kaiser in seiner Souveränität ausdrücklich bestätigte Abd-el-Aziz erklärte, keinen Grund zur Beschwerde zu finden, erhob Bülow im Januar 1908 Vorstellungen in Paris, mit denen er allerdings abfuhr. Immerhin nahm man nun in Berlin eine durchgreifende Umgruppierung der Standpunkte vor. Im Mai durfte bereits ein Abgesandter Mulei Hafids im Auswärtigen Amt vorsprechen, aus welchem Entgegenkommen der Prätendent die Lehre nahm, am 7. Juni in Fez einzuziehen.

Abd-el-Aziz, dessen Macht von Woche zu Woche bei seinen Untertanen schwand, mußte nach einem letzten vergeblichen Versuch, das Verhängnis durch Waffenentscheidung abzuwehren, flüchten und stellte sich unter den Schutz der französischen Gesandtschaft. In diese Zeit fiel der Konflikt von Casablanca, der, so unwichtig sein Anlaß war, von neuem die deutschen Heldenbrüste schwellte und im Herbst 1908 von neuem die bedrohlichste Tendenz zeigte, die deutschnationale Ehre in kriegerischen Schwung zu setzen. Am 25. September glaubten ein paar mit friedlicher Durchdringung beschäftigte Fremdenlegionäre von dieser Tätigkeit genug zu haben. Sie desertierten und fanden, obwohl keine Deutschen dabei waren, im deutschen Konsulat in Casablanca freundliche Aufnahme, von wo außerdem der Versuch gemacht wurde, sie auf einem deutschen Dampfer einzuschiffen. Angesichts des rechtswidrigen Verhaltens der deutschen Behörde meinten auch die Franzosen, die geschriebenen Satzungen des internationalen Rechts nicht genau nehmen zu müssen. Die Durchbrenner wurden also aus ihrem Refugium handgreiflich herausgeholt, und der „Zwischenfall" war fertig. Die deutsche Regierung forderte kategorisch eine Erklärung des Bedauerns von der französischen, die sich darauf versteifte, daß der deutsche Konsul als erster inkorrekt verfahren war, und so gab es einen neuen diplomatischen Schriftwechsel, der vermutlich nicht weniger erhebend zu lesen wäre als der im Gelbbuch von 1906 veröffentlichte und der auf französische Anregung am 9. November mit der Einigung überkleistert wurde, die Entscheidung des Streits dem Haager Schiedsgericht zu überweisen. Das fällte das salomonische Urteil, daß beide Parteien wider die internationalen Abkommen gefehlt hätten, worauf nach gegenseitigen Verbeugungen des Bedauerns die Haubitzen wieder entpulvert werden konnten. Der Verfechter der Theorie vom Kriege als unabwendbarem Verhängnis mag auch an diesem Beispiel begreifen, daß der *beau geste* eines einfachen Entschuldigen Sie! unter Umständen genügt, um das mörderliche Schauspiel eines Feldzugs abzuwenden, und daß das sogar unter dem verrückten und verworfenen System der europäischen Kabinettsdiplomatie möglich ist. Der Casablanca-Fall selber aber, der die teutonische Muskulatur zu boxbereiten Kugeln hochtrieb, ist ein weiterer Beleg für die Erkenntnis, daß die Raufbolde diesseits der Vogesen beheimatet sind. Deutsche hatten den ersten Fehler begangen, indem sie Angehörige der französischen Armee wie solche einer feindlichen Macht behandelten und damit dem Feinde der Franzosen aktiv Vorschub leisteten. Nachdem die sich ihr Recht statt mit Ultimaten und umständlichen Erörterungen mit brachialer Gewalt geschafft hatten, waren es wieder die Deutschen, die den Kotau verlangten, ohne ihn zugleich für das eigne Vorgehen anzubieten. Endlich waren die deutschen Rechtsbrecher beamtete, den Staat vertretende Personen, während die programmwidrig handelnden Franzosenfäuste untergeordneten und von keinen Regierungssiegeln gedeckten Organen gehörten. Schließlich war es nicht die deutsche, sondern die französische Regierung, die den Weg zur Verständigung suchte und fand. Nachdem aber der Friede wieder einmal gerettet war, tuteten die Hörner der deutschen Nationalisten mit einer Vehemenz und Ausdauer ins Revanchehorn, daß Marokko als Kriegsgrund warmgestellt im Rohr blieb, bis S.M.S. „Panther" den Sprung nach Agadir tat und unter Herrn von Bethmann-Hollwegs glorreicher Ägide auch die letzten Schleier sanken, die der brünstigen Umarmung der deutschen Regierung mit den alldeutschen Triariern noch Schranken setzten.

7. |

Eine kurze Beruhigung der marokkanisch erhitzten Westeuropäer – man nennt solche Atempausen in internationalen Konflikten „Entspannung" – wurde zu einer östlichen Orientierung der händelsuchenden Machtzentralisten benutzt. Der brillante Sekundant gab durch den fulminanten Staatsakt der formalen Annexion Bosniens und der Herzegowina (5. Oktober 1908) das Zeichen, daß sich die verbündeten Mittelmächte der Tatsache bewußt waren, die sie für den Moment des Kriegsalarms nach zwei Seiten verpflichtete. Dieser Akt war der Trommelwirbel, der die Balkanfragen in frische Zeitgemäßheit versetzte, der die russischen Nerven zu gespannter Bereitschaft aufkitzelte, der dem neurasthenischen Drang der Diplomatenzunft an Aufgaben von genügender Strittigkeit rief, um zu gegebener Stunde Feindschaften in Hülle und Fülle bereit zu haben. Hiervon aber später. Zunächst konnte noch niemand wissen, welches von den beiden im Feuer gehaltenen, mit Sprengstoff gefüllten Eisen zuerst zerspringen werde, und die chronistische Übersichtlichkeit verlangt, vorerst noch zu beobachten, wie das nach Westen gerichtete mit dauernd neuer Ladung explosionsfähig erhalten wurde.

Die wiederholten trüben Erfahrungen mit ihrer Marokkopolitik der zudringlichen Klobigkeit mochte der Reichsregierung ein wenig Zurückhaltung nahelegen. Auch die mit deutscher Temperiertheit plätschernden Wogen der inneren Erregung, die im November 1908 von den Stufen der Reichstagstribüne zu denen des Throns flossen, um dessen Inhaber durch Bülows Mund etwas von den Grenzen des persönlichen Regiments vorzuplauschen, werden ihr Teil dazu beigetragen haben, dem um sein Kanzleramt besorgten verantwortlichen Berater des Kaisers nach auswärts eine bescheidene *laisser-aller*-Politik zu empfehlen und das *laisser-faire* vorübergehend den Kollegen an der Donau gegenüber zu berücksichtigen.

So kam, unbeeinflußt durch deutsche Energieübungen, in Marokko ein annehmbarer Zustand zuwege. Am 5. Januar 1909 anerkannten die Signatarmächte von Algeciras durch eine förmliche Note die Rechtmäßigkeit Mulei Hafids als Sultan von Marokko. Am 9. Februar wurde ein französisch-deutsches Abkommen besiegelt, worin sich Frankreich verpflichtete, die Integrität und Unabhängigkeit des Lands zu respektieren und den deutschen Handelsinteressen dort nicht in den Weg zu treten, und in dem Deutschland die besonderen politischen Interessen Frankreichs zugab und deren Berücksichtigung versprach. Die zahlreichen inneren Kämpfe mit Vergiftungen, kriegerischen Bezwingungen und Hinrichtungen von Gegenscherifen und aufständischen Häuptlingen beeinträchtigte das verträgliche Verhältnis so wenig wie der umfangreiche und nicht eben rühmliche Feldzug, den Spanien das ganze Jahr 1909 hindurch in Marokko führte. Alles schien in Ordnung zu sein, wäre vielleicht auch in Ordnung gewesen, wenn nicht die alldeutschen Amateure der Weltpolitik mit der ihnen eigentümlichen Zähigkeit einen neuen Konfliktfall sozusagen aus dem blanken Nichts heraus geschaffen hätten.

Es ist oben schon berichtet worden, wie die Firma Mannesmann wenige Monate nach dem Kaiserbesuch in Tanger die wichtigen deutschen Handelsinteressen herstellte, die es nötigenfalls zu schützen geben mußte, und wie noch im Jahre 1906 eine Art marokkanisches Berggesetz entstand, das hinter dem Rücken der bestehenden Erzverwertungsgesellschaft die Geschäfte der westfälischen Brüder einseitig unterstützte. Auch daß zwei Jahre später eine Indiskretion die Schliche des heimlich monopolisierten deutschen Syndikats ans Licht brachte, ist schon erwähnt. Selbstverständlich bestritt die *Union des Mines Marocaines* die Rechtsgültigkeit der Mannesmann-Konzessionen. Ihre Versuche, auf gütlichem Wege zu einer Einigung zu gelangen, die beiden Parteien gerecht würde, scheiterten. Der Sultan – damals noch Abd-el-Aziz – hielt seine Position für um so sicherer, je unterwürfiger er den deutschen Ansprüchen entgegenkam, und lehnte die Aufhebung des Privilegs ab. Direkte Verhandlungen mit dem Marokko-Minensyndikat, bei denen die Union auf ihr Prioritätsrecht pochte und eine Teilung der Grubenwerke nach Zonen vorschlug, scheiterten an den Profitinteressen der Deutschen, die schon mit bedeutenden Aufträgen der heimatlichen Industrie rechneten. So wurde aus dem Handel ein neuer diplomatischer Fall, der das Begehren der alten Gesellschaft zum Gegenstand hatte, die Aufsichtsmächte Marokkos sollten das Mannesmanngesetz aufheben und ein neues, alle Exploiteure befriedigendes Berggesetz oktroyieren.

Eine trefflichere Notenvorlage konnten sich die Trompeter des deutschen Hurrapatriotismus kaum wünschen. Wackere Pioniere deutscher Auslands„belange" stießen in ihrem kühnen Unternehmungsdrang auf die Schmähsucht welschen Neides. Grade da, wo Majestät in eigner Person den Schutz deutschen Handels als wichtige Pflicht weitschauender Sorge verkündet hatte, wagte man es, den tapferen Vorkämpfern deutscher Weltgeltung in den Arm zu fallen. Das verlangte mannhafte Wachsamkeit der Regierung. Hier galt es, Recht zu wahren und Recht zu schaffen. Hier hieß es, den fränkischen Ränken ohne Wanken und Zagen die Spitze bieten!

Der patriotische Radauklüngel leistete gute Arbeit. Sein Uhugeschrei verhallte diesmal nicht im Blätterpark des konservativen Berufsnationalismus, sondern echote zurück aus den Gehölzen der liberalen Börsenschmöcke. Die in Tanger gerühmten deutschen Handelswerte in Marokko waren ja jetzt wirklich vorhanden, es ging um ein reales Geschäft, und so erwies sich die Kalkulation derer als richtig, die den vaterländischen Heldensinn am Feuer kapitalistischer Interessen glaubten wärmen zu müssen. Der eiserne Kassenschrank des Spekulanten war als der Amboß erkannt, auf dem das deutsche Kriegsschwert zu schmieden war. Die Söhne Teutos heulten: Unsre Ehre!, die Abonnenten Mosses[18] plärrten: Unsre Papiere! – und so wäre vielleicht gegen Ende 1909 das Volksgemüt ohne sonderliche Anstrengungen auf große Zeit zu stimmen gewesen, wenn damals nicht die innere Politik des Reichs die Regierung zu nachhaltigem Dämpfen veranlaßt hätte.

Bülows letztes Meisterstück war die Reichsfinanzreform, mit der die durch ständig wachsende Ausgaben für Heer und Flotte unsolide gewordene Reichshaushaltung dauernd saniert werden sollte. Neue Steuern von ungeahntem Ausmaß sollten auf die nötigsten Bedarfsartikel gelegt werden. Liberale und Sozialdemokraten arrangierten eine erhebende Massenbegeisterung für ihr Ideal der Reichserbschaftssteuer. Der „Hottentottenblock" von 1907 (Bülows ingeniöse konservativ-liberale „Paarung") platzte auseinander, und es kristallisierte sich der „schwarzblaue" oder „Schnapsblock", der natürlich sein Steuerprogramm auf der ganzen Linie zum Siege führte. Das Zentrum war damit wieder Regierungspartei geworden, und diese Wendung brach, zusammen mit den Vorgängen vom November 1908, der lächelnden Durchlaucht die Beine als Vortänzer der neudeutschen Zickzackpolitik. Am 14. Juli 1909, dem hundertundzwanzigsten Jahrestage des Bastillesturms, überließ er seinem Staatssekretär des Innern, Theobald v. Bethmann-Hollweg, das arg gelockerte Gefüge der Bismarckschen Hinterlassenschaft.

Damit übernahm ein Mann die (wem eigentlich?) verantwortliche Leitung der Reichsmaschinerie, dessen Wesens Besonderheit sich durch gänzliche Abwesenheit jeder Besonderheit kennzeichnete. Ein Büromensch, ein Beamter, ein Kontorist von solch lederner Persönlichkeitsarmut, daß der Ruf hoher philosophischer Sinnesart seinem Höhenflug vorausflatterte und im Urteil der Zeitgenossen heute noch seine Dürftigkeit umstrahlt. An dieser Trockenleine hing nun das Schicksal des deutschen Volks, lose hin und her bewegt von jedem Lufthauch, dem es eben einfiel, sich damit zu beschäftigen. So

---

[18] [Rudolf Mosse (1843-1020), Berliner Zeitungsverleger.]

lösten sich nach und nach die Klammern, die Germaniens Leibwäsche blütenweiß im friedlichen Sonnenschein schweben ließen, alldeutsch-militaristische Winde fuhren hinein, und im Brausen weniger Jahre gelang es ihnen, Stück für Stück herunterzureißen und in den wütenden Wirbelsturm des Weltkriegs zu treiben, der nun jahrelang tost, ohne daß ein Mensch ahnen kann, wann wir die Fetzen und in welchem Zustand werden zusammenklauben dürfen. Herrn v. Bethmann war es vorbehalten, das ihm anvertraute Gut, das Bismarck selbst die drei Kriege hindurch eifersüchtig gegen alle „militärischen Unterströmungen" verteidigt hatte, der Soldateska willenlos zu überlassen und die Auslieferung der Reichspolitik, der Staatsverwaltung, der Diplomatie, der Volkswirtschaft und der Rechtsgarantien Deutschlands an professionelle Kriegstreiber mit seinem dienstwilligen Namen zu decken.

Zögernd nur und schrittweise ging diese Entwicklung vom bestimmenden Veranstalter der Reichsgeschicke zum Servierkellner der Falkenhayn[19] und Hindenburg vonstatten. Die Amtsübernahme stellte den neuen Kanzler vor Aufgaben von solcher Schwierigkeit, daß er die ihm durch die Verhältnisse und durch seine Natur vorgeschriebene Passivität in aktiver Abwehr gegen die drängenden Mannesmannen verteidigen mußte. Seine frühere Tätigkeit als Verwaltungschef im Innern des Lands war keine geeignete Vorbereitung für den Posten eines internationalen Wegbauers, geschweige in einem Augenblick, wo Erschütterungen und Senkungen verschiedener Art den europäischen Boden bedenklich aufwühlten. Schon eine Persönlichkeit von bedeutenden Maßen hätte genug zu tun gehabt, um sich als Neuling in der Situation zurechtzufinden, über die Bülows Groteskakrobatik mit der Balancierstange auf dem schlappen Seil graziös hinweggehopst war. Ein Kanzlerpedant wie Bethmann aber war vor Aufgaben gestellt, die in Arbeit zu nehmen ihn nur das Bewußtsein seiner preußischen Beamtenzuverlässigkeit ermutigen konnte. Die inneren Verhältnisse Rußlands nach der Revolution waren keineswegs abgeklärt, und die Gestaltung der nachbarlichen Beziehungen zu St. Petersburg durch die Nachwirkungen des japanischen Feldzugs, durch die stetige Festigung des Entente-

---

[19] [Erich von Falkenhayn (1861-1922), preußischer Kriegsminister 1913-1915 und u. a. Generalstabchef im Weltkrieg.]

Verhältnisses zu Frankreich und durch die bosnische Wegelagerermanipulation der verbündeten Doppelmonarchie war außerordentlich kompliziert geworden. Die Türkei stand in hellem Aufruhr gegen die Despotie eines der infamsten Halunken der Weltgeschichte, mit dem jedoch der deutsch-osmanische Bund eingefädelt war. Niemand konnte wissen, wie weit das neue Regime der Jungtürken sein Heil mit dem der Deutschen Bank werde verknüpfen wollen. Zu alledem nun auch noch ein neuer Marokkohandel, der zugleich das Kasino und die Börse in Aufregung versetzte. Das war zuviel für Bethmann, und so begann die Kanzlerlaufbahn des geschobenen Schiebers von 1914 mit einer entschiedenen Widersetzlichkeit gegen das Kriegsgetöse von 1909, mit Abwiegelung und Friedenswahrung.

Die treibenden Kräfte hatten mit nimmermüdem Fleiß im ganzen Lande eine Erregung angerührt, die aus der privatrechtlichen Frage, ob die Herren Mannesmann rechtmäßige Inhaber der ihnen unrechtmäßig und zweifelhaft verliehenen Konzessionen wären, eine Ehrenangelegenheit der Nation machte. Die sogenannte Volksvertretung der Deutschen hat sich noch immer von Redensarten mehr imponieren lassen als von Sachkenntnis. Das Phrasengetöse starkbrüstiger Versammlungsredner übt auf ihre Entschlußbereitschaft stets erheblich nachhaltigere Wirkungen aus als lehrhafte Überredungsversuche. Besonders wenn von Ehre, heiligen Gütern, unwandelbarer Treue, nationaler Verpflichtung oder würdiger Festigkeit die Rede ist, webt ein Nimbus um die Häupter der Erwählten, der unter Umständen tagelang zu markiger Entschlossenheit zu verpflichten scheint. An solchen Tagen geht es im Reichstag hoch her. Keine Partei will der anderen die erhabenere Geste gönnen, und früher, als die Sozialdemokratie noch in unweigerlicher Opposition gegen patriotischen Lärm und wehrhafte Trutzigkeit den Ausdruck ihres Völkerbefreiertums suchte, schlug das Papperlapapp der eingelernten Parteiterminologie bei derlei Gelegenheiten gewaltig gegeneinander. So war's auch im Spätherbst 1909. Alldeutsche Zeitungsartikel und Flugblätter hatten die vom eigenen Urteil gänzlich unberührte Volksmeinung bis zu einem Grade beunruhigt, daß die Affäre am 9. Dezember zur Interpellation im Reichsparlament reif war. Vier Tage lang wogte der Redeschwall, bei dem der Schwächlichkeit der Regierung übel zugesetzt wurde, deren Vertreter, der

Staatssekretär v. Schoen, mit seiner nüchternen Darlegung des Tatbestands nur bei den roten Umstürzlern Gnade und Hilfe fand.

Das kochende Blut der nationalen Mehrheit mußte gekühlt werden. Einen offenen Konflikt mit den Westmächten konnte die Regierung in diesem Augenblick schon gar nicht brauchen, da die Freunde in Österreich sich in der seit einem Jahr gepflegten Politik der Demütigung und Reizung Serbiens grade eben durch den blamablen Ausgang des Friedjung[20]-Prozesses eine schwere Schlappe geholt hatten. Herr v. Bethmann-Hollweg entschloß sich daher zur Ausgabe eines amtlichen Weißbuchs, das er am 17. Januar 1910 den Sendboten des deutschen Volks unterbreitete.

In dieser Denkschrift wurde die Berechtigung der Mannesmannschen Ansprüche anhand von 73 Aktenstücken gründlich widerlegt. Es wurde festgestellt, daß die Konzessionen der Herren, die vorgaben, keine monopolartigen Rechte zu begehren, „den größten Teil aller in Marokko bekannten Fundpunkte von Erzen betreffen", und es wurde „nach dem dem Auswärtigen Amt vorliegenden amtlichen Material als mit den Tatsachen durchaus in Widerspruch stehend" bezeichnet, „wenn die Herren Mannesmann in späteren Eingaben an das Auswärtige Amt und in ihren Veröffentlichungen von wohlerworbenen, mit Unterstützung der Regierung erlangten Rechten, von ihnen offiziell zugesprochenen Eisenerzkonzessionen, von einer im Oktober 1906 erfolgten und den deutschen Gesandten in feierlicher Hauptaudienz offiziell verkündeten Verleihung von Minenkonzessionen sprechen." Auch die marokkanische Regierung habe, da das Berggesetz noch nicht ergangen war, von der Priorität der Anmeldung der Mannesmannischen Bergwerksliste lediglich Akt genommen, die Frage aber, ob und in welchem Umfang aus dieser Anmeldung einmal Rechte abzuleiten sein würden, offengelassen. Diese Rechte wurden demnach als vermeintliche gekennzeichnet, die „Konzessionen" in Anführungszeichen gesetzt. „Aber selbst wenn das Gesetz in richtiger Form und mit der unzweifelhaften Willensmeinung des Sultans, es als das Gesetz des Artikels 112 anzusehen, zur Kenntnis der deutschen Regierung und Interessenten ge-

---

[20] [Der österreichische Historiker Heinrich Friedjung (1851-1920) hatte serbo-kroatischen Mitgliedern des kroatischen Landtags eine Verschwörung mit der organisierten großserbischen Bewegung unterstellt.]

langt wäre, so hätte eine Vertretung seiner Giltigkeit den anderen Regierungen gegenüber nur dann in Frage kommen können, wenn das Gesetz allen Algecirasmächten notifiziert und wenn es für alle Interessenten gleichzeitig in Kraft getreten wäre." Ja, die Regierung verwahrte sich in dem Weißbuch gegen das Verlangen, einen Standpunkt einzunehmen, „den sie, wenn er von anderen Nationen angenommen würde, mit aller Energie unter Berufung auf die Algeciras-Akte zu bekämpfen hätte". Nach Mitteilungen, in welcher Weise sich die Regierung direkt um eine Vermittlung zwischen dem Marokko-Minensyndikat und der *Union des lines Marocaines* bemühte und wie sie sich der Anregung der französischen Regierung angeschlossen hätte, „den Entwurf zunächst durch vier im Bergbau sachverständige Vertreter der Regierungen von Deutschland, Frankreich, England und Spanien beraten zu lassen, schloß die Denkschrift mit der Versicherung, ihre Kräfte für „eine Beteiligung deutscher Unternehmer an der Ausbeutung der Mineralschätze Marokkos" eingesetzt zu haben und mit dem Appell: „Daß sie sich dabei innerhalb der Grenzen gehalten hat, die ihr die Achtung der Verträge und eine ehrliche und konsequente Politik vorschreiben, wird man ihr nicht zum Vorwurf machen dürfen." Das Bekenntnis des Reichskanzlers zur Achtung der Verträge und zu ehrlicher und konsequenter Politik viereinhalb Jahre vor der Etablierung seiner *Notkennt-kein-Gebot*-Praxis soll als pikante Einzelheit in der Vorgeschichte des Kriegs nicht unterdrückt werden.

Im März 1910 kam das Marokko-Minensyndikat mit einer massiven „Beantwortung der amtlichen Denkschrift und (der) Aktenstücke über deutsche Bergwerksinteressen in Marokko" heraus, worin der Regierung ohne Ziererei vorgeworfen wurde, sie stelle sich ganz auf die Seite der Gegner, und worin der Vorschlag eines Schiedsgerichts als unannehmbar zurückgewiesen wurde. Der Krach im Reichstag ging von neuem los und endete natürlich mit dem Versprechen des Herrn v. Schoen, die Regierung werde sich bei den Beratungen des Berggesetzes der Ansprüche der Herren Mannesmann nach bestem Können annehmen. Wie gründlich sie sich unter Schoens Nachfolger, Herrn v. Kiderlen-Wächter, in kurzer Zeit zu den Anschauungen der Manneshintermänner bekehrte, das erfuhr die Welt am 1. Juli 1911. Der „Panthersprung" nach Agadir war der erste kriegerische Akt des Weltkriegs, und wäre das französische Volk und mit ihm die französische Regierung nicht damals mit brünstigem Willen zum Frieden entschlossen gewesen, bis zu einem Maße, daß man die imperialistischen Ambitionen der Deutschen sogar durch Abtretung französischen Kolonialbesitzes hoffte besänftigen zu können – dann hätten wir den patriotischen Veitstanz vom Sommer 1914 genau drei Jahre früher erlebt. So aber bedurfte es noch hingebender Arbeit und rastloser Vorbereitung unserer Barden, bis sie die dem Kriege tief abgeneigte Welt endlich zu dem uns ruchlos aufgezwungenen Kampf um unsre Existenz zu stellen vermochten.

8. |

Erinnern wir uns! Vier Tage nach Abschluß der ägyptisch-marokkanischen Verständigung zwischen Frankreich und England hatte Bülow Deutschland als in Marokko politisch desinteressiert erklärt und betont, daß für die deutschen merkantilen Interessen dort von keiner Macht etwas zu fürchten sei (April 1904). Diese Auffassung der Dinge änderte sich bis zum folgenden Jahr vollständig wegen der unzulänglich befundenen Form der Mitteilung des Abkommens an die deutsche Regierung. Der kritischste Konflikt erhob sich und blieb bestehen, bis als Grundlage für die Algeciras-Konferenz die Anerkennung der englisch-französischen Verträge, also die Sonderberechtigungen Frankreichs in Marokko, in Berlin zugesichert war (Juli 1905). Im Winter war die Kriegsgefahr wieder da, legte sich jedoch noch rechtzeitig, und in Algeciras bekannte sich Bülows Vertreter von neuem und dieses Mal vor aller Welt zur Anerkennung aller Vollmachten der Franzosen, wie sie der Vertrag mit England vorsah (Frühjahr 1906). Die Mannesmann-Manipulationen setzten ein, und der Fall Casablanca schuf Schwierigkeiten. Die allgemeine Bestätigung Mulei Hafids als Sultan behob übrige Sorgen, und mit dem deutsch-französischen Abkommen, worin Deutschland die Berücksichtigung der besonderen politischen Interessen Frankreichs in Marokko noch einmal ausdrücklich zusagte, schienen die letzten Restbestände von Differenzen beseitigt (Februar 1909).

Viermal also im Laufe von fünf Jahren hatte die deutsche Regierung ihr Einverständnis mit der politischen Bevorrechtigung Frankreichs in Marokko kundgetan, so daß die Franzosen nun wohl annehmen konnten, sie dürften endlich ihre kolonisatorische Tätigkeit durchführen, ohne weitere Störungen durch den Ostnachbarn fürchten zu müssen. Daß sie ihr Werk mit all der Rohheit in Angriff nahmen, die europäische Kolonialunternehmungen von jeher ausgezeichnet hat, bedarf keiner Erwähnung. Das war es auch nicht, worüber man sich in Deutschland empörte. Für brutale Kriegsgebarung war sogar bei einer Staatsleitung alles Verständnis zu erwarten, die wenige Jahre vorher die Unterwerfung der Hereros mit Kopfprämien gefördert hatte. Nein – es war schon das Unternehmen selbst, das in Deutschland nervös machte und die Regierung nach langsamer, aber zielsicherer Bearbeitung durch die „treibenden Kräfte“ zum Protest gegen die Eigenmächtigkeit der Franzosen veranlaßte. Der Gebrauch des ihnen mit vierfacher Verbeugung überreichten Instruments war eine Durchbrechung der Algecirasakte, die deren Bestimmungen aufhob und auch Deutschland die volle Handlungsfreiheit zurückgab. Dies war die Auffassung, zu der sich die Bethmann-Kiderlensche Regierung in fünfvierteljährigem Würgen durchgekaut hatte und der sie am 1. Mai 1911 in einer hochoffiziösen Kundgebung in der *„Norddeutschen Allgemeinen Zeitung“* Worte gab.

Es ist schwierig, sich heute ein Bild davon zu machen, was für „Eigenmächtigkeiten“ es eigentlich waren, mit denen die friedlichen Durchdringer über die ihnen von den Deutschen viermal zugestandenen Rechte hinausgegangen sein sollten. Selbst in dem ganz tendenziös gehaltenen, durchaus regierungsgefälligen Tatsachenmaterial, das mir vorliegt, finde ich – neben Ausbrüchen der Entrüstung – keine Angaben, die den Vorwurf des vertragswidrigen Verhaltens der Franzosen irgend stichhaltig belegen könnten. Die hatten, seit sie durch das Februarabkommen von 1909 von deutscher Seite keiner Störung mehr gewärtig waren, ihre *„pénétration pacifique“* mit quantitativ vermehrten, qualitativ aber ganz denselben Mitteln fortgesetzt, deren frühere Anwendung in Berlin nicht von ausdrücklicher Anerkennung abgeschreckt hatte. Daß die Souveränität des Scherifen schon seit 1880 mehr dekorative als reale Bedeutung hatte, wissen wir. Das politische Vorrecht in Marokko war den Franzosen in den Verträgen mit England und Spanien 1904, in der Algecirasakte und im Übereinkommen mit der deutschen Regierung immer wieder bestätigt worden. So konnten die besonderen Vereinbarungen mit dem Sultan und den Machsen [*Regierung*], die Frankreichs

Sonderstellung anfangs 1911 auch vor den Marokkanern selbst Geltung verschaffen sollten, gutgläubig kaum als Verstöße gegen die Verpflichtungen gedeutet werden. Man krebste damals viel mit einem angeblichen französisch-marokkanischen Geheimvertrag vom 10. April, der die „Tunisierung" Marokkos vollende. Wie unsinnig das Geschrei war, erhellt aus der Tatsache, daß sechs Wochen später Mulei Hafid selbst die französische Regierung bat, das Protektorat über das Land zu übernehmen, was – am 30. Mai 1911 – vom Pariser Auswärtigen Amt mit dem Hinweis beantwortet wurde, die Bewilligung des Gesuchs sei mit den Verpflichtungen der Algecirasakte nicht zu vereinen. Es wäre ja denkbar, daß diese Enthaltsamkeit eine Rückwirkung der deutschen Warnung war, dann wäre aber der aggressive Schritt der deutschen Regierung, der kurz darauf folgte, erst recht nicht zu erklären – oder eben damit, daß die tobende Rotte der Teutschlinge unter allen Umständen Krakeel wollte und die Wilhelmstraße grade mal wieder in sicherer Kundschaft hatte.

Frankreich und Spanien schlugen sich im ganzen Lande mit aufständischen Stämmen herum. Ehrgeizige Sultanatsprätendenten schossen hoch wie Pilze und erschwerten den europäischen Generälen ihre „polizeiliche" Tätigkeit unleidlich. Was Wunder, daß sich die paar deutschen Kapitalisten – die Mannesmanns natürlich wieder vorneweg – lebhaft beunruhigt fühlten und daß für ihre Sicherheit etwas Nachdrückliches geschehen mußte! Es geschah etwas, was nachdrücklich genug war, um mit einem Schlage das Gespenst der deutschen Gefahr in leibhafter Erscheinung über den ganzen Planeten sichtbar werden zu lassen. Am l. Juli erschien vor dem Hafen von Agadir das Kanonenboot „Panther" als Abgesandter der Kaiserlichen Marine, um, wie es in der Note der Regierung an die Mächte hieß, „nötigenfalls den deutschen Untertanen und Schutzgenossen wie auch den beträchtlichen deutschen Interessen in jenen Gegenden Hilfe und Schutz zu gewähren". In Agadir, das in der Note als schutzbedürftiges Betätigungsgebiet deutscher Firmen besonders hervorgehoben wurde, lebten zu jener Zeit fünf Personen deutscher Staatszugehörigkeit. „Es konnte aber vor allen Dingen die Entwicklung von Handel und Seefahrt nur dann diese Größe annehmen, wenn hinter ihr des Reiches Schutzwehr stand und vor allen Dingen eine gut respektierte deutsche Kriegsflotte" (Wilhelm II. in Hamburg am 20. Juni 1911, elf Tage vor dem Panthersprung).

Alldeutschland jauchzte. Denn *„le geste d'Agadir"*, wie die französische Presse den Vorgang auch später immer wieder zutreffend charakterisierte, wurde hüben so wenig mißverstanden wie drüben. Alle Welt begriff, daß von Deutschland aus ein Pistolenschuß abgefeuert war, der die Anmeldung eigner Besitzansprüche in Marokko bedeutete. In Frankreich wuchs eine ungeheure Empörung auf. Der Vertrag von 1909 war von der deutschen Regierung über den Haufen geworfen. Das war die Ansicht im ganzen Lande, das war die Ansicht auch in England, wo Herr Asquith[21] im Unterhause sehr ernste Worte sprach. Die Presse des gesamten Auslands war einig in der Beurteilung des Ereignisses. Selbst die österreichische Regierung winkte ab, und in Italien rief das Verhalten des Bundesgenossen zugleich mit der Erregung über den Vertragsbruch die Besorgnis der einheimischen Imperialisten hervor, sie könnten bei der einmal eingeleiteten Raubpolitik in Nordafrika leer ausgehen. Ihr Verlangen richtete sich der geographischen Lage gemäß auf Tripolis, und es ist kein Zweifel möglich, daß der türkisch-italienische Krieg von 1911, der den Auftakt gab zudem Kanonengebrüll, das seitdem ohne Unterbrechung den Erdball erschüttert, unmittelbar aus der deutschen Agadiraktion folgte.

Die Fiktion, als ob die Entsendung des Kanonenboots (das bald von zwei andern Kriegsschiffen abgelöst wurde) einfach den Schutz bedrohten deutschen Lebens und Eigentums bezwecke, wurde in Deutschland selbst kaum verteidigt. Man schob nach dem Rezept, das inzwischen ja als grundsätzliche Übung germanischer Treu- und Glaubens-Politik erkannt ist, den Vorwurf der Untreue gegen das geschlossene Übereinkommen einfach den Franzosen zu. Es muß ausgesprochen werden und wird sich bei der ferneren Abrechnung über den Weltkrieg immer wieder beschämend offenbaren, daß es eingewurzeltes deutsches System ist, das sich unter der vom deutschen Volk widerspruchslos ertragenen Kabinettswirtschaft von Regierung zu Regierung forterbt, Verträge mit anderen Regierungen mit dem stillschweigenden Vorbehalt einzugehen, die Vereinbarung binde nur den Partner, man selbst reserviere sich für den Fall der Zweckmäßigkeit die „volle Handlungsfreiheit". Irgendein

---

[21] [Herbert Henry Lord Asquith (1852-1928), britischer Premierminister 1908-1916.]

der Auslegung zugänglicher Punkt, dessen Verletzung durch den andern bei etwas bösem Willen immer konstruiert werden kann, findet sich in jedem Vertrag. Es scheint, als ob die ganze diplomatische Geschicklichkeit der deutschen Politikmacher sich auf das Auffinden und Ausnützen derartiger Vertragsschwächen beschränkte. Die deutsche Gebarung im Weltkrieg, vom ersten Tage angefangen, bildet eine einzige Kette derartiger Rechtfertigungen von Vertragsübertretungen. Selbst für den Einbruch in Belgien fand man ja nachträglich Gründe, das Opfer als Rechtsverletzer hinzustellen, und der grauenhafte Franktireurkrieg mit seinen vandalistischen Exzessen in Mecheln und Löwen, die Luftangriffe auf offene Städte, die Anwendung völkerrechtswidriger Chemikalien bei der Kriegführung selbst, das Lusitania-Verbrechen mit der ganzen Folge entsetzlicher U-Boot-Gewalttaten gegen handeltreibende Feinde und Neutrale, die Mißachtung der Rote-Kreuz-Konvention durch die Torpedierung von Hospitalschiffen, die zwangsweise Verschleppung der Einwohner besetzter Gebiete zu Kriegsmunitionsarbeiten nach Deutschland, die fürchterliche Verwüstung der Picardie beim Rückzug auf die Hindenburglinie – dies alles, was den Haß der beteiligten und unbeteiligten Völker in schäumenden Wellen auf alles, was deutsch ist, schleuderte, wurde dem unglücklichen, naiv gläubigen Volk als Notwehr gegen Rechtsbrüche der Feinde mundgerecht gemacht, die durch ihr Verhalten regelmäßig der deutschen Regierung und Heeresleitung die volle Handlungsfreiheit zurückgegeben haben sollten. Es wird sich im späteren jedem, der Wahrheit von Lüge zu unterscheiden versteht, offenbaren, was es in all diesen und vielen anderen Fällen in Wirklichkeit mit der Beschönigung durch das Repressalienrecht auf sich hatte.

Der Panthersprung nach Agadir, der nach der Regierungsnote an die auswärtigen Kabinette ausschließlich mit einer „gewissen Gärung unter den dortigen Stämmen" begründet war und der tatsächlich die denkbar schärfste kriegerische Provozierung Frankreichs bedeutete, erhielt für den deutschen Hausgebrauch nach demonstriertem Muster die Rechtsmotivierung als Erwiderung französischen Vertragsbruchs. Grade Frankreich sei es gewesen, das sich über die Bestimmungen der Algecirasakte hinweggesetzt habe, denn seine Kriegspolitik in Marokko störe das Prinzip der offenen Tür, und damit sei das Abkommen von 1909 selbsttätig aufgehoben.

Im übrigen verfüge ja Deutschland über die ausdrückliche Zusage
auf das Recht, gefährdete Interessen seiner Staatsbürger in Marokko
zu schützen.

Die aggressiven Absichten der französischen Regierung zeigten
sich sogleich darin, daß sie nach allen Erlebnissen mit dem friedfer-
tigen Nachbarn geduldig neue Verhandlungen anknüpfte. Die treu-
herzige Gesinnung der Deutschen aber, die nur um die persönliche
Sicherheit des Herrn Mannesmann besorgt waren, trat ans Licht, als
Herr v. Kiderlen-Wächter dem Botschafter der Republik in Berlin
die unverblümte Forderung von „Kompensationen" unterbreitete.
Damit übernahm die Regierung der Wilhelmstraße in aller Form die
Prokura des Alldeutschen Verbands, dessen erster Wortführer, Herr
Rechtsanwalt Heinrich Claß, mit dem Titel seiner Broschüre „West-
marokko deutsch!" das Stichwort für die nationale Begeisterung des
Hochsommers 1911 gegeben hatte.

Eine nationale Begeisterung war damals wirklich in Deutschland
vorhanden. Zwar hatte sie die Massen, deren Blut das vergrößerte
Vaterland zusammenleimen sollte, noch nicht ergriffen, die Natio-
nalhasardisten wußten aber schon, was andre Leute erst drei Jahre
später lernten, daß ein Wink von oben genügen würde, um 70 Millionen Deutsche von heute auf morgen in einem Spekulationsobjekt
gewisser Firmen eine Lebensfrage der Nation erkennen zu lassen,
und daß bei geschickter Instrumentierung des Kriegsgesangs der
ganze Chor, der bisher Crucifige! geschrien hatte, das gewünschte
Halleluja! anstimmen werde. Den zuverlässigsten Beweis dafür, daß
auch damals schon, wäre das Signal gegeben worden, neben der
grünen Fahne des Propheten die rote Fahne des Proleten geschwebt
hätte, liefert eine Rede, die August Bebel auf dem sozialdemokratischen Parteitag in Jena im September 1911 über die drohende
Kriegsgefahr hielt. „Wir Sozialdemokraten", sagte er, „die wir der
ganzen Marokkopolitik … feindlich gegenüberstehen … wir haben
das natürliche Verlangen, daß Deutschlands Handel und Deutschlands industrielle Entwicklung unter den gleichen Bedingungen in
Marokko sich vollziehen kann wie die jedes anderen Staats, daß also
alle Staaten unter voller Gleichberechtigung in Marokko ihre Interessen verfechten dürfen, daß keiner dem anderen vorgezogen wird,
keiner seine Stellung mißbraucht, um die anderen zurückzudrängen, wie man das ja – und das ist die Hauptursache des Konflikts –

der französischen Regierung vorwirft, indem sie die Bestrebungen deutscher Interessenten, in Marokko Fuß zu fassen und dort Ausbeutungsinstitutionen zu schaffen, hintanzustellen sucht." Bebel war also mit seinem Schuldurteil damals schon fertig. Er, der ein halbes Jahrhundert im Vordergrund des politischen Lebens in allerpersönlichstem Kampf mit den Mächten des Kriegs, mit Militarismus und Kapitalismus, stand, hatte den Verlauf des derzeit sechsjährigen Marokko-Streits so wenig in Erinnerung, daß er die ständig wachsenden Ansprüche der Deutschen und das immer wiederholte Einlenken der Franzosen in die deutschen Wünsche einfach ignorierte und – loyaler als die Regierung selbst – die mehrfach anerkannten Vorrechte Frankreichs souverän abstritt. Er kümmerte sich in seinen Gleichberechtigungsambitionen auch nicht um Bismarcks dauernd betätigtes Prinzip, die französischen Kolonisationsbestrebungen überall zu fördern, um die latente Differenz nicht von ihrem natürlichen Kulminationspunkt, Elsaß-Lothringen, abzulenken und dadurch zu komplizieren. Endlich beurteilt Bebel die wirklichen Absichten der deutschen Marokkoherolde ganz schief, ein Fehler, vor dem ihn ein aufmerksames Hinhorchen nach England sicher bewahrt hätte. Liest man aber seine Rede im Zusammenhang, so ist gar kein Zweifel möglich, daß er die Gefahr eines Kriegs für akut hielt und daß er sich durchaus darüber im klaren war, die Sozialdemokratie dürfe, wenn's erst mal zum Klappen käme, nicht anders handeln, als sie 1914 gehandelt hat. Denn der wichtigste Teil seiner Auslassungen behandelte den Generalstreik, dessen Anwendung für den Kriegsfall er mit der ganzen Wucht seiner Beredsamkeit verweigerte.

Während August Bebel also den deutschen Kolonialschwärmern gradeaus zum Munde redete – er sprach von großen Vorteilen, die für Deutschlands Handel in Aussicht ständen, wenn die Kolonisation Marokkos mit geeigneten Mitteln, „gegen die wir auch, wenn sie die rechten wären, nichts einzuwenden hätten", betrieben würde –; während der alte sozialdemokratische Parteiführer solcherart vor den deutschen Imperialisten kapitulierte, waren es in Frankreich wiederum seine Parteigenossen, und wiederum vor allen anderen Jean Jaurès, die den tobenden Zorn ihrer Landsleute zu mäßigen trachteten und mit Erfolg die Einleitung neuer Verhandlungen mit den deutschen Störenfrieden und weiteres Entgegenkommen gegen ihre Ansprüche verlangten. Zwar gab es darüber in ganz Frankreich wie in der ganzen außerdeutschen Welt nur eine Stimme, daß der deutsche Vorstoß die einseitige Aufhebung des Februarvertrags von 1909 bedeutete, worin die Berliner Regierung klipp und klar ihr politisches Desinteressement in Marokko ausgesprochen hatte. Aber Jaurès und seine Anhänger vertraten die Ansicht, daß es sich um reine kapitalistisch-imperialistische Reibungen handelte, bei denen es sich für Sozialisten ziemte, außerhalb des Streitfalls zu bleiben und unter allen Umständen und mit allen Mitteln, einschließlich denen des Massenstreiks, die Völker vor der Not zu bewahren, ihre Köpfe dafür ins Granatfeuer zu halten.

Die Auffassung, als ob bei den Marokkoprovokationen lediglich merkantile Spekulationen verteidigt würden, war irrig. Ich habe oben schon darauf hingedeutet, daß Ausbeuterinteressen erst gesucht und künstlich geschaffen wurden, um Vorwände für viel weiter greifende Bestrebungen zu konstruieren. Das erkannte man in England sogleich deutlicher als in Frankreich. Hier erzeugte die unaufhörliche Behelligung bei der Ausführung vertraglich gesicherter Unternehmungen maßlose Wut, da als ihr Grund einfach das Bedürfnis angesehen wurde, im fremden Gehege zu wildern. In England dagegen witterte man hinter dem Gebaren der Deutschen höchst ehrgeizige und die bisher giltige Organisation der internationalen Herrschaftsverhältnisse in ihrem Bestande bedrohende Pläne. Das ging aus der Aufregung hervor, die der Panthersprung und seine Fortsetzung grade auch in Großbritannien hervorrief. Lloyd George[22] hielt im Juli 1911 eine Rede, die den deutsch-französischen Konflikt plötzlich als deutsch-englische Kriegsgefahr offenbarte, und die Minister Asquith und Grey bestärkten diese Meinung durch wiederholte Warnungen an Berliner Adressen.

Westmarokko deutsch! – das und nicht weniger war in der Tat Sinn und Zweck aller Gewaltkunststücke der deutschen Diplomatie. Aber bloß damit die mit französischem Geld verstärkte Mannesmanngruppe den Prozeß gegen das mit deutschem Geld durchsetzte Schneiderkapital gewönne, verstieg man sich nicht zu der Behauptung, die Franzosen hätten eine offene Tür zugemacht und müßten deshalb einen wichtigen Teil ihres Hauses hergeben. Nein,

---

[22] [David Lloyd George (1863-1945), ab 1916 britischer Kriegsminister.]

man brauchte den Hauseingang, um die Passanten überwachen zu können. Mit einem Wort: man wollte ein deutsches Gibraltar gegenüber dem englischen aufstellen. Man wollte einen Flottenstützpunkt am Eingang zum Mittelländischen Meer haben. Man wollte den Hebel in der Hand halten, mit dem man den Treibriemen des britischen Imperialismus arretieren und den Motor eines deutschen Weltreichs in Schwung setzen könnte. Das Streben nach Westmarokko war das Komplement zu der seit Jahren zielklar verfolgten Politik, aus der Türkei ein deutsches Ägypten zu machen und damit die Zugänge zu beiden Hemisphären aus englischer Verfügung in deutsche zu bringen.

Daß es sich gegen solche Tollheit wehrte, daß es nicht geruhig zusehen wollte, wie die stärkste Landmacht der Erde zugleich Beherrscherin der Meere und aller weltgemeinsamen Rechte würde, daß es sich dem rasenden Plan der Deutschen entgegenwarf, eine unumschränkte, erd- und ozeanumspannende, grenzen- und widerstandslose Welthegemonie aufzurichten, das war der Neid, die Tücke, die ruchlose Intrige des perfiden Albions, das war Englands Schuld als Anstifter und treibende Kraft des Weltkriegs. *Hinc illae lacrimae.*[23]

9. |

Den Krieg mit England hat Deutschland nicht gewollt, weder damals noch nachher: Die Idee war, mit dem Sieg über Frankreich und Rußland den Spaten in die Hand zu bekommen, mit dem später die britischen Weltmachtwurzeln aus dem Boden gehoben werden könnten. Man dachte die gegen die englischen Interessen gerichteten Pläne erst deutlich werden zu lassen, wenn Großbritannien, verlassen von den bis zu jahrzehntelanger Waffenunfähigkeit niedergeschlagenen Kontinentsmächten, isoliert nicht darauf rechnen dürfte, sein natürliches Kriegsmittel, die Blockade wirksam anwenden zu können, da die Absperrung der Nordsee nur bei gleichzeitiger Schließung der wichtigsten Landgrenzen die existenzgefährdende Behinderung der Lebensmittel- und Rohstoffzufuhr nach Deutschland zuverlässig verbürgte.

---

[23] [Lat. *Daher jene Tränen.*]

Der Widerhall, der auf das Kriegssignal von Agadir aus England zurückklang, muß den Herren in der Wilhelmstraße ganz unerwartet in die Ohren gefahren sein. Sie lenkten sogleich ein, indem sie ihr Kompensationsverlangen wesentlich niedriger steckten und zur Entschädigung für ihren Vertragsbruch nur mehr die Abtretung französischen Kolonialbesitzes außerhalb Marokkos begehrten – und erreichten. Erhebliche afrikanische Gebiete wurden an Deutschland ausgeliefert. Zum Verständnis eines solchen Grades von Nachgiebigkeit bei den Franzosen müssen wir uns die psychologische Verfassung der beiden beteiligten Völker vergegenwärtigen. In Frankreich durchdrang bei jeder nationalen Krisis das Geschrei der Chauvinisten alle Straßen, Zeitungen und Caféhäuser, so daß sich in Deutschland die Meinung festsetzen konnte, die westlichen Nachbarn seien eine Horde rach- und raubgieriger Germanophoben, phrasenbetrunkener Narren, die keine heißere Sehnsucht hegten, als herbeigelogener Gründe halber über uns herzufallen und uns zu demütigen, wenn nicht staatlich zu vernichten.

Die Wahrheit ist, daß die Franzosen ein zur Teilnahme am nationalen Geschehen erzogenes Volk sind, daß daher jeder Vorgang in der hohen Politik bei ihnen Gegenstand der öffentlichen Diskussion ist, daß ihre romanische Lebhaftigkeit viel leidenschaftlichere Formen der Auseinandersetzung schafft, als wir sie in Deutschland gewohnt waren. Die leitenden Persönlichkeiten Frankreichs müssen zwar im klassischen Lande der Revolution ihre Entschlüsse viel mehr von der Volksmeinung bestimmen lassen als die nur ihrem Kaiser verantwortlichen deutschen Minister. Sie hören jedoch nicht nur das aufgeregte Eifern der Patrioteska, sondern auch die eindringlichen Friedens- und Versöhnungswünsche der Massen, und ihr Handeln entscheiden sie, soweit das unter dem System der Staaten überhaupt und dem der kapitalistischen Staaten insbesondere möglich ist, nach den Interessen des parlamentarisch vertretenen Volks, dem sie unmittelbar zur Rechenschaft verpflichtet sind. Dies Volk aber ist bestrebt, die Landesangelegenheiten dauernd unter eigener Kontrolle zu halten, und sein aufgeregtes Dreinreden in alle Dinge, die die Republik und ihre internationalen Beziehungen betreffen, kann von keiner französischen Regierung ignoriert werden. Da jeder Franzose, der Proletarier so gut wie der Intellektuelle, das Bewußtsein pflegt, am Schicksal der Nation persönlich beteiligt zu sein, überschreien die Journale einander, um ihren nicht immer sauberen Zwecken Gehör zu erwirken, ohne doch durch den Lärm unmittelbar Entschlüsse und Ereignisse herbeiführen zu können.

Die Deutschen sind dagegen politisch völlig unselbständig. Die verhängnisvollen Lehren des Marxismus haben in den werktätigen Massen keine Spur von jenem Mitbestimmungsdrang geweckt, den die demokratische Ideologie, soll sie je völkerethisch fruchtbar sein können, voraussetzen muß. Die Anteilnahme des deutschen Proletariats am öffentlichen Geschehen beschränkt sich durchaus auf die ödesten materiellen Fragen, auf Steuertechnik und Preissetzung, deren Beurteilung überdies ganz von ihrer momentanen Einwirkung auf das zeitliche Budget des kleinen Manns abhängig gemacht wird. Die Annahme einer gewissen Phraseologie bei der Diskussion dieser Spezies und die jahrzehntelang suggerierte Überzeugung, solche Einstellung in den Weltlauf sei „wissenschaftlicher Sozialismus", haben die deutsche Arbeiterschaft zu einer Selbstgerechtigkeit und anmaßlichen Kritiklosigkeit erzogen, daß ihr der Blick für alles Wesentliche und Bleibende darüber erblindete. Bis zum Anbruch der herrlichen Zeit, bis zur Erweckung aller schlummernden Volkskräfte durch das Wunder vom 4. August, kurz: bis zum Zusammenkrachen der Bettstatt, auf der das deutsche Volk wunschlos träumend geschlafen hatte, war die Beobachtung der Zeitgeschichte vertrauensvoll den schlechtbesoldeten Leitartiklern der liberalen und sozialdemokratischen Tagespresse überantwortet worden, die sich vom Druckereifaktor den Raum für ihre Leidenschaft zumessen ließen und ihr Pensum anhand eines parteipolitisch paragraphierten Leitfadens pflichttreu und gelangweilt abwickelten. Den Lesern genügten diese extemporierten Weltbetrachtungen vollauf für den Bedarf der Skatgenossenschaft, und die Regierung konnte alle Produktivität ihrer historischen Missionen mit der beruhigten Zuversicht walten lassen, daß die Linke nie wußte, was die Rechte tat. Die Rechte aber tat alles. Da sie sich nicht darauf beschränkte, an den Handlungen der Reichsleitung in den auswärtigen Geschäften Kritik anzulegen, sondern durch ihre Presse in ihren verhältnismäßig kleinen Kreis eingeweihter Leser, der sich zumeist aus Offizieren, Hochschul- und Oberlehrern, Pastoren, Industriellen und Gutsbesitzern zusammenfand, wirkliche Agitation hineintrug, erhob sie sich zu einem impulsgebenden Aufsichtsorgan, das durch permanente

Einträpfelung tendenziöser Urteile die „öffentliche Meinung" des ganzen Lands dauernd befruchtete. Die sich als Opposition gebärdende linksgewendete Presse besaß viel zu wenig eigene Orientierung, um die Angaben nachzuprüfen, die ihr von rechts zuflossen. Ihr Temperament gab sich in der ewigen Wiederholung von Forderungen aus, die sich auf gewisse politische Verhältnisse im Inlande bezogen (preußisches Wahlrecht!), und so versuchte das Gift der nationalistischen Einflüsse nicht bloß alle Regierungsentschlüsse zu infizieren, da sich die verantwortlichen Gewalten nur von dieser Seite beaufsichtigt sahen, sondern die blaublütige Beurteilung der deutschen Auslandspolitik färbte zugleich auf die gesamte, aus demokratischen Röhren gespeiste Publikumsmeinung ab.

So kam es, daß ins deutsche Volk grundsätzlich nur die Pariser Stimmen drangen, die die Schallrohre der deutschen Machtstreber wiederzugeben nützlich befanden, jene Boulevardstimmen eben, die durch Kraftaufwand ihre Einflußlosigkeit wettzumachen suchten. Von der eindringlichen Tätigkeit der friedenbegehrenden Mehrheit des französischen Volks erfuhr der deutsche Zeitungsleser so gut wie nichts; er bedauerte nur kopfschüttelnd die chauvinistische Verrücktheit der Nachbarnation.

Dagegen wirkte der kontinuierliche Vorwurf der Alldeutschen, die Nachgiebigkeit der Reichsregierung demütige den deutschen Namen vor der Welt, auf die „Opposition" so einschüchternd, daß in der Überzeugung der Masse die deutsche auswärtige Politik mit dem Glorienschein der friedfertigsten Sanftmut umstrahlt war, während sich in Wahrheit die Regierung längst zur Exekutive der hemmungslosesten imperialistischen Begehrlichkeit herausgebildet hatte.

Grade der Vertrag, der die monatelang schwelende Kriegsgefahr am 4. November 1911 endlich löschte, schuf in Deutschland jene Atmosphäre enttäuschter Beruhigung, in der die imperialistische Kanonenlogik der Machtapostel stets am üppigsten gedieh. In diesem Vertrag erhielt Deutschland ein bedeutendes Stück des französischen Kongogebiets mit rund einer Million farbiger Einwohner zugesprochen, wogegen es als Äquivalent nichts weiter zu leisten hatte als die Anerkennung des französischen Protektorats über Marokko. Sachlich war das Protektorat in den Jahren 1904, 1905, 1906 und 1909 immer wieder anerkannt worden. Nach den Erfahrungen mit den

Berliner Auslandsinstanzen schien aber den Franzosen die ausdrückliche Protokollierung auch des Worts so wichtig für die Weiterführung ihrer Marokko-Kolonisation und für die Beseitigung von Vorwänden, die eine neue deutsche Einwirkung begründen könnten, daß sie dafür den Preis eigenen Besitzes zur Vergrößerung Deutsch-Kameruns nicht zu teuer fanden. Das war ein Entgegenkommen und eine Verzichtpolitik, wofür es nur eine Erklärung gibt: den entschlossenen Willen, einem Kriege, so lange der böse Nachbar nur irgend Ruhe zu geben versprach, auszuweichen. Aus der Perspektive eines Machtpolitikers, sollte man meinen, wäre demnach der Ausgang des diplomatischen Handels als großer Erfolg der deutschen Regierung zu werten gewesen. Die Regie der Claß-Gemeinde[24] sorgte indessen dafür, daß der geglückten Nötigung in Afrika im ganzen Reich das Zeugnis eines jammervoll schlappen Zurückweichens der deutschen Regierung vor französisch-englischer Anmaßung ausgestellt wurde. Hohn und Gelächter ergoß sich aus allen publizistischen Weisheitsfontänen über die jämmerliche Schwächlichkeit der Reichsleitung, die sich mal wieder von gerissenen Auslandsagenten elend hatte übers Ohr hauen lassen, und die Fauna des deutschen Sprachparadieses belebte sich mit jener schlaferzeugenden Tsetsefliege, die nun wochenlang als Symbol Bethmannscher Staatsmannsnaivität unsre von satirischem Radikalismus geschwängerten Witzblätter durchschwirrte.

Über solchen Scherzen war die entsetzliche Nähe der Weltkatastrophe auf der linken Seite der deutschen Meinungsfabrik fast gar nicht bemerkt worden. Zwar stand am 8. November 1911 in einem Rückblick auf den jüngsten Marokkokonflikt in der *„Frankfurter Zeitung“* zu lesen: „Im Momente, wo Lloyd George sprach, bestand, wie wir aufs genaueste informiert sind, die akute Gefahr eines Kriegs zwischen Deutschland und England ...“, aber die belfernde Wut der Expansionäre über die Retirade der Regierung erzielte den Erfolg, daß bei der liberalen und revolutionären Demokratie Deutschlands die Rettung des Friedens nur der – wenn auch etwas übertriebenen – Nachgiebigkeit des Berliner Auswärtigen Amts zugeschrieben wurde.

Welche Erwägungen tatsächlich die Entscheidung der Drahtzie-

---

[24] [d. i. der Alldeutsche Verband]

her herbeiführten, den Krieg mit England lieber zu vermeiden und sich fürs erste mit dem nächsterreichbaren Stück Französisch-Afrikas zufriedenzugeben, erfährt man zuverlässig von dem vortrefflich unterrichteten imperialistischen Verteidiger der Reichspolitik Paul Rohrbach. Sein sehr instruktives, vor Beginn des Weltkriegs konzipiertes und begonnenes, im Herbst 1914 beendetes Buch *„Der Krieg und die deutsche Politik"* (Verlag Das größere Deutschland, Weimar 1915) erklärt diese Zurückhaltung folgendermaßen (S. 70 f.): „Dabei muß man sich stets vergegenwärtigen, daß wir mit Rücksicht auf den unfertigen Stand unserer Flotte nicht in der Lage waren, es ohne wirkliche Not zum Äußersten kommen zu lassen – was den Gegnern natürlich nicht unbekannt war. Wenn nun von der sogenannten alldeutschen Seite her während der Marokkokrisis von 1911 gegen die deutsche Politik der Vorwurf der Schwäche gemacht worden ist, so erledigt sich diese falsche Idee allein schon dadurch, daß, als wir den Panther nach Agadir schickten, der Umbau des Nord-Ostsee-Kanals noch mitten im Werk, der Ausbau von Helgoland zu einer großen Seefestung lange nicht vollendet und unsre Flotte an Dreadnaughts[25] und Hilfswaffen gegenüber der englischen Seemacht ein bedeutend ungünstigeres Verhältnis aufwies als drei Jahre nachher. Sowohl der Kanal als auch Helgoland, aber auch die Flottenstärke waren im Vergleich zum gegenwärtigen Jahre, 1914, teils stark zurück, teils überhaupt noch nicht kriegsbrauchbar." (Es verlohnt sich, zu bemerken, daß dieses Zitat dem Teil des Rohrbachschen Buchs entstammt, der vor Ausbruch des Kriegs geschrieben ist.)

Hier erweist sich, vor wem die Diplomatie der Herren Bethmann-Hollweg und Kiderlen-Wächter im Jahre 1911 zurückgewichen ist: nicht vor der französischen Regierung, der unter verwegenem Beleidigttun ein starkes Opfer an Prestige und eignem imperialistischen Ehrgeiz abgejagt wurde; noch weniger vor der pazifistischen Internationalgarde marxistischer und bürgerlicher Observanz, deren Mitstolpern in den Krieg man sich völlig sicher wußte – sondern ausschließlich vor der Erkenntnis, in der Aufstellung der kriegerischen Vorbilanz einen psychologischen Posten übersehen zu haben – die überlegene Weitsichtigkeit der Engländer. Es war da-

---

[25] [Dreadnaughts = Britische Großschlachtschiffe, „Fürchtenichtse".]

her vor der Wiederaufnahme der westlichen Schikane-Offensive geboten, die Rüstungen, vornehmlich die maritimen, in beschleunigtem Verfahren für alle Eventualitäten, besonders für den Zweck der Einschüchterung, mächtig zu fördern und zugleich eine Verständigungspolitik mit dem Londoner Kabinett anzubahnen, um, bei künftigen Bemühungen, französische Vertragsverletzungen zu ermitteln, peinlichen Überraschungen von dorther vorzubeugen.

Solchen künftigen Gelegenheiten vorzuarbeiten, waren die Klagelieder der Kriegsenthusiasten von der ersten Stunde des vorläufigen Scheiterns ihrer Pläne zielbewußt gewidmet. Darum wurde dem neuen Marokkovertrag jeder Schimpf angehängt, darum wurde er dem Volk als traurigste Niederlage und blamabelstes Dokument deutscher Genügsamkeit denunziert, darum ließ man keinen Tag verstreichen, den nichtswürdigen welschen Betrug mit diesem Abkommen in vaterländischer Scham zu bejammern, um den von den Franzosen aufseufzend abgetanen Stank am Leben zu erhalten, ihn in jedem passenden Augenblick, noch warm von erlittener Schmach, bei der Hand zu haben. Zweifler könnten mir einwenden: Vorwürfe von solchem Gewicht soll man nicht erheben, ohne sie beweisen zu können. Wenn die Indizien nicht genügen, die aus dem ganzen Verlauf des Marokkohandels schuldbildend über dem alldeutschen Kriegsfanatismus zusammenströmen, für den sei das Zeugnis eines der Kriegstreiber selbst aufgerufen, ein Zeugnis, das mir erst in die Hände fiel, als der hier vorgetragene Gedankengang im Umriß längst feststand. Der preußische General v. Bernhardi, einer der hellsichtigsten und zugleich aufrichtigsten Vorkämpfer des Kriegs um des Kriegs willen, schreibt in seinem 1912 erschienenen Werk *„Deutschland und der nächste Krieg"*, einem Buch, das vor Ausbruch des Weltkriegs nur von den Parteigängern des Verfassers und von Engländern in seiner vollen Bedeutung erkannt wurde, über den Vertrag von 1911: „Das Kongo-Abkommen mit Frankreich ist der Revision ebenso fähig wie die Algeciras-Akte und bietet in dieser Hinsicht sogar den Vorteil, daß es zahlreiche neue Reibungsflächen mit Frankreich schafft ..." Hier ist also das zynische Eingeständnis, daß die „Reibungsflächen", die die angebliche Betölpelung Deutschlands zwischen den Nachbarländern von neuem „schafft", als „Vorteil" für später zu arrangierende Konflikte zu bewerten seien. Mit welcher Beschwingtheit des Gewissens aber dieser

General und seinesgleichen bereit waren, pedantische Bedenklichkeiten bei der Herstellung der beliebten „vollen Handlungsfreiheit" gegen Vertragskontrahenten beiseite zu stellen, das verrät er in seinem Buch „*Unsere Zukunft*" (das er dem größeren Werk im gleichen Jahre folgen ließ) mit diesem Bekenntnis: „Von keinem Staat kann gefordert werden, daß er einer formalen Rechtsverbindlichkeit zuliebe seine eigne Existenz aufs Spiel setzt, wenn er sie auf anderem Wege besser und sicherer erhalten kann."

Als es im Sommer 1914 „losging", war die Marokkoaffäre noch nicht wieder zur Konfliktsreife gediehen. Der Gang der Ereignisse hatte während der drei letzten Friedensjahre die deutsche Existenz mehr in den östlichen Bezirken unserer „Belange" aufs Spiel gesetzt. Dies erklärt, warum der nahezu ein Jahrzehnt im Rohr gewärmte Kriegsgrund gegen Frankreich im entscheidenden Augenblick ungenutzt blieb und warum Herr v. Bethmann und sein Troß die formalen Rechtsverbindlichkeiten Deutschlands endlich an einem anderen Punkt durchbrechen mußten als an dem mit liebevoller Ausdauer immer von neuem angesägten Streitpfahl der Marokkoverträge.

10. |

Der tripolitanische Feldzug und kurz darauf der Balkankrieg von 1912 rückten das Bedürfnis, die Franzosen zu ärgern, für einige Zeit etwas in den Hintergrund. Der Ausgang des Marokkohandels wirkte zunächst in Frankreich spürbarer nach als in Deutschland. Der Ministerpräsident Caillaux mußte seinen Platz Herrn Poincaré überlassen, der zugleich das Ministerium des Äußeren aus den Händen des Herrn de Selves in die eignen nahm. Die Kammersitzungen, in denen dieser Szenenwechsel herbeigeführt wurde, zeichneten sich in ihrem kritischen Teil nicht allein durch die übereinstimmende Beurteilung des Novemberabkommens als schlimme Übervorteilung der französischen Interessen aus (gleichwohl ratifizierte das Parlament den Vertrag um des Friedens willen), sondern besonders durch die einmütige Verdammung des geheimdiplomatischen Verfahrens, das Frankreich in die Not kriegerischer Gefährdung und zum Abschluß eines schlechten Geschäfts gebracht hatte. Nicht über seine Deutschfreundlichkeit, wie hierzulande geflissentlich behauptet wurde, sondern über seine Dunkelkammerpolitik stürzte das Ministerium Caillaux (10. Januar 1912), was verzeichnet zu werden verdient, weil es in Deutschland weder im gegenwärtigen Fall noch bei anderen Gelegenheiten beliebt wurde – es sei denn in theoretischen Erörterungen einzelner belächelter Querköpfe –, die Behandlung der elementarsten Lebensinteressen des Volks als okkulte Privilegwissenschaft einiger durch fürstlichen Machtspruch dazu berufener Adelspersonen mißfällig zu kritisieren. Die gänzliche Abwesenheit aufsichtübender Kritik beim deutschen Volk mag immerhin als mildernder Umstand für die diesseitigen Politiker gebucht werden, deren Schuldkonto an Entlastungsposten wahrlich Mangel leidet.

In Deutschland, wo das obrigkeitliche Verfassungsregime eine Nachahmung des französischen Verhaltens eo ipso ausschloß, waren die ersten Folgen des letzten Marokkoakts mehr mittelbarer Art. Ein Begräbnis der Angelegenheit, wie sie die Beseitigung der beteiligten Regierung in Frankreich darstellte, kam hier gar nicht zur Erwägung. Konnte man schon mit dem Leichnam der westmarokkanischen Sonnenplatzidee zur Zeit nichts rechtes mehr anfangen, so versuchte man wenigstens, ihn zu galvanisieren: vielleicht war er bei gelegenem Anlaß doch wieder zum Leben zu erwecken. Der Reichstag wurde im Dezember 1911 – drei Monate vor seinem natürlichen Ende – heimgeschickt, und der neugewählte mit seinen 111 Sozialdemokraten hörte als erste Botschaft in der Thronrede die Mitteilung, daß eine neue große Wehrvorlage zu bewilligen die Sicherheit des Vaterlands zu Lande und zu Wasser unbedingt von ihm verlangen müsse. Am 28. Januar 1912 aber war in Berlin unter Anführung des rührigen Generals Keim der deutsche Wehrverein gegründet worden, bestimmt, die Erhaltung mannhaften Geistes und die Stärkung vaterländischen Bewußtseins im deutschen Volk zu pflegen und in allen deutschen Gemütern die Notwendigkeit einer innerlich festen und äußerlich genügend starken Wehrmacht zur Erkenntnis zu bringen, um den Schutz der deutschen Grenzen und die Kräftigung der deutschen Machtstellung in der Welt dauernd zu verbürgen und zu heben. Als Propaganda für zahlreichen Beitritt diente von Anfang an die Behauptung des traurigen Fiaskos der deutschen Diplomatie in den Marokkowirrnissen. Die absolute Unerläßlichkeit der Heeres- und Flottenvermehrung war also mit hinlänglicher Gründlichkeit jedem patriotisch fühlenden Herzen plausibel geworden, als im April die Gesetzentwürfe über die Erhöhung der Friedenspräsenzstärke des Heeres, die Vergrößerung der Flotte und die Beschaffung der dazu erforderlichen Mittel dem Reichstag vorgelegt wurden.

17 Bataillone Infanterie, 6 Eskadrons Kavallerie, 41 Batterien Feldartillerie, 4 Bataillone Pioniere, 2 Bataillone Train und 1 Bataillon Verkehrstruppen in gemeinsamer Gestalt zweier Armeekorps wurden für die stehende Landmacht neu aufgestellt, und das Schlachtflottenprogramm von 1906 wurde von vier auf fünf Geschwader von je 8 Linienschiffen nebst etlichen großen und kleinen Kreuzern erhöht, so daß der vorgesehene Bestand an Kampfkriegsschiffen von 66 auf 83 Fahrzeuge stieg. Eine merkliche Opposition gegen diese herausfordernde Gesetzvorlage kam, außer dem handwerksmäßigen Agitationsgeklapper der Sozialdemokraten gar nicht zum Vorschein. Der Reichstag nahm das ganze Programm ohne lange Umständlichkeiten an, so daß die Gesetze schon am 14. Juni verkündet werden konnten. Genau vier Monate vorher aber war der britische Kriegsminister und Friedensfreund Lord Haldane[26] im Auftrage seiner Regierung in Berlin gewesen, um die die Atmosphäre trübenden Nebel der Agadirkrisis zerstreuen zu helfen und einer freundschaftlichen Annäherung der beiden Reiche das Portal zu bauen. Die Wirkung, die das vier Wochen nach dem Besuch vorgelegte und dann Hals über Kopf genehmigte und verkündete Gesetz auf die Versöhnungsstimmung in Großbritannien ausübte, ist unschwer auszudenken. Die trostlose Erkenntnis, daß alles Streben nach internationaler Verständigung von den sich fortgesetzt erhöhenden Bergen der deutschen Wehrmachtorganisation abglitt, war von bitterer Nahrung gespeist worden.

Das Resultat der abgeschlossenen Marokkodifferenzen stellte sich demnach in den drei nächstbeteiligten Ländern so dar: in Frankreich Verabschiedung der regierenden Persönlichkeiten, die in schwieriger Situation ohne ständige Verbindung mit den Volksmandataren die drohende Gefahr nur durch einen nachteiligen Handel abzuwenden wußten; in England schleunige Anbahnung direkter

---

²⁶ [Viscount Richard Burdon Haldane (1856-1928), britischer Kriegsminister – vertrat eine ‚gemäßigte Haltung' gegenüber Deutschland.]

Unterhandlungen mit dem Widerpart über grundsätzliche Abstellung konflikthaltiger Momente in den beiderseitigen Staatsinteressen; in Deutschland, unter gänzlicher Ignorierung des Verhaltens der Konkurrenz, unverzügliches Rüsten zu neuen Taten im alten Stil.

In diesem Zusammenhange scheint es wertvoll, zur Erfassung des Geistes, in dem vor dem Kriege Verständigungsverhandlungen geführt wurden, bei dem Berliner Besuch des Herrn Haldane betrachtend anzuhalten. Das Material, das mir darüber zur Verfügung steht, beschränkt sich ganz auf deutschamtliche Kundgebungen, nämlich auf polemische Artikel der *„Norddeutschen Allgemeinen Zeitung"* vom 6. Oktober 1914 sowie vom 3. April, 17. Juli und 8. September 1915, die in der von Eduard Bernstein im Verlag der Buchhandlung Vorwärts (Paul Singer G.m.b.H.) herausgegebenen Sammlung *„Dokumente zum Weltkrieg 1914"* zusammengestellt wird (Heft XIV: Das deutsche Weißbuch, II. Ergänzungsheft, 2. Teil, Aus den Veröffentlichungen der „Nordd. Allgem. Ztg."). Ein den Gegenstand erschöpfendes Eingehen auf diese Publikation verbietet sich aus Raumgründen von selbst, doch wird schon ein flüchtiger Überblick genügen, um aus den durchaus parteiisch getönten Darstellungen der Bethmann-Hollwegschen Regierung ein Bild zu gewinnen, das Objekt und Gruppierung gerecht unterscheiden läßt. Auf die keifenden Unterstimmen der Artikel, die den gegenwärtigen Krieg als von Rußland und England provoziert unterstellen und damit schon die Angebote von 1912 als lügenhaft beweisen wollen, ist hier nicht einzugehen. Die weitere Abwandlung des Schuldproblems wird über diese *Haltet-den-Dieb*-Taktik alle nötige Klarheit schaffen. Hier sind einfach die Tatsachen der Verhandlungen selbst aneinander abzumessen.

Über die Initiative des Besuchs obwalten keine Meinungsverschiedenheiten. „Lord Haldane war nach Berlin gekommen", heißt es in dem April-Artikel, „um die Grundlagen für eine Annäherung zwischen Deutschland und England zu erörtern. Der Zweck der während seines hiesigen Aufenthalts gepflogenen Verhandlungen war, den Zustand der Spannung zwischen beiden Ländern zu beseitigen, der besonders während der Marokkokrisis von 1911 gelegentlich bedrohliche Formen angenommen hatte." Dies, das Wegräumen friedensgefährdender Störungen in den deutsch-britischen Beziehungen, war das *punctum saliens* in den Besprechungen. Ob dabei die gegen die belgische Neutralität gerichteten Absichten der deutschen Militärs schon berührt wurden, was Haldane später behauptete und Bethmann bestritt, hat sekundäre Bedeutung, da das Aufwerfen dieser Frage schon den Fall eines europäischen Kriegs voraussetzte, dem die Mission des englischen Ministers eben vorbeugen sollte. Es kam darauf an, eine Vereinbarung zustande zu bringen, die zugleich für Frankreich und Rußland als Warnung diente, Deutschland in der Hoffnung auf englische Unterstützung anzugreifen, und Deutschland verhinderte, im Vertrauen auf das Neutralbleiben Englands einen Angriff gegen die Nachbarn zu unternehmen. Nur so konnte die Absicht der englischen Regierung bei der Entsendung Haldanes gedeutet werden, dessen Auftrag nach einer Rede des Premierministers Asquith, auf die sich der Artikel vom 6. Oktober 1914 bezieht, sich als die Überbringung einer Mitteilung an die Berliner Regierung charakterisierte. „In dieser Mitteilung", sagte Asquith, „wurde erklärt, daß England Deutschland nicht angreifen noch einen Angriff auf Deutschland unterstützen werde, den Deutschland nicht herausfordere. Das war ein klarer Vorschlag. Aber man ging in der Wilhelmstraße nicht auf ihn ein, sondern präsentierte als ‚geeignetste Grundlage' für den Abschluß eines gegenseitigen Neutralitätsvertrags folgende Formulierung: ‚Sollte einer der hohen Vertragsschließenden in einen Krieg mit einer oder mehreren Mächten verwickelt werden, so wird der andre Vertragsschließende den in den Krieg verwickelten Vertragsschließenden gegenüber zum mindesten wohlwollende Neutralität beobachten und nach allen Kräften für die Lokalisierung des Konflikts bemüht sein'."

Plump, happig, ungeniert langen hier die Diplomatenhände der Wilhelmstraße in das Gabennetz des Engländers und fischen heraus, was sie für ihre in Jahr und Tag gehüteten Heldenpläne brauchen können. Die Bedingung, die den Zugang zum Londoner Anerbieten erst aufklinkt, nämlich der deutsche Verzicht auf Herausforderung, wird einfach übersehen, die hocherwünschte Enthaltung Englands von Angriff und Angriffsunterstützung behende zur „zum mindesten wohlwollenden Neutralität" verrenkt und diese Fesselung der Entschlüsse mit der Verpflichtung, für die „Lokalisierung des Konflikts" bemüht zu sein (soll heißen, die Bundesgenossen des Kriegsgegners zum Vertragsbruch zu verleiten), auf jeden

Krieg ausgedehnt, in den man, Gott weiß wie, „verwickelt" werden möchte.

Von was für Geistern, wird man fragen dürfen, müssen die Herren v. Bethmann und seine Trabanten umschattet gewesen sein, daß sie sich getrauten, die Kollegen von der Themse gradezu als Idioten zu behandeln! Waren sie selbst so naiv, nicht zu merken, daß die Formel ihres Vertragsentwurfs dem Partner genau das Gegenteil von dem vorschlug, was der Zweck der Unterhandlung war? Sahen sie nicht, daß die Engländer ihre Freundschaft antrugen, um die Deutschen von Sorgen zu entlasten, die sie zum Friedensbruch verleiten könnten, und daß ihr Gegenantrag die Zumutung enthielt, die dargereichte Freundeshand solle die des Spießgesellen sein, um dem Kumpan freie Willkür für jedes Abenteuer zu sichern? Oder glaubten sie, die kühlen und gescheiten Briten mit einem dummdreisten Verdrehungskniff so weit um Urteil und Blick schwatzen zu können, daß Haldane, Asquith und Grey, umnebelt von den Dünsten des Berliner Auswärtigen Amts, das vertraglich garantieren würden, was zu verhindern ihr Ziel war? Die Beobachtungen der großen Zeit haben uns belehrt, daß die absonderlichen Zeitgenossen, denen das Schicksal Deutschlands in diesen Heilsjahren anvertraut ist, in der Tat glauben, den Regierungen und Völkern der ganzen Welt jedes Ammenmärchen als lautere Wahrheit auftischen zu können, ebenso wie sie, unterstützt von einer würdelos gefälligen Presse, dem Publikum des eignen Lands jahrelang mit treuherziger Miene die absurdesten Geschichten eingeredet haben, ohne auf Kritik oder gar auf Widerspruch zu stoßen.

Lord Haldane war höflich genug, das Ansinnen nicht als Beleidigung, sondern als ein Mißverstehen seiner Mitteilung aufzufassen. Statt also ohne weiteres abzureisen, legte er diese neue Formel vor: „England wird keinen unprovozierten Angriff auf Deutschland machen und sich einer aggressiven Politik gegen Deutschland enthalten. Ein Angriff auf Deutschland ist in keinem Vertrage enthalten und in keiner Kombination vorgesehen, der England zur Zeit angehört, und England wird keiner Abmachung beitreten, die einen solchen Angriff bezweckt." Man sieht: Verpflichtungen sind in diesem Entwurf nur für England enthalten. Der Wunsch, sie vertraglich einzugehen, beruhte einzig auf der Befürchtung, der deutsche Kontrahent werde ohne solches bindende Dokument leichter geneigt sein,

sein bisher geübtes Verfahren zur welterschütternden Katastrophe zu treiben. Daher die Klausel, daß die freiwillige Beschränkung Englands nur so lange Geltung haben solle, wie Deutschland ein verändertes Verhalten nicht provoziere. Der Wunsch, dem Frieden zu dienen, ist zu deutlich, als daß sein Nachweis ein Plädoyer erforderte.

Ein Kind versteht den Zusammenhang; die deutsche Regierung verstand ihn nicht. Für sie war der Vorschlag „unannehmbar". „Abgesehen von der Dehnbarkeit des Begriffs „unprovozierter Angriff", erklärt ihr Organ, „konnte lediglich das Versprechen, über den anderen Vertragsschließenden nicht grundlos herfallen und keine aggressive Politik gegen ihn treiben zu wollen, unmöglich die Grundlage zu einem besonderen Freundschaftsvertrage bilden. Die in dem englischen Vorschlag enthaltenen Zusicherungen sind Selbstverständlichkeiten in den gegenseitigen Beziehungen zivilisierter Staaten." Es wird sich später, besonders bei der Prüfung der deutschen Kriegserklärung an Frankreich, herausstellen, daß Deutschland nach der Definition seiner eigenen Regierung im August 1914 nicht zu den zivilisierten Staaten zu rechnen war.

Gänzlich ignorieren konnten die Bethmänner die entscheidende Stelle des englischen Angebots nun doch nicht mehr. Im Bestreben, sie aus der Welt zu interpretieren, schwitzte man daher eine neue Formulierung aus, die so hieß: „Sollte einer der hohen Vertragsschließenden in einen Krieg mit einer oder mehreren Mächten verwickelt werden, bei welchem man nicht sagen kann, daß er der Angreifer war, so wird ihm gegenüber der andere zum mindesten eine wohlwollende Neutralität beobachten und für die Lokalisierung des Konflikts bemüht sein. Die hohen Vertragschließenden verpflichten sich, sich gegenseitig über ihre Haltung zu verständigen, falls einer von ihnen durch offenkundige Provokation eines Dritten zu einer Kriegserklärung gezwungen sein sollte."

Diese Urkunde wäre eines eigenen Buchs wert. Sie enthält *in nuce* die ganze Vorgeschichte der Kriegsveranstaltung und den Beweis, daß man in Berlin schon im Februar 1912 genau wußte, wie der beabsichtigte Angriffskrieg als Defensivaktion zu frisieren wäre. Schon damals war der Krieg beschlossen und seine Rechtfertigung als Präventivkrieg festgelegt. Anders ist das angstvolle Herummanövrieren um den Passus, daß das Abkommen nur für einen von

Deutschland nicht provozierten Krieg gelten solle, gar nicht zu erklären. Diesem hohen Vertragschließenden war schon damals der Gedanke, daß der Schuldursprung des Kriegs dereinst werde verschleiert werden müssen, völlig vertraut. Er brachte es zweieinhalb Jahre bevor der von England befürchtete Fall Ereignis wurde, fertig, sein künftiges Alibi mit der Formel zu umkleiden: „… bei welchem (Kriege) man nicht sagen kann, daß er der Angreifer war", womit er denn dem vermeintlich allzu dehnbaren Begriff „unprovozierter Angriff" eine beim besten Willen nicht mehr zu überbietende Ausweitung schuf und die Entscheidung darüber, wer angefangen hatte, der Liberalität der eigenen Auslegung zuwies. Die englischen Unterhändler aber sollten, nachdem so die *conditio sine qua non* ihres Antrags wegamputiert war, nicht bloß außerhalb des Streits bleiben, sondern zum mindesten „wohlwollende Neutralität" üben und, wie mit schöner Konsequenz wiederum verlangt wurde – „für die Lokalisierung des Konflikts bemüht sein". Daß dies zweite Begehren auf die Anregung hinausläuft, England solle im Kriegsfalle die deutschfeindlichen Bündnisse sprengen, wurde schon oben in Parenthese erklärt. Das Wohlwollen in der Neutralität aber bedeutet nichts anderes als Vorschubleistung bei der Kriegführung, wie sie etwa Griechenland durch die Einladung der Entente nach Saloniki für England und Frankreich, und Schweden durch Sperrung der Kogrundrinne für Deutschland in diesem Kriege betätigte.

Herr Haldane gab den Kampf immer noch nicht auf. Er erhielt von Sir Edward Grey die Ermächtigung, noch weiter entgegenzukommen und, wie sich die *„Nordd. Allg. Ztg."* ausdrückt, den „ersten Absatz seines früheren Vorschlags in folgender, inhaltlich jedoch bedeutungsloser Form abzuändern": „Da die beiden Mächte gegenseitig den Wunsch haben, Frieden und Freundschaft untereinander sicherzustellen, erklärt England, daß es keinen unprovozierten Angriff auf Deutschland machen und sich an einem solchen auch nicht beteiligen wird, auch wird es sich einer aggressiven Politik gegen Deutschland enthalten." Wieder also übersieht die englische Regierung ostentativ die intriganten Anbiederungen der deutschen. Wieder beschränkt sie sich auf Verpflichtungen, die einseitig nur sie selbst binden, kommentiert sie aber durch die ausdrückliche Motivierung, daß durch den Vertrag Friede und Freundschaft zwischen beiden Mächten sichergestellt werden sollen. Es war nun außer

Zweifel gestellt, was Grey wollte, und was er nicht wollte, nämlich: Deutschland sollte vor Angriffen von West und Ost Ruhe haben, indem dem sich verteidigenden Lande die englische Neutralität auch gegen die Verbündeten Großbritanniens zugesichert wurde, zugleich aber sollte Deutschland vom eignen Angriff und von Provokationen zurückgehalten werden, indem für diesen Fall die englische Bereitschaft drohte, den Gegnern Deutschlands Beistand zu leisten. Jetzt blieb Herrn v. Bethmann auch nichts anderes mehr übrig, als Farbe zu bekennen. Um „ein äußerstes Entgegenkommen zu erweisen", machte die Kaiserliche Regierung „weitere Verhandlungen von der Ergänzung (der Greyschen Formel) durch folgenden Zusatz abhängig: „England wird daher selbstverständlich wohlwollende Neutralität bewahren, sollte Deutschland ein Krieg aufgezwungen werden." Also Abbruch der Vertragsverhandlungen, falls nicht die Neutralität Englands als wohlwollend, d. h. hilfskräftig, zugesichert und falls nicht ein deutsches Präventivgetue als „aufgezwungener Krieg" betrachtet würde.

„Sir Edward Grey", erzählt Bethmanns Organ, „lehnte es ab, über die aufgrund eines Beschlusses des englischen Kabinetts angebotene Formel hinauszugehen. Er begründete seine Ablehnung mit der Besorgnis, andernfalls die bestehenden Freundschaften Englands mit anderen Mächten zu gefährden. Hierauf verzichtete Deutschland auf Fortführung der Verhandlungen." Es bedarf keiner Rabulistik, um begreiflich zu machen, wer bei diesen Auseinandersetzungen dem allgemeinen Frieden dienen wollte und wer, verstockt gegen den Gedanken eines dauernden Friedens, daraus im Falle des Kriegs für sich selbst eine Flankensicherung herauszudiplomatisieren hoffte. „… sollte Deutschland ein Krieg aufgezwungen werden"! – Wie vertraut klingt uns heute die Redensart vom „aufgezwungenen Krieg"! Hier erscheint sie zum ersten Mal als Abwehrversuch gegen die Verpflichtung Englands, keinen „unprovozierten Angriff" zu unternehmen. Man wußte eben schon damals vollkommen gewiß, daß niemand anders als man selbst dereinst zur Attacke blasen werde, und – hatte man schon sonst nichts aus der Vergangenheit gelernt – soviel war doch aus den Geschichtsbüchern haftengeblieben, daß noch kein Angreifer in irgendeinem Krieg um Gründe verlegen war, sein Losschlagen als aufgezwungenen Notwehrakt zu bewimmern.

Sir Edward Grey hatte bei der Ablehnung des jedesmal erneuten deutschen Begehrens, die unbedingte Garantie der wohlwollenden Neutralität Großbritanniens auch für den Fall zu erlangen, daß man die Frage, wer provoziert hätte, umstreiten könnte, die Gefährdung der schon befestigten Freundschaften Englands hervorgehoben. Da das Bestehen der Tripleentente für die gesamte zeitungslesende Welt keinen Schatten eines Geheimnisses an sich trug, ist es erwähnenswert, daß den Regierungsmännern des Deutschen Reichs die Tatsache dieses Bundesverhältnisses entgangen war. Sonst wäre die Entrüstung nicht recht zu begreifen, mit der der Leitartikel der *„Nordd. Allg. Ztg."* vom 8. September 1915 die dort ausführlich wiedergegebenen Berichte des Botschafters Graf Metternich über die nach Haldanes Rückkehr in London weitergeführten Verhandlungen glossiert. „Aus der Berichterstattung des Grafen Metternich geht aber klar hervor, daß die englischen Minister damals ganz unumwunden zugegeben haben, daß die Sorge um die Beziehungen Englands zu Rußland und Frankreich für ihre Haltung ausschlaggebend sei." Allerdings empörend: Diese englischen Minister fürchten aus guten Gründen deutsche Kriegsabsichten gegen die verbündeten Länder Rußland und Frankreich. Bei ihrer Auffassung von Staatsinteressen, die übrigens mit den deutschen im großen ganzen übereinstimmen, rechnen sie mit der Möglichkeit, England könne durch die händelsüchtige Art der Deutschen in die Streiterei hineingezogen werden. Da die Beteiligung Englands den Deutschen keineswegs willkommen sein kann, halten sie es für richtig, um der ganzen Eventualität vorzubeugen, freundschaftlich zu verhandeln und die Verpflichtung anzubieten, sich fernzuhalten. falls von Deutschland aus der Friede gewahrt bleibt. Die Gegenvorschläge der also Umworbenen gehen darauf aus, England ganz allgemein in die Zusage einzufangen, Deutschland in seinen stillen Machenschaften nicht zu stören und deren Resultate – wir werden schon dafür sorgen, daß uns die aufgezwungen werden – wohlwollend zu betreuen. Das brächte aber England natürlich in Widerstreit zu seinen alten Freunden, und dieser Einwand wird aufrichtig angegeben. Ha!, da ist das Eingeständnis! Sie haben es „ganz unumwunden zugegeben", daß sie die Freundschaft mit uns nicht um den Preis eingehen wollen, mit ihren älteren Freunden darüber in Krieg zu geraten! Wer jetzt noch nicht einsieht, daß alle Teufeleien gegen Deutschland im *Foreign Office* ausgebrütet worden sind, dem ist nicht zu helfen!

Es ist zwar wahr, daß dem deutschen Volk diese kindischen Argumente für Englands Schuld erst mitten in den Kriegswirren vorgesetzt wurden, so daß die gläubige Hinnahme der Regierungslogik auf das Konto der allgemeinen Psychose gesetzt werden kann. Aber es ist ebenso wahr, daß vorher von den Verhandlungen in Deutschland so gut wie gar nichts bekannt war, ja, daß zur Zeit ihrer Aktualität der Besuch Haldanes in derselben *„Nordd. Allgem. Ztg."* als Privatangelegenheit des Ministers ohne politische Bedeutung angezeigt wurde.

„Deutschland", hieß es im Bericht, „lehnte weitere Verhandlungen ab." Nein – „Deutschland" hatte von den Verhandlungen keine Ahnung, und wenn „Deutschland" ein Vorwurf trifft, so ist es der, daß es der Bethmannschen Regierung erlaubte, sich als „Deutschland" zu bezeichnen.

Aus den in dem offiziösen Artikel ausführlich wiedergegebenen Berichten des Botschafters Graf Metternich über seine im Februar und März fortgesetzten Besprechungen mit Lord Haldane und Sir Edward Grey gehen keine Tatsachen hervor, die am Eindruck der Berliner Verhandlungen, wie er hier festgehalten ist, irgend etwas ändern können. Wesentlich ist höchstens, daß der Botschafter zuerst glaubte, seine Berliner Instruktionen „dahin auslegen zu sollen, daß nur ein die absolute Neutralität Englands garantierendes Abkommen" der Voraussetzung entsprechen werde, „unter der allein der Reichskanzler bei Sr. Majestät dem Kaiser einen Verzicht auf wesentliche Bestandteile der Flottennovelle befürworten und der öffentlichen Meinung in Deutschland gegenüber würde rechtfertigen können." Der Graf hatte also die deutschen Bedingungen ebenso verstanden wie die englischen Minister und wie sie ohne halsbrecherische Auslegungsgymnastik verstanden werden mußten. Erst eine ausdrückliche Weisung des Reichskanzlers führte den offiziellen Vertreter des Deutschen Reichs bei der englischen Regierung auf die Eisbahn zurück, auf der die Diplomaten der Wilhelmstraße ihre machiavellistischen Verrenkungskünste vorzuführen lieben.

Erst aus dem dritten Artikel des Regierungsblatts erfährt man, daß ein Hauptzweck der Haldaneschen Aktion die Bemühung war, die deutsche Regierung zu einem Verzicht auf ihre neue Flottenvorlage oder doch zu einer erheblichen Einschränkung der Novelle zu bewegen. Es war stets ein von keinem europäischen Staatsgläubigen bestrittenes Axiom, daß England, die einzige Großmacht Europas ohne allgemeine Wehrpflicht, in der unbedingten Überlegenheit seiner Flottenrüstung ein Äquivalent gegen die territoriale Wehrmacht der übrigen Länder zur Verfügung haben müsse. Die maritimen Ambitionen Deutschlands hatten infolgedessen Großbritannien zu einer dauernd gesteigerten Auffüllung seines Kriegsschiffbestands veranlaßt. Die neue Vermehrung der deutschen Seekräfte mußte somit wieder zu einer Anstrengung jenseits des Kanals führen, die im Stärkeverhältnis der beiden Flotten die alte Progression festhielt. Da aber jede Waffenstärkung der deutschen Marine nur gegen England gerichtet sein konnte, also feindselige Gesinnung gegen England voraussetzte, war es in beider Interesse, den Boden umzuackern, auf dem solche Feindseligkeit gedieh.

Wir haben gesehen, wie dieses Streben der Engländer in Deutschland aufgefaßt wurde. Es kann daher nicht überraschen, daß alle Vorschläge Greys, die er in den Gesprächen mit Metternich zugunsten einer Einschränkung der Seekriegsrüstung versuchte, völlig ihr Ziel verfehlten. Die Deutschen waren schon nicht zu bewegen gewesen, ein Abkommen zu unterzeichnen, bei dem England allein Verpflichtungen übernehmen wollte, wenn nur Deutschland sich provozierender Handlungen gegen den Weltfrieden enthielte. Wie war da zu erwarten, daß sie etwa einem Verzicht zustimmen würden, der die Panzerung ihrer Faust betraf, in welche doch der Dreizack gehörte. Daher erklärte Graf Metternich im März 1912 im Auftrage seiner Regierung, daß angesichts der Tatsache, „daß England und Deutschland mehrmals während der letzten Jahre und besonders im vergangenen Sommer in die Gefahr kriegerischer Verwicklungen miteinander geraten seien", die englische Formel für ein Neutralitätsabkommen nicht zur Vermeidung dieser Gefahr in der Zukunft genüge. „Sie genüge auch nicht, um eventuell eine Änderung in unserer Flottennovelle vorzunehmen". „Der Minister bemerkte hierzu, irgendein Hinausgehen über das bestehende Flottengesetz gestatte der Englischen Regierung nicht, in diesem Augenblick ein politisches Abkommen mit uns einzugehen." Wozu angemerkt werden kann, daß das Flottenprogramm von 1906 noch lange nicht verwirklicht war, aber schon durch das neue Gesetz ins Unabsehbare erweitert werden sollte. Man könnte also Sir Grey mit seiner Ablehnung weiterer Abkommenserörterungen für entschuldigt halten. Aber schon der nächste Satz des Metternichschen Berichts vom 29. März zeigt, daß die Geduld des perfiden Albions mit dem ruchlos eingekreisten Deutschland ohne Grenzen war. „Wenn nun aber auch auf beiden Seiten die beabsichtigten Flottenmaßnahmen uneingeschränkt in Angriff genommen würden, so erkläre er doch ausdrücklich, daß er deshalb nicht ein Fallenlassen der Verhandlungen beabsichtige oder wünsche. Er hoffe vielmehr, daß die angebahnten vertrauensvollen Beziehungen weiter ausgebaut würden ...“

Was folgert aus diesen Tatsachen die Regierung Bethmann-Hollwegs? Dies: „Aus dem Bericht geht der englische Standpunkt klar hervor. Sir Edward Grey verlangte völligen Verzicht auf die militärischen Sicherheitsmaßnahmen, die Deutschland infolge der drohenden Haltung Englands im Sommer 1911 hatte in Aussicht nehmen müssen ... Graf Metternich wurde nunmehr beauftragt, der Englischen Regierung zu sagen, daß für die Kaiserliche Regierung die Möglichkeit entfalle, eine den englischen Wünschen entgegenkommende Änderung der Flottennovelle in Erwägung zu ziehen, nachdem die Englische Regierung sich zu dem Angebot eines befriedigenden Neutralitätsabkommens nicht habe entschließen können. Es ergibt sich: Die Verständigung zugunsten der Erhaltung des europäischen Friedens war von den englischen Diplomaten gesucht, von den deutschen hintertrieben worden; die Übereinkunft, den Flottenbau in wechselseitigem Entgegenkommen zu mäßigen, war von den englischen Unterhändlern erstrebt, von den deutschen verworfen worden. Die Schiffe wurden gebaut, wie Tirpitz[27] es gewollt hatte. Für die vom Grafen Reventlow aufgestellte Behauptung, Haldane habe von Bethmann erreicht, daß „die Tirpitzsche Flottenvorlage auf weniger als die Hälfte zusammengestrichen wurde“ (*„Deutsche Tageszeitung“* vom 15. Juli 1917), habe ich nirgends Unterlagen gefunden. Sie steht auch zu den Publikationen der *„Norddeutschen Allgemeinen Zeitung“* in schärfstem Gegensatz.

Ohne jede Gehässigkeit, ohne im geringsten mit dialektischen Verbiegungen den Tatsachen Gewalt anzutun, darf man aus dem

---

[27] [Großadmiral Alfred von Tirpitz (1849-1930), war 1897-1916 Staatssekretär im Reichsmarineamt – vehementer Fürsprecher der deutschen Flottenaufrüstung.]

vom Auswärtigen Amt selbst vorgelegten Material über die Aktion des Lords Haldane in Berlin zusammenfassend folgern: „… daß es sich um einen Versuch der Deutschen Regierung gehandelt habe, Deutschland die absolute Neutralität Englands zu sichern, sich selbst dagegen freie Hand vorzubehalten", – wobei Deutschland sich die Möglichkeit reservieren wollte, „einen Krieg durch seine Bundesgenossen provozieren zu lassen, unter Berufung auf seine Vertragspflichten daran teilzunehmen, gleichwohl aber von England Neutralität zu verlangen". Die hier in Anführungszeichen gesetzten Stellen stammen aus dem Septemberartikel der offiziösen Zeitung, der ihrer Widerlegung gewidmet ist. Die Aktenstücke der Verhandlungen wurden jedoch trotz aller Kommentare des Auswärtigen Amts nicht um die Wirkung gebracht, eben diese deutschen Absichten bündig zu beweisen.

Sie bekräftigen zugleich mit Gewißheit die Anklage, daß die Männer, die im Jahre 1912 den Frieden Deutschlands zu hüten hatten, sich schon damals für einen Angriffskrieg bereithielten und ihr Trachten und Sorgen nur darauf richteten, hemmende Einflüsse von außen fernzuhalten und den entscheidenden Augenblick richtig abzupassen. Das Verhalten dieser Männer bei den Besprechungen über das geplante Abkommen von 1912, betrachtet in Verbindung mit ihren Operationen von 1914, läßt Zweifel an der sorgfältig vorbedachten Planmäßigkeit ihres Kriegswillens nicht mehr bestehen. Sie sind überführt.

11. |

Ich war versucht, schon hier einen Überblick über die Verhandlungen der Haager Friedenskonferenzen von 1901 und 1907 einzufügen, weil das Auftreten der deutschen Delegierten bei diesen Verhandlungen nützliche Vergleiche ermöglicht mit den diplomatischen Methoden, die bei den Haldaneschen Verständigungsversuchen beobachtet wurden. Gehören aber die Besprechungen von 1912 zweifellos zu den Schuldakten der Kriegsvorgeschichte, da sie auf bereits eingeleitete Konfliktsarrangements schließen lassen und sich als Sicherungsmanöver innerhalb eines vorbedachten Plans qualifizieren, so kennzeichnet die Haltung der Deutschen im Haag doch nur den Geist, der die Führerkaste dieses armen Lands im internationalen Getriebe von den Vertretern aller anderen Nationen unterscheidet. So gewiß im weitesten Sinne dieser Geist der Herrschgewalt und des Machiavellismus seinen reichlichen Anteil an den Ursprüngen des Weltkriegs hat, so gehört seine gelegentliche Emanation doch nicht eigentlich in die Zusammenfassung von „Ursachen und Schuld" hinein. Die Rolle, die Deutschland auf den Haager Kongressen zu spielen für gut fand, soll einem späteren Abschnitt dieser Abrechnung der Kritik nicht vorenthalten bleiben.

Ein Zufall gebietet mir aber, an dieser Stelle auf einen Komplex von Merkwürdigkeiten zurückzugreifen, der zur Beurteilung gewisser Erscheinungen in den bisher betrachteten Vorgängen allerlei wesentliche Indizien beibringt. Das eigenartige Werden dieses Buchs, das weltgeschichtliche Vorgänge kritisch zu greifen versucht, während sie noch in überwältigendem Geschehen durcheinanderrasen, bedingt ein sehr langsames Fördern der textlichen Abfassung. Jeden Tag fluten neue, zukunftsbestimmende Ereignisse hoch, die erlebt und durchdacht, die aber für den Autor eines solchen Werks wie des vorliegenden auch gesammelt und geordnet sein wollen. Das macht eine so umfassende archivarische Tätigkeit nötig, daß darüber in der eigentlichen Niederschrift oft wochenlange Pausen entstehen, in denen wiederum neue Tatsachen und Aufklärungen in Erscheinung treten und Berücksichtigung verlangen. Eine Art Tagebuchcharakter, der sich aus Einschaltungen oder Chronologiewidrigkeiten ergibt, wird dem Buch daher unvermeidlich eigen sein. Es mag der beabsichtigten Subjektivität der Arbeit zugute gehalten werden und zur Lebendigkeit des Eindrucks beitragen.

Grade in die Tage, die das Studium der Kriegsvorgeschichte von den dargestellten Vorfällen ab schriftreif gemacht hatten (September 1917), fielen die Veröffentlichungen der im Privatarchiv des Exzaren Nikolaus gefundenen Dokumente, die die geheimen Verhandlungen zwischen Potsdam und Petersburg aus den Jahren 1904 und 1905 aufdecken. Sie füllen ein charakteristisches Blatt in der Chronik der nachträglichen „Enthüllungen", mit denen die kriegführenden Parteien seit nun über drei Jahren einander die Schuld an allem Unglück aufhalsen wollen. Diese archäologischen Bemühungen sind jedoch im Wesen unterschieden: Die Officiosi der Mittelmächte wühlen nämlich andauernd Schriftstücke empor, deren rechtzeitige Kenntnis die eignen Taten ihrerzeit allenfalls hätten entschuldigen mögen, deren Wert als Entlastungsfaktoren aber dadurch illusorisch wird, daß zwischen der Kriegspolitik Deutschland-Österreichs und den später zufällig entdeckten Papieren, deren Mitteilung obendrein zweckmäßiger Auswahl anheimfällt, schlechterdings kein Kausalnexus vorhanden ist. So war es mit den Ausgrabungen *„Aus belgischen Archiven"*, so mit den in russischen Festungen gefundenen Armeebefehlen und mit allen Ergebnissen mühsamer Schnüffeltätigkeit in den besetzten Gebieten. Die Entente dagegen braucht als angegriffener Teil das eigne Verfahren nicht lange zu begründen. Die von ihr hervorgeholten Akten haben nicht die Aufgabe zu rechtfertigen, sondern zu belasten, und ihr Wert als Anklagematerial wächst mit der zeitlichen Entfernung von ihren Wirkungen. Höchstwahrscheinlich sind auch ihre Veröffentlichungen parteiisch ausgesucht, aber der Zusammenhang von Ursachen und Folgen, den sie aufklären, kann dadurch nicht wieder verdunkelt werden.

Die Abfassung des vorliegenden Kapitels fällt in eine Zeit besonders eifrigen Enthüllens. Der ehemalige Gesandte der Vereinigten Staaten, Herr Gerard, veröffentlicht persönliche Erinnerungen aus der Anfangsepoche des Kriegs, die manche lohnenden Blicke in die verschwiegene Klause der Berliner Drahtzieher gewähren, ohne indessen bis jetzt dem ohnehin skeptischen Beobachter eine Urteilsänderung aufgenötigt zu haben. Viel wichtiger sind die Eröffnungen, mit denen nach der Entfernung des Königs Konstantin[28] Herr Venizelos[29] aufwarten konnte. Sie müßten in einem die Vorgeschichte des Weltkriegs historisch ausbohrenden Werk aufmerksam berücksichtigt werden, da sie der deutschen Balkanpolitik vor dem Kriege und in den ersten Monaten seiner Entwicklung ebenso wie dem Phänomen dynastischer Familienbeziehungen als Gestalter von Völkerschicksalen lehrreiches Studienmaterial unterlegen. Hier muß, wenigstens vorläufig, von einer Benutzung des griechischen Weißbuchs abgesehen werden, weil es in Deutschland noch nicht zugänglich ist.

Eine weitere Archivausschüttung wurde dann in den letzten Wochen von der k. u. k. Besetzungsbehörde in Serbien vorgenom-

---

[28] [König Konstantin (1868-1923), Griechenland – wegen seiner Sympathie für Deutschland während des Ersten Weltkrieges vorübergehend abgelöst.]

[29] [Eleutherios Venizelos (1864-1936), griechischer Ministerpräsident 1910-1915 – Kritiker des deutschfreundlichen König Konstantin.]

men. Die veröffentlichten *„Akten"* stammen aus den Jahren 1909, 1912 und 1913 und sollen anscheinend die serbische Regierung durch die sich aus ihnen zweifellos ergebende, aber nicht eben überraschende Tatsache kompromittieren, daß Serbien einen eignen ausländischen Dienst unterhielt. Irgendwelche Aufklärung über Angelegenheiten, die mit den Ursachen des Kriegs zu tun hätten, ist schlechterdings nicht drin zu finden, wiewohl das Geschrei, das einige österreichische Blätter ob des großartigen Funds erhoben (mit dessen Anpreisung man fast zwei Jahre gezögert hat), einer Posaunensinfonie des Jüngsten Gerichts vergleichbar war. Die Wiener *„Arbeiter-Zeitung"* freilich traute sich, ihrem Bericht über die Entlarvung (vom 7. September 1917) trotz der Zensur die melancholische Bemerkung anzuhängen: „Was wir aus diesen ‚Dokumenten' entnehmen sollen und wozu sie uns serviert wurden, ist nicht zu enträtseln."

Zu gleicher Zeit gab es die Schuldfeststellungen aus dem Suchomlinow-Prozeß in Rußland. Die Aussagen des des Verrats angeklagten ehemaligen Kriegsministers und des Generalstabschefs a. D. Januschkewitsch[30] über die Mobilisationsorder vom 29. und 30. Juli 1914 sollten Rußlands Schuld am Weltkrieg endgültig bewiesen haben. Wochenlang zitterte Deutschlands Herz von Entrüstung über die Intrigen der russischen Militärpartei und vom Jubel über die endlich erwiesene engelsgleiche Friedlichkeit der eignen Bannerträger. Vom Reichskanzler bis zum letzten Schmock – ein Pulsschlag der Seligkeit wie nach einem Freispruch wegen Mangels an Beweisen. Im nächsten Abschnitt, der die letzten Anlässe des Kriegs und seine Veranstaltung behandeln soll, wird die verlogene Stimmungsmache offenbar werden, als welche sich das Getue wegen der Suchomlinow-Enthüllungen bei näherer Untersuchung ausweist. Die Urteilsfindung im Prozeß gegen die Schuldigen der Weltkatastrophe erfährt durch die Bekundungen der russischen Generäle gar keine Änderung. Diejenigen, mit denen hier abgerechnet wird, werden durch die geringe Mehrung der Detailkenntnisse, die sich auf die technischen Maßnahmen im Augenblick der Explosion beziehen, nicht im geringsten entbürdet.

---

[30] [General Nikolai Nikolajewitsch Januschkewitsch (1868-1918), oberster russischer Heereschef 1914-1917.]

Das Bekanntwerden der geheimen Verhandlungen zwischen den Potentaten diesseits und jenseits der Weichsel zur Zeit des russisch-japanischen Kriegs eröffnet aber in der Tat neue Perspektiven, da es wertvolle Einblicke schafft in das Triebwerk der jüngsten abendländischen Geschichte. Die Beschäftigung mit dem Komplottversuch von 1904/05 gehört auch unmittelbar in die Bilanzierung der Schuldursachen hinein, da sie dem Verdacht, in Deutschland seien die unbeobachteten Mächte der auswärtigen Geschäftsleitung von der unstillbaren Sucht besessen gewesen, Kriegskabalen zu zetteln, schlimme Beweise liefert. Ob diese Mächte allein in der Hand des Manns lagen, der die aufgefundenen Telegramme an den Zaren unterzeichnete, worauf die familiären Wendungen mancher Stellen und zahllose Erfahrungen mit der Auffassung dieser Persönlichkeit von ihren Herrscherbefugnissen schließen lassen, oder ob Bernhard Bülows gelenkiger Durchlauchtheit neben der ihr von Amts wegen auferlegten Verantwortung auch die der geistigen Vaterschaft zufiel, braucht nicht geprüft zu werden. Für den kritisierenden Chronisten ist es aus mehreren Gründen ratsam, den Reichskanzler, der ja mindestens von der Korrespondenz Kenntnis haben mußte, als den Initiator des verwegenen Ränkespiels zu betrachten und zu behandeln.

Ich halte mich bei der Darstellung an das Dokumentenmaterial, das die deutsche Regierung veröffentlicht, um mit dem Anschein, weitherziges Selbstbekenntnis verringere den Wert feindlicher Enthüllungen, „Deutschlands sittliche Unantastbarkeit" zu bekräftigen. Wäre die Pose begründet, mit der die *„Norddeutsche Allgemeine Zeitung"* jetzt – 1917 – beteuert, die kaiserliche Anregung beim Zaren beweise die vorsorgende Klugheit des Auswärtigen Amts unter Bülow, die zehn Jahre vor dem Kriege schon Englands gehässige Heimtücke durchschaut habe, dann möchte man doch in Verwunderung geraten, warum bei der eifrigen Schuldbeweishäufung gegen die britischen Kollegen diese interessanten Papiere erst jetzt zum Vorschein gebracht werden, nachdem die Gegner sie zuvor als Belastungszeugnisse gegen die deutsche Politik verwertet haben.

Sachlich erfahren wir, daß das russische Reich während seiner Bedrängnis in Ostasien vom deutschen Nachbarn unter reger Anteilnahme der höchsten Gewalt Deutschlands ein so großes Maß von Wohlwollen bei der Beobachtung der erklärten Neutralität erfuhr, daß die japanische Regierung, unterstützt von der englischen, Verwahrung einlegte. Die Neutralitätsverletzung bestand in der Versorgung der in die asiatischen Gewässer dampfenden baltischen Kriegsflotte mit Kohlen. Aber es war englische Kohle, die von deutschen Reedern an die russische Admiralität geliefert wurde, und so geschah es, daß deutsche Dampfer, die in Großbritannien für diesen Zweck Kohlen eingenommen hatten, unter Berufung auf die Neutralitätspflicht Englands am Auslaufen verhindert wurden. Die Behauptung der Regierungszeitung, England habe damals die gleiche Gefälligkeit den Japanern erwiesen wie Deutschland den Russen, läßt sich zur Zeit nicht kontrollieren. Ist es aber wahr, dann muß die Niedertracht des gelben Volks überraschen, mit der es ohne jede Not, ja unter Überwindung der größten Umständlichkeiten den englischen Freund zur Verletzung seiner Neutralitätspflichten verführte. Die baltische Flotte mußte bei ihrer Ausreise ins Kriegsgebiet an sämtlichen deutschen Ostseehäfen vorbei. Ihr lag es also nahe, unneutrale Liebenswürdigkeiten in Anspruch zu nehmen, zumal da sie sonst keine Möglichkeit hatte, sich zu versorgen. Die Japaner aber mußten die weite Reise um den Erdball unternehmen, um von England – ausdrücklich wird Cardiff genannt – Kohlen zu holen, während sie doch selbst so reichlich produzieren (im Jahre 1900 wurden rund 7 ½ Millionen Tonnen japanische Steinkohle gefördert), daß sie zu normalen Zeiten beträchtliche Mengen davon nach China exportieren. Ein gelinder Zweifel an der Behauptung scheint also berechtigt.

Woran hingegen kein Zweifel obwalten kann, ist, daß die kaiserliche Regierung entschlossen war, ihre Dienste für den von Niederlage zu Niederlage taumelnden russischen Freund auch auf die vermeintliche Gefahr hin weiter zu leisten, darüber selbst in einen Krieg mit Japan und England zu geraten. Solcher Gedanke hatte gar nichts Erschreckendes für Berlin, wo man keineswegs auf die Abstellung des Konfliktsgrunds bedacht war, sondern durchaus nur auf Vorbereitungen zur Gewalt. „Dieser neuen Gefahr", telegrafierte Wilhelm am 27. Oktober 1904 an Nikolaus, „würden Rußland und Deutschland gemeinsam zu begegnen haben." Daher Bündnis mit dem geschlagenen Rußland gegen England und Japan.

Zwar wußte man, daß trotz der forcierten Kriegswerftentätigkeit die deutsche Flottenmacht nicht entfernt imstande sein werde, aus

eigner Kraft einen Krieg mit England auszuhalten. Die russische
Marine hatte ihre Unterlegenheit im Kampf gegen die japanische bereits evident erwiesen, und das Malheur vor der Doggerbank veranlaßte sogar den Kaiser, den Zaren von einer Elementarregel des See-
kriegs zu unterrichten: nämlich, daß sich bei nächtlichen Fahrten zur
Unterscheidung zwischen japanischen Torpedobooten und englischen Fischerkähnen die Anwendung von Scheinwerfern empfehle.
Man hielt aber die Hilfe der wenn auch also belehrten russischen
Seemacht nach ihrer Dezimierung in den Gewässern Ostasiens nicht
für stark genug, beim Kampf mit der stärksten Flotte der Welt
Deutschlands Sieg zu sichern. Es mußten kräftigere Pulver eingegeben werden, um die Muskelkraft der neuen Koalition zu heben. Die
erste Arznei sollte dem geschwächten Leibe der russischen Flotte
aufhelfen. Sie war einfach und solide und bestand in der Erinnerung
an den Zaren, „daß Du nicht vergessen solltest … neue Linienschiffe
zu bestellen … Unsre Privatfirmen würden sich sehr freuen, Auf-
träge zu erhalten." Bülows diplomatisches Genie blitzt hier zündend
auf. Während dem *extra muros* besiegten, *intra muros* von der Revolution bedrohten Nachbarn, den man sich als Bundesgenossen erko-
ren hat, der Rat erteilt wird, sich schleunigst wieder wehrbar zu machen, drechselt man für den eignen Ruhmesdurst den Becher und
versäumt nicht, durch die Entwicklung des welthistorischen Akts in
eine smarte Geschäftsofferte zugleich dem Helden- wie dem Liefe-
rantenehrgeiz des Vaterlands gefällig zu sein.

Bülows scharfsinniger Verstand erkannte jedoch weitschauend
die Möglichkeit, daß trotz lohnendster Bestellungen russischer Linienschiffe bei deutschen Firmen die Vernichtung der englisch-japa-
nischen Flotte noch nicht gewährleistet sein mochte. Es mußte schon
noch ein tüchtiger Bundesgenosse mithelfen. Die Wahl fiel nicht
schwer. Gottes sichtbarlicher Finger wies auf Frankreich. Der Gedanke, die Franzosen würden kaum Neigung empfinden, ein halbes
Jahr nach ihrem Ausgleich mit England über Ägypten und Marokko
in eine ausgesprochene Kriegspolitik gegen Großbritannien umzu-
schwenken, ohne im geringsten dazu gereizt zu sein, verstieg sich
keineswegs in das kapriziöse Gehirn des deutschen Reichskanzlers.
Er ließ seinen Kaiser nach Rußland depeschieren: „Deinen Bundesgenossen hätten sie (wir) dabei an die Verpflichtungen zu erinnern,
die er in dem Zweibundvertrage mit Dir übernommen hat, an den

casus foederis." Furchtbar einfach. Die Gefahr, die Franzosen könnten sich dafür bedanken, ihr Fett ausgerechnet für Deutschland auszulassen, war gar nicht vorhanden. Die Alternative: entweder für uns Krieg führen oder gegen uns, war schon im Plane Bülows vorgesehen. „Es ist ausgeschlossen, daß Frankreich angesichts einer solchen Aufforderung versuchen sollte, seiner selbstverständlichen Verpflichtung gegen seinen Verbündeten auszuweichen. Obwohl Delcassé ein geschworener Anglophile ist, wird er klug genug sein, um zu begreifen, daß die englische Flotte ganz außerstande ist, Paris zu schützen."

Paris zu schützen! Mit lächelnder Unbefangenheit poliert man schon die schimmernde Wehr, um das Frankreich, das etwa zögern wollte, mit dem Blute seines Volks die Geschäfte deutscher Kohlenhändler zu verteidigen, in die gräßliche Notwendigkeit zu versetzen, „Paris zu schützen"! In Deutschland, in Frankreich, in der Welt hat kein Mensch einen Argwohn vor Komplikationen. Diesseits und jenseits der Vogesen freut man sich friedlicher Eintracht und strebt in internationalen Kongressen, in Übereinkünften zwischen verständigen Menschen und Vereinigungen, ferne Möglichkeiten von Konflikten durch Schaffung sozialer Besserungen, durch Belebung gemeinsamer Ideale zu beseitigen – und währenddessen fliegen von Berlin nach Petersburg chiffrierte Telegramme, durchseucht vom Gift finsterer Intrigen, und ein paar, abseits vom Leben, niemandem verantwortliche Spieler mit fremdem Glück brauen Schicksal. Ahnungslos sucht das französische Volk die Hand des deutschen, das deutsche die des französischen, um miteinander die Gefahren des Kapitalismus, des Militarismus, des Imperialismus zu bestehen, aus ihnen herauszufinden – und inzwischen werden beide verschachert, das eine, um England anzugreifen, das andere, um ihm dabei zu helfen oder, wenn es sich sträubt, „Paris zu schützen"! So war's 1904, so war's auch 1914. So, mit verbundenen Augen und geleitet von machtüberladenen, unbewachten, in schrankenloser Willkür hemmungslos schaltenden einzelnen Personen, sind die unglücklichen Völker in den Rachen des Entsetzens geraten, in das fürchterliche Elend des Hasses gegeneinander, der blinden Wut, der verzweifelten Todesqual. So, durch den Wahn verstorbener Generationen, daß Völker der Leitung Oberer bedürfen, und durch den Wahn der Oberen, sie seien von Gott berufen, die Völker zu leiten, ist das Grausen entstanden, das die Früchte der Jahrtausende verwüstet. Mich würgt's am Halse, und ich stoße das Fenster auf …

12.

Hier war die Ansicht ausgesprochen worden, daß ein Krieg gegen England nicht zu den Plänen der deutschen Gewaltpolitiker gehört habe. Die nachträgliche Bereicherung der Geschichtsakten durch die Telegramme von 1904/05 zwingt natürlich zu einer Modifikation dieser Auffassung, die aber zugleich als zuverlässigste Bestätigung des oben gefällten Urteils über die Weltmachtziele unsrer Kanonenphilosophen erscheint. Glaubte ich bisher, man habe den Endkampf, bei dem England seine Weltherrschaft an Deutschland ausliefern sollte, zurückstellen wollen, bis man den stärksten Feind allein packen könnte, also bis Frankreich und Rußland zu vollkommner Ohnmacht niedergeschlagen wären, so ist jetzt offenbar, daß ein früherer Entwurf die umgekehrte Reihenfolge vorsah. Eine Zeitlang hoffte man, mit staatsmännischer Schlauheit den ganzen Kontinent in die deutsche Nadel einfädeln zu können, das britische Kolonialreich damit in ein Imperium deutscher Nation einzunähen, um sich dann, wenn das machtlose Britannien kein Gegenspiel mehr befürchten ließe, auch der west-östlichen Bundesgenossenschaft zu entledigen und die deutsche Erdbeherrschung durch die sichere Befestigung der europäischen Hegemonie zu krönen. Eine napoleonische Idee fürwahr, die aber bersten mußte, weil hierzulande die kosmogenen Umsturzpläne nicht im Schädel eines Genies zu entstehen pflegen, sondern im Klubhaus eines nationalistischen Vereins. Die alldeutschen Zirkeldreher mußten denn auch bald genug einsehen, daß ihre Träume auf diese Art nicht zu Wirklichkeiten reiften. Der gescheite Graf Witte[31] knotete seinen Zaren leicht aus der Verstrickung der gesamtkontinentalen Kriegsverbrüderung gegen England los, und die Marokkoaffäre lenkte den heldischen Sinn unsrer Junker ins ursprüngliche Geleise zurück. Blut wurde wieder dicker als Wasser, der Zweifrontenkrieg zu Lande kam in alte Gunst, und England mußte auf seine Niederzwingung warten, bis man die russischen und französischen Grenzrivalen in die Knie gedrückt hätte.

---

[31] [Sergej Juljewitsch Graf Witte (1849-1915), russischer Politiker – Ministerpräsident 1905/1906.]

Der unvergleichlich inspirierten Staatskunst Berlins ist es im Verlauf denn ja glücklich gelungen, bei der endlichen Inszenierung des Kriegs zugleich mit Frankreich und Rußland auch England und Japan, die Feinde von 1904 und vielleicht 1924, und schließlich neben Europa ganz Amerika und die ganze Welt gegen sich auf die Beine zu stellen.

*[Erich Mühsam hat diese Schrift nicht vollendet
und zu Lebzeiten auch nicht veröffentlicht.]*

———

Der sechzigste Geburtstag

[Der große Ehrentag eines sozialdemokratischen
Abgeordneten im letzten Kriegsjahr][1]

Aus dem unvollendeten Roman „Ein Mann des Volkes"
(Festung Niederschönenfeld | 1921)

Am 14. Juli 1918 beging Jakob Bröschke seinen sechzigsten Geburtstag. Es war ein schönes Fest.

Frau Adele hatte es ja nicht leicht gehabt. So robust ihr Körper bei all seiner Knochigkeit gebaut war, schließlich war sie doch nur vier Jahre jünger als der Gatte, und das tagelange Auf und Ab und Hin und Her, das Umwerkeln in den Zimmern, das Herrichten behaglicher Unterkunft für Kinder und Enkelkind, das Anordnen jeder Kleinigkeit – denn was nützte alles Schreien und Kommandieren mit Frau Domnick und Frida, dem Hausmädchen: wo sie nicht selbst Hand anlegte, war's ja doch nicht das Richtige, und wenn auch Grete schon seit zwei Tagen da war, eine verheiratete Tochter will als Gast behandelt werden, und ihr bißchen Hilfe wiegt die Mehrheit nicht auf, die sie für Mann und Kind und die eignen Bedürfnisse beansprucht –; kurz und gut, die Vorbereitungen zu dem großen Tage, über denen doch die Mahlzeiten und die regelmäßigen Anforderungen des Haushalts nicht vernachlässigt werden durften, hatten auch ihrer gesunden Konstitution gehörig zugesetzt.

Als sie am Vorabend glücklich um halb zwölf Uhr mit brennender Kerze ins Schlafzimmer getreten war – Jakob hatte sich schon, um morgen bei Kräften zu sein, um neun in die Federn gewälzt; Käte und Eugen hatten sich eine Stunde danach in die zur Familienwohnstätte umgebaute gute Stube zurückgezogen, und Frida turnte grade

---

[1] Textquelle | Erich MÜHSAM: *Sammlung 1898-1928*. Berlin: J. M. Späth-Verlag 1928; ebenfalls in Erich MÜHSAM: Ausgewählte Werke Bd. I: Gedichte, Prosa, Stücke. Berlin: Verlag Volk und Welt 1978, S. 207-247. – Die ersten vier Kapitel des unvollendeten Romans *„Ein Mann des Volkes"* (1921-1923) erschienen u. a. in der Zeitschrift ‚Rote Fahne' (Augsburg), Februar – April 1923 (Fortsetzungen).

laut gähnend zu ihrer Dachkammer hinauf –, da warf Adele mit einer Bewegung, die alle Gelenke knacken ließ, das Hauskleid über den Kopf und auf einen Stuhl, löste mit zwei Griffen die graumelierte Frisur auf, deren stärkeren, braunen Teil sie im Schubfach der Spiegeltoilette verwahrte, lockerte ein paar Bänder, Haken und Nadeln, was ihr gestattete, Beinkleid und Unterröcke gleichzeitig fallen zu lassen und mit raschem Zufassen zugleich mit den Hausschuhen abzustreifen, riß das Mieder resolut über die dürren sehnigen Arme und setzte sich dann, nur noch mit dem kurzen ärmellosen, um Hals und Nacken halbrund ausgeschnittenen Hemd und mit schokoladebraunen gestrickten Strümpfen, die über den Knien von Gummizugbändern umschlossen waren, bekleidet, auf den Rand ihres schon hochgeschlagenen Bettes. Jetzt erst nahm sie sich die Muße, die Glieder gründlich zu recken. Die langen roten Hände schlössen sich, und die Arme stießen mit leichter Drehung nach außen vor, so daß über den Ellenbogen eine tiefe eckige Einbuchtung entstand, während zugleich ein aus den Eingeweiden vorgeholter prustender Ton aus Adeles Mund pfiff. Hierauf bückte sie sich und rieb mit beiden Händen vom Knie bis zur Fessel an beiden Beinen entlang, ehe sie sich zu den weiteren Maßnahmen zum Schlafengehen entschloß.

Langsam entfernte sie die Ohrringe aus den Läppchen und legte sie auf den Nachttisch. Dann griff sie sich mit Daumen und Zeigefinger der linken Hand in den Mund und entnahm ihm die sechs mittleren Zähne der oberen Reihe, die ihren Platz im Nachtkästchenschubfach fanden. Ein Blick aufs Nachbarbett überzeugte sie, daß die sichtbaren Merkmale tiefen Schlummers mit den hörbaren, die der Gatte von sich gab, übereinstimmten; so nahm sie aus der Schublade einen Schlüssel, öffnete damit den Kleiderschrank und legte für sich selbst das violette Besuchskleid heraus, während sie vorsichtig wie bei einer Diebestat den neuen Schlafrock vom Haken löste, der ihre Überraschung zu Jakobs Geburtstag sein sollte. So leise wie möglich und unter wiederholtem ängstlichem Umschauen nach dem Schnarchenden schloß sie den Schrank wieder ab, dekorierte einen Stuhl am Fußende der Betten mit dem Geschenk und wandte sich nun mit Entschiedenheit den letzten Anordnungen ihrer Nachtgarderobe zu.

Drei Finger unter das Strumpfband gespreizt, ließen sich die Beine rasch entkleiden, und während eine Hand bereits unter dem aufgestülpten Deckbett Nachthemd und Jacke herauszog, hatte die andre schon das leichte Hemd über der Schulter aufgeknöpft, so daß es nun haltlos den Leib hinab auf die bloßen Füße rutschte, die ihm sogleich entstiegen.

Bis sie die Glocke des Nachthemdes geöffnet hatte, um mit Kopf und Armen darin zu versinken, stand Frau Adele Bröschke in herber Nacktheit in ihrem ehelichen Schlafgemach. Ob die Gemahlin des Volksmannes aus ihren Mädchenjahren noch oder aus der Zeit jener Frühwochen gattlicher Gemeinschaft, da die Sorge, für den Herzliebsten schön genug zu sein, keinen wichtigeren Gedanken zuließ, die Gewohnheit abzulegen vergessen hatte, oder ob die weibliche Natur allgemein und unbekümmert um Lebensalter und Vergänglichkeit von Reiz und Sinnenlust den Hang zum Selbstgefallen in sich birgt – gleichviel: die gänzlich entkleidete Frau benutzte die kurze Spanne Zeit zwischen dem Wechseln von Tag- und Nachthemd, um mit einer kurzen Wendung des Nackens die eigene Figur in dem von flackerndem Kerzenlicht hinlänglich beleuchteten Spiegel zu überschauen.

Mochte die Geste immer mechanischer Angewohnheit entstammen, gewiß ist, daß es kein gedanken- und interesseloser Blick war, den Adele auf ihren doch schon großmütterlichen Akt fallen ließ. Denn ihr erstes war, daß sie mit den Fingern ins Haar fuhr und die dünnen grauen Strähnen mit zausender Gebärde über einen kahlen Spalt schichtete, der von der Stirn zum Scheitel klaffte. Und auch dann noch schweiften ihre grauen Augen verräterisch lange an der spitzen Nase über den Wulstmund mit dem überhängenden Oberkiefer, das lange Kinn und den dürren Hals hinweg, vorbei an den schmalen hohen Schultern, aus deren Knorpeln die blauroten Arme allzulang herabhingen, und am Leibe selbst dahin, dessen flache Eingedrücktheit, nur von den, von sichtbaren Rippen getrennten, wie leere Papiertüten herabhängenden Busenresten unterbrochen, sich unterhalb des Nabels noch einmal wölbte, die Hüftknochen weit herausragen ließ und da, wo die mageren Schenkel sich gabelten, hohl einfiel, bis endlich zu den wappenschildförmigen, eingedrückten Knien, von denen aus die behaarten Beine in die schwarze Schattenfläche des Spiegels unsichtbar versanken. Einen Augenblick hängte Frau Bröschke ihre langen Wimpern über die Augen, dann gab sie sich einen Ruck, schlüpfte ins Hemd, das den ganzen

Körper verhüllte und nur die platten breiten Füße mit den gekrümmten Zehen und ihren dunkeln Nagelrändern frei ließ. Der Oberleib wurde überdies noch in die blaugestreifte Nachtjacke geknöpft, und mit einem Schwung saß Adele im Bett, zog die Decke über die in spitzem Winkel hochgestellten Knie, schleuderte die Füße gradeaus von sich weg, wobei sie den Rand der Bettdecke unter das Kinn klemmte, und lag langgestreckt, den müden Leib wohlig den Kissen hingegeben, nach vollendetem Tagewerk an der Seite Jakob Bröschkes.

Das Licht ließ sie weiterbrennen. Denn, so abgerackert sie war, wollte sie wach bleiben, bis die Mitternachtsstunde und mit ihr der Festtag da wäre. Zur Entgegennahme ihres Glückwunschkusses, so hatte sie es sich vorgenommen, sollte Jakob eine Minute lang den Nachtschlummer unterbrechen. Dann wollte auch sie sich bis zum Anbruch des Tages der zufriedenen Ruhe des Schlafes hingeben.

Mit halbgeschlossenen Augen döselte sie vor sich hin. Die kleinen Episoden des abgeschlossenen Tages liefen wie die Hundertmetersteine an der Landstraße an ihrem Gedächtnis vorbei. Da war morgens beim Einholen gleich der Ärger gewesen, daß sie nirgends Hefe für den Kuchen auftreiben konnte. Wie besorgt sie um alles gewesen war: Mehl hatte sie seit langem zusammengespart für den Riesenkuchen am Ehrentage, Zucker war dank der Opferwilligkeit ihrer Bekannten, bei denen sie seit Wochen herumgebettelt hatte und die alle ein viertel Anteil hergegeben hatten, auch da; Eier hatte sie von der letzten Hamsterfahrt genügend mitbringen können. Und ihrer Krämerin Frau Reiser war es sogar gelungen, Rosinen zu beschaffen. Selbst ein wenig Milch konnte in den Teig gerührt werden – die Frau eines armen Parteigenossen hatte ihr die Tagesration ihres Kindes gegen fünf Pfund Brotmarken und ein Päckchen Haferflocken abgetreten –, die Gäste sollten einen Stollen und einen Gugelhopf vorgesetzt bekommen wie in Friedenszeiten. Und da hatte sie nicht gleich daran gedacht, für Hefe vorzusorgen! Wer hätte aber auch vermuten sollen, daß sogar so etwas ausgehen könnte! Die Reiser hatte die Hände unter die Schürze gesenkt und die Schultern bewegt; bei Frau Unglaub im Delikatessengeschäft war's ihr nicht besser gegangen, nicht einmal Bäcker Friedell wußte Rat. Es war wirklich eine verzweifelte Geschichte. Adele wollte schon zu Frau Töpfermeister Distel hinaufgehen, ob sie nicht aushelfen könnte; aber das tat sie ungern, sie hätte sich auch erst ein wenig anziehen müssen, und ob sie die Hefe dort bekommen hätte, war nicht einmal sicher. Jedenfalls ging sie erst mal zum Zigarrenhändler Wirrgarn; da ließ sie ein schönes Stück Geld. Gute Zigarren – den Besuchern an solchem Tag konnte man doch keinen Ausschuß vorsetzen – kosteten 65 Pfennig das Stück; dreißig Stück mußte sie mindestens rechnen, das waren schon fast zwanzig Mark. Und dann noch die Zigaretten! – Eugen Riemann, der Schwiegersohn, rauchte ja bloß Zigaretten – überhaupt der mit seinen feinen Passionen! – ein paar mal eingesogen, und dann den Rest in den Aschbecher, das war ja nicht zum Gutmachen. Fünfzig Stück mußte sie schon kaufen – und zwölf Pfennige jede! – Aber wie der Zufall manchmal spielt! Wie sie Herrn Wirrgarn das Geld hinzählt und ihm dabei ihr Leid klagt wegen der Hefe, meint er: „Warten Sie mal, Frau Bröschke!" – geht ans Haustelefon und ruft zu seiner Frau hinauf: „Mausi! Hast du nicht ein Stück Hefe für den Kuchen zu Herrn Bröschke seinem sechzigsten Geburtstag?" – Und nach zwei Minuten kommt auch schon der kleine Alfred damit in den Laden heruntergesprungen! Das war mal wieder gut gegangen. Nachher in der Küche der Aufruhr, daß sie kaum wußte, wie sie sich am Herd bewegen sollte. Das war sonst ihr Reich, wo sie ungestört allein waltete. Frida hatte nur das Gröbste zu machen, Kartoffel schälen oder Rüben schaben, für alles andere sorgte Adele selbst, und das Mädchen konnte indessen im Gang oder in den Stuben aufwischen, die Fenster putzen oder sonst nötige Hausarbeit verrichten. Heute aber – Herrgott! – Käte mußte ihr auch in jeden Topf kucken, und dabei immer noch das Getue um ihren Eugen! In der Suppe hatte er gern viel Zwiebeln, und die Sauce für die Kartoffelklöße durfte nicht zu mehlig sein – und was nicht alles. Na ja, es war ja recht, daß er sie noch geheiratet hatte, wenn er sie auch lange genug drauf hatte warten lassen; Elly hätte wahrhaftig nicht erst vier Jahre alt zu werden brauchen dazu! – Immerhin gut, daß es noch so gekommen war und daß Käte nach den drei Jahren ihrer Ehe in ihrem Mann noch ebenso den Heiligen sah wie zu Anfang. Schließlich hätte er ja wohl wirklich vor dem Krieg die Tochter des Sozialdemokraten nicht heiraten können, wollte er nicht seine ganze Beamtenkarriere aufs Spiel setzen. Bloß, so ein Wesen brauchte sie auch nicht davon zu machen, daß Riemann nun zum Obersekretär befördert worden war und das Ferdinandskreuz für

Verdienste in der Heimat bekommen hatte. – Nein, es war nicht schön gewesen heute beim Kochen! Eugen vorn und Eugen hinten! Und dazwischen das Geplapper und Gerenne der Kleinen! Allerliebst war ja das Kind geworden, seit sie von Papa anerkannt und bei den eignen Eltern war. Ein richtiger kleiner Racker war sie, die Elly. Was sie nur alles zu erzählen wußte von den Puppen und von der Schule und wie komisch die Lehrerin aussieht – und vor allem von Baby, von Hans, dem Brüderchen! Gott sei Dank, daß Käte das Wurm nicht auch noch mitgebracht hatte! So lieb sie ihr Enkelchen hatte – bei dem Trubel jetzt ein anderthalbjähriges Kind im Hause, das wäre ein Geschäft! – Ein bißchen leid hatte ihr das arme Ellychen ja auch getan. Wie sie gebettelt hat, daß sie morgen auch dabei sein dürfte, wenn all die vielen Leute Großpappi zu gratulieren kämen! Na, das ging ja nun mal nicht. Das siebenjährige Mädchen – und wo jeder wußte, daß Käte erst während des Krieges geheiratet hat. Das Kind hatte sich ja schließlich auch getröstet und der Großmutter sogar heimlich hinten das Schürzenband aufgeknotet, als sie grade die Klöße übergoß. Da hätte leicht die Hälfte danebengehen können. Aber daß Käte der Kleinen dafür einen Klaps geben wollte, hatte Großmama doch nicht geduldet.

Nach Tisch hatten sie und Käte den Männern beim Kaffee Gesellschaft leisten müssen, während es soviel zu tun gab. Und was ging sie das Gespräch viel an! Um nichts als um Krieg und Politik drehte sich's. Wie die Männer sich nur so streiten mochten um Nebensächlichkeiten, die es doch schließlich waren. In der Hauptsache waren sie ja vollkommen einig, daß jetzt bei den großen Siegen an der Westfront und bei den kolossalen Erfolgen des U-Bootkriegs der Friede ganz bestimmt bald da sein müsse. Das wäre wohl gewiß ein Segen vom Himmel. Bald vier Jahre jetzt das Gemetzel, und dabei die Teuerung und die Not bei den armen Leuten, und man selbst konnte auch das Nötigste nicht mehr kriegen, und dann die gräßliche Aufpasserei mit den Marken und das Gelaufe wegen jedem Dreck und das Anstehn! Ob da der Schwiegersohn am Ende recht behielte, daß der Friede von Hindenburg diktiert werden müsse, oder Jakob, daß es nur ein demokratischer Friede sein dürfe und daß nachher das Volk überall selbst mitreden solle, das wollte sie nur ruhig abwarten, ihr würde jeder Friede willkommen sein. – Schade, daß Anton noch nicht dabei sein konnte. Der hätte wohl auch seine

eigne Meinung zu der Sache gehabt. Aber seit der bei der Kunstho-
nigstelle war, war ja seine Zeit ganz schrecklich in Anspruch genommen. Gott sei Dank, daß Vater ihn wenigstens hatte unterbringen
können, wo er unabkömmlich war. Und mit dem Nachtzug würde
er ja kommen – jetzt saß er schon auf der Bahn! – und das Frühstück
würde ihm warm gestellt.

Ja, die beiden ältesten Kinder würden zu Vaters Ehrentag zu
Hause sein – nur Theodor, der Jüngste, ihr Liebling, durfte nicht
kommen. Jakob hätte doch um Urlaub für ihn eingeben sollen. Mein
Gott, wegen der dummen Politik verstößt man doch nicht sein leib-
lich Kind aus dem Elternhause! Gewiß, es mochte ja nicht recht gewesen sein von dem Jungen, daß er zu den Unabhängigen[2] überge-
treten war. Aber so wie Vater darüber urteilte, daß er sein Vaterland
in der Stunde der Not im Stich ließe, brauchte man es doch auch
nicht aufzufassen. Er meinte gewiß selbst, daß er recht tat und daß
auf seine Weise der Krieg am schnellsten aus sein würde – und mit
einundzwanzig Jahren ging eben das Gefühl leicht noch mit einem
durch. Da fühlte sie als Mutter denn doch besser mit, wenn sie es
natürlich auch nicht billigen konnte; und vor allem hätte sich Theo
nicht gegen den Vater auflehnen dürfen, der noch dazu mit seiner
politischen Stellung Unannehmlichkeiten von der Querköpfigkeit
des Bengels haben konnte. – Wenn sie ihn nun bloß nicht an die
Front schicken wollten! Bis jetzt war es Jakob ja immer noch ge-
glückt, dem Jüngsten zu helfen, daß er in der Etappe verwandt
wurde – und auch da hatte er sich das eiserne Kreuz erworben ! –,
aber jetzt, wo er aus der Partei ausgetreten und offen zu den Unabhängigen gegangen war, da würde man ihn schnell genug in den
Schützengraben holen, und Vater hatte erklärt – und diesmal war es
sein Ernst –, daß er für diesen Sohn keinen Finger mehr rühren
würde. Die Angst jetzt um den Jungen zu allem übrigen – wenn es
ihr nur gelänge, Jakob da umzustimmen! Ihn kostete es ja nur ein
Wort, daß man Theo an keinen gefährlichen Posten stellte. – Und so

---

[2] [USPD | Unabhängige Sozialdemokratische Partei Deutschlands: Abspaltung
von der SPD, gegründet im April 1917 in Gotha – hervorgegangen aus dem Zusammenschluss der sozialdemokratischen Reichstagsabgeordneten, die den
kriegs- und systemstützenden Kurs der SPD-Führung sowie der Fraktionsmehr-
heit nicht mittragen wollten.]

ein guter Mensch, wie Theo immer war! Schon als kleiner Hosenmatz – von jedem Stück Schokolade hat er Mammi abbeißen lassen; Anton war viel selbstsüchtiger gewesen. Und so nett wie Theo als Kind spielen konnte! Da saß er in der Mitte des Korridors und hatte die Schienen seiner hölzernen Eisenbahn rund um sich herumgelegt, und dann zog er die Lokomotive auf, und der Zug fuhr herum, immer herum – summ – summ – summ – – –

Nebenan im Wohnzimmer schlug die Uhr zwölf. Sehr energisch klopfte der Hammer auf die Messingglocke. Adele öffnete ein wenig die Augen. Da merkte sie, daß die Kerze brannte, hörte die raschen Schläge der Uhr und fand sich zurecht. Sie war also doch eingenickt gewesen, ganz gegen die Absicht. Gut, daß sie das Licht nicht ausgelöscht hatte, sonst hätte sie die Stunde ganz gewiß verpaßt und sich elend geärgert. Sie blickte nach dem Lager ihres Gatten, dann darüber hinweg zum Fenster. Der Mond schien kräftig durch den Mullvorhang ins Zimmer. Sie richtete sich auf und drückte mit zwei Fingern den Docht der Kerze zusammen. Einen Augenblick war es dunkel, doch gleich gewöhnten sich die Augen an die schönere Dämmerbeleuchtung, die in zarter Andeutung jeden Gegenstand im Raume erkennbar machte. Ein bläulicher Mondstrahl fiel grade auf das Bett zur Linken und umspielte die Glatze des friedlich schlummernden Bröschke mit mildem Glanz.

Adele neigte den Kopf zu ihm hinüber. Gurgelnde Laute drangen an ihr Ohr. Sie quollen von der Gaumengrotte die Zunge entlang an den halbgeöffneten Mund des Schläfers, von wo sie im Tempo der Atemzüge mit einem geflüsterten Pfeifen ausgeblasen wurden, um sich an den überhängenden Spitzen des weißgrauen Schnurrbarts in winzigen Speichelperlen zu materialisieren. Langsam näherte Adele ihr Gesicht dem seinigen, bis sie, den Körper vorsichtig nachziehend, halb vorgebeugt auf der Seite lag und den Mann geradeaus anschaute. – Ein Ausdruck seligster Weltausgesöhntheit verklärte ihn. Die Lider waren tief über die Augen gezogen, so daß die Wimpern wie Fransen auf den Tränensäcken lagen. Die knollige Nase schien sich lebensfroh dem kosenden Mondstrahl zu neckendem Scherz darzubieten und sog mit geblähten Nüstern Wohlgefallen ein. Die Lippen kräuselten sich, wie erheitert von dem anmutigen Spiel der Schnarchwellen, zu glücklichem Lächeln, und der ausgleichende Schimmer des Mondlichts ließ die blaurote Farbe der Glatze, das tiefe Blau der Schläfenadern, das Ziegelrot der Backen und das Lila der Nase zu einer violett getönten Gesamtpalette voll friedlichen Behagens verschmelzen.

Schelmisch probierend senkte Adele ihren Mund leicht auf Jakobs gesprungene Unterlippe. Ein wohlgefälliges Schwappen des Schnurrbarts quittierte den Kuß und ließ ahnen, daß der wunschlos feste Schlaf von dem duftigen Weben eines vergnüglichen Traumes belebt zu werden begann. Doch blieb die Haltung des Träumers unverändert, die Merkmale des Schlafs wichen nicht von seinem Antlitz, nur der Mund öffnete sich um ein weniges mehr.

Das benutzte die Gattin zu einem neuen Angriff listiger Zärtlichkeit. Sie legte ihren Mund sanft und ohne Druck auf seinen und kitzelte ihn mit der Zungenspitze federnd unter der Oberlippe.

Mit lustiger Neugier sah sie zu, wie die Engel des Schlummers allmählich die Flügel spreiteten, um den glücklich Entrückten weich in die irdische Wirklichkeit zurückgleiten zu lassen. Als ob ihm eine aromatische Frucht zum Imbiß geboten würde, schnoberte seine Nase in die Luft, seine Lippen rundeten sich, als wollten sie Rauchringe blasen, und streckten sich vor, und indem sie an den dicken weichen Lippen Adeles haftenblieben, trat eine Verbreiterung des ganzen Gesichts ein, die zu beiden Seiten der Nase horizontale Falten und eine liebenswürdige Aufblähung der Backen hervorrief.

Damit trollte sich der Schlaf endgültig. Unter der Bettdecke arbeitete sich der rechte Arm hervor, und die Hand fuhr erst von unten nach oben mit breiter Fläche über das eigene Gesicht, wobei sich die Augen zwinkernd öffneten, dann legte sie sich verlangend um Adeles Nacken.

„Du ! Ich gratuliere auch schön. – Weißt du nicht, was los ist, Alter?“

Der Volkstribun holte aus dem Bauch herauf Atem und stieß ihn schnaubend durch Mund und Nasenlöcher von sich. Er besann sich.

„Ja. Ist's möglich? Ist schon Zeit zum Aufstehn?“

„Unsinn. Grad hat's zwölf geschlagen. Du hast Geburtstag, Männchen !“

„Sieh mal an. – Ja, dann ist jetzt der vierzehnte Juli – ?“

„Merkst du was? – Du bist ja noch halb im Schlaf, du! – Denk nur mal nach. Dein sechzigster Geburtstag fängt eben an.“

Jakob Bröschke saß mit einem Ruck aufrecht im Bett. „Herrgotts

Donnerkiel! – Denk bloß an, Alte, dann bin ich jetzt sechzig Jahr alt!"

„Hast du's jetzt begriffen, Schlafmütze – so, und nun wünsche ich dir ein langes glückliches gesundes Leben und alles Schöne und Gute auf der Welt!"

Damit packte Adele ihren Mann mit der rechten Hand unter der linken Achsel, schwenkte ihre obere Partie an ihn heran und versetzte ihm vier, fünf lautschallende Küsse auf den Mund. Bröschke nahm jeden von ihnen mit katerhaftem Zukneifen der Augen in Empfang. Dann blinzelte er die Gattin an, während sich nacheinander zwei Vorderzähne auf der gesprungenen Lippe sehen ließen.

„Dank schön, Liebling. Wolln mal sehn, was das Jahr bringt."

„Was wünschst du dir denn?"

„Ja – na, das wird sich wohl beizeiten herausstellen."

„Bist du gar nicht ein bißchen neugierig?" – Adele schielte zum Bettende hinunter, wo der Kragen des neuen Schlafrocks die Lade ein wenig überragte.

„Deelchen! Deelchen! Du hast wohl 'ne Überraschung für mich?"

„Rat doch mal!"

„Wie soll ich das wohl raten, Kind! Das werd ich ja morgen immer noch zu sehn kriegen."

„Ach du! Freust du dich denn gar nicht ein bißchen drauf? – Da, kuck mal über den Bettrand." – Sie zeigte mit dem Finger hin, und Jakob bemühte sich, etwas zu erkennen.

„Ich seh bloß was rundes Schwarzes. – Am Ende ein neuer Hut?"

„Oh, du altes Kamel! Wo du doch zwei Hüte hast, den hellen weichen und den steifen runden. Die kannst du beide noch sehr schön tragen. Und außerdem ist ja auch noch der Zylinder da. – Nein, es ist viel was Schöneres."

„Na, dann sag es mir man lieber gleich. Ich komm doch nicht drauf."

„Ein Schlafrock ist es. – Ich hab ihn selbst gemacht."

„Ein Schlafrock? – Ih du Donnerwetter! Ja, den kann ich brauchen. Wahrhaftig. Die kurze Wolljacke war doch nichts Rechtes mehr."

„Ja, denk bloß, Schmirl sein Schwiegersohn ist doch neulich Leutnant geworden, da hat er sich einen neuen Mantel zugelegt, und den alten hat Suse mir verschafft, und ich hab ihn färben lassen und für dich als Schlafrock zurechtgeschneidert, mit violetten

Aufschlägen und Kragen und ebensolchem Strick um den Bauch."

„Hat er denn auch ordentlich Taschen?"

„An jeder Seite eine, und innen noch zwei große Brusttaschen."

„Das ist gut. Daß ich doch weiß, wo ich mein Taschentuch und die Zeitungen oder die Sitzungsprotokolle immer gleich hinstecken kann."

Adele streichelte ihm mit der flachen Hand über die Glatze. „Siehst du wohl, Papachen, ich hab schon an alles gedacht. Möchtest du den schönen Schlafrock aber nicht gleich ansehn?"

„Gleich, Schatz." – Damit faßte er jedoch seine Frau fester um den Hals, als ob er Angst hätte, die Gemütlichkeit könnte durch große Umstände gestört werden. „Komm nur erst mal her, daß ich mich auch richtig bedanken kann."

Da schob Adele ihren ganzen Oberleib ihm entgegen, und als er jetzt auch mit dem linken Arm um sie herumgriff und sie an sich zog, arbeitete sie mit den spitzen Knien ihre untere Hälfte bis zum äußersten Rand des Bettes vor, so daß ihr die Steppdecke nur noch die Rückseite wärmte, klappte entschlossenen Griffs mit der Rechten den Zipfel von Jakobs Decke zurück und barg sich nun, ganz hingeschmiegt, an der Brust des Gemahls.

„Weißt du", sagte sie nach einer Weile, während der er ihr nach einem saftigen Kuß die Arme und den Rücken streichelte, „ich glaube, ich zeige dir den Schlafrock lieber erst morgen. Die Farben heben sich bei Tageslicht deutlicher ab."

„Ja, ja. Bleib du man ruhig bei mir liegen", erwiderte er in einem Ton, als ob er ihr eine Strafarbeit erließe.

Beide schwiegen. Adeles Kopf lag angelehnt an seiner Schulter, und ihr von den Zärtlichkeiten verwirrtes Haar ergoß sich in dünnen Strähnen über die vom Unterkinn fortgesetzte raupenartige Verdickung seines Halses. Es schien, als wollte ruhiger Schlaf sich in wenigen Augenblicken über die schon einnickenden Augen der müden Gatten senken. Da erwachte Jakob unerwartet wieder und sprach mit nachdenklicher Stimme: „Sechzig Jahre! Man sollte nicht meinen, was man in der Zeit alles durchmachen kann!"

Adele, durch diese Betrachtung ebenfalls ermuntert, fügte hinzu: „Und dir steht vielleicht noch mancherlei bevor."

„Möglich", gab er zurück. „Dieses Jahr kann allerhand entscheiden. Jetzt geht grade die große Offensive gegen Paris an. Wenn wir
das kriegen, dann bleibt der Entente (Bröschke sprach das Wort
ohne Rücksicht auf das Französische buchstabengetreu aus) wohl
nichts andres mehr übrig, als endlich nachzugeben. Einmal müssen
drüben die Leute ja auch zur Besinnung kommen."

„Und dann, meinst du, wird alles wieder wie vorher?"

„Das wird wohl von den Umständen abhängen. Viel Entschädigung werden wir kaum verlangen können, es soll ja doch ein demokratischer Friede werden, und da muß schließlich jedes Land den
Hauptteil seiner Kosten selbst tragen. – Aber wir sind ja in jeder Beziehung besser dran als die andern. Unser Heimatland ist zum
Glück von den Schrecken des Krieges verschont geblieben, und
dann haben wir auch keine Schulden im Ausland gemacht."

„Sag, Vater, ist das denn nicht einerlei? Die Zinsen für die Kriegsanleihen müssen doch ebensogut aufgebracht werden?"

„Natürlich müssen sie das. Verzinsen und amortisieren müssen
wir die Anleihen, versteht sich. Da darf keiner zu kurz kommen, der
sein Scherflein beigetragen hat zur Rettung des Vaterlandes. Aber,
siehst du, das Geld fließt ja doch alles wieder an die Steuerzahler
zurück, die es aufbringen müssen."

„Ach, so ist das!" Adele kam die Rechnung nicht ganz schlüssig
vor, aber davon verstand sie ja zu wenig. Es war ihr jedenfalls recht,
wenn es sich so verhielt und die sechsundzwanzigtausend Mark, die
sie selbst in ihrer Ehe zusammengespart und in Kriegsanleihe angelegt hatten, gut gesichert waren.

„Aber", fuhr sie in ihren Überlegungen laut fort, „zu haben wird
dann doch gleich wieder alles sein, und bald auch wieder zu den
alten Preisen?"

„Ja, das kommt darauf an." Der alte Politiker dachte einen Augenblick nach. „Kaufen wirst du natürlich bald wieder können, was
du Lust hast. Denn ein demokratischer Friedensschluß enthält vor
allem auch die Bestimmung, daß der Handel zwischen allen Ländern gleich wieder in Schwung gesetzt wird. Und dann, wenn du
bedenkst, wie sparsam die künftige demokratische Regierung wirt-
schaften wird."

Adele bedachte es; doch konnte sie die Frage nicht unterdrücken,
worin denn die Einsparungen hauptsächlich bestehn sollten. „Die

Demokratie ist die billigste Regierungsform", erfuhr sie. „Überleg nur mal, wieviel überflüssigen Pomp wir aus der Welt schaffen können. Der Hof wird sich auf die einfachste Repräsentation beschränken müssen. Ein Heer von Beamten entlassen wir einfach, und dann vor allen Dingen werden die Kosten für die Armee ganz bedeutend billiger werden."

„Muß man denn nach dem Krieg überhaupt noch eine Armee haben?"

„Da kommen wir vorerst nicht drum rum. Selbstverständlich bloß ein Volksheer, eine sogenannte Miliz, wie wir Sozialdemokraten sie schon früher immer gefordert haben. Ganz ohne Schutz können wir gewiß nicht bleiben. Da kämen wir ja zu russischen Zuständen. Das geht natürlich nicht."

„Nein." Sie sah schon ein, daß das nicht ginge. Wenn sie den Mann nur irgendwie auf den Geburtstag zurück und dann auf Theodor bringen könnte! Sie suchte nach einem Umweg: „Sag, Manne, bei den Friedensverhandlungen wird man die Sozialdemokratie doch gar nicht ausschließen können?"

„Wo denkst du hin! Um uns kommt man nicht mehr herum. Ich bin sogar fest überzeugt, daß man bei der zukünftigen Regierungsbildung unsern Parteigenossen wichtige Ministerposten überlassen muß. Denn da entscheidet das Volk selbst mit dem Stimmzettel. – Ja, das wird vielleicht gewissen großen Herren hart ankommen." Ein Zahn legte sich auf Jakobs Unterlippe.

„Denk mal! Wenn du womöglich Minister würdest!"

„Wenn mich das Vertrauen des Volkes auf einen solchen Platz rufen sollte" – Bröschke fiel es plötzlich ein, daß er sich nicht auf einem sozialdemokratischen Zahlabend, sondern mit seiner Frau zusammen in seinem Bette befand, daher auf den sonor gefärbten Ton bescheidenen Selbstbewußtseins füglich verzichten konnte; so vereinfachte er die Antwort: „Das kann leicht passieren. Hab ich mir selbst auch schon manchmal gedacht."

Adele fuhr förmlich zusammen bei der Vorstellung. „Du! – Würdest du dann auch Exzellenz heißen?"

Sein Ausdruck ward jetzt selbst etwas ängstlich. Aber er entschloß sich: „Jedenfalls wohl –", und dann kicherte er stoßweise vor sich hin: „Und du auch."

„Exzellenz Bröschke!" lallte die entzückte Frau vor sich hin und kuschelte ihr Gesicht ganz dicht an seinen Hals. „Jacki!" sagte sie leise, „das wäre doch das schönste Geschenk zu deinem sechzigsten Geburtstag."

Er drückte sie ergriffen an sich, und nun benutzte sie die Gelegenheit. Erst küßte sie ihn in den Mundwinkel, dann atmete sie warm in sein Ohr und flüsterte hinein: „Jacki, willst du mir auch eine große, große Freude machen?"

Sie sprach so einschmeichelnd, daß sich seine große Hand unwillkürlich an ihrer Nachtjacke zu schaffen machte und tätschelnd zwischen den Knöpfen ihres Hemdes liegenblieb. „Was möchtest du denn, Altechen?" fragte er mit leicht gurgelnder Stimme.

„Sorg, daß unser Theo nicht in den Schützengraben muß!"

Adele spürte im Moment, daß das Kribbeln seiner Finger an ihrer welken Brust aufhörte. Auch sein Organ bekam wieder den gewohnten heiseren Ton.

„Der verdammte Bengel!"

„Na ja – ich weiß schon. Aber sieh doch, Papachen, er ist doch noch so 'n grüner Junge. – Und du hast doch nun mal heute den sechzigsten Geburtstag."

„Eben. Er ist noch viel zu grün, um sich in der Politik gegen seinen alten Vater hinzustellen."

„Alter Vater! – Du bist ja noch so jung wie einer, mein Dickerchen!"

„Soll's nur ausfressen", knurrte Bröschke schon bedeutend sanfter.

„Sei nicht so, Vati. Denk bloß, wenn er verwundet wird – – – oder fällt –!" Ein Schauer ging durch Adeles Körper, und sie kuschelte sich ganz dicht an den seinen.

Er nahm sie fest an sich. „Ist schon gut. Ich schreib morgen."

Adele gab einen Seufzer der Erlösung von sich. „Ach, daß er nicht zu deinem Geburtstag da ist!" Ihr Atem berührte wieder heiß sein Gesicht.

„Na, sei man still, Mutti. Dann kommt er ein paar Tage später. Ich will um Urlaub eingeben für ihn."

„Jacki!" Sie küßte heftig seinen Mund.

„Ja. Aber den Kopf werd ich ihm ordentlich waschen, dem Strolch."

„Das tu nur, Alter! – Und wenn du nachher Minister bist, dann wird er ja auch einsehen, daß sein Papa wieder mal viel klüger gewesen ist als er."

„Bloß nicht laut von so was reden, Schatz!"

„Bewahre! Aber bei dir im Bett kann ich mich doch freuen über meinen großen, berühmten Mann." – Sie legte ihren knochigen Arm ganz um seinen Nacken herum.

„Exzellenz!" tuschelte sie ihm ins Ohr.

Da riß er sie dicht an sich heran. „Mein Deelchen!"

„Mein Jäckelchen!" – – Und zwischen dem seit fast dreiunddreißig Jahren ehelich verbundenen Paar geschah, was lange, lange nicht mehr geschehen war.

Der letzte Mondstrahl glitt hinter das Fenster zurück.

Es war ein schönes Fest, der sechzigste Geburtstag von Jakob Bröschke.

Adele mußte sich freilich tummeln. Sie hatte um sechs Uhr aufstehen wollen, und als sie aufwachte, war es schon halb acht geworden. Da kroch sie vorsichtig und ohne den Mann zu wecken in ihr Bett hinüber und war auch schon in Bewegung. Nicht einmal Frau Domnick hatte sie kommen hören, die schon die Treppe aufwischte, während Frida dabei war, im Eßzimmer den Frühstückstisch herzurichten.

Gottlob waren Käte und Eugen noch nicht auf; aber kaum daß Adele in die Stube getreten war, hopste ihr die kleine Elly im Hemdchen entgegen und umarmte sie.

„Flink, zieh dich an, Kind, und hilf Großmama!"

Am Plüschrücken von Vaters Lehnstuhl wurde ein Schild befestigt, das auf rotem Grunde die Inschrift „Dem Jubilar" trug und mit Arabesken in grüner Farbe reich geziert war. Ein Efeugewinde umrahmte den Schmuck, und auch das gelbgemusterte Tischtuch bekam an Jakobs Platz eine Garnierung von Efeu und Fichtengrün. In der großen Vase standen frische Rosen und Nelken.

Erst nach acht Uhr erschienen Eugen und Käte. Um halb neun ging Adele noch einmal ins Schlafzimmer, um Jakob zu wecken und ihm den Schlafrock zu überreichen, auch um sich selbst herzurichten. Wenigstens frisiert wollte sie schon sein, wenn Anton käme.

Der war früher da, als man ihn erwartete. Bröschke hörte den Aufruhr der Begrüßung auf dem Korridor, unterschied die Stimmen des Sohns und des Schwiegersohns, der Frau und der Tochter und

dazwischen das jubelnde Geschrei Ellys: „Onkel Toni! Onkel Toni!"
– und dies brachte auch ihn zu Entschlüssen.

Er trat, angetan mit dem neuen Kleidungsstück, ein. Alle standen
unbewegt und erwartungsvoll da. Anton, der dem Vater gleich ent-
gegenwollte, wurde von seiner Schwester am Arm festgehalten. Elly
aber, in weißem Kleidchen, schritt dem Großvater entgegen, ihren
Rosenstrauß mit beiden Händen umklammernd, und plapperte mit
piepender Stimme und beinah ohne zu stocken das Gedicht her, das
ihr Papa als sein Werk ausgab, das er jedoch der Sammlung „Bei
frohen Gelegenheiten" entlehnt hatte. Nur hatte er an einer Stelle für
Gott das Schicksal eingesetzt:

„Lieber Großpapa! Ich wünsche dir das Beste
zu deinem heutigen Wiegenfeste.
Du bist uns mit deinem ganzen Wesen
immer ein leuchtendes Vorbild gewesen.
Behüte dich das Schicksal vor allem Bösen
und erhalte dich uns allen ferner gesund.
Jetzt, bitte, gib mir einen Kuß auf den Mund."

Den erhielt Ellychen natürlich und wurde dann noch von Großmama und Mama zärtlich in die Arme geschlossen, indessen sich
Frau Domnick und Frida, die hinter Bröschkes Rücken durch die
halboffene Tür der Szene als Zuschauer beiwohnten, mit ihren
Schürzen über die Augen wischten.

Während gefrühstückt wurde und die drei Männer ihre Ansichten über die Kriegslage austauschten, hielt es die Hausfrau nur selten auf ihrem Platz. Vor allem mußte die gute Stube rasch wieder
vom Schlafraum der Familie Riemann zum Empfangssalon für die
erwarteten Besuche und zum eigentlichen Festzimmer umgestaltet
werden, wo Jakob zunächst mal seinen Geburtstagstisch aufgebaut
kriegte. Dann gab es Anordnungen in der Küche zu treffen und Vaters Arbeitsstube für Antons Unterkunft bereitzumachen. Käte
mußte sich inzwischen anziehen, um die Kleine, ehe jemand käme,
aus dem Haus zu schaffen. Sie sollte bis Mittag mit Alfred Wirrgarn
spielen, am Nachmittag wollte sie dann Suse Schmirl, die natürlich
in alles eingeweiht war, zu sich nehmen.

Die Unterhaltung von Vater, Sohn und Schwiegersohn war recht

lebhaft. Anton hatte von einem Vorgesetzten bei der Kunsthonig-
stelle, der fabelhafte Verbindungen hatte und absolut zuverlässig
unterrichtet war, erfahren – selbstredend ganz vertraulich –, wo das
rätselhafte neue Geschütz stand, aus dem Paris bombardiert wurde.
Damit war der Schwager abgetrumpft, der gehört hatte, ein solches
Geschütz existiere gar nicht, die Deutschen seien von einer Seite
schon so nahe an Paris herangerückt, daß sie es ganz bequem mit
den großen Schiffshaubitzen bestreichen könnten. Das werde jedoch
aus dem Grunde geheimgehalten, damit der große Schlag, der von
dieser Stelle aus gegen die französische Hauptstadt geplant sei,
nichts von seiner überraschenden Wirkung verlöre. Riemann gab
diese Theorie nicht gerne preis, und Bröschke senior meinte denn
auch: „Möglich wär's ja immerhin, daß ihr beide recht habt, sie können ja am Ende von zwei Seiten ranwollen, und da, wo sie selbst
noch nicht so weit vorkommen können, buttern sie die Forts erst mal
mit der langschießenden Kanone zusammen."

Eben wollte Anton den Vater darauf aufmerksam machen, daß
der Ausdruck „langschießende Kanone" gänzlich unfachmännisch
sei, und zugleich öffnete Eugen den Mund, um festzustellen, daß die
Befestigungen von Paris nicht wie Forz ausgesprochen werden dürften, da rief Adele zur Bescherung.

Im Gänsemarsch, der Gefeierte zuletzt, ging's in die gute Stube.
Unter Hindenburgs Bild im Goldrahmen, das Riemanns vor zwei
Jahren gespendet hatten, war ein runder Tisch hergerichtet, auf dessen strahlend weißer Decke Adele ihre weiteren Überraschungen
ausgebreitet hatte: eine vom Konditor gelieferte Torte, deren Grund-
farbe und Konsistenz zwar an weiches Leder erinnerte, der aber ein
gemusterter Überguß von Zuckerschaum-Ersatz die Hoffnung auf
Wohlgeschmack rettete: daneben die Zigarren und Zigaretten, die
sie gestern zum Anbieten für die Gäste gekauft hatte, und endlich
als Hauptsache ein violettes Hauskäppchen, das genau zum Schlafrock paßte, da es aus demselben Stoff gemacht war wie dessen Kragen und Aufschläge. Bröschke setzte es sich gleich auf die Glatze
und betrachtete sich dann, zwei Vorderzähne in die Unterlippe ge-
hängt, wohlgefällig im großen Spiegel, indem er sich mit beiden
Händen seitlich auf den Bauch schlug. Dann erst umarmte er die
Gattin.

Die weiteren Geschenke nahm er aus den Händen der Spender

und legte sie selbst zu den übrigen Gaben. Käte überreichte ein Kissen aus braunem geripptem Stoff, umsäumt von einem schwarzweißroten Band, Eugen ein Buch „Ran an den Feind!" von einem Offizier aus der Umgebung des Generalfeldmarschalls v. Mackensen. Anton schenkte Mehrings „Geschichte der deutschen Sozialdemokratie", die sich der Vater schon lange gewünscht hatte, und Elly durfte Großpapa noch eine Krawatte übergeben, bevor sie den Strohhut aufgestülpt bekam und fort mußte.

„Mein Gott!" rief Adele, als Käte mit dem Kind gegangen war, „es ist halb elf durch. Es kann ja jeden Augenblick schon Besuch kommen, und ich bin noch nicht angezogen. – Und willst du deine Gäste im Schlafrock empfangen, Vater?"

Das Ehepaar verschwand ins Schlafzimmer.

Nachdem Adele das Korsett fest um den rippigen Leib gezogen hatte, überfiel sie in Erinnerung an die Nacht ein plötzlicher Zärtlichkeitsdrang. Sie legte die Arme um den von Stärke knackenden Kragen von Jakobs Oberhemd, so daß ihre Korsettstangen und seine Hemdbrust zusammenklangen, als ob Äste von einem Baum fielen, und sagte: „Jäckele! – Du, wenn's doch wahr würde!"

Er küßte sie auf die eingefallene Backe und schob sie sanft von sich, worauf er die schwarze Weste anzog und nach einem prüfenden Blick über Schnitt und Sauberkeit die Gehrockärmel über die Manschetten streifte. Als sie die Toilette beendet hatten – Adele sah in ihrem violetten Kleid tatsächlich verjüngt aus – und aus der Tür traten, legte sie noch einmal die Hand auf seine Schulter, beugte sich gegen sein Ohr und flüsterte: „Vati, vergiß Theo nicht!"

Knurrend setzte Jakob zum Reden an. Da läutete es.

Gott sei Dank, es war nur die Depeschenbotin. Drei Telegramme auf einmal. Adele riß sie der uniformierten Frau aus der Hand, und während sie das erste, zitternd vor Erregung, öffnete, holte Jakob ein Trinkgeld aus dem Portemonnaie.

„Im Namen des Stadtmagistrats spreche ich Ihnen meine aufrichtigsten Wünsche zur Vollendung des sechzigsten Lebensjahres aus. Möge Ihr gemeinnütziges, selbstloses Wirken unserer Vaterstadt noch lange erhalten bleiben. *Der erste Bürgermeister. Dr. Lübke.*"
– Adele hielt das Telegramm entfaltet vor sich, und Bröschke las es über ihre Schulter weg laut vor, während sich Anton und Eugen neugierig auf dem Korridor beim Elternpaar einfanden.

Anton schlug jedoch vor, die anderen Depeschen im Zimmer vorzulesen. Eine war von der sozialdemokratischen Landtagsfraktion und nannte Bröschke einen im Sturm bewährten Lotsen der deutschen Arbeiterbewegung. Die dritte war ganz kurz. Sie lautete: „Bin im Geiste bei Euch. Theodor.“

Anton hatte sie vorgelesen. Er legte das Telegramm wortlos zu den anderen auf den Tisch; Adele zog ihr Taschentuch vor und schneuzte sich lange und heftig hinein. Als sie es wieder einschob, war ihre lange Nase stark gerötet. Eugen Riemann sah sehr streng aus. Er zog die spärlichen roten Schnurrbarthaare mit der Zunge in den Mund und rückte mehrfach am Zwicker. Vater brummte etwas vor sich hin. Dann sagte er energisch: „Ich hab noch was zu schreiben. Wenn jemand kommt – ich bin gleich fertig“ – und begab sich in sein Arbeitszimmer.

Als erste kamen Peter und Suse Schmirl, die ältesten Freunde. Bröschke hörte das polternde Gelächter des Genossen, hörte das Geschnatter der Frauen, die Entschuldigungen, daß die Gäste warten müßten, und Peters Witze an die Adressen des Sohns und Schwiegersohns. Er hörte Käte zurückkommen und nach ihm fragen und die neuerliche Verlesung der Telegramme. Aber er ließ sich nicht stören, schrieb zwei Seiten eines großen Aktenbogens voll, kniffte sie, schrieb die Adresse auf ein gelbes Kuvert, unterstrich das Wort „Einschreiben“ mit dem Rotstift und verfaßte alsdann auf einem besonderen Blatt Papier ein Telegramm an die Etappenkommandantur, des Inhalts:

„Erbitte sofort Urlaub für Gefreiten Theodor Bröschke. Schriftliche Begründung absende gleichzeitig. Jakob Bröschke, M.d.R.“

Erst nachdem Frau Domnick mit dem Auftrag zur Post unterwegs war, begrüßte er seine Besucher, deren bald die ganze Stube voll war. Adele und Käte konnten nicht genug Gefäße herbeibringen, um die Blumen in Wasser zu stellen, und die blaue Porzellanschale auf dem Tisch schwoll an von immer neuen Stößen von Briefen, Karten und Telegrammen, deren Verlesung auf die große Feier am Abend aufgehoben wurde.

Deputationen und offizielle Glückwunschüberbringer waren alle erst bei der Hauptfeier im Gewerkschaftshause zu erwarten, die der sozialdemokratische Wahlverein dem verehrten Vorsitzenden bereitete. Ins Haus kamen nur die persönlichen Freunde und Bekannten, besonders zahlreich die Schulfreundinnen Kätes, aber auch die Nachbarn, denen man etwas näher stand, so Herr Töpfermeister Distel und Gemahlin, und auch Lina, das frühere Hausmädchen, hatte es sich nicht nehmen lassen, mit einem Geranienstock in alter Anhänglichkeit vorzusprechen. Die Parteigenossen hatten fast alle nur Karten geschickt; den eigentlichen Glückwunsch behielten sie sich für den Abend vor. Nur der alte Tesenfitz, das langjährige Faktotum vom Parteisekretariat, kam und blieb ehrfürchtig an der Tür stehen. Er war kaum zu bewegen, Platz zu nehmen, und hielt aus Höflichkeit seinen Stuhl so weit vom Tisch entfernt, daß er zu jedem Schluck Apfelwein ein wenig aufstehen mußte, um hinüberlangen zu können.

Der Jubilar gurgelte und kollerte glückerfüllt und fand sonst wenig zu sagen, um alles Liebenswürdige zu beantworten. Adele war bald hier, bald dort und sorgte, daß jeder sein Gläschen und ein Stück Kuchen hatte. Käte war von ihren Freundinnen umringt, und die Rede ging von Beförderungen, Eisernen Kreuzen und Leutnants. Riemann berechnete mit Herrn Töpfermeister Distel den den Amerikanern von den U-Booten zum Truppen- und Munitionstransport belassenen Tonnenraum, wobei das Resultat von vornherein feststand, daß seine Geringfügigkeit ernsthafte Gefahr von dieser Seite nicht mehr befürchten lasse. Die Damen Schmirl und Distel erörterten mit Lina, dem früheren Hausmädchen, die Schwierigkeiten der Ernährungsverhältnisse, während Anton, um den guten Tesenfitz doch nicht ganz zu vernachlässigen, Angaben über die Personalverhältnisse im örtlichen Parteibüro, über die Abonnentenzahl und die Redaktionsbesetzung des „Arbeiterboten" und über die Verluste des Parteibeamtenapparats durch den Krieg aus ihm herausholte, wobei die letzte Frage dank der zahlreichen Reklamationen gottlob sehr günstig beantwortet werden konnte.

Neben Bröschke hatte sich, einen Ellenbogen breit über den Tisch gelagert, Peter Schmirl niedergelassen, dessen kräftig-jovialer Baß den ganzen Raum beherrschte. Seine braungrauen Haare tanzten buschig über der breiten niedrigen Stirn, und die großen runden Gläser der Stahlbrille hüpften auf der geschwungenen Nase, wenn die Faust wieder mal bekräftigend auf die Tischplatte aufschlug – und das tat sie oft.

„Sechzig Jahre!“ schrie er in einem Ton, der ebensogut haltlose
Begeisterung wie galligsten Hohn ausdrücken konnte. „Mensch, Jakob! Wenn unser alter Pörtels dich noch so sehn könnte – so als richtigen saturnierten Jubelkreis, Vater, Großvater, M.d.R., M.d.L., Parteivorstand, Magistratsrat, Referent für Kultus, Kultur und Kultum,
mit goldner Uhrkette und Doppelkinn, umringt von Familie und Besuch, in der guten Stube mit grüne, goldgefleckte Tapeten, schwere
Vorhänge vors Fenster und ’n imitierten Perser am Boden – unentwegt die rote Fahne in der linken Hand, und dabei mit Gott für König und Vaterland – hurra! – –“

Bröschke wußte, wie gewöhnlich, nicht recht, wie er Peters Rede
auffassen sollte. Er kollerte und begnügte sich mit der Entgegnung:
„Ja, wie der Lauf der Welt nun mal ist!“ – „Doll!“

Schmirl zog den Schnurrbart nach beiden Seiten glatt, zupfte an
der Fliege, bog den Kopf zurück und kratzte mit fünf gekrümmten
Fingern unterm Kinn den langen Hals hinunter, wobei der kräftige
Adamsapfel vibrierte. – „Je nun“, meinte er etwas stiller vor sich hin
lachend, „knappe zwei Jahre – und ich hab die sechzig auch gezwungen. Bloß mit die Karriere muß ich mich noch ranhalten, um
dich einzuholen. Na, nett eingerichtet bin ich auch, M.d.L. und
Stadtverordneter ebenso, aber mit Reichstag und Parteivorstand ha-
pert’s noch, und was Kinder und Enkel sind, da muß ich mich man
mit weniger trösten als du. Dafür ist der Herr Schwiegersohn aber
auch Leutnant“ – er lachte dröhnend, und Adele, die die letzten
Worte auffing, sandte ihrem Gatten in Erinnerung an den zum
Schlafrock gewandelten Militärmantel einen innigen Blick. – „Ih,
das weißt du wohl noch gar nicht? – Doch? – Ja, Meyer ist befördert
– na, und der Enkel soll ja auch bald werden. Minna meint, im Oktober. – Also du, das soll ich dir von ihr bestellen: das schenkt sie dir
zum Geburtstag, daß der Junge nach dir Jakob heißen soll.“

„Wenn’s ein Junge wird, hoho!“

„Erlaub mal, mein Enkel wird ein Junge, verstehst du? – Bin aber
gespannt, ob der mal ein Sozi wird oder ein Patterjoht – oder ob das
bei die Enkels ebenso durcheinandergemantscht wird wie bei die
Großväter.“ Die Faust bullerte wieder auf den Tisch. „Bloß unser alter Pörtels hätte das noch miterleben sollen. Der hätte wohl so lange
den Kopf geschüttelt, bis er den Hals gebrochen hätte.“

Eine sonderbare Gedankenverbindung stellte sich bei Bröschke ein, die aus dem Zweifel erwuchs, ob Pörtels wohl ganz mit der Sozialdemokratie von heute einverstanden wäre: „Du, Peter, was sagst du dazu? – Ich hab für Theo um Urlaub eingegeben."

Da nahm Peter Schmirl den Arm vom Tisch, streckte beide Hände weit zwischen den langen Beinen vor und sah den Freund von unten herauf an, als ob sein Blick über den Stahlrand der Brille klettern wollte: „Jakob, so gescheit bist du ja selber nicht gewesen. Das hat dir mal wieder deine Deele eingegeben; sonst müßt ich ja an meine Menschenkenntnis verzweifeln."

„Na ja, ich will nicht abstreiten, daß ich es ihr zulieb getan hab."

„Wie alt ist der Bengel?"

„Einundzwanzig."

„Einundzwanzig. Na, du willst ihn dir wohl schön kaufen mit seinen eignen Kopp?"

„Das kannst du glauben. Er muß raus bei den Unabhängigen, oder ich rühr keinen Finger, wenn sie ihn in den Schützengräben stecken."

„So? – Na ja, andrer Leute Kinder werden ja auch zu Brei geschossen."

„Ist ja noch nicht soweit. Er wird ja auch wohl Vernunft annehmen."

„Meinst du? – Paß mal auf, Jakob, was ich dir sag. Wie ich deinen Theo kenn, ist er ein gutes weiches Kind, aber kein Hanswurst. Und wenn er aus Angst vor seinem Vater seine Standpauken oder vorm Schützengraben heute so und morgen so kann, ist er ein Hanswurst. Und jetzt sag ich dir noch was. Wenn ich nich schon ein alter Schafskopp war und noch einundzwanzig Jahr wie dein Theo, dann tat ich auch was andres als Vernunft annehmen und tat dasselbe, was ich unterm Schandgesetz auch getan hab – mit dir zusammen, Jakob, und bei unserm alten Pörtels – verstehst du?"

Bröschkes Augen blinzelten unsicher. „Das war doch dazumal was ganz andres, mein ich."

„Stimmt. Dazumal waren wir die Rotzjungen und ließen die alten Knacker auf uns schimpfen, und nun sind wir selbst die alten Knacker. Laß du sich den Bengel man die Hörner ablaufen."

Bröschke lenkte ab. „Du, Peter, ist eigentlich schon fest, wann der Landtag Schluß macht?"

„Am zwanzigsten, denk ich. – Ach ja, was ich sagen wollt. Da ist

ja noch die Interpellation von Rupprecht wegen die Schutzhaftge-
schichten und so."

„Ja, da kommen wir wohl nicht drum rum?"

„Das is eben das Verdeubelte. Gegen die Unabhängigen können
wir da nicht gut anmarschieren. Sonst springt uns ja die ganze Arbeiterschaft rüber."

„Aber wir können doch dem Oberkommando auch nicht in die
Parade fallen. Denk mal, wenn man jetzt jeden frei laufenlassen
wollte, der Liebknecht hochleben läßt!"

Schmirl lachte. „Dann hätt dein Theo bald genug seinem Vater
den Stuhl unter dem Hintern weggezogen. – Nee, das geht natürlich
nicht. – Du, ich hab mir aber was ausgedacht."

„Na?"

„Paß auf. Wir müssen die Besprechung der Interpellation zuschanden machen."

„Wir können aber doch nicht dagegen stimmen."

„Ach wo. Wir brauchen bloß dafür zu sorgen, daß die Unterstützung nicht langt."

„Wie das?"

„Döskopp! Die Unabhängigen sind grad drei Mann hoch. Für die
Unterstützung brauchen wir fufzehn Stimmen. Die Bürgerlichen
stimmen alle dagegen – und von uns sind zufällig man zehn oder elf
Mann im Saal. Kapiert?"

Der alte Parlamentarier hatte kapiert. „Das geht. Heut abend
sind ja wohl die meisten von der Fraktion da. Dann besprechen wir
die Sache gleich …"

Herr und Frau Distel erhoben sich. Der allgemeine Aufbruch begann.

Als alle fort waren, war es zehn Minuten vor eins geworden.
Frida mußte schnell hinüber zu Wirrgarns, um Elly zu Tisch zu holen. Herr Wirrgarn schickte die konservative „Bürgerzeitung" mit,
rot angestrichen. Anton las vor, während Mutter die Suppe aus-
teilte:

„Sechzigster Geburtstag. Der sozialdemokratische Abgeordnete
Jakob Bröschke, unser Mitbürger, feiert heute in seltener körperlicher und geistiger Frische seinen sechzigsten Geburtstag. So grund-
verschieden unsere Anschauungen auch von den seinigen sind, so
erbittert wir insbesondere gegen den unfaßlichen Gedanken an-

kämpfen, angesichts der herrlichen Ruhmestaten unserer unbezwinglichen Heere, unserer unvergleichlichen Flotte der Forderung des ganzen deutschen Volks nach einem Siegfrieden, nach einem deutschen Frieden, den Verzicht auf alles Errungene, den Scheidemannfrieden entgegenzustellen –"

„Sehr richtig", murmelte hier Eugen Riemann, dem Schwager ins Wort fallend.

„– – einen Gedanken, der leider grade in Bröschke einen beredten Verteidiger findet, so geben wir doch gern zu, daß die vaterländische Gesinnung des Jubilars, wie sie sich seit vier Jahren bewährt, über jeden Zweifel erhaben ist. Mehr als irgendeinem ist es ihm zu danken, daß die Arbeiterschaft unserer Stadt treu zur großen Sache steht, entschlossen, durchzuhalten bis zum Äußersten, und daß das landesverräterische Gebaren der Unabhängigen bei uns das unrühmliche Werk einer kleinen verachteten Sekte geblieben ist. Bröschke war es vor allem, dessen besonnenem Dazwischentreten es gelang, das verbrecherische Unterfangen des Januarstreiks im Keime zu ersticken, so daß die Rädelsführer rechtzeitig unschädlich gemacht werden konnten.

Wir stehn daher nicht an, auch dem Gegner Gerechtigkeit widerfahren zu lassen und unsere Glückwünsche für den verdienten Mann mit denen aller Volkskreise von Herzen zu vereinigen."

Anton schien der Vorlesung noch einige Worte von sich aus hinzufügen zu wollen. „Ja, Vater", hub er an, schob aber gleich einen Löffel Suppe in den Mund und zog schlürfend eine Bandnudel nach, deren Ende allmählich hinter den Zähnen verschwand.

Käte fand den Artikel wundervoll und sah ihren Gatten dabei fragend an. Adele aber legte den Schöpflöffel aus der Hand und sagte strahlend: „Schade, daß der ,Arbeiterbote' erst um fünf kommt."

Jakob selbst nahm das Zeitungsblatt neben sich auf den Tisch, und während ihm die Suppe vom Bart tropfte, fuhr er mit dem linken Zeigefinger noch einmal unter den Zeilen entlang.

Nach Tisch wurde ein Schläfchen gemacht. Elly kam zu Tante Suse, was sich dann aber als überflüssig erwies. Denn am Nachmittag kam kein Besuch mehr, da doch der frühen Polizeistunde wegen die Parteifeier im Gewerkschaftshause schon um halb sechs beginnen sollte.

Man fuhr im Wagen hin, Anton auf dem Kutschbock, denn in der Droschke hatten nur vier Personen Platz. An diesem Tage erfuhr Jakob Bröschke in Wahrheit, wie dankbare Verehrung unermüdliche Hingabe an eine Sache lohnt. Er hätte die Hände nicht zählen können, die sich ihm zum Druck entgegenstreckten, nicht die Hochs, die ihm zu Ehren erklangen.

Nach Anhören der Deputationen und eines Liedes des Arbeiter-Gesangvereins hielt Peter Schmirl die Festrede, humorvoll und anzüglich wie immer, aber die freundschaftliche Wärme glitzerte nicht nur durch seine Brillengläser, sie quoll auch aus den Worten selbst hervor, besonders als er von der gemeinsamen Jugendzeit sprach, von den schönen Stunden, wo sie von Roderich Pörtels in die Lehren des Marxismus eingeweiht wurden, von der rastlosen Kleinarbeit in der Bewegung, wie Ortsgruppe um Ortsgruppe entstand und die Sozialdemokratie von Wahlsieg zu Wahlsieg schritt, Genosse Bröschke aber – unser Jakob! –, vom Vertrauen des Proletariats getragen, die ganze Stufenleiter der Ehrenposten hinaufsteigen durfte, die das werktätige Volk zu vergeben hatte. Nie hatte ihn sein sicherer politischer Blick im Stich gelassen, und in der schweren verantwortungsvollen Zeit seit Ausbruch des Kriegs hatte er wie wenige dazu geholfen, der Sozialdemokratie im Volke das Ansehen zu schaffen, das ihr kraft ihrer Stimmenzahl gebührte. Den politisch unklaren Heißspornen und Wirrköpfen hatte er mit der Energie realpolitischer Einsicht einen Damm entgegengestellt und ungeachtet der größenwahnsinnigen Phantasien hirnloser Imperialisten und Reaktionäre das Banner der Demokratie unentwegt hochgehalten.

„Und nu erlauben Sie mir als alten Freund unseres Genossen Bröschke, noch ein paar Worte an ihn selbst zu richten. Jakob, ich sag manchmal Döskopp zu dir. Das kommt aber bloß davon, daß ich selbst man 'n alter Schafskopp bin und mit meinem Dickkopp immer durch die Wand will. Und wenn du dann bloß mit 'm Kopp nickst und sagst: schon gut, Peter, laß mich das man nach meinem Kopp machen – dann will mir das zuerst gewöhnlich nich in den Kopp, und nachher seh ich doch ein: mein alter Jakob hat doch wieder mal den bessern Kopp gehabt, und der Döskopp war ich selber. Darum wünschen wir alle, daß dein Kopp noch lange unserer Partei erhalten bleibt als Kopp des arbeitenden Volks, und wenn das Proletariat sich ans Hirn stippt, dann soll das soviel heißen wie: Jakob, nu streng du deinen Kopp an! Und in diesem Sinne bitte ich Sie, mit mir auszurufen: Unser lieber alter verehrter Genosse Jakob Bröschke, er lebe hoch! Nochmal hoch! Und zum dritten Mal hoch!"

Das schmetterte mächtig.

Und dann brachte der alte Tesenfitz den „Arbeiterboten". Aber den sollte Jakob noch nicht zu sehn bekommen, so erpicht er darauf war. Auch Adele konnte ihre Neugier kaum meistern.

Anton beruhigte sie: „Da ist eine große Überraschung dabei, Mutter. Das kommt erst beim Kommers. Wenn Eugen die Telegramme bekanntmacht, soll er gleich auch die Zeitung vorlesen."

Der alte Tesenfitz konnte den Augenblick fast noch schwerer erwarten als Jakob und Adele. Denn dabei sollte ein Stück Ruhm auch auf seinen Sohn Rudolf abspringen. Der saß bei der Presseabteilung im Generalstab der Armee Woyrsch und war gerade zum Unteroffizier befördert worden. Je mehr der Alte von dem Tiroler Spezial trank, der die Geister belebte, um so mehr Genossen erfuhren von Rudolfs Aufstieg und von seiner Beteiligung am Festartikel des „Arbeiterboten".

Ja, die Telegramm-Verlesung war wirklich ein Höhepunkt. Mehrmals hielt Eugen inne, nahm den Zwicker ab und wischte sich den Schweiß. Bald las er nur noch die Unterschriften all der Parteisektionen, Gewerkschaftsverbände und Einzelpersonen, die des Tages gedacht hatten. Nur wenn es sich um prominentere Persönlichkeiten oder Körperschaften handelte, las er auch den Text.

Es war ein gewaltiger Augenblick, als der Präsident des Reichstags mit seinem Glückwunsch zum Wort kam. Das Organ des Vorlesers zitterte merklich, und ein paarmal hatte er vor Ergriffenheit Mühe, im Tempo zu bleiben. Zum Glück folgten zunächst lauter weniger bedeutungsvolle Depeschen, darunter aber auch manche mit schalkhaften Versen, und die Stimmbänder konnten sich wieder in die normale Lage finden.

Plötzlich ward Eugen Riemann flammend rot. Gleich darauf überzog käsige Blässe sein Gesicht. Mit ungeheurer Anstrengung riß er sich zusammen. Unter seinen rötlichen Plüschhaaren zog sich die Stirn in tiefen Falten nach oben. Er schnappte mehrere Male mit dem Unterkiefer zu seinem Bärtchen hinauf. Die roten Ohren schienen sich seitwärts zu legen. Käte blickte mit angstvollen Augen zu ihrem

Manne hin und machte eine Gebärde, als wollte sie ihm zu Hilfe eilen.

Endlich faßte er sich, preßte die Ellenbogen dicht an den Leib und las stockenden Atems:

„Im Namen Seiner Königlichen Hoheit –"

Drei im Saal anwesende Unteroffiziere, ein Offizierstellvertreter und zwei Beamtenstellvertreter sprangen auf, langsam erhoben sich dann auch die übrigen Uniformierten, während mehrere jüngere Parteigenossen in Zivil ebenfalls Anstalten dazu machten, dann aber nach einigen Blicken gegenseitiger Befragung unruhig sitzen blieben.

„Im Namen Seiner Königlichen Hoheit des Großherzogs übermittle ich Ihnen aufrichtige Segenswünsche zum sechzigsten Geburtstage. Ein Mann des Volkes im wahren Sinne des Wortes haben Sie sich dem Vaterlande in schwerer Zeit treu erwiesen. Der Allmächtige möge Ihnen einen glücklichen Lebensabend gewähren. Von Mürz, Oberhofzeremonienmeister."

Man glaubte, die Herzen der Anwesenden klopfen zu hören. Das Papier knisterte in Riemanns Händen; seine schmale Brust wogte. Die Militärpersonen nahmen allmählich wieder Platz. Da raffte sich der Obersekretär noch einmal zusammen: „Großherzog Ferdi – –"

Schmirl, der glücklicherweise an seiner Seite saß, gab ihm einen Puff in den Oberschenkel. Ein wütender Blick traf ihn, aber das Hoch auf den Landesherrn war vermieden.

In stillschweigendem Einverständnis aller wurde hier die Verlesung der Telegramme abgebrochen und sehr zum Leidwesen des alten Tesenfitz auch der Zeitungsartikel noch zurückgestellt.

Man wandte sich dem Festessen zu, das in Anbetracht der Umstände in bescheidenen Grenzen gehalten war: Suppe, Fisch und mehrere Sorten Gemüse, dazu Tiroler Spezial, aber alles reichlich und vortrefflich. Brot gab es selbstverständlich nur gegen Erlegung der Marken.

Nach dem aufregenden Herrschertelegramm belebten sich die Gespräche nur langsam von dem ehrfürchtigen Flüsterton, mit dem sie einsetzten, wieder zu geselliger Munterkeit. Das Thema war durch den Zwischenfall ja von selbst gestellt: das Verhalten der doch eigentlich republikanischen Sozialdemokratie bei dynastischen Annäherungen. Die Gemüter der Politiker erhitzten sich ernsthaft, und Bröschkes monarchistischer Schwiegersohn, der den Standpunkt vertrat, daß die große Zeit, die Einmütigkeit der Begeisterung von neunzehnhundertvierzehn, die das ganze wehrhafte Volk unter die Fahnen des Kaiserreichs hatte zusammenströmen lassen, jeden Gedanken an Republik ein für alle Male ad absurdum geführt habe, mußte sich kräftige Zurückweisungen gefallen lassen.

Peter Schmirl schlug auf den Tisch und schrie: „Ich habe die Monarchie schon vor, zwanzig Jahren bekämpft, ich werde sie auch später wieder bekämpfen. – Da verlassen Sie sich auf!"

Endlich entschied aber Genosse Dr. Valentin, das aus Sachsen stammende jüngste Mitglied der Landtagsfraktion, auf den allgemein große Hoffnungen gesetzt wurden, mit den Worten: „Man gann ein ausgezeichneter zielbewußter Sozialdemograt sein und braucht sich deshalb noch lange nicht als taktloser Banause zu benähmen!"

„Bravo!" sagte das Geburtstagskind selbst, das sich bisher nicht an der Auseinandersetzung beteiligt hatte. Adele steckte sich nun aber hinter den alten Tesenfitz, und auf dem Umweg über Suse Schmirl gelang es endlich, den offiziellen Teil mit der Vorlesung des Artikels im „Arbeiterboten" wieder in Gang zu bringen.

Obersekretär Riemann erhob sich, schob den Kneifer zurecht und las. Es war eine wirklich schöne, schwungvolle und ausführliche Würdigung der Verdienste Jakob Bröschkes, und Käte netzte wiederholt die Augen mit dem Taschentuch, während Adeles Rührung sich in häufigen vernehmlichem Schneuzen kundgab. Die andern Damen warfen ergriffen lächelnde Blicke zu Jakobs Platz hinüber. Zum Schluß wurden alle Ämter und Posten aufgeführt, die der verehrte Parteiführer nach und nach erklommen hatte, und dann hieß es:

„Jetzt aber geben wir dem Genossen Bröschke selbst das Wort. Seine Lebensgeschichte soll das Proletariat aus seinem eigenen Munde erfahren, wie er sie kurz und schlicht einem unserer Mitarbeiter erzählt hat."

„Was?!" – Jakob Bröschke starrte erst zu seinem Schwiegersohn empor, wobei sich ein Zahn über der gesprungenen Unterlippe sehn ließ. Dann ließ er die Äugelchen hilflos die ganze hufeisenförmig gestellte Tafel entlang schwimmen, deren bekränzten Mittelplatz er einnahm. Da sah er den alten Tesenfitz, das Kinn beinah bis zur Tischplatte niedergebeugt, mit beiden Handflächen links und rechts vom Teller Klavier spielen, wobei das bartlose stopplige Gesicht von Lachfalten wie ein Fächer geteilt war und die eingekniffenen Augen wie die eines Versteck spielenden Kindes zu ihm hinüberzwinkerten.

Jakob fiel ein, daß vor drei Wochen Rudolf Tesenfitz bei ihm Urlaubsvisite gemacht und ihn dabei ausgefragt und ins Erzählen gebracht hatte über alles Erdenkliche, von der Kindheit an bis zur Gegenwart. Sollte der Teufelsjunge –?

Bröschke winkte drohend mit dem Finger zu Tesenfitz hinüber und trank ihm zu. Der Alte aber nahm das Glas, und wie er es zum Munde führte, überkam ihn die Lustigkeit der Sache derart, daß er in den Rotwein hineinprustete und ihn in zwei Schwabbern aufs Tischtuch flecken ließ. Da stellte er sehr verlegen das Glas wieder hin.

Eugen Riemann las:

„Ich wurde am Jahrestage des Bastille Sturms, dem 14. Juli 1858, als Sohn armer proletarischer Eltern in dem kleinen Städtchen Kersching an der Wähe geboren. Meinen ersten Unterricht empfing ich dort in der Gemeindeschule. Mit vierzehn Jahren trat ich in meiner Vaterstadt ins praktische Leben. Da es ihm nicht vergönnt war, meinen Herzenswunsch zu erfüllen und mich studieren zu lassen, gab mich mein Vater einem Tapezier und Dekorateur in die Lehre. Nach Ablegung meines Gesellenstückes lernte ich die Landstraße kennen, die ich in allen Teilen unsres lieben Heimatlandes durchstreifte.“

Käte neigte sich zu ihrem Nachbarn, Dr. Valentin. „Schön gesagt“, flüsterte sie.

„Bald arbeitete ich hier, bald dort. Aber es hielt mich nirgends lange. Früh schon erkannte ich die Abhängigkeit des Arbeiters vom Kapitalismus, und mein Wissensdrang trieb mich, Aufklärung zu suchen, wo ich sie nur finden konnte. Ältere Arbeitskollegen verschafften mir Lesestoff, den ich verschlang, und allmählich gewann ich Einblick in die jung aufstrebende Arbeiterbewegung. Ich trat in die Gewerkschaft ein, und bald auch in die Partei. Damals war das Sozialistengesetz auf der Höhe, und so mußte ich auch das Gefängnis kennenlernen, wie das wohl zum Werdegang jedes rechten alten Sozialdemokraten gehört.“

Die älteren Parteigenossen nickten vor sich hin, die jüngeren lächelten huldigend. Frau Suse Schmirl aber sprach zu ihrem Gatten: „Du warst dreimal drin – nicht, Peter?"

Eugen Riemann fuhr fort:

„Da hieß es unterirdisch arbeiten, Blätter verteilen, für Partei und Gewerkschaft Stimmung machen, und wenn es Wahlen gab, für die Sache des Proletariats agitieren. Zugleich aber hieß es das eigene Wissen vervollkommnen. Wissen ist Macht! Das habe ich schon als junger Mensch eingesehn, und so drang ich in meinen Freistunden in die Lehren unserer unvergeßlichen Altmeister Marx und Engels ein und vervollständigte auch meine Bildung auf allen anderen Gebieten, besonders auch in Kunst und Literatur."

„Ganz wie mein Rudolf", meckerte der alte Tesenfitz, der geneigt schien, den ganzen Lebenslauf Bröschkes als Verdienst seines Sohns anzusehn, da ihn der dem Druck übergeben hatte.

„In jener Zeit hatte unser verstorbener Parteiführer Roderich Pörtels den Gedanken ins Leben gerufen, junge strebsame Genossen in eigenen Parteischulen zu kundigen Leitern des werktätigen Volkes heranzuziehen. Als ich davon hörte, packte ich meinen Ranzen und begab mich wieder auf die Wanderschaft gradenwegs zu Pörtels selbst. Das war zu Anfang der achtziger Jahre."

„Zweiundachtzig war's", rief Peter Schmirl und warf den Nacken zurück.

„Roderich Pörtels unterzog mich einem kurzen Verhör, dann nahm er mich unter die Seinen auf, und ich schmeichle mir, einer seiner Lieblingsschüler gewesen zu sein. Das war eine bewegte und doch, ach, wie unvergeßliche Zeit unter unserm ‚Alten', wie wir ihn scherzhaft unter uns nannten."

„Wie reizend!" hörte man eine Genossin flöten.

„Wir lernten die hehre Weisheit von Marx' Kapital und den Klassenkampf verstehen, wurden unterwiesen, wie sich die Parteien unterscheiden, und auch die Rede handhaben, um in Versammlungen sprechen und unsern Genossen die Wahrheit des wissenschaftlichen Sozialismus entgegen schleudern zu können. Und dabei immer die Heimlichkeit, weil damals die Sozialistenverfolgungen an der Tagesordnung waren und Bismarck überall Geheimbünde witterte."

Anton Bröschke stieß seinen Schwager in die Kniekehle. „Lies doch nicht so dröhnig", raunte er ihm zu, „dabei schläft man ja ein."

Eugen setzte den Zwicker grade und erhob die Stimme.

„Nach einem Jahr schon konnte ich meinen Tapeziererberuf an den Nagel hängen. Genosse Pörtels wünschte, daß ich meine Kraft ganz der Bewegung widmen sollte.“

„Sehr richtig!“ rief jemand am untern Ende der Tafel.

„So kam ich 1883 als junger Parteiredakteur nach Krunkenau. Hier widmete ich mich neben meinen laufenden Arbeiten hauptsächlich der Aufklärung der Arbeiterschaft über die Religionsfragen. Denn ich hatte schon lange Zweifel gefaßt an der Richtigkeit des Kirchenglaubens und kam dahinter, daß es damit keineswegs seine Richtigkeit hatte. Dadurch kam ich auch in die Freidenkerbewegung hinein, und Trennung von Staat und Kirche wurde seitdem meine vornehmste Losung.“

Adele faßte unter dem Tischtuch nach Jakobs Hand, denn sie ahnte, was jetzt folgen würde.

„Der rührigste Vorkämpfer dieser Losung war zu jener Zeit der Freidenker August Wehmeyer, mit dem ich denn auch bald in das freundschaftlichste Verhältnis trat. Ja, am 17. September 1885 reichte mir seine liebe Tochter Adele die Hand zum Lebensbunde.“

Viele Gläser wurden erhoben, und Adele Bröschke mußte nach allen Seiten nicken und oft den Rand ihres Weinglases an die Lippen führen.

„Sie ist mir eine treue Gefährtin geworden und hat mir im Laufe der Zeit vier Kinder geschenkt, von denen das letzte uns im zarten Alter von zwei Monaten wieder genommen wurde, während die drei andern prächtig gediehen.“

Jetzt kam die Reihe des Zutrinkens an Anton und Käte.

„In Krunkenau blieb ich bis zum Jahre 1891. Dann erhielt ich einen Ruf als Geschäftsführer des ‚Arbeiterboten‘ in unsrer Stadt, welche mir seitdem zur zweiten Heimat geworden ist.“

Die Gesichter streckten sich dem Vorleser mit erhöhter Spannung entgegen.

„Hier gelang es mir, das Vertrauen der Parteigenossen bald in weitestem Maße zu erwerben. Mein Hauptaugenmerk richtete sich von Anfang an darauf, dem Blatt nicht bloß bei den Parteigenossen, sondern vor allem auch bei den Gewerkschaften Freunde zu erwerben und die Redakteure desselben anzuhalten, besonders den lokalen Teil so auszugestalten, daß die sozialdemokratische Zeitung auch in jedem Bürgerheim Eingang finden und mit Vergnügen gelesen werden konnte. 1894 wurde ich mit noch zwei Genossen zum Stadtverordneten gewählt."

„Einer davon war ich", betonte Schmirl.

„Es war das erste Mal, daß unsre Partei im Rathaus einzog. Nachdem ich bereits mehrfach unsern Wahlverein auf Parteitagen vertreten hatte und als alter Freidenker und auch, als künstlerisch durch meinen früheren Beruf als Dekorateur ein wenig vorgebildet, in den Ausschuß für Kultur und Kunst gewählt war, entsandte mich das Vertrauen der Arbeiterschaft bereits 1895 in den Landtag und 1903 auch in den Reichstag, welch beiden Körperschaften ich seitdem ununterbrochen angehört habe."

Ein lautes „Bravo!" von verschiedenen Seiten bekräftigte das Einverständnis der Festteilnehmer mit dieser Tatsache.

„Seit 1908, also nunmehr zehn Jahre, gehöre ich dem hiesigen Magistrat an, und 1911 berief mich das einstimmige Votum der Mitgliederversammlung zum ersten Vorsitzenden des sozialdemokratischen Wahlvereins."

Dieses Mal äußerte sich die Befriedigung durch lebhaftes Gemurmel.

„Das Höchstmaß seines Vertrauens erwies mir der Parteiausschuß noch voriges Jahr, indem mich derselbe an Stelle eines unabhängig gewordenen Vorstandsmitglieds in den Parteivorstand berief. Ich habe als Funktionär der Partei und als Abgeordneter stets nach meinen bescheidenen Kräften mitgeholfen, das Gute zu schaffen, und habe mir insbesondere in meiner Eigenschaft als Referent für Kunst, Wissenschaft und Kultus in den verschiedenen Kommissionen und Körperschaften von jeher die Hebung der Kultur und der Bildung in unserm Volke als hehres Ziel vor Augen gehalten. Seit dem Ausbruch des großen Weltenbrandes habe ich es mir angelegen sein lassen, das Augenmerk der gesetzgebenden Faktoren auf die Verhütung sozialer Mißstände zu lenken und mit den wohlverstandenen Interessen des allen Deutschen gemeinsamen Vaterlands das der arbeitenden Klasse zu verbinden. Die Opfer, die die Arbeiterschaft in dieser schweren Zeit bringen muß, dahin werde ich mit allen meinen Kräften zu wirken suchen, werden derselben aufgewogen werden durch die Erringung freiheitlicher Verhältnisse im Reich und im Lande. Wir werden einen demokratischen Staat bekommen, in dem nichts geschehen darf, wozu nicht das Proletariat seine Zustimmung gegeben hat. Solange mir unsere Parteigenossen fernerhin ihr Vertrauen schenken sollten, wird dieses allezeit meine Richtschnur sein und bleiben.“

Obersekretär Riemann legte das Zeitungsblatt auf den Tisch, als ob er ein As trumpfen wollte, zum Zeichen, daß die Vorlesung beendet sei. Darauf wischte er sich Stirn und Schnurrbart mit der Serviette ab und setzte sich.

Dröhnend erscholl der Applaus durch den Saal. Der Gesangsverein stimmte die Arbeitermarseillaise an, und stehend sangen die begeisterten Parteigenossen: *„Wohlan, wer Recht und Freiheit achtet –“*
Die Tafel wurde aufgehoben. Es bildeten sich Gruppen. Der gemütliche Teil des Abends begann.

Der Gefeierte konnte sich indessen nicht lange dem Genuß seiner Beliebtheit hingeben. Genosse Schmirl klopfte ihm inmitten eines Rudels von Verehrern, die sich in entzückten Äußerungen über die Selbstbiographie ergingen, derb auf die Schulter und schrie: „Jakob! Das Geschäft ruft. Fraktionssitzung nebenan im kleinen Saal.“
Die anwesenden Mitglieder des Landtags versammelten sich in einem Nebenraum und berieten bei der Zigarre über ihre Stellung bei der Interpellation Rupprecht, die sich besonders auf den Fall des Arbeiters Winckelmann bezog, jenes unabhängigen Hitzkopfs, den man seiner fanatischen Streikhetze wegen, nachdem man ihn schon infolge seiner schweren Verwundung nicht mehr ins Feld schicken konnte, einfach in Schutzhaft genommen hatte.
Das war eine fatale Geschichte, und nach langem Hin und Her und Kopfkratzen und vielen faulen Vorschlägen knuffte Peter Schmirl den alten Freund in die Seite, und Jakob Bröschke trug bedächtig vor, was Peter ihm am Vormittag beigebracht hatte. Er fand allgemeine Zustimmung. Da wurde Dr. Valentin ans Telefon gerufen, und die Parlamentarier begaben sich zur Gesellschaft zurück, wo zwischen Weindunst und Tabaksqualm ein Tosen von Stimmen brandete wie auf dem Zwischendeck eines Auswandererschiffes vor der Landung.
Ganz plötzlich ward es still.
Alles schaute auf. Doktor Valentin stand in der Tür. Sein Schauspielergesicht zuckte vor Erregung, und seine Hand gebot Ruhe.

„Barteigenossen!" Sein Idiom trompetete in den Saal. „Ich gann Ihnen eine eminent wicht'che Mitdeilung machen."

Die letzten Flüsterlaute verstummten.

„Ich habe soäben den morchigen Dagesbericht delephonisch übermiddelt begommen. Unsre Druppen sind im siechreichen Vordringen beiderseits von Reims, dessen Ostforts in unsrer Hand sind. Die Wranzosen sind über die Marne dem Stoß ausgewichen. Die Unsrichen folchen und haben den Fluß bereits überschridden."

Einen Augenblick stockte allen der Atem. Dann aber hielt es Eugen Riemann nicht. Den Arm senkrecht in die Luft gereckt, schrie er mit überkippender Stimme: „Hurra!" Und dann noch einmal und ein drittes Mal und jedesmal noch lauter und noch begeisterter: „Hurra! Hurra!!"

Da war nicht zu widerstehn. Die Militärpersonen, zuerst die Chargen, die beiden Beamtenstellvertreter, der Offiziersstellvertreter und die drei Unteroffiziere, dann auch alle übrigen, selbst die ältesten Parteifunktionäre, stimmten mit ein, und das Hurra! donnerte von den Saalwänden wie eine Lawine zwischen Gletschern.

Und der Dirigent des Gesangvereins nahm den Taktstock und gab ein Zeichen, und die Arbeitersänger standen auf und drehten die Hälse aus dem Kragen, und die Festteilnehmer, Männer und Frauen, Alte und Junge – alle, alle folgten dem Beispiel, und brausend wie Orgelklang erscholl aus mehr als achtzig sozialdemokratischen Kehlen der deutsche Sturmgesang: „Deutschland, Deutschland über alles!" – – –

„Es war ein wundervolles Fest", sagte auf der Heimfahrt in der Droschke Käte Riemann zu ihrem Vater. Aber der hielt auf den Knien ausgebreitet den „Arbeiterboten" und leuchtete mit seiner elektrischen Taschenlampe die Zeilen entlang.

–––––

Der Nachlaß-Text *„Ein Mann des Volkes"*, aus dem dieser Auszug (2. Roman-Kapitel) stammt, ist vollständig zugänglich in Erich MÜHSAM: Ausgewählte Werke, Band 3: *Streitschriften. Literarischer Nachlaß*. Herausgegeben von Christlieb Hirte. Berlin: Verlag Volk und Welt 1984, S. 317-542.

Sowjet-Granaten?

(1927)[1]

Es gibt Dinge, die den Revolutionär, der die proletarischen Revolutionäre aller Anschauungen zu kameradschaftlicher Duldung überreden möchte, zur Parteinahme auch auf die Gefahr hin zwingen, Risse zu vergrößern. In der Angelegenheit der Enthüllungen des *Manchester Guardian* zu schweigen, hieße nicht ausgleichend und versöhnend wirken, sondern auf Kosten der Reinlichkeit und Wahrhaftigkeit Diplomatie treiben. Zur Zeit, da diese Zeilen geschrieben werden – ich muß der Feiertage und einer Reise wegen die Redaktion des Heftes schon in der Monatsmitte abschließen, – läßt sich mit annähernder Sicherheit dieser Situationsbericht geben: Im Jahre 1922 errichteten die Junkers-Werke auf Veranlassung des Reichswehr-Ministeriums und gestützt auf dessen finanzielle Zusicherungen auf russischem Boden eine Fabrik, in der unter deutscher Direktion Kampfflugzeuge hergestellt wurden, die der Versorgung der deutschen Heeresmacht auf illegalem Wege dienen sollten. Zugleich wurden andre Unternehmungen ähnlichen Charakters in Rußland eingerichtet – der *Vorwärts* behauptet, ohne bis jetzt dokumentarische Belege dafür beizubringen, es handle sich um die Fabrikation von Artilleriemunition und Giftgasen. Die Verträge zwischen den deutschen Industriellen und der russischen Regierung wurden von deutschen Reichswehr-Offizieren vermittelt und von Geßlers Ministerium mit unterzeichnet.

Da dieses Ministerium seine den Junkers-Werken gegebenen Garantien nicht erfüllte, ging die Firma pleite, und die übrigen nach Rußland geschobenen Munitionsschieber-Institute sollen sich jetzt in „einem ähnlich liquiden Zustand" befinden. Eine Denkschrift des enttäuschten Kapitalistenklüngels, die unter Zurückstellung „vaterländischer" Bedenklichkeiten das Wehrministerium der Bemoge-

---

[1] Textquelle | Erich MÜHSAM: *Sowjet-Granaten*? In: Fanal – Anarchistische Monatsschrift, 1. Jahrgang, Nr. 4 (Januar) 1927 (hier dargeboten nach dem Textportal www.anarchismus.at).

lung der Versailler Vertragskontrahenten und die Russen der Seek-
tiererei zeiht, gelangte auf sozialdemokratischen oder andern Völ-
kerbunds-Wegen nach Manchester und von da zum Stampfer zurück, und nun ist ausgerechnet der *Vorwärts* sittlich entrüstet und
klagt die Russen an, sie lieferten der deutschen Soldateska Waffen
zur Niederknüttelung des deutschen Proletariats.

Was den *Vorwärts* anlangt, so lotet kein Wort des Ekels den Ab-
grund der Heuchelei aus, aus dem diese Kanaille sich den Mut holt,
die schützende Gluckhenne des deutschen revolutionären Proletariats zu markieren. Die Partei dieser Zeitung hat die Reichswehr geschaffen aus den weißgardistischen Freikorps und Landsknechtsfor-
mationen, die sie ebenfalls geschaffen hatte. Herr Wels, heute noch
Vorsitzender der Partei, war der Berliner Stadtkommandant, der
schon im Dezember 1918 als erster Büttel der Konterrevolution in
revolutionäre Arbeitermassen hinein schießen ließ. Herr Ebert und
seine Noskes derselben Partei haben in den Jahren 1919 und 20 den
„Feindbund" ein übers andre Mal angewinselt, man möge doch eine
Bewaffnung Deutschlands mit schweren Geschützen, Giftgasen und
Großkampfflugzeugen zugeben, die ja beileibe nicht zur Vorbereitung von Kriegen, sondern durchaus nur gegen den inneren Feind,
das Proletariat, verwendet werden sollten. Maximilian Harden hat
grade diese Lumperei in seiner „*Zukunft*" oft ausgezeichnet charak-
terisiert. Wenn der *Vorwärts* heute Rußland denunziert, daß es die
deutsche Konterrevolution gegen das deutsche Proletariat bewaffnet, so quält ihn dabei nicht die Tatsache, daß damit neue Blutbäder
unter den Arbeitern vorbereitet werden, sondern ihn ärgert, daß
statt des westlichen Privatkapitalismus der russische Staatskapitalismus aus solchen Geschäften Profit zieht. Stresemann soll von England aus scharf gemacht werden, „diese geheime unverantwortliche
Tätigkeit ihres (der Reichsregierung) eigenen Reichswehrministeri-
ums ein für allemal zu unterdrücken", – so schließt der Bericht des
Manchester Guardian, und das heißt, Stresemann soll den Deutschnationalen die Patronen aus dem Lauf ziehen, mit denen sie im Bunde
mit Rußland gegen Westen Krieg führen möchten und dem britischen Kapital die Politik fordern, die Deutschland als Bundesgenossen zum Kriege gegen den Osten braucht.

Wenn der *Vorwärts* also, der den Reichswehrkrieg gegen Sachsen
organisieren half und stets gebilligt hat, jetzt darüber tobt, daß die

sächsischen Arbeiter mit Sowjet-Granaten massakriert worden
seien, so gehört es sich, ihn anzuspucken. Das enthebt aber nicht der
Pflicht, mit aller Deutlichkeit auszusprechen, was vom Standpunkt
des proletarischen Klassenkampfes zu den im *Manchester Guardian*
veröffentlichten und nicht mehr bestrittenen Tatsachen grundsätzlich zu sagen ist. Dabei ist es gleichgültig, ob die weitergehenden
Behauptungen des *Vorwärts* über die erst in den letzten Monaten in
Stettin gelöschten Schiffe stimmen; diese Behauptungen lasse ich so
lange nicht gelten, wie sie nicht dokumentarisch bestätigt sind: das
zynische Feixen des *Vorwärts* ist allein nicht beweiskräftig. Die De-
nunziationen der Junkers-Werke genügen vollauf, um ein Urteil fällen zu können. Es kann kein andres Urteil sein als ein sehr hartes
und bitteres, das die russischen Staatslenker schuldig spricht, die Interessen des internationalen Proletariats in unerhört frivoler Weise
denen des russischen Neukapitalismus untergeordnet zu haben. In
diesem Zusammenhange soll garnicht gegen die Nep-Politik allgemein polemisiert werden. Mag es wahr sein, daß alle die Konzessionen an die Privatwirtschaft gemacht werden mußten, um die Existenz der Bevölkerung zu sichern, um den Aufbau der zerfallenen
Wirtschaft, meinetwegen sogar in der Richtung auf den Sozialismus,
möglich zu machen, – so bleibt die Frage: Dient die Herstellung von
Kampfflugzeugen, die die deutsche Reichswehr zur Bekämpfung
des eigenen oder ausländischen Proletariate nötig zu haben glaubt,
der Hebung einer Produktion, mit der der Hunger der in Rußland
arbeitenden Menschen gestillt werden kann? Ferner: Waren die ver-
krachten Junkers-Werke auf russischem Boden ein Betrieb „von
konsequent sozialistischem Typ“?

Offen heraus gesagt, die Konzessionierung derartiger Fabriken,
verbunden mit Frühstücksunterhaltungen zwischen Tschitscherin
und Seekt, Bevorzugung rechtsnationalistischer deutscher Politiker
zu diplomatischen „Pourparlers“ – alle diese Dinge und noch viele
mehr passen verteufelt schlecht zu den ständigen Versicherungen
aus Moskau, daß dort alles nur unter dem Gesichtspunkt geschehe,
die Weltrevolution zu beschleunigen und ihr die sicherste Fahrt
zum Kommunismus zu bahnen. Übrigens werden ja auch diese revolutionären Versicherungen seit langem nicht mehr von Regie-
rungsstellen abgegeben, das überläßt man den Parteiinstanzen. Ist
der Außenkommissar des proletarischen Staates in Berlin, so spricht

er zum Proletariat so wenig, wie er vom Proletariat spricht. Er redet von Deutschland und meint damit das stresemännisch gefirniste Bendlerstraßen-Deutschland. Er spricht von freundschaftlichen Beziehungen zwischen Rußland und Deutschland und meint gute Geschäfte der deutschen Kapitalisten im Verkehr mit russischen Behörden.

Die Dementis der Russen gegen die peinlichen Publikationen über die Sowjet-Granaten waren in keiner Weise beflissen, etwa die erregten Gemüter der Arbeiter zu beruhigen, es waren diplomatische Dementis an die Adresse der Reichsstellen zur gefälligen Benutzung in Genf, falls Chamberlain Aufklärungen verlangte. Das Aufklärungsbedürfnis der deutschen Arbeiterschaft zu befriedigen, überließ man der Redaktion der *Roten Fahne*. Da wurde denn heute bestätigt, was gestern abgeleugnet, heute bestritten, was gestern schon zugegeben war und damit aufs unzweideutigste bekundet, daß man das, was man verteidigte, keineswegs als harmlos, gleichgültig oder auch nur entschuldbar empfand.

Es ist leichter, in der Bekämpfung revolutionär gebliebener Genossen das rote gelb und das gelbe rot zu nennen, als die Belieferung der Weißgardisten mit Bürgerkriegswaffen als revolutionäre Tat begreiflich zu machen. Es wird nötig sein, die russische Staatsraison aus den Köpfen der Proletarier herauszubringen, die in ihren Ländern die Revolution anstreben. Die beiden Dinge sind nicht mehr dasselbe und passen nicht mehr zusammen. Es könnte sonst geschehen, daß die Sowjetmunition, auch ohne von Claß und Sodenstern zum Krepieren gebracht zu sein, das deutsche revolutionäre Proletariat so weit auseinander sprengt, daß es sich in der Stunde der Entscheidung nicht mehr zusammenfinden kann.

Panzerkreuzer A

(1928)[1]

Bitteres Mißgeschick hat die deutsche Wählerschaft betroffen. Sie hat feststellen müssen, daß eine Staatsregierung eine Staatsregierung ist, daß Minister Minister sind und daß ein Flottenprogramm ein Flottenprogramm bleibt. Als 1924 ein neuer Reichstag gewählt wurde, kriegten die Deutschnationalen die Stimmen aller Leute, die ihnen glaubten, ihr verlorengegangenes Bankguthaben werde ihnen mit 100 Proz[ent]. aufgewertet werden. Am 20. Mai dieses Jahres wählten die biederen Bürger sozialdemokratisch, die sich aus den Wahlaufrufen der Liste 1 hatten überzeugen lassen, daß die Speisung hungriger Kinder ein wohlgefälligeres Werk sei als der Bau von Panzerkreuzern und daß eine sozialdemokratisch besteckte Reichsregierung unversehens aus allen Stahlplatten Brot machen werde. Peinlicherweise bedarf die 100prozentige Aufwertung von Kriegsanleihen, Hypotheken, mündelsicheren Papieren aller Sorten ebenso wie die Umwandlung von Kriegsschiffen in Feingebäck kräftigerer Feuerungsstoffe, als den deutschen Realpolitikern bekannt sind, und so kochten Deutschnationale wie Sozialdemokraten, zu Regierungsämtern zugelassen, mit Wasser, als in welchem die holden Träume der Wähler ersoffen. Die Deutschnationalen haben es mit der Zeit begreifen gelernt, daß der Dienst am Staate Opfer kostet, aber sie bringen diese Opfer immer nur zu 50 Prozent, sie geben immer nur Überzeugungen preis, niemals das Geschäft. Die Sozialdemokraten sind weniger engherzig; sie haben Überzeugungen sowieso nicht mehr preiszugeben, und was das Geschäft anlangt, so haben sie ihre Wähler längst soviel Staatsgesinnung gelehrt, daß sie dem höheren Zweck gern auch materielle Opfer bringen. Der höhere Zweck aber ist die Große Koalition.

---

[1] Textquelle | Erich MÜHSAM: *Panzerkreuzer A*. In: Fanal – Anarchistische Monatsschrift, 2. Jahrgang, Nr. 12 / September 1928 (hier dargeboten nach https://www.anarchismus.at).

Warum sind die Sozialdemokraten in die Regierung gegangen? Herrschaften, zermartert euch nicht vergeblich das Hirn mit psychologischen, politischen und parteitaktischen Erklärungsversuchen. Sie sind in die Regierung gegangen, damit ihre Bonzen Minister werden. Und warum sind sie nicht aus der Regierung herausgegangen, als sich zeigte, daß sie den Bau des Panzerkreuzers nicht verhindern konnten, ihm sogar ausdrücklich zustimmen mußten? Herrschaften, sie sind aus der Regierung nicht herausgegangen, damit ihre Bonzen Minister bleiben. Hätten sich die Müller, Severing, Wisseli und Hilferding gesträubt, dem Kollegen Gröner den Bauauftrag zu erteilen, dann wären sie heute keine Minister mehr, und der Panzerkreuzer würde doch gebaut, und hättet ihr eine rein sozialdemokratische Regierung, dann würde der Panzerkreuzer ebenfalls gebaut, und hättet ihr eine „Arbeiter- und Bauernregierung", dann würde der Panzerkreuzer auch gebaut, und macht ihr eine Volksabstimmung, durch die das Bauen von Panzerschiffen und Kreuzern für alle Zukunft verboten wird, – verlaßt euch drauf: der Panzerkreuzer wird gebaut.

Und nicht bloß der Panzerkreuzer A wird für über 9 Millionen Mark zu bauen angefangen, der Bau wird für 80 Millionen Mark zu Ende geführt, und dann kommt der Kreuzer B und die ganze Reihe dran; denn Gröner und Deutschlands Ehre will's und England erlaubt's. Und wie Sozialdemokraten dem Kapital zuliebe die Revolution niederkartätschten, wie sie die Abwehrkämpfe gegen den Kapp-Putsch zugunsten der Monarchisten zu Fall brachten (übrigens, Herr Reichsinnenminister Severing, können Sie nicht in Ihrer neuen Würde mal nachfragen, wie sich die republikanische Reichsregierung heute, nach über 8 Jahren, zur Durchführung der von Ihnen gedrehten, von der damaligen Reichsregierung zugesicherten 8 Punkte des Bielefelder Abkommens stellt?), – wie regierende Sozialdemokraten der Schwerindustrie zur Entschädigung für die Aushungerung des Proletariats durch die Inflation 700 Millionen Mark geschenkweise auf Kosten des Proletariats in den Rachen warfen und wie sie eine nach ihren demokratischen Grundsätzen errichtete Regierung in Sachsen, dann auch in Thüringen mit Waffengewalt auseinandersprengen ließen, weil sie sonst hätten aus den Ministersesseln herausrutschen müssen, so werden sie auch fürderhin für Panzerkreuzer sein, so lange sie Minister sind, gegen Panzerkreuzer, sobald andere ohne sie regieren oder wenn sie gerade auf Stimmenjagd gehen.

Dies alles ist von Antiparlamentariern unzählige Male vor den Wahlen und während der Wählereinseifung vorhergesagt und an Beispielen aus der Vergangenheit bewiesen worden. Da die Arbeiter nun aber doch immer noch glauben, daß es ohne ihre Beteiligung an den Parlamentswahlen nicht gut gehen könne, mögen sie getrost auch noch mit dem Panzerkreuzer ihre Erfahrungen bereichern. Ich gebe zu, daß mich die Haltung der Sozialdemokraten in der Angelegenheit durchaus befriedigt. Hätten sie Charakter markiert und ihre schöne Große Koalition zum Platzen gebracht, dann säßen sie schon wieder in der sogenannten Opposition und betörten die Einfalt gläubiger Seelen. Nein, nein, in diesem Staate immer die Sozialdemokraten an der Spitze! Dann sieht man sie wenigstens bei Lichte und sie können einem nichts vormachen.

Die Kommunisten ereifern sich etwas übertrieben wegen des Panzerkreuzers. Sie scheinen in kindlichem Gemüte zu meinen, der Staat werde, spart er das Geld für das Schiffchen, die Millionen dem Proletariat zum Hungerstillen zuwenden. Dem wird kaum so sein; ach, gute Pazifisten, es ist auch nicht an dem, daß der Panzerkreuzer A die Kriegsgefahr steigert, seine Abtreibung vom Dock uns den lieben Frieden sichern würde. Der Frieden ist ja gerade gesicherter denn je. Eben heißt es, die Japaner werden sich mit der neuen chinesischen Kulimörderregierung in Kanton vielleicht friedlich verständigen; der polnisch-litauische Krieg scheint um Wochen vertagt zu sein; die Erhebung des Mussolini-Bravos Achmet Zogu zum König von Albanien ist geeignet, die Auseinandersetzung zwischen Serbien und Kroatien wegen der Ermordung der Bauernführer Raditsch zu verzögern, bis die Auseinandersetzung zwischen Italien und Jugoslavien stattgefunden hat; der faschistische Staatsstreich in Ägypten beruhigt alle Sorgen um den Frieden in Afrika, der Grenzkrieg in Ostasien dient ohnehin nur der Befriedung der Völker; das französisch-englische Rüstungsabkommen begleitet von amerikanischen Versicherungen, daß kein Kellogg-Pakt die Heeresverstärkungen irgendeines Landes stören soll, und daß sich vor allem die Vereinigten Staaten selbst keineswegs in ihrer Rüstungstätigkeit davon beeinflussen lassen würden, – zu alledem das vereinte Geschrei aus allen Weltgegenden; Rußland will Krieg!, was zu übersetzen ist:

es soll ihn haben! – dies alles und noch vieles mehr umstrahlt den festlichen Akt in Paris, da mit goldener Feder die Staats-, Strese- und Feldhauptmänner der Erde den Grundsatz bekräftigen: Wenn du den Krieg willst, dann rüste den Frieden !

Also der Bau von Panzerschiffen und Kreuzern soll in Zukunft verboten werden; worüber wir abstimmen sollen. Kriegen die Kommunisten mehr Arbeiterstimmen zusammen als die Regierungsparteien vaterländische, dann müssen die Herren Gröner und Lohmann sich beim Flottenbau schon mit Linienschiffen und Torpedobooten bescheiden. Der letzte Reichstag hat allein „für neue Torpedoarmierung“ 57 Millionen Mark bewilligt (für Reichswehrpferde 9,6 Millionen und zur Bekämpfung der Säuglingssterblichkeit 240.000 M.). Immerhin ist es vom Standpunkt der Staatsgesinnung aus löblich, daß die Kommunisten auch die Kriegsgefahr und den Rüstungseifer jetzt mit den von der Reichsverfassung angegebenen gesetzlichen Mitteln des demokratischen Abzählspiels bekämpfen wollen. Wie wär's, liebe Genossen von der KPD, wenn ihr die Gelder, die euch die Vorbereitung des Volksentscheids kosten wird – die vom Reich ausgeworfene Jahressumme zur Bekämpfung der Kindersterblichkeit könnte damit verdreifacht werden –, der Werbung für einen Gedanken zuführtet, der den Bau von Panzerkreuzern in der Tat verhindern würde? Habt ihr schon mal darüber nachgesonnen, wer eigentlich Panzerkreuzer, Torpedoboote, Kasernen, dazu auch Munitionsfabriken, Gefängnisse und andere staatsnützliche Gebäude [aus]führt? Das sind die Arbeiter, und bauten die Arbeiter eines Tages keine Panzerkreuzer mehr, dann brauchte niemand mehr darüber abzustimmen, ob welche gebaut werden sollen oder nicht, weder mittels Parlamentsbock- und Hammelsprüngen noch mittels Volkswettlauf zum Zetteltopf.

Es werden, mögen die Regierungen sich zusammensetzen, wie sie wollen, mögen demokratische Willenskundgebungen veranstaltet werden, in welcher Form es sei, solange Panzerplatten von Arbeitern zu Schlachtschiffplanken geschmolzen werden, [...] die Arbeiter Panzerplatten vor dem Hirn tragen und abstimmen gehen, wenn es zu handeln gilt.

Kriegskunst

(1929)[1]

Sind Sie mit der ‚Kriegskunst' zufrieden? Dann unterstützen Sie uns durch Werbung neuer Bezieher! Sind Sie unzufrieden? Dann teilen Sie uns den Grund mit!

Verlag ‚Offene Worte', Berlin W 10, Bendlerstraße 8. Verantwortlich für die Schriftleitung: Major a. D. Bodo Zimmermann, Berlin W 10.

Ich bin hochzufrieden mit der „Kriegskunst" und werbe ihr hiermit neue Bezieher. Ich teile auch den Grund mit. Dazu fühle ich mich imstande, obwohl mir nur eine einzige Nummer von Kriegskunst in Wort und Bild vorliegt, – ein guter Mensch hat sie mir zugeschickt. Es ist das Heft 9 des Jahrgangs IV vom Juni 1928, aber es genügt mir, um genau zu wissen, wie die sechsundfünfzig früher erschienenen und das Dutzend seither hoffentlich geforderten Hefte dieser „Zeitschrift für die deutsche Wehrmacht" aussehen, welche „zugleich IX. (inzwischen also wohl X.) Jahrgang der „Militärwissenschaftlichen Mitteilungen'" ist.

Es darf gleich mit Befriedigung vorweg bemerkt werden, daß sich das Blatt schon äußerlich und beim ersten Hinschauen als ein Organ der Kunst ausweist, welches sich von den ungesunden Einflüssen sogenannten modernen Geistes mit soldatischer Strenge fernhält. Schon die Typen auf dem mattgelben Umschlag weisen auf den soliden Geschmack etwa des ‚Lahrer Boten' hin, darunter aber ist das Titelblatt vom Bilde eines Helden geschmückt, des Leutnants d. R. Heinrich Hansen, der forsch und deutsch aus dem, offenbar in jeder Nummer ein andres Vorbild des deutschen Soldaten umschließenden, Rahmen herausschaut. Der besteht aus einem von einem Bande durchwirkten Kranz aus undefinierbarem, aber sorgfältig gepreßtem Material, oben gehalten von den Klauen eines gefieder-

---

[1] Textquelle | Erich MÜHSAM: *Kriegskunst*. In: Die Weltbühne, Jg. 25/II, Nr. 34 vom 20.08.1929, S. 274-277.

sträubenden Aars, wie man ihn in der Zeit vor Ausbruch der deutschen Schmach gern als Zierrat auf messinggetriebene Tintenfässer setzte. Heinrich Hansen jedoch hat es wohl verdient, als Kopfbild in der schlichten Dienstmütze auf dem Umschlag zu prangen. Von ihm handelt auch der erste Artikel, und der beginnt so: „Fern der Heimat, in Kanada, weilte 1914 ein kerndeutscher junger Mann. Wissensdurst und Wanderlust hatten ihn, wie so viele andre, hinaus in die weite Welt getrieben. Das meerumschlungene Schleswig war seine Heimat." Wir dürfen Heinrichs ganze Entwicklung noch einmal mit ihm erleben und sehen sogar die Fahne des Regimentes der 84er, bei denen unser Held dereinst sein Einjähriges in Hadersleben abgedient hat. Ein Soldat hält auf dem Bilde die flatternde Fahne, in alte bunte Uniform gekleidet, mit so vielen Schärpen, Futteralen, Blechschildern, Adlern und Schnüren angetan, daß unser Herz lacht. Als wir Kinder waren, bekamen wir diese Fahnenträger zum Ausschneiden oder als Abziehbilder geschenkt. Doch Heinrich Hansen hörte drüben, daß der Feindbund sein deutsches Vaterland überfallen habe, und „da vermochte ihn nichts mehr in dem fremden Lande zu halten". Allen Fährnissen entrann er. „Wie schlug das Herz des stämmigen, blonden Mannes, als er sich am 5. September 1914 beim Bezirkskommando in Flensburg meldete: „Unteroffizier Heinrich Hansen aus Kanada zurück!" Hei! Nun beginnen seine Kriegserlebnisse. Eine Karte, die den Save-Übergang am 1. Oktober 1915 mit dicken Pfeilen vergegenwärtigt, nebst Abbildungen heroischer Szenen von eben diesem Save-Übergang, von Beschießungen und Erstürmungen serbischer Ruhmesstätten und dem Konterfei des Oberstleutnants Bloch von Blottnitz, des „tapfern Kommandeurs des R.-L.-R. 208". Der steht, sechs Auszeichnungen unterm Kragen und an der Brust, blitzäugig unter blondem Schnurrbart lächelnd, die Daumen links und rechts aus den Taschen gebogen, im überzogenen Spitzhelm, feldgrau und bieder da und fordert sein Jahrhundert in die Schranken. Oh, lest es selber, was er mit seinem Regiment, was sein herrlicher, unterdessen zum Leutnant avancierter Führer mit hundertfünfzig freiwilligen Stürmern vollbrachte. Die furchtbare Spannung scheint die Leute gelähmt zu haben. Da schnellt Leutnant Hansen mit seinem Burschen empor, springt ans Ufer, schreit: „Mir nach!" Der Bann ist gebrochen. Wir erfahren dann noch von einer Verwundung, nach der Hansen trotzdem „den

Krieg in Frankreich bis zu seinem traurigen Ende mit hoher Auszeichnung durchgekämpft" hat. Gott sei Dank ist nur das traurige Ende des Krieges gemeint; denn Hansen lebt heute wieder „oben in seiner schleswigschen Heimat in Niebüll nahe der neuen dänischen Grenze". Hoffentlich als Stahlhelmführer. „Möchte seine Tapferkeit der heranwachsenden deutschen Jugend als leuchtendes Vorbild dienen." So schließt die Beschreibung dieses Kriegskünstlers, und darunter erblicken wir das Arminiusdenkmal im Oval, umzuckt von Blitzen, umwogt von Tannen, umschwirrt von Raben und umworben vom deutschen Aar, der sich bemüht, den Sockel emporzuklettern.

Es folgt unter dem Titel „Taktik", mit weitern Abziehbildern und Uniformproben des Reichsheeres verziert, einiges Fachliche für Infanterie und Kavallerie mit der 29. Aufgabe: „Wie gedenkt Unteroffizier Richter seinen Auftrag (‚Feind ist in den Polenz- beziehungsweise Lachsgrund zu werfen') auszuführen und welche Befehle gibt er?" Wir lernen, wie wir als Flieger Tiefangriffe gegen Erdziele zu richten haben und wie es um die Anlage eines Maschinengewehrstandes beschaffen ist, alles mit schönen Illustrationen verdeutlicht; wir sehen den General der Infanterie Heye, den Chef der Heeresleitung mit zwei Adjutanten hinter sich und einem Stück Tiergarten hinter den Adjutanten. Wir erfahren, was es mit dem Dienst im Kampfwagen und mit dem Nachschub auf sich hat, und eine sinnige Photographie erheitert unser Gemüt: ein Held im Stahlhelm schaut, die Zigarette zwischen den Fingern, aus der Mündung einer 38-Zentimeter-Kanone hervor, und nach einem Sinnspruch über „die Macht des Gedankens" folgen vier Seiten „Verhalten als Verwundeter" in vierundzwanzig Bildern mit Unterschriften. Links erfährt man, welches Verhalten falsch, rechts welches richtig ist.

Hier ein paar Proben: „Wenn ein leicht Verwundeter im entscheidenden Gefechtsmoment zurückgeht, so handelt er treulos gegen seine Kameraden." Da kriecht denn der Pflichtvergessene auf allen Vieren aus der Reihe der Welschen, die unentwegt auf die anrückenden Deutschen knallen. Dagegen: „Ein deutscher Soldat kämpft in gespannter Gefechtslage auch dann mutig weiter, wenn er verwundet ist." Und siehe, da sitzt der Tapfere blutend am Boden, aber die linke Hand umschließt das Seitengewehr, während die rechte eben im Begriffe ist, die abgezogene Handgranate dem anstürmenden Feinde entgegenzuschleudern. Die feigen Feinde lassen sich als Verwundete gefangen nehmen. Der deutsche verwundete Soldat aber kniet im wildesten Gemetzel barhaupt mit zerschossener Schulter und feuert aus seiner Pistole zwischen die Gegner, daß es eine Lust ist. „Wenn zurückfahrende Verwundete den zum Gefechte vormarschierenden Truppen entmutigende Worte zurufen (‚Vorn ist die Hölle!' ist auf der Papierwurst zu lesen, die der Elende auf dem Bilde aus seinem Munde bläst), so üben sie Verrat am Vaterlande." Jedoch: „Deutsche Verwundete werden ihre zur Schlacht vormarschierenden Kameraden stets anzufeuern suchen." Und dem Munde des braven Mannes entflattert in Trichterform der Ruf: „Es lebe Deutschland!" Und so auch im Lazarett, so auch daheim. „Wer als Verwundeter aus der Heimat Klagebriefe an seine kämpfenden Kameraden schreibt, ist ein jämmerlicher Kerl." Schon lesen wir die Jämmerlichkeit auf dem Briefpapier: „In der Heimat sieht es jetzt schlimm aus!" Auch der, der es schreibt, sieht schlimm aus. Einen wahren Bösewicht mit finsterm Verbrecherausdruck und dunkeln Haaren hat der Zeichner da porträtiert, der die Pflichtvergessenen, die Feiglinge und Franzosen alle mit tiefschürfender Charakteristik schon äußerlich abscheuerregend vor unser Auge stellt. Wie edel und blond sieht dagegen der brave deutsche Soldat aus, der tapfere Verwundete, der nur daran denkt, aus der Heimat seine Kameraden zum Durchhalten anzuspornen! Auf seinem Papier ist zu lesen; „Hier ist jeder von unserm Endsieg überzeugt!"

Doch noch schöner als der ganze Inhalt des Heftes ist die Sonderbeilage für die Bezieher der ‚Kriegskunst in Wort und Bild'. Das ist ein auf Karton gedrucktes Bild, in dessen umrahmender Zierleiste der Name eines Helden zu lesen ist: Fusilier Paul Hintermeyer. Die Geschichte Paul Hintermeyers ist aus einer frühern Nummer der Zeitschrift zu erfahren, auf die verwiesen wird. Aber das Bild gibt alle Auskunft auch ohne Text. Da steht Fusilier Hintermeyer über einem Berge von Leichen, deren Herkunft an dem im Vordergrunde liegenden Franzosentschako erkennbar ist. Ein Baumstumpf zeugt von der Wucht der Granate, welche man eben neben Paul Hintermeyer explodieren sieht. Eine Fontäne von Tinte spritzt sie Tod und Verderben um sich. Paul Hintermeyer aber schreckt das nicht. In seinem Heldenantlitz spiegelt sich nichts als Kampfeslust. Sein Gürtel ist im Kampfgewühl zerrissen und der Riemen mit den Patronenhülsen schlenkert ihm lose um den Hals: Vorn die Franzosen weichen schon vor seinem Todesmut zurück, und hinter ihm drängen die tapfern Deutschen mit schußbereiten Gewehren. Ein Kamerad reicht dem Helden eine neue Bombe, während Fusilier Hintermeyer eben im Begriffe ist, die seine in die Reihen der Feinde zu werfen. Am Siege Paul Hintermeyers kann kein Zweifel mehr sein. Das Bild aber, das uns den Geschmack besserer Zeiten der Vergangenheit, den Geschmack der Gartenlaubenkunst aus den achtziger Jahren gegenwärtig macht, danken wir dem begnadeten Künstler Knötel dem Jüngern, und wir ahnen ergriffen, daß es auch einen ältern Knötel gegeben haben mag und daß sich also solches Talent vererben kann.

Das ist ein großer Trost in unsern trüben Tagen, wie denn das Heft der ‚Kriegskunst in Wort und Bild' im ganzen zeigt, daß sich alles vererbt hat auf unser Geschlecht, was nur der Geist der Zersetzung für tot halten konnte. Die Soldaten der deutschen Reichswehr werden gottlob auch in der Republik im Geist einer Kultur und eines Geschmackes belehrt und erzogen, der das Heer der Hohenzollern den herrlichen Tagen von 1914 entgegengeführt hat.

Deutscher Stahlhelm aus dem Ersten Weltkrieg
(Auckland Museum | commons.wikimedia.org)

„So sollte kein Anarchist an staatlichen Kriegen teilnehmen …"

Drei Zitate aus der Schrift „Die Befreiung
der Gesellschaft vom Staat"
(1932)[1]

[*Kritik des Materialismus*]

„[…] Der Kapitalismus freilich ist in all seiner Wirksamkeit auf nur materialistische Denkweise angewiesen. Er kann der logischen Erwägung, daß im Elend lebende und vom Genuß der gesellschaftlichen Güter in weitem Maße ausgeschlossene Volksschichten eine Schädigung des sozialen Wohlstandes bedeuten, ihre Züchtung daher materiell unzweckmäßig sei, seine Logik entgegenstellen, wonach die Ansammlung der Besitzgüter in den Händen einer geringen Zahl von Großverbrauchern die nützlichste Verwendung der benötigten Arbeitskräfte erlaube, wobei als Gradmesser der Nützlichkeit natürlich die aller moralischen Einschätzung entrückten und auf Machtverhältnisse gestützten materiellen Bedürfnisse der Kapitalisten gelten. Mit der Logik allein und gar mit der wissenschaftlich aufgepolsterten Lehre vom *historischen Materialismus* ist das Wirtschaftssystem des Kapitalismus nicht zu widerlegen, noch

---

[1] Textquelle | Auszüge hier nach https://de.wikisource.org (Erich MÜHSAM: *Die Befreiung der Gesellschaft vom Staat*. Was ist kommunistischer Anarchismus? [= Fanal-Sonderheft]. Berlin: Fanal-Verlag Erich Mühsam 1933). Zur Erläuterung: „*Die Befreiung der Gesellschaft vom Staat* ist das programmatische Hauptwerk Erich Mühsams und die letzte Veröffentlichung vor seiner Verhaftung durch die SA am 28. Februar 1933. Das Werk erschien zunächst in drei Fortsetzungen in der Zeitschrift: *Die Internationale. Zeitschrift für die revolutionäre Arbeiterbewegung, Gesellschaftskritik und sozialistischen Neuaufbau*. Herausgegeben von der Freien Arbeiter-Union Deutschlands, Anarcho-Syndikalisten. Berlin. Jg. 5. Heft 6 (Juni 1932), Heft 7 (Juli 1932) *und Heft 8 (August 1932)*. – Im folgenden Jahr wurde ein Sonderheft als Einzelveröffentlichung im ‚Fanal-Verlag Erich Mühsam' gedruckt. Dieser Text ist hier wiedergegeben."

weniger zu bekämpfen oder durch ein besseres System zu ersetzen. Von irgendeinem unpersönlichen Standpunkte aus kann man den Dingen, die sich so gut wie ausschließlich im persönlich Menschlichen auswirken und gerade durch ihre Bedrückung der persönlich Betroffenen als unerträglich empfunden werden, nicht beikommen. [...]

Wir Anarchisten bekämpfen den Kapitalismus, weil er die geistigen und sittlichen Werte der Menschheit den Gewinn- und Machtgelüsten einer skrupellos materialistisch denkenden Herrenschicht unterordnete. Wir glauben, daß der Klassencharakter der Gesellschaft, wie ihn der Kapitalismus bis zum Auseinanderklaffen der Völker in zwei verschiedene Tiergattungen ausgebildet hat, nur durch die Überwucherung des gesamten Lebens von materialistischem Denken und Trachten möglich wurde; daß aber umgekehrt die Übersteigerung der materialistischen Triebe immer und unter allen Umständen zu Klassenscheidungen der Gesellschaft, mithin zur Versklavung des einen Teils und zur Herrenmacht des anderen Teils führen muß. Wir glauben ferner, daß die Verrottung der kapitalistischen Gesellschaft, ihr hilfloses Herumtorkeln in der eigenen Mißwirtschaft, ihr Zufluchtsuchen bei Kriegen und immer brutalerer Knechtung der enteigneten und entrechteten Massen ihre tiefste Ursache im Widersinn des nur materialistischen Fühlens, Denkens und Handelns hat. Die Natur läßt sich auf die Dauer nicht in der Weise mißhandeln, daß die Ernährung und die Sicherung des physischen Seins, für die Vorsorge zu treffen Voraussetzung und Bedingung des Lebens ist, zum Inhalt des Lebens gemacht werden. Daraus entsteht mit Notwendigkeit Raffsucht, Übervorteilung und Macht, die in allen Fällen zugleich Machtmißbrauch ist. Wir wollen den Sozialismus, weil wir in dieser Gesellschaftsform die Bürgschaft erkennen, dem Dasein der Menschen eine Grundlage der materiellen Notwendigkeiten und Bequemlichkeiten zu sichern, auf der sich das gesellschaftliche Leben zu den besten Möglichkeiten seelischer und geistiger Verbindung emporheben kann. Und nun wird den Sozialisten eine Lehre gebracht, die das Wesen des Kapitalismus ausgezeichnet darlegt, alle seine Erscheinungsformen erklärt und in ihren Wirkungen sichtbar macht. Aber aus Entstehen und Walten des Kapitals wird ein Gesetz abgeleitet, als ob die Einrichtungen, die die Menschen sich geschaffen haben, von Natur wegen bedingt wären, dieses Gesetz wird umschmückt mit den Perlen philosophischer Erkenntnis und unumstößlicher Wissenschaft, und denjenigen, welche den Kapitalismus stürzen, den Sozialismus an seine Stelle setzen sollen, wird gesagt: der Sozialismus könne nur auf denselben Grundlagen erwachsen wie der Kapitalismus […] Konnte den Inhabern der kapitalistischen Macht ein größerer Gefallen erwiesen werden als durch solche Lehre? Sind sie nicht sittlich gerechtfertigt, wenn die Sozialisten die Weltanschauung, auf der ihr verwünschtes System ruht, zum Sockel der eigenen Welt erwählen?"

[Über Nationalismus, Herrschaft und Krieg]

„[…] Nation ist Völkerschaft, also eine räumliche verbundene, durch gemeinsame Lebensbedingungen, Sprache und Gewohnheiten zusammengehörige Menschengemeinschaft. Die Begriffe Nation und Volk decken sich ungefähr, sofern sie einfach zur Unterscheidung der verschiedenen in Ländern zusammengefaßten Menschheitsteile gebraucht werden. Nationalität bedeutet Zugehörigkeit zu einem Volk. In keinem dieser Worte ist mehr enthalten als ein Bestimmungsmerkmal, keins drückt einen abmeßbaren Wert aus. Erst mit der Zerspaltung der Völker in Klassen, mit ihrer Unterwerfung unter den Krieger-, den Priester-, den Grundherrn-, den Kapitalistenstand gewann die Nation den Sinn eines moralisch gestützten Herrschaftsgebildes, und heute ist Nation längst die feierliche Bezeichnung für den nüchternen Machtbegriff Staat. Nationalismus ist die Gesinnung, die den eigenen Staat für den vor allen anderen ausgezeichneten hält, welcher kraft der Tugenden des in ihm organisierten Volkes das sittliche Anrecht habe, seine Grenzen ständig zu erweitern, seine Gesetze und sittlichen Lehren anderen Völkern als maßgeblich aufzuzwingen und fremden Arbeitsertrag den eigenen Machthabern nutzbar zu machen. Nationalismus ist die weihevolle Verklärung des Staatsgedankens, die Übertragung der autoritären Familienmoral auf die Völker.

Hält sich in der zur gesellschaftlichen Einrichtung erhobenen und gesetzlich geschützten Vaterschaftsfamilie der Machtgedanke hinter rührseligen Vorwänden als Züchtigkeit, Angehörigenliebe, Blutsverbundenheit verborgen – lauter Dinge, die vorhanden sein können oder auch nicht, die aber niemals von äußerlichen Rechtssatzungen abhängen –, so erklärt der Nationalismus die Macht offen zum sittlichen Grundsatz und erhöht den Befehlsapparat der Arbeitsmitteleigentümer, den Staat, zum erhabenen Träger der also geheiligten Macht. Um des Nation oder Volk genannten Staates willen wird der Artbegriff der Menschheit aus dem Bewußtsein der Menschen gestrichen, an Stelle der Gleichberechtigung aller Artgenossen das Vorrecht für das in den eigenen Landesgrenzen zentralistisch regierte Volk begehrt, der Anspruch auf Unterjochung, Beherrschung, Versklavung der anderen Völker verkündet, die kriegerische Gewalttat, die Beraubung, ja Ausrottung jenseits der Landesgrenze wohnender Bevölkerungen zur Pflicht gemacht, Grausamkeit, Tücke, Lästerung, Mordbrennerei, Verleugnung aller angeborenen sozialen Empfindungen für Tapferkeit und nationales Recht ausgegeben und jeder Machtvorteil des eigenen Staates unterschieds- und bedenkenlos heiliggesprochen.

Es ist gewiß richtig, daß alle Kriege, alle staatlichen Grenzerweiterungen und nationalen Ansprüche materiellen Nutzen erzielen sollen. Aber es trifft hier wie überall zu, daß der Machtzweck allen materiellen Zwecken übergeordnet ist, daß die Beherrschung von Menschen durch Menschen der leitende Beweggrund aller Unterdrückung ist, wenn auch allerdings die wirtschaftliche Überlegenheit unentbehrliches Mittel zur Erlangung von Macht bleibt. Beweis für das Übergewicht des Machtstrebens über das bloße Bereicherungsbedürfnis ist der stets erfolgreiche Anruf der nationalen Gesinnung im Falle drohender Machtschmälerung oder angeblicher Beleidigung der nationalen Würde, unter welcher nichts anderes verstanden werden kann als Geltung, Maßgeblichkeit, Autorität. Die zum nationalen Kampf bereiten Massen haben für sich selbst ökonomische Vorteile so gut wie nie zu erwarten, mit dem Versprechen ausmünzbarer Belohnung werden sie auch nur in beschränktem Maße in Begeisterung versetzt; aber ihre Zugehörigkeit zur Nation wird ihnen als seelischer Wert einleuchtend gemacht, das heißt, das ihnen aus dem Kirchenglauben und dem Familiensinn geläufige Autoritätsbewußtsein wird zum nationalen Machtrausch gesteigert, indem jedem Individuum der Stolz geschwellt wird, sich selbst als Teil einer weltwichtigen Autorität fühlen zu dürfen. So wird dem ausgebeuteten Volk das Machtgelüst auf einen ideellen Nenner gebracht, in seiner Vorstellung das räumlich abgesteckte Staatsgebiet zu einem religiösen Begriffswert erhoben, der zentralisierte Regierungskörper priesterlich umschmückt, als ob er nicht das regelnde Organ kapitalistischer Machtverhältnisse, sondern das Sinnbild ehrfurchtgebietender Schöpferkraft wäre; und zugleich verständigt sich die ausbeutende Oberschicht über alle Ländergrenzen hinweg zur gemeinsamen Wahrung ihrer Eigentumshoheit, schließt Vereinbarungen ab, die ihre Klassenstellung zur wirklichen, von keinem Nationalismus eingeengten Macht durch Gewinn und Reichtum festigen. Die Machtverständigung der Oberklasse erstreckt sich über alle Wirtschaftsgebiete mit Einschluß der Herstellung der Kriegswaffen, welche dazu dienen sollen, den Völkern im gegenseitigen Abmetzeln ihren nationalen Machtdünkel lebendig zu halten, sie also durch eingebildete Autorität der fühlbaren Autorität willfährig zu machen. Der Nationalismus, das ist der Hochmut, der sich auf Volks- und Staatszugehörigkeit stützt, hat dieselbe Quelle wie jedes Wertgefühl, das statt auf persönliche Leistung und soziales Verhalten auf Umstände gegründet ist, die außerhalb des Willens des einzelnen liegen: die Autorität, die kritiklose Anerkennung fordert, um Macht ausüben zu können, und die Autorität und Scheinmacht verleiht, um dem Machtgedanken die Gefahr des Zweifels an seiner Berechtigung fernzuhalten.

Die jüdische Gottvater-Lehre, die den einzigen, allmächtigen, allgerechten, allgegenwärtigen Gott mit dem finster drohenden Verlangen über die Menschen setzt, in unaufhörlichem Gebet angefleht, bewundert, der hingegebenen Verehrung versichert und für alles, selbst für jede Qual und Demütigung bedankt zu werden, schuf den westlichen Völkern die Voraussetzung zur Hinnahme der Vaterschaftsfamilie mit der gottähnlichen Stellung des über die Seinen herrschenden Oberhauptes.[2] Diese autoritären Vorbilder haben

---

[2] [Erich Mühsam reduziert an dieser Stelle den Inhalt der Hebräischen Bibel bzw. der jüdischen Religion auf ein Machtverhältnis zwischen Gott und Mensch, wobei er dem entgegenstehende Gottesbilder, das große Thema des Auszugs aus der Sklaverei sowie die – von vielen religiösen Anarchisten aufgegriffene – biblische Kritik der Machtausübung von Menschen über Menschen (u. a. prophetische Kritik des Königtums schon vor Übernahme dieser Herrschaftsinstitution in Israel) ausblendet. Außerdem unterschlägt Mühsam beim Referat eines *sekundären* (pseudoreligiösen) Nationalismus die grundlegende Botschaft von der *Einheit*

auch dem Staat mit seiner nationalistischen Ideologie die Bereitwilligkeit der Menschen zur Untertanschaft unter eine zentralistisch schaltende Macht, zum Verzicht auf Selbstverantwortung, Selbstbestimmung und Gleichberechtigung in den Dingen des gesellschaftlichen Zusammenlebens erschlossen. Gottvater, Vater, Vaterland – die Einwirkung auf die Gefügigkeit der Menschen geschieht überall auf die gleiche Weise, indem sie die soziale Gegenseitigkeitsverknüpfung, die natürlich weder an Hausmauern noch an Landesgrenzen aufhören kann, übersieht und die Überheblichkeit durch die Verpönung aller Glaubenslehren außer der eigenen, durch die Vergottung der eigenen Familie mit ihren Vorfahren und Eigentümlichkeiten, durch die Heiligsprechung der eigenen Nation und die Feindschaftspflege gegenüber anderen Völkern aus moralischer Verpflichtung großzieht. Es ist das Verhängnis der Juden, daß sie, die die Autorität in ihrer verwegensten Vollkommenheit als höchsten Ausdruck der Lebensgestaltung über die Menschheit gebracht haben, die Wirkungen ihrer Lehren am bittersten spüren müssen. Sie haben den Glauben an den einzigen Allgott, die gottgewollte Vaterautorität und folgerichtig die nationalistische Formel vom auserwählten Volk Gottes in die Welt gesetzt. Wer vom Vaterland spricht, spricht in jüdischer Denkweise, denn er bekennt sich zur Verherrlichung einer, nämlich seiner Nation, er bekennt sich zum auserwählten Volk. Aus diesem Bekenntnis leitet er das Recht ab, andere Völker zu hassen, zu verachten, zu vergewaltigen, und die Juden, ehedem selbst eine in räumlicher Umzäunung zentralistisch organisierte Nation, werden, über alle Länder verstreut, von nationalistisch besessenen Nachfahren ihres Geistes, aber anderen Stammes, als Eindringlinge, Feinde und verächtliche Fremde verfolgt, beschimpft, verleumdet und mißhandelt. Das natürliche Rechtsgewissen wird durch National- und Rassenüberhebung vernichtet. Gleiche Herkunft, gleicher Stammbaum, gleicher Wohnsitz und Versklavtsein an denselben Herrn genügt zur Ächtungsgemeinschaft gegen die Nachkommen anderer Ahnen und die Sklaven anderer Herren.

---

des Menschengeschlechts im Judentum. Dass die ‚Erwählung' Israels auch als ‚Beschwernis' (statt ‚Bevorzugung') gelten kann, kommt nicht ins Blickfeld. Ein dermaßen selektives Vorgehen (hier ausgeführt vom Nachfahren eines Rabbiners) ist aus theologischer oder religionswissenschaftlicher Sicht unannehmbar; pb.]

Es bedarf nach allem schon Gesagten keiner Begründung mehr, warum der Anarchismus mit nationalen oder rassischen Wertunterscheidungen unverträglich ist. Anarchie bezeichnet eine Menschengesellschaft, deren föderalistischer Aufbau die internationale Ausweitung aller Verbindungen, auch der gefühlsmäßigen, ohne weiteres bedingt. Die Organisation der Arbeit und des Zusammenlebens von unten herauf fußt auf der Kultur der Persönlichkeit, die sich mit anderen Persönlichkeiten im gleichen Streben zur Kameradschaft, zur Gemeinde, zum Wirtschaftsverband, zum geistigen Austausch im Sprachbezirk, im Umkreis wissenschaftlicher, künstlerischer, technischer, sportlicher, internationaler Verbände, zur Weltgemeinschaft zusammenfindet. Die Persönlichkeit zieht aber ihre Werte aus sich selbst, um nach ihrer Charakterbildung und ihrem Schaffen im sozialen Zusammenhange beurteilt zu werden. Die Haar-, Augen- und Hautfarbe der Vorfahren, die Frage, ob jemand diesseits oder jenseits eines Flusses geboren sei, ob seine Sprache und Lebensform von diesen oder jenen geschichtlichen, geographischen, klimatischen Umständen gestaltet wurde, kann nur von Machtlüsternen und Machthörigen als Urteilsmaß für Menschenwerte verwendet werden. Denn hier waltet der Drang, Grenzlinien zu schaffen, um allen menschlichen Organisationen die pyramidenförmige Gestalt, das Zusammenlaufen aller Fäden in eine Spitze, also Zentralisation, also Lenkung von oben herunter zu sichern, mit der wiederum Mißgunst und feindlicher Wettbewerb mit der Nachbarorganisation und ihrer zentralen Spitze verbunden ist.

Eine geistig-seelische Zusammengehörigkeit des Menschen mit dem Boden gibt es natürlich, aber nur da, wo Arbeit und Leben unmittelbar aus dem Erdboden wächst. Nur noch der Bauer hat diese innige Berührung mit dem Lande, die es zu einem Stück seiner selbst macht, wie er sich als Bestandteil des von ihm beackerten Grundes empfindet. Aber der Bauer hat deshalb kein Staatsbewußtsein, sondern Heimatliebe. Die Vermengung der Begriffe *Heimat* und *Vaterland* gehört zu jenen Umnebelungskünsten, mit denen die Machtzentralisten alles natürliche Denken zu verwirren suchen. Vaterland ist ein vorgestelltes Ideal ohne gedankliche Bestimmbarkeit, sachlich bezogen auf ein genau abgestecktes Ländergebiet, dessen Zusammenhalt einzig in gemeinsamen, von einer zentralen Regierung diktatorisch oder demokratisch erlassenen, auf die Machtverhältnisse und Eigentumsrechte zugeschnittenen Gesetzen ruht. Die Grenzen dieses Ländergebietes sind veränderlich, und um sie zum Zwecke der Machtvergrößerung verändern zu können, ist die Vaterlandsidee in die von religiöser und familiärer Überlieferung hinlänglich zur Aufnahme autoritärer Einflüsse vorbereiteten Gemüter hineingesenkt worden. Vaterlandsgefühl ist ein künstlich hervorgebrachtes, in der seelischen Veranlagung der Menschen nicht ursprünglich begründetes, machtbetontes Geltungsbedürfnis, gleichbedeutend mit Staatsbewußtsein, das nichts anderes ist als Wissen um die Zweckmäßigkeit staatlicher Macht für die Machthaber im Staate. Es kann kein Vaterlandsgefühl geben, das nicht seine Nahrung zöge aus der Feindseligkeit gegen andere Vaterländer. Die Erziehung der Jugend geschieht von früh auf im Geiste der nationalen Überhebung, indem das eigene Land an Hand der Machtgeschichte der Vergangenheit als das einzige zur Machtausübung berufene Vaterland vorgeführt wird. Der von Kirche und Familie gepflegte Geist der Unterordnung unter die Autorität wird hier ergänzend auf die Einbildung abgerichtet, Zugehörigkeit zu einem Volke, Staatsbürgertum innerhalb der eigenen Staatlichkeit berechtige zum Herrschen über andere Völker. Solcher Staatsbürgerdünkel wird zur sittlichen Pflicht gemacht, dadurch aber, daß jede Staatsmacht den Dünkel für die eigene Nation heischt, daß jede Rasse sich als die einzig auserwählte, des Vorrechtes werte ausgibt und niemandem erlaubt wird, sich beim Vergleich der Werteigenschaften für eine andere Nation als die eigene zu entscheiden, wird neben der für die Erhaltung jeder Staatsmacht notwendigen Feindschaft zwischen den Völkern die haltbarste Stärkung des Autoritätsgedankens erreicht; geglaubt wird nicht was in selbständigem Urteil erkannt wird, sondern was zu glauben Vorschrift ist.

Heimatliebe hat mit Vaterlandsverehrung nichts zu schaffen. Daß sich die Vaterlandsprediger auf Heimatsempfindungen beziehen, hat seinen Grund eben darin, daß der naturnahe Mensch naturmäßige Hinweise braucht, um naturfremde Wertsetzungen ins Gefühl aufnehmen zu können. Heimatliebe hat der Mensch, dessen Wachstum aus landschaftlichen und klimatischen Reizen gefördert wurde. Jedes nicht aus seiner natürlichen Umgebung gerissene Tier empfindet Heimatliebe, ohne sie je in Vaterlandsgefühl umzudeuten, ohne je für seine Heimat erweiterte oder umpanzerte Grenzen zu wünschen. Ein Tier ohne Heimat wird füglich auch keine Heimatliebe spüren, höchstens Sehnsucht nach Heimat. Nicht anders ist es beim Menschen. Kann der mangelhaft ernährte, in einem ungesunden Kellerloch aufwachsende junge Mensch seine trübe Kindheitsumgebung als lockendes Heimatbild über seinem Lebensweg leuchten lassen? Kann er – und dies ist doch wohl das Erkennungszeichen der Heimatliebe – in der Ferne vom Verlangen bewegt werden, vom Dunstkreis seiner Herkunft wieder umfangen zu werden? Wessen Jugend kein Heim hatte, wessen Heim keine Freude barg, der hatte auch keine Heimat, mit der ihn eine Liebe verbinden könnte. Eine Pflicht zur Liebe aber gibt es nicht, und daß man Heimatliebe zur Pflicht erhebt, indem man dem, dessen Fuß nie ein heimatliches Stück besonnten Landes berührt hat, von einem Vaterlande zu überzeugen vermochte, das seine Hingabe, seine Liebe, seinen Heldensinn, sein Blut und sein Leben fordern dürfe, das zeigt, bis zu welchem Grade der Verzerrung der Autoritätswahn die menschliche Seele hat verunstalten können. [...]"

[*„Der Anarchismus schließt kein Kampfmittel aus ..."*]

„[...] Der Anarchismus schließt kein Kampfmittel aus, das der Persönlichkeit des Kämpfenden die Aufgabe stellt, unmittelbar einzugreifen oder seine Mitwirkung an gemeinschädlichen Maßnahmen, an unsozialen Arbeiten, an herausfordernden Zumutungen unter Einsatz seiner Person zu verweigern. So sollte kein Anarchist an staatlichen Kriegen teilnehmen, die stets für kapitalistische Zwecke von Proletariern gegeneinander ausgekämpft werden und die nicht nur alle Grundsätze des gleichen Rechtes, der gegenseitigen Hilfe und der Freiwilligkeit verhöhnen, die selbstverständlichen Empfindungen der Menschlichkeit und jedes sittlichen Anstandes schänden, und die internationale Zusammengehörigkeit der Ausgebeuteten an die nationalen Interessen der international versippten Ausbeuter verraten, sondern mehr als alles andere dazu beitragen, den Machtgedanken und damit den Glauben an die himmlische und irdische Autorität, die Herren- und Sklaveninstinkte derer, die beherrscht werden sollen, ins Triebleben der entwürdigten Menschheit einzupflanzen.

Wandmalerei ‚Erich Mühsam': Fritz-Reuter-Allee Berlin | Mai 2021
(commons.wikimedia.org)

Es braucht nicht im einzelnen aufgezählt zu werden, wo alles sich Möglichkeiten bieten, mit dem Mittel des unmittelbaren Eingreifens selbstverantwortlich und in gegenseitiger Hilfe den Lauf der öffentlichen Dinge im Sinne der Freiheit zu beeinflussen. Arbeitsverweigerung beim Bau von Kriegsschiffen, Kasernen, Zuchthäusern, Justizgebäuden, bei der Herstellung von Kriegswaffen, Polizeimunition, arbeiterfeindlichen Zeitungslügen, dies und tausend andere Arten der Selbsthilfe im politischen Kampfe gibt es, die dann angewendet werden können, wenn Entschlußkraft des einzelnen, verbundener Wille, Einsicht und Opferbereitschaft groß genug sind. Bei der Anwendung der Kampfmittel des persönlichen Eingreifens kann die Frage, ob sich Anarchisten an den Tageskämpfen um Lohn und Arbeitszeit beteiligen sollen, ganz ausscheiden. Der Verfasser dieser Schrift teilt mit einer großen Zahl Anarchisten die Ansicht, daß das Einsetzen der eigenen Kraft eines Arbeiters für bessere Bezahlung bei verkürzter Leistung mit der Forderung, nur Kämpfe zu führen, die unmittelbar auf Befreiung gerichtet sind, in keinem Widerspruch steht. Der Bestand der kapitalistischen Wirtschaft wird durch Forderungen der Arbeiter, die nur fürs tägliche Brot geführt werden, nicht gestärkt, wie die Staatsmacht durch Teilnahme von Arbeiterparteien am Parlamentarismus gestärkt wird. Dagegen hebt jeder Streik das Selbstgefühl des Teilnehmers, vertieft das Gefühl kämpferischer Zusammengehörigkeit der Kameraden und erleichtert beim Erfolge die äußere Lebensführung des Arbeiters, wodurch nur Schwächlinge tatfaul, freie und starke Naturen aber beschwingt werden. Der Klassenkampf ist ein vom Kapitalismus geschaffener Zustand; die Weigerung der Arbeiter, sich innerhalb der gegebenen Verhältnisse an diesem Kampf auch dann zu beteiligen, wenn dadurch unmittelbare revolutionäre Erfolge nicht erzielt werden können, hieße, dem Feinde den Rücken widerstandslos hinhalten, ihn allein den Klassenkampf führen lassen und dadurch die eigene Kraft für den Augenblick schwächen, wo der Zustand des Klassenkampfs in entscheidende Auseinandersetzung übergehen könnte.

Die anarchistische Lehre schreibt keine Kampfmethode vor und lehnt keine ab, die mit Selbstbestimmung und Freiwilligkeit in Einklang steht. […]

Für den Anarchisten ist das Gesetzbuch ein Fahrplan, um in der Gesellschaft die nötigen Anschlüsse zu finden, in der er bis zur

Revolution wohl oder übel leben muß, weiter nichts. Aber der Anarchist geht keine freiwilligen Verpflichtungen ein, die seine Selbstbestimmung beeinträchtigen oder ihn einer Autorität unterwerfen können. Er hat in keiner Kirche etwas zu suchen und bekleidet keine staatlichen Ehrenämter. Wird er gezwungen, als Geschworener oder Schöffe den Richter über andere Menschen zu spielen, so urteilt er nach seinem sozialen Gewissen, das dem Staat das Recht bestreitet, Unglückliche zu bestrafen, die über die vom Kapitalismus gelegten Fallstricke gestrauchelt sind. Soll er gezwungen werden, in den Krieg zu gehen, um für fremden Vorteil seinesgleichen zu töten, so weigert er sich, es zu tun und stirbt lieber für die eigene Überzeugung als für das Geschäft seiner Quälgeister. […]“

———

ANHANG

ЕРИХ МЮГЗАМ

ЮДА

РОБІТНИЧА ДРАМА НА П'ЯТЬ ДІЙ

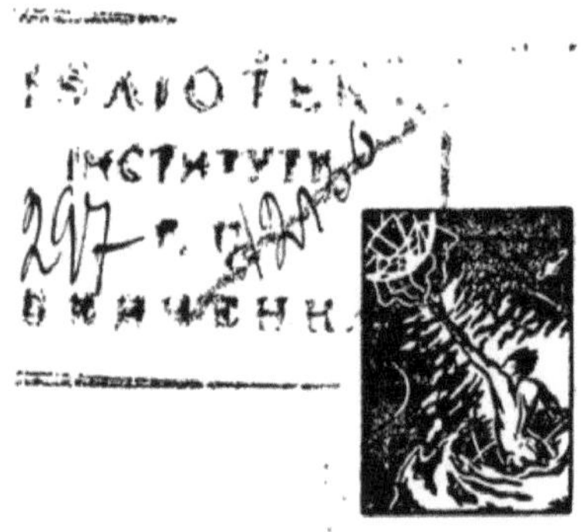

К О С М О С
УКРАЇНО-АМЕРИКАНСЬКЕ ВИДАВН. ТОВАР.
ХАРКІВ — БЕРЛІН — НЬЮ-ЙОРК
1 9 2 3

Мюгзам Е. Юда : робітнича драма на 5 дій / пер. М. Йогансена ; за ред. О. Нитки. — Харків ; Берлін ; Нью-Йорк : Укр.-америк. видавн. товар., 1923. — 128 с. [E. Mühsam. Judas: ein Arbeiterdrama in 5 Akten / übersetzt von M. Johansen; herausgegeben von O. Nytka: Ukrainisch-amerikanischer Verlag, 1923. | 128 Seiten].

Zeittafel | Erich Mühsam 1878-1934
Schriftsteller

Alexander Mühle | Arnulf Scriba[1]

1878 | 6. April: Erich Mühsam wird in Berlin als Sohn des jüdischen Apothekers Siegfried Seligmann und dessen Frau Rosalie (geb. Cohn) geboren. Er hat drei Geschwister und wächst in Lübeck auf.

1896 | Wegen „sozialistischer Umtriebe" wird er des Gymnasiums verwiesen.
Er wechselt die Schule und erlangt mit Abschluss der Untersekunda in Parchim (Mecklenburg) die mittlere Reife.

1896-1899 | Mühsam absolviert eine Apothekerlehre.

1900 | Als Apothekengehilfe arbeitet er in Lübeck, Blomberg (Lippe) und Berlin.

1901 | Mühsam lässt sich als freier Schriftsteller in Berlin nieder und schließt sich der Dichtergruppe „Neue Gemeinschaft" an. Er freundet sich mit Gustav Landauer (1870-1919) an, der ihn mit der kommunistisch-anarchistischen Bewegung bekannt macht.

1901-1904 | In den folgenden Jahren entwickelt er sich zum Vertreter eines „literarischen Anarchismus", in dem er sich gegen bürgerliche Normen und staatliche Zwänge ausspricht. In seinem von ihm „Gefühlsanarchismus" genannten Stil verschmelzen Ansätze anarchistischer Theoretiker wie Pierre Joseph Proudhon (1809-1865), Michail A. Bakunin (1814-1876), Pjotr A. Kropotkin (1842-1921) und Elemente des bürgerlichen Individualismus von Max Stirner (1806-1856) und Friedrich Nietzsche.
Mühsam publiziert in den Zeitschriften „Simplicissimus", „Gesellschaft" und „Aktion". Seine Veröffentlichungen sind durch Kritik an bürgerlicher Autorität geprägt. Er betont seine Verbundenheit mit den sozial Benachteiligten.

---

[1] Textquelle | Alexander MÜHLE / Arnulf SCRIBA: [Zeittafel] *„Erich Mühsam 1878-1934. Schriftsteller."* In: Internetportal „Deutsches Historisches Museum – Berlin", 05.08.2022 (mit Lizenz: CC BY NC SA 4.0). https://www.dhm.de/lemo/biografie/erich-muehsam – Zwei Zusätze d. Hg. hier in eckigen Klammern, pb.

1904 | Mühsam kritisiert in seinen Zeitungsbeiträgen bürgerliche Tendenzen in der Sozialdemokratischen Partei Deutschlands (SPD). Den Marxismus lehnt er wegen autoritärer Züge ab. Stattdessen setzt er auf die „Revolte des Subproletariats", auf eine revolutionäre Umwälzung der Gesellschaftsstruktur durch die untersten sozialen Schichten. Seine Kritik an der Sozialdemokratie fasst er in dem 1907 veröffentlichten Spottlied „Der Revoluzzer. Der Deutschen Sozialdemokratie gewidmet" zusammen.

1904-1908 | Er unternimmt ausgedehnte Reisen nach Zürich, Ascona, Norditalien, München, Wien und Paris. Möglich werden dem nicht begüterten Mühsam diese Reisen durch Einladungen befreundeter Schriftsteller.

1909 | Nach Deutschland zurückgekehrt, gründet Mühsam in München die „Gruppe Tat" zur „Agitation des Subproletariats".

1909-1924 | Mühsam wohnt in München-Schwabing und ist eine Zentralfigur der Schwabinger Bohème. Er freundet sich mit Heinrich Mann, Lion Feuchtwanger und Frank Wedekind an.

1910 | Februar: Wegen „Geheimbündelei" wird Mühsam kurzzeitig inhaftiert und angeklagt, später jedoch freigesprochen.

1911-1919 | Mühsam gibt „Kain. Zeitschrift für Menschlichkeit" heraus.

1914-1918 | Während des Ersten Weltkriegs versucht er erfolglos, einen internationalen Bund der Kriegsgegner zu gründen. Seine radikale Auflehnung gegen den Krieg und den Kapitalismus bleiben ohne Auswirkungen. – Er ist ein scharfer Verfechter einer antimilitaristischen und pazifistischen Gesinnung und nähert sich der politischen Position Karl Liebknechts an. [August 1914 – November 1918: keine ‚Kain'-Hefte.]

[1915 | Tagebucheintrag vom 1. Januar (München): *„Zeitwende! Das Wort führt jetzt jeder Esel im Munde, dem die Zeit noch niemals etwas gewendet hat. Das Schicksalsjahr 1915! Voll Stolz und Selbstgefühl wird dieser 1. Januar begrüßt. Daß er bestimmt ist, eine Epoche fortzusetzen, die die Vernichtung von millionen Schicksalen bedeutet, fällt den Hanswürsten nicht ein."*] […]

1916 | Mühsam sympathisiert mit der Spartakusgruppe. Er ist Organisator von Protesten und Streiks gegen den Krieg.

1917 | Nach dem Sieg der Bolschewiki in der russischen Oktoberrevolution distanziert sich Mühsam von der Münchner Unabhängigen Sozialdemokratischen Partei Deutschlands (USPD) um Kurt Eisner, die ihm nicht radikal genug politische Ziele verfolgt.

1918 | März: Wegen radikaler Straßenaktionen und wegen Streikaufrufen wird Mühsam in Traunstein interniert, nach wenigen Wochen aber wieder freigelassen.

7. November: Mühsam ist als radikaler Verfechter des Rätesystems und als Mitglied der Münchner Arbeiter- und Soldatenräte an der Novemberrevolution beteiligt.

1919 | Als Mitglied des Münchner Rats der Volksbeauftragten ist er neben Landauer und Ernst Toller eine politische Leitfigur der Münchner Räterepublik.

13. April: Er wird durch Mitglieder von Freikorps verhaftet.

7. Juli: Wegen Beteiligung an der Revolution wird er zu 15 Jahren Festungshaft verurteilt.

Herbst: In der Haft ist Mühsam für einige Wochen Mitglied der Kommunistischen Partei Deutschlands (KPD). Er entwirft das „Proletarisch-revolutionäre Einigungsprogramm Links von den Parteien", mit dem er den Zusammenschluss aller linken Kräfte gegen nationalistische, bürgerliche und militaristische Tendenzen anstrebt.

Ebenfalls in der Haft entstehen zahlreiche Kampflieder wie die viel gesungene „Räte-Marseillaise" oder der „Rotgardistenmarsch".

1924 | Dezember: Mühsam wird amnestiert und lässt sich in Berlin nieder.

1925 | Als Mitglied der „Roten Hilfe Deutschland" setzt er sich in Reden, Protestkundgebungen und Straßenaktionen für die Befreiung politischer Strafgefangener ein.

Wegen seiner Nähe zur KPD wird er aus der „Föderation Kommunistischer Anarchisten Deutschlands" ausgeschlossen, in der er nur wenige Monate aktiv war.

Mühsam wird Wortführer der neu gegründeten „Anarchistischen Vereinigung".

1926-1931 | In seiner Zeitschrift „Fanal" sowie auf Vortragsreisen äußert er sich besorgt über den Aufstieg der Nationalsozialistischen Deutschen Arbeiterpartei (NSDAP) und bemüht sich um die Einigung der proletarisch-revolutionären Bewegung.

Trotz andauernden sozialrevolutionären Engagements bleibt Mühsam ein politischer Einzelgänger, der sich keiner Partei anschließt.

1927/28 | Er gehört dem künstlerischen Beirat der Piscator-Bühne Berlin an.

1928 | Mühsam schreibt in Berlin das Drama „Staatsraison", das den Fall der beiden in den Vereinigten Staaten von Amerika zum Tode verurteilten italienischen Kommunisten Nicola Sacco (1891-1927) und Bartolomeo Vanzetti (1888-1927) darstellt.

1928-1931 | Er hat verstärkt Kontakte zur Führung der KPD, aber ebenso zum „sozialistischen" Flügel der NSDAP um Otto Strasser.

1930 | Mühsams letztes Stück [...] Unter dem Titel „Alle Wetter" inszeniert er die Gefahr einer nationalsozialistischen Machtergreifung.

1931 | Er wird wegen wiederholter Teilnahme an radikalen Aktionen aus dem Schutzverband Deutscher Schriftsteller ausgeschlossen, deren Mitglieder sich der Überparteilichkeit verpflichtet haben.

1932 | Joseph Goebbels nennt Mühsam einen jener „jüdischen Wühler", mit denen man „kurzen Prozess" machen werde, sobald die NSDAP die Macht errungen habe.

1933 | 27. Februar: Am Tag des Reichstagsbrands wird Mühsam von Mitgliedern der Sturmabteilung (SA) verhaftet und in das Berliner Gefängnis Lehrter Straße gebracht.

1933/34 | Ohne Verurteilung ist er im Konzentrationslager (KZ) Sonnenburg, dem Gefängnis Berlin-Plötzensee, dem Zuchthaus Brandenburg und schließlich im KZ Oranienburg inhaftiert. Er wird schwer misshandelt.

1934 | 10. Juli: Erich Mühsam wird im KZ Oranienburg von der SS ermordet.

1935 | Im Nachlass Mühsams befinden sich hunderte unveröffentlichte Aufsätze, Stücke, Dramen und Lieder. Sie werden im Maxim-Gorki-Institut in Moskau archiviert.

1949 | Dezember: In der Bundesrepublik Deutschland wird Mühsams Autobiographie „Namen, Menschen. Unpolitische Erinnerungen" veröffentlicht.

Erich Mühsam

(Neue Deutsche Biographie, 1997)

Von Chris Hirte[2]

Mühsam, Erich (Pseudonym Jolly)
anarchistischer Schriftsteller, * 6.4.1878 Berlin,
† (ermordet) 10.7.1934 KZ Oranienburg (bis 1926 israelitisch).

Vater: Siegfried Seligmann (1838-1915) aus Landsberg (Oberschlesien), Apotheker in Lübeck, Mitglied der Bürgerschaft.

Mutter: Rosalie Cohn (1849-1899) aus Berlin. [...]

BIOGRAPHIE

Mühsam wuchs als drittes von vier Kindern in Lübeck auf. Wegen „sozialistischer Umtriebe" wurde er 1896 vom Gymnasium verwiesen; im selben Jahr schloß er die Untersekunda in Parchim (Mecklenburg) ab und begann eine Apothekerlehre. 1900 arbeitete er als Apothekengehilfe in Lübeck, Blomberg (Lippe) und Berlin. 1901 ließ sich Mühsam als freier Schriftsteller in Berlin nieder, wo er Anschluß an Bohemezirkel fand und sich mit Gustav Landauer befreundete. Rasch entwickelte er sich zum markantesten und literarisch fruchtbarsten Vertreter des deutschen Anarchismus. Seine Anschauungen verschmolzen Postulate anarchistischer Theoretiker (Proudhon, Bakunin, Kropotkin, Landauer) mit Elementen des bürgerlichen Individualismus (Stirner, Nietzsche) zu einem theoretisch kaum reflektierten „Gefühlsanarchismus", der vor allem vom Autoritätshaß und durch tief empfundene Verbundenheit mit den sozial Benachteiligten belebt wurde. Mühsam versuchte, der Bohemekultur einen politischen Inhalt zu geben und sie durch eine betont anti-

---

[2] Textquelle I Chris HIRTE: *,Mühsam, Erich.'* In: Neue Deutsche Biographie (NDB). Band 18. Berlin: Duncker & Humblot 1997, S. 296-298. Online-Version: https://www.deutsche-biographie.de/pnd118584758.html#ndbcontent [Lizenz: CC BY-NC-ND 4.0].

bürgerliche, vitalistische Lebensführung mit seiner anarchistischen Mission zu vereinigen. Seine heftige Kritik am Reformismus und Legalismus in der SPD führte ihn zur pauschalen Ablehnung des Marxismus und schürte romantische Hoffnungen auf eine Revolte des Subproletariats. „Wanderjahre" führten ihn 1904-1908 nach Zürich, Ascona (Monte Verità), Norditalien, München, Wien und Paris; seit 1909 in München ansässig, wurde M. zu einer Zentralfigur der Schwabinger Boheme. Er war u. a. befreundet mit Heinrich Mann, Frank Wedekind und Lion Feuchtwanger. 1909 gründete er die „Gruppe Tat" zwecks Agitation des Subproletariats für den Anarchismus. Seine Verhaftung und Anklage wegen Geheimbündelei im folgenden Jahr endete mit Freispruch. Nach Ausbruch des 1. Weltkriegs versuchte M., einen internationalen Bund der Kriegsgegner zu gründen. Seit 1916 sympathisierte er mit der Spartakusgruppe. Er gehörte zu den Organisatoren von Protesten und Streiks gegen den Krieg. Nach dem Sieg der Bolschewiki in Rußland trat M. in linke Opposition zur Münchener USPD um Kurt Eisner. Im März 1918 wurde er in Traunstein interniert.

Am 7.11.1918 war M., ein radikaler Verfechter des Rätesystems, führend an der Revolution in München beteiligt. Als populäre Leitfigur prägte er den Verlauf der Ereignisse bis zur bayerischen Räterepublik mit. Am 13.4.1919 wurde M. verhaftet und zu 15 Jahren Festungshaft (Ebrach, Ansbach, Niederschönenfeld) verurteilt. Nachdem er im Herbst für einige Wochen Mitglied der KPD war, entwarf er ein proletarisch-revolutionäres Einigungsprogramm „links von den Parteien". Nach seiner Amnestierung am 21.12.1924 wurde M. in Berlin ansässig. Als Mitglied der „Roten Hilfe Deutschland" setzte er sich mit Reden, Aufsätzen und Aktionen für Strafgefangene ein. 1925 wurde er wegen seiner Nähe zur KPD aus der Föderation Kommunistischer Anarchisten Deutschlands ausgeschlossen. Als Wortführer der „Anarchistischen Vereinigung" arbeitete er in vielen linken Organisationen mit; 1927/28 gehörte er dem künstlerischen Beirat der Piscator-Bühne Berlin an. Die Spaltung und politische Ohnmacht der Linken einerseits und das Erstarken des Nationalsozialismus andererseits verbitterten ihn zunehmend. 1931 wurde M. aus dem Schutzverband Deutscher Schriftsteller ausgeschlossen. Als einer der eindringlichsten und frühesten Warner vor dem Nationalsozialismus wurde er am 28.2.1933 verhaftet und im

Gefängnis Lehrter Straße, KZ Sonnenburg, Gefängnis Plötzensee, Zuchthaus Brandenburg und seit Januar 1934 im KZ Oranienburg inhaftiert und gefoltert. In der Nacht zum 10.7.1934 wurde er von SS-Männern ermordet.

Mühsams zahlreiche Aufsätze und Gedichte seit 1898 finden sich vorwiegend in linken Zeitschriften. Autonomieanspruch und Sendungsbewußtsein verbanden sich bei ihm mit vielfältigen Begabungen, z. B. als Dramatiker, Kritiker, Redner, Kabarettist und Zeichner. Während seine frühe Lyrik Einsamkeit und Weltekel in krassen, wenngleich konventionellen Bildern artikulierte, trat M. in satirischen „Tendenzgedichten" (u. a. in „Der wahre Jacob", 1904/06) als scharfer Kritiker des Wilhelminismus und als „Tatpropagandist" hervor. In *„Krater"* (1909) und *„Wüste – Krater – Wolken"* (1914) näherten sich lyrisches und politisches Bekenntnis einander an. Vor allem von Naturalismus und Nachnaturalismus beeinflußt (Arno Holz, Hermann Conradi, Frank Wedekind, Richard Dehmel), stand M. dem Expressionismus fern. Er blieb einer zweckhaften Poetik verbunden, die in Dichtung eher Mittel als Gegenstand geformten Ausdrucks sah. Bildhafte Drastik, Witz und polemische Treffsicherheit verbanden sich mit populären Sujets und liedhaften Formen zu einem unverwechselbaren Stil (z. B. *„Der Revoluzzer"*, 1907). M. war Herausgeber und Alleinautor der Monatsschrift *„Kain*, Zeitschrift für Menschlichkeit" (1911/14 und 1918/19, Neudruck 1978), in der er zur Verbrüderung der künstlerischen Intelligenz mit dem Subproletariat aufrief und der Bohemekultur einen politisch oppositionellen Inhalt geben wollte. Während des 1. Weltkriegs ohne Publikationsmöglichkeiten, vertraute er seine Zeitkritik vor allem den *Tagebüchern* (1910–1924, Auswahl 1994) an. M.s Gedichte während des Krieges (*„Brennende Erde"*, 1920) wenden sich von der verzweifelten Anklage zur Propagierung der bewaffneten Aktion gegen den Krieg (*„Soldatenlied"*, entstanden 1916). Die Kampflieder greifen auf den Gestus der Vormärzdichtung zurück und fassen das Wirken von Geschichtskräften in eine naturhafte Symbolik. Mündlich und auf Flugblättern verbreitet, trugen sie bedeutend zur Kriegsgegnerschaft und Proteststimmung unter Arbeitern und Soldaten bei. *„Judas*, Ein Arbeiterdrama" (1921) gestaltet einen revolutionären Streik, in dessen Verlauf der Protagonist, statt sich auf die Massen zu stützen, zur Intrige greift und wider Willen zum Verräter wird. Das Ro-

manfragment *„Ein Mann des Volkes"* (entstanden 1921-1923, in:
Streitschriften/Literarischer Nachlaß", 1984) verbindet mit der satirischen Entlarvung eines Karrieresozialisten die an alle Linkskräfte
gerichtete Warnung vor Korruption, Machtmißbrauch und organi-
satorischer Erstarrung. M.s literarische und politische Aktivitäten
nach 1918 waren dem Ziel gewidmet, die zersplitterte Linke von der
Bindung an Parteien und Gewerkschaften zu lösen und zur revolutionären Bewegung zu formen. Sein lyrisches Schaffen beschränkte
sich auf satirische und Kampfdichtung, die zum Teil in den nachre-
volutionären Unruhen große Verbreitung fand (z. B. *„Max-Hoelz-
Marsch"*, entstanden 1920, in: *„Revolution, Kampf-, Marsch- und Spottlieder"*, 1925). Doch machte sich zunehmend Enttäuschung über das
Ausbleiben der Revolution in einem Gestus der Beschwörung und
der Schelte bemerkbar (z. B. *„Mahnung der Gefallenen"*, in: *„Alarm,
Manifeste aus 20 Jahren"*, 1925). Die Broschüre *„Gerechtigkeit für Max
Hoelz!"* (1926) war ein leidenschaftliches und faktenreiches Plädoyer
für den politischen Gefangenen Hoelz. Die Monatsschrift *„Fanal"*
(1926-1931, Neudruck 1973) spiegelte mit überwiegend eigenen Beiträgen die zunehmende Verhärtung seines anarchistischen Revolu-
tionskonzepts und eine entsprechende politische Isolierung wider,
die auch seinen meisterhaften Analysen des Verfalls der Weimarer
Demokratie die Breitenwirkung entzog. *„Unpolitische Erinnerungen"*
(in: Vossische Zeitung, 1927–1929, Privatdruck 1931, u. d. T. *„Namen
und Menschen"*, 1949) bieten einen memoirenhaften und atmosphä-
risch dichten Rückblick auf die Bohemekultur nach der Jahrhundertwende. Das Dokumentarstück *„Staatsräson, Ein Denkmal für Sacco
und Vanzetti"* (1928), verfaßt für die Piscator-Bühne, versuchte mit
beträchtlichem Erfolg, die Empörung über die US-amerikanischen
Justizmorde gegen die Weimarer Justiz zu mobilisieren. Mühsams
letzte Kampfschrift *„Die Befreiung der Gesellschaft vom Staat"* (in: Die
Internationale, 1932, H. 6-8) entwirft ein anarchistisches Weltbild
und Gesellschaftsmodell, bleibt aber weitgehend den Aporien des
„Gefühlsanarchismus" verhaftet. Der schriftliche Nachlaß Mühsams (Werkmanuskripte, Tagebücher, Briefe) gelangte 1935 auf Betreiben des sowjetischen NKWD nach Moskau und wurde (unvollständig) im Maxim-Gorki-Institut Moskau archiviert. Die Akademie
der Künste der DDR erhielt 1956 Mikrofilmkopien des verbliebenen
Archivguts. […]

Selbständige Veröffentlichungen von
Erich Mühsam | Werkeditionen

Heinz Hug / Gerd W. Jungblut: *Erich Mühsam (1878 – 1934).*
Bibliographie. Vaduz: Topos Verlag 1991. [235 Seiten]

MÜHSAM 1903a = Erich Mühsam: *Die Homosexualität.* Ein Beitrag zur Sittenge-
schichte unserer Zeit. (Streitschrift). Berlin: Lilienthal 1903. [43 Seiten; zweite &
dritte Auflage bei Singer, Berlin.] | Neu. München: Belleville 1996.

MÜHSAM 1903b = [Erich Mühsam (?):] *Die Eigenen.* Ein Tendenzroman für freie
Geister. Von Emil F. Ruedebusch. Berlin: Räde Verlag 1903. [Unter Vorbehalt:
ungeprüft bibliographiert zu Mühsam nach wikipedia.org; Mitwirkung ?]

MÜHSAM 1904a = Erich Mühsam: *Billys Erdengang.* Eine Elephantengeschichte für
artige Kinder. (Mit Hanns Heinz Ewers). Illustriert von Paul Haase. Berlin: Glo-
bus 1904. [32 Seiten] | Reprint. Leipzig: Faber & Faber 2005.

MÜHSAM 1904b = Erich Mühsam: *Die Wüste.* Gedichte 1898–1903. Berlin: Eißelt
1904. [99 Seiten]

MÜHSAM 1905a = [Erich Mühsam (?):] *Lebt die Liebe* ! Aphorismen von Emil F.
Ruedebusch und Helmar Lerski. Schmargendorf-Berlin: Verlag „Renaissance"
1905. [Unter Vorbehalt: ungeprüft bibliographiert zu Mühsam nach wikipe-
dia.org; Mitwirkung?]

MÜHSAM 1905b = Erich Mühsam: *Ascona.* Eine Broschüre. Locarno: Carlson 1905.
[59 Seiten] | Reprint. Berlin: Guhl 1978.

MÜHSAM 1905c = Erich Mühsam: *Die Psychologie der Erbtante.* Eine Tanthologie
aus 25 Einzeldarstellungen zur Lösung der Unsterblichkeits-Frage. Zürich:
Verlag von Caesar Schmidt 1905. [101 Seiten] | Reprint. Berlin: Guhl 1980.

MÜHSAM 1906 = Erich Mühsam: *Die Hochstapler.* Lustspiel in vier Aufzügen.
München: Piper 1906. [143 Seiten]

MÜHSAM 1907 = Arnold Gahlberg (Hg.): *Utopja* [= Aufsätze von Erich Mühsam &
Gustav Landauer]. Przemysl 1907. [40 Seiten]

MÜHSAM 1908 = Erich Mühsam: *Die Jagd auf Harden.* Berlin: Neuer Biographischer
Verlag 1908. [48 Seiten]

MÜHSAM 1909 = Erich Mühsam: *Der Krater.* Berlin: Morgen Verlag 1909. [152 Sei-
ten]

MÜHSAM 1911 = Erich Mühsam: *Kain-Kalender für das Jahr 1912.* München 1911.

MÜHSAM 1912 = Erich Mühsam: *Kain-Kalender für das Jahr 1913.* München 1912.

MÜHSAM 1914a = Erich Mühsam: *Die Freivermählten.* Polemisches Schauspiel in
drei Aufzügen. München: Kain Verlag 1914. [54 Seiten] | Reprint. Berlin: Guhl
1976.

MÜHSAM 1914b = Erich Mühsam: *Im Nachthemd durchs Leben.* Ein süddeutsches Weihebühnen-Festspiel (mit Reinhard Koester und Carl Georg von Maassen). Manuskriptdruck. München 1914. [23 Seiten]

MÜHSAM 1914c = Erich Mühsam: *Wüste – Krater – Wolken.* Die Gedichte. Berlin: Cassirer 1914. [231 Seiten] [urn:nbn:de:hbz:061:1-3976]. | Reprint. Berlin 1978.

MÜHSAM 1919 = Erich Mühsam: *1919. Dem Andenken Gustav Landauers.* (Gedichtet im Gefängnis, 8.-10. Mai 1919). Berlin: Hirsch 1919. [16 Seiten] | Reprint. Berlin: Guhl 1978.

MÜHSAM 1920 = Erich Mühsam: *Brennende Erde.* Verse eines Kämpfers. München: Wolff 1920. [94 Seiten] [urn:nbn:de:0070-disa-597655] | Reprint. Berlin 1978.

MÜHSAM 1921 = Erich Mühsam: *Judas.* Arbeiter-Drama in fünf Akten. Berlin: Malik 1921. [80 Seiten] | Reprint. Berlin: Guhl 1978. [Online: projekt-gutenberg.org]

MÜHSAM 1923 = Erich Mühsam: *Das Standrecht in Bayern.* Berlin: Vereinigung Internationaler Verlagsanstalten 1923. [64 Seiten]

MÜHSAM 1925a = Erich Mühsam: *Seenot.* (= Verse und Gesänge, Heft 4). Wien Ober St. Veit: Verlag der Schriften 1925. [17 Seiten]

MÜHSAM 1925b = Erich Mühsam: *Alarm.* Manifeste aus 20 Jahren. Berlin: Der Syndikalist 1925. [100 Seiten]

MÜHSAM 1925c = Erich Mühsam: *Revolution. Kampf-, Marsch- und Spottlieder.* Berlin: Der Freie Arbeiter 1925. [55 Seiten] [urn:nbn:de:bvb:12-bsb00013264-8]

MÜHSAM 1926 = Erich Mühsam: *Gerechtigkeit für Max Hoelz!* Berlin: Rote Hilfe Deutschlands 1926. [72 Seiten] | Reprint. Berlin: Guhl 1976.

MÜHSAM 1928a = Erich Mühsam: *Sammlung 1898–1928.* Berlin: Spaeth 1928. [359 Seiten] | Reprint. Berlin: Guhl 1976. [Online-Ausgabe: zeno.org]

MÜHSAM 1928b = Erich Mühsam: *Staatsräson.* Ein Denkmal für Sacco und Vanzetti (geschrieben zum 1. Todestag, 23. August 1928). Berlin: Gilde freiheitlicher Bücherfreunde 1928. [110 Seiten] | Grafenau: Trotzdem 1992. [zeno.org]

MÜHSAM 1929 = Erich Mühsam: *Von Eisner bis Leviné.* Die Entstehung der Bayerischen Räterepublik. Persönlicher Rechenschaftsbericht über die Revolutionsereignisse in München vom 7. Nov. 1918 bis zum 13. April 1919. (Geschrieben im Festungsgefängnis zu Ansbach im September 1920). Berlin: Fanal 1929. [70 Seiten] [urn:nbn:de:bvb:12-bsb00013261-2] [zeno.org] | Berlin: Guhl 2005.

MÜHSAM 1933 = Erich Mühsam: *Die Befreiung der Gesellschaft vom Staat.* Was ist kommunistischer Anarchismus? Berlin: Fanal Verlag 1933. [48 Seiten] | Neu. z. B. Bad Schwartau: WFB 2009.

MÜHSAM 1936 = Erich Mühsam: *Handzeichnungen und Gedichte.* Herausgegeben von Leon Hirsch. Orselina (Schweiz): L. Hirsch 1936. [9 Blätter; Privatdruck] | Folgeauflagen. Leipzig: Edition Leipzig 1984; Berlin: Agora Verlag 1986.

MÜHSAM 1949 = Erich Mühsam: *Namen und Menschen. Unpolitische Erinnerungen.* Herausgegeben von Fritz Adolf Hünich. Leipzig: Volk und Buch 1949. [Das Werk erschien zunächst 1927-1929 als fortgesetzte Serie in der Vossischen Zeitung] [Neudrucke: 1977, 2000] [Online: projekt-gutenberg.org; zeno.org].

MÜHSAM 1958 = Erich Mühsam: *Ausgewählte Werke in Einzelausgaben.* (Band 1: Gedichte. Eine Auswahl. | Band 2: Unpolitische Erinnerungen). Herausgegeben von Fritz Adolf Hünich. Berlin: Verlag Volk und Welt 1958.

MÜHSAM 1960 = Erich Mühsam: *Eine Auswahl aus seinen Werken*. Auswahl, Vorwort und Erläuterungen von N. Pawlowa. Moskau: Verlag für fremdsprachige Literatur 1960. [206 Seiten]

MÜHSAM 1968 = Erich Mühsam: *War einmal ein Revoluzzer*. Bänkellieder und Gedichte. Berlin: Henschel 1968. [112 Seiten] | Reinbeck: Rowohlt 1978.

MÜHSAM 1972 = Th. Pinkus (Hg.): *Briefe nach der Schweiz*. Zürich 1972, S. 42-52.

MÜHSAM 1973 = Erich Mühsam (Herausgeber, Autor): *Fanal*. Organ der anarchistischen Vereinigung. Reprint: Fünf Jahrgänge, 1926-1931 (in 5 Bänden). Glashütten im Taunus: Auvermann 1973.

MÜHSAM 1975 = Erich Mühsam: *Bilder und Verse für Zenzl*. [= Faksimileausgabe des von Mühsam 1924 geschriebenen und gezeichneten Bilderbuchs]. Leipzig: Edition Leipzig 1975. [64 & VII Seiten]

MÜHSAM 1977-1983 = Erich Mühsam: *Gesamtausgabe. Vier Bände* (Band 1: Gedichte. Erschienen 1983. | Band 2: Dramen. Erschienen 1977. | Band 3: Prosaschriften 1. Erschienen 1978. | Band 4: Prosaschriften 2. Erschienen 1978). Herausgegeben von Günther Emig. Berlin: Europäische Ideen 1977-1983.

MÜHSAM 1977a = Erich Mühsam: *„Alle Wetter!"* Volksstück mit Gesang und Tanz [Herbst 1930, Nachlass-Text]. Berlin: Guhl 1977.

MÜHSAM 1977b = Erich Mühsam: *Fanal. Aufsätze und Gedichte* 1905-1932. Herausgegeben von Kurt Kreiler. Berlin: Wagenbach 1977. [189 Seiten]

MÜHSAM 1978-1984 = Erich Mühsam: *Ausgewählte Werke*. Herausgegeben von Christlieb Hirte. Drei Bände (Band 1: Gedichte, Prosa, Stücke. | Band 2: Publizistik 1902–1919, Unpolitische Erinnerungen. | Band 3: Streitschriften. Literarischer Nachlaß). Berlin: Volk und Welt 1978-1984. [732; 832; 835 Seiten]

MÜHSAM 1978a = [Erich Mühsam:] *Färbt ein weißes Blütenblatt sich rot …* Erich Mühsam. Ein Leben in Zeugnissen und Selbstzeugnissen. Herausgegeben von Wolfgang Teichmann. Berlin: Verlag Der Morgen 1978. [352 Seiten]

MÜHSAM 1978b = Erich Mühsam (Herausgeber, Autor): *Kain – Zeitschrift für Menschlichkeit* [1911-1914, 1918/19]. Reprint: Drei Bände. Vaduz: Topos 1978.

MÜHSAM 1978c = Erich Mühsam: *Briefe an Zeitgenossen*. Herausgegeben und eingeleitet von Gerd W. Jungblut. Zwei Bände. Berlin: Verlag Klaus Guhl 1978. [274 & 149 Seiten]

MÜHSAM 1978d = Erich Mühsam: *Der Geist der Freiheit* (= anarchistische texte, 13). Mit einem Nachwort von Alexander Anders. Berlin: Libertad 1978. [28 Seiten]

MÜHSAM 1978e = Erich Mühsam: *Der Loreleyerkasten*. Eine satirische Revue. Auswahl und Nachwort von Wolfgang Teichmann. Berlin: Eulenspiegel Verlag 1984. [191 Seiten]

MÜHSAM 1978f = Erich Mühsam: *Scheinwerfer oder Färbt ein weißes Blütenblatt sich schwarz*. Politische Essays, Gedichte, Briefe, Flugblätter. (Beiträge von U. Linse u.v.a.). Herausgegeben von Fidus [Kurt Kreiler]. Berlin: Verlag Klaus Guhl 1978. [174 Seiten]

MÜHSAM 1979 = Erich Mühsam: *Ascona*. Vereinigte Texte aus den Jahren 1905, 1930 und 1931. Herausgegeben von Peter Schifferli. Zürich: Sanssouci 1979.

MÜHSAM 1980 = Erich Mühsam: *Lampenputzer*. Mit Zeichnungen von Wolfgang Sesterhenn. Berlin: Verlag Klaus Guhl 1980. [83 Seiten]

MÜHSAM 1981 = Erich Mühsam: *Die Freiheit als gesellschaftliches Prinzip* u. a. Beiträge. (= Reihe Konstruktiv, 10). Berlin: AHDE Verlag 1981. [80 Seiten]

MÜHSAM 1982 = Erich Mühsam: *Der Bürgergarten* – Zeitgedichte. Ausgewählt von Wolfgang Teichmann. Berlin/Weimar: Aufbau-Verlag 1982. [184 Seiten]

MÜHSAM 1983 = Erich Mühsam: *Ich bin verdammt zu warten in einem Bürgergarten.* (Band 1: Gedichte, Stücke, Prosa. | Band 2: Literarische und politische Aufsätze). Hg. von Wolfgang Haug. Darmstadt: Luchterhand 1983. [183 & 197 Seiten]

MÜHSAM 1984a = Erich Mühsam: *„In meiner Posaune muß ein Sandkorn sein!"* Briefe 1900–1934. Zwei Bände. Herausgegeben von Gerd W. Jungblut. Vaduz: Topos 1984. [XXVI & 927 Seiten]

MÜHSAM 1984b = Erich Mühsam: *Trotz allem Mensch sein.* Gedichte und Aufsätze. Herausgegeben und mit einem Nachwort von Jürgen Schiewe und Hanne Maussner. (= Reclams Universal-Bibliothek, 8238). Stuttgart 1984. [192 Seiten]

MÜHSAM 1984c = Erich Mühsam: *Zur Psychologie der Erbtante.* Satirisches Lesebuch 1900–1933. Herausgegeben und mit einem Nachwort von Wolfgang Teichmann. Berlin: Eulenspiegel 1984. [371 Seiten]

MÜHSAM 1986a = Erich Mühsam: *Auswahl.* (= Poesiealbum 224). Herausgegeben von Chris Hirte. Berlin. Neues Leben 1986. [16 Seiten]

MÜHSAM 1986b = Erich Mühsam: *Wie ich dich liebe!* Berlin: Verlag Klaus Guhl 1990. [62 Seiten]

MÜHSAM 1989 = Erich Mühsam: *Gesammelte Aufsätze*: Die Bohème. Die Einigung des revolutionären Proletariats im Bolschewismus. Anarchismus und Revolution. Berlin: Guhl 1989. [Der Text „Die Einigung des revolutionären Proletariats im Bolschewismus" erschien zuerst, unvollständig in: „Die Aktion", Jg. 1922.]

MÜHSAM 1992 = Erich Mühsam: *Berliner Feuilleton. „Nie wieder 1931".* Ein poetischer Kommentar auf die mißratene Zähmung des Adolf Hitler. Herausgegeben von Heinz Hug. Grafrath: Boer 1992. [255 Seiten]

MÜHSAM 1994 = Erich Mühsam: *Tagebücher 1910 – 1924.* Herausgegeben von Chris Hirte. München: dtv 1994. [Online: projekt-gutenberg.org]

MÜHSAM 2003 = Erich Mühsam: *Wir geben nicht auf!* Texte und Gedichte. Herausgegeben von Günther Gerstenberg. München: Allitera 2003. [216 Seiten]

MÜHSAM 2011-2019 = Erich Mühsam: *Tagebücher.* Herausgegeben von Chris Hirte und Conrad Piens. 15 Bände. Berlin: Verbrecher Verlag 2011 bis 2019 [Freier Zugang zu allen Texten auf dem Online-Portal www.muehsam-tagebuch.de].

MÜHSAM 2014 = Erich Mühsam: *Das seid ihr Hunde wert!* Erich Mühsam-Lesebuch. Herausgegeben von Markus Liske und Manja Präkels. Berlin: Verbrecher Verlag 2014. [352 Seiten]

MÜHSAM 2015 = Erich Mühsam: *Die Einigung des revolutionären Proletariats im Bolschewismus* [1922]. Münster: Unrast 2015.

MÜHSAM 2023a = Erich Mühsam: *Notizbücher.* Band 1: 1926 – 1928. Berlin: Gustav Landauer Initiative 2023 [64 Seiten]; Band 2: 1929 – 1933. Ebd. 2023. [64 Seiten]

MÜHSAM 2025a = Erich Mühsam: *Das große Morden.* Texte gegen Militarismus und Krieg. Zusammengestellt von P. Bürger. Hamburg 2025. [516 Seiten]

MÜHSAM 2025b = Erich Mühsam: *Jedoch der Mut ist mein Genosse.* Texte über Kampf und Revolution. [In Vorbereitung für Juni 2025]

Literatur über Erich Mühsam
und seine Zeit | Auswahl

HILFSMITTEL

Hubert van den Berg: *Erich Mühsam. Bibliographie der Literatur zu seinem Leben und Werk*. Leiden: Alpha 1992. [116 Seiten]

ALBERT 2015 = Gleb Albert: *Es ist immerhin zu befürchten, dass Mühsam in Russland enttäuscht wird. Zu Erich Mühsams verhinderter Russlandreise 1925*. In: Jahrbuch für Forschungen zur Geschichte der Arbeiterbewegung. Heft III/2015.

ARCHIV BIBLIOGRAPHIA JUDAICA 2009 = Artikel ,Mühsam, Erich'. In: Lexikon deutsch-jüdischer Autoren. Band 17: Meid–Phil. Herausgegeben vom Archiv Bibliographia Judaica. Berlin u. a.: De Gruyter 2009.

BAUER/SCHMIDT 1985 = Franz J. Bauer / Eduard Schmidt: *Die bayerischen Volksgerichte 1918 – 1924. Das Problem ihrer Vereinbarkeit mit der Weimarer Reichsverfassung"*. In: Zeitschrift für bayerische Landesgeschichte. Band 58, München 1985.

BOHNE 2024 = Andreas Bohne: *„… so dünkt mich Kolonialpolitik vollends unmenschliches Verbrechen."* Erich Mühsam und der deutsche Kolonialismus. In: Rosa Luxemburg Stiftung – Online, 10.07.2024. https://www.rosalux.de/news/id/52291/so-duenkt-mich-kolonialpolitik-vollends-unmenschliches-verbrechen

BORCHARDT 1915 = Julian Borchardt: *Vor und nach dem 4. August 1914. Hat die deutsche Sozialdemokratie abgedankt?* Berlin-Lichterfelde 1915.

BOSL 1969 = *Bayern im Umbruch. Die Revolution von 1918, ihre Voraussetzungen, ihr Verlauf und ihre Folgen.* Herausgegeben von Karl Bosl. München/Wien 1969.

BRANDENBURG 1966 = Hans Brandenburg: *„Schwabing nach der Jahrhundertwende"*. In: Hermann Proebst / Karl Ude (Hg.): Denk ich an München. Ein Buch der Erinnerungen. München 1966.

BUSHAN 1998 = Sasha Bushan: *„Stehend reitend auf zwei Gäulen"*. Der Schriftsteller und Anarchist Erich Mühsam. In: Helmut Bauer / Elisabeth Tworek (Hg.): Schwabing. Kunst und Leben um 1900. München 1998.

DÖHRING 2005 = Helge Döhring: *Syndikalist aus Überzeugung*. Erich Mühsams Entscheidung erfolgte nach gründlicher Abwägung zugunsten der FAUD. In: Syndikalismus – Geschichte und Perspektiven. Bremen: FAU-Bremen 2005.

DÖHRING 2020 = Helge Döhring: *Die „Anarchistische Vereinigung" 1923-1933*. Geschichte und Dokumente, Band III der Reihe zum organisierten Anarchismus in Deutschland. Bodenburg: Verlag Edition AV 2020.

DUDEK 2004 = Peter Dudek: *Ein Leben im Schatten. Johannes und Herman Nohl – zwei deutsche Karrieren im Kontrast*. Bad Heilbrunn 2004.

EISENBART 1996 = Constanze Eisenbart: *Erich Mühsam. Anarchismus als Traum von Menschlichkeit und Gerechtigkeit.* In: Hans Diefenbacher (Hg.): Anarchismus. Zur Geschichte und Idee einer herrschaftsfreien Gesellschaft. Darmstadt: Primus 1996.

EISNER 2025a = Kurt Eisner: *Texte wider die deutsche Kriegstüchtigkeit.* Zusammengestellt von Peter Bürger – mit einem einleitenden Essay von Volker Ullrich. (= edition pace | Regal: Pazifisten & Antimilitaristen aus jüdischen Familien, Bd. 6). Hamburg: BoD 2025.

EISNER 2025b = *Kurt Eisner als Revolutionär und Ankläger des deutschen Militarismus.* Ein Lesebuch – eingeleitet durch die Darstellung des Weggefährten Felix Fechenbach. Herausgegeben von Peter Bürger. (= edition pace | Regal: Pazifisten & Antimilitaristen aus jüdischen Familien, Bd. 7). Hamburg: BoD 2025.

EISNER 2025c = Kurt Eisner: *Revolte für den Frieden.* Nachlese, Erinnerung und Kontroversen – Mit Beiträgen von Helmut Donat und Lothar Wieland. Herausgegeben von Peter Bürger. (= edition pace | Pazifisten & Antimilitaristen aus jüdischen Familien, Bd. 8). Hamburg: BoD 2025.

ERICH-MÜHSAM-GESELLSCHAFT 1989-2025 = Schriften der Erich-Mühsam-Gesellschaft, Lübeck 1989 – 2025 (Hefte 1 - 51). | Verzeichnis: https://www.muehsam.de/appl/bibl_select.php

ERICH-MÜHSAM-GESELLSCHAFT 1990 = Erich-Mühsam-Gesellschaft (Hg.): *Erich Mühsam – Revolutionär und Schriftsteller.* Lübeck 1990.

ERICH-MÜHSAM-GESELLSCHAFT 2000 = *Erich Mühsam und andere im Spannungsfeld von Pazifismus und Militarismus.* Zehnte Erich-Mühsam-Tagung in Malente, 14.-16. Mai 1999. (= Schriften der Erich-Mühsam-Gesellschaft, 16). Lübeck 2000. [94 Seiten; nur der erste Beitrag von Kurt Kreiler zu ‚Erich Mühsam im Ersten Weltkrieg'; auch zur aktuellen Kriegsdebatte 1999.]

EWERS 1906/2006 = Hanns Heinz Ewers (Hg.): *Führer durch die moderne Literatur.* 300 Würdigungen der hervorragendsten Schriftsteller unserer Zeit. Herausgegeben unter Mitwirkung der Schriftsteller Victor Hadwiger, Erich Mühsam, René Schickele und Walter Bläsing. Berlin: Globus 1906. | Reprint. Hannover: Revonnah 2006.

FÄHNDERS 2009 = Walter Fähnders / Henning Zimpel (Hg.): *Die Epoche der Vagabunden.* Texte und Bilder 1900-1945. (= Schriften des Fritz-Hüser-Instituts, Band 19). Essen: Klartext Verlag 2009.

FRÖLICH 1920/1971 = P. Werner [= Paul Frölich]: *Die Bayrische Räterepublik.* Tatsachen und Kritik. Petrograd: Verlag der Kommunistischen Internationale 1920. | Frankfurt a. M. 1971.

GERSTENBERG 2004 = Günter Gerstenberg: *Erich Mühsam. „Wo kommen Sie her? Wer ist die Dame? Was wollen Sie?"* In: Geschichte quer. Zeitschrift der bayerischen Geschichtswerkstätten, Nr. 12, Aschaffenburg 2004.

GÖTZ VON OLENHUSEN 2000a = Albrecht Götz von Olenhusen: *„Il poeta bello" oder Der Mann, der immer dabei war. Der Anarchist, Literat und Psychologe Johannes Nohl (1882-1963) und Erich Mühsam, Otto Gross und Hermann Hesse.* In: Dehmlow, Raimund / Heuer, Gottfried (Hg.): 1. Internationaler Otto Gross-Kongress, Bauhaus-Archiv Berlin 1999. Marburg an der Lahn 2000, S. 101-110.

GÖTZ VON OLENHUSEN 2000b = Albrecht Götz von Olenhusen: *Psychoanalyse und Anarchismus. ‚Die Eroberung des Luftreiches'. Otto Gross, Erich Mühsam und Johannes Nohl 1904-1919.* In: Schriften der Erich-Mühsam-Gesellschaft, Band 19. Lübeck 2000, S. 84-100.

GRAF 1982 = Oskar Maria Graf: *Wir sind Gefangene.* Ein Bekenntnis [1927]. München 1982.

GRIESE 2019 = Volker Griese: *Erich Mühsam – Chronik: Leben, Werk, Wirkung.* Norderstedt: BoD 2019. [479 Seiten]

GUMBEL 1922 = Emil Julius Gumbel: *Vier Jahre politischer Mord.* Berlin 1922.

HAMANN 2005 = Christoph Hamann: *Die Mühsams – Geschichte einer Familie.* (= Jüdische Memoiren. Band 11). Teetz: Hentrich & Hentrich 2005.

HARDEKOPF 1919 = Ferdinand Hardekopf: *Mühsam.* In: Die weißen Blätter, 6. Jg., Heft 9 (September 1919), S. 401-404.

HARDEKOPF 1934 = Ferdinand Hardekopf: *Erich Mühsam. Der Dichter und Märtyrer des Mitleids.* In: Pariser Tageblatt vom 10. Juni 1934.

HAUG 1979 = Wolfgang Haug: *Erich Mühsam. Schriftsteller der Revolution.* Reutlingen: Trotzdem Verlag 1979. | Folgeauflagen 1984 und 1998.

HEIßERER 1993 = Dirk Heißerer: *Wo die Geister wandern. Eine Topographie der Schwabinger Bohème um 1900.* München 1993.

HILLE 2010 = Peter Hille: *Sämtliche Briefe. Kommentierte Ausgabe.* Herausgegeben von Walter Gödden und Nils Rottschäfer. Bielefeld 2010.

HILLMAYR 1974 = Heinrich Hillmayr: *Roter und Weißer Terror in Bayern nach 1918. Ursachen, Erscheinungsformen und Folgen der Gewalttätigkeiten der revolutionären Ereignisse nach dem Ende des Ersten Weltkriegs.* München 1974.

HIRTE 1985 = Chris Hirte: *Erich Mühsam. Ihr seht mich nicht feige.* (Biographie). Berlin: Verlag Neues Leben 1985.

HIRTE 1996 = Chris Hirte: *Mühsams falsche Freunde – Die Akademie der Künste und der Testamentsschwindel.* In: Andreas W. Mytze (Hg.): europäische ideen, Heft 100, Dransfeld: mylet druck 1996, S. 42-53.

HIRTE 1997 = Chris Hirte: *‚Mühsam, Erich.'* In: Neue Deutsche Biographie (NDB). Band 18. Berlin: Duncker & Humblot 1997, S. 296-298. Die Online-Version: https://www.deutsche-biographie.de/pnd118584758.html#ndbcontent [Veröffentlicht unter folgender Lizenz: CC BY-NC-ND 4.0].

HIRTE 2009 = Chris Hirte: *Erich Mühsam. Eine Biographie.* Herausgegeben und mit einem Vorwort versehen von Stephan Kindynos. Freiburg: Ahriman 2009.

HÖXTER 1929 = John Höxter: *So lebten wir! 25 Jahre Berliner Bohème.* Berlin: Biko-Verlag 1929.

HOHMANN 2025 = Andreas Hohmann (Hg.): *„Sich fügen heißt lügen".* Erich Mühsam in Oranienburg – Tagungsband. Bodenburg: Verlag Edition AV 2025.

HUG 1974a = Heinz Hug: *Erich Mühsam. Untersuchungen zu Leben und Werk.* Glashütten im Taunus: Verlag Detlev Auvermann 1974.

HUG 1974b = Heinz Hug: *Erich Mühsam. Leben und Werk.* Gütersloh: Archiv Verlag 1974. [Lizenzausgabe]

HUG/JUNGBLUT 1991 = Heinz Hug / Gerd W. Jungblut: *Erich Mühsam (1878–1934). Bibliographie.* Vaduz: Topos 1991.

JUNGBLUT 1984 = Gerd W. Jungblut: *Erich Mühsam. Notizen eines politischen Werdegangs*. Schlitz 1984.

KAUFFELDT 1983 = Rolf Kauffeldt: *Erich Mühsam. Literatur und Anarchie*. Stuttgart: UTB / Fink, München: Fink 1983.

KAUFFELDT 1989 = Rolf Kauffeldt: *Erich Mühsam [–] zur Einführung*. Hamburg: Junius Verlag 1989.

KISSEL/WITT 1974 = Gisela Kissel / Hiltrud Witt (Hg.): *Stenographischer Bericht über die Verhandlungen des Kongresses der Arbeiter- Bauern- und Soldatenräte. Vom 25. Februar bis 8. März 1919*. Glashütten im Taunus: Auvermann 1974.

KÖGLMEIER 2001 = Georg Köglmeier: *Die zentralen Rätegremien in Bayern 1918/19. Legitimation – Organisation – Funktion*. München 2001.

KRAMER 2011 = Hilde Kramer: *Rebellin in München, Moskau und Berlin. Autobiographische Fragment 1900-1924*. Herausgegeben von Egon Günter und Thies Marsen. Berlin 2011.

KREILER 1978 = Kurt Kreiler: *Die Schriftstellerrepublik. Zum Verhältnis von Literatur und Politik in der Münchner Räterepublik*. Berlin: Klaus Guhl 1978.

KREUZER 1971 = Helmut Kreuzer: *Die Boheme*. Analyse und Dokumentation der intellektuellen Subkultur vom neunzehnten Jahrhundert bis zur Gegenwart. Stuttgart 1971.

KRISTL 2004 = Wilhelm Lukas Kristl: *Erich Mühsam (6.4.1878 – 10.7.1934). Des Königreichs Anarchist*. In: Alfons Schweiggert / Hannes S. Macher (Hg.): Autoren und Autorinnen in Bayern. 20. Jahrhundert. Dachau: Bayerland Verlag 2004, S. 92-94.

LINSE 1969a = Ulrich Linse: *Organisierter Anarchismus im deutschen Kaiserreich von 1871*. Berlin 1969.

LINSE 1969b = Ulrich Linse: *Die Anarchisten und die Münchner Novemberrevolution*. In: Karl Bosl (Hg.): Bayern im Umbruch. Die Revolution von 1918, ihre Voraussetzungen, ihr Verlauf und ihre Folgen. München und Wien 1969.

LISKE 2019 = Markus Liske: *Sechs Tage im April. Erich Mühsams Räterepublik*. Berlin: Verbrecher Verlag 2019.

LUEKEN 2014 = Sabine Lueken: *Der scharfe Blick*. Erich Mühsam in den Erinnerungen seiner Nachbarn. Eine Spurensuche in Berlin-Britz zum 80. Todestag. In: junge Welt (Berlin), 10.07.2014.

MANN 1949 = Viktor Mann: *Wir waren fünf. Bildnis der Familie Mann*. Konstanz: Südverlag 1949.

MEYER-LEVINE 1972 = Rosa Meyer-Leviné: *Leviné. Leben und Tod eines Revolutionärs*. München 1972.

MORENZ/MÜNZ 1968 = Ludwig Morenz / Erwin Münz: *Revolution und Räteherrschaft in München. Aus der Stadtchronik 1918/1919*. München 1968.

MÜHSAM 1935 = Kreszentia Mühsam: *Der Leidensweg Erich Mühsams*. Zürich/Paris 1935. [Wien: MOPR-Verlag 1935]

MÜHSAM 1994 = Kreszentia Mühsam: *Der Leidensweg Erich Mühsams*. Herausgegeben von Dieter Brünn. Berlin: Harald-Kater-Verlag 1994.

MÜHSAM o. J. = Paul Mühsam: *Erich Mühsam*. Typoskript o. J. In: Deutsches Literaturarchiv Marbach, Nachlass Paul Mühsam. [Bibliogr. nach: GRIESE 2019]

NEXÖ 1957 = Martin Andersen Nexö: *Die braune Bestie. In memoriam Erich Mühsam.* In: Kultur und Barbarei. Berlin 1957.

PAVLOVA 1965 = Nina Pavlova: *Tvorcestvo Ericha Mjusama.* Moskva 1965.

PRÄKELS/LISKE 2014 = Manja Präkels / Markus Liske: *Das seid Ihr Hunde wert!* Ein Lesebuch. Berlin: Verbrecher-Verlag 2014.

QUIDDE 1979 = Ludwig Quidde: *Der deutsche Pazifismus während des Weltkrieges 1914–1918.* Aus dem Nachlaß Ludwig Quiddes, herausgegeben von Karl Holl und Helmut Donat. Boppard am Rhein 1979.

ROONEY 1983 = M. Rooney: Art. *‚Kain. Zeitschrift für Menschlichkeit'.* In: Helmut Donat / Karl Holl, Bearb.: Die Friedensbewegung: Organisierter Pazifismus in Deutschland, Österreich und der Schweiz. Hermes Handlexikon. Düsseldorf: Econ Taschenbuch Verlag 1983, S. 210-212.

ROLLETSCHEK 2024 = Jan Rolletschek: *„Zwei freie Vögel".* Kreszentia und Erich Mühsam zum Gedächtnis. In: Portal | anarchismus.de, 6. Juli 2024. https://an archismus.de/blog/geschichte/zwei-freie-voegel-kreszentia-und-erich-mueh sam-zum-gedaechtnis

ROOS 1998 = Walter Roos: *Die Rote Armee der Bayerischen Räterepublik in München 1919.* Heidelberg 1998.

ROTTSCHÄFER 2010 = Nils Rottschäfer: *Peter Hille (1854–1904). Eine Chronik zu Leben und Werk.* Bielefeld 2010.

SCHAUPP 2018 = Simon Schaupp: *Der kurze Frühling der Räterepublik.* Ein Tagebuch der bayerischen Revolution. Münster: Unrast Verlag 2018.

SCHMOLZE 1969 = Gerhard Schmolze: *Revolution und Räterepublik in München in Augenzeugenberichten.* Düsseldorf 1969.

SCHWAB 2009 = Andreas Schwab: *Erich Mühsam.* In: Historisches Lexikon der Schweiz, 14.01.2009. https://hls-dhs-dss.ch/de/articles/042862/2009-01-14/

SELIGMANN 1989 = Michael Seligmann: *Aufstand der Räte. Die erste bayerische Räterepublik vom 7. April 1919.* Grafenau 1989.

SIEGERT 1928 = Max Siegert: *Aus Münchens schwerster Zeit. Erinnerungen aus dem Münchener Hauptbahnhof während der Revolutions- und Rätezeit.* München / Regensburg 1928.

SKROBEK 2007 = Jan Skrobek: *Waldfriedhof. Erich Mühsam.* In: Jessica Hoffmann / Anja Megel u. a. (Hg.): Dahlemer Erinnerungsorte. Berlin: Frank & Timme Verlag für wissenschaftliche Literatur 2007.

SOUCHY 1984a = Augustin Souchy: *Erich Mühsam. Sein Leben, sein Werk, sein Martyrium.* Reutlingen: Trotzdem Verlag 1984.

SOUCHY 1984b = Augustin Souchy: *Erich Mühsam. Ritter der Freiheit – ermordet im Dritten Reich am 9./10.Juli 1934.* Berlin: Transit Buchverlag 1984.

STEININGER 2024 = Rita Steininger: *Weil ich den Menschen spüre, den ich suche. Zenzl und Erich Mühsam.* Bremen: Donat-Verlag 2024.

STRUCHTEMEIER 1989 = Thea A. Struchtemeier: *Betr.: Grabstelle Erich Mühsam oder: Der zweite Tod eines heimatlosen Anarchisten.* In: Claudia Müller-Ebeling / Thea A. Struchtemeier u. a.: Vom Wesen der Anarchie und vom Verwesen verschiedener Wirklichkeiten. Berlin: Kramer 1989.

TEICHMANN 1978 = Wolfgang Teichmann (Hg.): *Färbt ein weißes Blütenblatt sich rot … Erich Mühsam*. Ein Leben in Zeugnissen und Selbstzeugnissen. Berlin 1978.

VAN DEN BERG 1992 = Hubert van den Berg: *Erich Mühsam. Bibliographie der Literatur zu seinem Leben und Werk*. Leiden 1992.

VIESEL 1980 = Hansjörg Viesel: *Literaten an die Wand*. Die Münchner Räterepublik und die Schriftsteller. Frankfurt a. M. 1980, S. 157-253.

WEDEKIND 1986 = Frank Wedekind: *Die Tagebücher. Ein erotisches Leben*. Herausgegeben von Gerhard Hay. Frankfurt a. M. 1986.

WEIDERMANN 2017 = Volker Weidermann: *Träumer. Als die Dichter die Macht übernahmen*. Köln: Kiepenheuer & Witsch 2017.

WOLLENBERG 1973 = Erich Wollenberg: *Als Rortarmist vor München. Reportage aus der Münchner Räterepublik*. Hamburg 1973.

ONLINE-PORTALE | INTERNETRESSOURCEN

Akademie der Künste (Berlin): Erich-Mühsam-Archiv |
https://archiv.adk.de/bigobjekt/25100

Erich Mühsam-Gesellschaft e.V. (Lübeck) | https://erich-muehsam.de

Fanal-Archiv: Mühsam-Texte 1927/28 |
https://www.anarchismus.at/anarchistische-klassiker/aus-fanal

Gedenkstätte Deutscher Widerstand | https://www.gdw-berlin.de/vertiefung/
biografien/personenverzeichnis/biografie/view-bio/erich-muehsam/

Gutenberg-Bibliothek | www.projekt-gutenberg.org/
autoren/namen/muehsam.html

Internet Archive | https://archive.org [Suchfunktion]

Literaturportal Bayern | https://www.literaturportal-bayern.de/
autorinnen-autoren?task=lpbauthor.default&pnd=118584758

Online-Edition der Zeitschrift „Fanal" | https://a-bibliothek.org/
2014/12/31/fanal-1-jahrgang-192627-online/

Portal ‚Anarchismus' – Österreich | https://www.anarchismus.at/
anarchistische-klassiker/erich-muehsam

Portal ‚DadAWeb' | http://dadaweb.de/wiki/Mühsam,_Erich

Portal ‚Erich Mühsam' (Irina & Conrad Piens) |
https://www.muehsam.de/appl/index.php

Tagebuch-Edition im Verbrecher Verlag, Berlin – Onlineausgabe |
www.muehsam-tagebuch.de/tb/index.php

Zeno-Bibliothek | www.zeno.org/Literatur/M/Mühsam,+Erich

Ernst Toller
Nie wieder Friede

Eine bittere Komödie über Militarismus
und Antipazifismus aus dem Jahr 1936.

Norderstedt: BoD 2014. – ISBN: 978-3-7583-8246-8
(Paperback; 140 Seiten; 7,80 Euro)

Über Nacht haben Militarismus und Kriegsertüchtigung wieder die Kontrolle über das öffentliche Leben übernommen. Noch gestern hatte man den Ewigen Frieden in der Verfassung beurkundet und sich stolz gebrüstet, bei den ‚Lehren aus der Geschichte‘ alle anderen zu überflügeln. Doch jetzt bläst dieselbe Fraktion zur Hetze gegen die ‚Lumpenpazifisten‘, bringt Militainment zur besten Sendezeit und setzt eine gigantische Aufrüstung der Waffenarsenale ins Werk. Die angestrebte Weltmeisterschaft gilt nunmehr dem Sektor der Totmach-Industrien.

Ernst Tollers bittere Komödie *„Nie wieder Friede"* (1934/36) klärt uns auf, wie so etwas möglich ist. Das falsche Friedensplakat trug auf seiner Rückseite immer schon die Parole für neue Kriegsabenteuer: „Man muß es nur umdrehen." Ob Kosmopolitismus oder nationale Weltgeltung, ob Freiheitspredigt oder autoritäre Staatspolitik, ob Krieg oder Frieden – das entscheidet sich stets an der jeweiligen Lageeinschätzung der Besitzenden und Herrschenden. Zu folgen ist den Einflüsterungen der Kriegsprofiteure.

Wer wird beim Experiment zur Kriegstauglichkeit der Erdenbewohner gewinnen: Soldatenkaiser Napoleon oder Franziskus aus Assisi? Der Verfasser des hochaktuellen Bühnenstücks war linker Pazifist mit jüdischer Herkunft. Damit passte er gleich dreimal ins Feindbildvisier der Nazis. 1933 setzte NS-Deutschland Toller auf die allererste ‚Ausbürgerungsliste‘ und warf seine Werke ins Feuer. Nach neun Jahrzehnten sollten wir die „verbrannten Bücher" wieder unter die Leute bringen, denn der Militarismus scheint unausrottbar zu sein.

Zu den Beigaben dieser friedensbewegten Edition gehören acht Kapitel aus Tollers Autobiographie „Eine Jugend in Deutschland" (1933), die Schluß-Szene des Dramas „Hinkemann" (1923) und eine Warnung des Schriftstellers vor dem deutschen Faschismus aus der ‚Weltbühne‘ vom Oktober 1930.

Ein Band der *edition pace*,
herausgegeben von Peter Bürger

Johann von Bloch
Die wahrscheinlichen politischen und wirtschaftlichen Folgen eines Krieges zwischen Großmächten

Neuedition der Übersetzung von 1901 mit Begleittexten von
B. Friedberg, Manfred Sapper und Jürgen Scheffran.

(*Regal*: *Pazifisten & Antimilitaristen aus jüdischen Familien* 1)
Norderstedt: Bod 2024. – ISBN: 978-3-7597-2313-0
(edition pace – Paperback; 176 Seiten; 9,90 Euro)

Der russische Staatsangehörige und Eisenbahnmagnat Johann von Bloch (1836-1902), aufgewachsen in Polen als Sohn einer ärmlichen jüdischen Handwerkerfamilie, veröffentlichte 1898 in sechs Bänden sein in mehrere Sprachen übersetztes monumentales Werk über den modernen Krieg im Industriezeitalter – ein „Klassiker der Friedensforschung" (M. Sapper). Der vorliegende Band enthält eine erst nach der Jahrhundertwende erschienene kleine Arbeit *„Die … Folgen eines Krieges zwischen Großmächten"* (Übersetzung: Berlin 1901) sowie drei ausführliche Begleittexte zu Blochs pazifistischem Wirken.

Im Juli 1919 schrieb Dr. B. Friedberg in der jüdischen Monatsschrift Ost und West rückblickend: Die Anstifter des Weltkrieges „werden sie sich nicht damit entschuldigen können, sie wären nicht gewarnt worden; denn Gott wird zu ihnen sprechen: Habe ich nicht Propheten zu euch geschickt, die euch zur Umkehr und zum Frieden mahnten … Es war etwas ganz Neues, bis dahin Unerhörtes, als im Jahr 1899 aus den Reihen der *Wirklichkeitsmenschen*, der Führer und Organisatoren des europäischen Wirtschaftslebens dem Völkerfrieden ein mächtiger Fürsprecher, dem Kriege ein heftiger und unerbittlicher Gegner erstand, nämlich *Johann von Bloch*, der wirkliche Urheber der *Haager Friedenskonferenzen*."

In seinen Studien zum Krieg der Zukunft „wollte Bloch nicht nur beschreiben, er wollte den Gang der Geschichte auch beeinflussen. … Die Analysen Blochs wurden mit geradezu unerbittlicher Präzision im Ersten Weltkrieg bestätigt. Viele Überlegungen zum Krieg wie zum Frieden bleiben bis heute aktuell. Die Vernichtungswirkung der Waffentechnik wurde gegenüber dem Ersten Weltkrieg ins Unermessliche gesteigert und führte zum Totalen Krieg, der ganze Gesellschaften erfasste … Damit Krieg unmöglich wird, gilt es …, die zum Kriege drängenden Sachzwänge zu vermeiden und alternative Entscheidungsspielräume zu schaffen. Hierzu gehört, den Bedingungen für einen neuen großen Krieg entgegen zu wirken …" (*Jürgen Scheffran*).

Rudolf Goldscheid

Menschenökonomie, Weltkrieg und Weltfrieden

Ausgewählte Schriften 1912 – 1926.
Herausgegeben von Peter Bürger, in Kooperation
mit dem Lebenshaus Schwäbische Alb.

(*Regal: Pazifisten & Antimilitaristen aus jüdischen Familien* 2)
Norderstedt: Bod 2024. – ISBN: 978-3-7597-7885-7
(edition pace – Paperback; 268 Seiten; 11,90 Euro)

Der Österreicher Rudolf Goldscheid (1870-1931) zählte zu den Pionieren der Soziologie im deutschsprachigen Raum und votierte für einen demokratischen Sozialismus. Der vorliegende Band erschließt zentrale pazifistische Texte aus seiner Forschungswerkstatt. Für Goldscheid waren Vernunft und Menschlichkeit keine Gegensätze, sondern notwendige Entsprechungen. Nur unter dem Vorzeichen des Friedens und eines neuartigen Internationalismus lässt sich eine Zukunft des homo sapiens überhaupt denken:

„Nichts kurzsichtiger, als zu glauben, in dem Ringen um Vermeidung von Kriegen handle es sich nur um eine politische oder gar lediglich um eine parteipolitische Angelegenheit. Hier stehen wir vielmehr vor der alles Politische weitaus überragenden Grundfrage unserer Gattung überhaupt. Zu so gewaltiger Größe hat die Entwicklung des wissenschaftlichen und organisatorischen Genius die Kriegstechnik entfaltet, dass die Kulturmenschheit sich nur vor Selbstmord zu bewahren vermag, wenn sie dafür sorgt, die selbstgeschaffene Höllenmaschine nicht in Funktion geraten zu lassen. Das sicherste Mittel hierzu ist natürlich ihr systematischer Abbau. Zu diesem schreiten heißt aber, die Friedenstechnik in noch viel vollkommenerer Weise ausbauen wie bisher die Kriegstechnik, heißt also mit glühendstem Eifer die allgemeine pazifistische Wehrpflicht verfechten, sich mit Leib und Seele in den Dienst des allumfassenden Vaterlandes friedlicher Kultur stellen. – Nie wieder Krieg, nie wieder Völkermord, nie wieder planmäßige, bestialisch organisierte Massenschlächterei !" (R. Goldscheid: Friedenswarte, 1924)

Moritz Adler

Wenn du den Frieden willst, bereite Frieden vor

Texte wider den Krieg 1868 – 1899.
Herausgegeben von Peter Bürger, in Kooperation
mit dem Lebenshaus Schwäbische Alb.

(Regal: Pazifisten & Antimilitaristen aus jüdischen Familien 3)
Norderstedt: Bod 2024. – ISBN: 978-3-7597-9450-5
(edition pace – Paperback; 272 Seiten; 11,99 Euro)

Der vorliegende Quellenband zum „Regal: Pazifisten & Antimilitaristen aus jüdischen Familien" erschließt Schriften des Österreichers Moritz Adler (1831-1907). Schon im Alter von 20 Jahren verschrieb dieser Kritiker des preußischen Bellizismus sich der Friedensidee und veröffentlichte dann 1868 eine der Zeit weit vorauseilende Europa-Vision unter dem Titel „Der Krieg, die Kongressidee und die allgemeine Wehrpflicht". In einem Sendschreiben an den Chirurgen Professor Theodor Billroth verglich er 1892 systematische Maßnahmen für eine verbesserte Medizinversorgung des Kriegsapparates mit der Bereitstellung neuer Kanonen für den institutionalisierten Massenmord.

Im Rahmen seiner zahlreichen Beiträge für Bertha von Suttners Zeitschrift „Die Waffen nieder!" schrieb Adler im November 1898: „Ist es nicht beschämend unlogisch, dass jede Großmacht zwei mit hunderten Millionen ausgestattete Ministerien für den Krieg zu Lande und zur See besitzt, für den Krieg, den man in den Thronreden und Botschaften zu hassen behauptet; und nicht eine einzige Million für den Frieden aufwendet, den man doch liebt und um die Wette preist, und den man offenbar auf dem direkten Wege, durch ein verschwindendes Opfer für ihn, weit sicherer, dauerhafter und edler haben könnte, als auf dem indirekten Wege über Krieg, permanente Rüstung, Spionage und Diplomatie. Denn dass die Ministerien des Äußeren nichts anderes als Affiliierte der Kriegsministerien sind, die den letzteren hauptsächlich ihren Bedarf an Rüstungspressionen … beizustellen haben, das lehrt gerade die neueste Geschichte und Tagesgeschichte auf jedem ihrer Blätter. Ein Ministerium für Frieden und Fortschritt würde uns mit der Zeit vom Ministerium des Krieges erlösen …"

Eduard Bernstein

Der Friede ist das kostbarste Gut

Schriften zum Ersten Weltkrieg –
Mit einem Essay von Helmut Donat.

Herausgegeben von Peter Bürger, in Kooperation
mit dem Lebenshaus Schwäbische Alb.

(Regal: Pazifisten & Antimilitaristen aus jüdischen Familien 5)
Norderstedt: Bod 2024. – ISBN: 978-3-7693-1268-3)
(edition pace – Paperback; 353 Seiten; 14,99 Euro)

Im einleitenden Essay zu dieser Sammlung von Schriften zum Ersten Weltkrieg schreibt Helmut Donat: „Eduard Bernstein scheute sich nie, unpopuläre Ansichten klar und deutlich zu vertreten oder Irrtümer öffentlich einzugestehen. Zunächst der allgemeinen Kriegsbegeisterung erlegen, bezeichnete er später den 4. August 1914 als den ‚schwärzesten Tag seines Lebens‘. Obwohl er sich mit dieser Haltung selbst in sozialdemokratischen Kreisen keine Freunde machte, war die Erkenntnis, dass die deutsche Regierung in hohem Maße für den Ersten Weltkrieg verantwortlich war, für sein weiteres Handeln von überragender Bedeutung. Er fühlte sich von dem Regierungspersonal hintergangen und betrogen, auch von der eigenen Partei, die sich auf die Seite der herrschenden Kreise geschlagen und mit dem ‚System‘, dem sie eigentlich keinen Groschen bewilligen wollte, einen ‚Burgfrieden‘ geschlossen hatte. ‚Fast seherisch‘, so der spätere Reichspräsident Paul Löbe, ‚muten die Reden Bernsteins an, in denen er auf die verhängnisvollen Wirkungen der deutschen Flottenpolitik hinwies – zuletzt noch im Mai 1914 –, in denen er die deutsche Regierung warnte, sich von der Habsburgischen Politik Österreichs ins Schlepptau nehmen zu lassen.‘ Die Zustimmung der Partei am 4. August 1914 im Reichstag zu den Kriegskrediten sei ‚ein Unheil für unser Volk, ein Unheil für die Kulturwelt‘ gewesen. Und bereits Anfang September 1914 erklärte er: ‚Die deutsche Regierung ist die Hauptschuldige am Kriege, wir sind eingeseift worden, die Bewilligung der [Kriegs-]Kredite war ein Fehler‘.“

Kurt Eisner

Texte wider die deutsche Kriegstüchtigkeit

Zusammengestellt von Peter Bürger – mit einem
einleitenden Essay von Volker Ullrich

(*Regal*: *Pazifisten & Antimilitaristen aus jüdischen Familien* 6)
Norderstedt: Bod 2025. – ISBN: 978-3-7693-5730-1
(edition pace – Paperback; 448 Seiten; 16,99 Euro)

Im April 1915 bemerkte der Linkspazifist und spätere bayerische Ministerpräsident Kurt Eisner (1867-1919) mit Blick auf den Weltkrieg: „Nur deshalb
wirken bei uns alle Ereignisse als über uns hereinbrechende Plötzlichkeiten
und Überraschungen, weil die allgemeine Öffentlichkeit sich für die Zirkel
nicht interessiert, in denen die deutsche Politik tatsächlich organisiert wird."
Seine hier in zwei Abteilungen zusammengeführten Aufsätze, Reden und
Dichtungen wider die deutsche Kriegstüchtigkeit aus den Jahren 1893-1918
zeigen, dass Eisner selbst zu jenen gehörte, die schon früh vor dem Militarismus im Kaiserreich und einem bevorstehenden Weltkrieg gewarnt haben.
Mit großer Klarheit durchschaute er – aus eigener Profession – insbesondere
die Rolle der militärgläubigen Medien und des „Kriegerjournalismus".

Die Auswahl der Sammlung erhellt jedoch andererseits Entwicklungen und
Irrwege. Anfang August 1914 schrieb Eisner zunächst gar, „dass es den Vernichtungskrieg gegen den Zarismus gilt, den wir gepredigt, solange es eine
deutsche Sozialdemokratie gibt." Erstaunlich lange versuchte er später auch
noch als Gegner des „Burgfriedens" und Aufklärer wider die regierungsamtliche Kriegslüge die Zustimmung der Sozialdemokratie zu den Kriegskrediten irgendwie zu rechtfertigen. Erst 1917 erfolgte ein endgültiger Bruch
mit jener SPD, die getreu der ihr von den Mächtigen zugewiesenen Aufgaben das Herrschafts- und Militärsystem weiterhin stützte. Vor allem eine
schonungslose Analyse der deutschen Kriegsschuld machte Kurt Eisner im
Zuge der bayerischen Revolution zur Zielscheibe der Hetze von Vorwärts-
Redaktion, bürgerlicher Presse und Rechtsextremisten – was schließlich
zum Mordattentat vom 21. Februar 1919 führte.

Eingeleitet wird der vorliegende Band mit einem Essay des Historikers Volker Ullrich: „Kurt Eisner, der glänzende Journalist und streitbare Sozialist,
war einer der ganz Großen der deutschen Arbeiterbewegung".

Kurt Eisner als Revolutionär und Ankläger des deutschen Militarismus

Ein Lesebuch – eingeleitet durch die Darstellung
des Weggefährten Felix Fechenbach

Herausgegeben von Peter Bürger, in Kooperation
mit dem Lebenshaus Schwäbische Alb.

(Regal: Pazifisten & Antimilitaristen aus jüdischen Familien 7)
Norderstedt: Bod 2025. – ISBN: 978-3-7693-6836-9
(edition pace – Paperback; 464 Seiten; 17,99 Euro)

Dieser Band zur Schalom-Bibliothek ist dem *Revolutionär* Kurt Eisner (1867-1919) gewidmet, der Anfang 1918 die Münchener Munitionsarbeiter erfolgreich zum Streik ermutigt und nach monatelanger Haftzeit als politischer Gefangener unverdrossen danach trachtet, das System der deutschen Kriegerkaste zu überwinden. Im Zuge eines ganz und gar unglaublichen, weithin gewaltfreien Umsturzgeschehens wird dieser scharfe Kritiker des militärgläubigen Establishments der SPD erster Ministerpräsident des „Freistaates Bayern".

In vier Abteilungen versammelt das Lesebuch Texte von Kurt Eisner und mehreren Zeitgenossen. Ein Auswahl von Essays vermittelt, dass Eisner mitnichten ein „reformistischer Schöngeist" oder Träumer gewesen ist. Die einleitende Gesamtdarstellung stammt aus der Feder des Weggefährten Felix Fechenbach (1933 von den Nazis ermordet), der zu Beginn des Jahres 1918 auf Seiten der Jugend am linkspazifistischen Protest in München beteiligt war und nach der Revolution als Sekretär des Ministerpräsidenten gewirkt hat. Als Quellen treten Eisners Aufrufe und Reden bis zum Tag der Ermordung hinzu.

In der letzten Abteilung „Zeitgenossen über Kurt Eisner" sind mit Gustav Landauer, Kurt Tucholsky, Theodor Lessing und Ernst Toller vier weitere Autoren vertreten, die selbst den Attacken antipazifistischer Judenfeinde ausgesetzt waren. – Besondere Aufmerksamkeit verdient zudem eine Gedenkrede Heinrich Manns vom 16. März 1919: „Der erste wahrhaft geistige Mensch an der Spitze eines deutschen Staates erschien Jenen, die über die zusammengebrochene Macht nicht hinwegkamen, als Fremdling und als schlecht." Deshalb also musste Kurt Eisner – so oder so – beseitigt werden.

Kurt Eisner

Revolte für den Frieden

Nachlese, Erinnerung und Kontroversen

Zusammengestellt von Peter Bürger – mit Beiträgen
von Helmut Donat und Lothar Wieland

(*Regal*: *Pazifisten & Antimilitaristen aus jüdischen Familien* 8)
Norderstedt: Bod 2025. – ISBN: 978-3-8192-2747-9
(edition pace – Paperback; 404 Seiten; 16,99 Euro)

Mit diesem dritten Band liegt die friedensbewegte „Trilogie" zum Pazifisten, Revolutionär und bayerischen Ministerpräsidenten Kurt Eisner (1867-1919) für die Schalom-Bibliothek nunmehr vollständig vor. Nach der umfangreichen Sammlung von *„Texten wider die deutsche Kriegstüchtigkeit"* aus den Jahren 1893-1918 folgte das Lesebuch *„Kurt Eisner als Revolutionär und Ankläger des deutschen Militarismus"*, eingeleitet durch eine erstmals 1929 erschienene biographische Darstellung von Felix Fechenbach. Aus dem Anspruch, möglichst alle für eine pazifistische Re-Lektüre bedeutsamen Arbeiten bzw. Primärquellen zusammenzuführen, erwuchs sodann die Bearbeitung der hier unter dem Titel *„Revolte für den Frieden"* dargebotenen Nachlese zu drei Abteilungen: 1. Zeit des Kaiserreichs bis zum Weltkrieg (1891-1914) – 2. Kriegszeit: vor dem Bruch mit der Mehrheits-SPD (1914/1915) – 3. Antikriegs-Streik und Revolution (1918/19).
Die Darbietung des 1918 im Gefängnis vollendeten Bühnenwerks *„Die Götterprüfung – Eine weltpolitische Posse in fünf Akten"* (vollständiger Text) und einiger anderer Dichtungen soll dem Lesepublikum exemplarisch die Bedeutung der künstlerischen Formen des Aufstandes gegen Militarismus und Krieg vor Augen führen.
Erschütternd ist, was Helmut Donat in einer abschließenden Abteilung zur Erinnerung an Kurt Eisner – zur Geschichte eines schwierigen oder sogar verweigerten Gedenkens – mitteilt. Bedacht werden zudem in einem Beitrag des verstorbenen Historikers Lothar Wieland die vor einem Jahrhundert ausgetragenen Kontroversen. Das hat mit gelehrter Staubwedelei rein gar nichts zu tun. Die Konstruktion einer Scheidung von sogenannter „Verantwortungsethik" und „Gesinnungsethik" (Max Weber) erfüllt noch immer ihre ideologische Funktion: Jene, die sich dem allgegenwärtigen Irrationalismus der Kriegsertüchtiger nicht fügen, heißen – wie ehedem – „Narren" und „Unheilspropheten" – oder alt- wie neudeutsch: „Lumpenpazifisten".